# Sartorius
# Ergänzungsba

## Anweisung zum Einordnen der 57. Ergänzungslieferung Februar 2022

(Anschluss an die 56. Ergänzungslieferung November 2021)

Die Angaben beziehen sich auf die Ordnungsnummern (fette Zahlen) und die dazugehörigen Seitenzahlen (magere Zahlen)

**Herauszunehmen:**

| | | Zahl der Blätter: |
|---|---|---|
| Haupttitelblatt und Geleitwort zur 56. EL | | 2 |
| **Inh II** | 3/4 | 1 |
| **271** | 1–12a | 8 |
| **272** | 1–**280** 12a | 131 |
| **280** | 24–27 | 2 |
| | 38–**285** 14 | 9 |
| **285** | 39–46 | 4 |
| | 53–62a | 3 |
| | 67–74a | 5 |
| | 79/80 | 1 |
| | 85–90 | 3 |
| | 97–104 | 4 |
| **401** | 1/2 | 1 |
| **402** | 1–6 | 3 |
| | 83–84a | 2 |
| **410** | 1–2a | 2 |
| **412** | 1–8 | 4 |
| | 103–104a | 2 |
| **415** | 1–3a | 2 |
| | 18–20 | 2 |
| **418** | 1/2 | 1 |
| | 7/8 | 1 |
| **419** | 1/1a | 1 |
| **419a** | 1/1a | 1 |
| **419b** | 1/2 | 1 |
| **422** | 1/1a | 1 |
| **801** | 1/2 | 1 |
| | 7–10 | 2 |
| Übertrag: | | 200 |

**Einzufügen:**

| | | Zahl der Blätter: |
|---|---|---|
| Haupttitelblatt und Geleitwort zur 57. EL | | 2 |
| **Inh II** | 3/4 | 1 |
| **271** | 1–12a | 8 |
| **272** | 1–**280** 12a | 107 |
| **280** | 24–27 | 2 |
| | 38–**285** 14a | 10 |
| **285** | 39–46a | 7 |
| | 53–62 | 4 |
| | 67–74a | 5 |
| | 79–80a | 2 |
| | 85–90a | 4 |
| | 97–104 | 4 |
| **401** | 1/2 | 1 |
| **402** | 1–6 | 3 |
| | 83–84a | 2 |
| **410** | 1–2a | 2 |
| **412** | 1–8 | 4 |
| | 103/104 | 1 |
| **415** | 1–3a | 2 |
| | 18–20a | 2 |
| **418** | 1/2 | 1 |
| | 7/8 | 1 |
| **419** | 1/1a | 1 |
| **419a** | 1/1a | 1 |
| **419b** | 1/2 | 1 |
| **422** | 1/1a | 1 |
| **801** | 1/2 | 1 |
| | 7–10a | 3 |
| Übertrag: | | 183 |

| Herauszunehmen: | | Zahl der Blätter: |
|---|---|---|
| Übertrag: | | 200 |
| **822** | 1/2 | 1 |
| **830c** | 1/2 | 1 |
| | 7–10a | 3 |
| **832b** | 1–10 | 5 |
| **837** | 3/4 | 1 |
| **845a** | 1–16 | 8 |
| | 61–64 | 2 |
| | 83–86 | 2 |
| | 97/98 | 1 |
| **862** | 1–6 | 3 |
| | 11–14 | 2 |
| | 23–26 | 2 |
| | 33–40 | 4 |
| | 51–54 | 2 |
| | 69–78 | 5 |
| **975** | 43/43a | 1 |
| **Sachverz.** | 1–45 | 23 |
| Insgesamt herauszunehmen: | | 266 |

| Einzufügen: | | Zahl der Blätter: |
|---|---|---|
| Übertrag: | | 183 |
| **822** | 1/2 | 1 |
| **830c** | 1/2 | 1 |
| | 7–10a | 4 |
| **832b** | 1–12 | 6 |
| **837** | 3/4 | 1 |
| **845a** | 1–16a | 9 |
| | 61–64a | 4 |
| | 83–86a | 3 |
| | 97/98 | 1 |
| **862** | 1–6 | 3 |
| | 11–14 | 2 |
| | 23–26a | 3 |
| | 33–40a | 5 |
| | 51–54a | 3 |
| | 69–78a | 6 |
| **975** | 43/43a | 1 |
| **Sacherverz.** | 1–45 | 23 |
| Insgesamt einzufügen: | | 259 |

# SARTORIUS

## Verfassungs- und Verwaltungsgesetze

**Ergänzungsband**

Stand:

15. Februar 2022

(57. Ergänzungslieferung)

C.H.BECK

Dieses Titelblatt stammt aus der 57. Ergänzungslieferung Februar 2022
(Anschluss an die 56. Ergänzungslieferung November 2021)
ISBN 978 3 406 78796 6

**Redaktioneller Hinweis:**

Paragraphenüberschriften in eckigen Klammern sind nichtamtlich. Sie sind ebenso wie alle übrigen nichtamtlichen Bestandteile urheber- und wettbewerbsrechtlich geschützt. Die Angaben zum Stand der Sammlung auf dem Titelblatt beziehen sich auf das Ausgabedatum der maßgeblichen Gesetz-, Verordnungs- und Amtsblätter. Anregungen und Hinweise zur Gestaltung der Sammlung bitte an den Verlag oder an

**sartorius.redaktion@beck.de**

**www.beck.de**

ISBN 978 3 406 51431 9 (Grundwerk zur Fortsetzung für 12 Monate)
ISBN 978 3 406 63601 1 (Grundwerk ohne Fortsetzung)


Wilhelmstraße 9, 80801 München
Satz, Druck und Bindung: Druckerei C. H. Beck Nördlingen
(Adresse wie Verlag)

$CO_2$ neutral
chbeck.de/nachhaltig

Gedruckt auf säurefreiem, alterungsbeständigem Papier
(hergestellt aus chlorfrei gebleichtem Zellstoff)

## Sartorius-Ergänzungsband

# Geleitwort
# zur 57. Ergänzungslieferung Februar 2022

Mit der vorliegenden Ergänzungslieferung erhält die Textsammlung den Stand vom **15. Februar 2022**. Sie berücksichtigt die seit der letzten Lieferung vom 1. November 2021 bis einschließlich BGBl. I Nr. 4 vom 31.1.2022 verkündeten und bis **1. Mai 2022 in Kraft** tretenden Änderungen.

**Große Änderungen** erfuhren mWv 28.1.2022 das ApothekenG (Nr. **271**) das ArzneimittelG (Nr. **272**), das HeilmittelwerbeG (Nr. **277**) und das FuttermittelGB (Nr. **862**) durch das **G zum Erlass eines TierarzneimittelG und zur Anpassung arzneimittelrechticher und anderer Vorschriften** v. 27.9.2021 (BGBl. I S. 4530).

**Umfangreich geändert** wurden ebenfalls das InfektionsschutzG (Nr. **285**) durch G zur Änd. des Infektionsschutzgesetzes und weiterer Gesetze anlässlich der Aufhebung der Feststellung der epidemischen Lage von nationaler Tragweite v. 22.11.2021 (BGBl. I S. 4906, geänd. S. 5162) und durch das G zur Stärkung der Impfprävention gegen COVID 19 und zur Änd. weiterer Vorschriften im Zusammenhang mit der COVID 19 Pandemie v. 10.12.2021 (BGBl. I S. 5162), die VO über die Heizkostenabrechnung (Nr. **832b**) durch ÄndVO v. 24.11.2021 (BGBl. I S. 4964) und die AbwasserVO (Nr. **845a**) durch die 11. ÄndVO v. 20.1.2022 (BGBl. I S. 87).

**Kleinere Änderungen** erfuhren auch das SGB II (Nr. **402**), das SGB XII (Nr. **412**), das SozialgerichtsG (Nr. **415**), das AsylbewerberleistungsG (Nr. **418**), das ArbeitsschutzG (Nr. **801**) und die NiederdruckanschlussVO (Nr. **830c**).

In folgenden Vorschriften wurden lediglich die **Fußnoten** angepasst: im TransplantationsG (Nr. **280**), im SGB I (Nr. **401**), im SGB X (Nr. **410**), im HeimG (Nr. **419**), in der HeimmindestbauVO (Nr. **419a**) in der HeimpersonalVO (Nr. **419b**), im BerufsbildungsG (Nr. **422**), im SprengstoffG (Nr. **822**), im Energieverbrauchsrelevante-Produkte-G (Nr. **837**) und im LuftverkehrsG (Nr. **975**).

Diese EL enthält außerdem ein völlig **neu überarbeitetes** Sachregister.

Bei dieser Gelegenheit wollen wir uns für die Anregungen und Fehlerhinweise durch unsere Bezieher bedanken, die uns auf diese Weise eine wertvolle Hilfestellung bei der Gestaltung der Textsammlung leisten. Zudem möchten wir darauf aufmerksam machen, dass wir unter der speziell für diese Textsammlung eingerichteten E-Mail-Adresse sartorius.redaktion@beck.de erreichbar sind; die Adresse ist auch auf der Rückseite des Titelblattes vermerkt.

München, im Februar 2022 Verlag C. H. Beck



# 271. Gesetz über das Apothekenwesen (Apothekengesetz – ApoG)[1) 2) 3)]

In der Fassung der Bekanntmachung vom 15. Oktober 1980[4)]
(BGBl. I S. 1993)

**FNA 2121-2**

geänd. durch Art. 2 G zur Umsetzung der Apotheker-Richtlinien 85/432/EWG und 85/433/EWG in deutsches Recht v. 23.7.1988 (BGBl. I S. 1077), Anl. I Kap. X Sachgeb. D Abschn. II Nr. 21a Einigungsvertrag v. 31.8.1990 (BGBl. II S. 889, 1082, ber. S. 1244), Art. 19 GesundheitsstrukturG v. 21.12.1992 (BGBl. I S. 2266), Art. 6 Fünfte ZuständigkeitsanpassungsVO v. 26.2.1993 (BGBl. I S. 278), Art. 1 EWR-AusführungsG v. 27.4.1993 (BGBl. I S. 512), Art. 1 G zur Anpassung des Apothekenrechts und berufsrechtlicher Vorschriften an das Europäische Gemeinschaftsrecht v. 23.8. 1994 (BGBl. I S. 2189), Art. 3 § 8 Lebenspartnerschafts-EinführungsG v. 16.2.2001 (BGBl. I S. 266), Art. 7 Abs. 3 MietrechtsreformG v. 19.6.2001 (BGBl. I S. 1149), Art. 5 Achtes Euro-EinführungsG v. 23.10.2001 (BGBl. I S. 2702), Art. 6 Behindertengleichstellungs-EinführungsG v. 27.4.2002 (BGBl. I S. 1467), Art. 1 ÄndG v. 21.8.2002 (BGBl. I S. 3352), Art. 20 GKV-ModernisierungsG v. 14.11.2003 (BGBl. I S. 2190), Art. 17 Achte ZuständigkeitsanpassungsVO v. 25.11.2003 (BGBl. I S. 2304), Art. 1 ÄndG v. 15.6.2005 (BGBl. I S. 1642), Art. 3 G zur Änd. der Bundes-ApothekerO und anderer Gesetze v. 15.6.2005 (BGBl. I S. 1645), Art. 14 G zur Umbenennung des Bundesgrenzschutzes in Bundespolizei v. 21.6.2005 (BGBl. I S. 1818), Art. 2a 14. ÄndG v. 29.8.2005 (BGBl. I S. 2570), Art. 34 Neunte ZuständigkeitsanpassungsVO v. 31.10.2006 (BGBl. I S. 2407), Art. 36 GKV- WettbewerbsstärkungsG v. 26.3.2007 (BGBl. I S. 378), Art. 3 G zur Umsetzung der RL 2005/ 36/EG über die Anerkennung von Berufsqualifikationen der Heilberufe v. 2.12.2007 (BGBl. I S. 2686), Art. 16a Pflege-WeiterentwicklungsG v. 28.5.2008 (BGBl. I S. 874), Art. 3 Zweites G zur Änd. arzneimittelrechtlicher und anderer Vorschriften v. 19.10.2012 (BGBl. I S. 2192), Art. 1 Apothekennotdienstsicherstellungs G v. 15.7.2013 (BGBl. I S. 2420), Art. 3 G zur Umsetzung der RL 2013/55/EU v. 18.4.2016 (BGBl. I S. 886), Art. 2a Viertes G zur Änd. arzneimittelrechtlicher und anderer Vorschriften v. 20.12.2016 (BGBl. I S. 3048), Art. 41 G zum Abbau verzichtbarer Anordnungen der Schriftform im Verwaltungsrecht des Bundes v. 29.3.2017 (BGBl. I S. 626), Art. 12a Terminservice- und VersorgungsG v. 6.5.2019 (BGBl. I S. 646), Art. 18 G für mehr Sicherheit in der Arzneimittelversorgung v. 9.8.2019 (BGBl. I S. 1202, geänd. durch G v. 19.5.2020, BGBl. I S. 1018), Art. 2 Patientendaten-Schutz-G v. 14.10.2020 (BGBl. I S. 2115), Art. 2 G zur Stärkung der Vor-Ort-Apotheken v. 9.12.2020 (BGBl. I S. 2870), Art. 9a Covid-19-G zur Fortgeltung der die epidemische Lage von nationaler Tragweite betreffenden Regelungen v. 29.3.2021 (BGBl. I S. 370), Art. 19d Digitale-Versorgung-und-Pflege-Modernisierungs-G v. 3.6.2021 (BGBl. I S. 1309), Art. 8 Personengesellschaftsrechtsmodernisierungs G (MoPeG) v. 10.8.2021 (BGBl. I S. 3436) und Art. 8 Abs. 4 G zum Erlass eines TierarzneimittelG und zur Anpassung arzneimittelrechtlicher und anderer Vorschriften v. 27.9.2021 (BGBl. I S. 4530)

**Nichtamtliche Inhaltsübersicht**

**Erster Abschnitt. Die Erlaubnis**



---

1) Zu Ausnahmen vom Apothekengesetz siehe ua § 2 SARS-CoV-2-Arzneimittelversorgungsverordnung v. 20.4.2020 (BAnz AT 21.04.2020 V1).

2) Gesetzestitel neu gef. mWv 1.1.2004 durch G v. 14.11.2003 (BGBl. I S. 2190).

3) Die Änderung durch G v. 10.8.2021 (BGBl. I S. 3436) tritt erst **mWv 1.1.2024** in Kraft und ist im Text noch nicht berücksichtigt.

4) Neubekanntmachung des ApoG v. 20.8.1960 (BGBl. I S. 697) in der ab 9.8.1980 geltenden Fassung.

## Erster Abschnitt. Die Erlaubnis

**§ 1**[1)] **[Erlaubnisgrundsatz]** (1) [1]Den Apotheken obliegt die im öffentlichen Interesse gebotene Sicherstellung einer ordnungsgemäßen Versorgung der Bevölkerung mit Arzneimitteln. [2]Arzneimittel im Sinne dieses Gesetzes sind Arzneimittel, die zur Anwendung beim Menschen bestimmt sind, und Tierarzneimittel.

(2) Wer eine Apotheke und bis zu drei Filialapotheken betreiben will, bedarf der Erlaubnis der zuständigen Behörde.

(3) Die Erlaubnis gilt nur für den Apotheker, dem sie erteilt ist, und für die in der Erlaubnisurkunde bezeichneten Räume.

---

[1)] § 1 Abs. 2 geänd. mWv 1.1.2004 durch G v. 14.11.2003 (BGBl. I S. 2190); Abs. 1 neu gef. mWv 28.1.2022 durch G v. 27.9.2021 (BGBl. I S. 4530).

**§ 2[1] [Voraussetzungen für die Erlaubniserteilung]** (1) Die Erlaubnis ist auf Antrag zu erteilen, wenn der Antragsteller

1. *(aufgehoben)*
2. voll geschäftsfähig ist;
3. die deutsche Approbation als Apotheker besitzt;
4. die für den Betrieb einer Apotheke erforderliche Zuverlässigkeit besitzt; dies ist nicht der Fall, wenn Tatsachen vorliegen, welche die Unzuverlässigkeit des Antragstellers in bezug auf das Betreiben einer Apotheke dartun, insbesondere wenn strafrechtliche oder schwere sittliche Verfehlungen vorliegen, die ihn für die Leitung einer Apotheke ungeeignet erscheinen lassen, oder wenn er sich durch gröbliche oder beharrliche Zuwiderhandlung gegen dieses Gesetz, die auf Grund dieses Gesetzes erlassene Apothekenbetriebsordnung oder die für die Herstellung von Arzneimitteln und den Verkehr mit diesen erlassenen Rechtsvorschriften als unzuverlässig erwiesen hat;

4a. *(aufgehoben)*

5. die eidesstattliche Versicherung abgibt, daß er keine Vereinbarungen getroffen hat, die gegen § 8 Satz 2, § 9 Abs. 1, § 10 oder § 11 verstoßen, und den Kauf- oder Pachtvertrag über die Apotheke sowie auf Verlangen der zuständigen Behörde auch andere Verträge, die mit der Einrichtung und dem Betrieb der Apotheke in Zusammenhang stehen, vorlegt;
6. nachweist, daß er im Falle der Erteilung der Erlaubnis über die nach der Apothekenbetriebsordnung (§ 21) vorgeschriebenen Räume verfügen wird;
7. nicht in gesundheitlicher Hinsicht ungeeignet ist, eine Apotheke ordnungsgemäß zu leiten;
8. mitteilt, ob und gegebenenfalls an welchem Ort er in einem Mitgliedstaat der Europäischen Union oder in einem anderen Vertragsstaat des Abkommens über den Europäischen Wirtschaftsraum oder in einem Vertragsstaat, dem Deutschland und die Europäische Union vertraglich einen entsprechenden Rechtsanspruch eingeräumt haben, eine oder mehrere Apotheken betreibt.

(2) Abweichend von Absatz 1 ist einem approbierten Antragsteller, der nicht gemäß § 4 Abs. 1 Nr. 4 der Bundes-Apothekerordnung die pharmazeutische Prüfung im Geltungsbereich dieses Gesetzes bestanden hat, die Erlaubnis nur zu erteilen, wenn sie für eine Apotheke beantragt wird, die seit mindestens drei Jahren betrieben wird.

(2a) Absatz 2 gilt nicht für approbierte Antragsteller, deren förmliche Qualifikationen bereits durch die zuständigen Behörden für andere Zwecke an-

[1] § 2 Abs. 1 Nr. 3 neu gef. und Nr. 4a eingef. sowie Abs. 1 Nr. 8 und Abs. 3 angef. durch G v. 23.7.1988 (BGBl. I S. 1077); Abs. 2a eingef. durch EVertr v. 31.8.1990 (BGBl. II S. 889, 1082); Abs. 1 Nr. 4a aufgeh. und Nr. 5 geänd. durch G v. 23.8.1994 (BGBl. I S. 2189); Abs. 1 Nr. 7 neu gef. mWv 1.5.2002 durch G v. 27.4.2002 (BGBl. I S. 1467); Abs. 4 und 5 angef. mWv 1.1.2004 durch G v. 14.11.2003 (BGBl. I S. 2190); Abs. 1 Nrn. 1 und 8 sowie Abs. 2 neu gef. und Abs. 3 geänd. mWv 21.6.2005 durch G v. 15.6.2005 (BGBl. I S. 1645); Abs. 2 neu gef. mWv 7.12.2007 durch G v. 2.12. 2007 (BGBl. I S. 2686); Abs. 2a, Abs. 5 Nr. 2 Satz 2 aufgeh., Abs. 5 Sätze 2 und 3 angef. mWv 26.10. 2012 durch G v. 19.10.2012 (BGBl. I S. 2192); Abs. 1 Nr. 1 aufgeh., Abs. 2a eingef. mWv 23.4.2016 durch G v. 18.4.2016 (BGBl. I S. 886); Abs. 2a eingef. mWv 24.12.2016 durch G v. 20.12.2016 (BGBl. I S. 3048); nicht ausführbar, da Änd. bereits durch G v. 18.4.2016 (BGBl. I S. 886) vollzogen wurde.

erkannt wurden und die tatsächlich und rechtmäßig die beruflichen Tätigkeiten eines Apothekers mindestens drei Jahre lang ununterbrochen im Geltungsbereich dieses Gesetzes ausgeübt haben.

(3) Hat der Apotheker nach seiner Approbation oder nach Erteilung eines nach § 4 Abs. 1a bis 1d, 2 oder 3 der Bundes-Apothekerordnung der pharmazeutischen Prüfung gleichwertigen Diploms, Prüfungszeugnisses oder sonstigen Befähigungsnachweises mehr als zwei Jahre lang ununterbrochen keine pharmazeutische Tätigkeit ausgeübt, so ist ihm die Erlaubnis nur zu erteilen, wenn er im letzten Jahr vor der Antragstellung eine solche Tätigkeit mindestens sechs Monate lang wieder in einer in einem Mitgliedstaat der Europäischen Union oder in einem anderen Vertragsstaat des Abkommens über den Europäischen Wirtschaftsraum oder in einem Vertragsstaat, dem Deutschland und die Europäische Union vertraglich einen entsprechenden Rechtsanspruch eingeräumt haben, gelegenen Apotheke oder Krankenhausapotheke ausgeübt hat.

(4) Die Erlaubnis zum Betrieb mehrerer öffentlicher Apotheken ist auf Antrag zu erteilen, wenn

1. der Antragsteller die Voraussetzungen nach den Absätzen 1 bis 3 für jede der beantragten Apotheken erfüllt und
2. die von ihm zu betreibende Apotheke und die von ihm zu betreibenden Filialapotheken innerhalb desselben Kreises oder derselben kreisfreien Stadt oder in einander benachbarten Kreisen oder kreisfreien Städten liegen.

(5) [1] Für den Betrieb mehrerer öffentlicher Apotheken gelten die Vorschriften dieses Gesetzes mit folgenden Maßgaben entsprechend:

1. Der Betreiber hat eine der Apotheken (Hauptapotheke) persönlich zu führen.
2. Für jede weitere Apotheke (Filialapotheke) hat der Betreiber schriftlich einen Apotheker als Verantwortlichen zu benennen, der die Verpflichtungen zu erfüllen hat, wie sie in diesem Gesetz und in der Apothekenbetriebsordnung für Apothekenleiter festgelegt sind.

[2] Soll die Person des Verantwortlichen im Sinne des Satzes 1 Nummer 2 geändert werden, so ist dies der Behörde von dem Betreiber zwei Wochen vor der Änderung schriftlich anzuzeigen. [3] Bei einem unvorhergesehenen Wechsel der Person des Verantwortlichen muss die Änderungsanzeige nach Satz 2 unverzüglich erfolgen.

**§ 3[1)] [Erlöschen der Erlaubnis]** Die Erlaubnis erlischt

1. durch Tod;
2. durch Verzicht;
3. durch Rücknahme oder Widerruf der Approbation als Apotheker, durch Verzicht auf die Approbation oder durch Widerruf der Erlaubnis nach § 2 Abs. 2 der Bundes-Apothekerordnung;
4. wenn ein Jahr lang von der Erlaubnis kein Gebrauch gemacht worden ist; die zuständige Behörde kann die Frist verlängern, wenn ein wichtiger Grund vorliegt.

---

1) § 3 Nr. 4 geänd. und Nr. 5 aufgeh. mWv 1.1.2004 durch G v. 14.11.2003 (BGBl. I S. 2190).

**§ 4[1)] [Rücknahme der Erlaubnis]** (1) Die Erlaubnis ist zurückzunehmen, wenn bei ihrer Erteilung eine der Voraussetzungen nach § 2 nicht vorgelegen hat.

(2) [1]Die Erlaubnis ist zu widerrufen, wenn nachträglich eine der Voraussetzungen nach § 2 Abs. 1 Nr. 1, 2, 4, 6 oder 7 weggefallen ist. [2]Die Erlaubnis kann widerrufen werden, wenn der Erlaubnisinhaber nachträglich Vereinbarungen getroffen hat, die gegen § 8 Satz 2, auch in Verbindung mit Satz 4, § 9 Abs. 1, § 10 oder § 11 verstoßen.

**§ 5 [Schließung einer ohne Erlaubnis betriebenen Apotheke]** Wird eine Apotheke ohne Erlaubnis betrieben, so hat die zuständige Behörde die Apotheke zu schließen.

**§ 6 [Eröffnung einer Apotheke]** Eine Apotheke darf erst eröffnet werden, nachdem die zuständige Behörde bescheinigt hat, daß die Apotheke den gesetzlichen Anforderungen entspricht (Abnahme).

**§ 7[2)] [Pflicht zur persönlichen Leitung]** [1]Die Erlaubnis verpflichtet zur persönlichen Leitung der Apotheke in eigener Verantwortung. [2]Im Falle des § 2 Abs. 4 obliegen dem vom Betreiber nach § 2 Abs. 5 Nr. 2 benannten Apotheker die Pflichten entsprechend Satz 1; die Verpflichtungen des Betreibers bleiben unberührt. [3]Die persönliche Leitung einer Krankenhausapotheke obliegt dem angestellten Apotheker.

**§ 8[3)] [Gesellschaftsverhältnisse]** [1]Mehrere Personen zusammen können eine Apotheke nur in der Rechtsform einer Gesellschaft bürgerlichen Rechts oder einer offenen Handelsgesellschaft betreiben; in diesen Fällen bedürfen alle Gesellschafter der Erlaubnis. [2]Beteiligungen an einer Apotheke in Form einer Stillen Gesellschaft und Vereinbarungen, bei denen die Vergütung für dem Erlaubnisinhaber gewährte Darlehen oder sonst überlassene Vermögenswerte am Umsatz oder am Gewinn der Apotheke ausgerichtet ist, insbesondere auch am Umsatz oder Gewinn ausgerichtete Mietverträge sind unzulässig. [3]Pachtverträge über Apotheken nach § 9, bei denen die Pacht vom Umsatz oder Gewinn abhängig ist, gelten nicht als Vereinbarungen im Sinne des Satzes 2. [4]Die Sätze 1 bis 3 gelten für Apotheken nach § 2 Abs. 4 entsprechend.

**§ 9[4)] [Verpachtung einer Apotheke]** (1) [1]Die Verpachtung einer Apotheke oder von Apotheken nach § 2 Abs. 4 ist nur in folgenden Fällen zulässig:

1. wenn und solange der Verpächter im Besitz der Erlaubnis ist und die Apotheke aus einem in seiner Person liegenden wichtigen Grund nicht selbst betreiben kann oder die Erlaubnis wegen des Wegfalls einer der Voraussetzungen nach § 2 Abs. 1 Nr. 7 widerrufen oder durch Widerruf der Approbation wegen des Wegfalls einer der Voraussetzungen nach § 4 Abs. 1 Satz 1 Nr. 3 der Bundes-Apothekerordnung erloschen ist;

---

1) § 4 Abs. 2 neu gef. durch G v. 23.7.1988 (BGBl. I S. 1077); Abs. 2 Satz 1 geänd. durch G v. 23.8. 1994 (BGBl. I S. 2189); Abs. 2 Satz 2 geänd. mWv 1.1.2004 durch G v. 14.11.2003 (BGBl. I S. 2190).

2) § 7 Satz 2 eingef., bish. Satz 2 wird Satz 3 mWv 1.1.2004 durch G v. 14.11.2003 (BGBl. I S. 2190).

3) § 8 Satz 3 geänd. mWv 1.9.2001 durch G v. 19.6.2001 (BGBl. I S. 1149); Satz 4 angef. mWv 1.1. 2004 durch G v. 14.11.2003 (BGBl. I S. 2190).

4) § 9 Abs. 1 Satz 1 Nr. 3 neu gef. mWv 1.9.2001 durch G v. 16.2.2001 (BGBl. I S. 266); Abs. 1 Satz 1 einl. Satzteil geänd. mWv 1.1.2004 durch G v. 14.11.2003 (BGBl. I S. 2190).

2. nach dem Tode eines Erlaubnisinhabers durch seine erbberechtigten Kinder bis zu dem Zeitpunkt, in dem das jüngste der Kinder das 23. Lebensjahr vollendet. Ergreift eines dieser Kinder vor Vollendung des 23. Lebensjahres den Apothekerberuf, so kann die Frist auf Antrag verlängert werden, bis es in seiner Person die Voraussetzungen für die Erteilung der Erlaubnis erfüllen kann;
3. durch den überlebenden erbberechtigten Ehegatten oder Lebenspartner bis zu dem Zeitpunkt der Heirat oder der Begründung einer Lebenspartnerschaft, sofern er nicht selbst eine Erlaubnis gemäß § 1 erhält.

[2] Die Zulässigkeit der Verpachtung wird nicht dadurch berührt, daß nach Eintritt der in Satz 1 genannten Fälle eine Apotheke innerhalb desselben Ortes, in Städten innerhalb desselben oder in einen angrenzenden Stadtbezirk, verlegt wird oder daß ihre Betriebsräume geändert werden. [3] Handelt es sich im Falle der Verlegung oder der Veränderung der Betriebsräume um eine Apotheke, die nach Satz 1 Nr. 1 verpachtet ist, so bedarf der Verpächter keiner neuen Erlaubnis. [4] § 3 Nr. 5 bleibt unberührt.

(1a) Stirbt der Verpächter vor Ablauf der vereinbarten Pachtzeit, so kann die zuständige Behörde zur Vermeidung unbilliger Härten für den Pächter zulassen, daß das Pachtverhältnis zwischen dem Pächter und dem Erben für die Dauer von höchstens zwölf Monaten fortgesetzt wird.

(2) [1] Der Pächter bedarf der Erlaubnis nach § 1. [2] Der Pachtvertrag darf die berufliche Verantwortlichkeit und Entscheidungsfreiheit des pachtenden Apothekers nicht beeinträchtigen.

(3) Für die Dauer der Verpachtung finden auf die Erlaubnis des Verpächters § 3 Nr. 4, § 4 Abs. 2, soweit sich diese Vorschrift auf § 2 Abs. 1 Nr. 6 bezieht, sowie § 7 Satz 1 keine Anwendung.

(4) [1] Die nach Absatz 2 erteilte Erlaubnis ist zurückzunehmen, wenn bei ihrer Erteilung eine der Voraussetzungen nach Absatz 1 nicht vorgelegen hat; sie ist zu widerrufen, wenn nachträglich eine dieser Voraussetzungen weggefallen ist. [2] § 4 bleibt unberührt.

**§ 10 [Arzneimittelbevorzugungsverbot]** Der Erlaubnisinhaber darf sich nicht verpflichten, bestimmte Arzneimittel ausschließlich oder bevorzugt anzubieten oder abzugeben oder anderweitig die Auswahl der von ihm abzugebenden Arzneimittel auf das Angebot bestimmter Hersteller oder Händler oder von Gruppen von solchen zu beschränken.

**§ 11[1)] [Ärztebevorzugungsverbot]** (1) [1] Erlaubnisinhaber und Personal von Apotheken dürfen, soweit gesetzlich nichts anderes bestimmt ist, mit Ärzten oder anderen Personen, die sich mit der Behandlung von Krankheiten befassen, oder mit Dritten keine Rechtsgeschäfte vornehmen oder Absprachen treffen,

---

1) § 11 Abs. 2 und 3 angef., bish. Wortlaut wird Abs. 1 mWv 28.8.2002 durch G v. 21.8.2002 (BGBl. I S. 3352); Abs. 1 Satz 2 angef., bish. Wortlaut wird Satz 1 mWv 1.1.2004 durch G v. 14.11. 2003 (BGBl. I S. 2190); Abs. 3 Satz 3 geänd. mWv 21.6.2005 durch G v. 15.6.2005 (BGBl. I S. 1642); Abs. 4 angef. mWv 6.9.2005 durch G v. 29.8.2005 (BGBl. I S. 2570); Abs. 4 Buchst. a geänd. mWv 26.10.2012 durch G v. 19.10.2012 (BGBl. I S. 2192); Abs. 2a eingef. mWv 1.9.2020 durch G v. 9.8. 2019 (BGBl. I S. 1202, geänd. durch G v. 19.5.2020, BGBl. I S. 1018); Abs. 1 neu gef., Abs. 1a eingef. mWv 20.10.2020 durch G v. 14.10.2020 (BGBl. I S. 2115); Abs. 1 Satz 2, Abs. 1a geänd. mWv 9.6. 2021 durch G v. 3.6.2021 (BGBl. I S. 1309); Abs. 4 Buchst. a geänd. mWv 28.1.2022 durch G v. 27.9.2021 (BGBl. I S. 4530).

die eine bevorzugte Lieferung bestimmter Arzneimittel, die Zuführung von Patienten, die Zuweisung von Verschreibungen oder die Fertigung von Arzneimitteln ohne volle Angabe der Zusammensetzung zum Gegenstand haben. [2]Dies gilt auch für Rechtsgeschäfte oder Absprachen, die die Zuweisung von Verschreibungen in elektronischer Form oder von elektronischen Zugangsdaten zu Verschreibungen in elektronischer Form zum Gegenstand haben. [3]Die Sätze 1 und 2 gelten auch für Apotheken, die in einem anderen Mitgliedstaat der Europäischen Union oder in einem anderen Vertragsstaat des Abkommens über den Europäischen Wirtschaftsraum liegen, sowie deren Inhaber, Leiter oder Personal, soweit diese Apotheken Patienten in Deutschland mit Arzneimitteln versorgen.

(1a) Es ist für die in Absatz 1 Satz 1 genannten Dritten unzulässig, Verschreibungen, auch Verschreibungen in elektronischer Form oder elektronische Zugangsdaten zu Verschreibungen in elektronischer Form, zu sammeln, an Apotheken zu vermitteln oder weiterzuleiten und dafür für sich oder andere einen Vorteil zu fordern, sich einen Vorteil versprechen zu lassen, anzunehmen oder zu gewähren.

(2) Abweichend von Absatz 1 darf der Inhaber einer Erlaubnis zum Betrieb einer öffentlichen Apotheke auf Grund einer Absprache anwendungsfertige Zytostatikazubereitungen, die im Rahmen des üblichen Apothekenbetriebes hergestellt worden sind, unmittelbar an den anwendenden Arzt abgeben.

(2a) [1]Abweichend von Absatz 1 sind Absprachen und Vereinbarungen mit einer ärztlichen Einrichtung, die auf die Behandlung von Gerinnungsstörungen bei Hämophilie spezialisiert ist, zur Organisation des Notfallvorrats nach § 43 Absatz 3a des Arzneimittelgesetzes[1)] sowie zur unmittelbaren Abgabe der Arzneimittel zur spezifischen Therapie von Gerinnungsstörungen bei Hämophilie an den anwendenden Arzt zulässig. [2]Die Organisation des Notfallvorrats kann auch durch eine Krankenhausapotheke sichergestellt werden; in diesem Fall darf die Krankenhausapotheke im Rahmen der Notfallversorgung Arzneimittel zur spezifischen Therapie von Gerinnungsstörungen bei Hämophilie auch an Patienten oder Einrichtungen der Krankenversorgung abgeben.

(3) [1]Der Inhaber einer Erlaubnis zum Betrieb einer Krankenhausapotheke darf auf Anforderung des Inhabers einer Erlaubnis zum Betrieb einer öffentlichen Apotheke die im Rahmen seiner Apotheke hergestellten anwendungsfertigen Zytostatikazubereitungen an diese öffentliche Apotheke oder auf Anforderung des Inhabers einer Erlaubnis zum Betrieb einer anderen Krankenhausapotheke an diese Krankenhausapotheke abgeben. [2]Dies gilt entsprechend für den Inhaber einer Erlaubnis zum Betrieb einer öffentlichen Apotheke für die Abgabe der in Satz 1 genannten Arzneimittel an eine Krankenhausapotheke oder an eine andere öffentliche Apotheke. [3]Eines Vertrages nach § 14 Abs. 3 oder 4 bedarf es nicht.

(4) Im Falle einer bedrohlichen übertragbaren Krankheit, deren Ausbreitung eine sofortige und das übliche Maß erheblich überschreitende Bereitstellung von spezifischen Arzneimitteln erforderlich macht,

a) findet Absatz 1 keine Anwendung auf Arzneimittel, die von den Gesundheitsbehörden des Bundes oder der Länder oder von diesen benannten Stellen nach § 47 Absatz 1 Nummer 3c des Arzneimittelgesetzes bevorratet

---

1) Nr. **272**.

oder nach § 21 Absatz 2 Nummer 1c des Arzneimittelgesetzes hergestellt wurden,

b) gilt Absatz 3 Satz 1 und 2 entsprechend für Zubereitungen aus von den Gesundheitsbehörden des Bundes oder der Länder oder von diesen benannten Stellen bevorrateten Wirkstoffen.

## § 11a[1)] [Versanderlaubnis für apothekenpflichtige Arzneimittel]

[1] Die Erlaubnis zum Versand von apothekenpflichtigen Arzneimitteln gemäß § 43 Abs. 1 Satz 1 des Arzneimittelgesetzes[2)] ist dem Inhaber einer Erlaubnis nach § 2 auf Antrag zu erteilen, wenn er schriftlich oder elektronisch versichert, dass er im Falle der Erteilung der Erlaubnis folgende Anforderungen erfüllen wird:

1. Der Versand wird aus einer öffentlichen Apotheke zusätzlich zu dem üblichen Apothekenbetrieb und nach den dafür geltenden Vorschriften erfolgen, soweit für den Versandhandel keine gesonderten Vorschriften bestehen.
2. Mit einem Qualitätssicherungssystem wird sichergestellt, dass
   a) das zu versendende Arzneimittel so verpackt, transportiert und ausgeliefert wird, dass seine Qualität und Wirksamkeit erhalten bleibt,
   b) das versandte Arzneimittel der Person ausgeliefert wird, die von dem Auftraggeber der Bestellung der Apotheke mitgeteilt wird. Diese Festlegung kann insbesondere die Aushändigung an eine namentlich benannte natürliche Person oder einen benannten Personenkreis beinhalten,
   c) die Patientin oder der Patient auf das Erfordernis hingewiesen wird, mit dem behandelnden Arzt Kontakt aufzunehmen, sofern Probleme bei der Medikation auftreten und
   d) die Beratung durch pharmazeutisches Personal in deutscher Sprache erfolgen wird.
3. Es wird sichergestellt, dass
   a) innerhalb von zwei Arbeitstagen nach Eingang der Bestellung das bestellte Arzneimittel versandt wird, soweit das Arzneimittel in dieser Zeit zur Verfügung steht, es sei denn, es wurde eine andere Absprache mit der Person getroffen, die das Arzneimittel bestellt hat; soweit erkennbar ist, dass das bestellte Arzneimittel nicht innerhalb der in Satz 1 genannten Frist versendet werden kann, ist der Besteller in geeigneter Weise davon zu unterrichten,
   b) alle bestellten Arzneimittel geliefert werden, soweit sie im Geltungsbereich des Arzneimittelgesetzes in den Verkehr gebracht werden dürfen und verfügbar sind,
   c) für den Fall von bekannt gewordenen Risiken bei Arzneimitteln ein geeignetes System zur Meldung solcher Risiken durch Kunden, zur Information der Kunden über solche Risiken und zu innerbetrieblichen Abwehrmaßnahmen zur Verfügung steht,
   d) eine kostenfreie Zweitzustellung veranlasst wird,
   e) ein System zur Sendungsverfolgung unterhalten wird und
   f) eine Transportversicherung abgeschlossen wird.

---

[1)] § 11a eingef. mWv 1.1.2004 durch G v. 14.11.2003 (BGBl. I S. 2190); Satz 1 einl. Satzteil geänd. mWv 5.4.2017 durch G v. 29.3.2017 (BGBl. I S. 626).

[2)] Nr. **272**.

[2] Im Falle des elektronischen Handels mit apothekenpflichtigen Arzneimitteln gilt Satz 1 mit der Maßgabe, dass die Apotheke auch über die dafür geeigneten Einrichtungen und Geräte verfügen wird.

**§ 11b**[1] **[Rücknahme der Versanderlaubnis]** (1) Die Erlaubnis nach § 11a ist zurückzunehmen, wenn bei ihrer Erteilung eine der Voraussetzungen nach § 11a nicht vorgelegen hat.

(2) [1] Die Erlaubnis ist zu widerrufen, wenn nachträglich eine der Voraussetzungen nach § 11a weggefallen ist. [2] Die Erlaubnis kann widerrufen werden, wenn Tatsachen die Annahme rechtfertigen, dass der Erlaubnisinhaber entgegen einer vollziehbaren Anordnung der zuständigen Behörde die Apotheke nicht den Anforderungen des § 11a Satz 1 Nr. 1 bis 3, Satz 2 oder einer Rechtsverordnung nach § 21 entsprechend betreibt.

(3) Wird der Versandhandel ohne Erlaubnis betrieben, gilt § 5 entsprechend.

**§ 12 [Nichtige Rechtsgeschäfte]** Rechtsgeschäfte, die ganz oder teilweise gegen § 8 Satz 2, § 9 Abs. 1, § 10 oder § 11 verstoßen, sind nichtig.

**§ 12a**[2] **[Vertrag zur Versorgung von Heimbewohnern]** (1) [1] Der Inhaber einer Erlaubnis zum Betrieb einer öffentlichen Apotheke ist verpflichtet, zur Versorgung von Bewohnern von Heimen im Sinne des § 1 des Heimgesetzes[3] mit Arzneimitteln und apothekenpflichtigen Medizinprodukten mit dem Träger der Heime einen schriftlichen Vertrag zu schließen. [2] Der Vertrag bedarf zu seiner Rechtswirksamkeit der Genehmigung der zuständigen Behörde. [3] Die Genehmigung ist zu erteilen, wenn

1. die öffentliche Apotheke und die zu versorgenden Heime innerhalb desselben Kreises oder derselben kreisfreien Stadt oder in einander benachbarten Kreisen oder kreisfreien Städten liegen,
2. die ordnungsgemäße Arzneimittelversorgung gewährleistet ist, insbesondere Art und Umfang der Versorgung, das Zutrittsrecht zum Heim sowie die Pflichten zur Überprüfung der ordnungsgemäßen, bewohnerbezogenen Aufbewahrung der von ihm gelieferten Produkte durch pharmazeutisches Personal der Apotheke sowie die Dokumentation dieser Versorgung vertraglich festgelegt sind,
3. die Pflichten des Apothekers zur Information und Beratung von Heimbewohnern und des für die Verabreichung oder Anwendung der gelieferten Produkte Verantwortlichen festgelegt sind, soweit eine Information und Beratung zur Sicherheit der Heimbewohner oder der Beschäftigten des Heimes erforderlich sind,
4. der Vertrag die freie Apothekenwahl von Heimbewohnern nicht einschränkt und
5. der Vertrag keine Ausschließlichkeitsbindung zugunsten einer Apotheke enthält und die Zuständigkeitsbereiche mehrerer an der Versorgung beteiligter Apotheken klar abgrenzt.

[4] Nachträgliche Änderungen oder Ergänzungen des Vertrages sind der zuständigen Behörde unverzüglich anzuzeigen.

---

[1] § 11b eingef. mWv 1.1.2004 durch G v. 14.11.2003 (BGBl. I S. 2190).
[2] § 12a eingef. mWv 28.8.2003 durch G v. 21.8.2002 (BGBl. I S. 3352).
[3] Nr. **419**.

(2) Die Versorgung ist vor Aufnahme der Tätigkeit der zuständigen Behörde anzuzeigen.

(3) Soweit Bewohner von Heimen sich selbst mit Arzneimitteln und apothekenpflichtigen Medizinprodukten aus öffentlichen Apotheken versorgen, bedarf es keines Vertrages nach Absatz 1.

**§ 13[1)] [Tod des Erlaubnisinhabers]** (1) Nach dem Tode des Erlaubnisinhabers dürfen die Erben die Apotheke für längstens 12 Monate durch einen Apotheker verwalten lassen.

(1a) Stirbt der Pächter einer Apotheke vor Ablauf der vereinbarten Pachtzeit, so kann die zuständige Behörde zur Vermeidung unbilliger Härten für den Verpächter zulassen, daß dieser die Apotheke für die Dauer von höchstens zwölf Monaten durch einen Apotheker verwalten läßt.

(1b) [1] Der Verwalter bedarf für die Zeit der Verwaltung einer Genehmigung. [2] Die Genehmigung ist zu erteilen, wenn er die Voraussetzungen des § 2 Abs. 1 Nr. 1 bis 4, 7 und 8 erfüllt.

(2) [1] Die Genehmigung erlischt, wenn der Verwalter nicht mehr die Approbation als Apotheker besitzt. [2] § 4 ist entsprechend anzuwenden.

(3) Der Verwalter ist für die Beachtung der Apothekenbetriebsordnung und der Vorschriften über die Herstellung von Arzneimitteln und den Verkehr mit diesen verantwortlich.

## Zweiter Abschnitt. Krankenhausapotheken; Bundeswehrapotheken; Zweigapotheken; Notapotheken

**§ 14[2)] [Krankenhausapotheken]** (1) [1] Dem Träger eines Krankenhauses ist auf Antrag die Erlaubnis zum Betrieb einer Krankenhausapotheke zu erteilen, wenn er

1. die Anstellung eines Apothekers, der die Voraussetzungen nach § 2 Abs. 1 Nr. 1 bis 4, 7 und 8 sowie Abs. 3, auch in Verbindung mit Abs. 2 oder 2a, erfüllt, und
2. die für Krankenhausapotheken nach der Apothekenbetriebsordnung vorgeschriebenen Räume nachweist.

[2] Der Leiter der Krankenhausapotheke oder ein von ihm beauftragter Apotheker hat die Ärzte des Krankenhauses über Arzneimittel zu informieren und zu beraten, insbesondere im Hinblick auf eine zweckmäßige und wirtschaftliche Arzneimitteltherapie. [3] Dies gilt auch insoweit, als die ambulante Versorgung berührt ist.

(2) [1] Die Erlaubnis ist zurückzunehmen, wenn nachträglich bekannt wird, dass bei der Erteilung eine der nach Absatz 1 Satz 1 erforderlichen Voraus-

---

[1)] § 13 Abs. 1b neu gef. durch G v. 23.7.1988 (BGBl. I S. 1077); Abs. 1b Satz 2 geänd. durch G v. 23.8.1994 (BGBl. I S. 2189).

[2)] § 14 neu gef. mWv 21.6.2005 durch G v. 15.6.2005 (BGBl. I S. 1642); Abs. 9 angef. mWv 6.9. 2005 durch G v. 29.8.2005 (BGBl. I S. 2570); Abs. 7 Satz 4 eingef., bish. Satz 4 wird Satz 5 mWv 1.4. 2007 durch G v. 26.3.2007 (BGBl. I S. 378); Abs. 7 Satz 2 geänd. mWv 1.7.2008 durch G v. 28.5. 2008 (BGBl. I S. 874); Abs. 9 geänd. mWv 26.10.2012 durch G v. 19.10.2012 (BGBl. I S. 2192); Abs. 7 Satz 2 geänd., Satz 6 angef. mWv 1.9.2020 durch G v. 9.8.2019 (BGBl. I S. 1202, geänd. durch G v. 19.5.2020, BGBl. I S. 1018); Abs. 9 geänd. mWv 28.1.2022 durch G v. 27.9.2021 (BGBl. I S. 4530).

setzungen nicht vorgelegen hat. [2] Sie ist zu widerrufen, wenn eine der Voraussetzungen nach Absatz 1 weggefallen ist oder wenn der Erlaubnisinhaber oder eine von ihm beauftragte Person den Bestimmungen dieses Gesetzes, der auf Grund des § 21 erlassenen Rechtsverordnung oder den für die Herstellung von Arzneimitteln oder den Verkehr mit diesen erlassenen Rechtsvorschriften gröblich oder beharrlich zuwiderhandelt. [3] Entsprechend ist hinsichtlich der Genehmigung nach Absatz 5 Satz 1 und 3 zu verfahren, wenn die Voraussetzungen nach Absatz 5 Satz 2 nicht vorgelegen haben oder weggefallen sind.

(3) Wer als Inhaber einer Erlaubnis zum Betrieb einer Krankenhausapotheke nach Absatz 1 beabsichtigt, ein weiteres, nicht von ihm selbst getragenes Krankenhaus mit Arzneimitteln zu versorgen, hat dazu mit dem Träger dieses Krankenhauses einen schriftlichen Vertrag zu schließen.

(4) [1] Wer als Träger eines Krankenhauses beabsichtigt, das Krankenhaus von dem Inhaber einer Erlaubnis zum Betrieb einer Apotheke nach § 1 Abs. 2 oder nach den Gesetzen eines anderen Mitgliedstaates der Europäischen Union oder eines anderen Vertragsstaates des Abkommens über den Europäischen Wirtschaftsraum versorgen zu lassen, hat mit dem Inhaber dieser Erlaubnis einen schriftlichen Vertrag zu schließen. [2] Erfüllungsort für die vertraglichen Versorgungsleistungen ist der Sitz des Krankenhauses. [3] Anzuwendendes Recht ist deutsches Recht.

(5) [1] Der nach Absatz 3 oder 4 geschlossene Vertrag bedarf zu seiner Rechtswirksamkeit der Genehmigung der zuständigen Behörde. [2] Diese Genehmigung ist zu erteilen, wenn sichergestellt ist, dass das Krankenhaus mit einer Apotheke nach Absatz 3 oder 4 einen Vertrag über die Arzneimittelversorgung des Krankenhauses durch diese Apotheke geschlossen hat, der folgende Voraussetzungen erfüllt:

1. die ordnungsgemäße Arzneimittelversorgung ist gewährleistet, insbesondere sind die nach der Apothekenbetriebsordnung oder bei Apotheken, die ihren Sitz in einem anderen Mitgliedstaat der Europäischen Union oder einem anderen Vertragsstaat des Abkommens über den Europäischen Wirtschaftsraum haben, nach den in diesem Staat geltenden Vorschriften erforderlichen Räume und Einrichtungen sowie das erforderliche Personal vorhanden;
2. die Apotheke liefert dem Krankenhaus die von diesem bestellten Arzneimittel direkt oder im Falle des Versandes im Einklang mit den Anforderungen nach § 11a;
3. die Apotheke stellt Arzneimittel, die das Krankenhaus zur akuten medizinischen Versorgung besonders dringlich benötigt, unverzüglich und bedarfsgerecht zur Verfügung;
4. eine persönliche Beratung des Personals des Krankenhauses durch den Leiter der Apotheke nach Absatz 3 oder 4 oder den von ihm beauftragten Apotheker der versorgenden Apotheke erfolgt bedarfsgerecht und im Notfall unverzüglich;
5. die versorgende Apotheke gewährleistet, dass das Personal des Krankenhauses im Hinblick auf eine zweckmäßige und wirtschaftliche Arzneimitteltherapie von ihr kontinuierlich beraten wird;
6. der Leiter der versorgenden Apotheke nach Absatz 3 oder 4 oder der von ihm beauftragte Apotheker ist Mitglied der Arzneimittelkommission des Krankenhauses.

[3] Eine Genehmigung der zuständigen Behörde ist auch für die Versorgung eines anderen Krankenhauses durch eine unter derselben Trägerschaft stehende Krankenhausapotheke erforderlich. [4] Für die Erteilung der Genehmigung gilt Satz 2 entsprechend.

(6) [1] Der Leiter der Krankenhausapotheke nach Absatz 1 oder einer Apotheke nach Absatz 4 oder ein von ihm beauftragter Apotheker hat die Arzneimittelvorräte des zu versorgenden Krankenhauses nach Maßgabe der Apothekenbetriebsordnung zu überprüfen und dabei insbesondere auf die einwandfreie Beschaffenheit und ordnungsgemäße Aufbewahrung der Arzneimittel zu achten. [2] Zur Beseitigung festgestellter Mängel hat er eine angemessene Frist zu setzen und deren Nichteinhaltung der für die Apothekenaufsicht zuständigen Behörde anzuzeigen.

(7) [1] Der Leiter der Krankenhausapotheke nach Absatz 1 oder ein von ihm beauftragter Apotheker oder der Leiter einer Apotheke nach Absatz 4 dürfen nur solche Krankenhäuser mit Arzneimitteln versorgen, mit denen rechtswirksame Verträge bestehen oder für deren Versorgung eine Genehmigung nach Absatz 5 Satz 3 erteilt worden ist. [2] Die in Satz 1 genannten Personen dürfen Arzneimittel nur an die einzelnen Stationen und anderen Teileinheiten des Krankenhauses zur Versorgung von Patienten abgeben, die in dem Krankenhaus vollstationär, teilstationär, vor- oder nachstationär (§ 115a des Fünften Buches Sozialgesetzbuch[1)]) behandelt, ambulant operiert oder im Rahmen sonstiger stationsersetzender Eingriffe (§ 115b des Fünften Buches Sozialgesetzbuch) versorgt werden, ferner zur unmittelbaren Anwendung bei Patienten an ermächtigte Ambulanzen des Krankenhauses, insbesondere an Hochschulambulanzen (§ 117 des Fünften Buches Sozialgesetzbuch), psychiatrische Institutsambulanzen (§ 118 des Fünften Buches Sozialgesetzbuch), sozialpädiatrische Zentren (§ 119 des Fünften Buches Sozialgesetzbuch), medizinische Behandlungszentren (§ 119c des Fünften Buches Sozialgesetzbuch) und ermächtigte Krankenhausärzte (§ 116 des Fünften Buches Sozialgesetzbuch) sowie an Patienten im Rahmen der ambulanten Behandlung im Krankenhaus, wenn das Krankenhaus hierzu ermächtigt (§ 116a des Fünften Buches Sozialgesetzbuch) oder berechtigt (§§ 116b und 140a Absatz 3 Satz 2[2)] des Fünften Buches Sozialgesetzbuch) ist. [3] Bei der Entlassung von Patienten nach stationärer oder ambulanter Behandlung im Krankenhaus darf an diese die zur Überbrückung benötigte Menge an Arzneimitteln nur abgegeben werden, wenn im unmittelbaren Anschluss an die Behandlung ein Wochenende oder ein Feiertag folgt. [4] Unbeschadet des Satzes 3 können an Patienten, für die die Verordnung häuslicher Krankenpflege nach § 92 Abs. 7 Satz 1 Nr. 3 des Fünften Buches Sozialgesetzbuch vorliegt, die zur Überbrückung benötigten Arzneimittel für längstens drei Tage abgegeben werden. [5] An Beschäftigte des Krankenhauses dürfen Arzneimittel nur für deren unmittelbaren eigenen Bedarf abgegeben werden. [6] Die Versorgung mit Arzneimitteln nach den Sätzen 3 bis 5 umfasst auch Arzneimittel, die verschreibungsfähige Betäubungsmittel sind.

---

[1)] **Aichberger Nr. 5.**

[2)] Durch Art. 18 Nr. 2 G **(Aichberger Nr. 5)** v. 9.8.2019 (BGBl. I S. 1202, geänd. durch G v. 19.5.2020, BGBl. I S. 1018) wird „die Angabe „§ 140b Abs. 4 Satz 3" durch die Angabe „§ 140a Absatz 3 Satz 2" ersetzt". Diese Änderungsanweisung ist formal so nicht umsetzbar, da vor „140b" kein Paragraphenzeichen steht, der amtliche Text an dieser Stelle lautet „§§ 116b und 140b".

(8) [1]Krankenhäuser im Sinne dieses Gesetzes sind Einrichtungen nach § 2 Nr. 1 des Krankenhausfinanzierungsgesetzes[1)]. [2]Diesen stehen hinsichtlich der Arzneimittelversorgung gleich:

1. die nach Landesrecht bestimmten Träger und Durchführenden des Rettungsdienstes,
2. Kur- und Spezialeinrichtungen, die der Gesundheitsvorsorge oder der medizinischen oder beruflichen Rehabilitation dienen, sofern sie
   a) Behandlung oder Pflege sowie Unterkunft und Verpflegung gewähren,
   b) unter ständiger hauptberuflicher ärztlicher Leitung stehen und
   c) insgesamt mindestens 40 vom Hundert der jährlichen Leistungen für Patienten öffentlich-rechtlicher Leistungsträger oder für Selbstzahler abrechnen, die keine höheren als die den öffentlich-rechtlichen Leistungsträgern berechneten Entgelte zahlen.

[3]Die nach Landesrecht bestimmten Träger und Durchführenden des Rettungsdienstes sowie Kur- und Spezialeinrichtungen sind als eine Station im Sinne des Absatzes 7 Satz 2 anzusehen, es sei denn, dass sie in Stationen oder andere Teileinheiten mit unterschiedlichem Versorgungszweck unterteilt sind. [4]Dem Träger einer in Satz 2 genannten Einrichtung darf für diese eine Erlaubnis nach Absatz 1 nicht erteilt werden.

(9) Die Absätze 3, 4, 5 Satz 3 und Absatz 7 Satz 1 bis 3 finden keine Anwendung, soweit es sich um Arzneimittel zur Behandlung einer bedrohlichen übertragbaren Krankheit handelt, deren Ausbreitung eine sofortige und das übliche Maß erheblich überschreitende Bereitstellung von spezifischen Arzneimitteln erforderlich macht, und die von den Gesundheitsbehörden des Bundes oder der Länder oder von diesen benannten Stellen nach § 47 Absatz 1 Nummer 3c bevorratet oder nach § 21 Absatz 2 Nummer 1c des Arzneimittelgesetzes[2)] hergestellt wurden.

**§ 15[3)] [Bundeswehrapotheken]** (1) Im Geschäftsbereich des Bundesministeriums der Verteidigung obliegt die Arzneimittelversorgung den Bundeswehrapotheken.

(2) [1]Das Bundesministerium der Verteidigung regelt unter Berücksichtigung der besonderen militärischen Gegebenheiten in Dienstvorschriften die Errichtung der Bundeswehrapotheken sowie deren Einrichtung und Betrieb. [2]Dabei stellt er sicher, daß die Angehörigen der Bundeswehr hinsichtlich der Arzneimittelversorgung und der Arzneimittelsicherheit nicht anders gestellt sind als Zivilpersonen.

**§ 16 [Zweigapotheken]** (1) Tritt infolge Fehlens einer Apotheke ein Notstand in der Arzneimittelversorgung ein, so kann die zuständige Behörde dem Inhaber einer nahe gelegenen Apotheke auf Antrag die Erlaubnis zum Betrieb einer Zweigapotheke erteilen, wenn dieser die dafür vorgeschriebenen Räume nachweist.

(2) [1]Zweigapotheken müssen verwaltet werden. [2]§ 13 gilt entsprechend.

---

[1)] **Aichberger Nr. 5/20.**
[2)] Nr. **272**.
[3)] § 15 Abs. 3 aufgeh. mWv 28.8.2002 durch G v. 21.8.2002 (BGBl. I S. 3352); Abs. 1 und Abs. 2 Satz 1 geänd. mWv 28.11.2003 durch VO v. 25.11.2003 (BGBl. I S. 2304).

(3) Die Erlaubnis nach Absatz 1 soll einem Apotheker nicht für mehr als eine Zweigapotheke erteilt werden.

(4) Die Erlaubnis wird für einen Zeitraum von fünf Jahren erteilt; sie kann erneut erteilt werden.

**§ 17 [Notapotheken]** [1] Ergibt sich sechs Monate nach öffentlicher Bekanntmachung eines Notstandes in der Arzneimittelversorgung der Bevölkerung, daß weder ein Antrag auf Betrieb einer Apotheke noch einer Zweigapotheke gestellt worden ist, so kann die zuständige Behörde einer Gemeinde oder einem Gemeindeverband die Erlaubnis zum Betrieb einer Apotheke unter Leitung eines von ihr anzustellenden Apothekers erteilen, wenn diese die nach diesem Gesetz vorgeschriebenen Räume und Einrichtungen nachweisen. [2] Der Apotheker muß die Voraussetzungen des § 2 Abs. 1 Nr. 1 bis 4 und 7 erfüllen.

## Dritter Abschnitt.[1] Notdienstpauschale, Apothekenbetriebsordnung und Ausnahmeregelungen für Bundespolizei und Bereitschaftspolizei

**§ 18[2] [Notdienstfonds]** (1) [1] Der im Vereinsregister des Amtsgerichts Frankfurt am Main unter der Registernummer 4485 eingetragene Deutsche Apothekerverband e. V. errichtet und verwaltet einen Fonds zur Förderung der Sicherstellung des Notdienstes von Apotheken. [2] Er nimmt die Aufgaben im Zusammenhang mit der Errichtung des Fonds sowie der Vereinnahmung und Verteilung der Mittel, einschließlich des Erlasses und der Vollstreckung der hierzu notwendigen Verwaltungsakte, als Beliehener nach Maßgabe der §§ 19 und 20 wahr. [3] Der Deutsche Apothekerverband e. V. ist Anordnungsbehörde im Sinne des § 3 des Verwaltungsvollstreckungsgesetzes[3] und Vollzugsbehörde im Sinne des § 7 des Verwaltungsvollstreckungsgesetzes.

(2) [1] Der Deutsche Apothekerverband e. V. hat den Fonds nach Absatz 1 Satz 1 getrennt vom sonstigen Vermögen des Vereins zu errichten und zu verwalten. [2] Die ihm bei der Errichtung und Verwaltung des Fonds entstehenden Ausgaben werden aus den Einnahmen des Fonds gedeckt. [3] Die Finanzmittel sind bei der Bundesrepublik Deutschland Finanzagentur GmbH anzulegen. [4] Der Fonds hat zur Sicherstellung seiner Zahlungsfähigkeit im jeweils laufenden Quartal Betriebsmittel in angemessener Höhe vorzuhalten, die aus Einnahmen des Fonds zu bilden sind. [5] Zur anfänglichen Aufbringung der Betriebsmittel können Darlehen in angemessener Höhe aufgenommen werden, die bis spätestens zum 31. Dezember 2013 aus den Einnahmen des Fonds zurückzuzahlen sind.

(3) [1] Die Rechts- und Fachaufsicht über den Deutschen Apothekerverband e. V. bei der Wahrnehmung der Aufgaben nach Absatz 1 führt das Bundesministerium für Gesundheit. [2] Der Deutsche Apothekerverband e. V. hat der Aufsichtsbehörde auf Verlangen die Rechnungslegung des Fonds offenzulegen.

---

[1] Dritter Abschn. Überschr. geänd. mWv 1.7.2005 durch G v. 21.6.2005 (BGBl. I S. 1818); Überschrift neu gef. mWv 1.8.2013 durch G v. 15.7.2013 (BGBl. I S. 2420).

[2] § 18 eingef. mWv 1.8.2013 durch G v. 15.7.2013 (BGBl. I S. 2420).

[3] **Sartorius Nr. 112.**

**§ 19**[1] **[Festzuschlag; Gebühren; Kostenerstattung]** (1) [1] Die Apotheken sind verpflichtet, nach jedem Quartalsende innerhalb von zehn Tagen nach Bekanntgabe des Bescheids nach Absatz 2 Satz 1 für alle im Quartal abgegebenen Packungen verschreibungspflichtiger Fertigarzneimittel zur Anwendung bei Menschen den Anteil des Festzuschlags nach § 3 Absatz 1 Satz 1 der Arzneimittelpreisverordnung, der der Förderung der Sicherstellung des Notdienstes von Apotheken dient, an den nach § 18 Absatz 1 Satz 1 errichteten Fonds abzuführen. [2] Soweit die Apotheken für die Abrechnung mit den Krankenkassen Rechenzentren in Anspruch nehmen, haben sie die auf die abgerechneten sowie die auf die sonstigen abgegebenen Arzneimittel entfallenden Anteile nach Satz 1 über die Rechenzentren abzuführen.

(2) [1] Der Deutsche Apothekerverband e. V. setzt gegenüber der Apotheke für jedes Quartal die abzuführenden Beträge fest. [2] Widerspruch und Klage gegen die Festsetzung haben keine aufschiebende Wirkung. [3] Der Beliehene ist Widerspruchsbehörde im Sinne des § 73 Absatz 1 Satz 2 Nummer 2 der Verwaltungsgerichtsordnung[2]. [4] Für ein Vorverfahren werden Gebühren und Auslagen erhoben. [5] Für die vollständige oder teilweise Zurückweisung eines Widerspruchs wird eine Gebühr bis zu 500 Euro erhoben. [6] Bei Rücknahme eines Widerspruchs nach Beginn seiner sachlichen Bearbeitung, jedoch vor deren Beendigung, ist die Gebühr nach Satz 5 anteilig zu erheben. [7] Hat der Widerspruch nur deshalb keinen Erfolg, weil die Verletzung einer Verfahrens- oder Formvorschrift nach § 45 des Verwaltungsverfahrensgesetzes[3] unbeachtlich ist, wird keine Gebühr erhoben. [8] Über die Gebühren nach den Sätzen 5 und 6 entscheidet die Widerspruchsbehörde nach billigem Ermessen. [9] Für Klagen gegen den Beliehenen ist das Verwaltungsgericht örtlich zuständig, in dessen Bezirk er seinen Sitz hat.

*(Fortsetzung nächstes Blatt)*

---

[1] § 19 eingef. mWv 1.8.2013 durch G v. 15.7.2013 (BGBl. I S. 2420); Abs. 3 Satz 5 geänd., Satz 6 angef. mWv 11.5.2019 durch G v. 6.5.2019 (BGBl. I S. 646).
[2] **Sartorius Nr. 600.**
[3] **Sartorius Nr. 100.**

[illegible]

[illegible]

[illegible]

# 272. Gesetz über den Verkehr mit Arzneimitteln (Arzneimittelgesetz – AMG)[1) 2) 3)]

In der Fassung der Bekanntmachung vom 12. Dezember 2005[4)]
(BGBl. I S. 3394)

**FNA 2121-51-1-2**

geänd. durch Art. 1 Zwölftes ÄndG v. 30.7.2004 (BGBl. I S. 2031), Art. 12 G über die Bereinigung von Bundesrecht im Zuständigkeitsbereich des BMAS und des BMG v. 14.8.2006 (BGBl. I S. 1869), Art. 5 zur Neuordnung des Tierzuchtrechts sowie zur Änd. des TierseuchenG, des TierschutzG und des ArzneimittelG v. 21.12.2006 (BGBl. I S. 3294), Art. 2 G über die Durchsetzung der Verbraucherschutzgesetze bei innergemeinschaftlichen Verstößen v. 21.12.2006 (BGBl. I S. 3367), Art. 30 GKV-WettbewerbsstärkungsG v. 26.3.2007 (BGBl. I S. 378), Art. 2 G zur Änd. medizinprodukterechtlicher und anderer Vorschriften v. 14.6.2007 (BGBl. I S. 1066), Art. 2 GewebeG v. 20.7.2007 (BGBl. I S. 1574), Art. 2 G zur Verbesserung der Bekämpfung des Dopings im Sport v. 24.10.2007 (BGBl. I S. 2510), Art. 9 Abs. 1 Versicherungsvertrags-ReformG v. 23.11.2007 (BGBl. I S. 2631), Art. 2 G zur diamorphingestützten Substitutionsbehandlung v. 15.7.2009 (BGBl. I S. 1801), Art. 1 G zur Änd. arzneimittelrechtlicher und anderer Vorschriften v. 17.7.2009 (BGBl. I S. 1990, ber. S. 3578), Art. 1 VO zur Bestimmung von Dopingmitteln und Festlegung der nicht geringen Mengen v. 28.9.2009 (BGBl. I S. 3172), Art. 1 VO zur Bestimmung von Dopingmitteln und zur Festlegung der nicht geringen Menge v. 29.11.2010 (BGBl. I S. 1752), Art. 7 ArzneimittelmarktneuordnungsG v. 22.12. 2010 (BGBl. I S. 2262), Art. 1 ÄndG v. 25.5.2011 (BGBl. I S. 946), Art. 1 Erste VO zur Änd. EU-rechtlicher Verweisungen im ArzneimittelG v. 19.7.2011 (BGBl. I S. 1398), Art. 13 GKV-VersorgungsstrukturG v. 22.12.2011 (BGBl. I S. 2983), Art. 1 Zweite VO zur Änd. EU-rechtlicher Verweisungen im ArzneimittelG v. 16.7.2012 (BGBl. I S. 1534), Art. 1, 2, 14 Zweites G zur Änd. arzneimittelrechtlicher und anderer Vorschriften v. 19.10.2012 (BGBl. I S. 2192, geänd. durch G v.

---

1) **Amtl. Anm.:** Dieses Gesetz dient der Umsetzung
- der Richtlinie 2001/83/EG des Europäischen Parlaments und des Rates vom 6. November 2001 zur Schaffung eines Gemeinschaftskodexes für Humanarzneimittel (ABl. EG Nr. L 311 S. 67),
- der Richtlinie 2001/82/EG des Europäischen Parlaments und des Rates vom 6. November 2001 zur Schaffung eines Gemeinschaftskodexes für Tierarzneimittel (ABl. EG Nr. L 311 S. 1),
- der Richtlinie 2001/20/EG des Europäischen Parlaments und des Rates vom 4. April 2001 zur Angleichung der Rechts- und Verwaltungsvorschriften der Mitgliedstaaten über die Anwendung der guten klinischen Praxis bei der Durchführung von klinischen Prüfungen mit Humanarzneimitteln (ABl. EG Nr. L 121 S. 34),
- der Richtlinie 2002/98/EG des Europäischen Parlaments und des Rates vom 27. Januar 2003 zur Festlegung von Qualitäts- und Sicherheitsstandards für die Gewinnung, Testung, Verarbeitung, Lagerung und Verteilung von menschlichem Blut und Blutbestandteilen und zur Änderung der Richtlinie 2001/83/EG (ABl. EU Nr. L 33 S. 30),
- der Richtlinie 2004/23/EG des Europäischen Parlaments und des Rates vom 31. März 2004 zur Festlegung von Qualitäts- und Sicherheitsstandards für die Spende, Beschaffung, Testung, Verarbeitung, Konservierung, Lagerung und Verteilung von menschlichen Geweben und Zellen (ABl. EU Nr. L 102 S. 48),
- der Richtlinie 2004/24/EG des Europäischen Parlaments und des Rates vom 31. März 2004 zur Änderung der Richtlinie 2001/83/EG zur Schaffung eines Gemeinschaftskodexes für Humanarzneimittel hinsichtlich traditioneller pflanzlicher Arzneimittel (ABl. EU Nr. L 136 S. 85),
- der Richtlinie 2004/27/EG des Europäischen Parlaments und des Rates vom 31. März 2004 zur Änderung der Richtlinie 2001/83/EG zur Schaffung eines Gemeinschaftskodexes für Humanarzneimittel (ABl. EU Nr. L 136 S. 34) und
- der Richtlinie 2004/28/EG des Europäischen Parlaments und des Rates vom 31. März 2004 zur Änderung der Richtlinie 2001/82/EG zur Schaffung eines Gemeinschaftskodexes für Tierarzneimittel (ABl. EU Nr. L 136 S. 58).

2) Die Änderungen durch G v. 12.5.2021 (BGBl. I S. 1087) treten teilweise erst **mWv 26.5.2022** in Kraft und sind insoweit im Text noch nicht berücksichtigt.

3) Die Änderungen durch G v. 10.8.2021 (BGBl. I S. 3436) treten erst **mWv 1.1.2024** in Kraft und sind im Text noch nicht berücksichtigt.

4) Neubekanntmachung des AMG idF der Bek. v. 11.12.1998 (BGBl. I S. 3586) in der ab 1.12.2005 geltenden Fassung.

20.12.2016, BGBl. I S. 3048, iVm Bek. v. 30.1.2017, BGBl. I S. 154 und iVm Bek. v. 30.6.2017, BGBl. I S. 2304), Art. 4 G zur Durchführung der Internationalen Gesundheitsvorschriften (2005) und zur Änd. weiterer Gesetze v. 21.3.2013 (BGBl. I S. 566), Art. 1 Dritte VO zur Änd. EU-rechtlicher Verweisungen im ArzneimittelG v. 25.3.2013 (BGBl. I S. 627), Art. 5 Abs. 1 G zur Umsetzung des Seearbeitsübereinkommens 2006 der Internationalen Arbeitsorganisation v. 20.4.2013 (BGBl. I S. 868), Art. 1 Zweite VO zur Bestimmung von Dopingmitteln und zur Festlegung der nicht geringen Menge v. 24.6.2013 (BGBl. I S. 1687), Art. 2 ApothekennotdienstsicherstellungsG v. 15.7.2013 (BGBl. I S. 2420), Art. 1 Vierte VO zur Änd. EU-rechtlicher Verweisungen im ArzneimittelG v. 12.7.2013 (BGBl. I S. 2439), Art. 2 G zur Durchführung der VO (EU) Nr. 528/2012 v. 23.7.2013 (BGBl. I S. 2565), Art. 1 Drittes G zur Änd. arzneimittelrechtlicher und anderer Vorschriften v. 7.8. 2013 (BGBl. I S. 3108), Art. 2 Abs. 24, Art. 4 Abs. 11 G zur Strukturreform des Gebührenrechts des Bundes v. 7.8.2013 (BGBl. I S. 3154, Art. 4 Abs. 11 dieses G aufgeh. durch Art. 2 G v. 18.7.2016, BGBl. I S. 1666), Art. 1 Sechzehntes ÄndG v. 10.10.2013 (BGBl. I S. 3813, ber. 2014 S. 272), Art. 2a 14. SGB V-ÄnderungsG v. 27.3.2014 (BGBl. I S. 261), Art. 3 Erstes PflegestärkungsG v. 17.12.2014 (BGBl. I S. 2222), Art. 52 Zehnte ZuständigkeitsanpassungsVO v. 31.8.2015 (BGBl. I S. 1474), Art. 1 Fünfte ÄndVO v. 2.9.2015 (BGBl. I S. 1571), Art. 2, 3 G zur Bekämpfung von Doping im Sport v. 10.12.2015 (BGBl. I S. 2210), Art. 3 G zur Umsetzung der RL über Tabakerzeugnisse und verwandte Erzeugnisse v. 4.4.2016 (BGBl. I S. 569), Art. 4 Abs. 11 G zur Aktualisierung der Strukturreform des Gebührenrechts des Bundes v. 18.7.2016 (BGBl. I S. 1666), Art. 1 G zur Umsetzung der RL (EU) 2015/566 und 2015/565 zur Einfuhr und zur Kodierung menschlicher Gewebe und Gewebezubereitungen v. 21.11.2016 (BGBl. I S. 2623), Art. 6b G zur Weiterentwicklung der Versorgung und der Vergütung für psychiatrische und psychosomatische Leistungen v. 19.12. 2016 (BGBl. I S. 2986), Art. 1, 2 Viertes G zur Änd. arzneimittelrechtlicher und anderer Vorschriften v. 20.12.2016 (BGBl. I S. 3048, geänd. durch G v. 9.8.2019, BGBl. I S. 1202, durch G v. 20.11.2019, BGBl. I S. 1626, und durch G v. 27.9.2021, BGBl. I S. 4530), Art. 1 Sechste VO zur Änd. EU-rechtlicher Verweisungen im ArzneimittelG v. 10.3.2017 (BGBl. I S. 456), Art. 45 G zum Abbau verzichtbarer Anordnungen der Schriftform im Verwaltungsrecht des Bundes v. 29.3.2017 (BGBl. I S. 626), Art. 6 Abs. 9 G zur Reform der strafrechtlichen Vermögensabschöpfung v. 13.4.2017 (BGBl. I S. 872), Art. 5 GKV-ArzneimittelversorgungsstärkungsG v. 4.5.2017 (BGBl. I S. 1050), Art. 2 G zur Einführung eines Anspruchs auf Hinterbliebenengeld v. 17.7.2017 (BGBl. I S. 2421), Art. 1 G zur Fortschreibung der Vorschriften für Blut- und Gewebezubereitungen und zur Änd. anderer Vorschriften v. 18.7.2017 (BGBl. I S. 2757), Art. 1 Siebte VO zur Änd. EU-rechtlicher Verweisungen im ArzneimittelG v. 17.4.2019 (BGBl. I S. 537), Art. 11 Terminservice- und VersorgungsG v. 6.5.2019 (BGBl. I S. 646), Art. 1, 2 G für mehr Sicherheit in der Arzneimittelversorgung v. 9.8.2019 (BGBl. I S. 1202, geänd. durch G v. 19.5.2020, BGBl. I S. 1018, und durch G v. 27.9.2021, BGBl. I S. 4530), Art. 18 Zweites Datenschutz-Anpassungs- und UmsetzungsG EU v. 20.11.2019 (BGBl. I S. 1626), Art. 3c MasernschutzG v. 10.2.2020 (BGBl. I S. 148), Art. 0 Fairer-Kassenwettbewerb-G v. 22.3.2020 (BGBl. I S. 604), Art. 7, 8, 16a Abs. 3 Medizinprodukte-EU-AnpassungsG v. 28.4.2020 (BGBl. I S. 960, geänd. durch G v. 19.5.2020, BGBl. I S. 1018, und durch G v. 12.5.2021, BGBl. I S. 1087), Art. 94 Elfte ZuständigkeitsanpassungsVO v. 19.6.2020 (BGBl. I S. 1328), Art. 2 Abs. 1 G zur Änd. des EG-VerbraucherschutzdurchsetzungsG sowie des G über die Errichtung des Bundesamts für Justiz v. 25.6.2020 (BGBl. I S. 1474), Art. 2b Drittes G zum Schutz der Bevölkerung bei einer epidemischen Lage von nationaler Tragweite v. 18.11.2020 (BGBl. I S. 2397), Art. 5 G zur Stärkung der Vor-Ort-Apotheken v. 9.12.2020 (BGBl. I S. 2870), Art. 7, 8 G zur Änd. des Medizinprodukterecht-DurchführungsG und weiterer Gesetze v. 12.5.2021 (BGBl. I S. 1087), Art. 1 Achte VO zur Änd. EU-rechtlicher Verweisungen im ArzneimittelG v. 19.5.2021 (BGBl. I S. 1164), Art. 9 Digitale-Versorgung-und-Pflege-Modernisierungs-G v. 3.6.2021 (BGBl. I S. 1309), Art. 10 Abs. 4 Viertes G zur Änd. des Lebensmittel- und Futtermittelgesetzbuches sowie anderer Vorschriften v. 27.7.2021 (BGBl. I S. 3274), Art. 10 PersonengesellschaftsrechtsmodernisierungsG (MoPeG) v. 10.8.2021 (BGBl. I S. 3436), Art. 1 17. ÄndG v. 10.8.2021 (BGBl. I S. 3519) und Art. 2, 3 G zum Erlass eines Tierarzneimittelgesetzes und zur Anpassung arzneimittelrechtlicher und anderer Vorschriften v. 27.9.2021 (BGBl. I S. 4530)

## Inhaltsübersicht[1)]



---

1) Inhaltsübersicht zuletzt geänd. mWv 27.1.2022 und mWv 28.1.2022 durch G v. 27.9.2021 (BGBl. I S. 4530).

---

[1] Bezeichnung amtlich.

## Erster Abschnitt.[1] Zweck des Gesetzes und Begriffsbestimmungen, Anwendungsbereich

**§ 1[2] Zweck des Gesetzes** Es ist der Zweck dieses Gesetzes, im Interesse einer ordnungsgemäßen Versorgung der Bevölkerung mit Arzneimitteln für die Sicherheit im Verkehr mit Arzneimitteln, insbesondere für die Qualität, Wirksamkeit und Unbedenklichkeit der Arzneimittel, nach Maßgabe der folgenden Vorschriften zu sorgen.

**§ 2[3] Arzneimittelbegriff.** (1) [1]Arzneimittel im Sinne dieses Gesetzes sind Arzneimittel, die zur Anwendung bei Menschen bestimmt sind. [2]Dies sind Stoffe oder Zubereitungen aus Stoffen,

1. die zur Anwendung im oder am menschlichen Körper bestimmt sind und als Mittel mit Eigenschaften zur Heilung oder Linderung oder zur Verhütung menschlicher Krankheiten oder krankhafter Beschwerden bestimmt sind oder
2. die im oder am menschlichen Körper angewendet oder einem Menschen verabreicht werden können, um entweder
   a) die physiologischen Funktionen durch eine pharmakologische, immunologische oder metabolische Wirkung wiederherzustellen, zu korrigieren oder zu beeinflussen oder
   b) eine medizinische Diagnose zu erstellen.

---

[1] Überschrift 1. Abschnitt geänd. mWv 23.7.2009 durch G v. 17.7.2009 (BGBl. I S. 1990).
[2] § 1 geänd. mWv 28.1.2022 durch G v. 27.9.2021 (BGBl. I S. 4530).
[3] § 2 Abs. 3 Nr. 8 neu gef. mWv 1.8.2007 durch G v. 20.7.2007 (BGBl. I S. 1574); Abs. 1 neu gef., Abs. 2 Nr. 2 geänd., Abs. 3 Nr. 5 neu gef., Abs. 3a eingef. mWv 23.7.2009 durch G v. 17.7.2009 (BGBl. I S. 1990); Abs. 3 Nr. 7 geänd. mWv 26.10.2012 durch G v. 19.10.2012 (BGBl. I S. 2192); Abs. 3 Nr. 5 geänd. mWv 1.9.2013 durch G v. 23.7.2013 (BGBl. I S. 2565); Abs. 3 Nr. 6 geänd. mWv 1.4.2014 durch G v. 10.10.2013 (BGBl. I S. 3813); Abs. 3 Nr. 3 neu gef. mWv 20.5.2016 durch G v. 4.4.2016 (BGBl. I S. 569); Abs. 3 Nr. 7 neu gef. mWv 26.5.2021 durch G v. 12.5.2021 (BGBl. I S. 1087); Abs. 3 Nr. 1, 2 und 6 geänd. mWv 10.8.2021 durch G v. 27.7.2021 (BGBl. I S. 3274); Abs. 1 und 2 neu gef., Abs. 3 einl. Satzteil neu gef., Nr. 1 eingef., bish. Nr. 1–3 werden Nr. 2–4, bish. Nr. 4 aufgeh., Nr. 5 geänd., Nr. 6 aufgeh. mWv 28.1.2022 durch G v. 27.9.2021 (BGBl. I S. 4530).

(2) Als Arzneimittel gelten Gegenstände, die ein Arzneimittel nach Absatz 1 enthalten oder auf die ein Arzneimittel nach Absatz 1 aufgebracht ist und die dazu bestimmt sind, dauernd oder vorübergehend mit dem menschlichen Körper in Berührung gebracht zu werden.

(3) Arzneimittel im Sinne dieses Gesetzes sind nicht

1. Tierarzneimittel im Sinne des Artikels 4 Nummer 1 der Verordnung (EU) 2019/6 des Europäischen Parlaments und des Rates vom 11. Dezember 2018 über Tierarzneimittel und zur Aufhebung der Richtlinie 2001/82/EG (ABl. L 4 vom 7.1.2019, S. 43; L 163 vom 20.6.2019, S. 112; L 326 vom 8.10.2020, S. 15; L 241 vom 8.7.2021, S. 17) und veterinärmedizintechnische Produkte nach § 3 Absatz 3 des Tierarzneimittelgesetzes,
2. Lebensmittel im Sinne des Artikels 2 der Verordnung (EG) Nr. 178/2002[1] des Europäischen Parlaments und des Rates vom 28. Januar 2002 zur Festlegung der allgemeinen Grundsätze und Anforderungen des Lebensmittelrechts, zur Errichtung der Europäischen Behörde für Lebensmittelsicherheit und zur Festlegung von Verfahren zur Lebensmittelsicherheit (ABl. L 31 vom 1.2.2002, S. 1), die zuletzt durch die Verordnung (EU) 2019/1381 (ABl. L 231 vom 6.9.2019, S. 1) geändert worden ist,
3. kosmetische Mittel im Sinne des Artikels 2 Absatz 1 Buchstabe a auch in Verbindung mit Absatz 2 der Verordnung (EG) Nr. 1223/2009 des Europäischen Parlaments und des Rates vom 30. November 2009 über kosmetische Mittel (ABl. L 342 vom 22.12.2009, S. 59; L 318 vom 15.11.2012, S. 74; L 72 vom 15.3.2013, S. 16; L 142 vom 29.5.2013, S. 10; L 254 vom 28.8.2014, S. 39; L 17 vom 21.1.2017, S. 52; L 326 vom 9.12.2017, S. 55; L 183 vom 19.7.2018, S. 27; L 324 vom 13.12.2019, S. 80; L 76 vom 12.3.2020, S. 36), die zuletzt durch die Verordnung (EU) 2019/1966 (ABl. L 307 vom 28.11. 2019, S. 15) geändert worden ist,
4. Erzeugnisse im Sinne des § 2 Nummer 1 des Tabakerzeugnisgesetzes[2],
5. Biozid-Produkte nach Artikel 3 Absatz 1 Buchstabe a der Verordnung (EU) Nr. 528/2012 des Europäischen Parlaments und des Rates vom 22. Mai 2012 über die Bereitstellung auf dem Markt und die Verwendung von Biozidprodukten (ABl. L 167 vom 27.6.2012, S. 1; L 303 vom 20.11.2015, S. 109; L 305 vom 21.11.2015, S. 55; L 280 vom 28.10.2017, S. 57), die zuletzt durch die Delegierte Verordnung (EU) 2021/407 (ABl. L 81 vom 9.3.2021, S. 15) geändert worden ist,
6. *(aufgehoben)*
7. Medizinprodukte und Zubehör für Medizinprodukte im Sinne von Artikel 2 Nummer 1 und 2 der Verordnung (EU) 2017/745 des Europäischen Parlaments und des Rates vom 5. April 2017 über Medizinprodukte, zur Änderung der Richtlinie 2001/83/EG, der Verordnung (EG) Nr. 178/2002 und der Verordnung (EG) Nr. 1223/2009 und zur Aufhebung der Richtlinien 90/385/EWG und 93/42/EWG des Rates (ABl. L 117 vom 5.5.2017, S. 1; L 117 vom 3.5.2019, S. 9; L 334 vom 27.12.2019, S. 165), die durch die Verordnung (EU) 2020/561 (ABl. L 130 vom 24.4.2020, S. 18) geändert worden ist, in der jeweils geltenden Fassung und im Sinne des § 3 Nummer 4 und 9 des Medizinproduktegesetzes in der bis einschließlich 25. Mai 2021

[1] Nr. **860**.
[2] Nr. **861**.

geltenden Fassung, es sei denn, es handelt sich um Arzneimittel im Sinne des Absatzes 1 Nummer 2 Buchstabe b,

8. Organe im Sinne des § 1a Nr. 1 des Transplantationsgesetzes[1)], wenn sie zur Übertragung auf menschliche Empfänger bestimmt sind.

(3a) Arzneimittel sind auch Erzeugnisse, die Stoffe oder Zubereitungen aus Stoffen sind oder enthalten, die unter Berücksichtigung aller Eigenschaften des Erzeugnisses unter eine Begriffsbestimmung des Absatzes 1 fallen und zugleich unter die Begriffsbestimmung eines Erzeugnisses nach Absatz 3 fallen können.

(4) [1] Solange ein Mittel nach diesem Gesetz als Arzneimittel zugelassen oder registriert oder durch Rechtsverordnung von der Zulassung oder Registrierung freigestellt ist, gilt es als Arzneimittel. [2] Hat die zuständige Bundesoberbehörde die Zulassung oder Registrierung eines Mittels mit der Begründung abgelehnt, dass es sich um kein Arzneimittel handelt, so gilt es nicht als Arzneimittel.

**§ 3 Stoffbegriff.** Stoffe im Sinne dieses Gesetzes sind

1. chemische Elemente und chemische Verbindungen sowie deren natürlich vorkommende Gemische und Lösungen,
2. Pflanzen, Pflanzenteile, Pflanzenbestandteile, Algen, Pilze und Flechten in bearbeitetem oder unbearbeitetem Zustand,
3. Tierkörper, auch lebender Tiere, sowie Körperteile, -bestandteile und Stoffwechselprodukte von Mensch oder Tier in bearbeitetem oder unbearbeitetem Zustand,
4. Mikroorganismen einschließlich Viren sowie deren Bestandteile oder Stoffwechselprodukte.

**§ 4[2)] Sonstige Begriffsbestimmungen.** (1) [1] Fertigarzneimittel sind Arzneimittel, die im Voraus hergestellt und in einer zur Abgabe an den Verbraucher bestimmten Packung in den Verkehr gebracht werden oder andere zur Abgabe an Verbraucher bestimmte Arzneimittel, bei deren Zubereitung in sonstiger Weise ein industrielles Verfahren zur Anwendung kommt oder die, ausgenommen in Apotheken, gewerblich hergestellt werden. [2] Fertigarzneimittel sind nicht Zwischenprodukte, die für eine weitere Verarbeitung durch einen Hersteller bestimmt sind.

(2) Blutzubereitungen sind Arzneimittel, die aus Blut gewonnene Blut-, Plasma- oder Serumkonserven, Blutbestandteile oder Zubereitungen aus Blutbestandteilen sind oder als Wirkstoffe enthalten.

---

1) Nr. **280**.

2) § 4 Abs. 20 geänd., Abs. 30 angef. mWv 1.8.2007 durch G v. 20.7.2007 (BGBl. I S. 1574); Abs. 3, 9 und 21 neu gef., Abs. 4 und 23 Satz 3 geänd., Abs. 20 aufgeh., Abs. 31–33 angef. mWv 23.7.2009 durch G v. 17.7.2009 (BGBl. I S. 1990); Abs. 32 Satz 3 angef. mWv 1.1.2011 durch G v. 22.12.2010 (BGBl. I S. 2262); Abs. 12 und 14 geänd. mWv 31.5.2011 durch G v. 25.5.2011 (BGBl. I S. 946); Abs. 13 neu gef., Abs. 22a eingef., Abs. 25 Satz 2 und Abs. 30 Satz 2 neu gef., Abs. 32 Satz 4 und Abs. 34–41 angef. mWv 26.10.2012 durch G v. 19.10.2012 (BGBl. I S. 2192); Abs. 30a–30d eingef. mWv 26.11.2016 durch G v. 21.11.2016 (BGBl. I S. 2623); Abs. 23–25 neu gef., Abs. 34 geänd., Abs. 42 angef. mWv 27.1.2022 durch G v. 20.12.2016 (BGBl. I S. 3048, geänd. durch G v. 9.8.2019, BGBl. I S. 1202, geänd. durch G v. 27.9.2021, BGBl. I S. 4530); Abs. 18 Satz 2 geänd. mWv 29.7.2017 durch G v. 18.7.2017 (BGBl. I S. 2757); Abs. 4 und 5 geänd., Abs. 6 und 7 aufgeh., Abs. 9 geänd., Abs. 10–12 aufgeh., Abs. 13 Satz 1 neu gef., Sätze 2 und 4 aufgeh., bish. Sätze 3 und 5 werden Sätze 2 und 3, Abs. 14 geänd., Abs. 20 neu gef., Abs. 22a, Abs. 23 Satz 1, Abs. 27 Buchst. a und Abs. 28 geänd., Abs. 31 neu gef., Abs. 34 geänd., Abs. 35 aufgeh. mWv 28.1.2022 durch G v. 27.9.2021 (BGBl. I S. 4530).

(3) [1] Sera sind Arzneimittel im Sinne des § 2 Absatz 1, die Antikörper, Antikörperfragmente oder Fusionsproteine mit einem funktionellen Antikörperbestandteil als Wirkstoff enthalten und wegen dieses Wirkstoffs angewendet werden. [2] Sera gelten nicht als Blutzubereitungen im Sinne des Absatzes 2 oder als Gewebezubereitungen im Sinne des Absatzes 30.

(4) Impfstoffe sind Arzneimittel im Sinne des § 2 Abs. 1, die Antigene oder rekombinante Nukleinsäuren enthalten und die dazu bestimmt sind, beim Menschen zur Erzeugung von spezifischen Abwehr- und Schutzstoffen angewendet zu werden und, soweit sie rekombinante Nukleinsäuren enthalten, ausschließlich zur Vorbeugung oder Behandlung von Infektionskrankheiten bestimmt sind.

(5) Allergene sind Arzneimittel im Sinne des § 2 Abs. 1, die Antigene oder Haptene enthalten und dazu bestimmt sind, beim Menschen zur Erkennung von spezifischen Abwehr- oder Schutzstoffen angewendet zu werden (Testallergene), oder Stoffe enthalten, die zur antigen-spezifischen Verminderung einer spezifischen immunologischen Überempfindlichkeit angewendet werden (Therapieallergene).

(6), (7) *(aufgehoben)*

(8) Radioaktive Arzneimittel sind Arzneimittel, die radioaktive Stoffe sind oder enthalten und ionisierende Strahlen spontan aussenden und die dazu bestimmt sind, wegen dieser Eigenschaften angewendet zu werden; als radioaktive Arzneimittel gelten auch für die Radiomarkierung anderer Stoffe vor der Verabreichung hergestellte Radionuklide (Vorstufen) sowie die zur Herstellung von radioaktiven Arzneimitteln bestimmten Systeme mit einem fixierten Mutterradionuklid, das ein Tochterradionuklid bildet (Generatoren).

(9) Arzneimittel für neuartige Therapien sind Gentherapeutika, somatische Zelltherapeutika oder biotechnologisch bearbeitete Gewebeprodukte nach Artikel 2 Absatz 1 Buchstabe a der Verordnung (EG) Nr. 1394/2007 des Europäischen Parlaments und des Rates vom 13. November 2007 über Arzneimittel für neuartige Therapien und zur Änderung der Richtlinie 2001/83/EG und der Verordnung (EG) Nr. 726/2004 (ABl. L 324 vom 10.12.2007, S. 121; L 87 vom 31.3.2009, S. 174), die zuletzt durch die Verordnung (EU) 2019/1243 (ABl. L 198 vom 25.07.2019, S. 241) geändert worden ist.

(10)–(12) *(aufgehoben)*

(13) [1] Nebenwirkungen sind schädliche und unbeabsichtigte Reaktionen auf das Arzneimittel. [2] Schwerwiegende Nebenwirkungen sind Nebenwirkungen, die tödlich oder lebensbedrohend sind, eine stationäre Behandlung oder Verlängerung einer stationären Behandlung erforderlich machen, zu bleibender oder schwerwiegender Behinderung, Invalidität, kongenitalen Anomalien oder Geburtsfehlern führen. [3] Unerwartete Nebenwirkungen sind Nebenwirkungen, deren Art, Ausmaß oder Ergebnis von der Fachinformation des Arzneimittels abweichen.

(14) Herstellen ist das Gewinnen, das Anfertigen, das Zubereiten, das Be- oder Verarbeiten, das Umfüllen einschließlich Abfüllen, das Abpacken, das Kennzeichnen und die Freigabe.

(15) Qualität ist die Beschaffenheit eines Arzneimittels, die nach Identität, Gehalt, Reinheit, sonstigen chemischen, physikalischen, biologischen Eigenschaften oder durch das Herstellungsverfahren bestimmt wird.

(16) Eine Charge ist die jeweils aus derselben Ausgangsmenge in einem einheitlichen Herstellungsvorgang oder bei einem kontinuierlichen Herstellungsverfahren in einem bestimmten Zeitraum erzeugte Menge eines Arzneimittels.

(17) Inverkehrbringen ist das Vorrätighalten zum Verkauf oder zu sonstiger Abgabe, das Feilhalten, das Feilbieten und die Abgabe an andere.

(18) [1] Der pharmazeutische Unternehmer ist bei zulassungs- oder registrierungspflichtigen Arzneimitteln der Inhaber der Zulassung oder Registrierung. [2] Pharmazeutischer Unternehmer ist auch, wer Arzneimittel im Parallelvertrieb oder sonst unter seinem Namen in den Verkehr bringt, außer in den Fällen des § 9 Abs. 1 Satz 2.

(19) Wirkstoffe sind Stoffe, die dazu bestimmt sind, bei der Herstellung von Arzneimitteln als arzneilich wirksame Bestandteile verwendet zu werden oder bei ihrer Verwendung in der Arzneimittelherstellung zu arzneilich wirksamen Bestandteilen der Arzneimittel zu werden.

(20) Ein Hilfsstoff ist jeder Bestandteil eines Arzneimittels, mit Ausnahme des Wirkstoffs und des Verpackungsmaterials.

(21) Xenogene Arzneimittel sind zur Anwendung im oder am Menschen bestimmte Arzneimittel, die lebende tierische Gewebe oder Zellen sind oder enthalten.

(22) Großhandel mit Arzneimitteln ist jede berufs- oder gewerbsmäßige zum Zwecke des Handeltreibens ausgeübte Tätigkeit, die in der Beschaffung, der Lagerung, der Abgabe oder Ausfuhr von Arzneimitteln besteht, mit Ausnahme der Abgabe von Arzneimitteln an andere Verbraucher als Ärzte, Zahnärzte, Tierärzte oder Krankenhäuser.

(22a) Arzneimittelvermittlung ist jede berufs- oder gewerbsmäßig ausgeübte Tätigkeit von Personen, die, ohne Großhandel zu betreiben, selbstständig und im fremden Namen mit Arzneimitteln handeln, ohne tatsächliche Verfügungsgewalt über die Arzneimittel zu erlangen.

(23) [1] Klinische Prüfung ist eine solche im Sinne des Artikels 2 Absatz 2 Nummer 2 der Verordnung (EU) Nr. 536/2014 des Europäischen Parlaments und des Rates vom 16. April 2014 über klinische Prüfungen mit Humanarzneimitteln und zur Aufhebung der Richtlinie 2001/20/EG (ABl. L 158 vom 27.5. 2014, S. 1; L 311 vom 17.11.2016, S. 25). [2] Keine klinische Prüfung ist eine nichtinterventionelle Studie im Sinne des Artikels 2 Absatz 2 Nummer 4 der Verordnung (EU) Nr. 536/2014.

(24) Sponsor ist eine Person, ein Unternehmen, eine Einrichtung oder eine Organisation im Sinne des Artikels 2 Absatz 2 Nummer 14 der Verordnung (EU) Nr. 536/2014.

(25) [1] Prüfer ist eine Person im Sinne des Artikels 2 Absatz 2 Nummer 15 der Verordnung (EU) Nr. 536/2014. [2] Hauptprüfer ist eine Person im Sinne des Artikels 2 Absatz 2 Nummer 16 der Verordnung (EU) Nr. 536/2014.

(26) [1] Homöopathisches Arzneimittel ist ein Arzneimittel, das nach einem im Europäischen Arzneibuch oder, in Ermangelung dessen, nach einem in den offiziell gebräuchlichen Pharmakopöen der Mitgliedstaaten der Europäischen Union beschriebenen homöopathischen Zubereitungsverfahren hergestellt worden ist. [2] Ein homöopathisches Arzneimittel kann auch mehrere Wirkstoffe enthalten.

(27) Ein mit der Anwendung des Arzneimittels verbundenes Risiko ist

a) jedes Risiko im Zusammenhang mit der Qualität, Sicherheit oder Wirksamkeit des Arzneimittels für die Gesundheit der Patienten oder die öffentliche Gesundheit,

b) jedes Risiko unerwünschter Auswirkungen auf die Umwelt.

(28) Das Nutzen-Risiko-Verhältnis umfasst eine Bewertung der positiven therapeutischen Wirkungen des Arzneimittels im Verhältnis zu dem Risiko nach Absatz 27 Buchstabe a.

(29) Pflanzliche Arzneimittel sind Arzneimittel, die als Wirkstoff ausschließlich einen oder mehrere pflanzliche Stoffe oder eine oder mehrere pflanzliche Zubereitungen oder eine oder mehrere solcher pflanzlichen Stoffe in Kombination mit einer oder mehreren solcher pflanzlichen Zubereitungen enthalten.

(30) [1] Gewebezubereitungen sind Arzneimittel, die Gewebe im Sinne von § 1a Nr. 4 des Transplantationsgesetzes[1)] sind oder aus solchen Geweben hergestellt worden sind. [2] Menschliche Samen- und Eizellen (Keimzellen) sowie imprägnierte Eizellen und Embryonen sind weder Arzneimittel noch Gewebezubereitungen.

(30a) Einheitlicher Europäischer Code oder „SEC" ist die eindeutige Kennnummer für in der Europäischen Union verteilte Gewebe oder Gewebezubereitungen gemäß Anhang VII der Richtlinie 2006/86/EG der Kommission vom 24. Oktober 2006 zur Umsetzung der Richtlinie 2004/23/EG des Europäischen Parlaments und des Rates hinsichtlich der Anforderungen an die Rückverfolgbarkeit, der Meldung schwerwiegender Zwischenfälle und unerwünschter Reaktionen sowie bestimmter technischer Anforderungen an die Kodierung, Verarbeitung, Konservierung, Lagerung und Verteilung von menschlichen Geweben und Zellen (ABl. L 294 vom 25.10.2006, S. 32), die zuletzt durch die Richtlinie (EU) 2015/565 (ABl. L 93 vom 9.4.2015, S. 43) geändert worden ist.

(30b) [1] EU-Gewebeeinrichtungs-Code ist die eindeutige Kennnummer für Gewebeeinrichtungen in der Europäischen Union. [2] Für den Geltungsbereich dieses Gesetzes gilt er für alle Einrichtungen, die erlaubnispflichtige Tätigkeiten mit Geweben, Gewebezubereitungen oder mit hämatopoetischen Stammzellen oder Stammzellzubereitungen aus dem peripheren Blut oder aus dem Nabelschnurblut durchführen. [3] Der EU-Gewebeeinrichtungs-Code besteht gemäß Anhang VII der Richtlinie 2006/86/EG aus einem ISO-Ländercode und der Gewebeeinrichtungsnummer des EU-Kompendiums der Gewebeeinrichtungen.

(30c) [1] EU-Kompendium der Gewebeeinrichtungen ist das Register, in dem alle von den zuständigen Behörden der Mitgliedstaaten der Europäischen Union genehmigten, lizenzierten, benannten oder zugelassenen Gewebeeinrichtungen enthalten sind und das die Informationen über diese Einrichtungen gemäß Anhang VIII der Richtlinie 2006/86/EG in der jeweils geltenden Fassung enthält. [2] Für den Geltungsbereich dieses Gesetzes enthält das Register alle Einrichtungen, die erlaubnispflichtige Tätigkeiten mit Geweben, Gewebezubereitungen oder mit hämatopoetischen Stammzellen oder Stammzellzubereitungen aus dem peripheren Blut oder aus dem Nabelschnurblut durchführen.

---

1) Nr. **280**.

(30d) EU-Kompendium der Gewebe- und Zellprodukte ist das Register aller in der Europäischen Union in Verkehr befindlichen Arten von Geweben, Gewebezubereitungen oder von hämatopoetischen Stammzellen oder Stammzellzubereitungen aus dem peripheren Blut oder aus dem Nabelschnurblut mit den jeweiligen Produktcodes.

(31) Rekonstitution eines Fertigarzneimittels ist die Überführung in seine anwendungsfähige Form unmittelbar vor seiner Anwendung gemäß den Angaben der Packungsbeilage oder im Rahmen der klinischen Prüfung nach Maßgabe des Prüfplans.

(32) [1] Verbringen ist jede Beförderung in den, durch den oder aus dem Geltungsbereich des Gesetzes. [2] Einfuhr ist die Überführung von unter das Arzneimittelgesetz fallenden Produkten aus Drittstaaten, die nicht Vertragsstaaten des Abkommens über den Europäischen Wirtschaftsraum sind, in den zollrechtlich freien Verkehr. [3] Produkte gemäß Satz 2 gelten als eingeführt, wenn sie entgegen den Zollvorschriften in den Wirtschaftskreislauf überführt wurden. [4] Ausfuhr ist jedes Verbringen in Drittstaaten, die nicht Vertragsstaaten des Abkommens über den Europäischen Wirtschaftsraum sind.

(33) Anthroposophisches Arzneimittel ist ein Arzneimittel, das nach der anthroposophischen Menschen- und Naturerkenntnis entwickelt wurde, nach einem im Europäischen Arzneibuch oder, in Ermangelung dessen, nach einem in den offiziell gebräuchlichen Pharmakopöen der Mitgliedstaaten der Europäischen Union beschriebenen homöopathischen Zubereitungsverfahren oder nach einem besonderen anthroposophischen Zubereitungsverfahren hergestellt worden ist und das bestimmt ist, entsprechend den Grundsätzen der anthroposophischen Menschen- und Naturerkenntnis angewendet zu werden.

(34) Eine Unbedenklichkeitsstudie ist jede Studie zu einem zugelassenen Arzneimittel, die durchgeführt wird, um ein Sicherheitsrisiko zu ermitteln, zu beschreiben oder zu quantifizieren, das Sicherheitsprofil eines Arzneimittels zu bestätigen oder die Effizienz von Risikomanagement-Maßnahmen zu messen.

(35) *(aufgehoben)*

(36) Das Risikomanagement-System umfasst Tätigkeiten im Bereich der Pharmakovigilanz und Maßnahmen, durch die Risiken im Zusammenhang mit einem Arzneimittel ermittelt, beschrieben, vermieden oder minimiert werden sollen; dazu gehört auch die Bewertung der Wirksamkeit derartiger Tätigkeiten und Maßnahmen.

(37) Der Risikomanagement-Plan ist eine detaillierte Beschreibung des Risikomanagement-Systems.

(38) Das Pharmakovigilanz-System ist ein System, das der Inhaber der Zulassung und die zuständige Bundesoberbehörde anwenden, um insbesondere den im Zehnten Abschnitt aufgeführten Aufgaben und Pflichten nachzukommen, und das der Überwachung der Sicherheit zugelassener Arzneimittel und der Entdeckung sämtlicher Änderungen des Nutzen-Risiko-Verhältnisses dient.

(39) Die Pharmakovigilanz-Stammdokumentation ist eine detaillierte Beschreibung des Pharmakovigilanz-Systems, das der Inhaber der Zulassung auf eines oder mehrere zugelassene Arzneimittel anwendet.

(40) Ein gefälschtes Arzneimittel ist ein Arzneimittel mit falschen Angaben über

1. die Identität, einschließlich seiner Verpackung, seiner Kennzeichnung, seiner Bezeichnung oder seiner Zusammensetzung in Bezug auf einen oder mehrere seiner Bestandteile, einschließlich der Hilfsstoffe und des Gehalts dieser Bestandteile,
2. die Herkunft, einschließlich des Herstellers, das Herstellungsland, das Herkunftsland und den Inhaber der Genehmigung für das Inverkehrbringen oder den Inhaber der Zulassung oder
3. den in Aufzeichnungen und Dokumenten beschriebenen Vertriebsweg.

(41) Ein gefälschter Wirkstoff ist ein Wirkstoff, dessen Kennzeichnung auf dem Behältnis nicht den tatsächlichen Inhalt angibt oder dessen Begleitdokumentation nicht alle beteiligten Hersteller oder nicht den tatsächlichen Vertriebsweg widerspiegelt.

(42) EU-Portal ist das gemäß Artikel 80 der Verordnung (EU) Nr. 536/2014 auf EU-Ebene eingerichtete und unterhaltene Portal für die Übermittlung von Daten und Informationen im Zusammenhang mit klinischen Prüfungen.

**§ 4a[1] Ausnahme vom Anwendungsbereich.** Dieses Gesetz findet keine Anwendung auf Gewebe, die innerhalb eines Behandlungsvorgangs einer Person entnommen werden, um auf diese ohne Änderung ihrer stofflichen Beschaffenheit rückübertragen zu werden.

**§ 4b[2] Sondervorschriften für Arzneimittel für neuartige Therapien.**

(1) [1] Für Arzneimittel für neuartige Therapien, die im Geltungsbereich dieses Gesetzes

1. als individuelle Zubereitung für einen einzelnen Patienten ärztlich verschrieben,
2. nach spezifischen Qualitätsnormen nicht routinemäßig hergestellt und
3. in einer spezialisierten Einrichtung der Krankenversorgung unter der fachlichen Verantwortung eines Arztes angewendet

werden, finden der Vierte Abschnitt, mit Ausnahme des § 33, und der Siebte Abschnitt dieses Gesetzes keine Anwendung. [2] Die übrigen Vorschriften des Gesetzes sowie Artikel 14 Absatz 1 und Artikel 15 Absatz 1 bis 6 der Verordnung (EG) Nr. 1394/2007 gelten entsprechend mit der Maßgabe, dass die dort genannten Amtsaufgaben und Befugnisse entsprechend den ihnen nach diesem Gesetz übertragenen Aufgaben von der zuständigen Behörde oder der zuständigen Bundesoberbehörde wahrgenommen werden und an die Stelle des Inhabers der Zulassung im Sinne dieses Gesetzes oder des Inhabers der Genehmigung für das Inverkehrbringen im Sinne der Verordnung (EG) Nr. 1394/2007 der Inhaber der Genehmigung nach Absatz 3 Satz 1 tritt.

(2) Nicht routinemäßig hergestellt im Sinne von Absatz 1 Satz 1 Nummer 2 werden insbesondere Arzneimittel,

---

[1] § 4a neu gef. mWv 28.1.2022 durch G v. 27.9.2021 (BGBl. I S. 4530).

[2] § 4b eingef. mWv 23.7.2009 durch G v. 17.7.2009 (BGBl. I S. 1990); Abs. 1 Satz 1 geänd. mWv 1.1.2011 durch G v. 22.12.2010 (BGBl. I S. 2262); Abs. 3 Satz 3 eingef., bish. Sätze 3–6 werden Sätze 4–7 mWv 26.10.2012 durch G v. 19.10.2012 (BGBl. I S. 2192); Abs. 2 und 3 neu gef., Abs. 4–10 angef., bish. Abs. 4 wird Abs. 11 mWv 29.7.2017 durch G v. 18.7.2017 (BGBl. I S. 2757); Abs. 3 Satz 3 Nr. 5 geänd. mWv 28.1.2022 durch G v. 27.9.2021 (BGBl. I S. 4530).

1. die in so geringem Umfang hergestellt und angewendet werden, dass nicht zu erwarten ist, dass hinreichend klinische Erfahrung gesammelt werden kann, um das Arzneimittel umfassend bewerten zu können, oder
2. die noch nicht in ausreichender Anzahl hergestellt und angewendet worden sind, so dass die notwendigen Erkenntnisse für ihre umfassende Bewertung noch nicht erlangt werden konnten.

(3) [1] Arzneimittel nach Absatz 1 Satz 1 dürfen nur an andere abgegeben werden, wenn sie durch die zuständige Bundesoberbehörde genehmigt worden sind. [2] § 21a Absatz 2 Satz 1, Absatz 3 bis 6 und 8 gilt entsprechend. [3] Zusätzlich zu den Angaben und Unterlagen nach § 21a Absatz 2 Satz 1 sind dem Antrag auf Genehmigung folgende Angaben und Unterlagen beizufügen:

1. Angaben zu den spezialisierten Einrichtungen der Krankenversorgung, in denen das Arzneimittel angewendet werden soll,
2. die Anzahl der geplanten Anwendungen oder der Patienten im Jahr,
3. Angaben zur Dosierung,
4. Angaben zum Risikomanagement-Plan mit einer Beschreibung des Risikomanagement-Systems, das der Antragsteller für das betreffende Arzneimittel einführen wird, verbunden mit einer Zusammenfassung des Risikomanagement Plans und Risikomanagement-Systems, und
5. bei Arzneimitteln für neuartige Therapien, die aus einem gentechnisch veränderten Organismus oder einer Kombination von gentechnisch veränderten Organismen bestehen oder solche enthalten, zusätzlich die technischen Unterlagen gemäß den Anhängen III A, III B und IV der Richtlinie 2001/18/EG des Europäischen Parlaments und des Rates vom 12. März 2001 über die absichtliche Freisetzung genetisch veränderter Organismen in die Umwelt und zur Aufhebung der Richtlinie 90/220/EWG des Rates (ABl. L 106 vom 17.4.2001, S. 1), die zuletzt durch die Verordnung (EU) 2019/1381 (ABl. L 231 vom 6.9.2019, S. 1) geändert worden ist, sowie die auf der Grundlage einer nach Anhang II der Richtlinie 2001/18/EG durchgeführten Umweltverträglichkeitsprüfung gewonnenen Informationen nach Anhang II Buchstabe D der Richtlinie 2001/18/EG.

[4] § 22 Absatz 2 Satz 1 Nummer 5, Absatz 4 und 7 Satz 1 gilt entsprechend.

(4) [1] Bei Arzneimitteln für neuartige Therapien, die aus einem gentechnisch veränderten Organismus oder einer Kombination von gentechnisch veränderten Organismen bestehen oder solche enthalten, entscheidet die zuständige Bundesoberbehörde im Benehmen mit dem Bundesamt für Verbraucherschutz und Lebensmittelsicherheit über den Antrag auf Genehmigung. [2] Die Genehmigung der zuständigen Bundesoberbehörde für die Abgabe des Arzneimittels nach Satz 1 an andere umfasst auch die Genehmigung für das Inverkehrbringen der gentechnisch veränderten Organismen, aus denen das Arzneimittel nach Satz 1 besteht oder die es enthält. [3] Die Genehmigung darf nur erteilt werden, wenn

1. eine Umweltverträglichkeitsprüfung gemäß den Grundprinzipien des Anhangs II der Richtlinie 2001/18/EG und auf der Grundlage der Angaben nach den Anhängen III und IV der Richtlinie 2001/18/EG durchgeführt wurde und
2. nach dem Stand der Wissenschaft unvertretbare schädliche Auswirkungen auf die Gesundheit Dritter und auf die Umwelt nicht zu erwarten sind.

(5) Können die erforderlichen Angaben und Unterlagen nach § 21a Absatz 2 Satz 1 Nummer 8 nicht erbracht werden, kann der Antragsteller die Angaben und Unterlagen über die Wirkungsweise, die voraussichtliche Wirkung und mögliche Risiken beifügen.

(6) Die Genehmigung kann befristet werden.

(7) [1]Der Inhaber der Genehmigung hat der zuständigen Bundesoberbehörde in bestimmten Zeitabständen, die diese festlegt, über den Umfang der Herstellung und über die Erkenntnisse für die umfassende Beurteilung des Arzneimittels zu berichten. [2]Die Genehmigung ist zurückzunehmen, wenn nachträglich bekannt wird, dass eine der Voraussetzungen nach Absatz 1 Satz 1 nicht vorgelegen hat. [3]Die Genehmigung ist zu widerrufen, wenn eine der Voraussetzungen nach Absatz 1 Satz 1 nicht mehr vorliegt.

(8) [1]Der Antragsteller hat der zuständigen Bundesoberbehörde unter Beifügung entsprechender Unterlagen unverzüglich Anzeige zu erstatten, wenn sich Änderungen in den Angaben und Unterlagen ergeben, die dem Antrag auf Genehmigung beigefügt waren. [2]Satz 1 gilt nach der Genehmigung entsprechend für den Inhaber der Genehmigung. [3]Dieser ist ferner verpflichtet, die zuständige Bundesoberbehörde zu informieren, wenn neue oder veränderte Risiken bestehen oder sich das Nutzen-Risiko-Verhältnis des Arzneimittels geändert hat. [4]Bei Arzneimitteln für neuartige Therapien, die aus einem gentechnisch veränderten Organismus oder einer Kombination von gentechnisch veränderten Organismen bestehen oder solche enthalten, hat der Antragsteller unter Beifügung entsprechender Unterlagen der zuständigen Bundesoberbehörde außerdem unverzüglich anzuzeigen, wenn ihm neue Informationen über Gefahren für die Gesundheit nicht betroffener Personen oder die Umwelt bekannt werden. [5]Satz 4 gilt nach der Genehmigung entsprechend für den Inhaber der Genehmigung. [6]§ 29 Absatz 1a, 1d und 2 ist entsprechend anzuwenden.

(9) [1]Folgende Änderungen dürfen erst vollzogen werden, wenn die zuständige Bundesoberbehörde zugestimmt hat:

1. eine Änderung der Angaben über die Dosierung, die Art oder die Dauer der Anwendung oder über die Anwendungsgebiete, soweit es sich nicht um die Zufügung einer oder Veränderung in eine Indikation handelt, die einem anderen Therapiegebiet zuzuordnen ist,
2. eine Einschränkung der Gegenanzeigen, Nebenwirkungen oder Wechselwirkungen mit anderen Arzneimitteln oder sonstigen Stoffen,
3. eine Änderung der Hilfsstoffe nach Art oder Menge oder der Wirkstoffe nach ihrer Menge,
4. eine Änderung der Darreichungsform in eine Darreichungsform, die mit der genehmigten vergleichbar ist,
5. eine Änderung des Herstellungs- oder Prüfverfahrens, einschließlich der Angaben nach § 21a Absatz 2 Satz 1 Nummer 5,
6. eine Änderung der Art der Aufbewahrung und der Dauer der Haltbarkeit oder
7. bei Arzneimitteln für neuartige Therapien, die aus einem gentechnisch veränderten Organismus oder einer Kombination von gentechnisch veränderten Organismen bestehen oder solche enthalten, eine Änderung, die geeignet ist, die Risikobewertung für die Gesundheit nicht betroffener Personen oder die Umwelt zu verändern.

[2]Die Entscheidung über den Antrag auf Zustimmung muss innerhalb von drei Monaten ergehen. [3]Absatz 4 und § 27 Absatz 2 gelten entsprechend.

(10) [1]Abweichend von Absatz 9 ist eine neue Genehmigung nach Absatz 3 in folgenden Fällen zu beantragen:

1. bei einer Erweiterung der Anwendungsgebiete, soweit es sich nicht um eine Änderung nach Absatz 9 Satz 1 Nummer 1 handelt,
2. bei einer Änderung der Zusammensetzung der Wirkstoffe nach ihrer Art,
3. bei einer Änderung der Darreichungsform, soweit es sich nicht um eine Änderung nach Absatz 9 Satz 1 Nummer 4 handelt.

[2]Über die Genehmigungspflicht nach Satz 1 entscheidet die zuständige Bundesoberbehörde.

(11) [1]Über Anfragen zur Genehmigungspflicht eines Arzneimittels für neuartige Therapien entscheidet die zuständige Behörde im Benehmen mit der zuständigen Bundesoberbehörde. [2]§ 21 Absatz 4 gilt entsprechend.

## Zweiter Abschnitt. Anforderungen an die Arzneimittel

**§ 5[1] Verbot bedenklicher Arzneimittel.** (1) Es ist verboten, bedenkliche Arzneimittel in den Verkehr zu bringen oder bei einem anderen Menschen anzuwenden.

(2) Bedenklich sind Arzneimittel, bei denen nach dem jeweiligen Stand der wissenschaftlichen Erkenntnisse der begründete Verdacht besteht, dass sie bei bestimmungsgemäßem Gebrauch schädliche Wirkungen haben, die über ein nach den Erkenntnissen der medizinischen Wissenschaft vertretbares Maß hinausgehen.

**§ 6[2] Verbote zum Schutz der Gesundheit, Verordnungsermächtigungen.** (1) Es ist verboten, ein Arzneimittel herzustellen, in Verkehr zu bringen oder anzuwenden, wenn bei der Herstellung des Arzneimittels einer durch Rechtsverordnung nach Absatz 2 angeordneten Bestimmung über die Verwendung von Stoffen, Zubereitungen aus Stoffen oder Gegenständen, die in der Anlage genannt sind, zuwidergehandelt wird.

(2) Das Bundesministerium für Gesundheit (Bundesministerium) wird ermächtigt, durch Rechtsverordnung mit Zustimmung des Bundesrates die Verwendung der in der Anlage genannten Stoffe, Zubereitungen aus Stoffen oder Gegenstände bei der Herstellung von Arzneimitteln vorzuschreiben, zu beschränken oder zu verbieten, soweit es zur Verhütung einer Gefährdung der menschlichen Gesundheit (Risikovorsorge) oder zur Abwehr einer unmittelbaren oder mittelbaren Gefährdung der menschlichen Gesundheit durch Arzneimittel geboten ist.

(3) [1]Das Bundesministerium wird ermächtigt, durch Rechtsverordnung mit Zustimmung des Bundesrates weitere Stoffe, Zubereitungen aus Stoffen oder Gegenstände in die Anlage aufzunehmen, soweit es zur Risikovorsorge oder zur Abwehr einer unmittelbaren oder mittelbaren Gefährdung der mensch-

---

[1] § 5 Abs. 1 geänd. mWv 23.7.2009 durch G v. 17.7.2009 (BGBl. I S. 1990).

[2] § 6 neu gef. mWv 16.8.2019 durch G v. 9.8.2019 (BGBl. I S. 1202); Abs. 1, 2, 3 Sätze 1, 2 geänd. mWv 1.11.2021 durch G v. 10.8.2021 (BGBl. I S. 3519); Abs. 1, 2, 3 Sätze 1 und 2 geänd., Abs. 4 aufgeh., bish. Abs. 5 wird Abs. 4 mWv 28.1.2022 durch G v. 27.9.2021 (BGBl. I S. 4530).

lichen Gesundheit durch Arzneimittel geboten ist. [2]Durch Rechtsverordnung nach Satz 1 sind Stoffe, Zubereitungen aus Stoffen oder Gegenstände aus der Anlage zu streichen, wenn die Voraussetzungen des Satzes 1 nicht mehr erfüllt sind.

(4) Die Rechtsverordnungen nach den Absätzen 2 und 3 ergehen im Einvernehmen mit dem Bundesministerium für Umwelt, Naturschutz und nukleare Sicherheit, sofern es sich um radioaktive Arzneimittel oder um Arzneimittel handelt, bei deren Herstellung ionisierende Strahlen verwendet werden.

**§ 6a**[1)] *(aufgehoben)*

**§ 7**[2)] **Radioaktive und mit ionisierenden Strahlen behandelte Arzneimittel.** (1) Es ist verboten, radioaktive Arzneimittel oder Arzneimittel, bei deren Herstellung ionisierende Strahlen verwendet worden sind, in den Verkehr zu bringen, es sei denn, dass dies durch Rechtsverordnung nach Absatz 2 zugelassen ist.

(2) [1]Das Bundesministerium wird ermächtigt, im Einvernehmen mit dem Bundesministerium für Umwelt, Naturschutz und nukleare Sicherheit durch Rechtsverordnung mit Zustimmung des Bundesrates das Inverkehrbringen radioaktiver Arzneimittel oder bei der Herstellung von Arzneimitteln die Verwendung ionisierender Strahlen zuzulassen, soweit dies nach dem jeweiligen Stand der wissenschaftlichen Erkenntnisse zu medizinischen Zwecken geboten und für die menschliche Gesundheit unbedenklich ist. [2]In der Rechtsverordnung können für die Arzneimittel der Vertriebsweg bestimmt sowie Angaben über die Radioaktivität auf dem Behältnis, der äußeren Umhüllung und der Packungsbeilage vorgeschrieben werden.

**§ 8**[3)] **Verbote zum Schutz vor Täuschung.** (1) Es ist verboten, Arzneimittel oder Wirkstoffe herzustellen oder in den Verkehr zu bringen, die

1. durch Abweichung von den anerkannten pharmazeutischen Regeln in ihrer Qualität nicht unerheblich gemindert sind oder

1a. *(aufgehoben)*

2. mit irreführender Bezeichnung, Angabe oder Aufmachung versehen sind. Eine Irreführung liegt insbesondere dann vor, wenn
   a) Arzneimitteln eine therapeutische Wirksamkeit oder Wirkungen oder Wirkstoffen eine Aktivität beigelegt werden, die sie nicht haben,
   b) fälschlich der Eindruck erweckt wird, dass ein Erfolg mit Sicherheit erwartet werden kann oder dass nach bestimmungsgemäßem oder längerem Gebrauch keine schädlichen Wirkungen eintreten,
   c) zur Täuschung über die Qualität geeignete Bezeichnungen, Angaben oder Aufmachungen verwendet werden, die für die Bewertung des Arzneimittels oder Wirkstoffs mitbestimmend sind.

---

1) § 6a aufgeh. mWv 18.12.2015 durch G v. 10.12.2015 (BGBl. I S. 2210).

2) § 7 Abs. 2 Sätze 1 und 3 geänd. mWv 8.9.2015 durch VO v. 31.8.2015 (BGBl. I S. 1474); Abs. 2 Sätze 1, 3 geänd. mWv 27.6.2020 durch VO v. 19.6.2020 (BGBl. I S. 1328); Abs. 2 Satz 1 geänd., Satz 3 aufgeh. mWv 28.1.2022 durch G v. 27.9.2021 (BGBl. I S. 4530).

3) § 8 Abs. 1 einl. Satzteil, Nr. 1a, Nr. 2 Buchst. a und c geänd. mWv 23.7.2009 durch G v. 17.7.2009 (BGBl. I S. 1990); Abs. 1 Nr. 1 und 2 geänd., Nr. 1a aufgeh., Abs. 2 neu gef., Abs. 3 angef. mWv 26.10.2012 durch G v. 19.10.2012 (BGBl. I S. 2192).

(2) Es ist verboten, gefälschte Arzneimittel oder gefälschte Wirkstoffe herzustellen, in den Verkehr zu bringen oder sonst mit ihnen Handel zu treiben.

(3) Es ist verboten, Arzneimittel, deren Verfalldatum abgelaufen ist, in den Verkehr zu bringen.

**§ 9[1)] Der Verantwortliche für das Inverkehrbringen.** (1) [1]Arzneimittel, die im Geltungsbereich dieses Gesetzes in den Verkehr gebracht werden, müssen den Namen oder die Firma und die Anschrift des pharmazeutischen Unternehmers tragen. [2]Dies gilt nicht für Arzneimittel, die zur klinischen Prüfung bestimmt sind.

(2) [1]Arzneimittel dürfen im Geltungsbereich dieses Gesetzes nur durch einen pharmazeutischen Unternehmer in den Verkehr gebracht werden, der seinen Sitz im Geltungsbereich dieses Gesetzes, in einem anderen Mitgliedstaat der Europäischen Union oder in einem anderen Vertragsstaat des Abkommens über den Europäischen Wirtschaftsraum hat. [2]Bestellt der pharmazeutische Unternehmer einen örtlichen Vertreter, entbindet ihn dies nicht von seiner rechtlichen Verantwortung.

**§ 10[2)] Kennzeichnung.** (1) [1]Fertigarzneimittel, die nicht zur klinischen Prüfung bestimmt sind und die nicht nach § 21 Absatz 2 Nummer 1a, 1b oder 3 von der Zulassungspflicht freigestellt sind, dürfen im Geltungsbereich dieses Gesetzes nur in den Verkehr gebracht werden, wenn auf den Behältnissen und, soweit verwendet, auf den äußeren Umhüllungen in gut lesbarer Schrift, allgemeinverständlich in deutscher Sprache und auf dauerhafte Weise und in Übereinstimmung mit den Angaben nach § 11a angegeben sind

1. der Name oder die Firma und die Anschrift des pharmazeutischen Unternehmers und, soweit vorhanden, der Name des von ihm benannten örtlichen Vertreters,
2. die Bezeichnung des Arzneimittels, gefolgt von der Angabe der Stärke und der Darreichungsform, und soweit zutreffend, dem Hinweis, dass es zur Anwendung für Säuglinge, Kinder oder Erwachsene bestimmt ist, es sei denn, dass diese Angaben bereits in der Bezeichnung enthalten sind; enthält das Arzneimittel bis zu drei Wirkstoffe, muss der internationale Freiname

---

[1)] § 9 Abs. 1 Satz 2 geänd. mWv 28.1.2022 durch G v. 27.9.2021 (BGBl. I S. 4530).

[2)] § 10 Abs. 6 Nr. 1 Satz 4 geänd. mWv 18.8.2006 durch G v. 14.8.2006 (BGBl. I S. 1869); Abs. 1b eingef. mWv 1.9.2006 durch G v. 30.7.2004 (BGBl. I S. 2031, geänd. durch G v. 15.4.2005, BGBl. I S. 1068); Überschrift neu gef. und Abs. 11 angef. mWv 1.4.2007 durch G v. 26.3.2007 (BGBl. I S. 378); Abs. 8 Sätze 5 und 6 angef. mWv 1.8.2007 durch G v. 20.7.2007 (BGBl. I S. 1574); Abs. 1 Satz 1 Nr. 8 geänd., Satz 4 eingef., bish. Satz 4 wird Satz 5 und neu gef., Abs. 4 Sätze 3 und 4 aufgeh., Abs. 5 neu gef., Abs. 6 Nr. 1 neu gef., Abs. 8 Satz 3 neu gef., Satz 4 angef., Sätze 4–6 aufgeh., Abs. 8a und 8b eingef., Abs. 10 Satz 1 geänd. mWv 23.7.2009 durch G v. 17.7.2009 (BGBl. I S. 1990); Abs. 1 Satz 1 einl. Satzteil geänd. mWv 1.1.2011 durch G v. 22.12.2010 (BGBl. I S. 2262); Abs. 1 Satz 1 Nr. 2, Satz 5 und Abs. 8 Satz 3 geänd., Abs. 1a aufgeh. mWv 26.10.2012, Abs. 1c eingef. mWv 9.2.2019 durch G v. 19.10.2012 (BGBl. I S. 2192, geänd. durch G v. 20.12.2016, BGBl. I S. 3048); Abs. 8a Satz 1 geänd., Satz 3 angef., Abs. 8b Satz 1 geänd. mWv 26.11.2016 durch G v. 21.11.2016 (BGBl. I S. 2623); Abs. 1 Satz 1 Nr. 6, 8a, Abs. 1b Satz 3 Nr. 2, Abs. 4 Satz 1 Nr. 6, Abs. 5 Satz 1 Nr. 14 und Abs. 8 Satz 3 geänd. mWv 24.12.2016 durch G v. 20.12.2016 (BGBl. I S. 3048); Abs. 8a Satz 3 geänd. mWv 29.7.2017 durch G v. 18.7.2017 (BGBl. I S. 2757); Abs. 1 Satz 1 Nr. 9 geänd. mWv 16.8.2019 durch G v. 9.8.2019 (BGBl. I S. 1202); Abs. 1a eingef. mWv 1.4.2020 durch G v. 22.3.2020 (BGBl. I S. 604); Abs. 1 Satz 1 einl. Satzteil, Nr. 10 und 13 geänd., Nr. 14 neu gef., Abs. 1a geänd., Abs. 1b Satz 1, Abs. 1c neu gef., Abs. 5 aufgeh., Abs. 6 einl. Satzteil, Nr. 1 geänd., Abs. 10 aufgeh., Abs. 11 Satz 1 geänd. mWv 28.1.2022 durch G v. 27.9.2021 (BGBl. I S. 4530).

(INN) aufgeführt werden oder, falls dieser nicht existiert, die gebräuchliche Bezeichnung; dies gilt nicht, wenn in der Bezeichnung die Wirkstoffbezeichnung nach Nummer 8 enthalten ist,
3. die Zulassungsnummer mit der Abkürzung „Zul.-Nr.",
4. die Chargenbezeichnung, soweit das Arzneimittel in Chargen in den Verkehr gebracht wird, mit der Abkürzung „Ch.-B.", soweit es nicht in Chargen in den Verkehr gebracht werden kann, das Herstellungsdatum,
5. die Darreichungsform,
6. der Inhalt nach Gewicht, Nennvolumen oder Stückzahl,
7. die Art der Anwendung,
8. die Wirkstoffe nach Art und Menge und sonstige Bestandteile nach der Art, soweit dies durch Auflage der zuständigen Bundesoberbehörde nach § 28 Abs. 2 Nr. 1 angeordnet oder durch Rechtsverordnung nach § 12 Abs. 1 Nr. 4, auch in Verbindung mit Abs. 2, oder nach § 36 Abs. 1 vorgeschrieben ist; bei Arzneimitteln zur parenteralen oder zur topischen Anwendung, einschließlich der Anwendung am Auge, alle Bestandteile nach der Art,
8a. bei gentechnologisch gewonnenen Arzneimitteln der Wirkstoff und die Bezeichnung des bei der Herstellung verwendeten gentechnisch veränderten Organismus oder die Zelllinie,
9. das Verfalldatum mit dem Hinweis „verwendbar bis" oder mit der Abkürzung „verw. bis",
10. bei Arzneimitteln, die der Verschreibungspflicht nach § 48 unterliegen, der Hinweis „Verschreibungspflichtig", bei sonstigen Arzneimitteln, die nur in Apotheken an Verbraucher abgegeben werden dürfen, der Hinweis „Apothekenpflichtig",
11. bei Mustern der Hinweis „Unverkäufliches Muster",
12. der Hinweis, dass Arzneimittel unzugänglich für Kinder aufbewahrt werden sollen, es sei denn, es handelt sich um Heilwässer,
13. soweit erforderlich besondere Vorsichtsmaßnahmen für die Beseitigung von nicht verwendeten Arzneimitteln oder sonstige besondere Vorsichtsmaßnahmen, um Gefahren für die Umwelt zu vermeiden, und
14. bei nicht verschreibungspflichtigen Arzneimitteln der Verwendungszweck.

[2] Sofern die Angaben nach Satz 1 zusätzlich in einer anderen Sprache wiedergegeben werden, müssen in dieser Sprache die gleichen Angaben gemacht werden. [3] Ferner ist Raum für die Angabe der verschriebenen Dosierung vorzusehen; dies gilt nicht für die in Absatz 8 Satz 3 genannten Behältnisse und Ampullen und für Arzneimittel, die dazu bestimmt sind, ausschließlich durch Angehörige der Heilberufe angewendet zu werden. [4] Arzneimittel, die nach einer homöopathischen Verfahrenstechnik hergestellt werden und nach § 25 zugelassen sind, sind zusätzlich mit einem Hinweis auf die homöopathische Beschaffenheit zu kennzeichnen. [5] Weitere Angaben, die nicht durch eine Verordnung der Europäischen Gemeinschaft oder der Europäischen Union vorgeschrieben oder bereits nach einer solchen Verordnung zulässig sind, sind zulässig, soweit sie mit der Anwendung des Arzneimittels im Zusammenhang stehen, für die gesundheitliche Aufklärung der Patienten wichtig sind und den Angaben nach § 11a nicht widersprechen.

(1a) Bei Arzneimitteln, die durch Ärzte oder Zahnärzte unmittelbar an Patienten angewendet werden, kann die zuständige Bundesoberbehörde im Fall eines drohenden oder bestehenden versorgungsrelevanten Lieferengpasses auf Antrag des Zulassungsinhabers im Einzelfall gestatten, dass das Arzneimittel abweichend von Absatz 1 Satz 1 befristet mit einer Kennzeichnung in einer anderen als der deutschen Sprache in den Verkehr gebracht wird.

(1b) [1] Die Bezeichnung des Arzneimittels ist auf den äußeren Umhüllungen auch in Blindenschrift anzugeben. [2] Die in Absatz 1 Satz 1 Nr. 2 genannten sonstigen Angaben zur Darreichungsform und zu der Personengruppe, für die das Arzneimittel bestimmt ist, müssen nicht in Blindenschrift aufgeführt werden; dies gilt auch dann, wenn diese Angaben in der Bezeichnung enthalten sind. [3] Satz 1 gilt nicht für Arzneimittel,

1. die dazu bestimmt sind, ausschließlich durch Angehörige der Heilberufe angewendet zu werden oder
2. die in Behältnissen von nicht mehr als 20 Milliliter Nennvolumen oder einer Inhaltsmenge von nicht mehr als 20 Gramm in Verkehr gebracht werden.

(1c) Auf den äußeren Umhüllungen von Arzneimitteln sind Sicherheitsmerkmale sowie eine Vorrichtung zum Erkennen einer möglichen Manipulation der äußeren Umhüllung anzubringen, sofern dies durch Artikel 54a der Richtlinie 2001/83/EG des Europäischen Parlaments und des Rates vom 6. November 2001 zur Schaffung eines Gemeinschaftskodexes für Humanarzneimittel (ABl. L 311 vom 28.11.2001, S. 67; L 239 vom 12.8.2014, S. 81), die zuletzt durch die Verordnung (EU) 2019/1243 (ABl. L 198 vom 25.7.2019, S. 241) geändert worden ist, vorgeschrieben ist oder auf Grund von Artikel 54a der Richtlinie 2001/83/EG festgelegt wird.

(2) Es sind ferner Warnhinweise, für die Verbraucher bestimmte Aufbewahrungshinweise und für die Fachkreise bestimmte Lagerhinweise anzugeben, soweit dies nach dem jeweiligen Stand der wissenschaftlichen Erkenntnisse erforderlich oder durch Auflagen der zuständigen Bundesoberbehörde nach § 28 Abs. 2 Nr. 1 angeordnet oder durch Rechtsverordnung vorgeschrieben ist.

(3) Bei Sera ist auch die Art des Lebewesens, aus dem sie gewonnen sind, bei Virusimpfstoffen das Wirtssystem, das zur Virusvermehrung gedient hat, anzugeben.

(4) [1] Bei Arzneimitteln, die in das Register für homöopathische Arzneimittel eingetragen sind, sind anstelle der Angaben nach Absatz 1 Satz 1 Nr. 1 bis 14 und außer dem deutlich erkennbaren Hinweis „Homöopathisches Arzneimittel" die folgenden Angaben zu machen:

1. Ursubstanzen nach Art und Menge und der Verdünnungsgrad; dabei sind die Symbole aus den offiziell gebräuchlichen Pharmakopöen zu verwenden; die wissenschaftliche Bezeichnung der Ursubstanz kann durch einen Phantasienamen ergänzt werden,
2. Name und Anschrift des pharmazeutischen Unternehmers und, soweit vorhanden, seines örtlichen Vertreters,
3. Art der Anwendung,
4. Verfalldatum; Absatz 1 Satz 1 Nr. 9 und Absatz 7 finden Anwendung,
5. Darreichungsform,
6. der Inhalt nach Gewicht, Nennvolumen oder Stückzahl,
7. Hinweis, dass Arzneimittel unzugänglich für Kinder aufbewahrt werden sollen, weitere besondere Vorsichtsmaßnahmen für die Aufbewahrung und

Warnhinweise, einschließlich weiterer Angaben, soweit diese für eine sichere Anwendung erforderlich oder nach Absatz 2 vorgeschrieben sind,

8. Chargenbezeichnung,
9. Registrierungsnummer mit der Abkürzung „Reg.-Nr." und der Angabe „Registriertes homöopathisches Arzneimittel, daher ohne Angabe einer therapeutischen Indikation",
10. der Hinweis an den Anwender, bei während der Anwendung des Arzneimittels fortdauernden Krankheitssymptomen medizinischen Rat einzuholen,
11. bei Arzneimitteln, die nur in Apotheken an Verbraucher abgegeben werden dürfen, der Hinweis „Apothekenpflichtig",
12. bei Mustern der Hinweis „Unverkäufliches Muster".

[2] Satz 1 gilt entsprechend für Arzneimittel, die nach § 38 Abs. 1 Satz 3 von der Registrierung freigestellt sind; Absatz 1b findet keine Anwendung.

(4a) [1] Bei traditionellen pflanzlichen Arzneimitteln nach § 39a müssen zusätzlich zu den Angaben in Absatz 1 folgende Hinweise aufgenommen werden:

1. Das Arzneimittel ist ein traditionelles Arzneimittel, das ausschließlich auf Grund langjähriger Anwendung für das Anwendungsgebiet registriert ist, und
2. der Anwender sollte bei fortdauernden Krankheitssymptomen oder beim Auftreten anderer als der in der Packungsbeilage erwähnten Nebenwirkungen einen Arzt oder eine andere in einem Heilberuf tätige qualifizierte Person konsultieren.

[2] An die Stelle der Angabe nach Absatz 1 Satz 1 Nr. 3 tritt die Registrierungsnummer mit der Abkürzung „Reg.-Nr.".

(5) *(aufgehoben)*

(6) Für die Bezeichnung der Bestandteile gilt Folgendes:

1. Zur Bezeichnung der Art sind die internationalen Kurzbezeichnungen der Weltgesundheitsorganisation oder, soweit solche nicht vorhanden sind, gebräuchliche wissenschaftliche Bezeichnungen zu verwenden; das Bundesinstitut für Arzneimittel und Medizinprodukte bestimmt im Einvernehmen mit dem Paul-Ehrlich-Institut die zu verwendenden Bezeichnungen und veröffentlicht diese in einer Datenbank nach § 67a;
2. zu Bezeichnung der Menge sind Maßeinheiten zu verwenden; sind biologische Einheiten oder andere Angaben zur Wertigkeit wissenschaftlich gebräuchlich, so sind diese zu verwenden.

(7) Das Verfalldatum ist mit Monat und Jahr anzugeben.

(8) [1] Durchdrückpackungen sind mit dem Namen oder der Firma des pharmazeutischen Unternehmers, der Bezeichnung des Arzneimittels, der Chargenbezeichnung und dem Verfalldatum zu versehen. [2] Auf die Angabe von Namen und Firma eines Parallelimporteurs kann verzichtet werden. [3] Bei Behältnissen von nicht mehr als 10 Milliliter Nennvolumen und bei Ampullen, die nur eine einzige Gebrauchseinheit enthalten, brauchen die Angaben nach den Absätzen 1, 2 bis 5 nur auf den äußeren Umhüllungen gemacht zu werden; jedoch müssen sich auf den Behältnissen und Ampullen mindestens die Angaben nach Absatz 1 Satz 1 Nummer 2 erster Halbsatz, 4, 6, 7, 9 sowie nach den Absätzen 3 und 5 Satz 1 Nummer 1, 3, 7, 9, 12, 14 befinden; es können geeignete

Abkürzungen verwendet werden. [4] Satz 3 findet auch auf andere kleine Behältnisse als die dort genannten Anwendung, sofern in Verfahren nach § 25b abweichende Anforderungen an kleine Behältnisse zugrunde gelegt werden.

(8a) [1] Bei Frischplasmazubereitungen und Zubereitungen aus Blutzellen müssen mindestens die Angaben nach Absatz 1 Satz 1 Nummer 1, 2, ohne die Angabe der Stärke, Darreichungsform und der Personengruppe, Nummer 3 oder die Genehmigungsnummer mit der Abkürzung „Gen.-Nr.", Nummer 4, 6, 7 und 9 gemacht sowie die Bezeichnung und das Volumen der Antikoagulans- und, soweit vorhanden, der Additivlösung, die Lagertemperatur, die Blutgruppe und bei allogenen Zubereitungen aus roten Blutkörperchen zusätzlich die Rhesusformel, bei Thrombozytenkonzentraten und autologen Zubereitungen aus roten Blutkörperchen zusätzlich der Rhesusfaktor angegeben werden. [2] Bei autologen Blutzubereitungen muss zusätzlich die Angabe „Nur zur Eigenbluttransfusion" gemacht und bei autologen und gerichteten Blutzubereitungen zusätzlich ein Hinweis auf den Empfänger gegeben werden. [3] Bei hämatopoetischen Stammzellzubereitungen aus dem peripheren Blut oder aus dem Nabelschnurblut muss der Einheitliche Europäische Code mit der Abkürzung „SEC" angegeben werden sowie im Fall festgestellter Infektiosität die Angabe „Biologische Gefahr" gemacht werden.

(8b) [1] Bei Gewebezubereitungen müssen mindestens die Angaben nach Ab satz 1 Satz 1 Nummer 1 und 2 ohne die Angabe der Stärke, der Darreichungsform und der Personengruppe, Nummer 3 oder die Genehmigungsnummer mit der Abkürzung „Gen.-Nr.", Nummer 4, 6 und 9, der Einheitliche Europäische Code mit der Abkürzung „SEC" sowie die Angabe „Biologische Gefahr" im Falle festgestellter Infektiosität gemacht werden. [2] Bei autologen Gewebezubereitungen müssen zusätzlich die Angabe „Nur zur autologen Anwendung" gemacht und bei autologen und gerichteten Gewebezubereitungen zusätzlich ein Hinweis auf den Empfänger gegeben werden.

(9) [1] Bei den Angaben nach den Absätzen 1 bis 5 dürfen im Verkehr mit Arzneimitteln übliche Abkürzungen verwendet werden. [2] Die Firma nach Absatz 1 Nr. 1 darf abgekürzt werden, sofern das Unternehmen aus der Abkürzung allgemein erkennbar ist.

(10) *(aufgehoben)*

(11) [1] Aus Fertigarzneimitteln entnommene Teilmengen dürfen nur mit einer Kennzeichnung abgegeben werden, die mindestens den Anforderungen nach Absatz 8 Satz 1 entspricht. [2] Absatz 1b findet keine Anwendung.

**§ 10a[1)] Kennzeichnung von Prüf- und Hilfspräparaten für klinische Prüfungen.** (1) Prüf- und Hilfspräparate für klinische Prüfungen müssen in deutscher Sprache gekennzeichnet sein.

(2) Angaben, die zusätzlich in einer anderen Sprache wiedergegeben werden, müssen in beiden Sprachversionen inhaltsgleich sein.

**§ 11[2)] Packungsbeilage.** (1) [1] Fertigarzneimittel, die nicht zur klinischen Prüfung bestimmt sind und die nicht nach § 21 Absatz 2 Nummer 1a, 1b oder

---

1) § 10a eingef. mWv 27.1.2022 durch G v. 20.12.2016 (BGBl. I S. 3048, geänd. durch G v. 27.9. 2021, BGBl. I S. 4530); Überschrift und Abs. 1 geänd. mWv 28.1.2022 durch G v. 27.9.2021 (BGBl. I S. 4530).

2) § 11 Abs. 7 angef. mWv 1.4.2007 durch G v. 26.3.2007 (BGBl. I S. 378); Abs. 1 Satz 5 neu gef., Satz 6, Abs. 3 Satz 1, Abs. 4 Satz 1 einl. Satzteil und Satz 3 geänd., Sätze 5 und 6 angef. mWv 23.7. →

3 von der Zulassungspflicht freigestellt sind, dürfen im Geltungsbereich dieses Gesetzes nur mit einer Packungsbeilage in den Verkehr gebracht werden, die die Überschrift „Gebrauchsinformation" trägt sowie folgende Angaben in der nachstehenden Reihenfolge allgemein verständlich in deutscher Sprache, in gut lesbarer Schrift und in Übereinstimmung mit den Angaben nach § 11a enthalten muss:

1. zur Identifizierung des Arzneimittels:
   a) die Bezeichnung des Arzneimittels, § 10 Abs. 1 Satz 1 Nr. 2 finden entsprechende Anwendung,
   b) die Stoff- oder Indikationsgruppe oder die Wirkungsweise;
2. die Anwendungsgebiete;
3. eine Aufzählung von Informationen, die vor der Einnahme des Arzneimittels bekannt sein müssen:
   a) Gegenanzeigen,
   b) entsprechende Vorsichtsmaßnahmen für die Anwendung,
   c) Wechselwirkungen mit anderen Arzneimitteln oder anderen Mitteln, soweit sie die Wirkung des Arzneimittels beeinflussen können,
   d) Warnhinweise, insbesondere soweit dies durch Auflage der zuständigen Bundesoberbehörde nach § 28 Abs. 2 Nr. 2 angeordnet oder auf Grund von § 7 des Anti-Doping-Gesetzes oder durch Rechtsverordnung nach § 12 Abs. 1 Nr. 3 vorgeschrieben ist;
4. die für eine ordnungsgemäße Anwendung erforderlichen Anleitungen über
   a) Dosierung,
   b) Art der Anwendung,
   c) Häufigkeit der Verabreichung, erforderlichenfalls mit Angabe des genauen Zeitpunkts, zu dem das Arzneimittel verabreicht werden kann oder muss,

   sowie, soweit erforderlich und je nach Art des Arzneimittels,
   d) Dauer der Behandlung, falls diese festgelegt werden soll,
   e) Hinweise für den Fall der Überdosierung, der unterlassenen Einnahme oder Hinweise auf die Gefahr von unerwünschten Folgen des Absetzens,
   f) die ausdrückliche Empfehlung, bei Fragen zur Klärung der Anwendung den Arzt oder Apotheker zu befragen;
5. zu Nebenwirkungen:
   a) eine Beschreibung der Nebenwirkungen, die bei bestimmungsgemäßem Gebrauch des Arzneimittels eintreten können,

---

*(Fortsetzung der Anm. von voriger Seite)*
2009 durch G v. 17.7.2009 (BGBl. I S. 1990); Abs. 1 Satz 1 einl. Satzteil geänd. mWv 1.1.2011 durch G v. 22.12.2010 (BGBl. I S. 2262); Abs. 1 Satz 1 Nr. 1 Buchst. a geänd., Nr. 5 neu gef., Nr. 7 geänd., Sätze 2 und 3 eingef., bish. Sätze 2–6 werden Sätze 4–8, neuer Satz 7 geänd., Satz 9 angef., Abs. 1b eingef. mWv 26.10.2012 durch G v. 19.10.2012 (BGBl. I S. 2192); Abs. 1 Sätze 2 und 3 geänd. mWv 13.8.2013 durch G v. 7.8.2013 (BGBl. I S. 3108); Abs. 1 Satz 1 Nr. 3 Buchst. d geänd. mWv 18.12.2015 durch G v. 10.12.2015 (BGBl. I S. 2210); Abs. 1 Satz 1 Nr. 6 Buchst. e und Nr. 7 geänd. mWv 24.12.2016 durch G v. 20.12.2016 (BGBl. I S. 3048); Abs. 1c eingef. mWv 1.4.2020 durch G v. 22.3.2020 (BGBl. I S. 604); Abs. 1 Satz 1 einl. Satzteil geänd., Nr. 5 neu gef., Nr. 7 geänd., Satz 2 neu gef., Abs. 1c und 3c geänd., Abs. 4 aufgeh., Abs. 5 Satz 2, Abs. 6 Satz 1 und Abs. 7 Satz 1 geänd. mWv 28.1.2022 durch G v. 27.9.2021 (BGBl. I S. 4530).

b) bei Nebenwirkungen zu ergreifende Gegenmaßnahmen, soweit dies nach dem jeweiligen Stand der wissenschaftlichen Erkenntnis erforderlich ist, und

c) einen Standardtext, durch den die Patienten ausdrücklich aufgefordert werden, jeden Verdachtsfall einer Nebenwirkung ihren Ärzten, Apothekern, Angehörigen von Gesundheitsberufen oder unmittelbar der zuständigen Bundesoberbehörde zu melden, wobei die Meldung in jeder Form, insbesondere auch elektronisch, erfolgen kann;

6. einen Hinweis auf das auf der Verpackung angegebene Verfalldatum sowie

a) Warnung davor, das Arzneimittel nach Ablauf dieses Datums anzuwenden,

b) soweit erforderlich besondere Vorsichtsmaßnahmen für die Aufbewahrung und die Angabe der Haltbarkeit nach Öffnung des Behältnisses oder nach Herstellung der gebrauchsfertigen Zubereitung durch den Anwender,

c) soweit erforderlich Warnung vor bestimmten sichtbaren Anzeichen dafür, dass das Arzneimittel nicht mehr zu verwenden ist,

d) vollständige qualitative Zusammensetzung nach Wirkstoffen und sonstigen Bestandteilen sowie quantitative Zusammensetzung nach Wirkstoffen unter Verwendung gebräuchlicher Bezeichnungen für jede Darreichungsform des Arzneimittels, § 10 Abs. 6 findet Anwendung,

e) Darreichungsform und Inhalt nach Gewicht, Nennvolumen oder Stückzahl für jede Darreichungsform des Arzneimittels,

f) Name und Anschrift des pharmazeutischen Unternehmers und, soweit vorhanden, seines örtlichen Vertreters,

g) Name und Anschrift des Herstellers oder des Einführers, der das Fertigarzneimittel für das Inverkehrbringen freigegeben hat;

7. bei einem Arzneimittel, das unter anderen Bezeichnungen in anderen Mitgliedstaaten der Europäischen Union nach den Artikeln 28 bis 39 der Richtlinie 2001/83/EG für das Inverkehrbringen genehmigt ist, ein Verzeichnis der in den einzelnen Mitgliedstaaten genehmigten Bezeichnungen;

8. das Datum der letzten Überarbeitung der Packungsbeilage.

[2] Für Arzneimittel, die sich auf der Liste nach Artikel 23 der Verordnung (EG) Nr. 726/2004 des Europäischen Parlaments und des Rates vom 31. März 2004 zur Festlegung der Verfahren der Union für die Genehmigung und Überwachung von Humanarzneimitteln und zur Errichtung einer Europäischen Arzneimittel-Agentur (ABl. L 136 vom 30.4.2004, S. 1; L 201 vom 27.7.2012, S. 138), die zuletzt durch die Verordnung (EU) 2019/5 (ABl. L 4 vom 7.1. 2019, S. 24) geändert worden ist, befinden, muss ferner folgende Erklärung aufgenommen werden: „Dieses Arzneimittel unterliegt einer zusätzlichen Überwachung." [3] Dieser Erklärung muss ein schwarzes Symbol vorangehen und ein geeigneter standardisierter erläuternder Text nach Artikel 23 Absatz 4 der Verordnung (EG) Nr. 726/2004 folgen. [4] Erläuternde Angaben zu den in Satz 1 genannten Begriffen sind zulässig. [5] Sofern die Angaben nach Satz 1 in der Packungsbeilage zusätzlich in einer anderen Sprache wiedergegeben werden, müssen in dieser Sprache die gleichen Angaben gemacht werden. [6] Satz 1 gilt nicht für Arzneimittel, die nach § 21 Abs. 2 Nr. 1 einer Zulassung nicht bedürfen. [7] Weitere Angaben, die nicht durch eine Verordnung der Europäischen Gemeinschaft oder der Europäischen Union vorgeschrieben oder bereits nach einer solchen Verordnung zulässig sind, sind zulässig, soweit sie mit der Anwendung des Arzneimittels im Zusammenhang stehen, für die gesundheitli-

che Aufklärung der Patienten wichtig sind und den Angaben nach § 11a nicht widersprechen. [8]Bei den Angaben nach Satz 1 Nr. 3 Buchstabe a bis d ist, soweit dies nach dem jeweiligen Stand der wissenschaftlichen Erkenntnisse erforderlich ist, auf die besondere Situation bestimmter Personengruppen, wie Kinder, Schwangere oder stillende Frauen, ältere Menschen oder Personen mit spezifischen Erkrankungen einzugehen; ferner sind, soweit erforderlich, mögliche Auswirkungen der Anwendung auf die Fahrtüchtigkeit oder die Fähigkeit zur Bedienung bestimmter Maschinen anzugeben. [9]Der Inhaber der Zulassung ist verpflichtet, die Packungsbeilage auf aktuellem wissenschaftlichen Kenntnisstand zu halten, zu dem auch die Schlussfolgerungen aus Bewertungen und die Empfehlungen gehören, die auf dem nach Artikel 26 der Verordnung (EG) Nr. 726/2004 eingerichteten europäischen Internetportal für Arzneimittel veröffentlicht werden.

(1a) Ein Muster der Packungsbeilage und geänderter Fassungen ist der zuständigen Bundesoberbehörde unverzüglich zu übersenden, soweit nicht das Arzneimittel von der Zulassung oder Registrierung freigestellt ist.

(1b) Die nach Absatz 1 Satz 1 Nummer 5 und Satz 3 erforderlichen Standardtexte werden von der zuständigen Bundesoberbehörde im Bundesanzeiger bekannt gemacht.

(1c) Bei Arzneimitteln, die durch Ärzte oder Zahnärzte unmittelbar an Patienten angewendet werden, kann die zuständige Bundesoberbehörde im Fall eines drohenden oder bestehenden versorgungsrelevanten Lieferengpasses auf Antrag des Zulassungsinhabers im Einzelfall gestatten, dass das Arzneimittel abweichend von Absatz 1 Satz 1 befristet mit einer Packungsbeilage in einer anderen als der deutschen Sprache in den Verkehr gebracht wird.

(2) Es sind ferner in der Packungsbeilage Hinweise auf Bestandteile, deren Kenntnis für eine wirksame und unbedenkliche Anwendung des Arzneimittels erforderlich ist, und für die Verbraucher bestimmte Aufbewahrungshinweise anzugeben, soweit dies nach dem jeweiligen Stand der wissenschaftlichen Erkenntnisse erforderlich oder durch Auflage der zuständigen Bundesoberbehörde nach § 28 Abs. 2 Nr. 2 angeordnet oder durch Rechtsverordnung vorgeschrieben ist.

(2a) Bei radioaktiven Arzneimitteln gilt Absatz 1 entsprechend mit der Maßgabe, dass die Vorsichtsmaßnahmen aufzuführen sind, die der Verwender und der Patient während der Zubereitung und Verabreichung des Arzneimittels zu ergreifen haben, sowie besondere Vorsichtsmaßnahmen für die Entsorgung des Transportbehälters und nicht verwendeter Arzneimittel.

(3) [1]Bei Arzneimitteln, die in das Register für homöopathische Arzneimittel eingetragen sind, gilt Absatz 1 entsprechend mit der Maßgabe, dass die in § 10 Abs. 4 vorgeschriebenen Angaben, ausgenommen die Angabe der Chargenbezeichnung, des Verfalldatums und des bei Mustern vorgeschriebenen Hinweises, zu machen sind sowie der Name und die Anschrift des Herstellers anzugeben sind, der das Fertigarzneimittel für das Inverkehrbringen freigegeben hat, soweit es sich dabei nicht um den pharmazeutischen Unternehmer handelt. [2]Satz 1 gilt entsprechend für Arzneimittel, die nach § 38 Abs. 1 Satz 3 von der Registrierung freigestellt sind.

(3a) Bei Sera gilt Absatz 1 entsprechend mit der Maßgabe, dass auch die Art des Lebewesens, aus dem sie gewonnen sind, bei Virusimpfstoffen das Wirtssystem, das zur Virusvermehrung gedient hat, und bei Arzneimitteln aus humanem Blutplasma zur Fraktionierung das Herkunftsland des Blutplasmas anzugeben ist.

(3b) [1]Bei traditionellen pflanzlichen Arzneimitteln nach § 39a gilt Absatz 1 entsprechend mit der Maßgabe, dass bei den Angaben nach Absatz 1 Satz 1 Nr. 2 anzugeben ist, dass das Arzneimittel ein traditionelles Arzneimittel ist, das ausschließlich auf Grund langjähriger Anwendung für das Anwendungsgebiet registriert ist. [2]Zusätzlich ist in die Packungsbeilage der Hinweis nach § 10 Abs. 4a Satz 1 Nr. 2 aufzunehmen.

(3c) Der Inhaber der Zulassung hat dafür zu sorgen, dass die Packungsbeilage auf Ersuchen von Patientenorganisationen in Formaten verfügbar ist, die für blinde und sehbehinderte Personen geeignet sind.

(3d) [1]Bei Heilwässern können unbeschadet der Verpflichtungen nach Absatz 2 die Angaben nach Absatz 1 Satz 1 Nr. 3 Buchstabe b, Nr. 4 Buchstabe e und f, Nr. 5, soweit der dort angegebene Hinweis vorgeschrieben ist, und Nr. 6 Buchstabe c entfallen. [2]Ferner kann bei Heilwässern von der in Absatz 1 vorgeschriebenen Reihenfolge abgewichen werden.

(4) *(aufgehoben)*

(5) [1]Können die nach Absatz 1 Satz 1 Nr. 3 Buchstabe a und c sowie Nr. 5 vorgeschriebenen Angaben nicht gemacht werden, so ist der Hinweis „keine bekannt" zu verwenden. [2]Werden auf der Packungsbeilage weitere Angaben gemacht, so müssen sie von den Angaben nach den Absätzen 1 bis 3 deutlich abgesetzt und abgegrenzt sein.

(6) [1]Die Packungsbeilage kann entfallen, wenn die nach den Absätzen 1 bis 3 vorgeschriebenen Angaben auf dem Behältnis oder auf der äußeren Umhüllung stehen. [2]Absatz 5 findet entsprechende Anwendung.

(7) [1]Aus Fertigarzneimitteln entnommene Teilmengen dürfen nur zusammen mit einer Ausfertigung der für das Fertigarzneimittel vorgeschriebenen Packungsbeilage abgegeben werden. [2]Absatz 6 Satz 1 gilt entsprechend. [3]Abweichend von Satz 1 müssen bei der im Rahmen einer Dauermedikation erfolgenden regelmäßigen Abgabe von aus Fertigarzneimitteln entnommenen Teilmengen in neuen, patientenindividuell zusammengestellten Blistern Ausfertigungen der für die jeweiligen Fertigarzneimittel vorgeschriebenen Packungsbeilagen erst dann erneut beigefügt werden, wenn sich diese gegenüber den zuletzt beigefügten geändert haben.

**§ 11a[1)] Fachinformation.** (1) [1]Der pharmazeutische Unternehmer ist verpflichtet, den folgenden Personen auf Anforderung für Fertigarzneimittel, die der Pflicht zur Zulassung unterliegen oder davon freigestellt sind und die für den Verkehr außerhalb der Apotheken nicht freigegeben sind, eine Gebrauchsinformation für Fachkreise (Fachinformation) zur Verfügung zu stellen:

1. Ärzten, Zahnärzten, Tierärzten und Apothekern sowie

---

1) § 11a Abs. 1 Satz 2 Nr. 1, Abs. 1 d geänd., Abs. 1 Satz 3 erster Halbs. neu gef. geänd. mWv 23.7. 2009 durch G v. 17.7.2009 (BGBl. I S. 1990); Abs. 1 Satz 2 Nr. 4 Buchst. h neu gef., Sätze 3–5 eingef., bish. Sätze 3 und 4 werden Sätze 6 und 7, neuer Satz 6 geänd., Sätze 8 und 9 angef. mWv 26.10.2012 durch G v. 19.10.2012 (BGBl. I S. 2192); Abs. 1 Satz 5 geänd. mWv 13.8.2013 durch G v. 7.8.2013 (BGBl. I S. 3108); Abs. 1 Satz 2 Nr. 4 Buchst. d geänd. mWv 18.12.2015 durch G v. 10.12. 2015 (BGBl. I S. 2210); Abs. 1 Satz 1 neu gef., Satz 2 einl. Satzteil, Sätze 3 und 4 geänd., Abs. 1c aufgeh., bish. Abs. 1d wird Abs. 1c und geänd., bish. Abs. 1e wird Abs. 1d mWv 28.1.2022 durch G v. 27.9.2021 (BGBl. I S. 4530).

2. anderen Personen, die die Heilkunde oder Zahnheilkunde berufsmäßig ausüben, wenn es sich um nicht verschreibungspflichtige Arzneimittel handelt.

[2] Die Fachinformation muss die Überschrift „Fachinformation" tragen und folgende Angaben in gut lesbarer Schrift in Übereinstimmung mit der im Rahmen der Zulassung genehmigten Zusammenfassung der Merkmale des Arzneimittels und in der nachstehenden Reihenfolge enthalten:

1. die Bezeichnung des Arzneimittels, gefolgt von der Stärke und der Darreichungsform;
2. qualitative und quantitative Zusammensetzung nach Wirkstoffen und den sonstigen Bestandteilen, deren Kenntnis für eine zweckgemäße Verabreichung des Mittels erforderlich ist, unter Angabe der gebräuchlichen oder chemischen Bezeichnung; § 10 Abs. 6 findet Anwendung;
3. Darreichungsform;
4. klinische Angaben:
   a) Anwendungsgebiete,
   b) Dosierung und Art der Anwendung bei Erwachsenen und, soweit das Arzneimittel zur Anwendung bei Kindern bestimmt ist, bei Kindern,
   c) Gegenanzeigen,
   d) besondere Warn- und Vorsichtshinweise für die Anwendung und bei immunologischen Arzneimitteln alle besonderen Vorsichtsmaßnahmen, die von Personen, die mit immunologischen Arzneimitteln in Berührung kommen und von Personen, die diese Arzneimittel Patienten verabreichen, zu treffen sind, sowie von dem Patienten zu treffenden Vorsichtsmaßnahmen, soweit dies durch Auflagen der zuständigen Bundesoberbehörde nach § 28 Abs. 2 Nr. 1 Buchstabe a angeordnet oder auf Grund von § 7 des Anti-Doping-Gesetzes oder durch Rechtsverordnung vorgeschrieben ist,
   e) Wechselwirkungen mit anderen Arzneimitteln oder anderen Mitteln, soweit sie die Wirkung des Arzneimittels beeinflussen können,
   f) Verwendung bei Schwangerschaft und Stillzeit,
   g) Auswirkungen auf die Fähigkeit zur Bedienung von Maschinen und zum Führen von Kraftfahrzeugen,
   h) Nebenwirkungen bei bestimmungsgemäßem Gebrauch,
   i) Überdosierung: Symptome, Notfallmaßnahmen, Gegenmittel;
5. pharmakologische Eigenschaften:
   a) pharmakodynamische Eigenschaften,
   b) pharmakokinetische Eigenschaften,
   c) vorklinische Sicherheitsdaten;
6. pharmazeutische Angaben:
   a) Liste der sonstigen Bestandteile,
   b) Hauptinkompatibilitäten,
   c) Dauer der Haltbarkeit und, soweit erforderlich, die Haltbarkeit bei Herstellung einer gebrauchsfertigen Zubereitung des Arzneimittels oder bei erstmaliger Öffnung des Behältnisses,
   d) besondere Vorsichtsmaßnahmen für die Aufbewahrung,
   e) Art und Inhalt des Behältnisses,

f) besondere Vorsichtsmaßnahmen für die Beseitigung von angebrochenen Arzneimitteln oder der davon stammenden Abfallmaterialien, um Gefahren für die Umwelt zu vermeiden;

7. Inhaber der Zulassung;
8. Zulassungsnummer;
9. Datum der Erteilung der Zulassung oder der Verlängerung der Zulassung;
10. Datum der Überarbeitung der Fachinformation.

[3] In die Fachinformation ist ein Standardtext aufzunehmen, durch den die Angehörigen von Gesundheitsberufen ausdrücklich aufgefordert werden, jeden Verdachtsfall einer Nebenwirkung an die zuständige Bundesoberbehörde zu melden, wobei die Meldung in jeder Form, insbesondere auch elektronisch, erfolgen kann. [4] Für Arzneimittel, die sich auf der Liste gemäß Artikel 23 der Verordnung (EG) Nr. 726/2004 befinden, muss ferner folgende Erklärung aufgenommen werden: „Dieses Arzneimittel unterliegt einer zusätzlichen Überwachung." [5] Dieser Erklärung muss ein schwarzes Symbol vorangehen und ein geeigneter standardisierter erläuternder Text nach Artikel 23 Absatz 4 der Verordnung (EG) Nr. 726/2004 folgen. [6] Weitere Angaben, die nicht durch eine Verordnung der Europäischen Gemeinschaft oder der Europäischen Union vorgeschrieben oder bereits nach dieser Verordnung zulässig sind, sind zulässig, wenn sie mit der Anwendung des Arzneimittels im Zusammenhang stehen und den Angaben nach Satz 2 nicht widersprechen; sie müssen von den Angaben nach Satz 2 deutlich abgesetzt und abgegrenzt sein. [7] Satz 1 gilt nicht für Arzneimittel, die nach § 21 Abs. 2 einer Zulassung nicht bedürfen oder nach einer homöopathischen Verfahrenstechnik hergestellt sind. [8] Der Inhaber der Zulassung ist verpflichtet, die Fachinformation auf dem aktuellen wissenschaftlichen Kenntnisstand zu halten, zu dem auch die Schlussfolgerungen aus Bewertungen und die Empfehlungen gehören, die auf dem nach Artikel 26 der Verordnung (EG) Nr. 726/2004 eingerichteten europäischen Internetportal für Arzneimittel veröffentlicht werden. [9] Die nach den Sätzen 3 und 5 erforderlichen Standardtexte werden von der zuständigen Bundesoberbehörde im Bundesanzeiger bekannt gemacht.

(1a) Bei Sera ist auch die Art des Lebewesens, aus dem sie gewonnen sind, bei Virusimpfstoffen das Wirtssystem, das zu Virusvermehrung gedient hat, und bei Arzneimitteln aus humanem Blutplasma zur Fraktionierung das Herkunftsland des Blutplasmas anzugeben.

(1b) Bei radioaktiven Arzneimitteln sind ferner die Einzelheiten der internen Strahlungsdosimetrie, zusätzliche detaillierte Anweisungen für die extemporane Zubereitung und die Qualitätskontrolle für diese Zubereitung sowie, soweit erforderlich, die Höchstlagerzeit anzugeben, während der eine Zwischenzubereitung wie ein Eluat oder das gebrauchsfertige Arzneimittel seinen Spezifikationen entspricht.

(1c) Bei Arzneimitteln, die der Verschreibungspflicht nach § 48 unterliegen, ist auch der Hinweis „Verschreibungspflichtig", bei Betäubungsmitteln der Hinweis „Betäubungsmittel", bei sonstigen Arzneimitteln, die nur in Apotheken an Verbraucher abgegeben werden dürfen, der Hinweis „Apothekenpflichtig" anzugeben; bei Arzneimitteln, die einen Stoff oder eine Zubereitung nach § 48 Absatz 1 Satz 1 Nummer 2 enthalten, ist eine entsprechende Angabe zu machen.

(1d) Für Zulassungen von Arzneimitteln nach § 24b können Angaben nach Absatz 1 entfallen, die sich auf Anwendungsgebiete, Dosierungen oder andere Gegenstände eines Patents beziehen, die zum Zeitpunkt des Inverkehrbringens noch unter das Patentrecht fallen.

(2) [1]Der pharmazeutische Unternehmer ist verpflichtet, die Änderungen der Fachinformation, die für die Therapie relevant sind, den Fachkreisen in geeigneter Form zugänglich zu machen. [2]Die zuständige Bundesoberbehörde kann, soweit erforderlich, durch Auflage bestimmen, in welcher Form die Änderungen allen oder bestimmten Fachkreisen zugänglich zu machen sind.

(3) Ein Muster der Fachinformation und geänderter Fassungen ist der zuständigen Bundesoberbehörde unverzüglich zu übersenden, soweit nicht das Arzneimittel von der Zulassung freigestellt ist.

(4) [1]Die Verpflichtung nach Absatz 1 Satz 1 kann bei Arzneimitteln, die ausschließlich von Angehörigen der Heilberufe verabreicht werden, auch durch Aufnahme der Angaben nach Absatz 1 Satz 2 in der Packungsbeilage erfüllt werden. [2]Die Packungsbeilage muss mit der Überschrift „Gebrauchsinformation und Fachinformation" versehen werden.

**§ 12[1)] Ermächtigung für die Kennzeichnung, die Packungsbeilage und die Packungsgrößen.** (1) Das Bundesministerium wird ermächtigt, im Einvernehmen mit dem Bundesministerium für Wirtschaft und Energie durch Rechtsverordnung[2)] mit Zustimmung des Bundesrates

1. die Vorschriften der §§ 10 bis 11a auf andere Arzneimittel und den Umfang der Fachinformation auf weitere Angaben auszudehnen,
2. vorzuschreiben, dass die in den §§ 10 und 11 genannten Angaben dem Verbraucher auf andere Weise übermittelt werden,
3. für bestimmte Arzneimittel oder Arzneimittelgruppen vorzuschreiben, dass Warnhinweise, Warnzeichen oder Erkennungszeichen auf
   a) den Behältnissen, den äußeren Umhüllungen, der Packungsbeilage oder
   b) der Fachinformation

   anzubringen sind,
4. vorzuschreiben, dass bestimmte Bestandteile nach der Art auf den Behältnissen und den äußeren Umhüllungen anzugeben sind oder auf sie in der Packungsbeilage hinzuweisen ist,

soweit es geboten ist, um einen ordnungsgemäßen Umgang mit Arzneimitteln und deren sachgerechte Anwendung im Geltungsbereich dieses Gesetzes sicherzustellen und um eine unmittelbare oder mittelbare Gefährdung der menschlichen Gesundheit zu verhüten, die infolge mangelnder Unterrichtung eintreten könnte.

(1a) Das Bundesministerium wird ferner ermächtigt, durch Rechtsverordnung mit Zustimmung des Bundesrates für Stoffe oder Zubereitungen aus Stoffen bei der Angabe auf Behältnissen und äußeren Umhüllungen oder in der

---

[1)] § 12 Abs. 2 Satz 2 geänd. mWv 23.7.2009 durch G v. 17.7.2009 (BGBl. I S. 1990); Abs. 1, 1b und 2 Sätze 1 und 2 geänd. mWv 8.9.2015 durch VO v. 31.8.2015 (BGBl. I S. 1474); Abs. 1b Nr. 2 geänd. mWv 27.1.2022 durch G v. 20.12.2016 (BGBl. I S. 3048, geänd. durch G v. 27.9.2021, BGBl. I S. 4530); Abs. 2 Satz 2 geänd. mWv 27.6.2020 durch VO v. 19.6.2020 (BGBl. I S. 1328); Abs. 1 abschl. Satzteil, Abs. 1a und 1b abschl. Satzteil geänd., Abs. 2 Satz 1 aufgeh. mWv 28.1.2022 durch G v. 27.9.2021 (BGBl. I S. 4530).

[2)] Siehe die Blindenschrift-Kennzeichnungs-VO v. 14.7.2006 (BGBl. I S. 1696).

Packungsbeilage oder in der Fachinformation zusammenfassende Bezeichnungen zuzulassen, soweit es sich nicht um wirksame Bestandteile handelt und eine unmittelbare oder mittelbare Gefährdung der menschlichen Gesundheit infolge mangelnder Unterrichtung nicht zu befürchten ist.

(1b) Das Bundesministerium wird ferner ermächtigt, im Einvernehmen mit dem Bundesministerium für Wirtschaft und Energie durch Rechtsverordnung[1] mit Zustimmung des Bundesrates

1. die Kennzeichnung von Ausgangsstoffen, die für die Herstellung von Arzneimitteln bestimmt sind, und
2. die Kennzeichnung von Arzneimitteln, die zur klinischen Prüfung bestimmt sind und nicht in den Anwendungsbereich der Verordnung (EU) Nr. 536/2014 fallen,

zu regeln, soweit es geboten ist, um eine unmittelbare oder mittelbare Gefährdung der menschlichen Gesundheit zu verhüten, die infolge mangelnder Kennzeichnung eintreten könnte.

(2) Die Rechtsverordnung nach Absatz 1, 1a oder 1b ergeht im Einvernehmen mit dem Bundesministerium für Umwelt, Naturschutz und nukleare Sicherheit, soweit es sich um radioaktive Arzneimittel und um Arzneimittel handelt, bei deren Herstellung ionisierende Strahlen verwendet werden, oder in den Fällen des Absatzes 1 Nr. 3 Warnhinweise, Warnzeichen oder Erkennungszeichen im Hinblick auf Angaben nach § 10 Abs. 1 Satz 1 Nr. 13 oder Absatz 5 Satz 1 Nummer 10, § 11 Abs. 4 Satz 1 Nr. 9 oder § 11a Abs. 1 Satz 2 Nr. 6 Buchstabe f vorgeschrieben werden.

(3) [1] Das Bundesministerium wird ferner ermächtigt, durch Rechtsverordnung ohne Zustimmung des Bundesrates zu bestimmen, dass Arzneimittel nur in bestimmten Packungsgrößen in den Verkehr gebracht werden dürfen und von den pharmazeutischen Unternehmern auf den Behältnissen oder, soweit verwendet, auf den äußeren Umhüllungen entsprechend zu kennzeichnen sind. [2] Die Bestimmung dieser Packungsgrößen erfolgt für bestimmte Wirkstoffe und berücksichtigt die Anwendungsgebiete, die Anwendungsdauer und die Darreichungsform. [3] Bei der Bestimmung der Packungsgrößen ist grundsätzlich von einer Dreiteilung auszugehen:

1. Packungen für kurze Anwendungsdauer oder Verträglichkeitstests,
2. Packungen für mittlere Anwendungsdauer,
3. Packungen für längere Anwendungsdauer.

## Dritter Abschnitt. Herstellung von Arzneimitteln

**§ 13[2] Herstellungserlaubnis.** (1) [1] Wer

---

[1] Siehe die GCP-VO v. 9.8.2004 (BGBl. I S. 2081), aufgeh. durch G v. 20.12.2016 (BGBl. I S. 3048).

[2] § 13 Abs. 1 Satz 4 angef. und Abs. 4 Satz 2 geänd. mWv 1.8.2007 durch G v. 20.7.2007 (BGBl. I S. 1574); Abs. 1 neu gef., Abs. 1a, 2b und 2c eingef., Abs. 2 Satz 1 Nr. 1 und Nr. 2, Satz 2, Abs. 4 Satz 2 geänd., Abs. 2a aufgeh. mWv 23.7.2009 durch G v. 17.7.2009 (BGBl. I S. 1990); Abs. 2 Satz 1 Nr. 3 Buchst. c geänd. mWv 31.5.2011 durch G v. 25.5.2011 (BGBl. I S. 946); bish. Abs. 2 Satz 2 wird Abs. 2a Satz 1 und geänd., Sätze 2 und 3 angef., Abs. 2b Satz 2 Nr. 1 neu gef. mWv 26.10.2012 durch G v. 19.10.2012 (BGBl. I S. 2192); Abs. 2a Satz 1 geänd. mWv 13.8.2013 durch G v. 7.8.2013 (BGBl. I S. 3108); Abs. 2 Nr. 4 neu gef. mWv 24.12.2016, Abs. 1a Nr. 4, Abs. 2 Nr. 1, 2 geänd., Nr. 2a eingef., Abs. 2a Sätze 1, 2 Nr. 2 geänd., Abs. 5 und 6 angef. mWv 27.1.2022 durch G v. 20.12. →

1. Arzneimittel,
2. *(aufgehoben)*
3. Wirkstoffe, die menschlicher, tierischer oder mikrobieller Herkunft sind oder die auf gentechnischem Wege hergestellt werden, oder
4. andere zur Arzneimittelherstellung bestimmte Stoffe menschlicher Herkunft

gewerbs- oder berufsmäßig herstellt, bedarf einer Erlaubnis der zuständigen Behörde. [2] Das Gleiche gilt für juristische Personen, nicht rechtsfähige Vereine und Gesellschaften bürgerlichen Rechts, die Arzneimittel zum Zwecke der Abgabe an ihre Mitglieder herstellen. [3] Satz 1 findet auf eine Prüfung, auf deren Grundlage die Freigabe des Arzneimittels für das Inverkehrbringen erklärt wird, entsprechende Anwendung. [4] § 14 Absatz 4 bleibt unberührt.

(1a) Absatz 1 findet keine Anwendung auf

1. Gewebe im Sinne von § 1a Nummer 4 des Transplantationsgesetzes[1)], für die es einer Erlaubnis nach § 20b oder § 20c bedarf,
2. die Gewinnung und die Laboruntersuchung von autologem Blut zur Herstellung von biotechnologisch bearbeiteten Gewebeprodukten, für die es einer Erlaubnis nach § 20b bedarf,
3. Gewebezubereitungen, für die es einer Erlaubnis nach § 20c bedarf,
4. die Rekonstitution, soweit es sich nicht um Arzneimittel handelt, die zur klinischen Prüfung außerhalb des Anwendungsbereichs der Verordnung (EU) Nr. 536/2014 bestimmt sind.

(2) Einer Erlaubnis nach Absatz 1 bedarf nicht

1. der Inhaber einer Apotheke für die Herstellung von Arzneimitteln im Rahmen des üblichen Apothekenbetriebs, oder für die Rekonstitution oder das Abpacken einschließlich der Kennzeichnung von Arzneimitteln, die zur klinischen Prüfung außerhalb des Anwendungsbereichs der Verordnung (EU) Nr. 536/2014 bestimmt sind, sofern dies dem Prüfplan entspricht,
2. der Träger eines Krankenhauses, soweit er nach dem Gesetz über das Apothekenwesen[2)] Arzneimittel abgeben darf, oder für die Rekonstitution oder das Abpacken einschließlich der Kennzeichnung von Arzneimitteln, die zur klinischen Prüfung außerhalb des Anwendungsbereichs der Verordnung (EU) Nr. 536/2014 bestimmt sind, sofern dies dem Prüfplan entspricht,

2a. die Apotheke für die in Artikel 61 Absatz 5 der Verordnung (EU) Nr. 536/ 2014 genannten Tätigkeiten,

3. *(aufgehoben)*
4. der Großhändler für
   a) das Umfüllen von flüssigem Sauerstoff in mobile Kleinbehältnisse für einzelne Patienten in Krankenhäusern oder bei Ärzten einschließlich der erforderlichen Kennzeichnung,

---

*(Fortsetzung der Anm. von voriger Seite)*
2016 (BGBl. I S. 3048, geänd. durch G v. 27.9.2021, BGBl. I S. 4530); Abs. 2b Satz 1 geänd. mWv 11.5.2019 durch G v. 6.5.2019 (BGBl. I S. 646); Abs. 2b Satz 2 Nr. 1, 2 geänd., Nr. 3 angef. mWv 16.8.2019 durch G v. 9.8.2019 (BGBl. I S. 1202); Abs. 1 Satz 1 Nr. 1 neu gef., Nr. 2 und Abs. 2 Nr. 3 aufgeh., Abs. 2a Satz 1 neu gef., Abs. 2c aufgeh. mWv 28.1.2022 durch G v. 27.9.2021 (BGBl. I S. 4530).

[1)] Nr. **280**.

[2)] Nr. **271**.

b) das Umfüllen, Abpacken oder Kennzeichnen von sonstigen Arzneimitteln in unveränderter Form, soweit es sich nicht um Packungen handelt, die zur Abgabe an den Verbraucher bestimmt sind,

5. der Einzelhändler, der die Sachkenntnis nach § 50 besitzt, für das Umfüllen, Abpacken oder Kennzeichnen von Arzneimitteln zur Abgabe in unveränderter Form unmittelbar an den Verbraucher,

6. der Hersteller von Wirkstoffen, die für die Herstellung von Arzneimitteln bestimmt sind, die nach einer im Homöopathischen Teil des Arzneibuches beschriebenen Verfahrenstechnik hergestellt werden.

(2a) [1] Die Ausnahmen nach Absatz 2 Nummer 1, 2 und 4 bis 6 gelten nicht für die Herstellung von Blutzubereitungen, Gewebezubereitungen, Sera, Impfstoffen, Allergenen, Arzneimitteln für neuartige Therapien, xenogenen und radioaktiven Arzneimitteln. [2] Satz 1 findet keine Anwendung auf die in Absatz 2 Nummer 1 oder Nummer 2 genannten Einrichtungen, soweit es sich um

1. das patientenindividuelle Umfüllen in unveränderter Form, das Abpacken oder Kennzeichnen von im Geltungsbereich dieses Gesetzes zugelassenen Sera nicht menschlichen oder tierischen Ursprungs oder

2. die Rekonstitution oder das Umfüllen, das Abpacken oder Kennzeichnen von Arzneimitteln, die zur klinischen Prüfung außerhalb des Anwendungsbereichs der Verordnung (EU) Nr. 536/2014 bestimmt sind, sofern dies dem Prüfplan entspricht, oder

3. die Herstellung von Testallergenen

handelt. [3] Tätigkeiten nach Satz 2 Nummer 1 und 3 sind der zuständigen Behörde anzuzeigen.

(2b) [1] Einer Erlaubnis nach Absatz 1 bedarf ferner nicht eine Person, die Arzt oder Zahnarzt ist oder sonst zur Ausübung der Heilkunde bei Menschen befugt ist, soweit die Arzneimittel unter ihrer unmittelbaren fachlichen Verantwortung zum Zwecke der persönlichen Anwendung bei einem bestimmten Patienten hergestellt werden. [2] Satz 1 findet keine Anwendung auf

1. Arzneimittel für neuartige Therapien und xenogene Arzneimittel,

2. Arzneimittel, die zur klinischen Prüfung bestimmt sind, soweit es sich nicht nur um eine Rekonstitution handelt sowie

3. Arzneimittel, die der Verschreibungspflicht nach § 48 unterliegen, sofern die Herstellung nach Satz 1 durch eine Person erfolgt, die nicht Arzt oder Zahnarzt ist.

(3) Eine nach Absatz 1 für das Umfüllen von verflüssigten medizinischen Gasen in das Lieferbehältnis eines Tankfahrzeuges erteilte Erlaubnis umfasst auch das Umfüllen der verflüssigten medizinischen Gase in unveränderter Form aus dem Lieferbehältnis eines Tankfahrzeuges in Behältnisse, die bei einem Krankenhaus oder anderen Verbrauchern aufgestellt sind.

(4) [1] Die Entscheidung über die Erteilung der Erlaubnis trifft die zuständige Behörde des Landes, in dem die Betriebsstätte liegt oder liegen soll. [2] Bei Blutzubereitungen, Gewebezubereitungen, Sera, Impfstoffen, Allergenen, Arzneimitteln für neuartige Therapien, xenogenen Arzneimitteln, gentechnisch hergestellten Arzneimitteln sowie Wirkstoffen und anderen zur Arzneimittelherstellung bestimmten Stoffen, die menschlicher, tierischer oder mikrobieller Herkunft sind oder die auf gentechnischem Wege hergestellt werden, ergeht

die Entscheidung über die Erlaubnis im Benehmen mit der zuständigen Bundesoberbehörde.

(5) [1]Die Erlaubnis zur Herstellung von Prüf- oder Hilfspräparaten im Sinne des Artikels 2 Absatz 2 Nummer 5 und 8 der Verordnung (EU) Nr. 536/2014 wird von der zuständigen Behörde nach Maßgabe des Artikels 61 Absatz 1 bis 3 der Verordnung (EU) Nr. 536/2014 erteilt. [2]Für die Erteilung der Erlaubnis finden die §§ 16, 17 und 64 Absatz 3a Satz 2 entsprechende Anwendung.

(6) Der Inhaber der Erlaubnis nach Absatz 5 ist verpflichtet, der sachkundigen Person nach § 14 Absatz 1 Nummer 1 und § 15 die Erfüllung ihrer Aufgabe zu ermöglichen und ihr insbesondere alle erforderlichen Hilfsmittel zur Verfügung zu stellen.

**§ 14[1)] Entscheidung über die Herstellungserlaubnis.** (1) Die Erlaubnis darf nur versagt werden, wenn

1. nicht mindestens eine Person mit der nach § 15 erforderlichen Sachkenntnis (sachkundige Person nach § 14) vorhanden ist, die für die in § 19 genannte Tätigkeit verantwortlich ist,
2. *(aufgehoben)*
3. die sachkundige Person nach Nummer 1 oder der Antragsteller die zur Ausübung ihrer Tätigkeit erforderliche Zuverlässigkeit nicht besitzt,
4. die sachkundige Person nach Nummer 1 die ihr obliegenden Verpflichtungen nicht ständig erfüllen kann,
5. der Arzt, in dessen Verantwortung eine Vorbehandlung der spendenden Person zur Separation von hämatopoetischen Stammzellen aus dem peripheren Blut oder von anderen Blutbestandteilen durchgeführt wird, nicht die erforderliche Sachkenntnis besitzt,

5a. entgegen § 4 Satz 1 Nr. 2 des Transfusionsgesetzes keine leitende ärztliche Person bestellt worden ist oder diese Person nicht die erforderliche Sachkunde nach dem Stand der medizinischen Wissenschaft besitzt oder entgegen § 4 Satz 1 Nr. 3 des Transfusionsgesetzes bei der Durchführung der Spendeentnahme von einem Menschen keine ärztliche Person vorhanden ist,

6. geeignete Räume und Einrichtungen für die beabsichtigte Herstellung, Prüfung und Lagerung der Arzneimittel nicht vorhanden sind oder

6a. der Hersteller nicht in der Lage ist zu gewährleisten, dass die Herstellung oder Prüfung der Arzneimittel nach dem Stand von Wissenschaft und Technik und bei der Gewinnung von Blut und Blutbestandteilen zusätzlich nach den Vorschriften des Zweiten Abschnitts des Transfusionsgesetzes vorgenommen wird.

(2) *(aufgehoben)*

(2a) Die leitende ärztliche Person nach § 4 Satz 1 Nr. 2 des Transfusionsgesetzes kann zugleich die sachkundige Person nach Absatz 1 Nr. 1 sein.

---

[1)] § 14 Abs. 1 Nr. 5c und Abs. 4 Nr. 4 neu gef. sowie Abs. 1 Nr. 6a, Abs. 2b und Abs. 4 abschl. Satzteil geänd. mWv 1.8.2007 durch G v. 20.7.2007 (BGBl. I S. 1574); Abs. 1 Nr. 1 geänd., Nr. 2 aufgeh., Nr. 3 neu gef., Abs. 2 und 2b aufgeh., Abs. 4 abschl. Satzteil geänd. mWv 23.7.2009 durch G v. 17.7.2009 (BGBl. I S. 1990); Abs. 4 abschl. Satzteil geänd. mWv 26.10.2012 durch G v. 19.10.2012 (BGBl. I S. 2192); Abs. 1 Nr. 5b geänd. mWv 26.11.2016 durch G v. 21.11.2016 (BGBl. I S. 2623); Abs. 1 Nr. 5a aufgeh., bish. Nr. 5b und 5c werden Nr. 5 und 5a, Abs. 4 Nr. 1 und 2 geänd. mWv 28.1.2022 durch G v. 27.9.2021 (BGBl. I S. 4530).

(2b) *(aufgehoben)*

(3) (weggefallen)

(4) Abweichend von Absatz 1 Nr. 6 kann teilweise außerhalb der Betriebsstätte des Arzneimittelherstellers

1. die Herstellung von Arzneimitteln zur klinischen Prüfung in einer beauftragten Apotheke,
2. die Änderung des Verfalldatums von Arzneimitteln zur klinischen Prüfung in einer Prüfstelle durch eine beauftragte Person des Herstellers, sofern diese Arzneimittel ausschließlich zur Anwendung in dieser Prüfstelle bestimmt sind,
3. die Prüfung der Arzneimittel in beauftragten Betrieben,
4. die Gewinnung oder Prüfung, einschließlich der Laboruntersuchungen der Spenderproben, von zur Arzneimittelherstellung bestimmten Stoffen menschlicher Herkunft, mit Ausnahme von Gewebe, in anderen Betrieben oder Einrichtungen,

die keiner eigenen Erlaubnis bedürfen, durchgeführt werden, wenn bei diesen hierfür geeignete Räume und Einrichtungen vorhanden sind und gewährleistet ist, dass die Herstellung und Prüfung nach dem Stand von Wissenschaft und Technik erfolgt und die sachkundige Person nach Absatz 1 Nummer 1 ihre Verantwortung wahrnehmen kann.

(5) [1] Bei Beanstandungen der vorgelegten Unterlagen ist dem Antragsteller Gelegenheit zu geben, Mängeln innerhalb einer angemessenen Frist abzuhelfen. [2] Wird den Mängeln nicht abgeholfen, so ist die Erteilung der Erlaubnis zu versagen.

**§ 15[1)] Sachkenntnis.** (1) [1] Der Nachweis der erforderlichen Sachkenntnis als sachkundige Person nach § 14 wird erbracht durch

1. die Approbation als Apotheker oder
2. das Zeugnis über eine nach abgeschlossenem, mindestens vierjährigem Hochschulstudium der Pharmazie, der Chemie, der pharmazeutischen Chemie und Technologie, der Biologie, der Human- oder der Veterinärmedizin abgelegte Prüfung

sowie eine mindestens zweijährige praktische Tätigkeit auf dem Gebiet der qualitativen und quantitativen Analyse sowie sonstiger Qualitätsprüfungen von Arzneimitteln oder Tierarzneimitteln. [2] Die Mindestdauer des Hochschulstudiums kann dreieinhalb Jahre betragen, wenn auf das Hochschulstudium eine theoretische und praktische Ausbildung von mindestens einem Jahr folgt, die ein Praktikum von mindestens sechs Monaten in einer öffentlichen Apotheke umfasst und durch eine Prüfung auf Hochschulniveau abgeschlossen wird. [3] Die Dauer der praktischen Tätigkeit nach Satz 1 kann um ein Jahr herabgesetzt werden, wenn das Hochschulstudium mindestens fünf Jahre umfasst, und um

---

[1)] § 15 Abs. 3 Satz 3 Nr. 4 geänd. mWv 1.3.2006 durch G v. 10.2.2005 (BGBl. I S. 234); Abs. 3 Satz 3 Nr. 2 und Abs. 3a Sätze 1 und 2 geänd. mWv 1.8.2007 durch G v. 20.7.2007 (BGBl. I S. 1574); Abs. 1 abschl. Satzteil geänd., Abs. 3a neu gef. mWv 23.7.2009 durch G v. 17.7.2009 (BGBl. I S. 1990); Abs. 3 Satz 1 und Abs. 3a Satz 2 Nr. 4 geänd. mWv 26.10.2012 durch G v. 19.10.2012 (BGBl. I S. 2192); Abs. 3 Satz 3 Nr. 4 und Satz 4 geänd. mWv 26.11.2016 durch G v. 21.11.2016 (BGBl. I S. 2623); Abs. 1 Nr. 2 geänd., Sätze 2–4, Abs. 6 angef. mWv 13.5.2017 durch G v. 4.5.2017 (BGBl. I S. 1050); Abs. 1 Satz 1 abschl. Satzteil und Abs. 3 Satz 1 geänd., Abs. 5 aufgeh. mWv 28.1. 2022 durch G v. 27.9.2021 (BGBl. I S. 4530).

eineinhalb Jahre, wenn das Hochschulstudium mindestens sechs Jahre umfasst. [4] Bestehen zwei akademische oder als gleichwertig anerkannte Hochschulstudiengänge, von denen sich der eine über vier, der andere über drei Jahre erstreckt, so ist davon auszugehen, dass das Zeugnis über den akademischen oder den als gleichwertig anerkannten Hochschulstudiengang von drei Jahren Dauer die Anforderung an die Dauer nach Satz 2 erfüllt, sofern die Zeugnisse über die beiden Hochschulstudiengänge als gleichwertig anerkannt werden.

(2) [1] In den Fällen des Absatzes 1 Nr. 2 muss der zuständigen Behörde nachgewiesen werden, dass das Hochschulstudium theoretischen und praktischen Unterricht in mindestens folgenden Grundfächern umfasst hat und hierin ausreichende Kenntnisse vorhanden sind:

Experimentelle Physik
Allgemeine und anorganische Chemie
Organische Chemie
Analytische Chemie
Pharmazeutische Chemie
Biochemie
Physiologie
Mikrobiologie
Pharmakologie
Pharmazeutische Technologie
Toxikologie
Pharmazeutische Biologie.

[2] Der theoretische und praktische Unterricht und die ausreichenden Kenntnisse können an einer Hochschule auch nach abgeschlossenem Hochschulstudium im Sinne des Absatzes 1 Nr. 2 erworben und durch Prüfung nachgewiesen werden.

(3) [1] Für die Herstellung und Prüfung von Blutzubereitungen, Sera menschlichen oder tierischen Ursprungs, Impfstoffen und Allergenen findet Absatz 2 keine Anwendung. [2] An Stelle der praktischen Tätigkeit nach Absatz 1 muss eine mindestens dreijährige Tätigkeit auf dem Gebiet der medizinischen Serologie oder medizinischen Mikrobiologie nachgewiesen werden. [3] Abweichend von Satz 2 müssen anstelle der praktischen Tätigkeit nach Absatz 1

1. für Blutzubereitungen aus Blutplasma zur Fraktionierung eine mindestens dreijährige Tätigkeit in der Herstellung oder Prüfung in plasmaverarbeitenden Betrieben mit Herstellungserlaubnis und zusätzlich eine mindestens sechsmonatige Erfahrung in der Transfusionsmedizin oder der medizinischen Mikrobiologie, Virologie, Hygiene oder Analytik,
2. für Blutzubereitungen aus Blutzellen, Zubereitungen aus Frischplasma sowie für Wirkstoffe und Blutbestandteile zur Herstellung von Blutzubereitungen eine mindestens zweijährige transfusionsmedizinische Erfahrung, die sich auf alle Bereiche der Herstellung und Prüfung erstreckt,
3. für autologe Blutzubereitungen eine mindestens sechsmonatige transfusionsmedizinische Erfahrung oder eine einjährige Tätigkeit in der Herstellung autologer Blutzubereitungen,
4. für hämatopoetische Stammzellzubereitungen aus dem peripheren Blut oder aus dem Nabelschnurblut zusätzlich zu ausreichenden Kenntnissen mindes-

tens zwei Jahre Erfahrungen in dieser Tätigkeit, insbesondere in der zugrunde liegenden Technik,

nachgewiesen werden. [4] Zur Vorbehandlung von Personen zur Separation von hämatopoetischen Stammzellen aus dem peripheren Blut oder von anderen Blutbestandteilen muss die verantwortliche ärztliche Person ausreichende Kenntnisse und eine mindestens zweijährige Erfahrung in dieser Tätigkeit nachweisen. [5] Für das Abpacken und Kennzeichnen verbleibt es bei den Voraussetzungen des Absatzes 1.

(3a) [1] Für die Herstellung und Prüfung von Arzneimitteln für neuartige Therapien, xenogenen Arzneimitteln, Gewebezubereitungen, Arzneimitteln zur In-vivo-Diagnostik mittels Markergenen, radioaktiven Arzneimitteln und Wirkstoffen findet Absatz 2 keine Anwendung. [2] Anstelle der praktischen Tätigkeit nach Absatz 1 muss

1. für Gentherapeutika und Arzneimittel zur In-vivo-Diagnostik mittels Markergenen eine mindestens zweijährige Tätigkeit auf einem medizinisch relevanten Gebiet, insbesondere der Gentechnik, der Mikrobiologie, der Zellbiologie, der Virologie oder der Molekularbiologie,
2. für somatische Zelltherapeutika und biotechnologisch bearbeitete Gewebeprodukte eine mindestens zweijährige Tätigkeit auf einem medizinisch relevanten Gebiet, insbesondere der Gentechnik, der Mikrobiologie, der Zellbiologie, der Virologie oder der Molekularbiologie,
3. für xenogene Arzneimittel eine mindestens dreijährige Tätigkeit auf einem medizinisch relevanten Gebiet, die eine mindestens zweijährige Tätigkeit auf insbesondere einem Gebiet der in Nummer 1 genannten Gebiete umfasst,
4. für Gewebezubereitungen eine mindestens zweijährige Tätigkeit auf dem Gebiet der Herstellung und Prüfung solcher Arzneimittel in Betrieben und Einrichtungen, die einer Herstellungserlaubnis nach diesem Gesetz bedürfen oder eine Genehmigung nach dem Recht der Europäischen Union besitzen,
5. für radioaktive Arzneimittel eine mindestens dreijährige Tätigkeit auf dem Gebiet der Nuklearmedizin oder der radiopharmazeutischen Chemie und
6. für andere als die unter Absatz 3 Satz 3 Nummer 2 aufgeführten Wirkstoffe eine mindestens zweijährige Tätigkeit in der Herstellung oder Prüfung von Wirkstoffen

nachgewiesen werden.

(4) Die praktische Tätigkeit nach Absatz 1 muss in einem Betrieb abgeleistet werden, für den eine Erlaubnis zur Herstellung von Arzneimitteln durch einen Mitgliedstaat der Europäischen Union, einen anderen Vertragsstaat des Abkommens über den Europäischen Wirtschaftsraum oder durch einen Staat erteilt worden ist, mit dem eine gegenseitige Anerkennung von Zertifikaten nach § 72a Satz 1 Nr. 1 vereinbart ist.

(5) *(aufgehoben)*

(6) Eine nach Überprüfung der erforderlichen Sachkenntnis durch die zuständige Behörde rechtmäßig ausgeübte Tätigkeit als sachkundige Person berechtigt auch zur Ausübung dieser Tätigkeit innerhalb des Zuständigkeitsbereichs einer anderen zuständigen Behörde, es sei denn, es liegen begründete Anhaltspunkte dafür vor, dass die bisherige Sachkenntnis für die neu auszuübende Tätigkeit nicht ausreicht.

**§ 16[1] Begrenzung der Herstellungserlaubnis.** [1]Die Erlaubnis wird dem Antragsteller für eine bestimmte Betriebsstätte und für bestimmte Arzneimittel und Darreichungsformen erteilt, in den Fällen des § 14 Abs. 4 auch für eine bestimmte Betriebsstätte des beauftragten oder des anderen Betriebes. [2]Soweit die Erlaubnis die Prüfung von Arzneimitteln oder Wirkstoffen umfasst, ist die Art der Prüfung aufzuführen.

**§ 17[2] Fristen für die Erteilung.** (1) Die zuständige Behörde hat eine Entscheidung über den Antrag auf Erteilung der Erlaubnis innerhalb einer Frist von drei Monaten zu treffen.

(2) [1]Beantragt ein Erlaubnisinhaber die Änderung der Erlaubnis in Bezug auf die herzustellenden Arzneimittel oder in Bezug auf die Räume und Einrichtungen im Sinne des § 14 Abs. 1 Nr. 6, so hat die Behörde die Entscheidung innerhalb einer Frist von einem Monat zu treffen. [2]In Ausnahmefällen verlängert sich die Frist um weitere zwei Monate. [3]Der Antragsteller ist hiervon vor Fristablauf unter Mitteilung der Gründe in Kenntnis zu setzen.

(3) [1]Gibt die Behörde dem Antragsteller nach § 14 Abs. 5 Gelegenheit, Mängeln abzuhelfen, so werden die Fristen bis zur Behebung der Mängel oder bis zum Ablauf der nach § 14 Abs. 5 gesetzten Frist gehemmt. [2]Die Hemmung beginnt mit dem Tage, an dem dem Antragsteller die Aufforderung zur Behebung der Mängel zugestellt wird.

**§ 18 Rücknahme, Widerruf, Ruhen.** (1) [1]Die Erlaubnis ist zurückzunehmen, wenn nachträglich bekannt wird, dass einer der Versagungsgründe nach § 14 Abs. 1 bei der Erteilung vorgelegen hat. [2]Ist einer der Versagungsgründe nachträglich eingetreten, so ist sie zu widerrufen; an Stelle des Widerrufs kann auch das Ruhen der Erlaubnis angeordnet werden. [3]§ 13 Abs. 4 findet entsprechende Anwendung.

(2) [1]Die zuständige Behörde kann vorläufig anordnen, dass die Herstellung eines Arzneimittels eingestellt wird, wenn der Hersteller die für die Herstellung und Prüfung zu führenden Nachweise nicht vorlegt. [2]Die vorläufige Anordnung kann auf eine Charge beschränkt werden.

**§ 19 Verantwortungsbereiche.** [1]Die sachkundige Person nach § 14 ist dafür verantwortlich, dass jede Charge des Arzneimittels entsprechend den Vorschriften über den Verkehr mit Arzneimitteln hergestellt und geprüft wurde. [2]Sie hat die Einhaltung dieser Vorschriften für jede Arzneimittelcharge in einem fortlaufenden Register oder einem vergleichbaren Dokument vor deren Inverkehrbringen zu bescheinigen.

**§ 20 Anzeigepflichten.** [1]Der Inhaber der Erlaubnis hat jede Änderung einer der in § 14 Abs. 1 genannten Angaben unter Vorlage der Nachweise der zuständigen Behörde vorher anzuzeigen. [2]Bei einem unvorhergesehenen Wechsel der sachkundigen Person nach § 14 hat die Anzeige unverzüglich zu erfolgen.

---

[1] § 16 geänd. mWv 1.8.2007 durch G v. 20.7.2007 (BGBl. I S. 1574); Satz 1 geänd., Satz 2 angef. mWv 23.7.2009 durch G v. 17.7.2009 (BGBl. I S. 1990).

[2] § 17 Abs. 1 Sätze 2 und 3 aufgeh. mWv 23.7.2009 durch G v. 17.7.2009 (BGBl. I S. 1990).

**§ 20a**[1)] **Geltung für Wirkstoffe und andere Stoffe.** § 13 Abs. 2 und 4 und die §§ 14 bis 20 gelten entsprechend für Wirkstoffe und für andere zur Arzneimittelherstellung bestimmte Stoffe menschlicher Herkunft, soweit ihre Herstellung oder Prüfung nach § 13 Abs. 1 einer Erlaubnis bedarf.

**§ 20b**[2)] **Erlaubnis für die Gewinnung von Gewebe und die Laboruntersuchungen.** (1) [1]Eine Einrichtung, die zur Verwendung bei Menschen bestimmte Gewebe im Sinne von § 1a Nr. 4 des Transplantationsgesetzes[3)] gewinnen (Entnahmeeinrichtung) oder die für die Gewinnung erforderlichen Laboruntersuchungen durchführen will, bedarf einer Erlaubnis der zuständigen Behörde. [2]Gewinnung im Sinne von Satz 1 ist die direkte oder extrakorporale Entnahme von Gewebe einschließlich aller Maßnahmen, die dazu bestimmt sind, das Gewebe in einem be- oder verarbeitungsfähigen Zustand zu erhalten, eindeutig zu identifizieren und zu transportieren. [3]Die Erlaubnis darf nur versagt werden, wenn

1. eine angemessen ausgebildete Person mit der erforderlichen Berufserfahrung (verantwortliche Person nach § 20b) nicht vorhanden ist, die, soweit es sich um eine Entnahmeeinrichtung handelt, zugleich die ärztliche Person im Sinne von § 8d Abs. 1 Satz 1 des Transplantationsgesetzes sein kann,
2. weiteres mitwirkendes Personal nicht ausreichend qualifiziert ist,
3. angemessene Räume für die jeweilige Gewebegewinnung oder für die Laboruntersuchungen nicht vorhanden sind,
4. nicht gewährleistet wird, dass die Gewebegewinnung oder die Laboruntersuchungen nach dem Stand der medizinischen Wissenschaft und Technik und nach den Vorschriften der Abschnitte 2, 3 und 3a des Transplantationsgesetzes vorgenommen werden oder
5. die verantwortliche Person nach § 20b oder der Antragsteller die zur Ausübung ihrer oder seiner Tätigkeit erforderliche Zuverlässigkeit nicht besitzt.

[4]Von einer Besichtigung im Sinne von § 64 Abs. 3 Satz 2 kann die zuständige Behörde vor Erteilung der Erlaubnis nach dieser Vorschrift absehen. [5]Die Erlaubnis wird der Entnahmeeinrichtung von der zuständigen Behörde für eine bestimmte Betriebsstätte und für bestimmtes Gewebe und dem Labor für eine bestimmte Betriebsstätte und für bestimmte Tätigkeiten erteilt und kann die Möglichkeit der Gewebeentnahme außerhalb der Räume nach Satz 3 Nummer 3 durch von der Entnahmeeinrichtung entsandtes Personal vorsehen. [6]Dabei kann die zuständige Behörde die zuständige Bundesoberbehörde beteiligen.

(1a) § 20c Absatz 4 Satz 1 und 2 und Absatz 5 gilt entsprechend.

(2) [1]Einer eigenen Erlaubnis nach Absatz 1 bedarf nicht, wer diese Tätigkeiten unter vertraglicher Bindung mit einem Hersteller oder einem Be- oder Verarbeiter ausübt, der eine Erlaubnis nach § 13 oder § 20c für die Be- oder Verarbeitung von Gewebe oder Gewebezubereitungen besitzt. [2]In diesem Fall hat der Hersteller oder der Be- oder Verarbeiter die Entnahmeeinrichtung oder das Labor der für diese jeweils örtlich zuständigen Behörde anzuzeigen und der

---

1) § 20a geänd. mWv 23.7.2009 durch G v. 17.7.2009 (BGBl. I S. 1990).

2) § 20b eingef. mWv 1.8.2007 durch G v. 20.7.2007 (BGBl. I S. 1574); Abs. 4 angef. mWv 23.7.2009 durch G v. 17.7.2009 (BGBl. I S. 1990); Abs. 1a eingef., Abs. 5 angef. mWv 26.10.2012 durch G v. 19.10.2012 (BGBl. I S. 2192); Abs. 1 Satz 3 Nr. 1, 3, 4 geänd., Nr. 5 angef., Satz 5 geänd. mWv 29.7.2017 durch G v. 18.7.2017 (BGBl. I S. 2757).

3) Nr. **280**.

Anzeige die Angaben und Unterlagen nach Absatz 1 Satz 3 beizufügen. [3] Nach Ablauf von einem Monat nach der Anzeige nach Satz 2 hat der Hersteller oder der Be- oder Verarbeiter die Entnahmeeinrichtung oder das Labor der für ihn zuständigen Behörde anzuzeigen, es sei denn, dass die für die Entnahmeeinrichtung oder das Labor zuständige Behörde widersprochen hat. [4] In Ausnahmefällen verlängert sich die Frist nach Satz 3 um weitere zwei Monate. [5] Der Hersteller oder der Be- oder Verarbeiter ist hiervon vor Fristablauf unter Mitteilung der Gründe in Kenntnis zu setzen. [6] Hat die zuständige Behörde widersprochen, sind die Fristen in Satz 3 und 4 gehemmt, bis der Grund für den Widerspruch behoben ist. [7] Absatz 1 Satz 3 bis 6 gilt entsprechend mit der Maßgabe, dass die Erlaubnis nach Absatz 1 Satz 5 dem Hersteller oder dem Be- oder Verarbeiter erteilt wird.

(3) [1] Die Erlaubnis ist zurückzunehmen, wenn nachträglich bekannt wird, dass einer der Versagungsgründe nach Absatz 1 Satz 3 bei der Erteilung vorgelegen hat. [2] Ist einer dieser Versagungsgründe nachträglich eingetreten, so ist die Erlaubnis zu widerrufen; an Stelle des Widerrufs kann auch das Ruhen der Erlaubnis angeordnet werden. [3] Die zuständige Behörde kann die Gewinnung von Gewebe oder die Laboruntersuchungen vorläufig untersagen, wenn die Entnahmeeinrichtung, das Labor oder der Hersteller oder der Be- oder Verarbeiter die für die Gewebegewinnung oder die Laboruntersuchungen zu führenden Nachweise nicht vorlegt.

(4) Die Absätze 1 bis 3 gelten entsprechend für die Gewinnung und die Laboruntersuchung von autologem Blut für die Herstellung von biotechnologisch bearbeiteten Gewebeprodukten.

(5) [1] Der Inhaber der Erlaubnis hat der zuständigen Behörde jede Änderung der in Absatz 1 Satz 3 genannten Voraussetzungen für die Erlaubnis unter Vorlage der Nachweise vorher anzuzeigen und er darf die Änderung erst vornehmen, wenn die zuständige Behörde eine schriftliche Erlaubnis erteilt hat. [2] Bei einem unvorhergesehenen Wechsel der angemessen ausgebildeten Person nach § 20b hat die Anzeige unverzüglich zu erfolgen.

**§ 20c[1)] Erlaubnis für die Be- oder Verarbeitung, Konservierung, Prüfung, Lagerung oder das Inverkehrbringen von Gewebe oder Gewebezubereitungen.** (1) [1] Eine Einrichtung, die Gewebe oder Gewebezubereitungen, die nicht mit industriellen Verfahren be- oder verarbeitet werden und deren wesentliche Be- oder Verarbeitungsverfahren in der Europäischen Union hinreichend bekannt sind, be- oder verarbeiten, konservieren, prüfen, lagern oder in den Verkehr bringen will, bedarf abweichend von § 13 Abs. 1 einer Erlaubnis der zuständigen Behörde nach den folgenden Vorschriften. [2] Dies gilt auch im Hinblick auf Gewebe oder Gewebezubereitungen, deren Be- oder Verarbeitungsverfahren neu, aber mit einem bekannten Verfahren vergleichbar sind. [3] Die Entscheidung über die Erteilung der Erlaubnis trifft die zuständige Behörde des Landes, in dem die Betriebsstätte liegt oder liegen soll, im Benehmen mit der zuständigen Bundesoberbehörde.

(2) [1] Die Erlaubnis darf nur versagt werden, wenn

---

[1)] § 20c eingef. mWv 1.8.2007 durch G v. 20.7.2007 (BGBl. I S. 1574); Überschrift, Abs. 1 Satz 1, Abs. 2 Nr. 1 geänd., Satz 2 angef. mWv 23.7.2009 durch G v. 17.7.2009 (BGBl. I S. 1990); Abs. 2 Satz 1 Nr. 4 und 5 geänd., Nr. 6 und Abs. 3 Satz 2 angef. mWv 29.7.2017 durch G v. 18.7.2017 (BGBl. I S. 2757).

1. eine Person mit der erforderlichen Sachkenntnis und Erfahrung nach Absatz 3 (verantwortliche Person nach § 20c) nicht vorhanden ist, die dafür verantwortlich ist, dass die Gewebezubereitungen und Gewebe im Einklang mit den geltenden Rechtsvorschriften be- oder verarbeitet, konserviert, geprüft, gelagert oder in den Verkehr gebracht werden,
2. weiteres mitwirkendes Personal nicht ausreichend qualifiziert ist,
3. geeignete Räume und Einrichtungen für die beabsichtigten Tätigkeiten nicht vorhanden sind,
4. nicht gewährleistet ist, dass die Be- oder Verarbeitung einschließlich der Kennzeichnung, Konservierung und Lagerung sowie die Prüfung nach dem Stand von Wissenschaft und Technik vorgenommen werden,
5. ein Qualitätsmanagementsystem nach den Grundsätzen der Guten fachlichen Praxis nicht eingerichtet worden ist oder nicht auf dem neuesten Stand gehalten wird oder
6. die verantwortliche Person nach § 20c oder der Antragsteller die zur Ausübung ihrer oder seiner Tätigkeit erforderliche Zuverlässigkeit nicht besitzt.

[2] Abweichend von Satz 1 Nummer 3 kann außerhalb der Betriebsstätte die Prüfung der Gewebe und Gewebezubereitungen in beauftragten Betrieben, die keiner eigenen Erlaubnis bedürfen, durchgeführt werden, wenn bei diesen hierfür geeignete Räume und Einrichtungen vorhanden sind und gewährleistet ist, dass die Prüfung nach dem Stand von Wissenschaft und Technik erfolgt und die verantwortliche Person nach § 20c ihre Verantwortung wahrnehmen kann.

(3) [1] Der Nachweis der erforderlichen Sachkenntnis der verantwortlichen Person nach § 20c wird erbracht durch das Zeugnis über eine nach abgeschlossenem Hochschulstudium der Humanmedizin, Biologie, Biochemie oder einem als gleichwertig anerkannten Studium abgelegte Prüfung sowie eine mindestens zweijährige praktische Tätigkeit auf dem Gebiet der Be- oder Verarbeitung von Geweben oder Gewebezubereitungen. [2] Für Einrichtungen, die ausschließlich Gewebe oder Gewebezubereitungen prüfen, kann der Nachweis der praktischen Tätigkeit nach Satz 1 auch durch eine mindestens zweijährige praktische Tätigkeit auf dem Gebiet der Prüfung und Be- oder Verarbeitung von Geweben oder Gewebezubereitungen erbracht werden.

(4) [1] Bei Beanstandungen der vorgelegten Unterlagen ist dem Antragsteller Gelegenheit zu geben, Mängeln innerhalb einer angemessenen Frist abzuhelfen. [2] Wird den Mängeln nicht abgeholfen, so ist die Erteilung der Erlaubnis zu versagen. [3] Die Erlaubnis wird für eine bestimmte Betriebsstätte und für bestimmte Gewebe oder Gewebezubereitungen erteilt.

(5) [1] Die zuständige Behörde hat eine Entscheidung über den Antrag auf Erteilung der Erlaubnis innerhalb einer Frist von drei Monaten zu treffen. [2] Beantragt ein Erlaubnisinhaber die Änderung der Erlaubnis, so hat die Behörde die Entscheidung innerhalb einer Frist von einem Monat zu treffen. [3] In Ausnahmefällen verlängert sich die Frist um weitere zwei Monate. [4] Der Antragsteller ist hiervon vor Fristablauf unter Mitteilung der Gründe in Kenntnis zu setzen. [5] Gibt die Behörde dem Antragsteller nach Absatz 4 Satz 1 Gelegenheit, Mängeln abzuhelfen, so werden die Fristen bis zur Behebung der Mängel oder bis zum Ablauf der nach Absatz 4 Satz 1 gesetzten Frist gehemmt. [6] Die Hemmung beginnt mit dem Tag, an dem dem Antragsteller die Aufforderung zur Behebung der Mängel zugestellt wird.

(6) [1]Der Inhaber der Erlaubnis hat jede Änderung einer der in Absatz 2 genannten Angaben unter Vorlage der Nachweise der zuständigen Behörde vorher anzuzeigen und darf die Änderung erst vornehmen, wenn die zuständige Behörde eine schriftliche Erlaubnis erteilt hat. [2]Bei einem unvorhergesehenen Wechsel der verantwortlichen Person nach § 20c hat die Anzeige unverzüglich zu erfolgen.

(7) [1]Die Erlaubnis ist zurückzunehmen, wenn nachträglich bekannt wird, dass einer der Versagungsgründe nach Absatz 2 bei der Erteilung vorgelegen hat. [2]Ist einer dieser Versagungsgründe nachträglich eingetreten, so ist die Erlaubnis zu widerrufen; an Stelle des Widerrufs kann auch das Ruhen der Erlaubnis angeordnet werden. [3]Absatz 1 Satz 3 gilt entsprechend. [4]Die zuständige Behörde kann vorläufig anordnen, dass die Be- oder Verarbeitung von Gewebe oder Gewebezubereitungen eingestellt wird, wenn der Be- oder Verarbeiter die für die Be- oder Verarbeitung zu führenden Nachweise nicht vorlegt. [5]Wird die Be- oder Verarbeitung von Geweben oder Gewebezubereitungen eingestellt, hat der Be- oder Verarbeiter dafür zu sorgen, dass noch gelagerte Gewebezubereitungen und Gewebe weiter qualitätsgesichert gelagert und auf andere Hersteller, Be- oder Verarbeiter oder Vertreiber mit einer Erlaubnis nach Absatz 1 oder § 13 Abs. 1 übertragen werden. [6]Das gilt auch für die Daten und Angaben über die Be- oder Verarbeitung, die für die Rückverfolgung dieser Gewebezubereitungen und Gewebe benötigt werden.

**§ 20d[1)] Ausnahme von der Erlaubnispflicht für Gewebe und Gewebezubereitungen.** [1]Einer Erlaubnis nach § 20b Absatz 1 und § 20c Absatz 1 bedarf nicht eine Person, die Arzt ist und die dort genannten Tätigkeiten mit Ausnahme des Inverkehrbringens ausübt, um das Gewebe oder die Gewebezubereitung persönlich bei ihren Patienten anzuwenden. [2]Dies gilt nicht für Arzneimittel, die zur klinischen Prüfung bestimmt sind.

## Vierter Abschnitt. Zulassung der Arzneimittel

**§ 21[2)] Zulassungspflicht.** (1) [1]Fertigarzneimittel dürfen im Geltungsbereich dieses Gesetzes nur in den Verkehr gebracht werden, wenn sie durch die zuständige Bundesoberbehörde zugelassen sind oder wenn für sie die Europäische Gemeinschaft oder die Europäische Union eine Genehmigung für das Inverkehrbringen nach Artikel 3 Absatz 1 oder 2 der Verordnung (EG) Nr. 726/2004 erteilt hat. [2]Satz 1 gilt auch in Verbindung mit der Verordnung (EG) Nr. 1901/2006 des Europäischen Parlaments und des Rates vom 12. Dezember 2006 über Kinderarzneimittel und zur Änderung der Verordnung (EWG) Nr. 1768/92, der Richtlinie 2001/83/EG und der Verordnung (EU) Nr. 536/2014, der Verordnung (EG) Nr. 726/2004 (ABl. L 378 vom 27.12. 2006, S. 1; L 201 vom 27.7.2012, S. 28), die zuletzt durch die Verordnung (EU)

---

[1)] § 20d eingef. mWv 23.7.2009 durch G v. 17.7.2009 (BGBl. I S. 1990); Satz 1 geänd. mWv 16.8. 2019 durch G v. 9.8.2019 (BGBl. I S. 1202).

[2)] § 21 Abs. 2 Nr. 1d eingef. mWv 1.8.2007 durch G v. 20.7.2007 (BGBl. I S. 1574); Abs. 1 Satz 1 und Abs. 2 Nr. 6 geänd., Nr. 1a und 1b neu gef., Nr. 1e–1g eingef. mWv 23.7.2009 durch G v. 17.7. 2009 (BGBl. I S. 1990); Abs. 2a Satz 5 geänd. mWv 31.5.2011 durch G v. 25.5.2011 (BGBl. I S. 946); Abs. 1 Satz 1 geänd., Abs. 4 neu gef. mWv 26.10.2012 durch G v. 19.10.2012 (BGBl. I S. 2192); Abs. 1 Satz 1 geänd. mWv 27.1.2022 durch G v. 27.9.2021 (BGBl. I S. 4530); Abs. 1 neu gef., Abs. 2 Nr. 1 und 1c geänd., Nr. 2 neu gef., Nr. 3–5 aufgeh., bish. Nr. 6 wird Nr. 3 und geänd., Abs. 2a aufgeh. mWv 28.1.2022 durch G v. 27.9.2021 (BGBl. I S. 4530).

2019/5 (ABl. L 4 vom 7.1.2019, S. 24) geändert worden ist, in Verbindung mit der Verordnung (EU) Nr. 536/2014 oder in Verbindung mit der Verordnung (EG) Nr. 1394/2007.

(2) Einer Zulassung bedarf es nicht für Arzneimittel, die

1. auf Grund nachweislich häufiger ärztlicher oder zahnärztlicher Verschreibung in den wesentlichen Herstellungsschritten in einer Apotheke in einer Menge bis zu hundert abgabefertigen Packungen an einem Tag im Rahmen des üblichen Apothekenbetriebs hergestellt werden und zur Abgabe im Rahmen der bestehenden Apothekenbetriebserlaubnis bestimmt sind,

1a. Arzneimittel sind, bei deren Herstellung Stoffe menschlicher Herkunft eingesetzt werden und die entweder zur autologen oder gerichteten, für eine bestimmte Person vorgesehene Anwendung bestimmt sind oder auf Grund einer Rezeptur für einzelne Personen hergestellt werden, es sei denn, es handelt sich um Arzneimittel im Sinne von § 4 Absatz 4,

1b. andere als die in Nummer 1a genannten Arzneimittel sind und für Apotheken, denen für einen Patienten eine Verschreibung vorliegt, aus im Geltungsbereich dieses Gesetzes zugelassenen Arzneimitteln

a) als Zytostatikazubereitung oder für die parenterale Ernährung sowie in anderen medizinisch begründeten besonderen Bedarfsfällen, sofern es für die ausreichende Versorgung des Patienten erforderlich ist und kein zugelassenes Arzneimittel zur Verfügung steht, hergestellt werden oder

b) als Blister aus unveränderten Arzneimitteln hergestellt werden oder

c) in unveränderter Form abgefüllt werden,

1c. antivirale oder antibakterielle Wirksamkeit haben und zur Behandlung einer bedrohlichen übertragbaren Krankheit, deren Ausbreitung eine sofortige und das übliche Maß erheblich überschreitende Bereitstellung von spezifischen Arzneimitteln erforderlich macht, aus Wirkstoffen hergestellt werden, die von den Gesundheitsbehörden des Bundes oder der Länder oder von diesen benannten Stellen für diese Zwecke bevorratet wurden, soweit ihre Herstellung in einer Apotheke zur Abgabe im Rahmen der bestehenden Apothekenbetriebserlaubnis oder zur Abgabe an andere Apotheken erfolgt,

1d. Gewebezubereitungen sind, die der Pflicht zur Genehmigung nach den Vorschriften des § 21a Abs. 1 unterliegen,

1e. Heilwässer, Bademoore oder andere Peloide sind, die nicht im Voraus hergestellt und nicht in einer zur Abgabe an den Verbraucher bestimmten Packung in den Verkehr gebracht werden, oder die ausschließlich zur äußeren Anwendung oder zur Inhalation vor Ort bestimmt sind,

1f. medizinische Gase sind und die für einzelne Personen aus im Geltungsbereich dieses Gesetzes zugelassenen Arzneimitteln durch Abfüllen und Kennzeichnen in Unternehmen, die nach § 50 zum Einzelhandel mit Arzneimitteln außerhalb von Apotheken befugt sind, hergestellt werden,

1g. als Therapieallergene für einzelne Patienten auf Grund einer Rezeptur hergestellt werden,

2. zur klinischen Prüfung bestimmt sind oder

3. unter den in Artikel 83 der Verordnung (EG) Nr. 726/2004 genannten Voraussetzungen kostenlos für eine Anwendung bei Patienten zur Verfügung gestellt werden, die an einer zu einer schweren Behinderung führenden Erkrankung leiden oder deren Krankheit lebensbedrohend ist, und

die mit einem zugelassenen Arzneimittel nicht zufrieden stellend behandelt werden können; dies gilt auch für die nicht den Kategorien des Artikels 3 Absatz 1 oder 2 der Verordnung (EG) Nr. 726/2004 zugehörigen Arzneimittel; Verfahrensregelungen werden in einer Rechtsverordnung nach § 80 bestimmt.

(3) [1]Die Zulassung ist vom pharmazeutischen Unternehmer zu beantragen. [2]Für ein Fertigarzneimittel, das in Apotheken oder sonstigen Einzelhandelsbetrieben auf Grund einheitlicher Vorschriften hergestellt und unter einer einheitlichen Bezeichnung an Verbraucher abgegeben wird, ist die Zulassung vom Herausgeber der Herstellungsvorschrift zu beantragen. [3]Wird ein Fertigarzneimittel für mehrere Apotheken oder sonstige Einzelhandelsbetriebe hergestellt und soll es unter deren Namen und unter einer einheitlichen Bezeichnung an Verbraucher abgegeben werden, so hat der Hersteller die Zulassung zu beantragen.

(4) [1]Die zuständige Bundesoberbehörde entscheidet ferner, unabhängig von einem Zulassungsantrag nach Absatz 3 oder von einem Genehmigungsantrag nach § 21a Absatz 1 oder § 42 Absatz 2, auf Antrag einer zuständigen Landesbehörde über die Zulassungspflicht eines Arzneimittels, die Genehmigungspflicht einer Gewebezubereitung oder über die Genehmigungspflicht einer klinischen Prüfung. [2]Dem Antrag hat die zuständige Landesbehörde eine begründete Stellungnahme zur Einstufung des Arzneimittels oder der klinischen Prüfung beizufügen.

**§ 21a[1)] Genehmigung von Gewebezubereitungen.** (1) [1]Gewebezubereitungen, die nicht mit industriellen Verfahren be- oder verarbeitet werden und deren wesentliche Be- oder Verarbeitungsverfahren in der Europäischen Union hinreichend bekannt und deren Wirkungen und Nebenwirkungen aus dem wissenschaftlichen Erkenntnismaterial ersichtlich sind, dürfen im Geltungsbereich dieses Gesetzes nur in den Verkehr gebracht werden, wenn sie abweichend von der Zulassungspflicht nach § 21 Abs. 1 von der zuständigen Bundesoberbehörde genehmigt worden sind. [2]Dies gilt auch im Hinblick auf Gewebezubereitungen, deren Be- oder Verarbeitungsverfahren neu, aber mit einem bekannten Verfahren vergleichbar sind. [3]Satz 1 gilt entsprechend für hämatopoetische Stammzellzubereitungen aus dem peripheren Blut oder aus dem Nabelschnurblut, die zur autologen oder gerichteten, für eine bestimmte Person vorgesehenen Anwendung bestimmt sind. [4]Die Genehmigung umfasst die Verfahren für die Gewinnung, Verarbeitung und Prüfung, die Spenderauswahl und die Dokumentation für jeden Verfahrensschritt sowie die quantitativen und qualitativen Kriterien für Gewebezubereitungen. [5]Insbesondere sind die kritischen Verfahrensschritte daraufhin zu bewerten, dass die Funktionalität und die Sicherheit der Gewebe gewährleistet sind.

---

[1)] § 21a eingef. mWv 1.8.2007 durch G v. 20.7.2007 (BGBl. I S. 1574); Abs. 1a eingef., Abs. 2 Nr. 4 neu gef., Satz 2 angef., Abs. 5 Satz 1 neu gef., Satz 2 eingef., bish. Satz 2 wird Satz 3, Abs. 6 einl. Satzteil geänd. mWv 23.7.2009 durch G v. 17.7.2009 (BGBl. I S. 1990); Abs. 5 Satz 3 und Abs. 9 Satz 1 geänd. mWv 26.10.2012 durch G v. 19.10.2012 (BGBl. I S. 2192); Abs. 1 Satz 3 geänd. mWv 26.11.2016 durch G v. 21.11.2016 (BGBl. I S. 2623); Abs. 1 Satz 5 geänd., Abs. 2 neu gef., Abs. 3 Satz 1, Abs. 6 Nr. 2 und 3 geänd., Nr. 4 angef., Abs. 7 Satz 1 geänd., Satz 2 neu gef., Sätze 3–5 angef., Abs. 8 Satz 1, Abs. 9 Satz 1 geänd., Satz 6 angef. mWv 29.7.2017 durch G v. 18.7.2017 (BGBl. I S. 2757); Abs. 7 Satz 4 Nr. 5, 7, 8 geänd. mWv 16.8.2019 durch G v. 9.8.2019 (BGBl. I S. 1202); Abs. 1a geänd. mWv 28.1.2022 durch G v. 27.9.2021 (BGBl. I S. 4530).

(1a) Einer Genehmigung nach Absatz 1 bedarf es nicht für Gewebezubereitungen, die zur klinischen Prüfung bestimmt sind.

(2) [1] Dem Antrag auf Genehmigung sind vom Antragsteller folgende Angaben und Unterlagen beizufügen:

1. der Name oder die Firma und die Anschrift des Antragstellers und der Be- oder Verarbeiter,
2. die Bezeichnung der Gewebezubereitung,
3. die Bestandteile der Gewebezubereitung nach Art, Darreichungsform und Packungsgröße,
4. die Anwendungsgebiete sowie die Art der Anwendung und bei Gewebezubereitungen, die nur begrenzte Zeit angewendet werden sollen, die Dauer der Anwendung,
5. Angaben über die Gewinnung der Gewebe und die für die Gewinnung erforderlichen Laboruntersuchungen,
6. Angaben zur Herstellungsweise, einschließlich der Be- oder Verarbeitungsverfahren, der Prüfverfahren mit ihren Inprozess- und Endproduktkontrollen sowie der Verwendung von Elektronen-, Gamma- oder Röntgenstrahlen,
7. Angaben über die Art der Haltbarmachung, die Dauer der Haltbarkeit, die Art der Aufbewahrung und Lagerung der Gewebezubereitung,
8. Angaben zur Funktionalität und zu den Risiken der Gewebezubereitung,
9. Unterlagen über die Ergebnisse von mikrobiologischen, chemischen, biologischen oder physikalischen Prüfungen sowie über die zur Ermittlung angewandten Methoden, soweit diese Unterlagen erforderlich sind,
10. Unterlagen über Ergebnisse von pharmakologischen und toxikologischen Versuchen,
11. eine Nutzen-Risiko-Bewertung,
12. alle für die Bewertung des Arzneimittels zweckdienlichen Angaben und Unterlagen sowie
13. bei hämatopoetischen Stammzellzubereitungen zusätzlich Angaben zur Dosierung und zur Menge des Wirkstoffs.

[2] Die Ergebnisse und Angaben nach Satz 1 Nummer 7 bis 10 sowie die Ergebnisse von klinischen Prüfungen oder sonstigen ärztlichen Erprobungen sind so zu belegen, dass aus diesen Art, Umfang und Zeitpunkt der Untersuchungen hervorgehen. [3] § 22 Absatz 4, 5 und 7 Satz 1 gilt entsprechend.

(3) [1] Für die Angaben nach Absatz 2 Nummer 4, 8 und 10 kann wissenschaftliches Erkenntnismaterial eingereicht werden, das auch in nach wissenschaftlichen Methoden aufbereitetem medizinischen Erfahrungsmaterial bestehen kann. [2] Hierfür kommen Studien des Herstellers der Gewebezubereitung, Daten aus Veröffentlichungen oder nachträgliche Bewertungen der klinischen Ergebnisse der hergestellten Gewebezubereitungen in Betracht.

(4) [1] Die zuständige Bundesoberbehörde hat eine Entscheidung über den Antrag auf Genehmigung innerhalb einer Frist von fünf Monaten zu treffen. [2] Wird dem Antragsteller Gelegenheit gegeben, Mängeln abzuhelfen, so werden die Fristen bis zur Behebung der Mängel oder bis zum Ablauf der für die Behebung gesetzten Frist gehemmt. [3] Die Hemmung beginnt mit dem Tag, an dem dem Antragsteller die Aufforderung zur Behebung der Mängel zugestellt wird.

(5) [1]Die zuständige Bundesoberbehörde erteilt die Genehmigung schriftlich unter Zuteilung einer Genehmigungsnummer. [2]Sie kann die Genehmigung mit Auflagen verbinden. [3]§ 28 und § 34 finden entsprechende Anwendung.

(6) Die zuständige Bundesoberbehörde darf die Genehmigung nur versagen, wenn

1. die vorgelegten Unterlagen unvollständig sind,
2. die Gewebezubereitung nicht dem Stand der wissenschaftlichen Erkenntnisse entspricht,
3. die Gewebezubereitung nicht die vorgesehene Funktion erfüllt oder das Nutzen-Risiko-Verhältnis ungünstig ist oder
4. das Inverkehrbringen der Gewebezubereitung gegen gesetzliche Vorschriften oder gegen eine Verordnung oder eine Richtlinie oder eine Entscheidung oder einen Beschluss der Europäischen Gemeinschaft oder der Europäischen Union verstoßen würde.

(7) [1]Der Antragsteller oder nach der Genehmigung der Inhaber der Genehmigung hat der zuständigen Bundesoberbehörde unter Beifügung entsprechender Unterlagen unverzüglich Anzeige zu erstatten, wenn sich Änderungen in den Angaben und Unterlagen nach den Absätzen 2 und 3 ergeben. [2]Der Inhaber der Genehmigung ist verpflichtet, die zuständige Bundesoberbehörde zu informieren, wenn neue oder veränderte Risiken bei der Gewebezubereitung bestehen oder sich das Nutzen-Risiko-Verhältnis der Gewebezubereitung geändert hat. [3]§ 29 Absatz 1a, 1d und 2 ist entsprechend anzuwenden. [4]Folgende Änderungen dürfen erst vollzogen werden, wenn die zuständige Bundesoberbehörde zugestimmt hat:

1. eine Änderung der Angaben über die Art oder die Dauer der Anwendung oder die Anwendungsgebiete,
2. eine Einschränkung der Risiken,
3. eine Änderung der Hilfsstoffe nach Art oder Menge,
4. eine Änderung der Darreichungsform,
5. eine Änderung der Angaben über die Gewinnung der Gewebe oder die für die Gewinnung erforderlichen Laboruntersuchungen,
6. eine Änderung des Be- oder Verarbeitungsverfahrens oder des Prüfverfahrens,
7. eine Änderung der Art der Haltbarmachung oder eine Verlängerung der Haltbarkeit,
8. eine Änderung der Art der Aufbewahrung oder Lagerung der Gewebezubereitung und
9. bei hämatopoetischen Stammzellzubereitungen zusätzlich eine Änderung der Angaben über die Dosierung oder die Menge des Wirkstoffs.

[5]Die Entscheidung über den Antrag auf Zustimmung muss innerhalb von drei Monaten ergehen. [6]§ 27 Absatz 2 gilt entsprechend.

(8) [1]Die Genehmigung ist zurückzunehmen, wenn nachträglich bekannt wird, dass einer der Versagungsgründe nach Absatz 6 Nummer 2 bis 4 vorgelegen hat. [2]Sie ist zu widerrufen, wenn einer dieser Versagungsgründe nachträglich eingetreten ist. [3]In beiden Fällen kann auch das Ruhen der Genehmigung befristet angeordnet werden. [4]Vor einer Entscheidung nach den Sätzen 1 bis 3 ist der Inhaber der Genehmigung zu hören, es sei denn, dass Gefahr im

Verzuge ist. [5] Ist die Genehmigung zurückgenommen oder widerrufen oder ruht die Genehmigung, so darf die Gewebezubereitung nicht in den Verkehr gebracht und nicht in den Geltungsbereich dieses Gesetzes verbracht werden.

(9) [1] Abweichend von Absatz 1 bedürfen Gewebezubereitungen und hämatopoetische Stammzellzubereitungen aus dem peripheren Blut oder aus dem Nabelschnurblut nach Absatz 1 Satz 3, die in einem Mitgliedstaat der Europäischen Union oder in einem anderen Vertragsstaat des Abkommens über den Europäischen Wirtschaftsraum in den Verkehr gebracht werden dürfen, bei ihrem erstmaligen Verbringen zum Zweck ihrer Anwendung in den Geltungsbereich dieses Gesetzes einer Bescheinigung der zuständigen Bundesoberbehörde. [2] Vor der Erteilung der Bescheinigung hat die zuständige Bundesoberbehörde zu prüfen, ob die Be- oder Verarbeitung der Gewebezubereitungen den Anforderungen an die Entnahme- und Verarbeitungsverfahren, einschließlich der Spenderauswahlverfahren und der Laboruntersuchungen, sowie die quantitativen und qualitativen Kriterien für die Gewebezubereitungen den Anforderungen dieses Gesetzes und seiner Verordnungen entsprechen. [3] Die zuständige Bundesoberbehörde hat die Bescheinigung zu erteilen, wenn sich die Gleichwertigkeit der Anforderungen nach Satz 2 aus der Genehmigungsbescheinigung oder einer anderen Bescheinigung der zuständigen Behörde des Herkunftslandes ergibt und der Nachweis über die Genehmigung in dem Mitgliedstaat der Europäischen Union oder dem anderen Vertragsstaat des Abkommens über den Europäischen Wirtschaftsraum vorgelegt wird. [4] Eine Änderung in den Anforderungen nach Satz 2 ist der zuständigen Bundesoberbehörde rechtzeitig vor einem weiteren Verbringen in den Geltungsbereich dieses Gesetzes anzuzeigen. [5] Die Bescheinigung ist zurückzunehmen, wenn eine der Voraussetzungen nach Satz 2 nicht vorgelegen hat; sie ist zu widerrufen, wenn eine der Voraussetzungen nach Satz 2 nachträglich weggefallen ist. [6] § 73 Absatz 3a gilt entsprechend.

**§ 22[1)] Zulassungsunterlagen.** (1) Dem Antrag auf Zulassung müssen vom Antragsteller folgende Angaben beigefügt werden:

1. der Name oder die Firma und die Anschrift des Antragstellers und des Herstellers,
2. die Bezeichnung des Arzneimittels,
3. die Bestandteile des Arzneimittels nach Art und Menge; § 10 Abs. 6 findet Anwendung,
4. die Darreichungsform,
5. die Wirkungen,
6. die Anwendungsgebiete,
7. die Gegenanzeigen,
8. die Nebenwirkungen,

---

[1)] § 22 Abs. 1 einl. Satzteil geänd., Abs. 1a eingef., Abs. 2 Satz 1 Nr. 4 neu gef., Abs. 3c Satz 3 angef., Abs. 7 Satz 1 geänd. mWv 23.7.2009 durch G v. 17.7.2009 (BGBl. I S. 1990); Abs. 1 Nr. 11 neu gef., Abs. 1a geänd., Abs. 2 Satz 1 Nr. 5 neu gef., Nr. 5a eingef., Nr. 6 neu gef., Nr. 7 geänd., Nr. 8 angef., Abs. 6 Satz 1 neu gef. mWv 26.10.2012 durch G v. 19.10.2012 (BGBl. I S. 2192); Abs. 2 Satz 1 Nr. 4 geänd. mWv 27.1.2022 durch G v. 20.12.2016 (BGBl. I S. 3048, geänd. durch G v. 27.9. 2021, BGBl. I S. 4530); Abs. 2 Satz 1 Nr. 3, 5 einl. Satzteil und Nr. 5a geänd., Nr. 6 aufgeh., Nr. 7 und 8, Abs. 3 Satz 1 einl. Satzteil und Nr. 1 geänd., Abs. 3c Satz 3 aufgeh., Abs. 6 Sätze 1 und 5 und Abs. 7 Satz 2 geänd. mWv 28.1.2022 durch G v. 27.9.2021 (BGBl. I S. 4530).

9. die Wechselwirkungen mit anderen Mitteln,
10. die Dosierung,
11. zur Herstellungsweise des Arzneimittels,
12. die Art der Anwendung und bei Arzneimitteln, die nur begrenzte Zeit angewendet werden sollen, die Dauer der Anwendung,
13. die Packungsgrößen,
14. die Art der Haltbarmachung, die Dauer der Haltbarkeit, die Art der Aufbewahrung, die Ergebnisse von Haltbarkeitsversuchen,
15. die Methoden zur Kontrolle der Qualität (Kontrollmethoden).

(1a) Die Angaben nach Absatz 1 Nummer 1 bis 10 müssen in deutscher, die übrigen Angaben in deutscher oder englischer Sprache beigefügt werden; andere Angaben oder Unterlagen können im Zulassungsverfahren statt in deutscher auch in englischer Sprache gemacht oder vorgelegt werden, soweit es sich nicht um Angaben handelt, die für die Kennzeichnung, die Packungsbeilage oder die Fachinformation verwendet werden.

(2) [1] Es sind ferner vorzulegen:

1. die Ergebnisse physikalischer, chemischer, biologischer oder mikrobiologischer Versuche und die zu ihrer Ermittlung angewandten Methoden (analytische Prüfung),
2. die Ergebnisse der pharmakologischen und toxikologischen Versuche,
3. die Ergebnisse der klinischen Prüfungen oder sonstigen ärztlichen oder zahnärztlichen Erprobung,
4. eine Erklärung, dass außerhalb der Europäischen Union durchgeführte klinische Prüfungen unter ethischen Bedingungen durchgeführt wurden, die mit den ethischen Bedingungen der Verordnung (EU) Nr. 536/2014 gleichwertig sind,
5. eine zusammenfassende Beschreibung des Pharmakovigilanz-Systems des Antragstellers, die Folgendes umfassen muss:
   a) den Nachweis, dass der Antragsteller über eine qualifizierte Person nach § 63a verfügt, und die Angabe der Mitgliedstaaten, in denen diese Person ansässig und tätig ist, sowie die Kontaktangaben zu dieser Person,
   b) die Angabe des Ortes, an dem die Pharmakovigilanz-Stammdokumentation für das betreffende Arzneimittel geführt wird, und
   c) eine vom Antragsteller unterzeichnete Erklärung, dass er über die notwendigen Mittel verfügt, um den im Zehnten Abschnitt aufgeführten Aufgaben und Pflichten nachzukommen,

5a. der Risikomanagement-Plan mit einer Beschreibung des Risikomanagement-Systems, das der Antragsteller für das betreffende Arzneimittel einführen wird, verbunden mit einer Zusammenfassung,

6. *(aufgehoben)*
7. eine Kopie jeder Ausweisung des Arzneimittels als Arzneimittel für seltene Leiden gemäß der Verordnung (EG) Nr. 141/2000 des Europäischen Parlaments und des Rates vom 16. Dezember 1999 über Arzneimittel für seltene Leiden (ABl. EG Nr. L 18 S. 1), die zuletzt durch die Verordnung

(EG) Nr. 596/2009 (ABl. L 188 vom 18.7.2009, S. 14) geändert worden ist,,[1)]

8. eine Bestätigung des Arzneimittelherstellers, dass er oder eine von ihm vertraglich beauftragte Person sich von der Einhaltung der Guten Herstellungspraxis bei der Wirkstoffherstellung durch eine Überprüfung vor Ort überzeugt hat; die Bestätigung muss auch das Datum des Audits beinhalten.

[2] Die Ergebnisse nach Satz 1 Nr. 1 bis 3 sind durch Unterlagen so zu belegen, dass aus diesen Art, Umfang und Zeitpunkt der Prüfungen hervorgehen. [3] Dem Antrag sind alle für die Bewertung des Arzneimittels zweckdienlichen Angaben und Unterlagen, ob günstig oder ungünstig, beizufügen. [4] Dies gilt auch für unvollständige oder abgebrochene toxikologische oder pharmakologische Versuche oder klinische Prüfungen zu dem Arzneimittel.

(3) [1] An Stelle der Ergebnisse nach Absatz 2 Satz 1 Nummer 2 und 3 kann anderes wissenschaftliches Erkenntnismaterial vorgelegt werden, und zwar

1. bei einem Arzneimittel, dessen Wirkstoffe seit mindestens zehn Jahren in der Europäischen Union allgemein medizinisch verwendet wurden, deren Wirkungen und Nebenwirkungen bekannt und aus dem wissenschaftlichen Erkenntnismaterial ersichtlich sind,
2. bei einem Arzneimittel, das in seiner Zusammensetzung bereits einem Arzneimittel nach Nummer 1 vergleichbar ist,
3. bei einem Arzneimittel, das eine neue Kombination bekannter Bestandteile ist, für diese Bestandteile; es kann jedoch auch für die Kombination als solche anderes wissenschaftliches Erkenntnismaterial vorgelegt werden, wenn die Wirksamkeit und Unbedenklichkeit des Arzneimittels nach Zusammensetzung, Dosierung, Darreichungsform und Anwendungsgebieten auf Grund dieser Unterlagen bestimmbar sind.

[2] Zu berücksichtigen sind ferner die medizinischen Erfahrungen der jeweiligen Therapierichtungen.

(3a) Enthält das Arzneimittel mehr als einen Wirkstoff, so ist zu begründen, dass jeder Wirkstoff einen Beitrag zur positiven Beurteilung des Arzneimittels leistet.

(3b) Bei radioaktiven Arzneimitteln, die Generatoren sind, sind ferner eine allgemeine Beschreibung des Systems mit einer detaillierten Beschreibung der Bestandteile des Systems, die die Zusammensetzung oder Qualität der Tochterradionuklidzubereitung beeinflussen können, und qualitative und quantitative Besonderheiten des Eluats oder Sublimats anzugeben.

(3c) [1] Ferner sind Unterlagen vorzulegen, mit denen eine Bewertung möglicher Umweltrisiken vorgenommen wird, und für den Fall, dass die Aufbewahrung des Arzneimittels oder seine Anwendung oder die Beseitigung seiner Abfälle besondere Vorsichts- oder Sicherheitsmaßnahmen erfordert, um Gefahren für die Umwelt oder die Gesundheit von Menschen, Tieren oder Pflanzen zu vermeiden, dies ebenfalls angegeben wird. [2] Angaben zur Verminderung dieser Gefahren sind beizufügen und zu begründen.

(4) [1] Wird die Zulassung für ein im Geltungsbereich dieses Gesetzes hergestelltes Arzneimittel beantragt, so muss der Nachweis erbracht werden, dass

---

[1)] Zeichensetzung amtlich.

der Hersteller berechtigt ist, das Arzneimittel herzustellen. [2]Dies gilt nicht für einen Antrag nach § 21 Abs. 3 Satz 2.

(5) Wird die Zulassung für ein außerhalb des Geltungsbereiches dieses Gesetzes hergestelltes Arzneimittel beantragt, so ist der Nachweis zu erbringen, dass der Hersteller nach den gesetzlichen Bestimmungen des Herstellungslandes berechtigt ist, Arzneimittel herzustellen, und im Falle des Verbringens aus einem Land, das nicht Mitgliedstaat der Europäischen Union oder anderer Vertragsstaat des Abkommens über den Europäischen Wirtschaftsraum ist, dass der Einführer eine Erlaubnis besitzt, die zum Verbringen des Arzneimittels in den Geltungsbereich dieses Gesetzes berechtigt.

(6) [1]Soweit eine Zulassung im Ausland erteilt worden ist, ist eine Kopie dieser Zulassung und eine Kopie der Zusammenfassung der Unbedenklichkeitsdaten einschließlich der Daten aus den regelmäßigen aktualisierten Unbedenklichkeitsberichten, soweit verfügbar, und der Berichte über Verdachtsfälle von Nebenwirkungen beizufügen. [2]Ist eine Zulassung ganz oder teilweise versagt worden, sind die Einzelheiten dieser Entscheidung unter Darlegung ihrer Gründe mitzuteilen. [3]Wird ein Antrag auf Zulassung in einem Mitgliedstaat oder in mehreren Mitgliedstaaten der Europäischen Union geprüft, ist dies anzugeben. [4]Kopien der von den zuständigen Behörden der Mitgliedstaaten genehmigten Zusammenfassungen der Produktmerkmale und der Packungsbeilagen oder, soweit diese Unterlagen noch nicht vorhanden sind, der vom Antragsteller in einem Verfahren nach Satz 3 vorgeschlagenen Fassungen dieser Unterlagen sind ebenfalls beizufügen. [5]Ferner sind, sofern die Anerkennung der Zulassung eines anderen Mitgliedstaates beantragt wird, die in Artikel 28 der Richtlinie 2001/83/EG vorgeschriebenen Erklärungen abzugeben sowie die sonstigen dort vorgeschriebenen Angaben zu machen. [6]Satz 5 findet keine Anwendung auf Arzneimittel, die nach einer homöopathischen Verfahrenstechnik hergestellt worden sind.

(7) [1]Dem Antrag ist der Wortlaut der für das Behältnis, die äußere Umhüllung und die Packungsbeilage vorgesehenen Angaben sowie der Entwurf einer Zusammenfassung der Produktmerkmale beizufügen, bei der es sich zugleich um die Fachinformation nach § 11a Absatz 1 Satz 2 handelt, soweit eine solche vorgeschrieben ist. [2]Der zuständigen Bundesoberbehörde sind außerdem die Ergebnisse von Bewertungen der Packungsbeilage vorzulegen, die in Zusammenarbeit mit Patienten-Zielgruppen durchgeführt wurden. [3]Die zuständige Bundesoberbehörde kann verlangen, dass ihr ein oder mehrere Muster oder Verkaufsmodelle des Arzneimittels einschließlich der Packungsbeilagen sowie Ausgangsstoffe, Zwischenprodukte und Stoffe, die zur Herstellung oder Prüfung des Arzneimittels verwendet werden, in einer für die Untersuchung ausreichenden Menge und in einem für die Untersuchung geeigneten Zustand vorgelegt werden.

**§ 23[1)]** *(aufgehoben)*

**§ 24[2)] Sachverständigengutachten.** (1) [1]Den nach § 22 Absatz 1 Nummer 15, Absatz 2 und 3 erforderlichen Unterlagen sind Gutachten von Sachverständigen beizufügen, in denen die Kontrollmethoden und die Prüfungs-

[1)] § 23 aufgeh. mWv 28.1.2022 durch G v. 27.9.2021 (BGBl. I S. 4530).

[2)] § 24 Abs. 3 Satz 2 neu gef. mWv 23.7.2009 durch G v. 17.7.2009 (BGBl. I S. 1990); Abs. 1 Satz 3 geänd. mWv 31.5.2011 durch G v. 25.5.2011 (BGBl. I S. 946); Abs. 1 Satz 1 neu gef., Satz 2 Nr. 3 →

ergebnisse zusammengefasst und bewertet werden. [2]Im Einzelnen muss aus den Gutachten insbesondere hervorgehen:

1. aus dem analytischen Gutachten, ob das Arzneimittel die nach den anerkannten pharmazeutischen Regeln angemessene Qualität aufweist, ob die vorgeschlagenen Kontrollmethoden dem jeweiligen Stand der wissenschaftlichen Erkenntnisse entsprechen und zur Beurteilung der Qualität geeignet sind,
2. aus dem pharmakologisch-toxikologischen Gutachten, welche toxischen Wirkungen und welche pharmakologischen Eigenschaften das Arzneimittel hat,
3. aus dem klinischen Gutachten, ob das Arzneimittel bei den angegebenen Anwendungsgebieten angemessen wirksam ist, ob es verträglich ist, ob die vorgesehene Dosierung zweckmäßig ist und welche Gegenanzeigen und Nebenwirkungen bestehen.

(2) Soweit wissenschaftliches Erkenntnismaterial nach § 22 Absatz 3 vorgelegt wird, muss aus den Gutachten hervorgehen, dass das wissenschaftliche Erkenntnismaterial in sinngemäßer Anwendung der Arzneimittelprüfrichtlinien erarbeitet wurde.

(3) [1]Den Gutachten müssen Angaben über den Namen, die Ausbildung und die Berufstätigkeit der Sachverständigen sowie seine berufliche Beziehung zum Antragsteller beigefügt werden. [2]Die Sachverständigen haben mit Unterschrift unter Angabe des Datums zu bestätigen, dass das Gutachten von ihnen erstellt worden ist.

**§ 24a[1)] Verwendung von Unterlagen eines Vorantragstellers.** [1]Der Antragsteller kann auf Unterlagen nach § 22 Absatz 2, 3 und 3c einschließlich der Sachverständigengutachten nach § 24 Absatz 1 Satz 2 eines früheren Antragstellers (Vorantragsteller) Bezug nehmen, sofern er die schriftliche Zustimmung des Vorantragstellers einschließlich dessen Bestätigung vorlegt, dass die Unterlagen, auf die Bezug genommen wird, die Anforderungen der Arzneimittelprüfrichtlinien nach § 26 erfüllen. [2]Der Vorantragsteller hat sich auf eine Anfrage auf Zustimmung innerhalb einer Frist von drei Monaten zu äußern. [3]Eine teilweise Bezugnahme ist nicht zulässig.

**§ 24b[2)] Zulassung eines Generikums, Unterlagenschutz.** (1) [1]Bei einem Generikum im Sinne des Absatzes 2 kann ohne Zustimmung des Vorantragstellers auf die Unterlagen nach § 22 Absatz 2 Satz 1 Nummer 2 und 3 einschließlich der Sachverständigengutachten nach § 24 Absatz 1 Satz 2 Nummer 2 und 3 des Arzneimittels des Vorantragstellers (Referenzarzneimittel) Bezug genommen werden, sofern das Referenzarzneimittel seit mindestens acht Jahren zugelassen ist oder vor mindestens acht Jahren zugelassen wurde; dies gilt auch für eine Zulassung in einem anderen Mitgliedstaat der Europäischen Union. [2]Ein

---

*(Fortsetzung der Anm. von voriger Seite)*
geänd., Nr. 4 und Satz 3 aufgeh., Abs. 2 geänd. mWv 28.1.2022 durch G v. 27.9.2021 (BGBl. I S. 4530).

[1)] § 24a Satz 3 angef. mWv 23.7.2009 durch G v. 17.7.2009 (BGBl. I S. 1990); Satz 1 geänd. mWv 28.1.2022 durch G v. 27.9.2021 (BGBl. I S. 4530).

[2)] § 24b Abs. 1 Satz 1 geänd. mWv 23.7.2009 durch G v. 17.7.2009 (BGBl. I S. 1990); Abs. 8 geänd. mWv 31.5.2011 durch G v. 25.5.2011 (BGBl. I S. 946); Abs. 1 Satz 1 geänd., Abs. 2 Satz 7, Abs. 7 und 8 aufgeh. mWv 28.1.2022 durch G v. 27.9.2021 (BGBl. I S. 4530).

Generikum, das gemäß dieser Bestimmung zugelassen wurde, darf frühestens nach Ablauf von zehn Jahren nach Erteilung der ersten Genehmigung für das Referenzarzneimittel in den Verkehr gebracht werden. [3] Der in Satz 2 genannte Zeitraum wird auf höchstens elf Jahre verlängert, wenn der Inhaber der Zulassung innerhalb von acht Jahren seit der Zulassung die Erweiterung der Zulassung um eines oder mehrere neue Anwendungsgebiete erwirkt, die bei der wissenschaftlichen Bewertung vor ihrer Zulassung durch die zuständige Bundesoberbehörde als von bedeutendem klinischem Nutzen im Vergleich zu bestehenden Therapien beurteilt werden.

(2) [1] Die Zulassung als Generikum nach Absatz 1 erfordert, dass das betreffende Arzneimittel die gleiche Zusammensetzung der Wirkstoffe nach Art und Menge und die gleiche Darreichungsform wie das Referenzarzneimittel aufweist und die Bioäquivalenz durch Bioverfügbarkeitsstudien nachgewiesen wurde. [2] Die verschiedenen Salze, Ester, Ether, Isomere, Mischungen von Isomeren, Komplexe oder Derivate eines Wirkstoffes gelten als ein und derselbe Wirkstoff, es sei denn, ihre Eigenschaften unterscheiden sich erheblich hinsichtlich der Unbedenklichkeit oder der Wirksamkeit. [3] In diesem Fall müssen vom Antragsteller ergänzende Unterlagen vorgelegt werden, die die Unbedenklichkeit oder Wirksamkeit der verschiedenen Salze, Ester, Ether, Isomere, Mischungen von Isomeren, Komplexe oder Derivate des Wirkstoffes belegen. [4] Die verschiedenen oralen Darreichungsformen mit sofortiger Wirkstofffreigabe gelten als ein und dieselbe Darreichungsform. [5] Der Antragsteller ist nicht verpflichtet, Bioverfügbarkeitsstudien vorzulegen, wenn er auf sonstige Weise nachweist, dass das Generikum die nach dem Stand der Wissenschaft für die Bioäquivalenz relevanten Kriterien erfüllt. [6] In den Fällen, in denen das Arzneimittel nicht die Anforderungen eines Generikums erfüllt oder in denen die Bioäquivalenz nicht durch Bioäquivalenzstudien nachgewiesen werden kann oder bei einer Änderung des Wirkstoffes, des Anwendungsgebietes, der Stärke, der Darreichungsform oder des Verabreichungsweges gegenüber dem Referenzarzneimittel sind die Ergebnisse der geeigneten vorklinischen oder klinischen Versuche vorzulegen.

(3) [1] Sofern das Referenzarzneimittel nicht von der zuständigen Bundesoberbehörde, sondern der zuständigen Behörde eines anderen Mitgliedstaates zugelassen wurde, hat der Antragsteller im Antragsformular den Mitgliedstaat anzugeben, in dem das Referenzarzneimittel genehmigt wurde oder ist. [2] Die zuständige Bundesoberbehörde ersucht in diesem Fall die zuständige Behörde des anderen Mitgliedstaates, binnen eines Monats eine Bestätigung darüber zu übermitteln, dass das Referenzarzneimittel genehmigt ist oder wurde, sowie die vollständige Zusammensetzung des Referenzarzneimittels und andere Unterlagen, sofern diese für die Zulassung des Generikums erforderlich sind. [3] Im Falle der Genehmigung des Referenzarzneimittels durch die Europäische Arzneimittel-Agentur ersucht die zuständige Bundesoberbehörde diese um die in Satz 2 genannten Angaben und Unterlagen.

(4) Sofern die zuständige Behörde eines anderen Mitgliedstaates, in dem ein Antrag eingereicht wird, die zuständige Bundesoberbehörde um Übermittlung der in Absatz 3 Satz 2 genannten Angaben oder Unterlagen ersucht, hat die zuständige Bundesoberbehörde diesem Ersuchen binnen eines Monats zu entsprechen, sofern mindestens acht Jahre nach Erteilung der ersten Genehmigung für das Referenzarzneimittel vergangen sind.

(5) [1] Erfüllt ein biologisches Arzneimittel, das einem biologischen Referenzarzneimittel ähnlich ist, die für Generika geltenden Anforderungen nach Absatz 2 nicht, weil insbesondere die Ausgangsstoffe oder der Herstellungsprozess des biologischen Arzneimittels sich von dem des biologischen Referenzarzneimittels unterscheiden, so sind die Ergebnisse geeigneter vorklinischer oder klinischer Versuche hinsichtlich dieser Abweichungen vorzulegen. [2] Die Art und Anzahl der vorzulegenden zusätzlichen Unterlagen müssen den nach dem Stand der Wissenschaft relevanten Kriterien entsprechen. [3] Die Ergebnisse anderer Versuche aus den Zulassungsunterlagen des Referenzarzneimittels sind nicht vorzulegen.

(6) Zusätzlich zu den Bestimmungen des Absatzes 1 wird, wenn es sich um einen Antrag für ein neues Anwendungsgebiet eines bekannten Wirkstoffes handelt, der seit mindestens zehn Jahren in der Europäischen Union allgemein medizinisch verwendet wird, eine nicht kumulierbare Ausschließlichkeitsfrist von einem Jahr für die Daten gewährt, die auf Grund bedeutender vorklinischer oder klinischer Studien im Zusammenhang mit dem neuen Anwendungsgebiet gewonnen wurden.

**§ 24c Nachforderungen.** [1] Müssen von mehreren Zulassungsinhabern inhaltlich gleiche Unterlagen nachgefordert werden, so teilt die zuständige Bundesoberbehörde jedem Inhaber der Zulassung mit, welche Unterlagen für die weitere Beurteilung erforderlich sind, sowie Namen und Anschrift der übrigen beteiligten Zulassungsinhaber. [2] Die zuständige Bundesoberbehörde gibt den beteiligten Inhabern der Zulassung Gelegenheit, sich innerhalb einer von ihr zu bestimmenden Frist zu einigen, wer die Unterlagen vorlegt. [3] Kommt eine Einigung nicht zustande, so entscheidet die zuständige Bundesoberbehörde und unterrichtet hiervon unverzüglich alle Beteiligten. [4] Diese sind, sofern sie nicht auf die Zulassung ihres Arzneimittels verzichten, verpflichtet, sich jeweils mit einem der Zahl der beteiligten Inhaber der Zulassung entsprechenden Bruchteil an den Aufwendungen für die Erstellung der Unterlagen zu beteiligen; sie haften als Gesamtschuldner. [5] Die Sätze 1 bis 4 gelten entsprechend für die Nutzer von Standardzulassungen sowie, wenn inhaltlich gleiche Unterlagen von mehreren Antragstellern in laufenden Zulassungsverfahren gefordert werden.

**§ 24d[1)] Allgemeine Verwertungsbefugnis.** Die zuständige Bundesoberbehörde kann bei Erfüllung ihrer Aufgaben nach diesem Gesetz ihr vorliegende Unterlagen mit Ausnahme der Unterlagen nach § 22 Abs. 1 Nr. 11, 14 und 15 sowie Abs. 2 Nr. 1 und des Gutachtens nach § 24 Abs. 1 Satz 2 Nr. 1 verwerten, sofern die erstmalige Zulassung des Arzneimittels in einem Mitgliedstaat der Europäischen Union länger als acht Jahre zurückliegt oder ein Verfahren nach § 24c noch nicht abgeschlossen ist oder soweit nicht die §§ 24a und 24b speziellere Vorschriften für die Bezugnahme auf Unterlagen eines Vorantragstellers enthalten.

**§ 25[2)] Entscheidung über die Zulassung.** (1) [1] Die zuständige Bundesoberbehörde erteilt die Zulassung schriftlich unter Zuteilung einer Zulassungs-

---

1) § 24d geänd. mWv 23.7.2009 durch G v. 17.7.2009 (BGBl. I S. 1990).

2) § 25 Abs. 8 Satz 1 geänd. mWv 1.8.2007 durch G v. 20.7.2007 (BGBl. I S. 1574); Abs. 2 Satz 1 Nr. 1, Nr. 7, Abs. 6 Satz 1, Abs. 8 Satz 1 geänd., Abs. 2 Nr. 8 aufgeh. mWv 23.7.2009 durch G v. 17.7.2009 (BGBl. I S. 1990); Abs. 2 Satz 1 Nr. 6b geänd. mWv 31.5.2011 durch G v. 25.5.2011 →

nummer. [2]Die Zulassung gilt nur für das im Zulassungsbescheid aufgeführte Arzneimittel und bei Arzneimitteln, die nach einer homöopathischen Verfahrenstechnik hergestellt sind, auch für die in einem nach § 25 Abs. 7 Satz 1 in der vor dem 17. August 1994 geltenden Fassung bekannt gemachten Ergebnis genannten und im Zulassungsbescheid aufgeführten Verdünnungsgrade.

(2) [1]Die zuständige Bundesoberbehörde darf die Zulassung nur versagen, wenn

1. die vorgelegten Unterlagen, einschließlich solcher Unterlagen, die auf Grund einer Verordnung der Europäischen Gemeinschaft oder der Europäischen Union vorzulegen sind, unvollständig sind,
2. das Arzneimittel nicht nach dem jeweils gesicherten Stand der wissenschaftlichen Erkenntnisse ausreichend geprüft worden ist oder das andere wissenschaftliche Erkenntnismaterial nach § 22 Abs. 3 nicht dem jeweils gesicherten Stand der wissenschaftlichen Erkenntnisse entspricht,
3. das Arzneimittel nicht nach den anerkannten pharmazeutischen Regeln hergestellt wird oder nicht die angemessene Qualität aufweist,
4. dem Arzneimittel die vom Antragsteller angegebene therapeutische Wirksamkeit fehlt oder diese nach dem jeweils gesicherten Stand der wissenschaftlichen Erkenntnisse vom Antragsteller unzureichend begründet ist,
5. das Nutzen-Risiko-Verhältnis ungünstig ist,

5a. bei einem Arzneimittel, das mehr als einen Wirkstoff enthält, eine ausreichende Begründung fehlt, dass jeder Wirkstoff einen Beitrag zur positiven Beurteilung des Arzneimittels leistet, wobei die Besonderheiten der jeweiligen Arzneimittel in einer risikogestuften Bewertung zu berücksichtigen sind,

6. das Inverkehrbringen des Arzneimittels gegen gesetzliche Vorschriften oder gegen eine Verordnung oder eine Richtlinie oder eine Entscheidung oder einen Beschluss der Europäischen Gemeinschaft oder der Europäischen Union verstoßen würde.

[2]Die Zulassung darf nach Satz 1 Nr. 4 nicht deshalb versagt werden, weil therapeutische Ergebnisse nur in einer beschränkten Zahl von Fällen erzielt worden sind. [3]Die therapeutische Wirksamkeit fehlt, wenn der Antragsteller nicht entsprechend dem jeweils gesicherten Stand der wissenschaftlichen Erkenntnisse nachweist, dass sich mit dem Arzneimittel therapeutische Ergebnisse erzielen lassen. [4]Die medizinischen Erfahrungen der jeweiligen Therapierichtung sind zu berücksichtigen.

(3) [1]Die Zulassung ist für ein Arzneimittel zu versagen, das sich von einem zugelassenen oder bereits im Verkehr befindlichen Arzneimittel gleicher Bezeichnung in der Art oder der Menge der Wirkstoffe unterscheidet. [2]Abweichend von Satz 1 ist ein Unterschied in der Menge der Wirkstoffe unschädlich, wenn sich die Arzneimittel in der Darreichungsform unterscheiden.

---

*(Fortsetzung der Anm. von voriger Seite)*
(BGBl. I S. 946); Abs. 2 Satz 1 Nr. 1, 3, 7 und Abs. 5a Satz 1 1. Halbs. geänd. mWv 26.10.2012 durch G v. 19.10.2012 (BGBl. I S. 2192); Abs. 6 Satz 4 geänd. mWv 8.9.2015 durch VO v. 31.8.2015 (BGBl. I S. 1474); Abs. 2 Satz 1 Nr. 6–6b aufgeh., bish. Nr. 7 wird Nr. 6 und geänd., Satz 5 aufgeh., Abs. 5 Satz 5 geänd., Abs. 5a Satz 1 neu gef., Abs. 5b, Abs. 6 Sätze 1 und 4 und Abs. 7 Satz 1 geänd., Abs. 8a aufgeh. mWv 28.1.2022 durch G v. 27.9.2021 (BGBl. I S. 4530).

(4) [1]Ist die zuständige Bundesoberbehörde der Auffassung, dass eine Zulassung auf Grund der vorgelegten Unterlagen nicht erteilt werden kann, teilt sie dies dem Antragsteller unter Angabe von Gründen mit. [2]Dem Antragsteller ist dabei Gelegenheit zu geben, Mängeln innerhalb einer angemessenen Frist, jedoch höchstens innerhalb von sechs Monaten abzuhelfen. [3]Wird den Mängeln nicht innerhalb dieser Frist abgeholfen, so ist die Zulassung zu versagen. [4]Nach einer Entscheidung über die Versagung der Zulassung ist das Einreichen von Unterlagen zur Mängelbeseitigung ausgeschlossen.

(5) [1]Die Zulassung ist auf Grund der Prüfung der eingereichten Unterlagen und auf der Grundlage der Sachverständigengutachten zu erteilen. [2]Zur Beurteilung der Unterlagen kann die zuständige Bundesoberbehörde eigene wissenschaftliche Ergebnisse verwerten, Sachverständige beiziehen oder Gutachten anfordern. [3]Die zuständige Bundesoberbehörde kann in Betrieben und Einrichtungen, die Arzneimittel entwickeln, herstellen, prüfen oder klinisch prüfen, zulassungsbezogene Angaben und Unterlagen, auch im Zusammenhang mit einer Genehmigung für das Inverkehrbringen gemäß Artikel 3 Abs. 1 oder 2 der Verordnung (EG) Nr. 726/2004 überprüfen. [4]Zu diesem Zweck können Beauftragte der zuständigen Bundesoberbehörde im Benehmen mit der zuständigen Behörde Betriebs- und Geschäftsräume zu den üblichen Geschäftszeiten betreten, Unterlagen einsehen sowie Auskünfte verlangen. [5]Die zuständige Bundesoberbehörde kann ferner die Beurteilung der Unterlagen durch unabhängige Gegensachverständige durchführen lassen und legt deren Beurteilung der Zulassungsentscheidung und, soweit es sich um Arzneimittel handelt, die der Verschreibungspflicht nach § 48 Absatz 2 Satz 1 Nummer 1 unterliegen, dem der Zulassungskommission nach Absatz 6 Satz 1 vorzulegenden Entwurf der Zulassungsentscheidung zugrunde. [6]Als Gegensachverständiger nach Satz 5 kann von der zuständigen Bundesoberbehörde beauftragt werden, wer die erforderliche Sachkenntnis und die zur Ausübung der Tätigkeit als Gegensachverständiger erforderliche Zuverlässigkeit besitzt. [7]Dem Antragsteller ist auf Antrag Einsicht in die Gutachten zu gewähren. [8]Verlangt der Antragsteller, von ihm gestellte Sachverständige beizuziehen, so sind auch diese zu hören. [9]Für die Berufung als Sachverständiger, Gegensachverständiger und Gutachter gilt Absatz 6 Satz 5 und 6 entsprechend.

(5a) [1]Die zuständige Bundesoberbehörde erstellt ferner einen Beurteilungsbericht über die eingereichten Unterlagen zur Qualität, Unbedenklichkeit und Wirksamkeit und gibt darin eine Stellungnahme hinsichtlich der Ergebnisse von pharmazeutischen und vorklinischen Versuchen, von klinischen Prüfungen sowie zum Risikomanagement- und zum Pharmakovigilanz-System ab. [2]Der Beurteilungsbericht ist zu aktualisieren, wenn hierzu neue Informationen verfügbar werden.

(5b) Absatz 5a findet keine Anwendung auf Arzneimittel, die nach einer homöopathischen Verfahrenstechnik hergestellt werden, sofern diese Arzneimittel dem Artikel 16 Abs. 2 der Richtlinie 2001/83/EG unterliegen.

(6) [1]Vor der Entscheidung über die Zulassung eines Arzneimittels, das den Therapierichtungen Phytotherapie, Homöopathie oder Anthroposophie zuzurechnen ist und das der Verschreibungspflicht nach § 48 Absatz 2 Satz 1 Nummer 1 unterliegt, ist eine Zulassungskommission zu hören. [2]Die Anhörung erstreckt sich auf den Inhalt der eingereichten Unterlagen, der Sachverständigengutachten, der angeforderten Gutachten, die Stellungnahmen der beigezogenen Sachverständigen, das Prüfungsergebnis und die Gründe, die für die

Entscheidung über die Zulassung wesentlich sind, oder die Beurteilung durch die Gegensachverständigen. [3] Weicht die Bundesoberbehörde bei der Entscheidung über den Antrag von dem Ergebnis der Anhörung ab, so hat sie die Gründe für die abweichende Entscheidung darzulegen. [4] Das Bundesministerium beruft die Mitglieder der Zulassungskommission unter Berücksichtigung von Vorschlägen der Kammern der Heilberufe, der Fachgesellschaften der Ärzte, Zahnärzte, Apotheker, Heilpraktiker sowie der für die Wahrnehmung ihrer Interessen gebildeten maßgeblichen Spitzenverbände der pharmazeutischen Unternehmer, Patienten und Verbraucher. [5] Bei der Berufung sind die jeweiligen Besonderheiten der Arzneimittel zu berücksichtigen. [6] In die Zulassungskommissionen werden Sachverständige berufen, die auf den jeweiligen Anwendungsgebieten und in der jeweiligen Therapierichtung (Phytotherapie, Homöopathie, Anthroposophie) über wissenschaftliche Kenntnisse verfügen und praktische Erfahrungen gesammelt haben.

(7) [1] Für Arzneimittel, die nicht der Verschreibungspflicht nach § 48 Absatz 2 Satz 1 Nummer 1 unterliegen, werden bei der zuständigen Bundesoberbehörde Kommissionen für bestimmte Anwendungsgebiete oder Therapierichtungen gebildet. [2] Absatz 6 Satz 4 bis 6 findet entsprechende Anwendung. [3] Die zuständige Bundesoberbehörde kann zur Vorbereitung der Entscheidung über die Verlängerung von Zulassungen nach § 105 Abs. 3 Satz 1 die zuständige Kommission beteiligen. [4] Betrifft die Entscheidung nach Satz 3 Arzneimittel einer bestimmten Therapierichtung (Phytotherapie, Homöopathie, Anthroposophie), ist die zuständige Kommission zu beteiligen, sofern eine vollständige Versagung der Verlängerung nach § 105 Abs. 3 Satz 1 beabsichtigt oder die Entscheidung von grundsätzlicher Bedeutung ist; sie hat innerhalb von zwei Monaten Gelegenheit zur Stellungnahme. [5] Soweit die Bundesoberbehörde bei der Entscheidung nach Satz 4 die Stellungnahme der Kommission nicht berücksichtigt, legt sie die Gründe dar.

(7a) [1] Zur Verbesserung der Arzneimittelsicherheit für Kinder und Jugendliche wird beim Bundesinstitut für Arzneimittel und Medizinprodukte eine Kommission für Arzneimittel für Kinder und Jugendliche gebildet. [2] Absatz 6 Satz 4 bis 6 findet entsprechende Anwendung. [3] Zur Vorbereitung der Entscheidung über den Antrag auf Zulassung eines Arzneimittels, das auch zur Anwendung bei Kindern oder Jugendlichen bestimmt ist, beteiligt die zuständige Bundesoberbehörde die Kommission. [4] Die zuständige Bundesoberbehörde kann ferner zur Vorbereitung der Entscheidung über den Antrag auf Zulassung eines anderen als in Satz 3 genannten Arzneimittels, bei dem eine Anwendung bei Kindern oder Jugendlichen in Betracht kommt, die Kommission beteiligen. [5] Die Kommission hat Gelegenheit zur Stellungnahme. [6] Soweit die Bundesoberbehörde bei der Entscheidung die Stellungnahme der Kommission nicht berücksichtigt, legt sie die Gründe dar. [7] Die Kommission kann ferner zu Arzneimitteln, die nicht für die Anwendung bei Kindern oder Jugendlichen zugelassen sind, den anerkannten Stand der Wissenschaft dafür feststellen, unter welchen Voraussetzungen diese Arzneimittel bei Kindern oder Jugendlichen angewendet werden können. [8] Für die Arzneimittel der Phytotherapie, Homöopathie und anthroposophischen Medizin werden die Aufgaben und Befugnisse nach den Sätzen 3 bis 7 von den Kommissionen nach Absatz 7 Satz 4 wahrgenommen.

(8) [1] Bei Sera, Impfstoffen, Blutzubereitungen, Gewebezubereitungen, Allergenen, xenogenen Arzneimitteln, die keine Arzneimittel nach § 4 Absatz 9

sind, erteilt die zuständige Bundesoberbehörde die Zulassung entweder auf Grund der Prüfung der eingereichten Unterlagen oder auf Grund eigener Untersuchungen oder auf Grund der Beobachtung der Prüfungen des Herstellers. 2 Dabei können Beauftragte der zuständigen Bundesoberbehörde im Benehmen mit der zuständigen Behörde Betriebs- und Geschäftsräume zu den üblichen Geschäftszeiten betreten und in diesen sowie in den dem Betrieb dienenden Beförderungsmitteln Besichtigungen vornehmen. 3 Auf Verlangen der zuständigen Bundesoberbehörde hat der Antragsteller das Herstellungsverfahren mitzuteilen. 4 Bei diesen Arzneimitteln finden die Absätze 6, 7 und 7a keine Anwendung.

(9) 1 Werden verschiedene Stärken, Darreichungsformen, Verabreichungswege oder Ausbietungen eines Arzneimittels beantragt, so können diese auf Antrag des Antragstellers Gegenstand einer einheitlichen umfassenden Zulassung sein; dies gilt auch für nachträgliche Änderungen und Erweiterungen. 2 Dabei ist eine einheitliche Zulassungsnummer zu verwenden, der weitere Kennzeichen zur Unterscheidung der Darreichungsformen oder Konzentrationen hinzugefügt werden müssen. 3 Für Zulassungen nach § 24b Abs. 1 gelten Einzelzulassungen eines Referenzarzneimittels als einheitliche umfassende Zulassung.

(10) Die Zulassung lässt die zivil- und strafrechtliche Verantwortlichkeit des pharmazeutischen Unternehmers unberührt.

**§ 25a[1)] Vorprüfung.** (1) 1 Die zuständige Bundesoberbehörde kann den Zulassungsantrag durch unabhängige Sachverständige auf Vollständigkeit und daraufhin prüfen lassen, ob das Arzneimittel nach dem jeweils gesicherten Stand der wissenschaftlichen Erkenntnisse ausreichend geprüft worden ist. 2 § 25 Abs. 6 Satz 5 findet entsprechende Anwendung.

(2) Bei Beanstandungen im Sinne des Absatzes 1 hat der Sachverständige dem Antragsteller Gelegenheit zu geben, Mängeln innerhalb von drei Monaten abzuhelfen.

(3) 1 Ist der Zulassungsantrag nach Ablauf der Frist unter Zugrundelegung der abschließenden Stellungnahme des Sachverständigen weiterhin unvollständig oder mangelhaft im Sinne des § 25 Absatz 2 Satz 1 Nummer 2, so ist die Zulassung zu versagen. 2 § 25 Abs. 4 und 6 findet auf die Vorprüfung keine Anwendung.

(4) Stellt die zuständige Bundesoberbehörde fest, dass ein gleich lautender Zulassungsantrag in einem anderen Mitgliedstaat der Europäischen Union geprüft wird, lehnt sie den Antrag ab und setzt den Antragsteller in Kenntnis, dass ein Verfahren nach § 25b Anwendung findet.

(5) Wird die zuständige Bundesoberbehörde nach § 22 unterrichtet, dass sich ein Antrag auf ein in einem anderen Mitgliedstaat der Europäischen Union bereits zugelassenes Arzneimittel bezieht, lehnt sie den Antrag ab, es sei denn, er wurde nach § 25b eingereicht.

---

1) § 25a Abs. 1 Satz 1 geänd. mWv 26.10.2012 durch G v. 19.10.2012 (BGBl. I S. 2192); Abs. 3 Satz 1 geänd. mWv 28.1.2022 durch G v. 27.9.2021 (BGBl. I S. 4530).

**§ 25b[1)] Verfahren der gegenseitigen Anerkennung und dezentralisiertes Verfahren.** (1) Für die Erteilung einer Zulassung oder Genehmigung in mehr als einem Mitgliedstaat der Europäischen Union hat der Antragsteller einen auf identischen Unterlagen beruhenden Antrag in diesen Mitgliedstaaten einzureichen; dies kann in englischer Sprache erfolgen.

(2) [1] Ist das Arzneimittel zum Zeitpunkt der Antragstellung bereits in einem anderen Mitgliedstaat der Europäischen Union genehmigt oder zugelassen worden, ist diese Zulassung auf der Grundlage des von diesem Staat übermittelten Beurteilungsberichtes anzuerkennen, es sei denn, dass Anlass zu der Annahme besteht, dass die Zulassung des Arzneimittels eine schwerwiegende Gefahr für die öffentliche Gesundheit darstellt. [2] In diesem Fall hat die zuständige Bundesoberbehörde nach Maßgabe des Artikels 29 der Richtlinie 2001/83/EG zu verfahren.

(3) [1] Ist das Arzneimittel zum Zeitpunkt der Antragstellung noch nicht zugelassen, hat die zuständige Bundesoberbehörde, soweit sie Referenzmitgliedstaat im Sinne des Artikels 28 der Richtlinie 2001/83/EG ist, Entwürfe des Beurteilungsberichtes, der Zusammenfassung der Merkmale des Arzneimittels und der Kennzeichnung und der Packungsbeilage zu erstellen und den zuständigen Mitgliedstaaten und dem Antragsteller zu übermitteln. [2] § 25 Absatz 5 Satz 5 gilt entsprechend.

(4) Für die Anerkennung der Zulassung eines anderen Mitgliedstaates der Europäischen Union findet Kapitel 4 der Richtlinie 2001/83/EG Anwendung.

(5) [1] Bei einer abweichenden Entscheidung bezüglich der Zulassung, ihrer Aussetzung oder Rücknahme finden die Artikel 30, 32, 33 und 34 der Richtlinie 2001/83/EG Anwendung. [2] Im Falle einer Entscheidung nach Artikel 34 der Richtlinie 2001/83/EG ist über die Zulassung nach Maßgabe der nach diesem Artikel getroffenen Entscheidung oder des nach diesem Artikel getroffenen Beschlusses der Europäischen Gemeinschaft oder der Europäischen Union zu entscheiden. [3] Ein Vorverfahren nach § 68 der Verwaltungsgerichtsordnung[2)] findet bei Rechtsmitteln gegen Entscheidungen der zuständigen Bundesoberbehörden nach Satz 2 nicht statt. [4] Ferner findet § 25 Abs. 6 keine Anwendung.

(6) Die Absätze 1 bis 5 finden keine Anwendung auf Arzneimittel, die nach einer homöopathischen Verfahrenstechnik hergestellt worden sind, sofern diese Arzneimittel dem Artikel 16 Abs. 2 der Richtlinie 2001/83/EG unterliegen.

**§ 25c[3)] Maßnahmen der zuständigen Bundesoberbehörde zu Entscheidungen oder Beschlüssen der Europäischen Gemeinschaft oder der Europäischen Union.** Die zuständige Bundesoberbehörde trifft die zur Durchführung von Entscheidungen oder Beschlüssen der Europäischen Gemeinschaft oder der Europäischen Union nach Artikel 127a der Richtlinie 2001/83/EG erforderlichen Maßnahmen.

---

[1)] § 25b Abs. 3 Satz 2 angef. mWv 23.7.2009 durch G v. 17.7.2009 (BGBl. I S. 1990); Abs. 5 Satz 2 geänd. mWv 26.10.2012 durch G v. 19.10.2012 (BGBl. I S. 2192); Abs. 2 Sätze 1 und 2 und Abs. 3 Satz 1 geänd., Abs. 4 neu gef., Abs. 5 Sätze 1 und 2 und Abs. 6 geänd. mWv 28.1.2022 durch G v. 27.9.2021 (BGBl. I S. 4530).

[2)] **Sartorius Nr. 600.**

[3)] § 25c eingef. mWv 23.7.2009 durch G v. 17.7.2009 (BGBl. I S. 1990); Überschrift und Wortlaut geänd. mWv 26.10.2012 durch G v. 19.10.2012 (BGBl. I S. 2192); geänd. mWv 28.1.2022 durch G v. 27.9.2021 (BGBl. I S. 4530).

**§ 26**[1] **Arzneimittelprüfrichtlinien.** (1) [1]Das Bundesministerium wird ermächtigt, durch Rechtsverordnung mit Zustimmung des Bundesrates Anforderungen an die in den §§ 22 bis 24, auch in Verbindung mit § 38 Absatz 2 und § 39b Absatz 1 bezeichneten Angaben, Unterlagen und Gutachten sowie deren Prüfung durch die zuständige Bundesoberbehörde zu regeln. [2]Die Vorschriften müssen dem jeweils gesicherten Stand der wissenschaftlichen Erkenntnisse entsprechen und sind laufend an diesen anzupassen, insbesondere sind Tierversuche durch andere Prüfverfahren zu ersetzen, wenn dies nach dem Stand der wissenschaftlichen Erkenntnisse im Hinblick auf den Prüfungszweck vertretbar ist. [3]Die Rechtsverordnung ergeht im Einvernehmen mit dem Bundesministerium für Umwelt, Naturschutz und nukleare Sicherheit, soweit es sich um Arzneimittel handelt, die radioaktiv sind oder bei deren Herstellung ionisierende Strahlen verwendet werden, oder soweit es sich um Prüfungen zur Ökotoxizität handelt.

(2) [1]Die zuständige Bundesoberbehörde und die Kommissionen nach § 25 Abs. 7 haben die Arzneimittelprüfrichtlinien sinngemäß auf das wissenschaftliche Erkenntnismaterial nach § 22 Absatz 3 anzuwenden, wobei die Besonderheiten der jeweiligen Arzneimittel zu berücksichtigen sind. [2]Als wissenschaftliches Erkenntnismaterial gilt auch das nach wissenschaftlichen Methoden aufbereitete medizinische Erfahrungsmaterial.

**§ 27**[2] **Fristen für die Erteilung.** (1) [1]Die zuständige Bundesoberbehörde hat eine Entscheidung über den Antrag auf Zulassung innerhalb einer Frist von sieben Monaten zu treffen. [2]Die Entscheidung über die Anerkennung einer Zulassung ist innerhalb einer Frist von drei Monaten nach Erhalt des Beurteilungsberichtes zu treffen. [3]Ein Beurteilungsbericht ist innerhalb einer Frist von drei Monaten zu erstellen.

(2) [1]Gibt die zuständige Bundesoberbehörde dem Antragsteller nach § 25 Abs. 4 Gelegenheit, Mängeln abzuhelfen, so werden die Fristen bis zur Behebung der Mängel oder bis zum Ablauf der nach § 25 Abs. 4 gesetzten Frist gehemmt. [2]Die Hemmung beginnt mit dem Tage, an dem dem Antragsteller die Aufforderung zur Behebung der Mängel zugestellt wird. [3]Das Gleiche gilt für die Frist, die dem Antragsteller auf sein Verlangen hin eingeräumt wird, auch unter Beiziehung von Sachverständigen, Stellung zu nehmen.

(3) Bei Verfahren nach § 25b Abs. 3 verlängert sich die Frist zum Abschluss des Verfahrens entsprechend den Vorschriften in Artikel 28 der Richtlinie 2001/83/EG um drei Monate.

**§ 28**[3] **Auflagenbefugnis.** (1) [1]Die zuständige Bundesoberbehörde kann die Zulassung mit Auflagen verbinden. [2]Bei Auflagen nach den Absätzen 2 bis 3d

---

[1] § 26 Abs. 1 Satz 1 geänd. mWv 26.10.2012 durch G v. 19.10.2012 (BGBl. I S. 2192); Abs. 1 Satz 3 geänd. mWv 8.9.2015 durch VO v. 31.8.2015 (BGBl. I S. 1474); Abs. 1 Satz 4 aufgeh. mWv 24.12.2016 durch G v. 20.12.2016 (BGBl. I S. 3048); Abs. 1 Satz 3 geänd. mWv 27.6.2020 durch VO v. 19.6.2020 (BGBl. I S. 1328); Abs. 1 Satz 3 neu gef., Abs. 2 Satz 1 geänd. mWv 28.1.2022 durch G v. 27.9.2021 (BGBl. I S. 4530).

[2] § 27 Abs. 3 geänd. mWv 28.1.2022 durch G v. 27.9.2021 (BGBl. I S. 4530).

[3] § 28 Abs. 1 Satz 2, Abs. 3a, Abs. 3b Satz 1 geänd., Abs. 3d eingef. mWv 23.7.2009 durch G v. 17.7.2009 (BGBl. I S. 1990); Abs. 2 Nr. 3 geänd., Abs. 3 Satz 2 eingef., bish. Satz 2 wird Satz 3, Abs. 3a und 3b neu gef., Abs. 3e–3h eingef. mWv 26.10.2012 durch G v. 19.10.2012 (BGBl. I S. 2192); Abs. 3e geänd. mWv 13.8.2013 durch G v. 7.8.2013 (BGBl. I S. 3108); Abs. 3a Nr. 2, 6, Abs. 3b Satz 1 Nr. 2, 3 und Satz 2 geänd. mWv 27.1.2022 durch G v. 20.12.2016 (BGBl. I S. 3048, →

zum Schutz der Umwelt entscheidet die zuständige Bundesoberbehörde im Einvernehmen mit dem Umweltbundesamt, soweit Auswirkungen auf die Umwelt zu bewerten sind. [3] Hierzu übermittelt die zuständige Bundesoberbehörde dem Umweltbundesamt die zur Beurteilung der Auswirkungen auf die Umwelt erforderlichen Angaben und Unterlagen. [4] Auflagen können auch nachträglich angeordnet werden.

(2) Auflagen nach Absatz 1 können angeordnet werden, um sicherzustellen, dass

1. die Kennzeichnung der Behältnisse und äußeren Umhüllungen den Vorschriften des § 10 entspricht; dabei kann angeordnet werden, dass angegeben werden müssen
   a) Hinweise oder Warnhinweise, soweit sie erforderlich sind, um bei der Anwendung des Arzneimittels eine unmittelbare oder mittelbare Gefährdung der menschlichen Gesundheit zu verhüten,
   b) Aufbewahrungshinweise für den Verbraucher und Lagerhinweise für die Fachkreise, soweit sie geboten sind, um die erforderliche Qualität des Arzneimittels zu erhalten,
2. die Packungsbeilage den Vorschriften des § 11 entspricht; dabei kann angeordnet werden, dass angegeben werden müssen
   a) die in der Nummer 1 Buchstabe a genannten Hinweise oder Warnhinweise,
   b) die Aufbewahrungshinweise für den Verbraucher, soweit sie geboten sind, um die erforderliche Qualität des Arzneimittels zu erhalten,

2a. die Fachinformation den Vorschriften des § 11a entspricht; dabei kann angeordnet werden, dass angegeben werden müssen
   a) die in Nummer 1 Buchstabe a genannten Hinweise oder Warnhinweise,
   b) besondere Lager- und Aufbewahrungshinweise, soweit sie geboten sind, um die erforderliche Qualität des Arzneimittels zu erhalten,
   c) Hinweise auf Auflagen nach Absatz 3,

3. die Angaben nach den §§ 10, 11 und 11a den für die Zulassung eingereichten Unterlagen entsprechen und dabei einheitliche und allgemein verständliche Begriffe und ein einheitlicher Wortlaut, auch entsprechend den Empfehlungen und Stellungnahmen der Ausschüsse der Europäischen Arzneimittel-Agentur, verwendet werden, wobei die Angabe weiterer Gegenanzeigen, Nebenwirkungen und Wechselwirkungen zulässig bleibt; von dieser Befugnis kann die zuständige Bundesoberbehörde allgemein aus Gründen der Arzneimittelsicherheit, der Transparenz oder der rationellen Arbeitsweise Gebrauch machen; dabei kann angeordnet werden, dass bei verschreibungspflichtigen Arzneimitteln bestimmte Anwendungsgebiete entfallen, wenn zu befürchten ist, dass durch deren Angabe der therapeutische Zweck gefährdet wird,
4. das Arzneimittel in Packungsgrößen in den Verkehr gebracht wird, die den Anwendungsgebieten und der vorgesehenen Dauer der Anwendung angemessen sind,

---

*(Fortsetzung der Anm. von voriger Seite)*
geänd. durch G v. 27.9.2021, BGBl. I S. 4530); Abs. 2 Nr. 1 Buchst. a geänd., Abs. 3 Satz 3 aufgeh., Abs. 3a einl. Satzteil, Abs. 3b Satz 1 einl. Satzteil geänd., Abs. 3d und 3e aufgeh., Abs. 3f Satz 1, Abs. 3g Satz 1 und Abs. 3h geänd. mWv 28.1.2022 durch G v. 27.9.2021 (BGBl. I S. 4530).

5. das Arzneimittel in einem Behältnis mit bestimmter Form, bestimmtem Verschluss oder sonstiger Sicherheitsvorkehrung in den Verkehr gebracht wird, soweit es geboten ist, um die Einhaltung der Dosierungsanleitung zu gewährleisten oder um die Gefahr des Missbrauchs durch Kinder zu verhüten.

(2a) Warnhinweise nach Absatz 2 können auch angeordnet werden, um sicherzustellen, dass das Arzneimittel nur von Ärzten bestimmter Fachgebiete verschrieben und unter deren Kontrolle oder nur in Kliniken oder Spezialkliniken oder in Zusammenarbeit mit solchen Einrichtungen angewendet werden darf, wenn dies erforderlich ist, um bei der Anwendung eine unmittelbare oder mittelbare Gefährdung der Gesundheit von Menschen zu verhüten, insbesondere, wenn die Anwendung des Arzneimittels nur bei Vorhandensein besonderer Fachkunde oder besonderer therapeutischer Einrichtungen unbedenklich erscheint.

(3) [1] Die zuständige Bundesoberbehörde kann durch Auflagen ferner anordnen, dass weitere analytische, pharmakologisch-toxikologische oder klinische Prüfungen durchgeführt werden und über die Ergebnisse berichtet wird, wenn hinreichende Anhaltspunkte dafür vorliegen, dass das Arzneimittel einen großen therapeutischen Wert haben kann und deshalb ein öffentliches Interesse an seinem unverzüglichen Inverkehrbringen besteht, jedoch für die umfassende Beurteilung des Arzneimittels weitere wichtige Angaben erforderlich sind. [2] Die zuständige Bundesoberbehörde überprüft jährlich die Ergebnisse dieser Prüfungen.

(3a) Die zuständige Bundesoberbehörde kann bei Erteilung der Zulassung durch Auflagen ferner anordnen,

1. bestimmte im Risikomanagement-System enthaltene Maßnahmen zur Gewährleistung der sicheren Anwendung des Arzneimittels zu ergreifen, wenn dies im Interesse der Arzneimittelsicherheit erforderlich ist,
2. Unbedenklichkeitsstudien durchzuführen, wenn dies im Interesse der Arzneimittelsicherheit erforderlich ist,
3. Verpflichtungen im Hinblick auf die Erfassung oder Meldung von Verdachtsfällen von Nebenwirkungen, die über jene des Zehnten Abschnitts hinausgehen, einzuhalten, wenn dies im Interesse der Arzneimittelsicherheit erforderlich ist,
4. sonstige erforderliche Maßnahmen hinsichtlich der sicheren und wirksamen Anwendung des Arzneimittels zu ergreifen, wenn dies im Interesse der Arzneimittelsicherheit erforderlich ist,
5. ein angemessenes Pharmakovigilanz-System einzuführen, wenn dies im Interesse der Arzneimittelsicherheit erforderlich ist,
6. soweit Bedenken bezüglich einzelner Aspekte der Wirksamkeit des Arzneimittels bestehen, die erst nach seinem Inverkehrbringen beseitigt werden können, Wirksamkeitsstudien nach der Zulassung durchzuführen, die den Vorgaben in Artikel 21a Satz 1 Buchstabe f der Richtlinie 2001/83/EG entsprechen.

(3b) [1] Die zuständige Bundesoberbehörde kann nach Erteilung der Zulassung ferner durch Auflagen anordnen,

1. ein Risikomanagement-System und einen Risikomanagement-Plan einzuführen, wenn dies im Interesse der Arzneimittelsicherheit erforderlich ist,

2. Unbedenklichkeitsstudien durchzuführen, wenn dies im Interesse der Arzneimittelsicherheit erforderlich ist,
3. eine Wirksamkeitsstudie durchzuführen, wenn Erkenntnisse über die Krankheit oder die klinische Methodik darauf hindeuten, dass frühere Bewertungen der Wirksamkeit erheblich korrigiert werden müssen; die Verpflichtung, diese Wirksamkeitsstudie nach der Zulassung durchzuführen, muss den Vorgaben nach Artikel 22a Absatz 1 Buchstabe b Satz 2 der Richtlinie 2001/83/EG entsprechen.

[2] Liegen die Voraussetzungen für eine Auflage nach Satz 1 Nummer 2 für mehr als ein Arzneimittel vor und sind dies Arzneimittel, die in mehreren Mitgliedstaaten zugelassen sind, empfiehlt die zuständige Bundesoberbehörde nach Befassung des Ausschusses für Risikobewertung im Bereich der Pharmakovigilanz nach Artikel 56 Absatz 1 Doppelbuchstabe aa der Verordnung (EG) Nr. 726/2004 den betroffenen Inhabern der Zulassung, eine gemeinsame Unbedenklichkeitsstudie nach der Zulassung durchzuführen.

(3c) [1] Die zuständige Bundesoberbehörde kann durch Auflage ferner anordnen, dass bei der Herstellung und Kontrolle solcher Arzneimittel und ihrer Ausgangsstoffe, die biologischer Herkunft sind oder auf biotechnischem Wege hergestellt werden,
1. bestimmte Anforderungen eingehalten und bestimmte Maßnahmen und Verfahren angewendet werden,
2. Unterlagen vorgelegt werden, die die Eignung bestimmter Maßnahmen und Verfahren begründen, einschließlich von Unterlagen über die Validierung,
3. die Einführung oder Änderung bestimmter Anforderungen, Maßnahmen und Verfahren der vorherigen Zustimmung der zuständigen Bundesoberbehörde bedarf,

soweit es zur Gewährleistung angemessener Qualität oder zur Risikovorsorge geboten ist. [2] Die angeordneten Auflagen sind sofort vollziehbar. [3] Widerspruch und Anfechtungsklage haben keine aufschiebende Wirkung.

(3d), (3e) *(aufgehoben)*

(3f) [1] Bei Auflagen nach den Absätzen 3, 3a und 3b kann die zuständige Bundesoberbehörde Art, Umfang und Zeitrahmen der Studien oder Prüfungen sowie Tätigkeiten, Maßnahmen und Bewertungen im Rahmen des Risikomanagement-Systems bestimmen. [2] Die Ergebnisse sind durch Unterlagen so zu belegen, dass aus diesen Art, Umfang und Zeitpunkt der Studien oder Prüfungen hervorgehen.

(3g) [1] Der Inhaber der Zulassung eines Arzneimittels hat alle Auflagen nach den Absätzen 3, 3a und 3b in sein Risikomanagement-System aufzunehmen. [2] Die zuständige Bundesoberbehörde unterrichtet die Europäische Arzneimittel-Agentur über die Zulassungen, die unter den Auflagen nach den Absätzen 3, 3a und 3b erteilt wurden.

(3h) Die zuständige Bundesoberbehörde kann bei biologischen Arzneimitteln geeignete Maßnahmen zur besseren Identifizierbarkeit von Nebenwirkungsmeldungen anordnen.

(4) [1] Soll die Zulassung mit einer Auflage verbunden werden, so wird die in § 27 Abs. 1 vorgesehene Frist bis zum Ablauf einer dem Antragsteller gewährten Frist zur Stellungnahme gehemmt. [2] § 27 Abs. 2 findet entsprechende Anwendung.

**§ 29[1] Anzeigepflicht, Neuzulassung.** (1) [1]Der Antragsteller hat der zuständigen Bundesoberbehörde unter Beifügung entsprechender Unterlagen unverzüglich Anzeige zu erstatten, wenn sich Änderungen in den Angaben und Unterlagen nach den §§ 22 bis 24a und 25b ergeben. [2]Die Verpflichtung nach Satz 1 hat nach Erteilung der Zulassung der Inhaber der Zulassung zu erfüllen.

(1a) [1]Der Inhaber der Zulassung hat der zuständigen Bundesoberbehörde unverzüglich alle Verbote oder Beschränkungen durch die zuständigen Behörden jedes Landes, in dem das betreffende Arzneimittel in Verkehr gebracht wird, sowie alle anderen neuen Informationen mitzuteilen, die die Beurteilung des Nutzens und der Risiken des betreffenden Arzneimittels beeinflussen könnten. [2]Zu diesen Informationen gehören sowohl positive als auch negative Ergebnisse von klinischen Prüfungen oder anderen Studien, die sich nicht nur auf die in der Zulassung genannten, sondern auf alle Indikationen und Bevölkerungsgruppen beziehen können, sowie Angaben über eine Anwendung des Arzneimittels, die über die Bestimmungen der Zulassung hinausgeht. [3]Er hat auf Verlangen der zuständigen Bundesoberbehörde auch alle Angaben und Unterlagen vorzulegen, die belegen, dass das Nutzen-Risiko-Verhältnis weiterhin günstig zu bewerten ist. [4]Die zuständige Bundesoberbehörde kann jederzeit die Vorlage einer Kopie der Pharmakovigilanz-Stammdokumentation verlangen. [5]Diese hat der Inhaber der Zulassung spätestens sieben Tage nach Zugang der Aufforderung vorzulegen. [6]Die Sätze 1 bis 3 gelten nicht für den Parallelimporteur.

(1b) Der Inhaber der Zulassung hat der zuständigen Bundesoberbehörde den Zeitpunkt für das Inverkehrbringen des Arzneimittels unter Berücksichtigung der unterschiedlichen zugelassenen Darreichungsformen und Stärken unverzüglich mitzuteilen.

(1c) [1]Der Inhaber der Zulassung hat der zuständigen Bundesoberbehörde nach Maßgabe des Satzes 2 anzuzeigen, wenn das Inverkehrbringen des Arzneimittels vorübergehend oder endgültig eingestellt wird. [2]Die Anzeige hat spätestens zwei Monate vor der Einstellung des Inverkehrbringens zu erfolgen. [3]Dies gilt nicht, wenn Umstände vorliegen, die der Inhaber der Zulassung nicht zu vertreten hat.

(1d) Der Inhaber der Zulassung hat alle Daten im Zusammenhang mit der Absatzmenge des Arzneimittels sowie alle ihm vorliegenden Daten im Zusammenhang mit dem Verschreibungsvolumen mitzuteilen, sofern die zuständige Bundesoberbehörde dies insbesondere aus Gründen der Arzneimittelsicherheit fordert.

(1e) [1]Der Inhaber der Zulassung hat der zuständigen Bundesoberbehörde die in dem Verfahren nach Artikel 107c Absatz 4, 5 oder 6 der Richtlinie 2001/83/EG geänderten Stichtage oder Intervalle für die Vorlage von regelmäßigen aktualisierten Unbedenklichkeitsberichten anzuzeigen. [2]Etwaige An-

[1] § 29 Abs. 2a Satz 1 Nr. 1 geänd. mWv 23.7.2009 durch G v. 17.7.2009 (BGBl. I S. 1990); Abs. 2a Satz 1 Nr. 6 und Abs. 5 geänd. mWv 31.5.2011 durch G v. 25.5.2011 (BGBl. I S. 946); Abs. 1a neu gef., Abs. 1e und 1f eingef., Abs. 2a Satz 1 Nr. 4 und 6 neu gef., Abs. 2b eingef., Abs. 3 Satz 1 Nr. 3 und 3a geänd., Nr. 5 aufgeh., Abs. 4 Satz 1 geänd., Abs. 5 neu gef. mWv 26.10.2012 durch G v. 19.10.2012 (BGBl. I S. 2192); Abs. 1g eingef., Abs. 4 Satz 1 geänd. mWv 28.10.2013 durch G v. 7.8. 2013 (BGBl. I S. 3108); Abs. 1d geänd. mWv 13.5.2017 durch G v. 4.5.2017 (BGBl. I S. 1050); Abs. 1a Sätze 2 und 4, Abs. 1f, Abs. 1g Satz 1, Abs. 2a Satz 1 Nr. 4 und 5 geänd., Nr. 6 und Satz 2 aufgeh., bish. Satz 3 wird Satz 2, Abs. 3 Satz 1 Nr. 2 und 3 und Abs. 5 Satz 2 Nr. 1 geänd. mWv 28.1. 2022 durch G v. 27.9.2021 (BGBl. I S. 4530).

derungen des in der Zulassung angegebenen Stichtags oder des Intervalls auf Grund von Satz 1 werden sechs Monate nach ihrer Veröffentlichung über das europäische Internetportal wirksam.

(1f) Der Inhaber der Zulassung ist verpflichtet, die zuständige Bundesoberbehörde und die Europäische Arzneimittel-Agentur zu informieren, falls neue oder veränderte Risiken bestehen oder sich das Nutzen-Risiko-Verhältnis von Arzneimitteln geändert hat.

(1g) [1] Der Inhaber der Zulassung hat der zuständigen Bundesoberbehörde unverzüglich die Gründe für das vorübergehende oder endgültige Einstellen des Inverkehrbringens, den Rückruf, den Verzicht auf die Zulassung oder die Nichtbeantragung der Verlängerung der Zulassung mitzuteilen. [2] Er hat insbesondere zu erklären, ob die Maßnahme nach Satz 1 auf einem der Gründe des § 25 Absatz 2 Satz 1 Nummer 3, 4 oder Nummer 5, § 30 Absatz 2 Satz 1 Nummer 1 oder § 69 Absatz 1 Satz 2 Nummer 4 oder Nummer 5 beruht. [3] Die Mitteilung nach Satz 1 hat auch dann zu erfolgen, wenn die Maßnahme in einem Drittland getroffen wird und auf einem der in Satz 2 genannten Gründe beruht. [4] Beruht eine Maßnahme nach Satz 1 oder Satz 3 auf einem der in Satz 2 genannten Gründe, hat der Inhaber der Zulassung dies darüber hinaus der Europäischen Arzneimittel-Agentur mitzuteilen.

(2) [1] Bei einer Änderung der Bezeichnung des Arzneimittels ist der Zulassungsbescheid entsprechend zu ändern. [2] Das Arzneimittel darf unter der alten Bezeichnung vom pharmazeutischen Unternehmer noch ein Jahr, von den Groß- und Einzelhändlern noch zwei Jahre, beginnend mit dem auf die Bekanntmachung der Änderung im Bundesanzeiger folgenden 1. Januar oder 1. Juli, in den Verkehr gebracht werden.

(2a) [1] Eine Änderung

1. der Angaben nach den §§ 10, 11 und 11a über die Dosierung, die Art oder die Dauer der Anwendung, die Anwendungsgebiete, soweit es sich nicht um die Zufügung einer oder Veränderung in eine Indikation handelt, die einem anderen Therapiegebiet zuzuordnen ist, eine Einschränkung der Gegenanzeigen, Nebenwirkungen oder Wechselwirkungen mit anderen Mitteln,
2. der wirksamen Bestandteile, ausgenommen der arzneilich wirksamen Bestandteile,
3. in eine mit der zugelassenen vergleichbaren Darreichungsform,

3a. in der Behandlung mit ionisierenden Strahlen,

4. im Zusammenhang mit erheblichen Änderungen des Herstellungsverfahrens, der Darreichungsform, der Spezifikation oder des Verunreinigungsprofils des Wirkstoffs oder des Arzneimittels, die sich deutlich auf die Qualität, Unbedenklichkeit oder Wirksamkeit des Arzneimittels auswirken können, sowie jede Änderung gentechnologischer Herstellungsverfahren; bei Sera, Impfstoffen, Blutzubereitungen und Allergenen jede Änderung des Herstellungs- oder Prüfverfahrens oder die Angabe einer längeren Haltbarkeitsdauersowie
5. der Packungsgröße

darf erst vollzogen werden, wenn die zuständige Bundesoberbehörde zugestimmt hat. [2] Die Zustimmung gilt als erteilt, wenn der Änderung nicht innerhalb einer Frist von drei Monaten widersprochen worden ist.

(2b) Abweichend von Absatz 1 kann

1. der Wegfall eines Standortes für die Herstellung des Arzneimittels oder seines Wirkstoffs oder für die Verpackung oder die Chargenfreigabe,
2. eine geringfügige Änderung eines genehmigten physikalisch-chemischen Prüfverfahrens, wenn durch entsprechende Validierungsstudien nachgewiesen werden kann, dass das aktualisierte Prüfverfahren mindestens gleichwertig ist,
3. eine Änderung der Spezifikation eines Wirkstoffs oder anderen Stoffs zur Arzneimittelherstellung zwecks Anpassung an eine Monografie des Arzneibuchs, wenn die Änderung ausschließlich zur Übereinstimmung mit dem Arzneibuch vorgenommen wird und die Spezifikationen in Bezug auf produktspezifische Eigenschaften unverändert bleiben,
4. eine Änderung des Verpackungsmaterials, wenn dieses mit dem Arzneimittel nicht in Berührung kommt und die Abgabe, Verabreichung, Unbedenklichkeit oder Haltbarkeit des Arzneimittels nachweislich nicht beeinträchtigt wird, oder
5. eine Änderung im Zusammenhang mit der Verschärfung der Spezifikationsgrenzwerte, wenn die Änderung nicht Folge einer Verpflichtung auf Grund früherer Beurteilungen zur Überprüfung der Spezifikationsgrenzwerte ist und nicht auf unerwartete Ereignisse im Verlauf der Herstellung zurückgeht,

innerhalb von zwölf Monaten nach ihrer Einführung der zuständigen Bundesoberbehörde angezeigt werden.

(3) [1] Eine neue Zulassung ist in folgenden Fällen zu beantragen:

1. bei einer Änderung der Zusammensetzung der Wirkstoffe nach Art oder Menge,
2. bei einer Änderung der Darreichungsform, soweit es sich nicht um eine Änderung nach Absatz 2a Satz 1 Nummer 3 handelt,
3. bei einer Erweiterung der Anwendungsgebiete, soweit es sich nicht um eine Änderung nach Absatz 2a Satz 1 Nummer 1 handelt, und

3a. bei der Einführung gentechnologischer Herstellungsverfahren.

4. (weggefallen)
5. (aufgehoben)

[2] Über die Zulassungspflicht nach Satz 1 entscheidet die zuständige Bundesoberbehörde.

(4) [1] Die Absätze 1, 1a Satz 4 und 5, die Absätze 1e bis 1g, 2, 2a bis 3 finden keine Anwendung auf Arzneimittel, für die von der Europäischen Gemeinschaft oder der Europäischen Union eine Genehmigung für das Inverkehrbringen erteilt worden ist. [2] Für diese Arzneimittel gelten die Verpflichtungen des pharmazeutischen Unternehmers nach der Verordnung (EG) Nr. 726/2004 mit der Maßgabe, dass im Geltungsbereich des Gesetzes die Verpflichtung zur Mitteilung an die Mitgliedstaaten oder zur Unterrichtung der Mitgliedstaaten gegenüber der jeweils zuständigen Bundesoberbehörde besteht.

(5) [1] Die Absätze 2a bis 3 finden keine Anwendung für Arzneimittel, die der Verordnung (EG) Nr. 1234/2008 der Kommission vom 24. November 2008 über die Prüfung von Änderungen der Zulassungen von Human- und Tierarzneimitteln (ABl. L 334 vom 12.12.2008, S. 7) in der jeweils geltenden Fassung unterliegen. [2] Die Absätze 2a bis 3 gelten

1. für zulassungspflichtige homöopathische Arzneimittel, die vor dem 1. Januar 1998 zugelassen worden sind oder als zugelassen galten,

2. für die in Artikel 3 Nummer 6 der Richtlinie 2001/83/EG genannten Blutzubereitungen und
3. für nach § 21 zugelassene Gewebezubereitungen, es sei denn, es kommt bei ihrer Herstellung ein industrielles Verfahren zur Anwendung.

**§ 30[1)] Rücknahme, Widerruf, Ruhen.** (1) [1]Die Zulassung ist zurückzunehmen, wenn nachträglich bekannt wird, dass einer der Versagungsgründe des § 25 Absatz 2 Satz 1 Nummer 2, 3, 5, 5a oder 7 bei der Erteilung vorgelegen hat; sie ist zu widerrufen, wenn einer der Versagungsgründe des § 25 Absatz 2 Satz 1 Nummer 3, 5, 5a oder 7 nachträglich eingetreten ist. [2]Die Zulassung ist ferner zurückzunehmen oder zu widerrufen, wenn

1. sich herausstellt, dass dem Arzneimittel die therapeutische Wirksamkeit fehlt,
2. in den Fällen des § 28 Abs. 3 die therapeutische Wirksamkeit nach dem jeweiligen Stand der wissenschaftlichen Erkenntnisse unzureichend begründet ist.

[3]Die therapeutische Wirksamkeit fehlt, wenn feststeht, dass sich mit dem Arzneimittel keine therapeutischen Ergebnisse erzielen lassen. [4]In den Fällen des Satzes 1 kann auch das Ruhen der Zulassung befristet angeordnet werden.

(1a) [1]Die Zulassung ist ferner ganz oder teilweise zurückzunehmen oder zu widerrufen, soweit dies erforderlich ist, um einer Entscheidung oder einem Beschluss der Europäischen Gemeinschaft oder der Europäischen Union nach Artikel 34 der Richtlinie 2001/83/EG zu entsprechen. [2]Ein Vorverfahren nach § 68 der Verwaltungsgerichtsordnung[2)] findet bei Rechtsmitteln gegen Entscheidungen der zuständigen Bundesoberbehörde nach Satz 1 nicht statt. [3]In den Fällen des Satzes 1 kann auch das Ruhen der Zulassung befristet angeordnet werden.

(2) [1]Die zuständige Bundesoberbehörde kann die Zulassung

1. zurücknehmen, wenn in den Unterlagen nach § 22 oder § 24 unrichtige oder unvollständige Angaben gemacht worden sind,
2. widerrufen, wenn der Versagungsgrund des § 25 Absatz 2 Satz 1 Nummer 2 nachträglich eingetreten ist oder wenn eine der nach § 28 angeordneten Auflagen nicht eingehalten und diesem Mangel nicht innerhalb einer von der zuständigen Bundesoberbehörde zu setzenden angemessenen Frist abgeholfen worden ist; dabei sind Auflagen nach § 28 Abs. 3 und 3a jährlich zu überprüfen,
3. im Benehmen mit der zuständigen Behörde widerrufen, wenn die für das Arzneimittel vorgeschriebenen Prüfungen der Qualität nicht oder nicht ausreichend durchgeführt worden sind,
4. im Benehmen mit der zuständigen Behörde widerrufen, wenn sich herausstellt, dass das Arzneimittel nicht nach den anerkannten pharmazeutischen Regeln hergestellt worden ist.

[2]In diesen Fällen kann auch das Ruhen der Zulassung befristet angeordnet werden.

---

[1)] § 30 Abs. 1a Satz 1 und Abs. 2 Satz 1 Nr. 3 geänd., Nr. 4 angef., Abs. 2a Satz 1 geänd., Abs. 3 Sätze 2 und 3 eingef., bish. Sätze 2 und 3 werden Sätze 4 und 5 mWv 26.10.2012 durch G v. 19.10. 2012 (BGBl. I S. 2192); Abs. 1 Satz 1 neu gef., Abs. 1a Satz 1 geänd., Abs. 2 Satz 1 Nr. 1 neu gef., Nr. 2 und Abs. 3 Satz 4 geänd. mWv 28.1.2022 durch G v. 27.9.2021 (BGBl. I S. 4530).

[2)] **Sartorius Nr. 600.**

(2a) [1] In den Fällen der Absätze 1 und 1a ist die Zulassung zu ändern, wenn dadurch der in Absatz 1 genannte betreffende Versagungsgrund entfällt oder der in Absatz 1a genannten Entscheidung entsprochen wird. [2] In den Fällen des Absatzes 2 kann die Zulassung durch Auflage geändert werden, wenn dies ausreichend ist, um den Belangen der Arzneimittelsicherheit zu entsprechen.

(3) [1] Vor einer Entscheidung nach den Absätzen 1 bis 2a muss der Inhaber der Zulassung gehört werden, es sei denn, dass Gefahr im Verzuge ist. [2] Das gilt auch, wenn eine Entscheidung der zuständigen Bundesoberbehörde über die Änderung der Zulassung, Auflagen zur Zulassung, den Widerruf, die Rücknahme oder das Ruhen der Zulassung auf einer Einigung der Koordinierungsgruppe nach Artikel 107g, 107k oder Artikel 107q der Richtlinie 2001/83/EG beruht. [3] Ein Vorverfahren nach § 68 der Verwaltungsgerichtsordnung findet in den Fällen des Satzes 2 nicht statt. [4] In den Fällen des § 25 Absatz 2 Satz 1 Nummer 5 ist die Entscheidung sofort vollziehbar. [5] Widerspruch und Anfechtungsklage haben keine aufschiebende Wirkung.

(4) [1] Ist die Zulassung für ein Arzneimittel zurückgenommen oder widerrufen oder ruht die Zulassung, so darf es

1. nicht in den Verkehr gebracht und
2. nicht in den Geltungsbereich dieses Gesetzes verbracht werden.

[2] Die Rückgabe des Arzneimittels an den pharmazeutischen Unternehmer ist unter entsprechender Kenntlichmachung zulässig. [3] Die Rückgabe kann von der zuständigen Behörde angeordnet werden.

**§ 31[1] Erlöschen, Verlängerung.** (1) [1] Die Zulassung erlischt

1. wenn das zugelassene Arzneimittel innerhalb von drei Jahren nach Erteilung der Zulassung nicht in den Verkehr gebracht wird oder wenn sich das zugelassene Arzneimittel, das nach der Zulassung in den Verkehr gebracht wurde, in drei aufeinander folgenden Jahren nicht mehr im Verkehr befindet,
2. durch schriftlichen Verzicht,
3. nach Ablauf von fünf Jahren seit ihrer Erteilung, es sei denn, dass spätestens neun Monate vor Ablauf der Frist bei der zuständigen Bundesoberbehörde ein Antrag auf Verlängerung der Zulassung gestellt wird,
4. wenn die Verlängerung der Zulassung versagt wird.

[2] In den Fällen des Satzes 1 Nr. 1 kann die zuständige Bundesoberbehörde Ausnahmen gestatten, sofern dies aus Gründen des Gesundheitsschutzes erforderlich ist.

(1a) Eine Zulassung, die verlängert wird, gilt ohne zeitliche Begrenzung, es sei denn, dass die zuständige Bundesoberbehörde bei der Verlängerung nach Absatz 1 Satz 1 Nr. 3 eine weitere Verlängerung um fünf Jahre nach Maßgabe der Vorschriften in Absatz 1 Satz 1 Nr. 3 in Verbindung mit Absatz 2 auch unter Berücksichtigung einer zu geringen Anzahl von Patienten, bei denen das betreffende Arzneimittel angewendet wurde, als erforderlich beurteilt und an-

---

[1] § 31 Abs. 1 Satz 1 Nr. 3a geänd. mWv 31.5.2011 durch G v. 25.5.2011 (BGBl. I S. 946); Abs. 1 Satz 1 Nr. 3 neu gef., Abs. 1a und 3 Satz 1 geänd. mWv 26.10.2012 durch G v. 19.10.2012 (BGBl. I S. 2192); Abs. 1 Satz 1 Nr. 3 neu gef., Nr. 3a aufgeh., Satz 2, Abs. 1a und Abs. 2 Satz 2 geänd., Satz 3 aufgeh., Abs. 3 Satz 1 geänd. mWv 28.1.2022 durch G v. 27.9.2021 (BGBl. I S. 4530).

geordnet hat, um das sichere Inverkehrbringen des Arzneimittels weiterhin zu gewährleisten.

(2) [1]Der Antrag auf Verlängerung ist durch einen Bericht zu ergänzen, der Angaben darüber enthält, ob und in welchem Umfang sich die Beurteilungsmerkmale für das Arzneimittel innerhalb der letzten fünf Jahre geändert haben. [2]Der Inhaber der Zulassung hat der zuständigen Bundesoberbehörde dazu eine überarbeitete Fassung der Unterlagen in Bezug auf die Qualität, Unbedenklichkeit und Wirksamkeit vorzulegen, in der alle seit der Erteilung der Zulassung vorgenommenen Änderungen berücksichtigt sind.

(3) [1]Die Zulassung ist in den Fällen des Absatzes 1 Satz 1 Nr. 3 oder des Absatzes 1a auf Antrag nach Absatz 2 Satz 1 innerhalb von sechs Monaten vor ihrem Erlöschen um fünf Jahre zu verlängern, wenn kein Versagungsgrund nach § 25 Absatz 2 Satz 1 Nummer 3, 5, 5a oder 6 vorliegt oder die Zulassung nicht nach § 30 Abs. 1 Satz 2 zurückzunehmen oder zu widerrufen ist oder wenn von der Möglichkeit der Rücknahme nach § 30 Abs. 2 Nr. 1 oder des Widerrufs nach § 30 Abs. 2 Nr. 2 kein Gebrauch gemacht werden soll. [2]§ 25 Abs. 5 Satz 5 und Abs. 5a gilt entsprechend. [3]Bei der Entscheidung über die Verlängerung ist auch zu überprüfen, ob Erkenntnisse vorliegen, die Auswirkungen auf die Unterstellung unter die Verschreibungspflicht haben.

(4) [1]Erlischt die Zulassung nach Absatz 1 Nr. 2 oder 3, so darf das Arzneimittel noch zwei Jahre, beginnend mit dem auf die Bekanntmachung des Erlöschens nach § 34 folgenden 1. Januar oder 1. Juli, in den Verkehr gebracht werden. [2]Das gilt nicht, wenn die zuständige Bundesoberbehörde feststellt, dass eine Voraussetzung für die Rücknahme oder den Widerruf nach § 30 vorgelegen hat; § 30 Abs. 4 findet Anwendung.

**§ 32[1)] Staatliche Chargenprüfung.** (1) [1]Die Charge eines Serums, eines Impfstoffes oder eines Allergens darf unbeschadet der Zulassung nur in den Verkehr gebracht werden, wenn sie von der zuständigen Bundesoberbehörde freigegeben ist. [2]Die Charge ist freizugeben, wenn eine Prüfung (staatliche Chargenprüfung) ergeben hat, dass die Charge nach Herstellungs- und Kontrollmethoden, die dem jeweiligen Stand der wissenschaftlichen Erkenntnisse entsprechen, hergestellt und geprüft worden ist und dass sie die erforderliche Qualität, Wirksamkeit und Unbedenklichkeit aufweist. [3]Die Charge ist auch dann freizugeben, soweit die zuständige Behörde eines anderen Mitgliedstaates der Europäischen Union nach einer experimentellen Untersuchung festgestellt hat, dass die in Satz 2 genannten Voraussetzungen vorliegen.

(1a) [1]Die zuständige Bundesoberbehörde hat eine Entscheidung nach Absatz 1 innerhalb einer Frist von zwei Monaten nach Eingang der zu prüfenden Chargenprobe zu treffen. [2]§ 27 Abs. 2 findet entsprechende Anwendung.

(2) [1]Das Bundesministerium erlässt nach Anhörung von Sachverständigen aus der medizinischen und pharmazeutischen Wissenschaft und Praxis allgemeine Verwaltungsvorschriften über die von der Bundesoberbehörde an die Herstellungs- und Kontrollmethoden nach Absatz 1 zu stellenden Anforderungen und macht diese als Arzneimittelprüfrichtlinien im Bundesanzeiger bekannt. [2]Die Vorschriften müssen dem jeweiligen Stand der wissenschaftlichen Erkenntnisse entsprechen und sind laufend an diesen anzupassen.

---

[1)] § 32 Abs. 3 geänd. mWv 23.7.2009 durch G v. 17.7.2009 (BGBl. I S. 1990); Abs. 5 Satz 2 angef. mWv 16.8.2019 durch G v. 9.8.2019 (BGBl. I S. 1202).

(3) Auf die Durchführung der staatlichen Chargenprüfung finden § 25 Abs. 8 und § 22 Abs. 7 Satz 3 entsprechende Anwendung.

(4) Der Freigabe nach Absatz 1 Satz 1 bedarf es nicht, soweit die dort bezeichneten Arzneimittel durch Rechtsverordnung nach § 35 Abs. 1 Nr. 4 oder von der zuständigen Bundesoberbehörde freigestellt sind; die zuständige Bundesoberbehörde soll freistellen, wenn die Herstellungs- und Kontrollmethoden des Herstellers einen Entwicklungsstand erreicht haben, bei dem die erforderliche Qualität, Wirksamkeit und Unbedenklichkeit gewährleistet sind.

(5) [1] Die Freigabe nach Absatz 1 oder die Freistellung durch die zuständige Bundesoberbehörde nach Absatz 4 ist zurückzunehmen, wenn eine ihrer Voraussetzungen nicht vorgelegen hat; sie ist zu widerrufen, wenn eine der Voraussetzungen nachträglich weggefallen ist. [2] Satz 1 gilt entsprechend, wenn bei einer freigegebenen Charge eines in Absatz 1 Satz 1 bezeichneten Arzneimittels oder bei einem freigestellten Arzneimittel der begründete Verdacht besteht, dass es sich um ein gefälschtes Arzneimittel handelt.

**§ 33[1)] Aufwendungsersatz und Entgelte.** (1)[2)] Abweichend von § 18 Absatz 1 Satz 1 des Bundesgebührengesetzes[3)] verjährt der Anspruch auf Zahlung von Gebühren und Auslagen, die nach § 33 Absatz 1 in der bis zum 14. August 2013 geltenden Fassung in Verbindung mit der Therapieallergene-Verordnung zu erheben sind, drei Jahre nach der Bekanntgabe der abschließenden Entscheidung über die Zulassung.

(2) Wenn ein Widerspruch gegen einen auf Grund dieses Gesetzes erlassenen Verwaltungsakt oder gegen die Festsetzung von Gebühren für eine individuell zurechenbare öffentliche Leistung nach diesem Gesetz erfolgreich ist, werden notwendige Aufwendungen im Sinne von § 80 Absatz 1 des Verwaltungsverfahrensgesetzes[4)] bis zur Höhe der für die Zurückweisung eines entsprechenden Widerspruchs vorgesehenen Gebühren, bei Rahmengebühren bis zu deren Mittelwert, erstattet.

(3) [1] Für die Nutzung von Monographien für Arzneimittel, die nach § 36 von der Pflicht zur Zulassung freigestellt sind, verlangt das Bundesinstitut für

---

[1)] § 33 Abs. 1 und 2 Satz 2 geänd. mWv 1.8.2007 durch G v. 20.7.2007 (BGBl. I S. 1574); Abs. 3 Satz 2 und Abs. 5 angef. mWv 23.7.2009 durch G v. 17.7.2009 (BGBl. I S. 1990); Abs. 1 und 2 Satz 2 geänd. mWv 1.1.2011 durch G v. 22.12.2010 (BGBl. I S. 2262); Abs. 1 und 4 geänd. mWv 31.5.2011 durch G v. 25.5.2011 (BGBl. I S. 946); Abs. 2 Sätze 1 und 3 geänd., Abs. 6 angef. mWv 26.10.2012 durch G v. 19.10.2012 (BGBl. I S. 2192); Abs. 1 und 4 geänd. mWv 13.8.2013 durch G v. 7.8.2013 (BGBl. I S. 3108); Überschrift, Abs. 1 und 3 neu gef., Abs. 2 Satz 2 geänd. mWv 15.8.2013 durch G v. 7.8.2013 (BGBl. I S. 3154); Abs. 2 Satz 1 geänd. mWv 8.9.2015 durch VO v. 31.8.2015 (BGBl. I S. 1474); Überschrift neu gef., Abs. 1 und 2 aufgeh., bish. Abs. 3 wird Abs. 1 und geänd., bish. Abs. 4 wird Abs. 2 und neu gef., bish. Abs. 5 wird Abs. 3 und Satz 3 geänd., bish. Abs. 6 wird Abs. 4 mWv 1.10.2021 durch G v. 18.7.2016 (BGBl. I S. 1666); Abs. 1 geänd. mWv 24.12.2016 und mWv 27.1.2022 (mangels Textübereinstimmung nicht ausführbar) durch G v. 20.12.2016 (BGBl. I S. 3048, geänd. durch G v. 27.9.2021, BGBl. I S. 4530).

[2)] Infolge der Aufhebung des früheren § 33 Abs. 1 mWv 1.10.2021 durch Art. 4 Abs. 11 Nr. 1 Buchst. b G v. 18.7.2016 (BGBl. I S. 1666) ist die Änderungsanweisung durch Art. 2 Nr. 9 G v. 20.12.2016 (BGBl. I S. 3048, geänd. durch G v. 27.9.2021, BGBl. I S. 4530) mWv 27.1.2022 mangels Textübereinstimmung nicht ausführbar. Nach den Wörtern „auf Grund dieses Gesetzes" sollten die Wörter „oder nach der Verordnung (EG) Nr. 1234/2008 oder der Verordnung (EU) Nr. 536/2014" eingefügt, nach den Wörtern „nach diesem Gesetz" sollte das Wort „und" durch ein Komma ersetzt und nach der Angabe „Verordnung (EG) Nr. 1234/2008" sollten die Wörter „und nach der Verordnung (EU) Nr. 536/2014" eingefügt werden.

[3)] **Sartorius Nr. 120.**

[4)] **Sartorius Nr. 100.**

Arzneimittel und Medizinprodukte Entgelte. [2]Dabei können pauschale Entgeltvereinbarungen mit den Verbänden, denen die Nutzer angehören, getroffen werden. [3]Für die Bemessung der Entgelte finden die für Gebühren geltenden Regelungen entsprechende Anwendung.

(4) Die zuständige Behörde des Landes hat der zuständigen Bundesoberbehörde die dieser im Rahmen der Mitwirkungshandlungen nach diesem Gesetz entstehenden Kosten zu erstatten, soweit diese Kosten vom Verursacher getragen werden.

**§ 34[1)] Information der Öffentlichkeit.** (1) [1]Die zuständige Bundesoberbehörde hat im Bundesanzeiger bekannt zu machen:
1. die Erteilung und Verlängerung einer Zulassung,
2. die Rücknahme einer Zulassung,
3. den Widerruf einer Zulassung,
4. das Ruhen einer Zulassung,
5. das Erlöschen einer Zulassung,
6. die Feststellung nach § 31 Abs. 4 Satz 2,
7. die Änderung der Bezeichnung nach § 29 Abs. 2,
8. die Rücknahme oder den Widerruf der Freigabe einer Charge nach § 32 Abs. 5,
9. eine Entscheidung zur Verlängerung einer Schutzfrist nach § 24b Abs. 1 Satz 3 oder Abs. 7 oder zur Gewährung einer Schutzfrist nach § 24b Abs. 6 oder 8.

[2]Satz 1 Nr. 1 bis 5 und Nr. 7 gilt entsprechend für Entscheidungen oder Beschlüsse der Europäischen Gemeinschaft oder der Europäischen Union.

(1a) [1]Die zuständige Bundesoberbehörde stellt der Öffentlichkeit über ein Internetportal und erforderlichenfalls auch auf andere Weise folgende Informationen sowie alle Änderungen dieser Informationen unverzüglich zur Verfügung:
1. Informationen über die Erteilung der Zulassung zusammen mit der Packungsbeilage und der Fachinformation in der jeweils aktuell genehmigten Fassung,
2. den öffentlichen Beurteilungsbericht, der Informationen nach § 25 Absatz 5a für jedes beantragte Anwendungsgebiet sowie eine allgemeinverständlich formulierte Zusammenfassung mit einem Abschnitt über die Bedingungen der Anwendung des Arzneimittels enthält,
3. Zusammenfassungen von Risikomanagement-Plänen,
4. Informationen über Auflagen zusammen mit Fristen und Zeitpunkten für die Erfüllung,
5. Bedenken aus dem Pharmakovigilanz-Bereich.

---

1) § 34 Abs. 1 Satz 2 geänd., Abs. 1a neu gef., Abs. 1b Satz 1 eingef., bish. Wortlaut wird Satz 2, Satz 3 angef., Abs. 1c geänd., Abs. 1d Satz 2 angef., Abs. 1e eingef. mWv 26.10.2012 durch G v. 19.10.2012 (BGBl. I S. 2192); Abs. 1b Satz 3, Abs. 1d Satz 1 geänd., Abs. 1f und 1g eingef. mWv 24.12.2016 durch G v. 20.12.2016 (BGBl. I S. 3048); Abs. 1e Nr. 2 geänd., Nr. 3 angef. mWv 16.8. 2019 durch G v. 9.8.2019 (BGBl. I S. 1202); Abs. 1f Satz 2 angef., Abs. 1h eingef. mWv 9.6.2021 durch G v. 3.6.2021 (BGBl. I S. 1309); Abs. 1a Satz 1 einl. Satzteil neu gef., Sätze 4 und 5 aufgeh., Abs. 1b Satz 1 neu gef., Satz 3 geänd., Abs. 1f Satz 1 neu gef., Abs. 1g geänd. mWv 28.1.2022 durch G v. 27.9.2021 (BGBl. I S. 4530).

[2]Bei den Informationen nach Satz 1 Nummer 2 und 5 sind Betriebs- und Geschäftsgeheimnisse und personenbezogene Daten zu streichen, es sei denn, ihre Offenlegung ist für den Schutz der öffentlichen Gesundheit erforderlich. [3]Betreffen die Pharmakovigilanz-Bedenken nach Satz 1 Nummer 5 Arzneimittel, die in mehreren Mitgliedstaaten zugelassen wurden, so erfolgt die Veröffentlichung in Abstimmung mit der Europäischen Arzneimittel-Agentur.

(1b) [1]Die Rücknahme eines Zulassungsantrags sowie die Versagung der Zulassung und die Gründe hierfür sind öffentlich zugänglich zu machen. [2]Ferner sind Entscheidungen über den Widerruf, die Rücknahme oder das Ruhen einer Zulassung öffentlich zugänglich zu machen. [3]Die Bundesoberbehörde ist befugt, Auskunft über den Eingang eines ordnungsgemäßen Zulassungsantrags, den Eingang eines ordnungsgemäßen Antrags auf Genehmigung einer konfirmatorischen klinischen Prüfung sowie über die Genehmigung oder die Versagung einer konfirmatorischen klinischen Prüfung zu geben.

(1c) Die Absätze 1a und 1b Satz 1 und 2 finden keine Anwendung auf Arzneimittel, die nach der Verordnung (EG) Nr. 726/2004 genehmigt sind.

(1d) [1]Die zuständige Bundesoberbehörde stellt die Informationen nach den Absätzen 1a, 1b und 1f elektronisch zur Verfügung. [2]Die zuständige Bundesoberbehörde stellt die Informationen nach den Absätzen 1 und 1b mit Erlass der Entscheidung unter Hinweis auf die fehlende Bestandskraft zur Verfügung.

(1e) Die zuständige Bundesoberbehörde hat über das Internetportal für Arzneimittel nach § 67a Absatz 2 zusätzlich zu den Informationen in Absatz 1a Satz 1 Nummer 1 bis 4 und Absatz 1a Satz 2 mindestens folgende weitere Informationen zu veröffentlichen:

1. die Liste der Arzneimittel nach Artikel 23 der Verordnung (EG) Nr. 726/2004,
2. Informationen über die Meldewege für Verdachtsfälle von Nebenwirkungen von Arzneimitteln an die zuständige Bundesoberbehörde durch Angehörige der Gesundheitsberufe und Patienten, einschließlich der von der zuständigen Bundesoberbehörde bereitgestellten Internet-Formulare,
3. Name und Anschrift des Wirkstoffherstellers oder der Wirkstoffhersteller, der oder die vom Arzneimittelhersteller oder einer von ihm vertraglich beauftragten Person nach § 22 Absatz 2 Satz 1 Nummer 8 vor Ort überprüft wurde oder wurden.

(1f) [1]Die zuständige Bundesoberbehörde kann der Öffentlichkeit genehmigtes Schulungsmaterial zu Arzneimitteln über ein Internetportal und erforderlichenfalls auch auf andere Weise zur Verfügung stellen, soweit dies im Interesse der sicheren Anwendung der Arzneimittel erforderlich ist. [2]Sie stellt eine Fassung des Schulungsmaterials zur Verfügung, die zur Abbildung in elektronischen Programmen nach § 73 Absatz 9 des Fünften Buches Sozialgesetzbuch[1)] geeignet ist.

(1g) [1]Für Arzneimittel, die der staatlichen Chargenprüfung nach § 32 unterliegen, kann die zuständige Bundesoberbehörde Informationen über die Anzahl der freigegebenen Chargen bekannt geben. [2]Angaben zur Größe der freigegebenen Chargen können bekannt gegeben werden, soweit dies zum Schutz der öffentlichen Gesundheit erforderlich ist.

---

[1)] **Aichberger Nr. 5.**

(1h) [1] Die zuständige Bundesoberbehörde stellt der Öffentlichkeit die für die sichere Anwendung eines Arzneimittels erforderlichen Informationen über Arzneimittelrisiken vom Zulassungsinhaber für Angehörige der Gesundheitsberufe über ein Internetportal und erforderlichenfalls auch auf andere Weise zur Verfügung. [2] Falls erforderlich, stellt die zuständige Bundesoberbehörde der Öffentlichkeit eigene für die sichere Anwendung eines Arzneimittels erforderliche Informationen über Arzneimittelrisiken für Angehörige der Gesundheitsberufe zur Verfügung. [3] Sie stellt eine Fassung der Informationen nach den Sätzen 1 und 2 zur Verfügung, die zur Abbildung in elektronischen Programmen nach § 73 Absatz 9 des Fünften Buches Sozialgesetzbuch geeignet ist.

(2) [1] Die zuständige Bundesoberbehörde kann einen Verwaltungsakt, der auf Grund dieses Gesetzes ergeht, im Bundesanzeiger öffentlich bekannt machen, wenn von dem Verwaltungsakt mehr als 50 Adressaten betroffen sind. [2] Dieser Verwaltungsakt gilt zwei Wochen nach dem Erscheinen des Bundesanzeigers als bekannt gegeben. [3] Sonstige Mitteilungen der zuständigen Bundesoberbehörde einschließlich der Schreiben, mit denen den Beteiligten Gelegenheit zur Äußerung nach § 28 Abs. 1 des Verwaltungsverfahrensgesetzes[1] gegeben wird, können gleichfalls im Bundesanzeiger bekannt gemacht werden, wenn mehr als 50 Adressaten davon betroffen sind. [4] Satz 2 gilt entsprechend.

**§ 35[2] Ermächtigungen zur Zulassung und Freistellung.** (1) Das Bundesministerium wird ermächtigt, durch Rechtsverordnung mit Zustimmung des Bundesrates

1. (weggefallen)
2. die Vorschriften über die Zulassung auf Arzneimittel, die nicht der Zulassungspflicht nach § 21 Absatz 1 unterliegen, sowie auf Arzneimittel, die nach § 21 Absatz 2 Nummer 1g von der Zulassung freigestellt sind, auszudehnen, soweit es geboten ist, um eine unmittelbare oder mittelbare Gefährdung der menschlichen Gesundheit zu verhüten,
3. die Vorschriften über die Freigabe einer Charge und die staatliche Chargenprüfung auf andere Arzneimittel, die in ihrer Zusammensetzung oder in ihrem Wirkstoffgehalt Schwankungen unterworfen sind, auszudehnen, soweit es geboten ist, um eine unmittelbare oder mittelbare Gefährdung der menschlichen Gesundheit zu verhüten,
4. bestimmte Arzneimittel von der staatlichen Chargenprüfung freizustellen, wenn das Herstellungsverfahren und das Prüfungsverfahren des Herstellers einen Entwicklungsstand erreicht haben, bei dem die Qualität, Wirksamkeit und Unbedenklichkeit gewährleistet sind.

(2) Die Rechtsverordnungen nach Absatz 1 Nr. 2 bis 4 ergehen im Einvernehmen mit dem Bundesministerium für Wirtschaft und Energie und, soweit es sich um radioaktive Arzneimittel und um Arzneimittel handelt, bei deren Herstellung ionisierende Strahlen verwendet werden, im Einvernehmen mit dem Bundesministerium für Umwelt, Naturschutz und nukleare Sicherheit.

---

[1] **Sartorius Nr. 100.**

[2] § 35 Abs. 1 Nr. 2 neu gef. mWv 26.10.2012 durch G v. 19.10.2012 (BGBl. I S. 2192); Abs. 2 geänd. mWv 8.9.2015 durch VO v. 31.8.2015 (BGBl. I S. 1474); Abs. 2 geänd. mWv 27.6.2020 durch VO v. 19.6.2020 (BGBl. I S. 1328); Abs. 1 Nr. 2, 3 und Abs. 2 geänd. mWv 28.1.2022 durch G v. 27.9.2021 (BGBl. I S. 4530).

**§ 36**[1] **Ermächtigung für Standardzulassungen.** (1) [1]Das Bundesministerium wird ermächtigt, durch Rechtsverordnung ohne Zustimmung des Bundesrates bestimmte Arzneimittel oder Arzneimittelgruppen oder Arzneimittel in bestimmten Abgabeformen von der Pflicht zur Zulassung freizustellen, soweit eine unmittelbare oder mittelbare Gefährdung der menschlichen Gesundheit nicht zu befürchten ist, weil die Anforderungen an die erforderliche Qualität, Wirksamkeit und Unbedenklichkeit erwiesen sind. [2]Das Bundesministerium kann diese Ermächtigung durch Rechtsverordnung ohne Zustimmung des Bundesrates auf die zuständige Bundesoberbehörde übertragen. [3]Die Freistellung kann zum Schutz der menschlichen Gesundheit von einer bestimmten Herstellung, Zusammensetzung, Kennzeichnung, Packungsbeilage, Fachinformation oder Darreichungsform abhängig gemacht sowie auf bestimmte Anwendungsarten, Anwendungsgebiete oder Anwendungsbereiche beschränkt werden. [4]Die Angabe weiterer Gegenanzeigen, Nebenwirkungen und Wechselwirkungen durch den pharmazeutischen Unternehmer ist zulässig.

(2) [1]Bei der Auswahl der Arzneimittel, die von der Pflicht zur Zulassung freigestellt werden, muss den berechtigten Interessen der Arzneimittelverbraucher, der Heilberufe und der pharmazeutischen Industrie Rechnung getragen werden. [2]In der Wahl der Bezeichnung des Arzneimittels ist der pharmazeutische Unternehmer frei.

(3) Die Rechtsverordnung nach Absatz 1 ergeht im Einvernehmen mit dem Bundesministerium für Wirtschaft und Energie und, soweit es sich um radioaktive Arzneimittel und um Arzneimittel handelt, bei deren Herstellung ionisierende Strahlen verwendet werden, im Einvernehmen mit dem Bundesministerium für Umwelt, Naturschutz und nukleare Sicherheit.

(4) *(aufgehoben)*

(5) [1]Die der Rechtsverordnung nach Absatz 1 zugrunde liegenden Monographien sind von der zuständigen Bundesoberbehörde regelmäßig zu überprüfen und soweit erforderlich, an den jeweils gesicherten Stand der Wissenschaft und Technik anzupassen. [2]Dabei sind die Monographien daraufhin zu prüfen, ob die Anforderungen an die erforderliche Qualität, Wirksamkeit und Unbedenklichkeit einschließlich eines positiven Nutzen-Risiko-Verhältnisses, für die von der Pflicht zur Zulassung freigestellten Arzneimittel, weiterhin als erwiesen gelten können.

**§ 37**[2] **Genehmigung der Europäischen Gemeinschaft oder der Europäischen Union für das Inverkehrbringen, Zulassungen von Arzneimitteln aus anderen Staaten.** (1) [1]Die von der Europäischen Gemeinschaft oder der Europäischen Union gemäß der Verordnung (EG) Nr. 726/2004 auch in Verbindung mit der Verordnung (EG) Nr. 1901/2006 oder der Verordnung (EG) Nr. 1394/2007 erteilte Genehmigung für das Inverkehrbringen steht,

---

[1] § 36 Abs. 5 angef. mWv 23.7.2009 durch G v. 17.7.2009 (BGBl. I S. 1990); Abs. 4 Satz 1 geänd. mWv 26.10.2012 durch G v. 19.10.2012 (BGBl. I S. 2192); Abs. 3 geänd. mWv 8.9.2015 durch VO v. 31.8.2015 (BGBl. I S. 1474); Abs. 1 Satz 1 geänd., Satz 2 eingef., bish. Sätze 2, 3, werden Sätze 3, 4, Abs. 4 aufgeh. mWv 16.8.2019 durch G v. 9.8.2019 (BGBl. I S. 1202); Abs. 3 geänd. mWv 27.6.2020 durch VO v. 19.6.2020 (BGBl. I S. 1328); Abs. 1 Sätze 1, 3 und Abs. 3 geänd. mWv 28.1.2022 durch G v. 27.9.2021 (BGBl. I S. 4530).

[2] § 37 Abs. 1 Satz 1 geänd. mWv 23.7.2009 durch G v. 17.7.2009 (BGBl. I S. 1990); Überschrift, Abs. 1 Satz 1 und Abs. 2 Satz 1 geänd. mWv 26.10.2012 durch G v. 19.10.2012 (BGBl. I S. 2192); Abs. 2 Satz 2 geänd. mWv 8.9.2015 durch VO v. 31.8.2015 (BGBl. I S. 1474); Abs. 1 Satz 1 geänd., Abs. 2 Satz 2 aufgeh. mWv 28.1.2022 durch G v. 27.9.2021 (BGBl. I S. 4530).

soweit in den §§ 11a, 13 Absatz 2a, § 21 Absatz 2, §§ 40, 67, 69, 73, 84 oder 94 auf eine Zulassung abgestellt wird, einer nach § 25 erteilten Zulassung gleich. [2] Als Zulassung im Sinne des § 21 gilt auch die von einem anderen Staat für ein Arzneimittel erteilte Zulassung, soweit dies durch Rechtsverordnung des Bundesministeriums bestimmt wird.

(2) Das Bundesministerium wird ermächtigt, eine Rechtsverordnung nach Absatz 1, die nicht der Zustimmung des Bundesrates bedarf, zu erlassen, um eine Richtlinie des Rates durchzuführen oder soweit in internationalen Verträgen die Zulassung von Arzneimitteln gegenseitig als gleichwertig anerkannt wird.

## Fünfter Abschnitt. Registrierung von Arzneimitteln

**§ 38[1)] Registrierung homöopathischer Arzneimittel.** (1) [1] Fertigarzneimittel dürfen als homöopathische Arzneimittel im Geltungsbereich dieses Gesetzes nur in den Verkehr gebracht werden, wenn sie in ein bei der zuständigen Bundesoberbehörde zu führendes Register für homöopathische Arzneimittel eingetragen sind (Registrierung). [2] Einer Zulassung bedarf es nicht; § 21 Absatz 3 findet entsprechende Anwendung. [3] Einer Registrierung bedarf es nicht für Arzneimittel, die von einem pharmazeutischen Unternehmer in Mengen bis zu 1 000 Packungen in einem Jahr in den Verkehr gebracht werden, es sei denn, es handelt sich um Arzneimittel,

1. die Zubereitungen aus Stoffen gemäß § 3 Nr. 3 oder 4 enthalten,
2. die mehr als den hundertsten Teil der in nicht homöopathischen, der Verschreibungspflicht nach § 48 unterliegenden Arzneimitteln verwendeten kleinsten Dosis enthalten oder
3. bei denen die Tatbestände des § 39 Abs. 2 Nr. 3, 4, 6, 7 oder 9 vorliegen.

(2) [1] Dem Antrag auf Registrierung sind die in § 22 und § 24 bezeichneten Angaben, Unterlagen und Gutachten beizufügen. [2] Das gilt nicht für die Angaben über die Wirkungen und Anwendungsgebiete, für die Unterlagen und Gutachten über die klinische Prüfung sowie für Angaben nach § 22 Absatz 2 Satz 1 Nummer 5 und 5a und Absatz 7 Satz 2. [3] Die Unterlagen über die pharmakologisch-toxikologische Prüfung sind vorzulegen, soweit sich die Unbedenklichkeit des Arzneimittels nicht anderweitig, insbesondere durch einen angemessen hohen Verdünnungsgrad ergibt. [4] § 22 Absatz 1a gilt entsprechend.

**§ 39[2)] Entscheidung über die Registrierung homöopathischer Arzneimittel, Verfahrensvorschriften.** (1) [1] Die zuständige Bundesoberbehörde hat

---

[1)] § 38 Abs. 2 Sätze 1 und 2 neu gef., Satz 4 angef. mWv 23.7.2009 durch G v. 17.7.2009 (BGBl. I S. 1990); Abs. 2 Satz 2 geänd. mWv 26.10.2012 durch G v. 19.10.2012 (BGBl. I S. 2192); Abs. 1 Sätze 1, 2, 3 Nr. 3, Abs. 2 Sätze 1 und 2 geänd. mWv 28.1.2022 durch G v. 27.9.2021 (BGBl. I S. 4530).

[2)] § 39 Überschrift, Abs. 1 Satz 1 geänd., Abs. 2b eingef., bish. Abs. 2b wird Abs. 2c, Abs. 2d und 2e eingef., Abs. 3 Satz 1 Nr. 1, Angabe Nr. 2 aufgeh. mWv 23.7.2009 durch G v. 17.7.2009 (BGBl. I S. 1990); Abs. 2 Nr. 4a und 6 geänd. mWv 31.5.2011 durch G v. 25.5.2011 (BGBl. I S. 946); Abs. 2b Sätze 2 und 4 Nr. 2 geänd., Nr. 3 aufgeh., Abs. 2c Satz 1 und Abs. 2e geänd. mWv 26.10.2012 durch G v. 19.10.2012 (BGBl. I S. 2192); Abs. 3 Satz 1 geänd. mWv 15.8.2013 durch G v. 7.8.2013 (BGBl. I S. 3154); Abs. 3 Satz 2 geänd. mWv 8.9.2015 durch VO v. 31.8.2015 (BGBl. I S. 1474); Abs. 3 Satz 1 geänd. mWv 1.10.2021 durch G v. 18.7.2016 (BGBl. I S. 1666); Abs. 3 Satz 3 aufgeh. mWv 16.8.2019 durch G v. 9.8.2019 (BGBl. I S. 1202); Abs. 2e geänd. mWv 9.6.2021 durch G v. 3.6.2021 (BGBl. I S. 1309); Abs. 2 Nr. 4a und 5 aufgeh., Nr. 5a und 5b geänd., Nr. 6 neu gef., Nr. 9, Abs. 2a →

das homöopathische Arzneimittel zu registrieren und dem Antragsteller die Registrierungsnummer schriftlich zuzuteilen. [2] § 25 Abs. 4 und 5 Satz 5 findet entsprechende Anwendung. [3] Die Registrierung gilt nur für das im Bescheid aufgeführte homöopathische Arzneimittel und seine Verdünnungsgrade. [4] Die zuständige Bundesoberbehörde kann den Bescheid über die Registrierung mit Auflagen verbinden. [5] Auflagen können auch nachträglich angeordnet werden. [6] § 28 Abs. 2 und 4 findet Anwendung.

(2) Die zuständige Bundesoberbehörde hat die Registrierung zu versagen, wenn

1. die vorgelegten Unterlagen unvollständig sind,
2. das Arzneimittel nicht nach dem jeweils gesicherten Stand der wissenschaftlichen Erkenntnisse ausreichend analytisch geprüft worden ist,
3. das Arzneimittel nicht die nach den anerkannten pharmazeutischen Regeln angemessene Qualität aufweist,
4. bei dem Arzneimittel der begründete Verdacht besteht, dass es bei bestimmungsgemäßem Gebrauch schädliche Wirkungen hat, die über ein nach den Erkenntnissen der medizinischen Wissenschaft vertretbares Maß hinausgehen,
5. *(aufgehoben)*

5a. das Arzneimittel nicht zur Einnahme und nicht zur äußerlichen Anwendung bestimmt ist,

5b. das Arzneimittel mehr als einen Teil pro Zehntausend der Ursubstanz oder mehr als den hundertsten Teil der in allopathischen der Verschreibungspflicht nach § 48 unterliegenden Arzneimitteln verwendeten kleinsten Dosis enthält,

6. das Arzneimittel der Verschreibungspflicht nach § 48 unterliegt,
7. das Arzneimittel nicht nach einer im Homöopathischen Teil des Arzneibuches beschriebenen Verfahrenstechnik hergestellt ist,

7a. wenn die Anwendung der einzelnen Wirkstoffe als homöopathisches oder anthroposophisches Arzneimittel nicht allgemein bekannt ist,

8. für das Arzneimittel eine Zulassung erteilt ist,
9. das Inverkehrbringen des Arzneimittels gegen gesetzliche Vorschriften verstoßen würde.

(2a) [1] Ist das Arzneimittel bereits in einem anderen Mitgliedstaat der Europäischen Union oder in einem anderen Vertragsstaat des Abkommens über den Europäischen Wirtschaftsraum registriert worden, ist die Registrierung auf der Grundlage dieser Entscheidung zu erteilen, es sei denn, dass ein Versagungsgrund nach Absatz 2 vorliegt. [2] Für die Anerkennung der Registrierung eines anderen Mitgliedstaates findet Kapitel 4 der Richtlinie 2001/83/EG entsprechende Anwendung; Artikel 29 Abs. 4, 5 und 6 und die Artikel 30 bis 34 der Richtlinie 2001/83/EG finden keine Anwendung.

(2b) [1] Der Antragsteller hat der zuständigen Bundesoberbehörde unter Beifügung entsprechender Unterlagen unverzüglich Anzeige zu erstatten, wenn sich Änderungen in den Angaben und Unterlagen nach § 38 Absatz 2 Satz 1

---

*(Fortsetzung der Anm. von voriger Seite)*
Satz 2 und Abs. 2e geänd., Abs. 3 Satz 2 aufgeh. mWv 28.1.2022 durch G v. 27.9.2021 (BGBl. I S. 4530).

ergeben. [2] § 29 Absatz 1a, 1e, 1f und 2 bis 2b gilt entsprechend. [3] Die Verpflichtung nach Satz 1 hat nach Erteilung der Registrierung der Inhaber der Registrierung zu erfüllen. [4] Eine neue Registrierung ist in folgenden Fällen zu beantragen:

1. bei einer Änderung der Zusammensetzung der Wirkstoffe nach Art oder Menge, einschließlich einer Änderung der Potenzstufe,
2. bei einer Änderung der Darreichungsform, soweit es sich nicht um eine Änderung nach § 29 Absatz 2a Satz 1 Nummer 3 handelt.

(2c) [1] Die Registrierung erlischt nach Ablauf von fünf Jahren seit ihrer Erteilung, es sei denn, dass spätestens neun Monate vor Ablauf der Frist ein Antrag auf Verlängerung gestellt wird. [2] Für das Erlöschen und die Verlängerung der Registrierung gilt § 31 entsprechend mit der Maßgabe, dass die Versagungsgründe nach Absatz 2 Nr. 3 bis 9 Anwendung finden.

(2d) Für Rücknahme, Widerruf und Ruhen der Registrierung gilt § 30 Absatz 1 Satz 1, Absatz 2, 2a, 3 und 4 entsprechend mit der Maßgabe, dass die Versagungsgründe nach Absatz 2 Nummer 2 bis 9 Anwendung finden.

(2e) § 34 Absatz 1 Satz 1 Nummer 1 bis 7, Absatz 1a Satz 1 Nummer 1, 4 und 5, Absatz 1b, 1d und 1h gilt entsprechend.

(3) Das Bundesministerium wird ermächtigt, für homöopathische Arzneimittel entsprechend den Vorschriften über die Zulassung durch Rechtsverordnung ohne Zustimmung des Bundesrates Vorschriften über die Freistellung von der Registrierung zu erlassen.

**§ 39a Registrierung traditioneller pflanzlicher Arzneimittel.** [1] Fertigarzneimittel, die pflanzliche Arzneimittel und Arzneimittel im Sinne des § 2 Abs. 1 sind, dürfen als traditionelle pflanzliche Arzneimittel nur in den Verkehr gebracht werden, wenn sie durch die zuständige Bundesoberbehörde registriert sind. [2] Dies gilt auch für pflanzliche Arzneimittel, die Vitamine oder Mineralstoffe enthalten, sofern die Vitamine oder Mineralstoffe die Wirkung der traditionellen pflanzlichen Arzneimittel im Hinblick auf das Anwendungsgebiet oder die Anwendungsgebiete ergänzen.

**§ 39b[1)] Registrierungsunterlagen für traditionelle pflanzliche Arzneimittel.** (1) [1] Dem Antrag auf Registrierung müssen vom Antragsteller folgende Angaben und Unterlagen beigefügt werden:

1. die in § 22 Abs. 1, 3c, 4, 5 und 7 und § 24 Absatz 1 Satz 2 Nummer 1 genannten Angaben und Unterlagen,
2. die in § 22 Abs. 2 Satz 1 Nr. 1 genannten Ergebnisse der analytischen Prüfung,
3. die Zusammenfassung der Merkmale des Arzneimittels mit den in § 11a Abs. 1 genannten Angaben unter Berücksichtigung, dass es sich um ein traditionelles pflanzliches Arzneimittel handelt,
4. bibliographische Angaben über die traditionelle Anwendung oder Berichte von Sachverständigen, aus denen hervorgeht, dass das betreffende oder ein entsprechendes Arzneimittel zum Zeitpunkt der Antragstellung seit mindes-

---

[1)] § 39b Abs. 1 Satz 1 einl. Satzteil geänd., Abs. 1a eingef. mWv 23.7.2009 durch G v. 17.7.2009 (BGBl. I S. 1990); Abs. 2 geänd. mWv 26.10.2012 durch G v. 19.10.2012 (BGBl. I S. 2192); Abs. 1 Satz 1 Nr. 1 und 4 geänd., Abs. 2 neu gef. mWv 28.1.2022 durch G v. 27.9.2021 (BGBl. I S. 4530).

tens 30 Jahren, davon mindestens 15 Jahre in der Europäischen Union, medizinisch verwendet wird, das Arzneimittel unter den angegebenen Anwendungsbedingungen unschädlich ist und dass die pharmakologischen Wirkungen oder die Wirksamkeit des Arzneimittels auf Grund langjähriger Anwendung und Erfahrung plausibel sind,

5. bibliographischer Überblick betreffend die Angaben zur Unbedenklichkeit zusammen mit einem Sachverständigengutachten gemäß § 24 und, soweit zur Beurteilung der Unbedenklichkeit des Arzneimittels erforderlich, die dazu notwendigen weiteren Angaben und Unterlagen,
6. Registrierungen oder Zulassungen, die der Antragsteller in einem anderen Mitgliedstaat oder in einem Drittland für das Inverkehrbringen des Arzneimittels erhalten hat, sowie Einzelheiten etwaiger ablehnender Entscheidungen über eine Registrierung oder Zulassung und die Gründe für diese Entscheidungen.

[2] Der Nachweis der Verwendung über einen Zeitraum von 30 Jahren gemäß Satz 1 Nr. 4 kann auch dann erbracht werden, wenn für das Inverkehrbringen keine spezielle Genehmigung für ein Arzneimittel erteilt wurde. [3] Er ist auch dann erbracht, wenn die Anzahl oder Menge der Wirkstoffe des Arzneimittels während dieses Zeitraums herabgesetzt wurde. [4] Ein Arzneimittel ist ein entsprechendes Arzneimittel im Sinne des Satzes 1 Nr. 4, wenn es ungeachtet der verwendeten Hilfsstoffe dieselben oder vergleichbare Wirkstoffe, denselben oder einen ähnlichen Verwendungszweck, eine äquivalente Stärke und Dosierung und denselben oder einen ähnlichen Verabreichungsweg wie das Arzneimittel hat, für das der Antrag auf Registrierung gestellt wird.

(1a) Die Angaben nach § 22 Absatz 1 Satz 1 Nummer 1 bis 10 müssen in deutscher, die übrigen Angaben in deutscher oder englischer Sprache beigefügt werden; andere Angaben oder Unterlagen können im Registrierungsverfahren statt in deutscher auch in englischer Sprache gemacht oder vorgelegt werden, soweit es sich nicht um Angaben handelt, die für die Kennzeichnung, die Packungsbeilage oder die Fachinformation verwendet werden.

(2) Anstelle der Vorlage der Angaben und Unterlagen nach Absatz 1 Satz 1 Nummer 4 und 5 kann auch auf eine gemeinschaftliche oder unionsrechtliche Pflanzenmonographie nach Artikel 16h Absatz 3 der Richtlinie 2001/83/EG oder eine Listenposition nach Artikel 16f der Richtlinie 2001/83/EG Bezug genommen werden.

(3) [1] Enthält das Arzneimittel mehr als einen pflanzlichen Wirkstoff oder Stoff nach § 39a Satz 2, sind die in Absatz 1 Satz 1 Nr. 4 genannten Angaben für die Kombination vorzulegen. [2] Sind die einzelnen Wirkstoffe nicht hinreichend bekannt, so sind auch Angaben zu den einzelnen Wirkstoffen zu machen.

**§ 39c[1)] Entscheidung über die Registrierung traditioneller pflanzlicher Arzneimittel.** (1) [1] Die zuständige Bundesoberbehörde hat das traditionelle pflanzliche Arzneimittel zu registrieren und dem Antragsteller die Registrierungsnummer schriftlich mitzuteilen. [2] § 25 Abs. 4 sowie 5 Satz 5 findet entsprechende Anwendung. [3] Die Registrierung gilt nur für das im Bescheid

---

[1)] § 39c Abs. 2 Satz 1 Nr. 9 geänd., Nr. 10 angef., Abs. 3 Satz 1 geänd. mWv 26.10.2012 durch G v. 19.10.2012 (BGBl. I S. 2192); Abs. 2 Satz 1 Nr. 2 und 10 geänd., Satz 2 aufgeh. mWv 28.1.2022 durch G v. 27.9.2021 (BGBl. I S. 4530).

aufgeführte traditionelle pflanzliche Arzneimittel. [4] Die zuständige Bundesoberbehörde kann den Bescheid über die Registrierung mit Auflagen verbinden. [5] Auflagen können auch nachträglich angeordnet werden. [6] § 28 Abs. 2 und 4 findet entsprechende Anwendung.

(2) Die zuständige Bundesoberbehörde hat die Registrierung zu versagen, wenn der Antrag nicht die in § 39b vorgeschriebenen Angaben und Unterlagen enthält oder

1. die qualitative oder quantitative Zusammensetzung nicht den Angaben nach § 39b Abs. 1 entspricht oder sonst die pharmazeutische Qualität nicht angemessen ist,
2. die Anwendungsgebiete nicht ausschließlich denen traditioneller pflanzlicher Arzneimittel entsprechen, die nach ihrer Zusammensetzung und dem Zweck ihrer Anwendung dazu bestimmt sind, angewendet zu werden, ohne dass es der ärztlichen Aufsicht im Hinblick auf die Stellung einer Diagnose, die Verschreibung oder die Überwachung der Behandlung bedarf,
3. das Arzneimittel bei bestimmungsgemäßem Gebrauch schädlich sein kann,
4. die Unbedenklichkeit von Vitaminen oder Mineralstoffen, die in dem Arzneimittel enthalten sind, nicht nachgewiesen ist,
5. die Angaben über die traditionelle Anwendung unzureichend sind, insbesondere die pharmakologischen Wirkungen oder die Wirksamkeit auf der Grundlage der langjährigen Anwendung und Erfahrung nicht plausibel sind,
6. das Arzneimittel nicht ausschließlich in einer bestimmten Stärke und Dosierung zu verabreichen ist,
7. das Arzneimittel nicht ausschließlich zur oralen oder äußerlichen Anwendung oder zur Inhalation bestimmt ist,
8. die nach § 39b Abs. 1 Satz 1 Nr. 4 erforderliche zeitliche Vorgabe nicht erfüllt ist,
9. für das traditionelle pflanzliche Arzneimittel oder ein entsprechendes Arzneimittel eine Zulassung gemäß § 25 oder eine Registrierung nach § 39 erteilt wurde,
10. das Inverkehrbringen des Arzneimittels gegen gesetzliche Vorschriften verstoßen würde.

(3) [1] Die Registrierung erlischt nach Ablauf von fünf Jahren seit ihrer Erteilung, es sei denn, dass spätestens neun Monate vor Ablauf der Frist ein Antrag auf Verlängerung gestellt wird. [2] Für das Erlöschen und die Verlängerung der Registrierung gilt § 31 entsprechend mit der Maßgabe, dass die Versagungsgründe nach Absatz 2 Anwendung finden.

**§ 39d[1)] Sonstige Verfahrensvorschriften für traditionelle pflanzliche Arzneimittel.** (1) Die zuständige Bundesoberbehörde teilt dem Antragsteller, der Europäischen Kommission und der zuständigen Behörde eines Mitglied-

---

[1)] § 39d Abs. 6–8 eingef., bish. Abs. 6 wird Abs. 9, neuer Abs. 9 Nr. 1 aufgeh., Angabe Nr. 2 aufgeh., Satz 2 angef. mWv 23.7.2009 durch G v. 17.7.2009 (BGBl. I S. 1990); Abs. 1, 4, 6 und 7 Sätze 2 und 4 Nr. 3 geänd., Nr. 4 aufgeh. mWv 26.10.2012 durch G v. 19.10.2012 (BGBl. I S. 2192); Abs. 9 Satz 1 geänd. mWv 15.8.2013 durch G v. 7.8.2013 (BGBl. I S. 3154); Abs. 9 Satz 2 geänd. mWv 8.9.2015 durch VO v. 31.8.2015 (BGBl. I S. 1474); Abs. 9 aufgeh. mWv 1.10.2021 durch G v. 18.7.2016 (BGBl. I S. 1666); Abs. 6 geänd. mWv 9.6.2021 durch G v. 3.6.2021 (BGBl. I S. 1309); Abs. 1 und Abs. 4–6 geänd. mWv 28.1.2022 durch G v. 27.9.2021 (BGBl. I S. 4530).

staates der Europäischen Union auf Anforderung eine von ihr getroffene ablehnende Entscheidung über die Registrierung als traditionelles Arzneimittel und die Gründe hierfür mit.

(2) [1] Für Arzneimittel, die Artikel 16d Abs. 1 der Richtlinie 2001/83/EG entsprechen, gilt § 25b entsprechend. [2] Für die in Artikel 16d Abs. 2 der Richtlinie 2001/83/EG genannten Arzneimittel ist eine Registrierung eines anderen Mitgliedstaates gebührend zu berücksichtigen.

(3) Die zuständige Bundesoberbehörde kann den nach Artikel 16h der Richtlinie 2001/83/EG eingesetzten Ausschuss für pflanzliche Arzneimittel auf Antrag um eine Stellungnahme zum Nachweis der traditionellen Anwendung ersuchen, wenn Zweifel über das Vorliegen der Voraussetzungen nach § 39b Abs. 1 Satz 1 Nr. 4 bestehen.

(4) Wenn ein Arzneimittel seit weniger als 15 Jahren innerhalb der Europäischen Union angewendet worden ist, aber im Übrigen die Voraussetzungen einer Registrierung nach den §§ 39a bis 39c vorliegen, hat die zuständige Bundesoberbehörde das nach Artikel 16c Abs. 4 der Richtlinie 2001/83/EG vorgesehene Verfahren unter Beteiligung des Ausschusses für pflanzliche Arzneimittel einzuleiten.

(5) Wird ein pflanzlicher Stoff, eine pflanzliche Zubereitung oder eine Kombination davon in der Liste nach Artikel 16f der Richtlinie 2001/83/EG gestrichen, so sind Registrierungen, die diesen Stoff enthaltende traditionelle pflanzliche Arzneimittel betreffen und die unter Bezugnahme auf § 39b Abs. 2 vorgenommen wurden, zu widerrufen, sofern nicht innerhalb von drei Monaten die in § 39b Abs. 1 genannten Angaben und Unterlagen vorgelegt werden.

(6) § 34 Absatz 1 Satz 1 Nummer 1 bis 7, Absatz 1a Satz 1 Nummer 1, 4 und 5, Absatz 1b, 1d und 1h gilt entsprechend.

(7) [1] Der Antragsteller hat der zuständigen Bundesoberbehörde unter Beifügung entsprechender Unterlagen unverzüglich Anzeige zu erstatten, wenn sich Änderungen in den Angaben und Unterlagen nach § 39b Absatz 1 Satz 1 in Verbindung mit Absatz 2 ergeben. [2] § 29 Absatz 1a, 1e, 1f und 2 bis 2b gilt entsprechend. [3] Die Verpflichtung nach Satz 1 hat nach Erteilung der Registrierung der Inhaber der Registrierung zu erfüllen. [4] Eine neue Registrierung ist in folgenden Fällen zu beantragen:

1. bei einer Änderung der Anwendungsgebiete, soweit es sich nicht um eine Änderung nach § 29 Absatz 2a Satz 1 Nummer 1 handelt,
2. bei einer Änderung der Zusammensetzung der Wirkstoffe nach Art oder Menge,
3. bei einer Änderung der Darreichungsform, soweit es sich nicht um eine Änderung nach § 29 Absatz 2a Satz 1 Nummer 3 handelt.

(8) Für Rücknahme, Widerruf und Ruhen der Registrierung gilt § 30 Absatz 1 Satz 1, Absatz 2, 2a, 3 und 4 entsprechend mit der Maßgabe, dass die Versagungsgründe nach § 39c Absatz 2 Anwendung finden.

## Sechster Abschnitt. Schutz des Menschen bei der klinischen Prüfung

**§ 40[1)] Verfahren zur Genehmigung einer klinischen Prüfung.** (1) Mit der klinischen Prüfung von Arzneimitteln darf nur begonnen werden, wenn die zuständige Bundesoberbehörde die klinische Prüfung nach Artikel 8 der Verordnung (EU) Nr. 536/2014 genehmigt hat.

(2) [1]Der nach Artikel 5 Absatz 1 der Verordnung (EU) Nr. 536/2014 zu stellende Antrag auf Genehmigung einer klinischen Prüfung ist über das EU-Portal in deutscher oder englischer Sprache einzureichen. [2]Die Unterlagen, die für die betroffene Person oder deren gesetzlichen Vertreter bestimmt sind, sind in deutscher Sprache einzureichen.

(3) [1]Der Antrag wird nach Artikel 5 Absatz 3 der Verordnung (EU) Nr. 536/2014 durch die zuständige Bundesoberbehörde validiert. [2]Die nach dem Geschäftsverteilungsplan nach § 41b Absatz 2 zuständige Ethik-Kommission nimmt zu den Antragsunterlagen hinsichtlich der Voraussetzungen nach Artikel 6 Absatz 1 Buchstabe a, b und e der Verordnung (EU) Nr. 536/2014 sowie nach § 40a Satz 1 Nummer 4 und § 40b Absatz 4 Satz 3 Stellung. [3]Für die Stellungnahme gilt die in der Verfahrensordnung nach § 41b Absatz 1 festgelegte Frist. [4]§ 41 Absatz 3 Satz 1 gilt entsprechend. [5]Bei der Validierung des Antrags hinsichtlich der Voraussetzungen nach Artikel 7 der Verordnung (EU) Nr. 536/2014, auch in Verbindung mit Artikel 11 der Verordnung (EU) Nr. 536/2014, sowie nach § 40a Satz 1 Nummer 2, 3 und 5, Satz 2 und 3 und § 40b Absatz 2, 3 Satz 1, Absatz 4 Satz 1 und 9, Absatz 5 und 6 ist die Bundesoberbehörde an die Bewertung der nach dem Geschäftsverteilungsplan nach § 41b Absatz 2 zuständigen Ethik-Kommission gebunden.

(4) [1]Die zuständige Bundesoberbehörde nimmt die Aufgaben nach Artikel 6 der Verordnung (EU) Nr. 536/2014, auch in Verbindung mit Artikel 11 der Verordnung (EU) Nr. 536/2014, wahr und prüft die Voraussetzungen des § 40a Satz 1 Nummer 1 und 4 und des § 40b Absatz 4 Satz 3 hinsichtlich der Nutzen-Risiko-Bewertung nach Artikel 6 Absatz 1 Buchstabe b der Verordnung (EU) Nr. 536/2014. [2]Die nach dem Geschäftsverteilungsplan nach § 41b Absatz 2 zuständige Ethik-Kommission nimmt zu den Voraussetzungen nach Artikel 6 Absatz 1 Buchstabe a, b und e der Verordnung (EU) Nr. 536/2014 sowie nach § 40a Satz 1 Nummer 4 und § 40b Absatz 4 Satz 3 hinsichtlich der Nutzen-Risiko-Bewertung nach Artikel 6 Absatz 1 Buchstabe b der Verordnung (EU) Nr. 536/2014 Stellung. [3]Für die Stellungnahme gilt die in der Verfahrensordnung nach § 41b Absatz 1 festgelegte Frist.

(5) [1]Die nach dem Geschäftsverteilungsplan nach § 41b Absatz 2 zuständige Ethik-Kommission nimmt die Aufgaben nach Artikel 7 der Verordnung (EU) Nr. 536/2014, auch in Verbindung mit Artikel 11 der Verordnung (EU) Nr. 536/2014, wahr und prüft die Voraussetzungen des § 40a Satz 1 Nummer 2, 3 und 5, Satz 2 und 3 und des § 40b Absatz 2, 3 Satz 1, Absatz 4 Satz 1, Satz 3 hinsichtlich der Festlegung der Einwilligung, Satz 4 bis 9, Absatz 5 und 6. [2]§ 41 Absatz 2 gilt entsprechend.

---

[1)] § 40 neu gef. mWv 27.1.2022 durch G v. 20.12.2016 (BGBl. I S. 3048, geänd. durch G v. 27.9. 2021, BGBl. I S. 4530); Abs. 1 geänd. mWv 28.1.2022 durch G v. 27.9.2021 (BGBl. I S. 4530).

(6) [1]Die zuständige Bundesoberbehörde erhebt eine Gesamtgebühr im Sinne der Artikel 86 und 87 der Verordnung (EU) Nr. 536/2014. [2]Die zuständige Ethik-Kommission erhebt eine Gebühr für die Bearbeitung eines Antrags nach Maßgabe der Rechtsverordnung nach § 41b Absatz 1 und teilt diese der zuständigen Bundesoberbehörde mit. [3]Diese Gebühr ist in den Gebührenbescheid über die Gesamtgebühr nach Satz 1 aufzunehmen.

(7) [1]Bei Prüfpräparaten, die aus einem gentechnisch veränderten Organismus oder einer Kombination von gentechnisch veränderten Organismen bestehen oder solche enthalten, sind zusätzlich zu dem nach Absatz 2 einzureichenden Antrag bei der zuständigen Bundesoberbehörde folgende Unterlagen gemäß den Anhängen II und III zur Richtlinie 2001/18/EG des Europäischen Parlaments und des Rates vom 12. März 2001 über die absichtliche Freisetzung genetisch veränderter Organismen in die Umwelt und zur Aufhebung der Richtlinie 90/220/EWG des Rates (ABl. L 106 vom 17.4.2001, S. 1), die zuletzt durch die Richtlinie (EU) 2015/412 (ABl. L 68 vom 13.3.2015, S. 1) geändert worden ist, einzureichen:

1. eine Darlegung und Bewertung der Risiken für die Gesundheit nicht betroffener Personen und die Umwelt sowie eine Darlegung der vorgesehenen Vorkehrungen,
2. Informationen über den gentechnisch veränderten Organismus, über die Bedingungen der klinischen Prüfung und über die den gentechnisch veränderten Organismus möglicherweise aufnehmende Umwelt sowie Informationen über die Wechselwirkungen zwischen dem gentechnisch veränderten Organismus und der Umwelt,
3. einen Beobachtungsplan zur Ermittlung der Auswirkungen auf die Gesundheit nicht betroffener Personen und die Umwelt sowie eine Beschreibung der geplanten Überwachungsmaßnahmen und Angaben über entstehende Reststoffe und ihre Behandlung sowie über Notfallpläne.

[2]Der Sponsor kann insoweit auch auf Unterlagen Bezug nehmen, die ein Dritter in einem vorangegangenen Verfahren vorgelegt hat, sofern es sich nicht um vertrauliche Angaben handelt. [3]Die zuständige Bundesoberbehörde stellt das Benehmen mit dem Bundesamt für Verbraucherschutz und Lebensmittelsicherheit her. [4]Die Genehmigung der klinischen Prüfung durch die zuständige Bundesoberbehörde umfasst die Genehmigung der Freisetzung dieser gentechnisch veränderten Organismen im Rahmen der klinischen Prüfung.

(8) [1]Die zuständige Bundesoberbehörde übermittelt die Entscheidung nach Artikel 8 Absatz 1 Unterabsatz 1 der Verordnung (EU) Nr. 536/2014 über das EU-Portal an den Sponsor. [2]Sie ist dabei an den Bewertungsbericht der Ethik-Kommission nach Absatz 5 gebunden. [3]Weicht die Bundesoberbehörde von der Stellungnahme der Ethik-Kommission nach Absatz 4 Satz 2 ab, so bezeichnet sie die zuständige Ethik-Kommission, gibt das Ergebnis der Stellungnahme der Ethik-Kommission wieder und begründet ihr Abweichen von dieser Stellungnahme. [4]In der Begründung kann auf in englischer Sprache abgefasste Bewertungsberichte Bezug genommen werden. [5]Die zuständige Bundesoberbehörde übermittelt die Entscheidung nach Artikel 8 Absatz 2 Unterabsatz 3 der Verordnung (EU) Nr. 536/2014.

**§ 40a[1)] Allgemeine Voraussetzungen für die klinische Prüfung.** [1]Über die Voraussetzungen nach der Verordnung (EU) Nr. 536/2014 hinaus darf eine klinische Prüfung nur durchgeführt werden, solange

1. ein Sponsor oder ein Vertreter des Sponsors bei rein nationalen sowie bei national und in Drittstaaten durchgeführten klinischen Prüfungen vorhanden ist, der seinen Sitz in einem Mitgliedstaat der Europäischen Union oder in einem anderen Vertragsstaat des Abkommens über den Europäischen Wirtschaftsraum hat,
2. die Person, bei der die klinische Prüfung durchgeführt werden soll (betroffene Person) nicht auf gerichtliche oder behördliche Anordnung in einer Anstalt untergebracht ist,
3. für den Fall, dass bei der Durchführung der klinischen Prüfung ein Mensch getötet oder der Körper oder die Gesundheit eines Menschen verletzt wird, eine Versicherung, die auch Leistungen gewährt, wenn kein anderer für den Schaden haftet, nach folgenden Maßgaben besteht:
   a) die Versicherung muss zugunsten der von der klinischen Prüfung betroffenen Person bei einem in einem Mitgliedstaat der Europäischen Union oder einem anderen Vertragsstaat des Abkommens über den Europäischen Wirtschaftsraum zum Geschäftsbetrieb zugelassenen Versicherer genommen werden,
   b) der Umfang der Versicherung muss in einem angemessenen Verhältnis zu den mit einer klinischen Prüfung verbundenen Risiken stehen und auf der Grundlage der Risikoabschätzung so festgelegt werden, dass für jeden Fall des Todes oder der fortdauernden Erwerbsunfähigkeit einer von der klinischen Prüfung betroffenen Person mindestens 500 000 Euro zur Verfügung stehen,
4. nach dem Stand der Wissenschaft im Verhältnis zum Zweck der klinischen Prüfung eines Arzneimittels, das aus einem gentechnisch veränderten Organismus oder einer Kombination von gentechnisch veränderten Organismen besteht oder solche enthält, unvertretbare schädliche Auswirkungen nicht zu erwarten sind auf
   a) die Gesundheit Dritter und
   b) die Umwelt,
5. sie in einer nach Artikel 50 in Verbindung mit Anhang I Nummer 67 der Verordnung (EU) Nr. 536/2014 geeigneten Einrichtung stattfindet.

[2]Bei xenogenen Arzneimitteln müssen die Anforderungen nach Satz 1 Nummer 3 im Hinblick auf eine Versicherung von Drittrisiken erfüllt sein. [3]Einer Versicherung nach Satz 1 Nummer 3 bedarf es nicht bei einer minimalinterventionellen klinischen Prüfung nach Artikel 2 Absatz 2 Nummer 3 der Verordnung (EU) Nr. 536/2014, soweit eine anderweitige Versicherung für Prüfer und Sponsor besteht. [4]Soweit aus der Versicherung nach Satz 1 Nummer 3 geleistet wird, erlischt ein Anspruch auf Schadensersatz.

---

[1)] § 40a eingef. mWv 27.1.2022 durch G v. 20.12.2016 (BGBl. I S. 3048, geänd. durch G v. 27.9. 2021, BGBl. I S. 4530); Satz 1 einl. Satzteil geänd. mWv 28.1.2022 durch G v. 27.9.2021 (BGBl. I S. 4530).

**§ 40b[1)] Besondere Voraussetzungen für die klinische Prüfung.**

(1) Ergänzend zu Artikel 29 der Verordnung (EU) Nr. 536/2014 gelten für die Einwilligung der betroffenen Person oder, falls diese nicht in der Lage ist, eine Einwilligung nach Aufklärung zu erteilen, ihres gesetzlichen Vertreters die Vorgaben nach den Absätzen 2 bis 5.

(2) Die betroffene Person oder, falls diese nicht in der Lage ist, eine Einwilligung nach Aufklärung zu erteilen, ihr gesetzlicher Vertreter ist durch einen Prüfer, der Arzt oder, bei einer zahnmedizinischen Prüfung, Zahnarzt ist, oder durch ein Mitglied des Prüfungsteams, das Arzt oder, bei einer zahnmedizinischen Prüfung, Zahnarzt ist, im Rahmen des Gesprächs nach Artikel 29 Absatz 2 Buchstabe c der Verordnung (EU) Nr. 536/2014 aufzuklären.

(3) [1]Eine klinische Prüfung darf bei einem Minderjährigen, der in der Lage ist, das Wesen, die Bedeutung und die Tragweite der klinischen Prüfung zu erkennen und seinen Willen hiernach auszurichten, nur durchgeführt werden, wenn auch seine schriftliche Einwilligung nach Aufklärung gemäß Artikel 29 der Verordnung (EU) Nr. 536/2014 zusätzlich zu der schriftlichen Einwilligung, die sein gesetzlicher Vertreter nach Aufklärung erteilt hat, vorliegt. [2]Erklärt ein Minderjähriger, der nicht in der Lage ist, Wesen, Bedeutung und Tragweite der klinischen Prüfung zu erkennen und seinen Willen hiernach auszurichten, nicht an der klinischen Prüfung teilnehmen zu wollen, oder bringt er dies in sonstiger Weise zum Ausdruck, so gilt dies als ausdrücklicher Wunsch im Sinne des Artikels 31 Absatz 1 Buchstabe c der Verordnung (EU) Nr. 536/2014.

(4) [1]Eine klinische Prüfung mit einer Person, die nicht in der Lage ist, Wesen, Bedeutung und Tragweite der klinischen Prüfung zu erkennen und ihren Willen hiernach auszurichten, darf nur durchgeführt werden, wenn

1. die Voraussetzungen des Artikels 31 Absatz 1 der Verordnung (EU) Nr. 536/2014 und
2. die Voraussetzungen des Artikels 31 Absatz 3 der Verordnung (EU) Nr. 536/2014

vorliegen.

[2]Erklärt eine Person, die nicht in der Lage ist, Wesen, Bedeutung und Tragweite der klinischen Prüfung zu erkennen und ihren Willen hiernach auszurichten, nicht an der klinischen Prüfung teilnehmen zu wollen, oder bringt sie dies in sonstiger Weise zum Ausdruck, so gilt dies als ausdrücklicher Wunsch im Sinne des Artikels 31 Absatz 1 Buchstabe c der Verordnung (EU) Nr. 536/2014. [3]Bei einer volljährigen Person, die nicht in der Lage ist, Wesen, Bedeutung und Tragweite der klinischen Prüfung zu erkennen und ihren Willen hiernach auszurichten, darf eine klinische Prüfung im Sinne des Artikels 31 Absatz 1 Buchstabe g Ziffer ii der Verordnung (EU) Nr. 536/2014, die ausschließlich einen Nutzen für die repräsentierte Bevölkerungsgruppe, zu der die betroffene Person gehört, zur Folge haben wird (gruppennützige klinische Prüfung), nur durchgeführt werden, soweit die betroffene Person als einwilligungsfähige volljährige Person für den Fall ihrer Einwilligungsunfähigkeit schriftlich nach ärztlicher Aufklärung festgelegt hat, dass sie in bestimmte, zum Zeitpunkt der Festlegung noch nicht unmittelbar bevorstehende gruppennützi-

---

[1)] § 40b eingef. mWv 27.1.2022 durch G v. 20.12.2016 (BGBl. I S. 3048, geänd. durch G v. 20.11. 2019, BGBl. I S. 1626, und durch G v. 27.9.2021, BGBl. I S. 4530).

ge klinische Prüfungen einwilligt. [4]Der Betreuer prüft, ob diese Festlegungen auf die aktuelle Situation zutreffen. [5]Die Erklärung kann jederzeit formlos widerrufen werden. [6]§ 1901a Absatz 1, 4 und 5 des Bürgerlichen Gesetzbuches[1)] gilt im Übrigen entsprechend. [7]Die betroffene Person ist über sämtliche für die Einwilligung wesentlichen Umstände aufzuklären. [8]Dazu gehören insbesondere die Aufklärung über das Wesen, die Ziele, den Nutzen, die Folgen, die Risiken und die Nachteile klinischer Prüfungen, die unter den Bedingungen des Artikels 31 der Verordnung (EU) Nr. 536/2014 stattfinden, sowie die in Artikel 29 Absatz 2 Buchstabe a Ziffer ii und iv der Verordnung (EU) Nr. 536/2014 angeführten Inhalte. [9]Bei Minderjährigen, für die nach Erreichen der Volljährigkeit Satz 1 gelten würde, darf eine solche gruppennützige klinische Prüfung nicht durchgeführt werden.

(5) Eine klinische Prüfung darf in Notfällen nur durchgeführt werden, wenn die Voraussetzungen des Artikels 35 der Verordnung (EU) Nr. 536/2014 vorliegen.

(6) [1]Die betroffene Person oder, falls diese nicht in der Lage ist, eine Einwilligung nach Aufklärung zu erteilen, ihr gesetzlicher Vertreter muss ausdrücklich und entweder schriftlich oder elektronisch in die Verarbeitung von personenbezogenen Daten, insbesondere von Gesundheitsdaten, einwilligen. [2]Sie ist über Zweck und Umfang der Verarbeitung dieser Daten aufzuklären. [3]Sie ist insbesondere darüber zu informieren, dass

1. die erhobenen Daten, soweit erforderlich,
   a) zur Einsichtnahme durch die Überwachungsbehörde oder Beauftragte des Sponsors zur Überprüfung der ordnungsgemäßen Durchführung der klinischen Prüfung bereitgehalten werden,
   b) pseudonymisiert an den Sponsor oder eine von diesem beauftragte Stelle zum Zwecke der wissenschaftlichen Auswertung weitergegeben werden,
   c) im Fall eines Antrags auf Zulassung pseudonymisiert an den Antragsteller und die für die Zulassung zuständige Behörde weitergegeben werden,
   d) im Fall unerwünschter Ereignisse und schwerwiegender unerwünschter Ereignisse nach Artikel 41 Absatz 1, 2 und 4 der Verordnung (EU) Nr. 536/2014 pseudonymisiert vom Prüfer an den Sponsor weitergegeben werden,
   e) im Fall mutmaßlicher unerwarteter schwerwiegender Nebenwirkungen nach Artikel 42 der Verordnung (EU) Nr. 536/2014 pseudonymisiert vom Sponsor an die Datenbank nach Artikel 40 Absatz 1 der Verordnung (EU) Nr. 536/2014 weitergegeben werden,
   f) im Fall unerwarteter Ereignisse nach Artikel 53 Absatz 1 der Verordnung (EU) Nr. 536/2014 pseudonymisiert vom Sponsor an das EU-Portal weitergegeben werden,
2. im Fall eines Widerrufs der nach Satz 1 und Absatz 1 erklärten Einwilligungen die gespeicherten Daten weiterhin verarbeitet werden dürfen, soweit dies erforderlich ist, um
   a) Wirkungen des zu prüfenden Arzneimittels festzustellen,
   b) sicherzustellen, dass schutzwürdige Interessen der betroffenen Person nicht beeinträchtigt werden,
   c) der Pflicht zur Vorlage vollständiger Zulassungsunterlagen zu genügen,

---

[1)] **Habersack, Deutsche Gesetze Nr. 20.**

3. die Daten bei Prüfer und Sponsor für die aufgrund des Artikels 58 Unterabsatz 1 der Verordnung (EU) Nr. 536/2014 bestimmte Frist gespeichert werden.

(7) Die Kontaktstelle im Sinne des Artikels 28 Absatz 1 Buchstabe g der Verordnung (EU) Nr. 536/2014 ist bei der nach § 77 zuständigen Bundesoberbehörde einzurichten.

**§ 40c[1)] Verfahren bei Hinzufügung eines Mitgliedstaates, bei Änderungen sowie bei Bewertungsverfahren.** (1) Für die Verfahren zur späteren Hinzufügung eines zusätzlichen betroffenen Mitgliedstaates der Europäischen Union nach Artikel 14 der Verordnung (EU) Nr. 536/2014 und zur Genehmigung einer wesentlichen Änderung einer klinischen Prüfung nach den Artikeln 15 bis 24 der Verordnung (EU) Nr. 536/2014 gelten die §§ 40 bis 40b entsprechend.

(2) Im Rahmen des Bewertungsverfahrens nach Artikel 44 der Verordnung (EU) Nr. 536/2014 wird die Bewertung der zuständigen Ethik-Kommission einbezogen.

(3) [1] Änderungen einer von der zuständigen Bundesoberbehörde genehmigten klinischen Prüfung mit Arzneimitteln, die aus gentechnisch veränderten Organismen bestehen oder diese enthalten und die geeignet sind, die Risikobewertung für die Gesundheit nicht betroffener Personen und die Umwelt zu verändern, darf der Sponsor nur vornehmen, wenn diese Änderungen von der zuständigen Bundesoberbehörde genehmigt wurden. [2] Die Genehmigung ist bei der zuständigen Bundesoberbehörde zu beantragen. [3] Der Antrag ist zu begründen.

**§ 40d[2)] Besondere Pflichten des Prüfers, des Sponsors und der zuständigen Bundesoberbehörde.** Bei klinischen Prüfungen mit Arzneimitteln, die aus einem gentechnisch veränderten Organismus oder einer Kombination von gentechnisch veränderten Organismen bestehen oder die solche Organismen enthalten,

1. treffen der Sponsor und der Prüfer unabhängig vom Vorliegen einer Genehmigung nach § 40c Absatz 3 alle Maßnahmen, die zum Schutz der Gesundheit nicht betroffener Personen und der Umwelt vor unmittelbarer Gefahr geboten sind;
2. unterrichtet der Prüfer den Sponsor unverzüglich über Beobachtungen von in der Risikobewertung nicht vorgesehenen etwaigen schädlichen Auswirkungen auf die Gesundheit nicht betroffener Personen und die Umwelt;
3. teilt der Sponsor der zuständigen Bundesoberbehörde unverzüglich alle ihm bekannt gewordenen neuen Informationen über Gefahren für die Gesundheit nicht betroffener Personen und für die Umwelt mit;
4. informiert der Sponsor die zuständige Bundesoberbehörde unmittelbar nach Abschluss der klinischen Prüfung über die Ergebnisse in Bezug auf die Gefahren für die menschliche Gesundheit oder die Umwelt;

---

[1)] § 40c eingef. mWv 27.1.2022 durch G v. 20.12.2016 (BGBl. I S. 3048, geänd. durch G v. 27.9. 2021, BGBl. I S. 4530).

[2)] § 40d eingef. mWv 27.1.2022 durch G v. 20.12.2016 (BGBl. I S. 3048, geänd. durch G v. 27.9. 2021, BGBl. I S. 4530).

5. unterrichtet die zuständige Bundesoberbehörde die Öffentlichkeit über den hinreichenden Verdacht einer Gefahr für die Gesundheit Dritter oder für die Umwelt in ihrem Wirkungsgefüge einschließlich der zu treffenden Vorsichtsmaßnahmen; wird die Genehmigung zurückgenommen oder widerrufen, das befristete Ruhen der Genehmigung oder eine Änderung der Bedingungen für die klinische Prüfung angeordnet und ist diese Maßnahme unanfechtbar geworden oder sofort vollziehbar, so soll die Öffentlichkeit von der zuständigen Bundesoberbehörde auch hierüber unterrichtet werden; die §§ 17a und 28a Absatz 2 Satz 2 und 3, Absatz 3 und 4 des Gentechnikgesetzes gelten entsprechend.

**§ 41[1)] Stellungnahme der Ethik-Kommission.** (1) Die Stellungnahme der Ethik-Kommission nach § 40 Absatz 4 Satz 2 muss ein klares Votum im Sinne einer Zustimmung, einer Zustimmung mit Auflagen im Sinne des Artikels 8 Absatz 1 Unterabsatz 3 der Verordnung (EU) Nr. 536/2014 oder einer Ablehnung der Vertretbarkeit der Durchführung der klinischen Prüfung sowie eine entsprechende Begründung enthalten.

(2) [1] Die Ethik-Kommission kann eigene wissenschaftliche Erkenntnisse verwerten, Sachverständige hinzuziehen oder Gutachten von Sachverständigen anfordern. [2] Sie hat Sachverständige beizuziehen oder Gutachten anzufordern, wenn es sich um eine klinische Prüfung von xenogenen Arzneimitteln oder Gentherapeutika handelt.

(2a) Soweit es zur ordnungsgemäßen Erfüllung ihrer Aufgaben nach der Verordnung (EU) Nr. 536/2014 und nach dem Arzneimittelgesetz erforderlich ist, können sich die registrierten Ethik-Kommissionen untereinander und mit den für den Vollzug des Arzneimittelgesetzes zuständigen Behörden und Stellen die für diese Aufgaben erforderlichen personenbezogenen Daten der Prüfer und anderer an der Durchführung der klinischen Prüfung mitwirkender Personen im Sinne des Artikels 49 der Verordnung (EU) Nr. 536/2014 übermitteln.

(3) [1] Die Stellungnahme ist von den zuständigen Bundesoberbehörden bei der Erfüllung ihrer Aufgaben nach § 40 Absatz 4 Satz 1 maßgeblich zu berücksichtigen. [2] Weicht die zuständige Bundesoberbehörde von dem Votum der Ethik-Kommission ab, so hat sie dies gegenüber der Ethik-Kommission schriftlich zu begründen.

**§ 41a[2)] Registrierungsverfahren für Ethik-Kommissionen.** (1) An dem Verfahren zur Bewertung eines Antrags auf Genehmigung einer klinischen Prüfung nach der Verordnung (EU) Nr. 536/2014 dürfen nur öffentlich-rechtliche Ethik-Kommissionen der Länder teilnehmen, die nach Landesrecht für die Prüfung und Bewertung klinischer Prüfungen zuständig sind und nach den Absätzen 2 bis 5 registriert sind.

(2) Der Antrag auf Registrierung ist vom jeweiligen Träger der öffentlich-rechtlichen Ethik-Kommissionen der Länder bei dem Bundesinstitut für Arzneimittel und Medizinprodukte zu stellen.

---

[1)] § 41 neu gef. mWv 27.1.2022 durch G v. 20.12.2016 (BGBl. I S. 3048, geänd. durch G v. 9.8. 2019, BGBl. I S. 1202, und durch G v. 27.9.2021, BGBl. I S. 4530).

[2)] § 41a eingef. mWv 24.12.2016, Abs. 1 geänd. mWv 27.1.2022 durch G v. 20.12.2016 (BGBl. I S. 3048, geänd. durch G v. 27.9.2021, BGBl. I S. 4530); Abs. 1 geänd. mWv 28.1.2022 durch G v. 27.9.2021 (BGBl. I S. 4530).

(3) Im Einvernehmen mit dem Paul-Ehrlich-Institut genehmigt das Bundesinstitut für Arzneimittel und Medizinprodukte den Antrag auf Registrierung, wenn folgende Voraussetzungen durch geeignete Unterlagen nachgewiesen werden:

1. die erforderliche aktuelle wissenschaftliche Expertise der Mitglieder sowie der externen Sachverständigen,
2. die interdisziplinäre Zusammensetzung der Ethik-Kommission unter Beteiligung von je mindestens einem Juristen, einer Person mit wissenschaftlicher oder beruflicher Erfahrung auf dem Gebiet der Ethik in der Medizin, einer Person mit Erfahrung auf dem Gebiet der Versuchsplanung und Statistik, drei Ärzten, die über Erfahrungen in der klinischen Medizin verfügen, davon ein Facharzt für klinische Pharmakologie oder für Pharmakologie und Toxikologie, sowie einem Laien,
3. der Ethik-Kommission gehören weibliche und männliche Mitglieder an und bei der Auswahl der Mitglieder und externen Sachverständigen werden Frauen und Männer mit dem Ziel der gleichberechtigten Teilhabe gleichermaßen berücksichtigt,
4. eine Geschäftsordnung, die insbesondere verpflichtende Regelungen zur Arbeitsweise der Ethik-Kommission trifft; dazu gehören insbesondere Regelungen zur Geschäftsführung, zum Vorsitz, zur Vorbereitung von Beschlüssen, zur Beschlussfassung sowie zur Ehrenamtlichkeit und Verschwiegenheitspflicht der Mitglieder und externen Sachverständigen,
5. eine Geschäftsstelle mit dem für die Organisation der Aufgaben der Ethik-Kommission erforderlichen qualifizierten Personal,
6. eine sachliche Ausstattung, die es ermöglicht, kurzfristig Abstimmungsverfahren durchzuführen und fristgerecht Stellungnahmen und Bewertungsberichte zu erstellen,
7. die Ethik-Kommission holt zu jedem Antrag Unabhängigkeitserklärungen der beteiligten Mitglieder und externen Sachverständigen ein, die beinhalten, dass diese keine finanziellen oder persönlichen Interessen, die Auswirkungen auf ihre Unparteilichkeit haben könnten, haben.

(4) Registrierte Ethik-Kommissionen teilen dem Bundesinstitut für Arzneimittel und Medizinprodukte Änderungen, die die Voraussetzungen der Registrierung betreffen, unverzüglich mit.

(5) Das Bundesinstitut für Arzneimittel und Medizinprodukte kann im Einvernehmen mit dem Paul-Ehrlich-Institut das Ruhen der Registrierung anordnen oder die Registrierung aufheben, wenn bekannt wird, dass die Voraussetzungen zur Registrierung nicht oder nicht mehr vorliegen oder wenn ein Verstoß gegen die nach § 41b Absatz 1 festgelegte Verfahrensordnung vorliegt.

(6) [1] Das Bundesinstitut für Arzneimittel und Medizinprodukte veröffentlicht eine Liste der registrierten Ethik-Kommissionen im Bundesanzeiger. [2] Personenbezogene Daten dürfen nur mit Einwilligung der jeweiligen Person veröffentlicht werden. [3] Die Liste ist regelmäßig zu aktualisieren.

**§ 41b[1)] Verfahrensordnung und Geschäftsverteilungsplan.** (1) [1] Das Bundesministerium erstellt durch Rechtsverordnung mit Zustimmung des Bundesrates eine Verfahrensordnung über die Zusammenarbeit der Bundes-

[1)] § 41b eingef. mWv 24.12.2016 durch G v. 20.12.2016 (BGBl. I S. 3048).

oberbehörden und der registrierten Ethik-Kommissionen bei der Bearbeitung von Anträgen auf die Genehmigung von klinischen Prüfungen nach der Verordnung (EU) Nr. 536/2014. [2] In der Verfahrensordnung werden insbesondere die Einzelheiten des Registrierungsverfahrens, die Fristen für die Stellungnahmen der registrierten Ethik-Kommissionen, die festen Gebührensätze oder Rahmensätze jeweils nach dem Personal- und Sachaufwand für die Stellungnahmen und Bewertungsberichte der registrierten Ethik-Kommissionen, die Kriterien für einen Geschäftsverteilungsplan einschließlich der für die Verteilung der zu bearbeitenden Anträge maßgeblichen Faktoren sowie die Zuständigkeiten bestimmt, vom Sponsor zusätzliche Informationen nach der Verordnung (EU) Nr. 536/2014 zu ersuchen.

(2) [1] Die bis zum 30. September 2017 registrierten Ethik-Kommissionen oder eine von ihnen benannte Stelle erlassen bis zum 1. Januar 2018 einen gemeinsamen Geschäftsverteilungsplan für alle registrierten Ethik-Kommissionen. [2] Dieser ist jährlich zum 1. Januar zu aktualisieren. [3] Der Geschäftsverteilungsplan kann in besonderen Fällen abweichend von Satz 2 aktualisiert und geändert werden. [4] Das Bundesinstitut für Arzneimittel und Medizinprodukte veröffentlicht den jeweils aktuellen Geschäftsverteilungsplan. [5] Personenbezogene Daten dürfen nur mit Einwilligung der jeweiligen Person veröffentlicht werden.

**§ 41c[1)] Verordnungsermächtigung.** [1] Das Bundesministerium wird ermächtigt, durch Rechtsverordnung, die nicht der Zustimmung des Bundesrates bedarf, eine Bundes-Ethik-Kommission bei dem Bundesinstitut für Arzneimittel und Medizinprodukte und dem Paul-Ehrlich-Institut einzurichten, wenn dies erforderlich ist, um die Bearbeitung der in der Verordnung (EU) Nr. 536/2014 geregelten Verfahren sicherzustellen. [2] Für die Bundes-Ethik-Kommission gelten die Vorgaben dieses Abschnitts mit der Maßgabe, dass die Bundes-Ethik-Kommission als registriert gilt, entsprechend.

**§ 42[2)] Korrekturmaßnahmen.** (1) Die zuständige Bundesoberbehörde ergreift die in Artikel 77 der Verordnung (EU) Nr. 536/2014 genannten Korrekturmaßnahmen nach Maßgabe der folgenden Absätze.

(2) [1] Die Genehmigung einer klinischen Prüfung ist zurückzunehmen, wenn bekannt wird, dass die Voraussetzungen der Verordnung (EU) Nr. 536/2014 oder die Voraussetzungen des § 40a oder des § 40b Absatz 2 bis 6 bei der Erteilung der Genehmigung nicht vorlagen. [2] In diesem Fall kann auch das Ruhen der Genehmigung befristet angeordnet werden.

(3) [1] Die Genehmigung ist zu widerrufen, wenn bekannt wird, dass die in Absatz 2 genannten Voraussetzungen nicht mehr vorliegen. [2] Die Genehmigung kann widerrufen werden, wenn die Gegebenheiten der klinischen Prüfung nicht mit den Angaben im Genehmigungsantrag übereinstimmen oder wenn Tatsachen Anlass zu Zweifeln an der Unbedenklichkeit oder der wissenschaftlichen Grundlage der klinischen Prüfung geben. [3] In den Fällen der Sätze 1 und 2 kann auch das Ruhen der Genehmigung befristet angeordnet werden.

(4) [1] Wenn der zuständigen Bundesoberbehörde im Rahmen ihrer Tätigkeit Tatsachen bekannt werden, die die Annahme rechtfertigen, dass die Voraus-

---

[1)] § 41c eingef. mWv 24.12.2016 durch G v. 20.12.2016 (BGBl. I S. 3048).

[2)] § 42 neu gef. mWv 27.1.2022 durch G v. 20.12.2016 (BGBl. I S. 3048, geänd. durch G v. 27.9. 2021, BGBl. I S. 4530).

setzungen der Verordnung (EU) Nr. 536/2014 oder des § 40a oder des § 40b Absatz 2 bis 6 nicht mehr vorliegen, kann sie den Sponsor dazu auffordern, Aspekte der klinischen Prüfung zu ändern. [2] Maßnahmen der zuständigen Überwachungsbehörde gemäß § 69 bleiben davon unberührt.

(5) [1] In den Fällen der Absätze 2 bis 4 nimmt die zuständige Ethik-Kommission vor der Entscheidung der zuständigen Bundesoberbehörde Stellung, es sei denn, es ist Gefahr im Verzug. [2] Soll die Korrekturmaßnahme aufgrund des Fehlens von Voraussetzungen nach Artikel 6 Absatz 1 Buchstabe a, b und e der Verordnung (EU) Nr. 536/2014 oder von Voraussetzungen nach § 40a Satz 1 Nummer 4 oder nach § 40b Absatz 4 Satz 3 ergehen, so gilt § 41 Absatz 3 Satz 1 entsprechend. [3] Soll die Korrekturmaßnahme aufgrund des Fehlens von Voraussetzungen nach Artikel 7 der Verordnung (EU) Nr. 536/2014 oder von Voraussetzungen nach § 40a Satz 1 Nummer 2, 3 und 5, Satz 2 und 3 oder nach § 40b Absatz 2, 3, 4 Satz 1, 2 und 9, Absatz 5 und 6 ergehen, so ist die Bundesoberbehörde an die Stellungnahme der Ethik-Kommission gebunden.

(6) Ist die Genehmigung einer klinischen Prüfung zurückgenommen oder widerrufen oder ruht sie, so darf die klinische Prüfung nicht fortgesetzt werden.

(7) Die zuständige Bundesoberbehörde kann die sofortige Unterbrechung der klinischen Prüfung anordnen; in diesem Fall übermittelt sie diese Anordnung unverzüglich dem Sponsor.

(8) Widerspruch und Anfechtungsklage gegen den Widerruf, die Rücknahme, die Anordnung des Ruhens der Genehmigung, die Anordnung der sofortigen Unterbrechung der klinischen Prüfung sowie gegen Anordnungen nach Absatz 4 haben keine aufschiebende Wirkung.

**§ 42a[1)] Datenschutz.** Personenbezogene Daten sind vor ihrer Übermittlung nach Artikel 41 Absatz 2 und 4 der Verordnung (EU) Nr. 536/2014 durch den Prüfer oder nach Artikel 42 oder Artikel 53 Absatz 1 der Verordnung (EU) Nr. 536/2014 durch den Sponsor unter Verwendung des Identifizierungscodes der betroffenen Person zu pseudonymisieren.

**§ 42b[2)] Veröffentlichung der Ergebnisse klinischer Prüfungen.**

(1) [1] Pharmazeutische Unternehmer, die im Geltungsbereich dieses Gesetzes ein Arzneimittel in den Verkehr bringen, das der Pflicht zur Zulassung oder Genehmigung für das Inverkehrbringen unterliegt, haben Berichte über alle Ergebnisse konfirmatorischer klinischer Prüfungen in Drittstaaten zum Nachweis der Wirksamkeit und Unbedenklichkeit der zuständigen Bundesoberbehörde zur Eingabe in die Datenbank nach § 67a Absatz 2 zur Verfügung zu stellen. [2] Diese Berichte sind innerhalb von sechs Monaten nach Erteilung oder Änderung, soweit die Änderung auf konfirmatorischen klinischen Prüfungen

---

1) § 42a neu gef. mWv 27.1.2022 durch G v. 20.12.2016 (BGBl. I S. 3048, geänd. durch G v. 27.9. 2021, BGBl. I S. 4530).

2) § 42b eingef. mWv 1.1.2011 durch G v. 22.12.2010 (BGBl. I S. 2262); Abs. 1 Satz 2, Abs. 2 und Abs. 3 Satz 6 geänd. mWv 26.10.2012 durch G v. 19.10.2012 (BGBl. I S. 2192); Abs. 1 Satz 1 geänd., Abs. 2 aufgeh., bish. Abs. 3 wird Abs. 2 und Satz 1 geänd. mWv 27.1.2022 durch G v. 20.12.2016 (BGBl. I S. 3048, geänd. durch G v. 27.9.2021, BGBl. I S. 4530); Abs. 3 Satz 4 geänd. mWv 16.8. 2019 durch G v. 9.8.2019 (BGBl. I S. 1202); die Änd. des Abs. 3 Satz 4 mWv 26.11.2019 durch Art. 18 Nr. 3 G v. 20.11.2019 (BGBl. I S. 1626) ist aufgrund der vorhergehenden Änd. nicht ausführbar; Abs. 1 Satz 1 geänd. mWv 28.1.2022 durch G v. 27.9.2021 (BGBl. I S. 4530).

beruht, der Zulassung oder der Genehmigung für das Inverkehrbringen zur Verfügung zu stellen.

(2) [1] Die Berichte nach Absatz 1 müssen alle Ergebnisse der klinischen Prüfungen unabhängig davon, ob sie günstig oder ungünstig sind, enthalten. [2] Es sind ferner Aussagen zu nachträglichen wesentlichen Prüfplanänderungen sowie Unterbrechungen und Abbrüchen der klinischen Prüfung in den Bericht aufzunehmen. [3] Im Übrigen ist der Ergebnisbericht gemäß den Anforderungen der Guten Klinischen Praxis abzufassen. [4] Mit Ausnahme des Namens und der Anschrift des pharmazeutischen Unternehmers oder des Sponsors sowie der Angabe des Namens und der Anschrift von Prüfärzten dürfen die Berichte nach Satz 1 keine personenbezogenen, insbesondere patientenbezogenen Daten enthalten. [5] Der Bericht kann in deutscher oder englischer Sprache verfasst sein. [6] § 63b Absatz 3 Satz 1 ist nicht anzuwenden. [7] Die Vorschriften zum Schutz des geistigen Eigentums und zum Schutz von Betriebs- und Geschäftsgeheimnissen bleiben ebenso wie die §§ 24a und 24b unberührt.

**§ 42c**[1] **Inspektionen.** [1] Die folgenden Inspektionen nach Artikel 78 der Verordnung (EU) Nr. 536/2014 werden durch die zuständige Bundesoberbehörde durchgeführt:

1. Inspektionen zur Überprüfung der Übereinstimmung der klinischen Prüfung mit
   a) den Angaben und Unterlagen der Genehmigung,
   b) den Angaben eines Zulassungsantrags nach der Verordnung (EG) Nr. 726/2004 oder
   c) den Unterlagen nach § 22 Absatz 2 Nummer 3,
2. Inspektionen in Drittstaaten,
3. Inspektionen zur Überprüfung der Meldepflicht nach Artikel 52 der Verordnung (EU) Nr. 536/2014 sowie
4. Inspektionen zur Entscheidung über Maßnahmen nach Artikel 77 der Verordnung (EU) Nr. 536/2014, die die Genehmigung einer klinischen Prüfung betreffen.

[2] Alle anderen Inspektionen nach Artikel 78 der Verordnung (EU) Nr. 536/2014 zur Überwachung der Einhaltung der Verordnung (EU) Nr. 536/2014 werden durch die zuständige Behörde durchgeführt. [3] Soweit in Durchführungsrechtsakten nach Artikel 78 Absatz 7 der Verordnung (EU) Nr. 536/2014 nicht anders bestimmt, hat die Bundesoberbehörde zur Durchführung der Inspektion die Befugnisse nach § 64 Absatz 4 Nummer 1 bis 3 und Absatz 4a, die im Benehmen mit der zuständigen Behörde ausgeübt werden. [4] Die zuständige Behörde hat zur Durchführung der Inspektion die Befugnisse nach § 64 Absatz 4 und 4a. [5] Das Grundrecht auf Unverletzlichkeit der Wohnung (Artikel 13 Absatz 1 des Grundgesetzes[2]) wird insoweit eingeschränkt.

---

[1] § 42c eingef. mWv 27.1.2022 durch G v. 20.12.2016 (BGBl. I S. 3048, geänd. durch G v. 27.9.2021, BGBl. I S. 4530).

[2] **Sartorius Nr. 1.**

## Siebter Abschnitt. Abgabe von Arzneimitteln

**§ 43**[1)] **Apothekenpflicht.** (1) [1] Arzneimittel, die nicht durch die Vorschriften des § 44 oder der nach § 45 Abs. 1 erlassenen Rechtsverordnung für den Verkehr außerhalb der Apotheken freigegeben sind, dürfen außer in den Fällen des § 47 berufs- oder gewerbsmäßig für den Endverbrauch nur in Apotheken und ohne behördliche Erlaubnis nicht im Wege des Versandes in den Verkehr gebracht werden; das Nähere regelt das Apothekengesetz[2)].[3)] [2] Außerhalb der Apotheken darf außer in den Fällen des § 47 Abs. 1 mit den nach Satz 1 den Apotheken vorbehaltenen Arzneimitteln kein Handel getrieben werden. [3] Die Angaben über die Ausstellung oder Änderung einer Erlaubnis zum Versand von Arzneimitteln nach Satz 1 sind in die Datenbank nach § 67a einzugeben.

(2) Die nach Absatz 1 Satz 1 den Apotheken vorbehaltenen Arzneimittel dürfen von juristischen Personen, nicht rechtsfähigen Vereinen und Gesellschaften des bürgerlichen Rechts und des Handelsrechts an ihre Mitglieder nicht abgegeben werden, es sei denn, dass es sich bei den Mitgliedern um Apotheken oder um die in § 47 Abs. 1 genannten Personen und Einrichtungen handelt und die Abgabe unter den dort bezeichneten Voraussetzungen erfolgt.

(3) Auf Verschreibung dürfen Arzneimittel nur von Apotheken abgegeben werden.

(3a) [1] Abweichend von den Absätzen 1 bis 3 dürfen ärztliche Einrichtungen, die auf die Behandlung von Gerinnungsstörungen bei Hämophilie spezialisiert sind, in ihren Räumlichkeiten einen Vorrat an Arzneimitteln zur spezifischen Therapie von Gerinnungsstörungen bei Hämophilie für den unvorhersehbaren und dringenden Bedarf (Notfallvorrat) bereithalten. [2] Im Rahmen der Notfallversorgung darf ein hämostaseologisch qualifizierter Arzt Arzneimittel aus dem Notfallvorrat nach Satz 1 an Patienten oder Einrichtungen der Krankenversorgung abgeben.

**§ 44**[4)] **Ausnahme von der Apothekenpflicht.** (1) Arzneimittel, die von dem pharmazeutischen Unternehmer ausschließlich zu anderen Zwecken als zur Beseitigung oder Linderung von Krankheiten, Leiden, Körperschäden oder krankhaften Beschwerden zu dienen bestimmt sind, sind für den Verkehr außerhalb der Apotheken freigegeben.

(2) Ferner sind für den Verkehr außerhalb der Apotheken freigegeben:

1. a) natürliche Heilwässer sowie deren Salze, auch als Tabletten oder Pastillen,
   b) künstliche Heilwässer sowie deren Salze, auch als Tabletten oder Pastillen, jedoch nur, wenn sie in ihrer Zusammensetzung natürlichen Heilwässern entsprechen,
2. Heilerde, Bademoore und andere Peloide, Zubereitungen zur Herstellung von Bädern, Seifen zum äußeren Gebrauch,

---

[1)] § 43 Abs. 1 Satz 3 angef. mWv 23.7.2009 durch G v. 17.7.2009 (BGBl. I S. 1990); Abs. 5 Sätze 3–5 angef. mWv 31.5.2011 durch G v. 25.5.2011 (BGBl. I S. 946); Abs. 3a eingef. mWv 1.9.2020 durch G v. 9.8.2019 (BGBl. I S. 1202, geänd. durch G v. 19.5.2020, BGBl. I S. 1018); Überschrift, Abs. 1 Sätze 1, 2 und Abs. 3 Satz 1 geänd., Satz 2 und Abs. 4–6 aufgeh. mWv 28.1.2022 durch G v. 27.9.2021 (BGBl. I S. 4530).

[2)] Nr. **271**.

[3)] Siehe zum Versand von Arzneimitteln §§ 11a und 11b ApothekenG (Nr. **271**).

[4)] § 44 Abs. 3 Nr. 1 neu gef. mWv 28.1.2022 durch G v. 27.9.2021 (BGBl. I S. 4530).

3. mit ihren verkehrsüblichen deutschen Namen bezeichnete
   a) Pflanzen und Pflanzenteile, auch zerkleinert,
   b) Mischungen aus ganzen oder geschnittenen Pflanzen oder Pflanzenteilen als Fertigarzneimittel,
   c) Destillate aus Pflanzen und Pflanzenteilen,
   d) Presssäfte aus frischen Pflanzen und Pflanzenteilen, sofern sie ohne Lösungsmittel mit Ausnahme von Wasser hergestellt sind,
4. Pflaster,
5. ausschließlich oder überwiegend zum äußeren Gebrauch bestimmte Desinfektionsmittel sowie Mund- und Rachendesinfektionsmittel.

(3) Die Absätze 1 und 2 gelten nicht für Arzneimittel, die
1. der Verschreibungspflicht nach § 48 unterliegen oder
2. durch Rechtsverordnung nach § 46 vom Verkehr außerhalb der Apotheken ausgeschlossen sind.

**§ 45[1)] Ermächtigung zu weiteren Ausnahmen von der Apothekenpflicht.** (1) Das Bundesministerium wird ermächtigt, im Einvernehmen mit dem Bundesministerium für Wirtschaft und Energie nach Anhörung von Sachverständigen durch Rechtsverordnung mit Zustimmung des Bundesrates Stoffe, Zubereitungen aus Stoffen oder Gegenstände, die dazu bestimmt sind, teilweise oder ausschließlich zur Beseitigung oder Linderung von Krankheiten, Leiden, Körperschäden oder krankhaften Beschwerden zu dienen, für den Verkehr außerhalb der Apotheken freizugeben,
1. soweit sie nicht der Verschreibungspflicht nach § 48 unterliegen,
2. soweit sie nicht wegen ihrer Zusammensetzung oder Wirkung die Prüfung, Aufbewahrung und Abgabe durch eine Apotheke erfordern,
3. soweit nicht durch ihre Freigabe eine unmittelbare oder mittelbare Gefährdung der der menschlichen Gesundheit, insbesondere durch unsachgemäße Behandlung, zu befürchten ist oder
4. soweit nicht durch ihre Freigabe die ordnungsgemäße Arzneimittelversorgung gefährdet wird.

(2) Die Freigabe kann auf Fertigarzneimittel, auf bestimmte Dosierungen, Anwendungsgebiete oder Darreichungsformen beschränkt werden.

(3) Die Rechtsverordnung ergeht im Einvernehmen mit dem Bundesministerium für Umwelt, Naturschutz und nukleare Sicherheit, soweit es sich um radioaktive Arzneimittel und um Arzneimittel handelt, bei deren Herstellung ionisierende Strahlen verwendet werden.

**§ 46[2)] Ermächtigung zur Ausweitung der Apothekenpflicht.** (1) Das Bundesministerium wird ermächtigt, im Einvernehmen mit dem Bundesministerium für Wirtschaft und Energie nach Anhörung von Sachverständigen durch

---

[1)] § 45 Abs. 1 Satz 1 einl. Satzteil, Satz 2 und Abs. 3 geänd. mWv 8.9.2015 durch VO v. 31.8.2015 (BGBl. I S. 1474); Abs. 3 geänd. mWv 27.6.2020 durch VO v. 19.6.2020 (BGBl. I S. 1328); Abs. 1 Satz 1 Nr. 1 neu gef., Nr. 3 geänd., Satz 2 aufgeh. mWv 28.1.2022 durch G v. 27.9.2021 (BGBl. I S. 4530).

[2)] § 46 Abs. 1 Sätze 1 und 2, Abs. 3 geänd. mWv 8.9.2015 durch VO v. 31.8.2015 (BGBl. I S. 1474); Abs. 3 geänd. mWv 27.6.2020 durch VO v. 19.6.2020 (BGBl. I S. 1328); Abs. 1 Satz 1 geänd., Satz 2 aufgeh. mWv 28.1.2022 durch G v. 27.9.2021 (BGBl. I S. 4530).

Rechtsverordnung mit Zustimmung des Bundesrates Arzneimittel im Sinne des § 44 vom Verkehr außerhalb der Apotheken auszuschließen, soweit auch bei bestimmungsgemäßem oder bei gewohnheitsmäßigem Gebrauch eine unmittelbare oder mittelbare Gefährdung der menschlichen Gesundheit zu befürchten ist.

(2) Die Rechtsverordnung nach Absatz 1 kann auf bestimmte Dosierungen, Anwendungsgebiete oder Darreichungsformen beschränkt werden.

(3) Die Rechtsverordnung ergeht im Einvernehmen mit dem Bundesministerium für Umwelt, Naturschutz und nukleare Sicherheit, soweit es sich um radioaktive Arzneimittel und um Arzneimittel handelt, bei deren Herstellung ionisierende Strahlen verwendet werden.

**§ 47[1)] Vertriebsweg.** (1) Pharmazeutische Unternehmer und Großhändler dürfen Arzneimittel, deren Abgabe den Apotheken vorbehalten ist, außer an Apotheken nur abgeben an

1. andere pharmazeutische Unternehmer und Großhändler,
2. Krankenhäuser und Ärzte, soweit es sich handelt um
   a) aus menschlichem Blut gewonnene Blutzubereitungen mit Ausnahme von Gerinnungsfaktorenzubereitungen,
   b) Gewebezubereitungen oder tierisches Gewebe,
   c) Infusionslösungen in Behältnissen mit mindestens 500 ml, die zum Ersatz oder zur Korrektur von Körperflüssigkeit bestimmt sind, sowie Lösungen zur Hämodialyse und Peritonealdialyse, die, soweit es sich um Lösungen zur Peritonealdialyse handelt, auf Verschreibung des nephrologisch qualifizierten Arztes im Rahmen der ärztlich kontrollierten Selbstbehandlung seiner Dialysepatienten an diese abgegeben werden dürfen,
   d) Zubereitungen, die ausschließlich dazu bestimmt sind, die Beschaffenheit, den Zustand oder die Funktion des Körpers oder seelische Zustände erkennen zu lassen,
   e) medizinische Gase, bei denen auch die Abgabe an Heilpraktiker zulässig ist,
   f) radioaktive Arzneimittel,
   g) Arzneimittel, die mit dem Hinweis „Zur klinischen Prüfung bestimmt" versehen sind, sofern sie kostenlos zur Verfügung gestellt werden,
   h) Blutegel und Fliegenlarven, bei denen auch die Abgabe an Heilpraktiker zulässig ist, oder
   i) Arzneimittel, die im Falle des § 21 Absatz 2 Nummer 3 zur Verfügung gestellt werden,

---

[1)] § 47 Abs. 1 Satz 1 Nr. 2 Buchst. b neu gef., Buchst. c, Buchst. f geänd., Buchst. h und i angef., Abs. 1c, Abs. 3 Satz 3 neu gef. mWv 23.7.2009 durch G v. 17.7.2009 (BGBl. I S. 1990); Abs. 1c Satz 1 Nr. 2 geänd. mWv 31.5.2011 durch G v. 25.5.2011 (BGBl. I S. 946); Abs. 1 Satz 1 Nr. 3a geänd. mWv 29.3.2013 durch G v. 21.3.2013 (BGBl. I S. 566); Abs. 1c Satz 3 geänd. mWv 1.4.2014 durch G v. 10.10.2013 (BGBl. I S. 3813); Abs. 1 Satz 2 und Abs. 1c Satz 2 geänd. mWv 8.9.2015 durch VO v. 31.8.2015 (BGBl. I S. 1474); Abs. 4 Satz 1 geänd. mWv 5.4.2017 durch G v. 29.3.2017 (BGBl. I S. 626); Abs. 1 Satz 1 Nr. 9 geänd., Nr. 10 angef. mWv 16.8.2019, Abs. 1 Satz 1 Nr. 2 Buchst. a geänd. mWv 1.9.2020 durch G v. 9.8.2019 (BGBl. I S. 1202, geänd. durch G v. 19.5.2020, BGBl. I S. 1018); Abs. 1 Satz 1 Nr. 2 Buchst. i geänd., Satz 2 und Abs. 1a–1c aufgeh., Abs. 2 Satz 2 geänd., Abs. 3 Satz 1 Nr. 1–3 neu gef., Satz 2 geänd. mWv 28.1.2022 durch G v. 27.9.2021 (BGBl. I S. 4530).

3. Krankenhäuser, Gesundheitsämter und Ärzte, soweit es sich um Impfstoffe handelt, die dazu bestimmt sind, bei einer unentgeltlichen auf Grund des § 20 Abs. 5, 6 oder 7 des Infektionsschutzgesetzes[1] vom 20. Juli 2000 (BGBl. I S. 1045) durchgeführten Schutzimpfung angewendet zu werden oder soweit eine Abgabe von Impfstoffen zur Abwendung einer Seuchen- oder Lebensgefahr erforderlich ist,

3a. spezielle Gelbfieber-Impfstellen gemäß § 7 des Gesetzes zur Durchführung der Internationalen Gesundheitsvorschriften (2005), soweit es sich um Gelbfieberimpfstoff handelt,

3b. Krankenhäuser und Gesundheitsämter, soweit es sich um Arzneimittel mit antibakterieller oder antiviraler Wirkung handelt, die dazu bestimmt sind, auf Grund des § 20 Abs. 5, 6 oder 7 des Infektionsschutzgesetzes zur spezifischen Prophylaxe gegen übertragbare Krankheiten angewendet zu werden,

3c. Gesundheitsbehörden des Bundes oder der Länder oder von diesen im Einzelfall benannte Stellen, soweit es sich um Arzneimittel handelt, die für den Fall einer bedrohlichen übertragbaren Krankheit, deren Ausbreitung eine sofortige und das übliche Maß erheblich überschreitende Bereitstellung von spezifischen Arzneimitteln erforderlich macht, bevorratet werden,

4. Veterinärbehörden, soweit es sich um Arzneimittel handelt, die zur Durchführung öffentlich-rechtlicher Maßnahmen bestimmt sind,

5. auf gesetzlicher Grundlage eingerichtete oder im Benehmen mit dem Bundesministerium von der zuständigen Behörde anerkannte zentrale Beschaffungsstellen für Arzneimittel,

6. Tierärzte im Rahmen des Betriebes einer tierärztlichen Hausapotheke, soweit es sich um Fertigarzneimittel handelt, zur Anwendung an den von ihnen behandelten Tieren und zur Abgabe an deren Halter,

7. zur Ausübung der Zahnheilkunde berechtigte Personen, soweit es sich um Fertigarzneimittel handelt, die ausschließlich in der Zahnheilkunde verwendet und bei der Behandlung am Patienten angewendet werden,

8. Einrichtungen von Forschung und Wissenschaft, denen eine Erlaubnis nach § 3 des Betäubungsmittelgesetzes[2] erteilt worden ist, die zum Erwerb des betreffenden Arzneimittels berechtigt,

9. Hochschulen, soweit es sich um Arzneimittel handelt, die für die Ausbildung der Studierenden der Pharmazie und der Veterinärmedizin benötigt werden,

10. staatlich anerkannte Lehranstalten für pharmazeutisch-technische Assistentinnen und Assistenten, sofern es sich um Arzneimittel handelt, die für die Ausbildung benötigt werden.

(2) [1]Die in Absatz 1 Nr. 5 bis 9 bezeichneten Empfänger dürfen die Arzneimittel nur für den eigenen Bedarf im Rahmen der Erfüllung ihrer Aufgaben beziehen. [2]Die in Absatz 1 Nr. 5 bezeichneten zentralen Beschaffungsstellen dürfen nur anerkannt werden, wenn nachgewiesen wird, dass sie unter fachlicher Leitung eines Apothekers stehen und geeignete Räume und Einrichtungen zur Prüfung, Kontrolle und Lagerung der Arzneimittel vorhanden sind.

---

[1] Nr. 285.
[2] **Sartorius Nr. 275.**

(3) [1] Pharmazeutische Unternehmer dürfen Muster eines Fertigarzneimittels abgeben oder abgeben lassen an

1. Ärzte oder Zahnärzte,
2. andere Personen, die die Heilkunde oder Zahnheilkunde beim Menschen berufsmäßig ausüben, soweit es sich nicht um verschreibungspflichtige Arzneimittel handelt,
3. Ausbildungsstätten für die humanmedizinischen Heilberufe.

[2] Pharmazeutische Unternehmer dürfen Muster eines Fertigarzneimittels an Ausbildungsstätten für die humanmedizinischen Heilberufe nur in einem dem Zweck der Ausbildung angemessenen Umfang abgeben oder abgeben lassen. [3] Muster dürfen keine Stoffe oder Zubereitungen

1. im Sinne des § 2 des Betäubungsmittelgesetzes, die als solche in Anlage II oder III des Betäubungsmittelgesetzes aufgeführt sind, oder
2. die nach § 48 Absatz 2 Satz 3 nur auf Sonderrezept verschrieben werden dürfen,

enthalten.

(4) [1] Pharmazeutische Unternehmer dürfen Muster eines Fertigarzneimittels an Personen nach Absatz 3 Satz 1 nur auf jeweilige schriftliche oder elektronische Anforderungen, in der kleinsten Packungsgröße und in einem Jahr von einem Fertigarzneimittel nicht mehr als zwei Muster abgeben oder abgeben lassen. [2] Mit den Mustern ist die Fachinformation, soweit diese nach § 11a vorgeschrieben ist, zu übersenden. [3] Das Muster dient insbesondere der Information des Arztes über den Gegenstand des Arzneimittels. [4] Über die Empfänger von Mustern sowie über Art, Umfang und Zeitpunkt der Abgabe von Mustern sind gesondert für jeden Empfänger Nachweise zu führen und auf Verlangen der zuständigen Behörde vorzulegen.

**§ 47a Sondervertriebsweg, Nachweispflichten.** (1) [1] Pharmazeutische Unternehmer dürfen ein Arzneimittel, das zur Vornahme eines Schwangerschaftsabbruchs zugelassen ist, nur an Einrichtungen im Sinne des § 13 des Schwangerschaftskonfliktgesetzes[1)] vom 27. Juli 1992 (BGBl. I S. 1398), geändert durch Artikel 1 des Gesetzes vom 21. August 1995 (BGBl. I S. 1050), und nur auf Verschreibung eines dort behandelnden Arztes abgeben. [2] Andere Personen dürfen die in Satz 1 genannten Arzneimittel nicht in den Verkehr bringen.

(2) [1] Pharmazeutische Unternehmer haben die zur Abgabe bestimmten Packungen der in Absatz 1 Satz 1 genannten Arzneimittel fortlaufend zu nummerieren; ohne diese Kennzeichnung darf das Arzneimittel nicht abgegeben werden. [2] Über die Abgabe haben pharmazeutische Unternehmer, über den Erhalt und die Anwendung haben die Einrichtung und der behandelnde Arzt Nachweise zu führen und diese Nachweise auf Verlangen der zuständigen Behörde zur Einsichtnahme vorzulegen.

(2a) Pharmazeutische Unternehmer sowie die Einrichtung haben die in Absatz 1 Satz 1 genannten Arzneimittel, die sich in ihrem Besitz befinden, gesondert aufzubewahren und gegen unbefugte Entnahme zu sichern.

---

**1) Habersack, Deutsche Gesetze ErgBd. Nr. 85e.**

(3) Die §§ 43 und 47 finden auf die in Absatz 1 Satz 1 genannten Arzneimittel keine Anwendung.

**§ 47b[1] Sondervertriebsweg Diamorphin.** (1) [1] Pharmazeutische Unternehmer dürfen ein diamorphinhaltiges Fertigarzneimittel, das zur substitutionsgestützten Behandlung zugelassen ist, nur an anerkannte Einrichtungen im Sinne des § 13 Absatz 3 Satz 2 Nummer 2a des Betäubungsmittelgesetzes[2] und nur auf Verschreibung eines dort behandelnden Arztes abgeben. [2] Andere Personen dürfen die in Satz 1 genannten Arzneimittel nicht in Verkehr bringen.

(2) Die §§ 43 und 47 finden auf die in Absatz 1 Satz 1 genannten Arzneimittel keine Anwendung.

**§ 48[3] Verschreibungspflicht.** (1) [1] Die folgenden Arzneimittel dürfen nur bei Vorliegen einer ärztlichen oder zahnärztlichen Verschreibung oder einer tierärztlichen Verschreibung an Verbraucher abgegeben werden:

1. Arzneimittel, die durch Rechtsverordnung nach Absatz 2, auch in Verbindung mit Absatz 5, bestimmte Stoffe, Zubereitungen aus Stoffen oder Gegenstände sind oder denen solche Stoffe oder Zubereitungen aus Stoffen zugesetzt sind, sowie
2. Arzneimittel, die
   a) Stoffe enthalten, deren Wirkungen in der medizinischen Wissenschaft nicht allgemein bekannt sind,
   b) Zubereitungen von Stoffen im Sinne des Buchstaben a enthalten oder
   c) Zubereitungen aus in ihren Wirkungen allgemein bekannten Stoffen sind, wenn
      aa) die Wirkungen dieser Zubereitungen weder in der medizinischen Wissenschaft allgemein bekannt noch nach Zusammensetzung, Dosierung, Darreichungsform oder Anwendungsgebiet der Zubereitung bestimmbar sind und
      bb) diese Zubereitungen nicht außerhalb der Apotheken abgegeben werden dürfen.

[2] Satz 1 Nummer 1 gilt nicht für die Abgabe durch Apotheken zur Ausstattung der Kauffahrteischiffe im Hinblick auf die Arzneimittel, die auf Grund seearbeitsrechtlicher Vorschriften für den Schutz der Gesundheit der Personen an Bord und deren unverzügliche angemessene medizinische Betreuung an Bord erforderlich sind. [3] An die Stelle der Verschreibungspflicht nach Satz 1 Num-

---

[1] § 47b eingef. mWv 21.7.2009 durch G v. 15.7.2009 (BGBl. I S. 1801).

[2] **Sartorius Nr. 275.**

[3] § 48 Abs. 1 Satz 1 Nr. 1, Nr. 2 geänd., Nr. 3 eingef., Sätze 3–5 angef., Abs. 2 Satz 1 geänd., Nr. 1 neu gef., Sätze 2 und 3 angef. mWv 23.7.2009 durch G v. 17.7.2009 (BGBl. I S. 1990); Abs. 2 Satz 2 geänd. mWv 26.10.2012 durch G v. 19.10.2012 (BGBl. I S. 2192); Abs. 1 Satz 2 neu gef. mWv 1.8. 2013 durch G v. 20.4.2013 (BGBl. I S. 868); Abs. 2 Satz 1, Abs. 4, 5 und 6 geänd. mWv 8.9.2015 durch VO v. 31.8.2015 (BGBl. I S. 1474); Abs. 1 Sätze 2 und 3 eingef., bish. Satz 2 wird Satz 4 und geänd., bish. Sätze 3–5 werden Sätze 5–7, Abs. 2 Satz 1 Nr. 1, 7 geänd., Nr. 8 angef. mWv 24.12. 2016 durch G v. 20.12.2016 (BGBl. I S. 3048); Abs. 1 Sätze 2, 3 aufgeh., bish. Satz 4 wird Satz 2 und geänd., bish. Sätze 5–7 werden Sätze 3–5, Abs. 2 Satz 1 Nr. 1, 7 geänd., Nr. 8 aufgeh. mWv 16.8. 2019 durch G v. 9.8.2019 (BGBl. I S. 1202); Abs. 2 Satz 1 Nr. 5 neu gef. mWv 1.3.2020 durch G v. 10.2.2020 (BGBl. I S. 148); Abs. 5 geänd. mWv 27.6.2020 durch VO v. 19.6.2020 (BGBl. I S. 1328); Abs. 2 Satz 3 Nr. 1 neu gef., Nr. 3 geänd. mWv 9.6.2021 durch G v. 3.6.2021 (BGBl. I S. 1309); Abs. 1, Abs. 2 Satz 1 Nr. 1, Nr. 2 Buchst. a und b neu gef., Buchst. c aufgeh., Abs. 3 Sätze 1 und 3 geänd., Abs. 4 und 6 aufgeh. mWv 28.1.2022 durch G v. 27.9.2021 (BGBl. I S. 4530).

mer 2 tritt mit der Aufnahme des betreffenden Stoffes oder der betreffenden Zubereitung in die Rechtsverordnung nach Absatz 2 Nummer 1 die Verschreibungspflicht nach der Rechtsverordnung.

(2) [1]Das Bundesministerium wird ermächtigt, im Einvernehmen mit dem Bundesministerium für Wirtschaft und Energie durch Rechtsverordnung[1)] mit Zustimmung des Bundesrates

1. Stoffe oder Zubereitungen aus Stoffen zu bestimmen, bei denen die Voraussetzungen nach Absatz 1 Satz 1 Nummer 2 vorliegen,
2. Stoffe, Zubereitungen aus Stoffen oder Gegenstände zu bestimmen,
   a) die die Gesundheit des Menschen auch bei bestimmungsgemäßem Gebrauch unmittelbar oder mittelbar gefährden können, wenn sie ohne ärztliche oder zahnärztliche Überwachung angewendet werden, oder
   b) die häufig in erheblichem Umfang nicht bestimmungsgemäß gebraucht werden, wenn dadurch die menschliche Gesundheit unmittelbar oder mittelbar gefährdet werden kann,
3. die Verschreibungspflicht für Arzneimittel aufzuheben, wenn auf Grund der bei der Anwendung des Arzneimittels gemachten Erfahrungen die Voraussetzungen nach Nummer 2 nicht oder nicht mehr vorliegen, bei Arzneimitteln nach Nummer 1 kann frühestens drei Jahre nach Inkrafttreten der zugrunde liegenden Rechtsverordnung die Verschreibungspflicht aufgehoben werden,
4. für Stoffe oder Zubereitungen aus Stoffen vorzuschreiben, dass sie nur abgegeben werden dürfen, wenn in der Verschreibung bestimmte Höchstmengen für den Einzel- und Tagesgebrauch nicht überschritten werden oder wenn die Überschreitung vom Verschreibenden ausdrücklich kenntlich gemacht worden ist,
5. zu bestimmen, ob und wie oft ein Arzneimittel auf dieselbe Verschreibung wiederholt abgegeben werden darf,
6. vorzuschreiben, dass ein Arzneimittel nur auf eine Verschreibung von Ärzten eines bestimmten Fachgebietes oder zur Anwendung in für die Behandlung mit dem Arzneimittel zugelassenen Einrichtungen abgegeben werden darf oder über die Verschreibung, Abgabe und Anwendung Nachweise geführt werden müssen,
7. Vorschriften über die Form und den Inhalt der Verschreibung, einschließlich der Verschreibung in elektronischer Form, zu erlassen.

[2]Die Rechtsverordnungen nach Satz 1 Nummer 2 bis 7 werden nach Anhörungen von Sachverständigen erlassen, es sei denn, es handelt sich um Arzneimittel, die nach Artikel 3 Absatz 1 oder 2 der Verordnung (EG) Nr. 726/2004 zugelassen sind oder die solchen Arzneimitteln im Hinblick auf Wirkstoff, Indikation, Wirkstärke und Darreichungsform entsprechen. [3]In der Rechtsverordnung nach Satz 1 Nummer 7 kann für Arzneimittel, deren Verschreibung die Beachtung besonderer Sicherheitsanforderungen erfordert, vorgeschrieben werden, dass

---

[1)] Siehe die ArzneimittelverschreibungsVO v. 21.12.2005 (BGBl. I S. 3632), zuletzt geänd. durch G v. 3.6.2021 (BGBl. I S. 1309).

1. die Verschreibung nur auf einem amtlichen Formblatt, das von der zuständigen Bundesoberbehörde auf Anforderung eines Arztes entweder ausgegeben oder in elektronischer Form zur Verfügung gestellt wird, erfolgen darf,
2. das Formblatt Angaben zur Anwendung sowie Bestätigungen enthalten muss, insbesondere zu Aufklärungspflichten über Anwendung und Risiken des Arzneimittels, und
3. eine Durchschrift der Verschreibung durch die Apotheke an die zuständige Bundesoberbehörde zurückzugeben ist oder die in elektronischer Form erfolgte Verschreibung der Bundesoberbehörde als elektronische Kopie automatisiert übermittelt wird.

(3) [1] Die Rechtsverordnung nach Absatz 2, auch in Verbindung mit Absatz 5, kann auf bestimmte Dosierungen, Potenzierungen, Darreichungsformen, Fertigarzneimittel oder Anwendungsbereiche beschränkt werden. [2] Ebenso kann eine Ausnahme von der Verschreibungspflicht für die Abgabe an Hebammen und Entbindungspfleger vorgesehen werden, soweit dies für eine ordnungsgemäße Berufsausübung erforderlich ist. [3] Die Beschränkung auf bestimmte Fertigarzneimittel nach Satz 1 erfolgt, wenn gemäß Artikel 74a der Richtlinie 2001/83/EG die Aufhebung der Verschreibungspflicht auf Grund signifikanter vorklinischer oder klinischer Versuche erfolgt ist; dabei ist der nach Artikel 74a vorgesehene Zeitraum von einem Jahr zu beachten.

(4) *(aufgehoben)*

(5) Die Rechtsverordnung ergeht im Einvernehmen mit dem Bundesministerium für Umwelt, Naturschutz und nukleare Sicherheit, soweit es sich um radioaktive Arzneimittel und um Arzneimittel handelt, bei deren Herstellung ionisierende Strahlen verwendet werden.

**§ 49** (weggefallen)

**§ 50[1] Einzelhandel mit freiverkäuflichen Arzneimitteln.** (1) [1] Einzelhandel außerhalb von Apotheken mit Arzneimitteln, die zum Verkehr außerhalb der Apotheken freigegeben sind, darf nur betrieben werden, wenn der Unternehmer, eine zur Vertretung des Unternehmens gesetzlich berufene oder eine von dem Unternehmer mit der Leitung des Unternehmens oder mit dem Verkauf beauftragte Person die erforderliche Sachkenntnis besitzt. [2] Bei Unternehmen mit mehreren Betriebsstellen muss für jede Betriebsstelle eine Person vorhanden sein, die die erforderliche Sachkenntnis besitzt.

(2) [1] Die erforderliche Sachkenntnis besitzt, wer Kenntnisse und Fertigkeiten über das ordnungsgemäße Abfüllen, Abpacken, Kennzeichnen, Lagern und Inverkehrbringen von Arzneimitteln, die zum Verkehr außerhalb der Apotheken freigegeben sind, sowie Kenntnisse über die für diese Arzneimittel geltenden Vorschriften nachweist. [2] Das Bundesministerium wird ermächtigt, im Einvernehmen mit dem Bundesministerium für Wirtschaft und Energie und dem Bundesministerium für Bildung und Forschung durch Rechtsverordnung mit Zustimmung des Bundesrates Vorschriften darüber zu erlassen, wie der Nachweis der erforderlichen Sachkenntnis zu erbringen ist, um einen ordnungsgemäßen Verkehr mit Arzneimitteln zu gewährleisten. [3] Es kann dabei Prü-

[1] § 50 Abs. 2 Sätze 2 und 5 geänd. mWv 8.9.2015 durch VO v. 31.8.2015 (BGBl. I S. 1474); Abs. 1 Satz 1 geänd., Abs. 2 Satz 5 aufgeh., Abs. 3 Nr. 2 geänd. mWv 28.1.2022 durch G v. 27.9.2021 (BGBl. I S. 4530).

fungszeugnisse über eine abgeleistete berufliche Aus- oder Fortbildung als Nachweis anerkennen. [4] Es kann ferner bestimmen, dass die Sachkenntnis durch eine Prüfung vor der zuständigen Behörde oder einer von ihr bestimmten Stelle nachgewiesen wird und das Nähere über die Prüfungsanforderungen und das Prüfungsverfahren regeln.

(3) Einer Sachkenntnis nach Absatz 1 bedarf nicht, wer Fertigarzneimittel im Einzelhandel in den Verkehr bringt, die

1. im Reisegewerbe abgegeben werden dürfen,
2. zur Verhütung der Schwangerschaft oder von Geschlechtskrankheiten bestimmt sind,
3. (weggefallen)
4. ausschließlich zum äußeren Gebrauch bestimmte Desinfektionsmittel oder
5. Sauerstoff sind.

**§ 51[1)] Abgabe im Reisegewerbe.** (1) Das Feilbieten von Arzneimitteln und das Aufsuchen von Bestellungen auf Arzneimittel im Reisegewerbe sind verboten; ausgenommen von dem Verbot sind für den Verkehr außerhalb der Apotheken freigegebene Fertigarzneimittel, die

1. mit ihren verkehrsüblichen deutschen Namen bezeichnete, in ihren Wirkungen allgemein bekannte Pflanzen oder Pflanzenteile oder Presssäfte aus frischen Pflanzen oder Pflanzenteilen sind, sofern diese mit keinem anderen Lösungsmittel als Wasser hergestellt wurden, oder
2. Heilwässer und deren Salze in ihrem natürlichen Mischungsverhältnis oder ihre Nachbildungen sind.

(2) [1] Das Verbot des Absatzes 1 erster Halbsatz findet keine Anwendung, soweit der Gewerbetreibende andere Personen im Rahmen ihres Geschäftsbetriebes aufsucht. [2] Dies gilt auch für Handlungsreisende und andere Personen, die im Auftrag und im Namen eines Gewerbetreibenden tätig werden.

**§ 52[2)] Verbot der Selbstbedienung.** (1) Arzneimittel dürfen nicht durch Automaten oder andere Formen der Selbstbedienung in den Verkehr gebracht werden.

(2) Absatz 1 gilt nicht für Fertigarzneimittel, die

1. im Reisegewerbe abgegeben werden dürfen,
2. zur Verhütung der Schwangerschaft oder von Geschlechtskrankheiten bestimmt und zum Verkehr außerhalb der Apotheken freigegeben sind,
3. (weggefallen)
4. ausschließlich zum äußeren Gebrauch bestimmte Desinfektionsmittel oder
5. Sauerstoff sind.

(3) Absatz 1 Nr. 2 gilt ferner nicht für Arzneimittel, die für den Verkehr außerhalb der Apotheken freigegeben sind, wenn eine Person, die die Sachkenntnis nach § 50 besitzt, zur Verfügung steht.

---

[1)] § 51 Abs. 2 Satz 1 geänd. mWv 28.1.2022 durch G v. 27.9.2021 (BGBl. I S. 4530).

[2)] § 52 Abs. 1 neu gef., Abs. 2 Nr. 2 geänd. mWv 28.1.2022 durch G v. 27.9.2021 (BGBl. I S. 4530).

**§ 52a[1)] Großhandel mit Arzneimitteln.** (1) [1] Wer Großhandel mit Arzneimitteln betreibt, bedarf einer Erlaubnis. [2] Ausgenommen von dieser Erlaubnispflicht sind die in § 51 Absatz 1 Nummer 2 genannten und für den Verkehr außerhalb von Apotheken freigegebenen Fertigarzneimittel.

(2) Mit dem Antrag hat der Antragsteller

1. die bestimmte Betriebsstätte sowie die Tätigkeiten und die Arzneimittel zu benennen, für die die Erlaubnis erteilt werden soll,
2. Nachweise darüber vorzulegen, dass er über geeignete und ausreichende Räumlichkeiten, Anlagen und Einrichtungen verfügt, um eine ordnungsgemäße Lagerung und einen ordnungsgemäßen Vertrieb und, soweit vorgesehen, ein ordnungsgemäßes Umfüllen, Abpacken und Kennzeichnen von Arzneimitteln zu gewährleisten,
3. eine verantwortliche Person zu benennen, die die zur Ausübung der Tätigkeit erforderliche Sachkenntnis besitzt, und
4. eine Erklärung beizufügen, in der er sich schriftlich verpflichtet, die für den ordnungsgemäßen Betrieb eines Großhandels geltenden Regelungen einzuhalten.

(3) [1] Die Entscheidung über die Erteilung der Erlaubnis trifft die zuständige Behörde des Landes, in dem die Betriebsstätte liegt oder liegen soll. [2] Die zuständige Behörde hat eine Entscheidung über den Antrag auf Erteilung der Erlaubnis innerhalb einer Frist von drei Monaten zu treffen. [3] Verlangt die zuständige Behörde vom Antragsteller weitere Angaben zu den Voraussetzungen nach Absatz 2, so wird die in Satz 2 genannte Frist so lange ausgesetzt, bis die erforderlichen ergänzenden Angaben der zuständigen Behörde vorliegen.

(4) Die Erlaubnis darf nur versagt werden, wenn

1. die Voraussetzungen nach Absatz 2 nicht vorliegen,
2. Tatsachen die Annahme rechtfertigen, dass der Antragsteller oder die verantwortliche Person nach Absatz 2 Nr. 3 die zur Ausübung ihrer Tätigkeit erforderliche Zuverlässigkeit nicht besitzt oder
3. der Großhändler nicht in der Lage ist, zu gewährleisten, dass die für den ordnungsgemäßen Betrieb geltenden Regelungen eingehalten werden.

(5) [1] Die Erlaubnis ist zurückzunehmen, wenn nachträglich bekannt wird, dass einer der Versagungsgründe nach Absatz 4 bei der Erteilung vorgelegen hat. [2] Die Erlaubnis ist zu widerrufen, wenn die Voraussetzungen für die Erteilung der Erlaubnis nicht mehr vorliegen; anstelle des Widerrufs kann auch das Ruhen der Erlaubnis angeordnet werden.

(6) Eine Erlaubnis nach § 13 oder § 72 umfasst auch die Erlaubnis zum Großhandel mit den Arzneimitteln, auf die sich die Erlaubnis nach § 13 oder § 72 erstreckt.

(7) Die Absätze 1 bis 5 gelten nicht für die Tätigkeit der Apotheken im Rahmen des üblichen Apothekenbetriebes.

(8) [1] Der Inhaber der Erlaubnis hat jede Änderung der in Absatz 2 genannten Angaben sowie jede wesentliche Änderung der Großhandelstätigkeit unter

---

[1)] § 52a Abs. 4 Nr. 1, Nr. 2 geänd., Nr. 3 angef. mWv 23.7.2009 durch G v. 17.7.2009 (BGBl. I S. 1990); Abs. 1 Satz 2 neu gef. mWv 26.10.2012 durch G v. 19.10.2012 (BGBl. I S. 2192); Abs. 2 Nr. 1 geänd. mWv 24.12.2016 durch G v. 20.12.2016 (BGBl. I S. 3048); Abs. 1 Satz 1 geänd. mWv 28.1.2022 durch G v. 27.9.2021 (BGBl. I S. 4530).

Vorlage der Nachweise der zuständigen Behörde vorher anzuzeigen. [2]Bei einem unvorhergesehenen Wechsel der verantwortlichen Person nach Absatz 2 Nr. 3 hat die Anzeige unverzüglich zu erfolgen.

**§ 52b**[1)] **Bereitstellung von Arzneimitteln.** (1) Pharmazeutische Unternehmer und Betreiber von Arzneimittelgroßhandlungen, die im Geltungsbereich dieses Gesetzes ein tatsächlich in Verkehr gebrachtes Arzneimittel vertreiben, das durch die zuständige Bundesoberbehörde zugelassen worden ist oder für das durch die Europäische Gemeinschaft oder durch die Europäische Union eine Genehmigung für das Inverkehrbringen gemäß Artikel 3 Absatz 1 oder 2 der Verordnung (EG) Nr. 726/2004 erteilt worden ist, stellen eine angemessene und kontinuierliche Bereitstellung des Arzneimittels sicher, damit der Bedarf von Patienten im Geltungsbereich dieses Gesetzes gedeckt ist.

(2) [1]Pharmazeutische Unternehmer müssen im Rahmen ihrer Verantwortlichkeit eine bedarfsgerechte und kontinuierliche Belieferung vollversorgender Arzneimittelgroßhandlungen gewährleisten. [2]Vollversorgende Arzneimittelgroßhandlungen sind Großhandlungen, die ein vollständiges, herstellerneutral gestaltetes Sortiment an apothekenpflichtigen Arzneimitteln unterhalten, das nach Breite und Tiefe so beschaffen ist, dass damit der Bedarf von Patienten von den mit der Großhandlung in Geschäftsbeziehung stehenden Apotheken werktäglich innerhalb angemessener Zeit gedeckt werden kann; die vorzuhaltenden Arzneimittel müssen dabei mindestens dem durchschnittlichen Bedarf für zwei Wochen entsprechen. [3]Satz 1 gilt nicht für Arzneimittel, die dem Vertriebsweg des § 47 Absatz 1 Nummer 2 bis 10 oder des § 47a oder des § 47b unterliegen oder die aus anderen rechtlichen oder tatsächlichen Gründen nicht über den Großhandel ausgeliefert werden können.

(3) [1]Vollversorgende Arzneimittelgroßhandlungen müssen im Rahmen ihrer Verantwortlichkeit eine bedarfsgerechte und kontinuierliche Belieferung der mit ihnen in Geschäftsbeziehung stehenden Apotheken gewährleisten. [2]Satz 1 gilt entsprechend für andere Arzneimittelgroßhandlungen im Umfang der von ihnen jeweils vorgehaltenen Arzneimittel.

(3a) Pharmazeutische Unternehmer müssen im Rahmen ihrer Verantwortlichkeit Krankenhäuser im Falle ihnen bekannt gewordener Lieferengpässe bei verschreibungspflichtigen Arzneimitteln zur stationären Versorgung umgehend informieren.

(3b) [1]Beim Bundesinstitut für Arzneimittel und Medizinprodukte wird ein Beirat eingerichtet, der die Versorgungslage mit Arzneimitteln kontinuierlich beobachtet und bewertet. [2]Im Beirat sollen ein Vertreter der Interessen der Patientinnen und Patienten sowie die folgenden Verbände, Organisationen und Behörden vertreten sein:

1. die Fachgesellschaften der Ärzte,
2. die Berufsvertretungen der Apotheker,
3. die Arzneimittelkommissionen der Kammern der Heilberufe,

---

[1)] § 52b eingef. mWv 23.7.2009 durch G v. 17.7.2009 (BGBl. I S. 1990); Abs. 1 geänd. mWv 26.10.2012 durch G v. 19.10.2012 (BGBl. I S. 2192); Abs. 3a eingef. mWv 13.5.2017 durch G v. 4.5. 2017 (BGBl. I S. 1050); Abs. 2 Satz 3 geänd. mWv 16.8.2019 durch G v. 9.8.2019 (BGBl. I S. 1202); Abs. 3b–3f eingef. mWv 1.4.2020 durch G v. 22.3.2020 (BGBl. I S. 604); Abs. 1, Abs. 2 Satz 3 und Abs. 3b Satz 1 geänd. mWv 28.1.2022 durch G v. 27.9.2021 (BGBl. I S. 4530).

4. die für die Wahrnehmung der wirtschaftlichen Interessen gebildeten maßgeblichen Spitzenverbände der pharmazeutischen Unternehmer,
5. der Verband der vollversorgenden Arzneimittelgroßhandlungen,
6. der Spitzenverband Bund der Krankenkassen,
7. die Kassenärztliche Bundesvereinigung,
8. die Deutsche Krankenhausgesellschaft,
9. die zuständigen Bundesoberbehörden und die zuständigen Behörden.

[3] Das Bundesministerium benennt die teilnehmenden Verbände und Organisationen des Beirats. [4] Das Bundesinstitut für Arzneimittel und Medizinprodukte macht die teilnehmenden Verbände und Organisationen auf seiner Internetseite bekannt. [5] Der Beirat gibt sich eine Geschäftsordnung, die das Nähere zum Verfahren und zur Arbeitsweise des Beirats regelt. [6] Die Geschäftsordnung bedarf der Zustimmung des Bundesministeriums.

(3c) [1] Das Bundesinstitut für Arzneimittel und Medizinprodukte erstellt nach Anhörung des Beirats eine aktuelle Liste versorgungsrelevanter und versorgungskritischer Wirkstoffe und macht diese auf seiner Internetseite bekannt. [2] Zudem macht das Bundesinstitut für Arzneimittel und Medizinprodukte die ihm gemeldeten Lieferengpässe auf seiner Internetseite bekannt. [3] Sofern Wirkstoffe oder Arzneimittel im Zuständigkeitsbereich des Paul-Ehrlich-Instituts betroffen sind, erfolgt die Bekanntmachung nach den Sätzen 1 und 2 im Einvernehmen mit dem Paul-Ehrlich-Institut.

(3d) [1] Die zuständige Bundesoberbehörde kann nach Anhörung des Beirats im Fall eines drohenden oder bestehenden versorgungsrelevanten Lieferengpasses eines Arzneimittels geeignete Maßnahmen zu dessen Abwendung oder Abmilderung ergreifen. [2] Die zuständige Bundesoberbehörde kann insbesondere anordnen, dass pharmazeutische Unternehmer und Arzneimittelgroßhandlungen bestimmte Maßnahmen zur Gewährleistung der angemessenen und kontinuierlichen Bereitstellung von Arzneimitteln nach Absatz 1 ergreifen; dies schließt Maßnahmen zur Kontingentierung von Arzneimitteln ein. [3] Bei Arzneimitteln mit versorgungskritischen Wirkstoffen kann die zuständige Bundesoberbehörde nach Anhörung des Beirats zur Abwendung oder Abmilderung eines drohenden oder bestehenden versorgungrelevanten Lieferengpasses Maßnahmen zur Lagerhaltung anordnen.

(3e) [1] Auf Anforderung des Bundesinstituts für Arzneimittel und Medizinprodukte haben pharmazeutische Unternehmer und Arzneimittelgroßhandlungen zur Abwendung oder Abmilderung eines drohenden oder bestehenden versorgungsrelevanten Lieferengpasses eines Arzneimittels Daten zu verfügbaren Beständen, zur Produktion und zur Absatzmenge sowie Informationen zu drohenden Lieferengpässen des jeweiligen Arzneimittels mitzuteilen. [2] Sofern Wirkstoffe oder Arzneimittel im Zuständigkeitsbereich des Paul-Ehrlich-Instituts betroffen sind, erfolgt die Anforderung der Daten im Einvernehmen mit dem Paul-Ehrlich-Institut. [3] Die Daten können dem Beirat auf seine Anforderung in anonymisierter Form zur Beobachtung und Bewertung übermittelt werden.

(3f) [1] Das Bundesinstitut für Arzneimittel und Medizinprodukte erstellt nach Anhörung des Beirats eine Liste von Fertigarzneimitteln, für die eine regelmäßige Datenübermittlung zur Beurteilung der Versorgungslage erforderlich ist, und macht diese auf seiner Internetseite bekannt. [2] Pharmazeutische Unternehmer übermitteln dem Bundesinstitut für Arzneimittel und Medizinprodukte regelmäßig Daten in elektronischer Form zu verfügbaren Beständen, zur Produktion und zur Absatzmenge von Fertigarzneimitteln, die auf der Liste nach Satz 1 aufgeführt sind. [3]Das Bundesinstitut für Arzneimittel und Medizinprodukte kann, soweit es zur Beurteilung der Versorgungslage erforderlich ist, auch von Arzneimittelgroßhandlungen eine regelmäßige Datenübermittlung in elektronischer Form zu verfügbaren Beständen und zur Absatzmenge von Fertigarzneimitteln, die auf der Liste nach Satz 1 aufgeführt sind, fordern. [4]Das Bundesinstitut für Arzneimittel und Medizinprodukte legt das Verfahren und die Formatvorlagen für die elektronische Übermittlung der Daten fest und gibt diese auf seiner Internetseite bekannt. [5]Sofern Fertigarzneimittel im Zuständigkeitsbereich des Paul-Ehrlich-Instituts betroffen sind, erfolgt die Erstellung der Liste von Fertigarzneimitteln, die Festlegung des Verfahrens und der Formatvorlagen sowie die Bekanntmachung im Einvernehmen mit dem Paul-Ehrlich-Institut. [6]Die Daten können dem Beirat auf dessen Anforderung in anonymisierter Form zur Beobachtung und Bewertung übermittelt werden.

(4) Die Vorschriften des Gesetzes gegen Wettbewerbsbeschränkungen[1)] bleiben unberührt.

**§ 52c[2)] Arzneimittelvermittlung.** (1) Ein Arzneimittelvermittler darf im Geltungsbereich dieses Gesetzes nur tätig werden, wenn er seinen Sitz im Geltungsbereich dieses Gesetzes, in einem anderen Mitgliedstaat der Europäischen Union oder in einem anderen Vertragsstaat des Abkommens über den Europäischen Wirtschaftsraum hat.

(2) [1]Der Arzneimittelvermittler darf seine Tätigkeit erst nach Anzeige gemäß § 67 Absatz 1 Satz 1 bei der zuständigen Behörde und Registrierung durch die Behörde in eine öffentliche Datenbank nach § 67a oder einer Datenbank eines anderen Mitgliedstaates der Europäischen Union oder eines anderen Vertragsstaates des Abkommens über den Europäischen Wirtschaftsraum aufnehmen. [2]In der Anzeige sind vom Arzneimittelvermittler die Art der Tätigkeit, der Name und die Adresse anzugeben. [3]Zuständige Behörde nach Satz 1 ist die Behörde, in deren Zuständigkeitsbereich der Arzneimittelvermittler seinen Sitz hat.

(3) Erfüllt der Arzneimittelvermittler nicht die nach diesem Gesetz oder die nach einer auf Grund dieses Gesetzes erlassenen Verordnung vorgegebenen Anforderungen, kann die zuständige Behörde die Registrierung in der Datenbank versagen oder löschen.

**§ 53[3)] Anhörung von Sachverständigen.** (1) [1]Soweit nach § 45 Abs. 1 und § 46 Abs. 1 vor Erlass von Rechtsverordnungen Sachverständige anzuhören sind, errichtet hierzu das Bundesministerium durch Rechtsverordnung ohne Zustimmung des Bundesrates einen Sachverständigen-Ausschuss. [2]Dem Ausschuss sollen Sachverständige aus der medizinischen und pharmazeutischen Wissenschaft, den Krankenhäusern, den Heilberufen, den beteiligten Wirtschaftskreisen und den Sozialversicherungsträgern angehören. [3]In der Rechts-

---

1) **Habersack, Deutsche Gesetze Nr. 74.**

2) § 52c eingef. mWv 2.1.2013 durch G v. 19.10.2012 (BGBl. I S. 2192).

3) § 53 Abs. 2 Satz 1 geänd., Satz 2 angef. mWv 26.10.2012 durch G v. 19.10.2012 (BGBl. I S. 2192); Abs. 1 Satz 4 geänd. mWv 8.9.2015 durch VO v. 31.8.2015 (BGBl. I S. 1474); Abs. 1 Satz 1 geänd. mWv 16.8.2019 durch G v. 9.8.2019 (BGBl. I S. 1202); Abs. 1 Satz 4 aufgeh., Abs. 2 Satz 1 geänd. mWv 28.1.2022 durch G v. 27.9.2021 (BGBl. I S. 4530).

verordnung kann das Nähere über die Zusammensetzung, die Berufung der Mitglieder und das Verfahren des Ausschusses bestimmt werden.

(2) [1]Soweit nach § 48 Abs. 2 vor Erlass der Rechtsverordnung Sachverständige anzuhören sind, gilt Absatz 1 entsprechend mit der Maßgabe, dass dem Ausschuss Sachverständige aus der medizinischen und pharmazeutischen Wissenschaft sowie Sachverständige der Arzneimittelkommissionen der Ärzte und Apotheker angehören sollen. [2]Die Vertreter der medizinischen und pharmazeutischen Praxis und der pharmazeutischen Industrie nehmen ohne Stimmrecht an den Sitzungen teil.

## Achter Abschnitt. Sicherung und Kontrolle der Qualität

**§ 54[1)] Betriebsverordnungen.** (1) [1]Das Bundesministerium wird ermächtigt, im Einvernehmen mit dem Bundesministerium für Wirtschaft und Energie durch Rechtsverordnung[2)] mit Zustimmung des Bundesrates Betriebsverordnungen für Betriebe oder Einrichtungen zu erlassen, die Arzneimittel in den Geltungsbereich dieses Gesetzes verbringen oder in denen Arzneimittel entwickelt, hergestellt, geprüft, gelagert, verpackt oder in den Verkehr gebracht werden oder in denen sonst mit Arzneimitteln Handel getrieben wird, soweit es geboten ist, um einen ordnungsgemäßen Betrieb und die erforderliche Qualität der Arzneimittel sowie die Pharmakovigilanz sicherzustellen; dies gilt entsprechend für Wirkstoffe und andere zur Arzneimittelherstellung bestimmte Stoffe sowie für Gewebe. [2]Die Rechtsverordnung ergeht im Einvernehmen mit dem Bundesministerium für Umwelt, Naturschutz und nukleare Sicherheit, soweit es sich um radioaktive Arzneimittel oder um Arzneimittel handelt, bei deren Herstellung ionisierende Strahlen verwendet werden.

(2) In der Rechtsverordnung nach Absatz 1 können insbesondere Regelungen getroffen werden über die

1. Entwicklung, Herstellung, Prüfung, Lagerung, Verpackung, Qualitätssicherung, den Erwerb, die Bereitstellung, die Bevorratung und das Inverkehrbringen,
2. Führung und Aufbewahrung von Nachweisen über die in der Nummer 1 genannten Betriebsvorgänge,
3. Haltung und Kontrolle der bei der Herstellung und Prüfung der Arzneimittel verwendeten Tiere und die Nachweise darüber,
4. Anforderungen an das Personal,
5. Beschaffenheit, Größe und Einrichtung der Räume,
6. Anforderungen an die Hygiene,
7. Beschaffenheit der Behältnisse,
8. Kennzeichnung der Behältnisse, in denen Arzneimittel und deren Ausgangsstoffe vorrätig gehalten werden,

---

[1)] § 54 Abs. 1 Satz 1 geänd. mWv 1.8.2007 durch G v. 20.7.2007 (BGBl. I S. 1574); Abs. 2 Nr. 1, Abs. 3 geänd. mWv 23.7.2009 durch G v. 17.7.2009 (BGBl. I S. 1990); Abs. 1 Satz 1 geänd. mWv 26.10.2012 durch G v. 19.10.2012 (BGBl. I S. 2192); Abs. 1 Sätze 1–3 geänd. mWv 8.9.2015 durch VO v. 31.8.2015 (BGBl. I S. 1474); Abs. 1 Satz 3 geänd. mWv 27.6.2020 durch VO v. 19.6.2020 (BGBl. I S. 1328); Abs. 1 Satz 2 aufgeh., bish. Satz 3 wird Satz 2 und geänd., Abs. 2 Nr. 11 geänd., Nr. 12 aufgeh. mWv 28.1.2022 durch G v. 27.9.2021 (BGBl. I S. 4530).

[2)] Siehe die Arzneimittel- und WirkstoffherstellungsVO v. 3.11.2006 (BGBl. I S. 2523), zuletzt geänd. durch G v. 9.8.2019 (BGBl. I S. 1202).

9. Dienstbereitschaft für Arzneimittelgroßhandelsbetriebe,
10. Zurückstellung von Chargenproben sowie deren Umfang und Lagerungsdauer,
11. Kennzeichnung, Absonderung oder Vernichtung nicht verkehrsfähiger Arzneimittel.

(2a) (weggefallen)

(3) Die in den Absätzen 1 und 2 getroffenen Regelungen gelten auch für Personen, die die in Absatz 1 genannten Tätigkeiten berufsmäßig ausüben.

(4) Die Absätze 1 und 2 gelten für Apotheken im Sinne des Gesetzes über das Apothekenwesen[1)], soweit diese einer Erlaubnis nach § 13, § 52a oder § 72 bedürfen.

**§ 55[2)] Arzneibuch.** (1) [1]Das Arzneibuch ist eine vom Bundesinstitut für Arzneimittel und Medizinprodukte im Einvernehmen mit dem Paul-Ehrlich-Institut und dem Bundesamt für Verbraucherschutz und Lebensmittelsicherheit bekannt gemachte Sammlung anerkannter pharmazeutischer Regeln über die Qualität, Prüfung, Lagerung, Abgabe und Bezeichnung von Arzneimitteln und Tierarzneimitteln und den bei ihrer Herstellung verwendeten Stoffen. [2]Das Arzneibuch enthält auch Regeln für die Beschaffenheit von Behältnissen und Umhüllungen.

(2) [1]Die Regeln des Arzneibuches werden von der Deutschen Arzneibuch-Kommission oder der Europäischen Arzneibuch-Kommission beschlossen. [2]Die Bekanntmachung der Regeln kann aus rechtlichen oder fachlichen Gründen abgelehnt oder rückgängig gemacht werden.

(3) Die Deutsche Arzneibuch-Kommission hat die Aufgabe, über die Regeln des Arzneibuches zu beschließen und die nach § 77 zuständige Bundesoberbehörde oder, soweit es sich um Tierarzneimittel handelt, die nach § 61 des Tierarzneimittelgesetzes zuständige Bundesoberbehörde, bei den Arbeiten im Rahmen des Übereinkommens über die Ausarbeitung eines Europäischen Arzneibuches zu unterstützen.

(4) [1]Die Deutsche Arzneibuch-Kommission wird beim Bundesinstitut für Arzneimittel und Medizinprodukte gebildet. [2]Das Bundesinstitut für Arzneimittel und Medizinprodukte beruft im Einvernehmen mit dem Paul-Ehrlich-Institut und dem Bundesamt für Verbraucherschutz und Lebensmittelsicherheit die Mitglieder der Deutschen Arzneibuch-Kommission aus Sachverständigen der medizinischen und pharmazeutischen Wissenschaft, der Heilberufe, der beteiligten Wirtschaftskreise und der Arzneimittelüberwachung im zahlenmäßig gleichen Verhältnis, stellt den Vorsitz und erlässt eine Geschäftsordnung[3)]. [3]Die Geschäftsordnung bedarf der Zustimmung des Bundesministeri-

---

[1)] Nr. **271**.

[2)] § 55 Abs. 1 Satz 1 geänd., Abs. 3 geänd., Abs. 4 Sätze 2 und 3 neu gef., Abs. 8 neu gef., Abs. 9 neu gef. mWv 23.7.2009 durch G v. 17.7.2009 (BGBl. I S. 1990); Abs. 4 Satz 4 angef. mWv 26.10.2012 durch G v. 19.10.2012 (BGBl. I S. 2192); Abs. 4 Satz 3 geänd. mWv 8.9.2015 durch VO v. 31.8.2015 (BGBl. I S. 1474); Abs. 1 Satz 1 geänd., Abs. 3 neu gef., Abs. 9 geänd. mWv 28.1.2022 durch G v. 27.9.2021 (BGBl. I S. 4530).

[3)] Siehe hierzu ua:
Deutsche Arzneibuch-Kommission-Geschäftsordnung v. 17.7.2009,
Deutsche Homöopathische Arzneibuch-Kommission-Geschäftsordnung v. 17.7.2009.

ums im Einvernehmen mit dem Bundesministerium für Ernährung und Landwirtschaft. [4] Die Mitglieder sind zur Verschwiegenheit verpflichtet.

(5) [1] Die Deutsche Arzneibuch-Kommission soll über die Regeln des Arzneibuches grundsätzlich einstimmig beschließen. [2] Beschlüsse, denen nicht mehr als drei Viertel der Mitglieder der Kommission zugestimmt haben, sind unwirksam. [3] Das Nähere regelt die Geschäftsordnung.

(6) Die Absätze 2 bis 5 finden auf die Tätigkeit der Deutschen Homöopathischen Arzneibuch-Kommission entsprechende Anwendung.

(7) [1] Die Bekanntmachung erfolgt im Bundesanzeiger. [2] Sie kann sich darauf beschränken, auf die Bezugsquelle der Fassung des Arzneibuches und den Beginn der Geltung der Neufassung hinzuweisen.

(8) [1] Bei der Herstellung von Arzneimitteln dürfen nur Stoffe und die Behältnisse und Umhüllungen, soweit sie mit den Arzneimitteln in Berührung kommen, verwendet werden und nur Darreichungsformen angefertigt werden, die den anerkannten pharmazeutischen Regeln entsprechen. [2] Satz 1 findet bei Arzneimitteln, die ausschließlich für den Export hergestellt werden, mit der Maßgabe Anwendung, dass die im Empfängerland geltenden Regelungen berücksichtigt werden können.

(9) Abweichend von Absatz 1 Satz 1 erfolgt die Bekanntmachung durch das Bundesamt für Verbraucherschutz und Lebensmittelsicherheit im Einvernehmen mit dem Bundesinstitut für Arzneimittel und Medizinprodukte und dem Paul-Ehrlich-Institut, soweit es sich um Tierarzneimittel handelt.

**§ 55a[1)] Amtliche Sammlung von Untersuchungsverfahren.** [1] Die zuständige Bundesoberbehörde veröffentlicht eine amtliche Sammlung von Verfahren zur Probenahme und Untersuchung von Arzneimitteln, Tierarzneimitteln und ihren Ausgangsstoffen. [2] Die Verfahren werden unter Mitwirkung von Sachkennern aus den Bereichen der Überwachung, der Wissenschaft und der pharmazeutischen Unternehmer festgelegt. [3] Die Sammlung ist laufend auf dem neuesten Stand zu halten.

## Neunter Abschnitt.[2)] *(aufgehoben)*

**§§ 56–61[3)]** *(aufgehoben)*

## Zehnter Abschnitt.[4)] Beobachtung, Sammlung und Auswertung von Arzneimittelrisiken

**§ 62[5)] Organisation.** (1) [1] Die zuständige Bundesoberbehörde hat zur Verhütung einer unmittelbaren oder mittelbaren Gefährdung der menschlichen

---

1) § 55a Satz 1 geänd. mWv 28.1.2022 durch G v. 27.9.2021 (BGBl. I S. 4530).

2) Neunter Abschnitt (§§ 56–61) aufgeh. mWv 28.1.2022 durch G v. 27.9.2021 (BGBl. I S. 4530).

3) §§ 56–61 aufgeh. mWv 28.1.2022 durch G v. 27.9.2021 (BGBl. I S. 4530)

4) 10. Abschnitt Überschrift neu gef. mWv 16.8.2019 durch G v. 9.8.2019 (BGBl. I S. 1202).

5) § 62 Überschrift neu gef., bish. Wortlaut wird Abs. 1, Abs. 1 Sätze 4 und 5, Abs. 2–6 angef. mWv 26.10.2012, Abs. 3 Satz 1 geänd. mWv 22.11.2017 durch G v. 19.10.2012 (BGBl. I S. 2192 iVm Bek. v. 30.6.2017, BGBl. I S. 2304); Abs. 1 Satz 1 geänd., Abs. 2 Satz 4 angef. mWv 24.12.2016 durch G v. 20.12.2016 (BGBl. I S. 3048); Überschrift neu gef., Abs. 1 Satz 2 eingef., bish. Sätze 2–5 werden Sätze 3–6 mWv 16.8.2019 durch G v. 9.8.2019 (BGBl. I S. 1202); Abs. 1 Satz 1 neu gef., Satz 3 geänd., Satz 6 neu gef., Abs. 3 Satz 1 geänd., Satz 2 aufgeh., bish. Sätze 3 und 4 werden Sätze 2 →

Gesundheit die bei der Anwendung von Arzneimitteln auftretenden Risiken, insbesondere Nebenwirkungen, Wechselwirkungen mit anderen Mitteln und Risiken durch gefälschte Arzneimittel oder gefälschte Wirkstoffe, zentral zu erfassen, auszuwerten und die nach diesem Gesetz zu ergreifenden Maßnahmen zu koordinieren. [2] Insbesondere koordiniert sie Maßnahmen bei Rückrufen von Arzneimitteln und im Zusammenhang mit Qualitätsmängeln bei Wirkstoffen. [3] Sie wirkt dabei mit den Dienststellen der Weltgesundheitsorganisation, der Europäischen Arzneimittel-Agentur, den Arzneimittelbehörden anderer Länder, den Gesundheitsbehörden der Bundesländer, den Arzneimittelkommissionen der Kammern der Heilberufe, nationalen Pharmakovigilanzzentren sowie mit anderen Stellen zusammen, die bei der Durchführung ihrer Aufgaben Arzneimittelrisiken erfassen. [4] Die zuständige Bundesoberbehörde kann die Öffentlichkeit über Arzneimittelrisiken und beabsichtigte Maßnahmen informieren. [5] Die Bundesoberbehörde betreibt ein Pharmakovigilanz-System. [6] Sie führt regelmäßig Audits ihres Pharmakovigilanz-Systems durch und erstattet der Europäischen Kommission alle zwei Jahre Bericht, erstmals zum 21. September 2013.

(2) [1] Die zuständige Bundesoberbehörde erfasst alle Verdachtsfälle von Nebenwirkungen, von denen sie Kenntnis erlangt. [2] Meldungen von Patienten und Angehörigen der Gesundheitsberufe können in jeder Form, insbesondere auch elektronisch, erfolgen. [3] Meldungen von Inhabern der Zulassung nach § 63c erfolgen elektronisch. [4] Die zuständige Bundesoberbehörde stellt durch Sammeln von Informationen und erforderlichenfalls durch Nachverfolgung von Berichten über vermutete Nebenwirkungen sicher, dass alle geeigneten Maßnahmen getroffen werden, um sämtliche biologische Arzneimittel, die im Geltungsbereich dieses Gesetzes verschrieben, abgegeben oder verkauft werden und über die Verdachtsfälle von Nebenwirkungen berichtet wurden, klar zu identifizieren, wobei der Name des Arzneimittels und die Nummer der Herstellungscharge genau angegeben werden sollen.

(3) [1] Die zuständige Bundesoberbehörde hat jeden ihr gemeldeten und im Inland aufgetretenen Verdachtsfall einer schwerwiegenden Nebenwirkung innerhalb von 15 Tagen und jeden ihr gemeldeten und im Inland aufgetretenen Verdachtsfall einer nicht schwerwiegenden Nebenwirkung innerhalb von 90 Tagen elektronisch an die Datenbank nach Artikel 24 der Verordnung (EG) Nr. 726/2004 (EudraVigilance-Datenbank) zu übermitteln. [2] Die zuständige Bundesoberbehörde arbeitet mit der Europäischen Arzneimittel-Agentur und dem Inhaber der Zulassung zusammen, um insbesondere Doppelerfassungen von Verdachtsmeldungen festzustellen. [3] Die zuständige Bundesoberbehörde beteiligt, soweit erforderlich, auch Patienten, Angehörige der Gesundheitsberufe oder den Inhaber der Zulassung an der Nachverfolgung der erhaltenen Meldungen.

(4) Die zuständige Bundesoberbehörde kontrolliert die Verwaltung der Mittel für die Tätigkeiten im Zusammenhang mit der Pharmakovigilanz, dem Betrieb der Kommunikationsnetze und der Marktüberwachung, damit ihre Unabhängigkeit bei der Durchführung dieser Pharmakovigilanz-Tätigkeiten gewahrt bleibt.

---

*(Fortsetzung der Anm. von voriger Seite)*
und 3, Abs. 5 einl. Satzteil und Abs. 6 Satz 7 geänd. mWv 28.1.2022 durch G v. 27.9.2021 (BGBl. I S. 4530).

(5) Die zuständige Bundesoberbehörde trifft in Zusammenarbeit mit der Europäischen Arzneimittel-Agentur insbesondere folgende Maßnahmen:

1. sie überwacht die Ergebnisse von Maßnahmen zur Risikominimierung, die Teil von Risikomanagement-Plänen sind, und die Auflagen nach § 28 Absatz 3, 3a und 3b,
2. sie beurteilt Aktualisierungen des Risikomanagement-Systems,
3. sie wertet Daten in der EudraVigilance-Datenbank aus, um zu ermitteln, ob es neue oder veränderte Risiken gibt und ob das Nutzen-Risiko-Verhältnis von Arzneimitteln davon beeinflusst wird.

(6) [1] Die zuständige Bundesoberbehörde kann in Betrieben und Einrichtungen, die Arzneimittel herstellen oder in den Verkehr bringen oder klinisch prüfen, die Sammlung und Auswertung von Arzneimittelrisiken und die Koordinierung notwendiger Maßnahmen überprüfen. [2] Zu diesem Zweck können Beauftragte der zuständigen Bundesoberbehörde im Benehmen mit der zuständigen Behörde Betriebs- und Geschäftsräume zu den üblichen Geschäftszeiten betreten, Unterlagen einschließlich der Pharmakovigilanz-Stammdokumentation einsehen sowie Auskünfte verlangen. [3] Satz 1 gilt auch für von Betrieben und Einrichtungen nach Satz 1 beauftragte Unternehmen. [4] Über die Inspektion ist ein Bericht zu erstellen. [5] Der Bericht ist den Betrieben und Einrichtungen nach Satz 1 zur Stellungnahme zu geben. [6] Führt eine Inspektion zu dem Ergebnis, dass der Zulassungsinhaber die Anforderungen des Pharmakovigilanz-Systems, wie in der Pharmakovigilanz-Stammdokumentation beschrieben, und insbesondere die Anforderungen des Zehnten Abschnitts nicht erfüllt, so weist die zuständige Bundesoberbehörde den Zulassungsinhaber auf die festgestellten Mängel hin und gibt ihm Gelegenheit zur Stellungnahme. [7] Die zuständige Bundesoberbehörde informiert in solchen Fällen die zuständigen Behörden anderer Mitgliedstaaten, die Europäische Arzneimittel-Agentur und die Europäische Kommission.

**§ 63 Stufenplan.** [1] Die Bundesregierung erstellt durch allgemeine Verwaltungsvorschrift mit Zustimmung des Bundesrates zur Durchführung der Aufgaben nach § 62 einen Stufenplan. [2] In diesem werden die Zusammenarbeit der beteiligten Behörden und Stellen auf den verschiedenen Gefahrenstufen, die Einschaltung der pharmazeutischen Unternehmer sowie die Beteiligung der oder des Beauftragten der Bundesregierung für die Belange der Patientinnen und Patienten näher geregelt und die jeweils nach den Vorschriften dieses Gesetzes zu ergreifenden Maßnahmen bestimmt. [3] In dem Stufenplan können ferner Informationsmittel und -wege bestimmt werden.

**§ 63a[1)] Stufenplanbeauftragter.** (1) [1] Wer als pharmazeutischer Unternehmer Fertigarzneimittel in den Verkehr bringt, hat eine in einem Mitgliedstaat der Europäischen Union ansässige qualifizierte Person mit der erforderlichen Sachkenntnis und der zur Ausübung ihrer Tätigkeit erforderlichen Zuverlässigkeit (Stufenplanbeauftragter) zu beauftragen, ein Pharmakovigilanzsystem einzurichten, zu führen und bekannt gewordene Meldungen über Arzneimittelrisiken zu sammeln, zu bewerten und die notwendigen Maßnahmen zu koor-

---

[1)] § 63a Abs. 1 Sätze 1, 2 und 5 geänd., Abs. 2 neu gef., Abs. 3 Satz 1 geänd. mWv 23.7.2009 durch G v. 17.7.2009 (BGBl. I S. 1990); Abs. 1 Sätze 1 und 2 geänd. mWv 28.1.2022 durch G v. 27.9.2021 (BGBl. I S. 4530).

dinieren. [2] Satz 1 gilt nicht für Personen, soweit sie nach § 13 Absatz 2 Nummer 1, 2, 5 oder Absatz 2b keiner Herstellungserlaubnis bedürfen. [3] Der Stufenplanbeauftragte ist für die Erfüllung von Anzeigepflichten verantwortlich, soweit sie Arzneimittelrisiken betreffen. [4] Er hat ferner sicherzustellen, dass auf Verlangen der zuständigen Bundesoberbehörde weitere Informationen für die Beurteilung des Nutzen-Risiko-Verhältnisses eines Arzneimittels, einschließlich eigener Bewertungen, unverzüglich und vollständig übermittelt werden. [5] Das Nähere regelt die Arzneimittel- und Wirkstoffherstellungsverordnung. [6] Andere Personen als in Satz 1 bezeichnet dürfen eine Tätigkeit als Stufenplanbeauftragter nicht ausüben.

(2) Der Stufenplanbeauftragte kann gleichzeitig sachkundige Person nach § 14 oder verantwortliche Person nach § 20c sein.

(3) [1] Der pharmazeutische Unternehmer hat der zuständigen Behörde und der zuständigen Bundesoberbehörde den Stufenplanbeauftragten und jeden Wechsel vorher mitzuteilen. [2] Bei einem unvorhergesehenen Wechsel des Stufenplanbeauftragten hat die Mitteilung unverzüglich zu erfolgen.

**§ 63b[1)] Allgemeine Pharmakovigilanz-Pflichten des Inhabers der Zulassung.** (1) Der Inhaber der Zulassung ist verpflichtet, ein Pharmakovigilanz-System einzurichten und zu betreiben.

(2) Der Inhaber der Zulassung ist verpflichtet,

1. anhand seines Pharmakovigilanz-Systems sämtliche Informationen wissenschaftlich auszuwerten, Möglichkeiten der Risikominimierung und -vermeidung zu prüfen und erforderlichenfalls unverzüglich Maßnahmen zur Risikominimierung und -vermeidung zu ergreifen,
2. sein Pharmakovigilanz-System regelmäßig in angemessenen Intervallen Audits zu unterziehen; dabei hat er die wichtigsten Ergebnisse in seiner Pharmakovigilanz-Stammdokumentation zu vermerken und sicherzustellen, dass Maßnahmen zur Mängelbeseitigung ergriffen werden; wenn die Maßnahmen zur Mängelbeseitigung vollständig durchgeführt sind, kann der Vermerk gelöscht werden,
3. eine Pharmakovigilanz-Stammdokumentation zu führen und diese auf Anfrage zur Verfügung zu stellen,
4. ein Risikomanagement-System für jedes einzelne Arzneimittel zu betreiben, das nach dem 26. Oktober 2012 zugelassen worden ist oder für das eine Auflage nach § 28 Absatz 3b Satz 1 Nummer 1 erteilt worden ist,
5. die Ergebnisse von Maßnahmen zur Risikominimierung zu überwachen, die Teil des Risikomanagement-Plans sind oder die als Auflagen nach § 28 Absatz 3 bis 3c genannt worden sind, und
6. das Risikomanagement-System zu aktualisieren und Pharmakovigilanz-Daten zu überwachen, um zu ermitteln, ob es neue Risiken gibt, sich bestehende Risiken verändert haben oder sich das Nutzen-Risiko-Verhältnis von Arzneimitteln geändert hat.

(3) [1] Der Inhaber der Zulassung darf im Zusammenhang mit dem zugelassenen Arzneimittel keine die Pharmakovigilanz betreffenden Informationen ohne vorherige oder gleichzeitige Mitteilung an die zuständige Bundesoberbehörde

---

[1)] § 63b neu gef. mWv 26.10.2012 durch G v. 19.10.2012 (BGBl. I S. 2192); Abs. 2 einl. Satzteil, Nr. 5 und Abs. 3 Satz 1 geänd. mWv 28.1.2022 durch G v. 27.9.2021 (BGBl. I S. 4530).

sowie an die Europäische Arzneimittel-Agentur und die Europäische Kommission öffentlich bekannt machen. [2]Er stellt sicher, dass solche Informationen in objektiver und nicht irreführender Weise dargelegt werden.

**§ 63c[1)] Dokumentations- und Meldepflichten des Inhabers der Zulassung bei Verdachtsfällen von Nebenwirkungen.** (1) Der Inhaber der Zulassung hat Unterlagen über alle Verdachtsfälle von Nebenwirkungen sowie Angaben über abgegebene Mengen zu führen.

(2) [1]Der Inhaber der Zulassung übermittelt alle Informationen über sämtliche Verdachtsfälle von

1. schwerwiegenden Nebenwirkungen, die im In- oder Ausland auftreten, innerhalb von 15 Tagen,
2. nicht schwerwiegenden Nebenwirkungen, die im Inland oder einem Mitgliedstaat der Europäischen Union auftreten, innerhalb von 90 Tagen

nach Bekanntwerden elektronisch an die EudraVigilance-Datenbank nach Artikel 24 der Verordnung (EG) Nr. 726/2004. [2]Bei Arzneimitteln mit Wirkstoffen, auf die sich die Liste von Veröffentlichungen bezieht, die die Europäische Arzneimittel-Agentur gemäß Artikel 27 der Verordnung (EG) Nr. 726/2004 auswertet, muss der Inhaber der Zulassung die in der angeführten medizinischen Fachliteratur verzeichneten Verdachtsfälle von Nebenwirkungen nicht an die EudraVigilance-Datenbank übermitteln; er muss aber die anderweitige medizinische Fachliteratur auswerten und alle Verdachtsfälle über Nebenwirkungen entsprechend Satz 1 melden. [3]Inhaber der Registrierung nach § 38 oder § 39a oder pharmazeutische Unternehmer, die nicht Inhaber der Registrierung nach § 38 oder nach § 39a sind und die ein von der Pflicht zur Registrierung freigestelltes homöopathisches Arzneimittel oder ein traditionell pflanzliches Arzneimittel in den Verkehr bringen, übermitteln Informationen nach Satz 1 an die zuständige Bundesoberbehörde.

(3) Der Inhaber der Zulassung muss gewährleisten, dass alle Verdachtsmeldungen von Nebenwirkungen bei einer zentralen Stelle im Unternehmen in der Europäischen Union verfügbar sind.

(4) [1]Die Absätze 1 bis 3, § 62 Absatz 6 und § 63b gelten entsprechend

1. für den Inhaber der Registrierung nach § 39a,
2. für einen pharmazeutischen Unternehmer, der nicht Inhaber der Zulassung oder Inhaber der Registrierung nach § 39a ist und der ein zulassungspflichtiges oder ein von der Pflicht zur Zulassung freigestelltes oder ein traditionelles pflanzliches Arzneimittel in den Verkehr bringt.

[2]Die Absätze 1 bis 3 gelten entsprechend

1. für den Inhaber der Registrierung nach § 38,
2. für einen pharmazeutischen Unternehmer, der nicht Inhaber der Registrierung nach § 38 ist und ein registrierungspflichtiges oder von der Pflicht zur Registrierung freigestelltes homöopathisches Arzneimittel in den Verkehr bringt,
3. für den Antragsteller vor Erteilung der Zulassung.

---

[1)] § 63c neu gef. mWv 26.10.2012, Abs. 2 neu gef., Abs. 5 Satz 2 geänd. mWv 22.11.2017 durch G v. 19.10.2012 (BGBl. I S. 2192 iVm Bek. v. 30.6.2017, BGBl. I S. 2304); Überschrift neu gef., Abs. 3 geänd. mWv 28.1.2022 durch G v. 27.9.2021 (BGBl. I S. 4530).

[3] Die Absätze 1 bis 3 gelten unabhängig davon, ob sich das Arzneimittel noch im Verkehr befindet oder die Zulassung oder die Registrierung noch besteht. [4] Die Erfüllung der Verpflichtungen nach den Absätzen 1 bis 3 kann durch schriftliche Vereinbarung zwischen dem Inhaber der Zulassung und dem pharmazeutischen Unternehmer, der nicht Inhaber der Zulassung ist, ganz oder teilweise auf den Inhaber der Zulassung übertragen werden.

(5) [1] Die Absätze 1 bis 4 finden keine Anwendung auf Arzneimittel, für die von der Europäischen Gemeinschaft oder der Europäischen Union eine Genehmigung für das Inverkehrbringen erteilt worden ist. [2] Für diese Arzneimittel gelten die Verpflichtungen des pharmazeutischen Unternehmers nach der Verordnung (EG) Nr. 726/2004 in der jeweils geltenden Fassung. [3] Bei Arzneimitteln, bei denen eine Zulassung der zuständigen Bundesoberbehörde Grundlage der gegenseitigen Anerkennung ist oder bei denen eine Bundesoberbehörde Berichterstatter in einem Schiedsverfahren nach Artikel 32 der Richtlinie 2001/83/EG ist, übernimmt die zuständige Bundesoberbehörde die Verantwortung für die Analyse und Überwachung aller Verdachtsfälle schwerwiegender Nebenwirkungen, die in der Europäischen Union auftreten; dies gilt auch für Arzneimittel, die im dezentralisierten Verfahren zugelassen worden sind.

## § 63d[1] Regelmäßige aktualisierte Unbedenklichkeitsberichte

(1) Der Inhaber der Zulassung übermittelt regelmäßige aktualisierte Unbedenklichkeitsberichte, die Folgendes enthalten:

1. Zusammenfassungen von Daten, die für die Beurteilung des Nutzens und der Risiken eines Arzneimittels von Interesse sind, einschließlich der Ergebnisse aller Prüfungen, die Auswirkungen auf die Zulassung haben können,
2. eine wissenschaftliche Bewertung des Nutzen-Risiko-Verhältnisses des Arzneimittels, die auf sämtlichen verfügbaren Daten beruht, auch auf Daten aus klinischen Prüfungen für Indikationen und Bevölkerungsgruppen, die nicht der Zulassung entsprechen,
3. alle Daten im Zusammenhang mit der Absatzmenge des Arzneimittels sowie alle ihm vorliegenden Daten im Zusammenhang mit dem Verschreibungsvolumen, einschließlich einer Schätzung der Anzahl der Personen, die das Arzneimittel anwenden.

(2) Die Übermittlung der regelmäßigen aktualisierten Unbedenklichkeitsberichte hat elektronisch zu erfolgen

1. bei Arzneimitteln, bei denen Vorlageintervall und -termine in der Zulassung oder gemäß dem Verfahren nach Artikel 107c Absatz 4, 5 und 6 der Richtlinie 2001/83/EG festgelegt sind, an die Europäische Arzneimittel-Agentur,
2. bei Arzneimitteln, die vor dem 26. Oktober 2012 zugelassen wurden und bei denen Vorlageintervall und -termine nicht in der Zulassung festgelegt sind, an die zuständige Bundesoberbehörde,
3. bei Arzneimitteln, die nur im Inland zugelassen wurden und bei denen nicht nach Artikel 107c Absatz 4 der Richtlinie 2001/83/EG Vorlageintervall und -termine in der Zulassung festgelegt sind, an die zuständige Bundesoberbehörde.

---

[1] § 63d eingef. mWv 26.10.2012, Abs. 2 neu gef. mWv 13.6.2016 durch G v. 19.10.2012 (BGBl. I S. 2192 iVm Bek. v. 30.6.2017, BGBl. I S. 2304).

(3) [1]Das Vorlageintervall für regelmäßige aktualisierte Unbedenklichkeitsberichte nach Absatz 1 wird in der Zulassung angegeben. [2]Der Termin für die Vorlage wird ab dem Datum der Erteilung der Zulassung berechnet. [3]Vorlageintervall und -termine können in der Europäischen Union nach dem Verfahren nach Artikel 107c Absatz 4 der Richtlinie 2001/83/EG festgelegt werden. [4]Der Inhaber der Zulassung kann beim Ausschuss für Humanarzneimittel oder bei der Koordinierungsgruppe nach Artikel 27 der Richtlinie 2001/83/EG beantragen, dass ein einheitlicher Stichtag nach Artikel 107c Absatz 6 der Richtlinie 2001/83/EG in der Europäischen Union festgelegt oder das Vorlageintervall regelmäßiger aktualisierter Unbedenklichkeitsberichte geändert wird. [5]Für Arzneimittel, die vor dem 26. Oktober 2012 oder die nur im Inland zugelassen sind und für die Vorlageintervall und -termine nicht in der Zulassung oder nach Artikel 107c Absatz 4, 5 oder 6 der Richtlinie 2001/83/EG festgelegt sind, übermittelt der Inhaber der Zulassung regelmäßige aktualisierte Unbedenklichkeitsberichte nach Absatz 1 unverzüglich nach Aufforderung oder in folgenden Fällen:

1. wenn ein Arzneimittel noch nicht in den Verkehr gebracht worden ist: mindestens alle sechs Monate nach der Zulassung und bis zum Inverkehrbringen,
2. wenn ein Arzneimittel in den Verkehr gebracht worden ist: mindestens alle sechs Monate während der ersten beiden Jahre nach dem ersten Inverkehrbringen, einmal jährlich in den folgenden zwei Jahren und danach im Abstand von drei Jahren.

(4) [1]Abweichend von Absatz 1 werden für Arzneimittel, die nach § 22 Absatz 3 oder nach § 24b Absatz 2 zugelassen sind, regelmäßige aktualisierte Unbedenklichkeitsberichte nur in folgenden Fällen übermittelt,

1. wenn eine Auflage nach § 28 Absatz 3 oder 3a erteilt worden ist,
2. wenn sie von der zuständigen Bundesoberbehörde für einen Wirkstoff nach Erteilung der Zulassung wegen Bedenken im Zusammenhang mit Pharmakovigilanz-Daten oder wegen Bedenken auf Grund nicht ausreichend vorliegender regelmäßiger aktualisierter Unbedenklichkeitsberichte angefordert werden oder
3. wenn Intervall und Termine für die Vorlage regelmäßiger aktualisierter Unbedenklichkeitsberichte gemäß Artikel 107c Absatz 4 der Richtlinie 2001/83/EG in der Zulassung bestimmt worden sind.

[2]Die zuständige Bundesoberbehörde übermittelt die Beurteilungsberichte zu den angeforderten regelmäßigen aktualisierten Unbedenklichkeitsberichten nach Satz 1 Nummer 2 dem Ausschuss für Risikobewertung im Bereich der Pharmakovigilanz, der prüft, ob die Einleitung des Verfahrens nach Artikel 107c Absatz 4 der Richtlinie 2001/83/EG notwendig ist. [3]Satz 1 Nummer 2 und 3 gilt entsprechend für den Inhaber von Registrierungen nach § 38 oder § 39a sowie für den pharmazeutischen Unternehmer, der nicht Inhaber der Zulassung oder Inhaber der Registrierung nach § 38 oder § 39a ist und der ein zulassungs- oder registrierungspflichtiges oder ein von der Pflicht zur Zulassung oder der Registrierung freigestelltes oder ein traditionelles pflanzliches Arzneimittel in den Verkehr bringt.

(5) [1]Die zuständige Bundesoberbehörde beurteilt die regelmäßigen aktualisierten Unbedenklichkeitsberichte daraufhin, ob es neue oder veränderte Risiken gibt oder sich das Nutzen-Risiko-Verhältnis von Arzneimitteln geändert

hat, und ergreift die erforderlichen Maßnahmen. [2] Für Arzneimittel, für die ein einheitlicher Stichtag oder ein einheitliches Vorlageintervall nach Artikel 107c Absatz 4 der Richtlinie 2001/83/EG festgelegt worden ist, sowie für Arzneimittel, die in mehreren Mitgliedstaaten zugelassen sind und für die regelmäßige aktualisierte Unbedenklichkeitsberichte in der Zulassung festgelegt sind, gilt für die Beurteilung das Verfahren nach den Artikeln 107e und 107g.

(6) [1] Die Erfüllung der Verpflichtungen nach den Absätzen 1 bis 4 kann durch schriftliche Vereinbarung zwischen dem Inhaber der Zulassung und dem pharmazeutischen Unternehmer, der nicht Inhaber der Zulassung ist, ganz oder teilweise auf den Inhaber der Zulassung übertragen werden. [2] Die Absätze 1 bis 5 gelten nicht für einen Parallelimporteur.

**§ 63e[1)] Europäisches Verfahren.** [1] In den Fällen von Artikel 107i der Richtlinie 2001/83/EG ergreift die zuständige Bundesoberbehörde die dort vorgesehenen Maßnahmen. [2] Für das Verfahren gelten die Artikel 107i bis 107k der Richtlinie 2001/83/EG.

**§ 63f[2)] Allgemeine Voraussetzungen für nichtinterventionelle Unbedenklichkeitsstudien.** (1) [1] Nichtinterventionelle Unbedenklichkeitsstudien, die vom Inhaber der Zulassung auf eigene Veranlassung durchgeführt werden, sind der zuständigen Bundesoberbehörde anzuzeigen. [2] Die zuständige Bundesoberbehörde kann vom Inhaber der Zulassung das Protokoll und die Fortschrittsberichte anfordern. [3] Innerhalb eines Jahres nach Abschluss der Datenerfassung hat der Inhaber der Zulassung der zuständigen Bundesoberbehörde den Abschlussbericht zu übermitteln.

(2) Für nichtinterventionelle Unbedenklichkeitsstudien, die vom Inhaber der Zulassung auf Grund einer Auflage nach § 28 Absatz 3, 3a oder 3b durchgeführt werden, gilt das Verfahren nach § 63g.

(3) Die Durchführung von Unbedenklichkeitsstudien nach den Absätzen 1 und 2 ist nicht zulässig, wenn

1. durch sie die Anwendung eines Arzneimittels gefördert werden soll,
2. sich Vergütungen für die Beteiligung von Angehörigen der Gesundheitsberufe an solchen Studien nach ihrer Art und Höhe nicht auf den Zeitaufwand und die angefallenen Kosten beschränken oder
3. ein Anreiz für eine bevorzugte Verschreibung oder Empfehlung bestimmter Arzneimittel entsteht.

(4) [1] Der Inhaber der Zulassung hat Unbedenklichkeitsstudien nach den Absätzen 1 und 2 auch der Kassenärztlichen Bundesvereinigung, dem Spitzenverband Bund der Krankenkassen und dem Verband der Privaten Krankenversicherung e.V. unverzüglich anzuzeigen. [2] Dabei sind Ort, Zeit, Ziel und Protokoll der Studie sowie Name und lebenslange Arztnummer der beteiligten Ärzte anzugeben. [3] Sofern beteiligte Ärzte Leistungen zu Lasten der gesetzlichen Krankenversicherung erbringen, sind bei Anzeigen nach Satz 1 auch die

---

[1)] § 63e eingef. mWv 26.10.2012 durch G v. 19.10.2012 (BGBl. I S. 2192).

[2)] § 63f eingef. mWv 26.10.2012 durch G v. 19.10.2012 (BGBl. I S. 2192); Abs. 4 Satz 3 neu gef., Sätze 4–6 angef. mWv 13.8.2013 durch G v. 7.8.2013 (BGBl. I S. 3108); Abs. 4 Satz 4 neu gef., Satz 6 geänd. mWv 24.12.2016, Überschrift, Abs. 1 Satz 1, Abs. 2, 3 einl. Satzteil und Nr. 2, Abs. 4 Sätze 1, 2 geänd. mWv 27.1.2022 durch G v. 20.12.2016 (BGBl. I S. 3048, geänd. durch G v. 27.9.2021, BGBl. I S. 4530).

Art und die Höhe der jeweils an sie tatsächlich geleisteten Entschädigungen anzugeben sowie jeweils eine Ausfertigung der mit ihnen geschlossenen Verträge und jeweils eine Darstellung des Aufwandes für die beteiligten Ärzte und eine Begründung für die Angemessenheit der Entschädigung zu übermitteln. [4] Sofern sich bei den in Satz 3 genannten Informationen Änderungen ergeben, sind die jeweiligen Informationen nach Satz 3 vollständig in der geänderten, aktualisierten Form innerhalb von vier Wochen nach jedem Quartalsende zu übermitteln; die tatsächlich geleisteten Entschädigungen sind mit Zuordnung zu beteiligten Ärzten namentlich mit Angabe der lebenslangen Arztnummer zu übermitteln. [5] Innerhalb eines Jahres nach Abschluss der Datenerfassung sind unter Angabe der insgesamt beteiligten Ärzte die Anzahl der jeweils und insgesamt beteiligten Patienten und Art und Höhe der jeweils und insgesamt geleisteten Entschädigungen zu übermitteln. [6] Die Angaben nach diesem Absatz sind entsprechend den Formatvorgaben nach § 67 Absatz 6 Satz 13 elektronisch zu übermitteln.

**§ 63g[1)] Besondere Voraussetzungen für angeordnete nichtinterventionelle Unbedenklichkeitsstudien.** (1) Der Inhaber der Zulassung hat bei nichtinterventionellen Unbedenklichkeitsstudien, die nach § 28 Absatz 3, 3a oder 3b angeordnet wurden, den Entwurf des Studienprotokolls vor Durchführung

1. der zuständigen Bundesoberbehörde, wenn es sich um eine Studie handelt, die nur im Inland durchgeführt wird,
2. dem Ausschuss für Risikobewertung im Bereich der Pharmakovigilanz, wenn es sich um eine Studie handelt, die in mehreren Mitgliedstaaten der Europäischen Union durchgeführt wird,

vorzulegen.

(2) [1] Eine nichtinterventionelle Unbedenklichkeitsstudie nach Absatz 1 darf nur begonnen werden, wenn der Protokollentwurf bei Studien nach Absatz 1 Nummer 1 durch die zuständige Bundesoberbehörde genehmigt wurde oder bei Studien nach Absatz 1 Nummer 2 durch den Ausschuss für Risikobewertung im Bereich der Pharmakovigilanz genehmigt wurde und der Protokollentwurf der zuständigen Bundesoberbehörde vorliegt. [2] Die zuständige Bundesoberbehörde hat nach Vorlage des Protokollentwurfs innerhalb von 60 Tagen über die Genehmigung der Studie zu entscheiden. [3] Eine Genehmigung ist zu versagen, wenn die Anwendung des Arzneimittels gefördert werden soll, die Ziele mit dem Studiendesign nicht erreicht werden können oder es sich um eine klinische Prüfung nach § 4 Absatz 23 Satz 1 handelt.

(3) [1] Nach Beginn einer Studie nach Absatz 1 sind wesentliche Änderungen des Protokolls vor deren Umsetzung,

1. wenn es sich um eine Studie handelt, die nur im Inland durchgeführt wird, von der zuständigen Bundesoberbehörde,
2. wenn es sich um eine Studie handelt, die in mehreren Mitgliedstaaten der Europäischen Union durchgeführt wird, von dem Ausschuss für Risikobewertung im Bereich der Pharmakovigilanz

---

[1)] § 63g eingef. mWv 26.10.2012 durch G v. 19.10.2012 (BGBl. I S. 2192); Überschrift, Abs. 1 einl. Satzteil, Nr. 1, 2, Abs. 2 Sätze 1–3, Abs. 3 Satz 1 einl. Satzteil, Nr. 1, 2, Satz 2, Abs. 4 Satz 1 einl. Satzteil und Satz 2 geänd. mWv 27.1.2022 durch G v. 20.12.2016 (BGBl. I S. 3048, geänd. durch G v. 27.9.2021, BGBl. I S. 4530).

zu genehmigen. [2] Wird die Studie in den Fällen von Satz 1 Nummer 2 auch im Inland durchgeführt, unterrichtet der Inhaber der Zulassung die zuständige Bundesoberbehörde über die genehmigten Änderungen.

(4) [1] Nach Abschluss einer Studie nach Absatz 1 ist der abschließende Studienbericht

1. in den Fällen nach Absatz 1 Nummer 1 der zuständigen Bundesoberbehörde,
2. in den Fällen nach Absatz 1 Nummer 2 dem Ausschuss für Risikobewertung im Bereich der Pharmakovigilanz

innerhalb von zwölf Monaten nach Abschluss der Datenerfassung vorzulegen, wenn nicht durch die nach Satz 1 Nummer 1 oder 2 zuständige Stelle auf die Vorlage verzichtet worden ist. [2] Der Abschlussbericht ist zusammen mit einer Kurzdarstellung der Studienergebnisse elektronisch zu übermitteln.

## § 63h[1)] *(aufgehoben)*

**§ 63i[2)] Dokumentations- und Meldepflichten bei Blut- und Gewebezubereitungen und Gewebe.** (1) Der Inhaber einer Zulassung für Blutzubereitungen im Sinne von Artikel 3 Nummer 6 der Richtlinie 2001/83/EG oder einer Zulassung oder Genehmigung für Gewebezubereitungen oder für hämatopoetische Stammzellzubereitungen im Sinne der Richtlinie 2004/23/EG des Europäischen Parlaments und des Rates vom 31. März 2004 zur Festlegung von Qualitäts- und Sicherheitsstandards für die Spende, Beschaffung, Testung, Verarbeitung, Konservierung, Lagerung und Verteilung von menschlichen Geweben und Zellen (ABl. L 102 vom 7.4.2004, S. 48), die zuletzt durch die Verordnung (EG) Nr. 596/2009 (ABl. L 188 vom 18.7.2009, S. 14) geändert worden ist, oder einer Zulassung für Gewebezubereitungen im Sinne von § 21 hat Unterlagen zu führen über Verdachtsfälle von schwerwiegenden Zwischenfällen oder schwerwiegenden unerwünschten Reaktionen, die in einem Mitgliedstaat der Europäischen Union oder in einem Vertragsstaat des Abkommens über den Europäischen Wirtschaftsraum oder in einem Drittstaat aufgetreten sind, und die Anzahl der Rückrufe.

(2) [1] Der Inhaber einer Zulassung oder Genehmigung für Blut- oder Gewebezubereitungen im Sinne von Absatz 1 hat ferner jeden Verdacht eines schwerwiegenden Zwischenfalls und jeden Verdacht einer schwerwiegenden unerwünschten Reaktion zu dokumentieren und unverzüglich, spätestens aber innerhalb von 15 Tagen nach Bekanntwerden, der zuständigen Bundesoberbehörde anzuzeigen. [2] Die Anzeige muss alle erforderlichen Angaben enthalten, insbesondere Name oder Firma und Anschrift des pharmazeutischen Unternehmers, Bezeichnung und Nummer oder Kennzeichnungscode der Blut- oder Gewebezubereitung, Tag und Dokumentation des Auftretens des Verdachts des schwerwiegenden Zwischenfalls oder der schwerwiegenden unerwünschten Reaktion, Tag und Ort der Blutbestandteile- oder Gewebeentnahme, belieferte Betriebe oder Einrichtungen sowie Angaben zu der spendenden Person. [3] Bei Gewebezubereitungen und hämatopoetischen Stammzellzubereitungen aus

---

[1)] § 63h aufgeh. mWv 28.1.2022 durch G v. 27.9.2021 (BGBl. I S. 4530).

[2)] § 63i eingef. mWv 26.10.2012 durch G v. 19.10.2012 (BGBl. I S. 2192); Abs. 2 Satz 3 eingef., bish. Satz 3 wird Satz 4, Abs. 3 Satz 1 geänd., Satz 3 eingef., bish. Satz 3 wird Satz 4 und geänd., bish. Satz 4 wird Satz 5 und geänd. mWv 26.11.2016 durch G v. 21.11.2016 (BGBl. I S. 2623); Abs. 1 und 5 neu gef., Abs. 6 Satz 1 geänd., Abs. 8 angef. mWv 29.7.2017 durch G v. 18.7.2017 (BGBl. I S. 2757); Abs. 5 Satz 4 geänd. mWv 28.1.2022 durch G v. 27.9.2021 (BGBl. I S. 4530).

dem peripheren Blut oder aus dem Nabelschnurblut ist außerdem der EU-Gewebeeinrichtungs-Code, sofern vorhanden, und ist bei der Meldung eines Verdachts einer schwerwiegenden unerwünschten Reaktion ferner der Einheitliche Europäische Code, sofern vorhanden, anzugeben. [4]Die nach Satz 1 angezeigten Zwischenfälle oder Reaktionen sind auf ihre Ursache und Auswirkung zu untersuchen und zu bewerten und die Ergebnisse der zuständigen Bundesoberbehörde unverzüglich mitzuteilen, ebenso die Maßnahmen zur Rückverfolgung und zum Schutz der Spender und Empfänger.

(3) [1]Die Blut- und Plasmaspendeeinrichtungen oder die Gewebeeinrichtungen haben bei nicht zulassungs- oder genehmigungspflichtigen Blut- oder Gewebezubereitungen sowie bei Blut und Blutbestandteilen und bei Gewebe jeden Verdacht eines schwerwiegenden Zwischenfalls und jeden Verdacht einer schwerwiegenden unerwünschten Reaktion zu dokumentieren und unverzüglich der zuständigen Behörde zu melden. [2]Die Meldung muss alle notwendigen Angaben wie Name oder Firma und Anschrift der Spende- oder Gewebeeinrichtung, Bezeichnung und Nummer oder Kennzeichnungscode der Blut- oder Gewebezubereitung, Tag und Dokumentation des Auftretens des Verdachts des schwerwiegenden Zwischenfalls oder der schwerwiegenden unerwünschten Reaktion, Tag der Herstellung der Blut- oder Gewebezubereitung sowie Angaben zu der spendenden Person enthalten. [3]Bei Geweben und Gewebezubereitungen sowie bei hämatopoetischen Stammzellen und Stammzellzubereitungen aus dem peripheren Blut oder aus dem Nabelschnurblut ist außerdem der EU-Gewebeeinrichtungs-Code, sofern vorhanden, und ist bei der Meldung eines Verdachts einer schwerwiegenden unerwünschten Reaktion ferner der Einheitliche Europäische Code, sofern vorhanden, anzugeben. [4]Absatz 2 Satz 4 gilt entsprechend. [5]Die zuständige Behörde leitet die Meldungen nach den Sätzen 1 bis 3 sowie die Mitteilungen nach Satz 4 an die zuständige Bundesoberbehörde weiter.

(4) [1]Der Inhaber einer Zulassung oder Genehmigung für Blut- oder Gewebezubereitungen im Sinne von Absatz 1 hat auf der Grundlage der in Absatz 1 genannten Verpflichtungen der zuständigen Bundesoberbehörde einen aktualisierten Bericht über die Unbedenklichkeit der Arzneimittel unverzüglich nach Aufforderung oder, soweit Rückrufe oder Fälle oder Verdachtsfälle schwerwiegender Zwischenfälle oder schwerwiegender unerwünschter Reaktionen betroffen sind, mindestens einmal jährlich vorzulegen. [2]Satz 1 gilt nicht für den Parallelimporteur.

(5) [1]§ 62 Absatz 1, 2 Satz 1 und 2, Absatz 4 und 6 und § 63 gelten entsprechend. [2]Die §§ 63a und 63b Absatz 1 und 2 gelten für den Inhaber einer Zulassung für Blut- oder Gewebezubereitungen entsprechend. [3]Das Nähere regelt die Arzneimittel- und Wirkstoffherstellungsverordnung; die allgemeine Verwaltungsvorschrift nach § 63 Satz 1 findet Anwendung. [4]Im Übrigen finden die §§ 62 bis 63g keine Anwendung.

(6) [1]Schwerwiegender Zwischenfall im Sinne der vorstehenden Vorschriften ist jedes unerwünschte Ereignis im Zusammenhang mit der Gewinnung, Untersuchung, Aufbereitung, Be- oder Verarbeitung, Konservierung, Aufbewahrung oder Abgabe von Blut und Blutbestandteilen, Geweben, Gewebe- oder Blutzubereitungen, das die Übertragung einer ansteckenden Krankheit, den Tod oder einen lebensbedrohenden Zustand, eine Behinderung oder einen Fähigkeitsverlust von Patienten zur Folge haben könnte oder einen Krankenhausaufenthalt erforderlich machen oder verlängern könnte oder zu einer

Erkrankung führen oder diese verlängern könnte. [2] Als schwerwiegender Zwischenfall gilt auch jede fehlerhafte Identifizierung oder Verwechslung von Keimzellen oder imprägnierten Eizellen im Rahmen von Maßnahmen einer medizinisch unterstützten Befruchtung.

(7) Schwerwiegende unerwünschte Reaktion im Sinne der vorstehenden Vorschriften ist eine unbeabsichtigte Reaktion, einschließlich einer übertragbaren Krankheit, beim Spender oder Empfänger im Zusammenhang mit der Gewinnung von Gewebe oder Blut oder der Übertragung von Gewebe- oder Blutzubereitungen, die tödlich oder lebensbedrohend verläuft, eine Behinderung oder einen Fähigkeitsverlust zur Folge hat oder einen Krankenhausaufenthalt erforderlich macht oder verlängert oder zu einer Erkrankung führt oder diese verlängert.

(8) [1] Der Inhaber einer Zulassung oder Genehmigung für Blut- oder Gewebezubereitungen im Sinne von Absatz 1 darf im Zusammenhang mit dem zugelassenen oder genehmigten Arzneimittel keine Informationen, die die Hämo- oder Gewebevigilanz betreffen, ohne vorherige oder gleichzeitige Mitteilung an die zuständige Bundesoberbehörde und an die Europäische Kommission öffentlich bekannt machen. [2] Er stellt sicher, dass solche Informationen in objektiver und nicht irreführender Weise öffentlich bekannt gemacht werden.

**§ 63j[1)] Dokumentations- und Meldepflichten der behandelnden Person für nicht zulassungs- oder genehmigungspflichtige Arzneimittel für neuartige Therapien.** (1) [1] Die behandelnde Person, die nicht zulassungs- oder genehmigungspflichtige Arzneimittel für neuartige Therapien bei einem Patienten anwendet, hat Unterlagen über alle Verdachtsfälle von Nebenwirkungen zu führen und unverzüglich jeden Verdachtsfall einer schwerwiegenden Nebenwirkung der zuständigen Behörde elektronisch anzuzeigen. [2] Die Anzeige muss alle notwendigen Angaben enthalten, insbesondere

1. den Namen und die Anschrift der Einrichtung, in der der Patient behandelt wurde,
2. den Tag des Auftretens der schwerwiegenden Nebenwirkung,
3. die Art der schwerwiegenden Nebenwirkung,
4. den Tag der Herstellung des Arzneimittels,
5. Angaben zur Art des Arzneimittels sowie
6. Initialen, Geschlecht und Geburtsjahr des Patienten, der mit dem Arzneimittel behandelt wurde.

[3] Die zuständige Bundesoberbehörde gibt das für die Anzeige zu verwendende Formular auf ihrer Internetseite bekannt.

(2) Die behandelnde Person hat die nach Absatz 1 angezeigten Nebenwirkungen auf ihre Ursache und Auswirkung zu untersuchen und zu bewerten und die Ergebnisse der Bewertung der zuständigen Behörde unverzüglich mitzuteilen, ebenso die von ihr ergriffenen Maßnahmen zum Schutz des Patienten.

(3) Die zuständige Behörde leitet die Anzeigen und Meldungen nach den Absätzen 1 und 2 unverzüglich an die zuständige Bundesoberbehörde weiter.

---

[1)] § 63j eingef. mWv 15.8.2020 durch G v. 9.8.2019 (BGBl. I S. 1202, geänd. durch G v. 19.5. 2020, BGBl. I S. 1018).

(4) Auf Verlangen der zuständigen Behörden der Länder oder des Bundes muss die behandelnde Person weitere Informationen für die Beurteilung der Risiken des angewendeten Arzneimittels, einschließlich eigener Bewertungen, unverzüglich und vollständig übermitteln.

**§ 63k**[1] **Ausnahmen.** Die Regelungen des Zehnten Abschnitts finden keine Anwendung auf Arzneimittel, die im Rahmen einer klinischen Prüfung als Prüfpräparate eingesetzt werden.

## Elfter Abschnitt. Überwachung

**§ 64**[2] **Durchführung der Überwachung.** (1) [1]Der Überwachung durch die zuständige Behörde hinsichtlich der jeweils genannten Tätigkeiten unterliegen Betriebe und Einrichtungen,

1. in denen Arzneimittel hergestellt, geprüft, gelagert, verpackt oder in den Verkehr gebracht werden,
2. in denen sonst mit Arzneimitteln Handel getrieben wird,
3. die Arzneimittel einführen,
4. die Arzneimittel entwickeln oder klinisch prüfen,
5. die Arzneimittel nach § 47a Absatz 1 Satz 1 erwerben oder anwenden,
6. in denen Aufzeichnungen über die in den Nummern 1 bis 5 genannten Tätigkeiten aufbewahrt werden oder
7. die einen Datenspeicher einrichten oder verwalten, der zum Datenspeicher- und -abrufsystem nach Artikel 31 der Delegierten Verordnung (EU) 2016/161 der Kommission vom 2. Oktober 2015 zur Ergänzung der Richtlinie 2001/83/EG des Europäischen Parlaments und des Rates durch die Festlegung genauer Bestimmungen über die Sicherheitsmerkmale auf der Verpackung von Humanarzneimitteln (ABl. L 32 vom 9.2.2016, S. 1) gehört.

[2]Die Entwicklung, Herstellung, Prüfung, Lagerung, Verpackung, Einfuhr und das Inverkehrbringen von Wirkstoffen und anderen zur Arzneimittelherstellung bestimmten Stoffen und von Gewebe, der sonstige Handel mit diesen Wirkstoffen und Stoffen sowie die mit den genannten Tätigkeiten im Zusammen-

---

[1] Früherer § 63j eingef. mWv 26.10.2012 durch G v. 19.10.2012 (BGBl. I S. 2192); Abs. 2 geänd. mWv 24.12.2016 durch G v. 20.12.2016 (BGBl. I S. 3048); bish. § 63j wird § 63k mWv 16.8.2019 durch G v. 9.8.2019 (BGBl. I S. 1202); Abs. 2 aufgeh. mWv 28.1.2022 durch G v. 27.9.2021 (BGBl. I S. 4530).

[2] § 64 Abs. 4 Nr. 2 geänd. und Nr. 2a eingef. mWv 29.12.2006 durch G v. 21.12.2006 (BGBl. I S. 3367); Abs. 1 Satz 2, Abs. 2 Satz 3 und Abs. 3 Satz 1 geänd. sowie Abs. 1 Satz 3 eingef., bish. Satz 3 wird Satz 4 mWv 1.8.2007 durch G v. 20.7.2007 (BGBl. I S. 1574); Abs. 1 Satz 3 geänd., Satz 5 angef., Abs. 2 Satz 3, Abs. 3 Sätze 2 und 3 geänd., Satz 4 neu gef., Satz 8 angef., Abs. 4 Nr. 1 geänd. mWv 23.7.2009 durch G v. 17.7.2009 (BGBl. I S. 1990); Abs. 3 neu gef., Abs. 3a–3h eingef. mWv 26.10.2012 durch G v. 19.10.2012 (BGBl. I S. 2192); Abs. 6 Satz 3 geänd. mWv 8.9.2015 durch VO v. 31.8.2015 (BGBl. I S. 1474); Abs. 1 Sätze 1 und 2, Abs. 3 Satz 1, Abs. 3a Sätze 1 und 2, Abs. 3g Satz 2 geänd., Abs. 4 Nr. 2 geänd. mWv 26.11.2016 ; Abs. 3i und 3j eingef. mWv 29.4.2017 durch G v. 21.11.2016 (BGBl. I S. 2623); Abs. 3f Satz 2, Abs. 3g Satz 1 neu gef., Satz 2 geänd., Satz 3 angef. mWv 24.12.2016, Abs. 1 Satz 4 geänd. mWv 27.1.2022 durch G v. 20.12.2016 (BGBl. I S. 3048, geänd. durch G v. 27.9.2021, BGBl. I S. 4530); Abs. 1 Sätze 1 und 2 geänd., Satz 3 neu gef., Abs. 3g Satz 2 geänd. mWv 29.7.2017 durch G v. 18.7.2017 (BGBl. I S. 2757); Abs. 1 Satz 1 geänd., Abs. 3 Satz 4 angef., Abs. 3a Satz 1, Abs. 3h Satz 1 geänd., Abs. 3k eingef., Abs. 4 Nr. 2 geänd. mWv 16.8. 2019 durch G v. 9.8.2019 (BGBl. I S. 1202); Abs. 1 Satz 1 neu gef., Abs. 3a Satz 1, Abs. 3b Satz 1 und Abs. 3e geänd., Abs. 3h neu gef., Abs. 4 Nr. 2 geänd., Abs. 6 Satz 3 aufgeh. mWv 28.1.2022 durch G v. 27.9.2021 (BGBl. I S. 4530).

hang stehende Aufbewahrung von Aufzeichnungen unterliegen der Überwachung, soweit sie durch eine Rechtsverordnung nach § 54, nach § 12 des Transfusionsgesetzes oder nach § 16a des Transplantationsgesetzes[1)] geregelt sind. [3]Im Fall des § 14 Absatz 4 Nummer 4 und des § 20b Absatz 2 unterliegen die Entnahmeeinrichtungen und Labore der Überwachung durch die für sie örtlich zuständige Behörde; im Fall des § 20c Absatz 2 Satz 2 unterliegen die beauftragten Betriebe der Überwachung durch die für sie örtlich zuständige Behörde. [4]Satz 1 gilt auch für Personen, die diese Tätigkeiten berufsmäßig ausüben oder Arzneimittel nicht ausschließlich für den Eigenbedarf mit sich führen, für den Sponsor einer klinischen Prüfung oder seinen Vertreter sowie für Personen oder Personenvereinigungen, die Arzneimittel für andere sammeln. [5]Satz 1 findet keine Anwendung auf die Rekonstitution, soweit es sich nicht um Arzneimittel handelt, die zur klinischen Prüfung bestimmt sind.

(2) [1]Die mit der Überwachung beauftragten Personen müssen diese Tätigkeit hauptberuflich ausüben. [2]Die zuständige Behörde kann Sachverständige beiziehen. [3]Sie soll Angehörige der zuständigen Bundesoberbehörde als Sachverständige beteiligen, soweit es sich um Blutzubereitungen, Gewebe und Gewebezubereitungen, radioaktive Arzneimittel, gentechnisch hergestellte Arzneimittel, Sera, Impfstoffe, Allergene, Arzneimittel für neuartige Therapien, xenogene Arzneimittel oder um Wirkstoffe oder andere Stoffe, die menschlicher, tierischer oder mikrobieller Herkunft sind oder die auf gentechnischem Wege hergestellt werden, handelt. [4]Bei Apotheken, die keine Krankenhausapotheken sind oder die einer Erlaubnis nach § 13 nicht bedürfen, kann die zuständige Behörde Sachverständige mit der Überwachung beauftragen.

(3) [1]Die zuständige Behörde hat sich davon zu überzeugen, dass die Vorschriften über Arzneimittel, Wirkstoffe und andere zur Arzneimittelherstellung bestimmte Stoffe sowie über Gewebe, über die Werbung auf dem Gebiete des Heilwesens, des Zweiten Abschnitts des Transfusionsgesetzes, der Abschnitte 2, 3 und 3a des Transplantationsgesetzes und über das Apothekenwesen beachtet werden. [2]Sie hat dafür auf der Grundlage eines Überwachungssystems unter besonderer Berücksichtigung möglicher Risiken in angemessenen Zeitabständen und in angemessenem Umfang sowie erforderlichenfalls auch unangemeldet Inspektionen vorzunehmen und wirksame Folgemaßnahmen festzulegen. [3]Sie hat auch Arzneimittelproben amtlich untersuchen zu lassen. [4]Unangemeldete Inspektionen sind insbesondere erforderlich

1. bei Verdacht von Arzneimittel- oder Wirkstofffälschungen,
2. bei Hinweis auf schwerwiegende Mängel von Arzneimitteln oder Wirkstoffen sowie
3. in angemessenen Zeitabständen im Rahmen der Überwachung der Arzneimittelherstellung nach § 35 der Apothekenbetriebsordnung und der Herstellung von Arzneimitteln zur parenteralen Anwendung für Apotheken.

(3a) [1]Betriebe und Einrichtungen, die einer Erlaubnis nach den §§ 13, 20c, 72, 72b Absatz 1 oder § 72c bedürfen, sowie Apotheken, die Arzneimittel nach § 35 der Apothekenbetriebsordnung herstellen, sind in der Regel alle zwei Jahre nach Absatz 3 zu überprüfen. [2]Die zuständige Behörde erteilt die Erlaubnis nach den §§ 13, 20c, 52a, 72, 72b Absatz 1 oder § 72c erst, wenn sie sich

---

1) Nr. **280**.

durch eine Inspektion davon überzeugt hat, dass die Voraussetzungen für die Erlaubniserteilung vorliegen.

(3b) [1] Die zuständige Behörde führt die Inspektionen zur Überwachung der Vorschriften über den Verkehr mit Arzneimitteln gemäß den Leitlinien der Europäischen Kommission nach Artikel 111a der Richtlinie 2001/83/EG durch, soweit es sich nicht um die Überwachung der Durchführung klinischer Prüfung handelt. [2] Sie arbeitet mit der Europäischen Arzneimittel-Agentur durch Austausch von Informationen über geplante und durchgeführte Inspektionen sowie bei der Koordinierung von Inspektionen von Betrieben und Einrichtungen in Ländern, die nicht Mitgliedstaaten der Europäischen Union oder andere Vertragsstaaten des Abkommens über den Europäischen Wirtschaftsraum sind, zusammen.

(3c) [1] Die Inspektionen können auch auf Ersuchen eines anderen Mitgliedstaates, der Europäischen Kommission oder der Europäischen Arzneimittel-Agentur durchgeführt werden. [2] Unbeschadet etwaiger Abkommen zwischen der Europäischen Union und Ländern, die nicht Mitgliedstaaten der Europäischen Union oder andere Vertragsstaaten des Abkommens über den Europäischen Wirtschaftsraum sind, kann die zuständige Behörde einen Hersteller in dem Land, das nicht Mitgliedstaat der Union oder Vertragsstaat des Abkommens über den Europäischen Wirtschaftsraum ist, auffordern, sich einer Inspektion nach den Vorgaben der Europäischen Union zu unterziehen.

(3d) [1] Über die Inspektion ist ein Bericht zu erstellen. [2] Die zuständige Behörde, die die Inspektion durchgeführt hat, teilt den überprüften Betrieben, Einrichtungen oder Personen den Inhalt des Berichtsentwurfs mit und gibt ihnen vor dessen endgültiger Fertigstellung Gelegenheit zur Stellungnahme.

(3e) Führt die Inspektion nach Auswertung der Stellungnahme nach Absatz 3d Satz 2 zu dem Ergebnis, dass die Betriebe, Einrichtungen oder Personen den gesetzlichen Vorschriften nicht entsprechen, so wird diese Information, soweit die Grundsätze und Leitlinien der Guten Herstellungspraxis oder der Guten Vertriebspraxis des Rechts der Europäischen Union für Arzneimittel zur Anwendung beim Menschen betroffen sind, in die Datenbank nach § 67a eingegeben.

(3f) [1] Innerhalb von 90 Tagen nach einer Inspektion zur Überprüfung der Guten Herstellungspraxis oder der Guten Vertriebspraxis wird den überprüften Betrieben, Einrichtungen oder Personen ein Zertifikat ausgestellt, wenn die Inspektion zu dem Ergebnis geführt hat, dass die entsprechenden Grundsätze und Leitlinien eingehalten werden. [2] Die Gültigkeitsdauer des Zertifikates über die Einhaltung der Grundsätze und Leitlinien der Guten Herstellungspraxis soll drei Jahre, die des Zertifikates über die Einhaltung der Grundsätze und Leitlinien der Guten Vertriebspraxis fünf Jahre nicht überschreiten. [3] Das Zertifikat ist zurückzunehmen, wenn nachträglich bekannt wird, dass die Voraussetzungen nicht vorgelegen haben; es ist zu widerrufen, wenn die Voraussetzungen nicht mehr gegeben sind.

(3g) [1] Die Angaben über die Ausstellung, die Versagung, die Rücknahme oder den Widerruf eines Zertifikates über die Einhaltung der Grundsätze und Leitlinien der Guten Herstellungspraxis sind in eine Datenbank nach § 67a einzugeben. [2] Das gilt auch für die Erteilung, die Rücknahme, den Widerruf oder das Ruhen einer Erlaubnis nach § 13 oder § 72 Absatz 1 und 2 sowie für die Registrierung und Löschung von Arzneimittelvermittlern oder von Betrieben und Einrichtungen, die Wirkstoffe herstellen, einführen oder sonst mit ihnen Handel treiben, ohne einer Erlaubnis zu bedürfen. [3] Die Angaben über die Ausstellung, die Versagung, die Rücknahme oder den Widerruf einer Erlaubnis nach § 52a sowie eines Zertifikates über die Einhaltung der Grundsätze und Leitlinien der Guten Vertriebspraxis sind in eine Datenbank der Europäischen Arzneimittel-Agentur nach Artikel 111 Absatz 6 der Richtlinie 2001/83/EG einzugeben.

(3h) Die Absätze 3b, 3c und 3e bis 3g finden keine Anwendung auf Betriebe und Einrichtungen, die einen Datenspeicher einrichten oder verwalten, der zum Datenspeicher- und -abrufsystem nach Artikel 31 der Delegierten Verordnung (EU) 2016/161 gehört.

(3i) [1] Abweichend von Absatz 3c hat die zuständige Behörde über ein begründetes Ersuchen eines anderen Mitgliedstaates der Europäischen Union zu entscheiden, in den Gewebe oder Gewebezubereitungen verbracht werden sollen, die zuvor in den Geltungsbereich dieses Gesetzes eingeführt wurden, eine einführende Gewebeeinrichtung, die der Erlaubnispflicht des § 72b Absatz 1 oder des § 72c Absatz 1 unterliegt, zu inspizieren oder sonstige Überwachungsmaßnahmen durchzuführen. [2] Der andere Mitgliedstaat erhält zuvor Gelegenheit zur Stellungnahme. [3] Die Sätze 1 und 2 gelten entsprechend für ein begründetes Ersuchen eines anderen Mitgliedstaates der Europäischen Union, in den hämatopoetische Stammzellen oder Stammzellzubereitungen aus dem peripheren Blut oder aus dem Nabelschnurblut verbracht werden sollen, die zuvor in den Geltungsbereich dieses Gesetzes eingeführt wurden, eine einführende Einrichtung, die der Erlaubnispflicht nach § 72 Absatz 4 oder § 72c Absatz 4 Satz 1 in Verbindung mit Absatz 1 unterliegt, zu inspizieren oder sonstige Überwachungsmaßnahmen durchzuführen.

(3j) [1] Im Fall einer Inspektion nach Absatz 3i kann die zuständige Behörde auf ein Ersuchen der zuständigen Behörde des anderen Mitgliedstaates der Europäischen Union gestatten, dass beauftragte Personen dieses Mitgliedstaates die Inspektion begleiten. [2] Eine Ablehnung des Ersuchens muss die zuständige Behörde gegenüber der zuständigen Behörde des anderen Mitgliedstaates begründen. [3] Die begleitenden Personen sind befugt, zusammen mit den mit der Überwachung beauftragten Personen Grundstücke, Geschäftsräume, Betriebsräume und Beförderungsmittel zu den üblichen Geschäftszeiten zu betreten und zu besichtigen.

(3k) [1] Die zuständige Behörde informiert die zuständige Bundesoberbehörde über geplante Inspektionen bei Herstellern von Arzneimitteln oder Wirkstoffen in Drittstaaten. [2] Angehörige der zuständigen Bundesoberbehörde können im Benehmen mit der zuständigen Behörde an solchen Inspektionen als Sachverständige teilnehmen. [3] Absatz 2 Satz 3 bleibt unberührt.

(4) Die mit der Überwachung beauftragten Personen sind befugt

1. Grundstücke, Geschäftsräume, Betriebsräume, Beförderungsmittel und zur Verhütung dringender Gefahr für die öffentliche Sicherheit und Ordnung auch Wohnräume zu den üblichen Geschäftszeiten zu betreten, zu besichtigen sowie in Geschäftsräumen, Betriebsräumen und Beförderungsmitteln zur Dokumentation Bildaufzeichnungen anzufertigen, in denen eine Tätigkeit nach Absatz 1 ausgeübt wird; das Grundrecht des Artikels 13 des

Grundgesetzes[1] auf Unverletztlichkeit der Wohnung wird insoweit eingeschränkt,

2. Unterlagen über Entwicklung, Herstellung, Prüfung, klinische Prüfung, Erwerb, Einfuhr, Lagerung, Verpackung, Abrechnung, Inverkehrbringen und sonstigen Verbleib der Arzneimittel, der Wirkstoffe und anderer zur Arzneimittelherstellung bestimmter Stoffe sowie über das im Verkehr befindliche Werbematerial und über die nach § 94 erforderliche Deckungsvorsorge einzusehen,

2a. Abschriften oder Ablichtungen von Unterlagen nach Nummer 2 oder Ausdrucke oder Kopien von Datenträgern, auf denen Unterlagen nach Nummer 2 gespeichert sind, anzufertigen oder zu verlangen, soweit es sich nicht um personenbezogene Daten von Patienten handelt,

3. von natürlichen und juristischen Personen und nicht rechtsfähigen Personenvereinigungen alle erforderlichen Auskünfte, insbesondere über die in Nummer 2 genannten Betriebsvorgänge zu verlangen,

4. vorläufige Anordnungen, auch über die Schließung des Betriebes oder der Einrichtung zu treffen, soweit es zur Verhütung dringender Gefahren für die öffentliche Sicherheit und Ordnung geboten ist.

(4a) Soweit es zur Durchführung dieses Gesetzes oder der auf Grund dieses Gesetzes erlassenen Rechtsverordnungen oder der Verordnung (EG) Nr. 726/2004 erforderlich ist, dürfen auch die Sachverständigen der Mitgliedstaaten der Europäischen Union, soweit sie die mit der Überwachung beauftragten Personen begleiten, Befugnisse nach Absatz 4 Nr. 1 wahrnehmen.

(5) Der zur Auskunft Verpflichtete kann die Auskunft auf solche Fragen verweigern, deren Beantwortung ihn selbst oder einen seiner in § 383 Abs. 1 Nr. 1 bis 3 der Zivilprozessordnung[2] bezeichneten Angehörigen der Gefahr strafrechtlicher Verfolgung oder eines Verfahrens nach dem Gesetz über Ordnungswidrigkeiten[3] aussetzen würde.

(6) [1] Das Bundesministerium wird ermächtigt, durch Rechtsverordnung mit Zustimmung des Bundesrates Regelungen über die Wahrnehmung von Überwachungsaufgaben in den Fällen festzulegen, in denen Arzneimittel von einem pharmazeutischen Unternehmer im Geltungsbereich des Gesetzes in den Verkehr gebracht werden, der keinen Sitz im Geltungsbereich des Gesetzes hat, soweit es zur Durchführung der Vorschriften über den Verkehr mit Arzneimitteln sowie über die Werbung auf dem Gebiete des Heilwesens erforderlich ist. [2] Dabei kann die federführende Zuständigkeit für Überwachungsaufgaben, die sich auf Grund des Verbringens eines Arzneimittels aus einem bestimmten Mitgliedstaat der Europäischen Union ergeben, jeweils einem bestimmten Land oder einer von den Ländern getragenen Einrichtung zugeordnet werden.

**§ 65[4] Probenahme.** (1) [1] Soweit es zur Durchführung der Vorschriften über den Verkehr mit Arzneimitteln, über die Werbung auf dem Gebiete des Heilwesens, des Zweiten Abschnitts des Transfusionsgesetzes, der Abschnit-

---

[1] **Sartorius Nr. 1.**

[2] **Habersack, Deutsche Gesetze Nr. 100.**

[3] **Habersack, Deutsche Gesetze Nr. 94.**

[4] § 65 Abs. 1 Satz 1 geänd. mWv 1.8.2007 durch G v. 20.7.2007 (BGBl. I S. 1574); Abs. 1 Satz 2 aufgeh., bish. Satz 3 wird Satz 2 mWv 28.1.2022 durch G v. 27.9.2021 (BGBl. I S. 4530).

te 2, 3 und 3a des Transplantationsgesetzes[1)] und über das Apothekenwesen erforderlich ist, sind die mit der Überwachung beauftragten Personen befugt, gegen Empfangsbescheinigung Proben nach ihrer Auswahl zum Zwecke der Untersuchung zu fordern oder zu entnehmen. [2] Soweit der pharmazeutische Unternehmer nicht ausdrücklich darauf verzichtet, ist ein Teil der Probe oder, sofern die Probe nicht oder ohne Gefährdung des Untersuchungszwecks nicht in Teile von gleicher Qualität teilbar ist, ein zweites Stück der gleichen Art, wie das als Probe entnommene, zurückzulassen.

(2) [1] Zurückzulassende Proben sind amtlich zu verschließen oder zu versiegeln. [2] Sie sind mit dem Datum der Probenahme und dem Datum des Tages zu versehen, nach dessen Ablauf der Verschluss oder die Versiegelung als aufgehoben gelten.

(3) Für Proben, die nicht bei dem pharmazeutischen Unternehmer entnommen werden, ist durch den pharmazeutischen Unternehmer eine angemessene Entschädigung zu leisten, soweit nicht ausdrücklich darauf verzichtet wird.

(4) Als privater Sachverständiger zur Untersuchung von Proben, die nach Absatz 1 Satz 2 zurückgelassen sind, kann nur bestellt werden, wer

1. die Sachkenntnis nach § 15 besitzt. Anstelle der praktischen Tätigkeit nach § 15 Abs. 1 und 4 kann eine praktische Tätigkeit in der Untersuchung und Begutachtung von Arzneimitteln in Arzneimitteluntersuchungsstellen oder in anderen gleichartigen Arzneimittelinstituten treten,
2. die zur Ausübung der Tätigkeit als Sachverständiger zur Untersuchung von amtlichen Proben erforderliche Zuverlässigkeit besitzt und
3. über geeignete Räume und Einrichtungen für die beabsichtigte Untersuchung und Begutachtung von Arzneimitteln verfügt.

**§ 66[2)] Duldungs- und Mitwirkungspflicht.** (1) [1] Wer der Überwachung nach § 64 Abs. 1 unterliegt, ist verpflichtet, die Maßnahmen nach den §§ 64 und 65 zu dulden und die in der Überwachung tätigen Personen bei der Erfüllung ihrer Aufgaben zu unterstützen, insbesondere ihnen auf Verlangen die Räume und Beförderungsmittel zu bezeichnen, Räume, Behälter und Behältnisse zu öffnen, Auskünfte zu erteilen und die Entnahme der Proben zu ermöglichen. [2] Die gleiche Verpflichtung besteht für die sachkundige Person nach § 14, die verantwortliche Person nach § 20c, den Stufenplanbeauftragten, Informationsbeauftragten, die verantwortliche Person nach § 52a sowie deren Vertreter und den Hauptprüfer und den Prüfer, auch im Hinblick auf Anfragen der zuständigen Bundesoberbehörde.

(2) Die Duldungs- und Mitwirkungspflicht nach Absatz 1 findet entsprechende Anwendung auf Maßnahmen der Bundesoberbehörden nach § 25 Absatz 5 Satz 4 oder Absatz 8 Satz 2 und 3 oder nach § 62 Absatz 6.

**§ 67[3)] Allgemeine Anzeigepflicht.** (1) [1] Betriebe und Einrichtungen, die Arzneimittel entwickeln, herstellen, klinisch prüfen, prüfen, lagern, verpacken,

---

[1)] Nr. **280**.

[2)] § 66 Satz 2 geänd. mWv 23.7.2009 durch G v. 17.7.2009 (BGBl. I S. 1990); Abs. 2 angef. mWv 26.10.2012 durch G v. 19.10.2012 (BGBl. I S. 2192); Abs. 1 Satz 2 geänd. mWv 27.1.2022 durch G v. 20.12.2016 (BGBl. I S. 3048, geänd. durch G v. 27.9.2021, BGBl. I S. 4530).

[3)] § 67 Abs. 6 Sätze 3 und 4 angef. mWv 1.4.2007, Abs. 6 Satz 1 geänd. mWv 1.7.2008 durch G v. 26.3.2007 (BGBl. I S. 378); Abs. 1 Satz 5 neu gef., Satz 7 angef., Abs. 5 neu gef., Abs. 6 Satz 2 geänd., Satz 5 angef. mWv 23.7.2009 durch G v. 17.7.2009 (BGBl. I S. 1990); Abs. 1 Satz 2 eingef., bish. →

einführen, in den Verkehr bringen oder sonst mit ihnen Handel treiben, haben dies vor der Aufnahme der Tätigkeiten der zuständigen Behörde anzuzeigen. [2]Satz 1 gilt entsprechend für Einrichtungen, die Gewebe gewinnen, die die für die Gewinnung erforderliche Laboruntersuchung durchführen, Gewebe be- oder verarbeiten, konservieren, prüfen, lagern, einführen oder in Verkehr bringen. [3]Die Entwicklung von Arzneimitteln ist anzuzeigen, soweit sie durch eine Rechtsverordnung nach § 54 geregelt ist. [4]Das Gleiche gilt für Personen, die diese Tätigkeiten selbständig und berufsmäßig ausüben, sowie für Personen oder Personenvereinigungen, die Arzneimittel für andere sammeln. [5]In der Anzeige sind die Art der Tätigkeit und die Betriebsstätte anzugeben; werden Arzneimittel gesammelt, so ist das Nähere über die Art der Sammlung und über die Lagerstätte anzugeben. [6]Die Sätze 1 und 3 bis 5 gelten entsprechend für Betriebe und Einrichtungen, die Wirkstoffe oder andere zur Arzneimittelherstellung bestimmte Stoffe herstellen, prüfen, lagern, verpacken, einführen, in den Verkehr bringen oder sonst mit ihnen Handel treiben, soweit diese Tätigkeiten durch eine Rechtsverordnung nach § 54 geregelt sind. [7]Satz 1 findet keine Anwendung auf die Rekonstitution, soweit es sich nicht um Arzneimittel handelt, die zur klinischen Prüfung bestimmt sind. [8]Die Sätze 1 bis 6 gelten auch für Betriebe und Einrichtungen, die mit den dort genannten Tätigkeiten im Zusammenhang stehende Aufzeichnungen aufbewahren. [9]Die Sätze 1 und 5 gelten auch für Betriebe und Einrichtungen, die einen Datenspeicher einrichten oder verwalten, der zum Datenspeicher- und -abrufsystem nach Artikel 31 der Delegierten Verordnung (EU) 2016/161 gehört.

(2) Ist die Herstellung von Arzneimitteln beabsichtigt, für die es einer Erlaubnis nach § 13 nicht bedarf, so sind die Arzneimittel mit ihrer Bezeichnung und Zusammensetzung anzuzeigen.

(3) [1]Nachträgliche Änderungen sind ebenfalls anzuzeigen. [2]Bei Betrieben und Einrichtungen, die Wirkstoffe herstellen, einführen oder sonst mit ihnen Handel treiben, genügt jährlich eine Anzeige, sofern die Änderungen keine Auswirkungen auf die Qualität oder Sicherheit der Wirkstoffe haben können.

(3a) Betriebe und Einrichtungen, die mit den in Absatz 1 Satz 1 bis 4 und 6 genannten Tätigkeiten im Zusammenhang stehende Aufzeichnungen außerhalb der von der Erlaubnis nach den §§ 13, 20b, 20c, 52a, 72b oder 72c erfassten

---

*(Fortsetzung der Anm. von voriger Seite)*
Sätze 2–7 werden Sätze 3–8, neuer Satz 6 geänd., Abs. 3 Satz 2 eingef., bish. Satz 2 wird Abs. 3a, Abs. 4 Satz 1 geänd., Abs. 6 Satz 1 neu gef., Satz 2 geänd., Satz 6 und Abs. 7 angef. mWv 26.10.2012, Abs. 8 angef. mWv 1.1.2016 durch G v. 19.10.2012 (BGBl. I S. 2192 iVm Bek. v. 30.1.2017, BGBl. I S. 154); Abs. 6 Satz 4 neu gef., Sätze 5–12 eingef., bish. Sätze 5 und 6 werden Sätze 13 und 14, neuer Satz 14 geänd. mWv 13.8.2013 durch G v. 7.8.2013 (BGBl. I S. 3108); Abs. 4 Satz 1 geänd. mWv 26.11.2016 durch G v. 21.11.2016 (BGBl. I S. 2623); Abs. 6 Satz 5 neu gef., Satz 13 eingef., bish. Satz 13 wird Satz 14, bish. Satz 14 wird Satz 15 und neu gef. mWv 24.12.2016 durch G v. 20.12.2016 (BGBl. I S. 3048, geänd. durch G v. 27.9.2021, BGBl. I S. 4530); Abs. 1 Sätze 1, 2 und 7 geänd., Satz 9 angef., Abs. 3b eingef. mWv 29.7.2017 durch G v. 18.7.2017 (BGBl. I S. 2757); Abs. 1 Satz 10 angef., Abs. 6 Sätze 2, 5 geänd. mWv 16.8.2019, Abs. 9 angef. mWv 15.8.2020 durch G v. 9.8.2019 (BGBl. I S. 1202, geänd. durch G v. 19.5.2020, BGBl. I S. 1018, und durch G v. 27.9.2021, BGBl. I S. 4530); Abs. 8 Satz 4 geänd. mWv 26.5.2020 durch G v. 28.4.2020 (BGBl. I S. 960, geänd. durch G v. 19.5.2020, BGBl. I S. 1018); Abs. 1 Satz 1 geänd., Satz 6 aufgeh., bish. Satz 7 wird Satz 6 und geänd., bish. Satz 8 wird Satz 7, bish. Satz 9 wird Satz 8 und geänd., bish. Satz 10 wird Satz 9, Abs. 3a aufgeh., bish. Abs. 3b wird Abs. 3a und geänd., Abs. 4 Satz 1 geänd., Abs. 6 Sätze 8, 11 und 15 geänd. mWv 27.1.2022, Abs. 1 Satz 1 und Abs. 4 Satz 1 geänd., Satz 2 aufgeh., Abs. 6 Sätze 7 und 9 geänd., Satz 14 aufgeh., bish. Satz 15 wird Satz 14 und geänd., Abs. 8 Satz 1 geänd. mWv 28.1.2022 durch G v. 27.9.2021 (BGBl. I S. 4530).

Räume aufbewahren lassen, haben dies vor Aufnahme der Tätigkeit der zuständigen Behörde anzuzeigen; dies gilt auch für nachträgliche Änderungen.

(4) Die Absätze 1 bis 3 gelten nicht für diejenigen, die eine Erlaubnis nach § 13, § 20b, § 20c, § 52a, § 72, § 72b oder § 72c haben, für Apotheken nach dem Gesetz über das Apothekenwesen[1] und für klinische Prüfungen mit Arzneimitteln, die in den Anwendungsbereich der Verordnung (EU) Nr. 536/2014 fallen.

(5) [1] Wer als pharmazeutischer Unternehmer ein Arzneimittel, das nach § 36 Absatz 1 von der Pflicht zur Zulassung freigestellt ist, in den Verkehr bringt, hat dies zuvor der zuständigen Bundesoberbehörde und der zuständigen Behörde anzuzeigen. [2] In der Anzeige sind der Hersteller, die verwendete Bezeichnung, die verwendeten nicht wirksamen Bestandteile, soweit sie nicht in der Verordnung nach § 36 Absatz 1 festgelegt sind, sowie die tatsächliche Zusammensetzung des Arzneimittels, soweit die Verordnung nach § 36 Absatz 1 diesbezügliche Unterschiede erlaubt, anzugeben. [3] Anzuzeigen sind auch jede Änderung der Angaben und die Beendigung des Inverkehrbringens.

(6) [1] Wer Untersuchungen durchführt, die dazu bestimmt sind, Erkenntnisse bei der Anwendung zugelassener oder registrierter Arzneimittel zu sammeln, hat dies der zuständigen Bundesoberbehörde, der Kassenärztlichen Bundesvereinigung, dem Spitzenverband Bund der Krankenkassen und dem Verband der Privaten Krankenversicherung e.V. unverzüglich anzuzeigen. [2] Dabei sind Ort, Zeit, Ziel und Beobachtungsplan der Anwendungsbeobachtung anzugeben sowie gegenüber der Kassenärztlichen Bundesvereinigung und dem Spitzenverband Bund der Krankenkassen die beteiligten Ärzte namentlich mit Angabe der lebenslangen Arztnummer, der Betriebsstättennummer und der Praxisadresse zu benennen. [3] Entschädigungen, die an Ärzte für ihre Beteiligung an Untersuchungen nach Satz 1 geleistet werden, sind nach ihrer Art und Höhe so zu bemessen, dass kein Anreiz für eine bevorzugte Verschreibung oder Empfehlung bestimmter Arzneimittel entsteht. [4] Sofern beteiligte Ärzte Leistungen zu Lasten der gesetzlichen Krankenversicherung erbringen, sind bei Anzeigen nach Satz 1 auch die Art und die Höhe der jeweils an sie tatsächlich geleisteten Entschädigungen anzugeben sowie jeweils eine Ausfertigung der mit ihnen geschlossenen Verträge und jeweils eine Darstellung des Aufwandes für die beteiligten Ärzte und eine Begründung für die Angemessenheit der Entschädigung zu übermitteln. [5] Sofern sich bei den in Satz 4 genannten Informationen Änderungen ergeben, sind die jeweiligen Informationen nach Satz 4 vollständig in der geänderten, aktualisierten Form innerhalb von vier Wochen nach jedem Quartalsende zu übermitteln; die tatsächlich geleisteten Entschädigungen sind mit Zuordnung zu beteiligten Ärzten namentlich mit Angabe der lebenslangen Arztnummer, der Betriebsstättennummer und der Praxisadresse zu übermitteln. [6] Innerhalb eines Jahres nach Abschluss der Datenerfassung sind unter Angabe der insgesamt beteiligten Ärzte die Anzahl der jeweils und insgesamt beteiligten Patienten und Art und Höhe der jeweils und insgesamt geleisteten Entschädigungen zu übermitteln. [7] Der zuständigen Bundesoberbehörde ist innerhalb eines Jahres nach Abschluss der Datenerfassung ein Abschlussbericht zu übermitteln. [8] § 42b Absatz 2 Satz 1 und 4 gilt entsprechend. [9] Die Angaben nach diesem Absatz sind elektronisch zu übermitteln. [10] Hierfür machen die zuständigen Bundesoberbehörden elektronische Formatvorgaben bekannt; die zustän-

[1] Nr. **271**.

dige Bundesoberbehörde hat ihr übermittelte Anzeigen und Abschlussberichte der Öffentlichkeit über ein Internetportal zur Verfügung zu stellen. [11] Für die Veröffentlichung der Anzeigen gilt § 42b Absatz 2 Satz 4 entsprechend. [12] Die Sätze 4 bis 6 gelten nicht für Anzeigen gegenüber der zuständigen Bundesoberbehörde. [13] Die Kassenärztliche Bundesvereinigung, der Spitzenverband Bund der Krankenkassen und der Verband der Privaten Krankenversicherung e. V. legen einvernehmlich Formatvorgaben für die elektronische Übermittlung der an sie zu richtenden Angaben fest und geben diese bekannt. [14] Die Sätze 1 bis 12 gelten nicht für Unbedenklichkeitsstudien nach § 63f.

(7) [1] Wer beabsichtigt, gewerbs- oder berufsmäßig Arzneimittel, die in einem anderen Mitgliedstaat der Europäischen Union zum Inverkehrbringen durch einen anderen pharmazeutischen Unternehmer zugelassen sind, erstmalig aus diesem Mitgliedstaat in den Geltungsbereich des Gesetzes zum Zweck des Inverkehrbringens im Geltungsbereich des Gesetzes zu verbringen, hat dies dem Inhaber der Zulassung vor der Aufnahme der Tätigkeit anzuzeigen. [2] Für Arzneimittel, für die eine Genehmigung für das Inverkehrbringen gemäß der Verordnung (EG) Nr. 726/2004 erteilt worden ist, gilt Satz 1 mit der Maßgabe, dass die Anzeige dem Inhaber der Genehmigung und der Europäischen Arzneimittel-Agentur zu übermitteln ist. [3] An die Agentur ist eine Gebühr für die Überprüfung der Einhaltung der Bedingungen, die in den unionsrechtlichen Rechtsvorschriften über Arzneimittel und den Genehmigungen für das Inverkehrbringen festgelegt sind, zu entrichten; die Bemessung der Gebühr richtet sich nach den unionsrechtlichen Rechtsvorschriften.

(8) [1] Wer zum Zweck des Einzelhandels Arzneimittel im Wege des Versandhandels über das Internet anbieten will, hat dies vor Aufnahme der Tätigkeit der zuständigen Behörde unter Angabe des Namens oder der Firma und der Anschrift des Ortes, von dem aus die Arzneimittel geliefert werden sollen, und die Adresse jedes Internetportals einschließlich aller Angaben zu deren Identifizierung anzuzeigen. [2] Nachträgliche Änderungen sind ebenfalls anzuzeigen. [3] Die zuständige Behörde übermittelt diese Informationen an eine Datenbank nach § 67a. [4] Das Internetportal nach Satz 1 muss den Namen und die Adresse der zuständigen Behörde und ihre sonstigen Kontaktdaten, das gemeinsame Versandhandelslogo nach Artikel 85c der Richtlinie 2001/83/EG aufweisen und eine Verbindung zum Internetportal des Bundesinstituts für Arzneimittel und Medizinprodukte haben.

(9) [1] Wer nicht zulassungs- oder genehmigungspflichtige Arzneimittel für neuartige Therapien bei einem Patienten anwendet, hat dies der zuständigen Bundesoberbehörde gemäß den Sätzen 2 und 3 anzuzeigen. [2] Die Anzeige ist unverzüglich nach Beginn der Anwendung einzureichen. [3] Die Anzeige muss die folgenden Angaben enthalten:

1. den Namen und die Anschrift der behandelnden Person,
2. den Namen und die Anschrift der Einrichtung, in der der Patient behandelt wurde,
3. die Bezeichnung des Arzneimittels,
4. die Wirkstoffe nach Art und Menge und die Art der sonstigen Bestandteile des Arzneimittels,
5. die Darreichungsform,
6. die Art der Anwendung,

7. den Nachweis, dass die behandelnde Person zur Herstellung des Arzneimittels berechtigt ist,
8. Initialen, Geschlecht und Geburtsjahr des Patienten, der mit dem Arzneimittel behandelt wurde,
9. den Tag der Behandlung oder den Zeitraum der Behandlung und
10. die Indikation, in der das Arzneimittel angewendet wird.

[4]Die zuständige Bundesoberbehörde gibt das für die Anzeige zu verwendende Formular auf ihrer Internetseite bekannt.

**§ 67a[1)] Datenbankgestütztes Informationssystem.** (1) [1]Die für den Vollzug dieses Gesetzes zuständigen Behörden des Bundes und der Länder wirken mit dem Bundesinstitut für Arzneimittel und Medizinprodukte zusammen, um ein gemeinsam nutzbares zentrales Informationssystem über Arzneimittel und Wirkstoffe sowie deren Hersteller oder Einführer zu errichten. [2]Dieses Informationssystem fasst die für die Erfüllung der jeweiligen Aufgaben behördenübergreifend notwendigen Informationen zusammen. [3]Das Bundesinstitut für Arzneimittel und Medizinprodukte errichtet dieses Informationssystem auf der Grundlage der von den zuständigen Behörden oder Bundesoberbehörden nach der Rechtsverordnung nach Absatz 3 zur Verfügung gestellten Daten und stellt dessen laufenden Betrieb sicher. [4]Daten aus dem Informationssystem werden an die zuständigen Behörden und Bundesoberbehörden zur Erfüllung ihrer im Gesetz geregelten Aufgaben sowie an die Europäische Arzneimittel-Agentur übermittelt. [5]Die zuständigen Behörden und Bundesoberbehörden erhalten darüber hinaus für ihre im Gesetz geregelten Aufgaben Zugriff auf die aktuellen Daten aus dem Informationssystem. [6]Eine Übermittlung an andere Stellen ist zulässig, soweit dies die Rechtsverordnung nach Absatz 3 vorsieht. [7]Für seine Leistungen kann das Bundesinstitut für Arzneimittel und Medizinprodukte Entgelte verlangen. [8]Diese werden in einem Entgeltkatalog festgelegt, der der Zustimmung des Bundesministeriums bedarf.

(2) [1]Das Bundesinstitut für Arzneimittel und Medizinprodukte stellt allgemein verfügbare Datenbanken mit Informationen zu Arzneimitteln über ein Internetportal bereit. [2]Das Internetportal wird mit dem von der Europäischen Arzneimittel-Agentur eingerichteten europäischen Internetportal nach Artikel 26 der Verordnung (EG) Nr. 726/2004 für Arzneimittel verbunden. [3]Darüber hinaus stellt das Bundesinstitut für Arzneimittel und Medizinprodukte zum Versandhandel mit Arzneimitteln über ein allgemein zugängliches Internetportal zur Verfügung. [4]Dieses Internetportal wird verbunden mit dem von der

[1)] § 67a Abs. 1 Satz 3, Abs. 2, Abs. 3 Satz 1 und Abs. 5 geänd., Abs. 1 Satz 7 neu gef. und Satz 8 angef. sowie Abs. 3 Satz 3 aufgeh., bish. Satz 4 wird Satz 3 mWv 30.6.2007 durch G v. 14.6.2007 (BGBl. I S. 1066); Abs 1 Satz 1 geänd. mWv 23.7.2009 durch G v. 17.7.2009 (BGBl. I S. 1990); Abs. 2 neu gef. mWv 26.10.2012 durch G v. 19.10.2012 (BGBl. I S. 2192); Abs. 3 Satz 1 geänd., Abs. 3a eingef., Abs. 4 geänd. mWv 1.4.2014 durch G v. 10.10.2013 (BGBl. I S. 3813); Abs. 3 Sätze 1 und 3, Abs. 3a Satz 1 und Abs. 4 geänd. mWv 8.9.2015 durch VO v. 31.8.2015 (BGBl. I S. 1474); Abs. 1 Satz 1 geänd. mWv 26.11.2016 durch G v. 21.11.2016 (BGBl. I S. 2623); Abs. 3 Satz 1 neu gef. mWv 26.11.2019 durch G v. 20.11.2019 (BGBl. I S. 1626); Abs. 3 Satz 1 Nr. 2, Abs. 3a Satz 1 geänd. mWv 23.5.2020, Abs. 1 Sätze 1, 3 und 7, Abs. 2 Sätze 1, 3 und 5, Abs. 5 geänd. mWv 26.5.2020 durch G v. 28.4.2020 (BGBl. I S. 960, geänd. durch G v. 19.5.2020, BGBl. I S. 1018); Abs. 3 Satz 3, Abs. 3a Satz 1, Abs. 4 geänd. mWv 27.6.2020 durch VO v. 19.6.2020 (BGBl. I S. 1328); Abs. 2 Satz 3 geänd., Abs. 3 Satz 3 und Abs. 3a aufgeh., Abs. 4 geänd. mWv 28.1.2022 durch G v. 27.9.2021 (BGBl. I S. 4530).

Europäischen Arzneimittel-Agentur betriebenen Internetportal, das Informationen zum Versandhandel und zum gemeinsamen Versandhandelslogo enthält. [5] Das Bundesinstitut für Arzneimittel und Medizinprodukte gibt die Adressen der Internetportale im Bundesanzeiger bekannt.

(3) [1] Das Bundesministerium wird ermächtigt, im Einvernehmen mit dem Bundesministerium des Innern, für Bau und Heimat und dem Bundesministerium für Wirtschaft und Energie durch Rechtsverordnung mit Zustimmung des Bundesrates

1. Befugnisse zur Erhebung von Daten für die Zwecke des Absatzes 2 und Befugnisse zur sonstigen Verarbeitung von Daten für die Zwecke der Absätze 1 und 2 einzuräumen und
2. Regelungen zu treffen hinsichtlich der Übermittlung von Daten durch Behörden des Bundes und der Länder an das Bundesinstitut für Arzneimittel und Medizinprodukte, einschließlich der personenbezogenen und betriebsbezogenen Daten für die in diesem Gesetz geregelten Zwecke, und der Art, des Umfangs und der Anforderungen an die Daten.

[2] In dieser Rechtsverordnung kann auch vorgeschrieben werden, dass Anzeigen auf elektronischen oder optischen Speichermedien erfolgen dürfen oder müssen, soweit dies für eine ordnungsgemäße Durchführung der Vorschriften über den Verkehr mit Arzneimitteln erforderlich ist.

(4) Die Rechtsverordnung nach Absatz 3 ergeht im Einvernehmen mit dem Bundesministerium für Umwelt, Naturschutz und nukleare Sicherheit, soweit es sich um radioaktive Arzneimittel oder um Arzneimittel handelt, bei deren Herstellung ionisierende Strahlen verwendet werden.

(5) Das Bundesinstitut für Arzneimittel und Medizinprodukte ergreift die notwendigen Maßnahmen, damit Daten nur den dazu befugten Personen übermittelt werden und nur diese Zugang zu diesen Daten erhalten.

**§ 67b[1)] EU-Kompendium der Gewebeeinrichtungen, EU-Kompendium der Gewebe- und Zellprodukte, Unterrichtungspflichten.** (1) [1] Die zuständigen Behörden der Länder geben die in Anhang VIII der Richtlinie 2006/86/EG in der jeweils geltenden Fassung genannten Angaben in das EU-Kompendium der Gewebeeinrichtungen ein. [2] Sie stellen sicher, dass jeder Einrichtung eine EU-Gewebeeinrichtungsnummer eindeutig zugeordnet wird.

(2) [1] Bei notwendigen Änderungen aktualisieren die zuständigen Behörden unverzüglich, spätestens nach zehn Werktagen, das EU-Kompendium der Gewebeeinrichtungen. [2] Als Änderungen nach Satz 1 gelten insbesondere

1. die erstmalige Erteilung einer Erlaubnis für Einrichtungen, die erlaubnispflichtige Tätigkeiten mit Geweben, Gewebezubereitungen, hämatopoetischen Stammzellen oder Stammzellzubereitungen aus dem peripheren Blut oder aus dem Nabelschnurblut durchführen,
2. Änderungen der Erlaubnis, einschließlich Änderungen im Hinblick auf
   a) eine neue Art von Geweben, Gewebezubereitungen, hämatopoetischen Stammzellen oder Stammzellzubereitungen aus dem peripheren Blut oder aus dem Nabelschnurblut,

[1)] § 67b eingef. mWv 26.11.2016 durch G v. 21.11.2016 (BGBl. I S. 2623).

b) eine neue Tätigkeit mit Geweben, Gewebezubereitungen, hämatopoetischen Stammzellen oder Stammzellzubereitungen aus dem peripheren Blut oder aus dem Nabelschnurblut oder

c) neue Nebenbestimmungen zur Erlaubnis,

3. jede Rücknahme oder jeder Widerruf der Erlaubnis,
4. eine freiwillige, auch teilweise Einstellung der Tätigkeit einer Einrichtung,
5. Änderungen der Angaben über eine Einrichtung im Sinne des Anhangs VIII der Richtlinie 2006/86/EG in der jeweils geltenden Fassung sowie
6. Änderungen wegen falscher Angaben im EU-Kompendium der Gewebeeinrichtungen.

(3) Die zuständigen Behörden unterrichten die zuständigen Behörden eines anderen Mitgliedstaates der Europäischen Union, wenn sie

1. im EU-Kompendium der Gewebeeinrichtungen falsche Angaben feststellen, die diesen Mitgliedstaat betreffen, oder
2. einen erheblichen Verstoß gegen die Bestimmungen über den Einheitlichen Europäischen Code im Zusammenhang mit diesem Mitgliedstaat feststellen.

(4) Die zuständigen Behörden unterrichten die Europäische Kommission und die zuständigen Behörden der anderen Mitgliedstaaten der Europäischen Union, wenn das EU-Kompendium der Gewebe- und Zellprodukte einer Aktualisierung bedarf.

**§ 68[1)] Mitteilungs- und Unterrichtungspflichten.** (1) Die für die Durchführung dieses Gesetzes zuständigen Behörden und Stellen des Bundes und der Länder haben sich

1. die für den Vollzug des Gesetzes zuständigen Behörden, Stellen und Sachverständigen mitzuteilen,
2. bei Zuwiderhandlungen und bei Verdacht auf Zuwiderhandlungen gegen Vorschriften des Arzneimittelrechts, Heilmittelwerberechts oder Apothekenrechts für den jeweiligen Zuständigkeitsbereich unverzüglich zu unterrichten und bei der Ermittlungstätigkeit gegenseitig zu unterstützen und
3. über Rückrufe von Arzneimitteln und Maßnahmen im Zusammenhang mit Qualitätsmängeln bei Wirkstoffen zu informieren, die zu einem Versorgungsmangel mit Arzneimitteln führen können.

(2) Die Behörden nach Absatz 1

1. erteilen der zuständigen Behörde eines anderen Mitgliedstaates der Europäischen Union oder der Europäischen Arzneimittel-Agentur auf begründetes Ersuchen Auskünfte und übermitteln die erforderlichen Urkunden und Schriftstücke, soweit dies für die Überwachung der Einhaltung der arznei-

---

[1)] § 68 Abs. 1 Nr. 2, Abs. 2 Nr. 1, Abs. 3 Satz 1 und Abs. 4 Satz 1 geänd. sowie Abs. 5a eingef. mWv 29.12.2006 durch G v. 21.12.2006 (BGBl. I S. 3367); Abs. 2 Nr. 1, Abs. 3 Satz 1, Abs. 4 Satz 1 geänd., Satz 2 eingef., bish. Satz 2 wird Satz 3, Abs. 5a geänd. mWv 23.7.2009 durch G v. 17.7.2009 (BGBl. I S. 1990); Abs. 1 Nr. 2 geänd., Abs. 2 Nr. 1 neu gef., Abs. 3 Sätze 1 und 2, Abs. 4 Sätze 1 und 3, Abs. 5 Satz 1 und Abs. 5a geänd. mWv 26.10.2012 durch G v. 19.10.2012 (BGBl. I S. 2192); Abs. 3 Satz 2 und Abs. 5 Satz 5 geänd. mWv 8.9.2015 durch VO v. 31.8.2015 (BGBl. I S. 1474); Abs. 1 Nr. 1, 2 geänd., Nr. 3 angef. mWv 16.8.2019 durch G v. 9.8.2019 (BGBl. I S. 1202); Abs. 6 neu gef. mWv 26.11.2019 durch G v. 20.11.2019 (BGBl. I S. 1626); Abs. 5a aufgeh. mWv 30.6.2020 durch G v. 25.6.2020 (BGBl. I S. 1474); Abs. 2 Nr. 1 und Abs. 3 Satz 2 geänd., Abs. 5 Sätze 5 und 6 aufgeh. mWv 28.1.2022 durch G v. 27.9.2021 (BGBl. I S. 4530).

mittelrechtlichen, heilmittelwerberechtlichen und apothekenrechtlichen Vorschriften oder zur Verhütung oder zur Abwehr von Arzneimittelrisiken erforderlich ist,

2. überprüfen alle von der ersuchenden Behörde eines anderen Mitgliedstaates mitgeteilten Sachverhalte und teilen ihr das Ergebnis der Prüfung mit.

(3) [1]Die Behörden nach Absatz 1 teilen den zuständigen Behörden eines anderen Mitgliedstaates und der Europäischen Arzneimittel-Agentur oder der Europäischen Kommission alle Informationen mit, die für die Überwachung der Einhaltung der arzneimittelrechtlichen, heilmittelwerberechtlichen und apothekenrechtlichen Vorschriften in diesem Mitgliedstaat oder zur Verhütung oder zur Abwehr von Arzneimittelrisiken erforderlich sind. [2]In Fällen von Zuwiderhandlungen oder des Verdachts von Zuwiderhandlungen können auch die zuständigen Behörden anderer Mitgliedstaaten, das Bundesministerium, sowie die Europäische Arzneimittel-Agentur und die Europäische Kommission unterrichtet werden.

(4) [1]Die Behörden nach Absatz 1 können, soweit dies zur Einhaltung der arzneimittelrechtlichen, heilmittelwerberechtlichen und apothekenrechtlichen Anforderungen oder zur Verhütung oder zur Abwehr von Arzneimittelrisiken erforderlich ist, auch die zuständigen Behörden anderer Staaten und die zuständigen Stellen des Europarates unterrichten. [2]Absatz 2 Nummer 1 findet entsprechende Anwendung. [3]Bei der Unterrichtung von Vertragsstaaten des Abkommens über den Europäischen Wirtschaftsraum, die nicht Mitgliedstaaten der Europäischen Union sind, erfolgt diese über die Europäische Kommission.

(5) [1]Der Verkehr mit den zuständigen Behörden anderer Staaten, Stellen des Europarates, der Europäischen Arzneimittel-Agentur und der Europäischen Kommission obliegt dem Bundesministerium. [2]Das Bundesministerium kann diese Befugnis auf die zuständigen Bundesoberbehörden oder durch Rechtsverordnung mit Zustimmung des Bundesrates auf die zuständigen obersten Landesbehörden übertragen. [3]Ferner kann das Bundesministerium im Einzelfall der zuständigen obersten Landesbehörde die Befugnis übertragen, sofern diese ihr Einverständnis damit erklärt. [4]Die obersten Landesbehörden können die Befugnisse nach den Sätzen 2 und 3 auf andere Behörden übertragen.

(6) In den Fällen des Absatzes 4 unterbleibt die Übermittlung personenbezogener Daten, soweit schutzwürdige Interessen der betroffenen Personen überwiegen.

**§ 69[1)] Maßnahmen der zuständigen Behörden.** (1) [1]Die zuständigen Behörden treffen die zur Beseitigung festgestellter Verstöße und die zur Verhütung künftiger Verstöße notwendigen Anordnungen. [2]Sie können insbesondere das Inverkehrbringen von Arzneimitteln oder Wirkstoffen untersagen, deren Rückruf anordnen und diese sicherstellen, wenn

---

[1)] § 69 Abs. 1 Satz 2 Nr. 2, Abs. 1a Satz 1 geänd. mWv 23.7.2009 durch G v. 17.7.2009 (BGBl. I S. 1990); Abs. 1 Satz 2 Nr. 4 und Satz 3 geänd., Sätze 4 und 5 angef., Abs. 1a Satz 3 geänd., Abs. 5 angef. mWv 26.10.2012 durch G v. 19.10.2012 (BGBl. I S. 2192); Abs. 1 Satz 2 Nr. 2a eingef., Abs. 1a Satz 4 geänd. mWv 24.12.2016 durch G v. 20.12.2016 (BGBl. I S. 3048); Abs. 1 Sätze 3–5 aufgeh., Abs. 1a Satz 4 geänd., Abs. 1b eingef., Abs. 4 geänd. mWv 16.8.2019 durch G v. 9.8.2019 (BGBl. I S. 1202); Abs. 1a Satz 1 Nr. 2 und abschl. Satzteil, Satz 2 und Abs. 1b Satz 1 geänd., Satz 3 aufgeh., Abs. 2 Satz 2 geänd., Abs. 2a aufgeh., Abs. 5 einl. Satzteil geänd. mWv 28.1.2022 durch G v. 27.9.2021 (BGBl. I S. 4530).

1. die erforderliche Zulassung oder Registrierung für das Arzneimittel nicht vorliegt oder deren Ruhen angeordnet ist,
2. das Arzneimittel oder der Wirkstoff nicht nach den anerkannten pharmazeutischen Regeln hergestellt ist oder nicht die nach den anerkannten pharmazeutischen Regeln angemessene Qualität aufweist,
2a. der begründete Verdacht besteht, dass es sich um ein gefälschtes Arzneimittel oder einen gefälschten Wirkstoff handelt,
3. dem Arzneimittel die therapeutische Wirksamkeit fehlt,
4. der begründete Verdacht besteht, dass das Arzneimittel schädliche Wirkungen hat, die über ein nach den Erkenntnissen der medizinischen Wissenschaft vertretbares Maß hinausgehen,
5. die vorgeschriebenen Qualitätskontrollen nicht durchgeführt sind,
6. die erforderliche Erlaubnis für das Herstellen des Arzneimittels oder des Wirkstoffes oder das Verbringen in den Geltungsbereich des Gesetzes nicht vorliegt oder ein Grund zur Rücknahme oder zum Widerruf der Erlaubnis nach § 18 Abs. 1 gegeben ist oder
7. die erforderliche Erlaubnis zum Betreiben eines Großhandels nach § 52a nicht vorliegt oder ein Grund für die Rücknahme oder den Widerruf der Erlaubnis nach § 52a Abs. 5 gegeben ist.

(1a) [1] Bei Arzneimitteln, für die eine Genehmigung für das Inverkehrbringen oder Zulassung

1. gemäß der Verordnung (EG) Nr. 726/2004 oder
2. im Verfahren der Anerkennung gemäß Kapitel 4 der Richtlinie 2001/83/EG oder
3. auf Grund eines Gutachtens des Ausschusses gemäß Artikel 4 der Richtlinie 87/22/EWG vom 22. Dezember 1986 vor dem 1. Januar 1995

erteilt worden ist, unterrichtet die zuständige Bundesoberbehörde den Ausschuss für Humanarzneimittel über festgestellte Verstöße gegen arzneimittelrechtliche Vorschriften nach Maßgabe der in den genannten Rechtsakten vorgesehenen Verfahren unter Angabe einer eingehenden Begründung und des vorgeschlagenen Vorgehens. [2] Bei diesen Arzneimitteln können die zuständigen Behörden vor der Unterrichtung des Ausschusses nach Satz 1 die zur Beseitigung festgestellter und zur Verhütung künftiger Verstöße notwendigen Anordnungen treffen, sofern diese zum Schutz der menschlichen Gesundheit oder zum Schutz der Umwelt dringend erforderlich sind. [3] In den Fällen des Satzes 1 Nr. 2 und 3 unterrichten die zuständigen Behörden die Europäische Kommission und die anderen Mitgliedstaaten, in den Fällen des Satzes 1 Nr. 1 die Europäische Kommission und die Europäische Arzneimittel-Agentur über die zuständige Bundesoberbehörde spätestens am folgenden Arbeitstag über die Gründe dieser Maßnahmen. [4] Im Fall des Absatzes 1 Satz 2 Nummer 2, 2a und 4 kann auch die zuständige Bundesoberbehörde das Ruhen der Zulassung anordnen oder den Rückruf eines Arzneimittels anordnen, sofern ihr Tätigwerden zum Schutz der in Satz 2 genannten Rechtsgüter dringend erforderlich ist; in diesem Fall gilt Satz 3 entsprechend.

(1b) [1] Bei anderen als den in Absatz 1a Satz 1 genannten Arzneimitteln kann die zuständige Bundesoberbehörde im Fall des Absatzes 1 Satz 2 Nummer 2, 2a und 4 den Rückruf eines Arzneimittels anordnen, sofern ihr Tätigwerden zum Schutz der menschlichen Gesundheit oder zum Schutz der Umwelt geboten ist. [2] Erfolgt der Rückruf nach Satz 1 im Zusammenhang mit Maßnahmen nach den §§ 28, 30, 31 Absatz 4 Satz 2 oder nach § 32 Absatz 5, ist die Entscheidung der zuständigen Bundesoberbehörde sofort vollziehbar.

(2) [1] Die zuständigen Behörden können das Sammeln von Arzneimitteln untersagen, wenn eine sachgerechte Lagerung der Arzneimittel nicht gewährleistet ist oder wenn der begründete Verdacht besteht, dass die gesammelten Arzneimittel missbräuchlich verwendet werden. [2] Gesammelte Arzneimittel können sichergestellt werden, wenn durch unzureichende Lagerung oder durch ihre Abgabe die menschliche Gesundheit gefährdet wird.

(3) Die zuständigen Behörden können Werbematerial sicherstellen, das den Vorschriften über den Verkehr mit Arzneimitteln und über die Werbung auf dem Gebiete des Heilwesens nicht entspricht.

(4) Im Fall eines Rückrufs eines Arzneimittels nach Absatz 1a Satz 4 oder nach Absatz 1b Satz 1 kann auch eine öffentliche Warnung durch die zuständige Bundesoberbehörde erfolgen.

(5) Die zuständige Behörde kann im Benehmen mit der zuständigen Bundesoberbehörde bei einem Arzneimittel, dessen Abgabe untersagt wurde oder das aus dem Verkehr gezogen wurde, weil

1. die Voraussetzungen für das Inverkehrbringen nicht oder nicht mehr vorliegen,
2. das Arzneimittel nicht die angegebene Zusammensetzung nach Art und Menge aufweist oder
3. die Kontrollen der Arzneimittel oder der Bestandteile und der Zwischenprodukte nicht durchgeführt worden sind oder ein anderes Erfordernis oder eine andere Voraussetzung für die Erteilung der Herstellungserlaubnis nicht erfüllt worden ist,

in Ausnahmefällen seine Abgabe an Patienten, die bereits mit diesem Arzneimittel behandelt werden, während einer Übergangszeit gestatten, wenn dies medizinisch vertretbar und für die betroffene Person angezeigt ist.

**§ 69a**[1] *(aufgehoben)*

**§ 69b**[2] *(aufgehoben)*

## Zwölfter Abschnitt. Sondervorschriften für Bundeswehr, Bundespolizei, Bereitschaftspolizei, Zivilschutz

**§ 70**[3] **Anwendung und Vollzug des Gesetzes.** (1) Die Vorschriften dieses Gesetzes finden auf Einrichtungen, die der Arzneimittelversorgung der Bundeswehr, der Bundespolizei und der Bereitschaftspolizeien der Länder dienen, sowie auf die Arzneimittelbevorratung für den Zivilschutz entsprechende Anwendung.

(2) [1] Im Bereich der Bundeswehr obliegt der Vollzug dieses Gesetzes bei der Überwachung des Verkehrs mit Arzneimitteln den zuständigen Stellen und Sachverständigen der Bundeswehr. [2] Im Bereich der Bundespolizei obliegt er den zuständigen Stellen und Sachverständigen der Bundespolizei. [3] Im Bereich

---

[1] § 69a aufgeh. mWv 28.1.2022 durch G v. 27.9.2021 (BGBl. I S. 4530).
[2] § 69b aufgeh. mWv 28.1.2022 durch G v. 27.9.2021 (BGBl. I S. 4530).
[3] § 70 Abs. 2 Satz 3 geänd. mWv 27.6.2020 durch VO v. 19.6.2020 (BGBl. I S. 1328).

der Arzneimittelbevorratung für den Zivilschutz obliegt er den vom Bundesministerium des Innern, für Bau und Heimat bestimmten Stellen; soweit Landesstellen bestimmt werden, bedarf es hierzu der Zustimmung des Bundesrates.

**§ 71[1)] Ausnahmen.** (1) [1] Die in § 10 Absatz 1 Satz 1 Nummer 9 und Absatz 8 vorgeschriebene Angabe des Verfalldatums kann entfallen bei Arzneimitteln, die an die Bundeswehr, die Bundespolizei sowie für Zwecke des Zivil- und Katastrophenschutzes an Bund oder Länder abgegeben oder die nach § 79 Absatz 4a vom Bundesministerium beschafft und in den Verkehr gebracht werden. [2] Die zuständigen Bundesministerien oder, soweit Arzneimittel an Länder abgegeben werden, die zuständigen Behörden der Länder stellen sicher, dass Qualität, Wirksamkeit und Unbedenklichkeit auch bei solchen Arzneimitteln gewährleistet sind.

(2) Das Bundesministerium wird ermächtigt, durch Rechtsverordnung Ausnahmen von den Vorschriften dieses Gesetzes und der auf Grund dieses Gesetzes erlassenen Rechtsverordnungen für den Bereich der Bundeswehr, der Bundespolizei, der Bereitschaftspolizeien der Länder, des Zivilschutzes, des Katastrophenschutzes und für Aufgaben des Bundesministeriums nach § 79 Absatz 4a zuzulassen, soweit dies zur Durchführung der besonderen Aufgaben einschließlich der Teilnahme an internationalen Hilfsaktionen in diesen Bereichen gerechtfertigt ist und der Schutz der menschlichen Gesundheit gewahrt bleibt.

(3) Die Rechtsverordnung ergeht, soweit sie den Bereich der Bundeswehr berührt, im Einvernehmen mit dem Bundesministerium der Verteidigung, und, soweit sie den Bereich der Bundespolizei und des Zivilschutzes berührt, im Einvernehmen mit dem Bundesministerium des Innern, für Bau und Heimat, jeweils ohne Zustimmung des Bundesrates; soweit die Rechtsverordnung den Bereich der Bereitschaftspolizeien der Länder oder des Katastrophenschutzes berührt, ergeht sie im Einvernehmen mit dem Bundesministerium des Innern, für Bau und Heimat mit Zustimmung des Bundesrates.

## Dreizehnter Abschnitt. Einfuhr und Ausfuhr

**§ 72[2)] Einfuhrerlaubnis.** (1) [1] Wer

1. Arzneimittel,
2. Wirkstoffe, die menschlicher, tierischer oder mikrobieller Herkunft sind oder die auf gentechnischem Wege hergestellt werden, oder
3. andere zur Arzneimittelherstellung bestimmte Stoffe menschlicher Herkunft

gewerbs- oder berufsmäßig aus Ländern, die nicht Mitgliedstaaten der Europäischen Union oder andere Vertragsstaaten des Abkommens über den Europäi-

---

[1)] § 71 Abs. 2 Satz 2 geänd. mWv 8.9.2015 durch VO v. 31.8.2015 (BGBl. I S. 1474); Abs. 2 Satz 1 geänd. mWv 24.12.2016 durch G v. 20.12.2016 (BGBl. I S. 3048); Abs. 3 geänd. mWv 27.6.2020 durch VO v. 19.6.2020 (BGBl. I S. 1328); Abs. 1 Satz 1 neu gef., Abs. 2 Satz 1 geänd. mWv 19.11. 2020 durch G v. 18.11.2020 (BGBl. I S. 2397); Abs. 2 Satz 1 geänd., Satz 2 aufgeh. mWv 28.1.2022 durch G v. 27.9.2021 (BGBl. I S. 4530).

[2)] § 72 neu gef. mWv 23.7.2009 durch G v. 17.7.2009 (BGBl. I S. 1990); Abs. 3 Nr. 1–3 geänd., Abs. 4 und 5 angef. mWv 26.11.2016 durch G v. 21.11.2016 (BGBl. I S. 2623); Abs. 2a eingef. mWv 27.1.2022 durch G v. 20.12.2016 (BGBl. I S. 3048, geänd. durch G v. 27.9.2021, BGBl. I S. 4530); Abs. 1 Nr. 1 geänd. mWv 28.1.2022 durch G v. 27.9.2021 (BGBl. I S. 4530).

schen Wirtschaftsraum sind, in den Geltungsbereich dieses Gesetzes einführen will, bedarf einer Erlaubnis der zuständigen Behörde. [2] § 13 Absatz 4 und die §§ 14 bis 20a sind entsprechend anzuwenden.

(2) Auf Personen und Einrichtungen, die berufs- oder gewerbsmäßig Arzneimittel menschlicher Herkunft zur unmittelbaren Anwendung bei Menschen einführen wollen, findet Absatz 1 mit der Maßgabe Anwendung, dass die Erlaubnis nur versagt werden darf, wenn der Antragsteller nicht nachweist, dass für die Beurteilung der Qualität und Sicherheit der Arzneimittel und für die gegebenenfalls erforderliche Überführung der Arzneimittel in ihre anwendungsfähige Form nach dem Stand von Wissenschaft und Technik qualifiziertes Personal und geeignete Räume vorhanden sind.

(2a) [1] Die zuständige Behörde erteilt die Erlaubnis zur Einfuhr von Prüf- oder Hilfspräparaten im Sinne des Artikels 2 Absatz 2 Nummer 5 und 8 der Verordnung (EU) Nr. 536/2014 nach Artikel 61 Absatz 1 bis 3 der Verordnung (EU) Nr. 536/2014. [2] § 13 Absatz 5 Satz 2 und Absatz 6 gilt entsprechend.

(3) Die Absätze 1 und 2 finden keine Anwendung auf

1. Gewebe im Sinne von § 1a Nummer 4 des Transplantationsgesetzes[1)],
2. autologes Blut zur Herstellung von biotechnologisch bearbeiteten Gewebeprodukten,
3. Gewebezubereitungen im Sinne von § 20c und
4. Wirkstoffe, die für die Herstellung von nach einer im Homöopathischen Teil des Arzneibuches beschriebenen Verfahrenstechnik herzustellenden Arzneimitteln bestimmt sind.

(4) [1] Abweichend von Absatz 1 dürfen hämatopoetische Stammzellen oder Stammzellzubereitungen aus dem peripheren Blut oder aus dem Nabelschnurblut nur von einer einführenden Einrichtung im Sinne des § 72b Absatz 1 Satz 1 aus Staaten eingeführt werden, die weder Mitgliedstaaten der Europäischen Union noch andere Vertragsstaaten des Abkommens über den Europäischen Wirtschaftsraum sind. [2] Die einführende Einrichtung bedarf einer Erlaubnis der zuständigen Behörde. [3] Die Entscheidung über die Erteilung der Erlaubnis trifft die zuständige Behörde des Landes, in dem die Betriebsstätte der einführenden Einrichtung liegt oder liegen soll, im Benehmen mit der zuständigen Bundesoberbehörde. [4] Für die Einfuhr zur unmittelbaren Anwendung gilt Absatz 2 entsprechend.

(5) [1] Dem Antrag auf Erlaubnis nach Absatz 4 Satz 2 sind die in den Anhängen I und III Teil A der Richtlinie (EU) 2015/566 der Kommission vom 8. April 2015 zur Durchführung der Richtlinie 2004/23/EG hinsichtlich der Verfahren zur Prüfung der Gleichwertigkeit von Qualitäts- und Sicherheitsstandards bei eingeführten Geweben und Zellen (ABl. L 93 vom 9.4.2015, S. 56) in der jeweils geltenden Fassung genannten Informationen und Unterlagen beizufügen. [2] Abweichend von Satz 1 sind einem Antrag auf Erteilung einer Erlaubnis, hämatopoetische Stammzellen oder Stammzellzubereitungen aus dem peripheren Blut oder aus dem Nabelschnurblut zur unmittelbaren Anwendung beim Menschen einzuführen, nur die in Anhang I Teil A, B und C Nummer 1 bis 3 und in Anhang III Teil A Nummer 1 und 3 der Richtlinie (EU) 2015/566 genannten Informationen und Unterlagen beizufügen. [3] Die §§ 14 bis 19 und 72b Absatz 2c und 2d gelten entsprechend.

---

[1)] Nr. **280**.

**§ 72a[1)] Zertifikate.** (1) [1]Der Einführer darf Arzneimittel oder Wirkstoffe nur einführen, wenn

1. die zuständige Behörde des Herstellungslandes durch ein Zertifikat bestätigt hat, dass die Arzneimittel oder Wirkstoffe entsprechend anerkannten Grundregeln für die Herstellung und die Sicherung ihrer Qualität der Europäischen Union oder nach Standards, die diesen gleichwertig sind, hergestellt werden, die Herstellungsstätte regelmäßig überwacht wird, die Überwachung durch ausreichende Maßnahmen, einschließlich wiederholter und unangekündigter Inspektionen, erfolgt und im Falle wesentlicher Abweichungen von den anerkannten Grundregeln die zuständige Behörde informiert wird, und solche Zertifikate für Arzneimittel und Wirkstoffe, die menschlicher, tierischer oder mikrobieller Herkunft sind, oder Wirkstoffe, die auf gentechnischem Wege hergestellt werden, gegenseitig anerkannt sind,
2. die zuständige Behörde bescheinigt hat, dass die genannten Grundregeln bei der Herstellung und der Sicherung der Qualität der Arzneimittel sowie der dafür eingesetzten Wirkstoffe, soweit sie menschlicher, tierischer oder mikrobieller Herkunft sind, oder Wirkstoffe, die auf gentechnischem Wege hergestellt werden, oder bei der Herstellung der Wirkstoffe eingehalten werden oder
3. die zuständige Behörde bescheinigt hat, dass die Einfuhr im öffentlichen Interesse liegt.

[2]Bei hämatopoetischen Stammzellen oder Stammzellzubereitungen aus dem peripheren Blut oder aus dem Nabelschnurblut mit Ausnahme solcher zur unmittelbaren Anwendung und solcher, die zur gerichteten, für eine bestimmte Person vorgesehenen Anwendung bestimmt sind, hat die einführende Einrichtung die in Anhang III Teil B der Richtlinie (EU) 2015/566 genannte Dokumentation bereitzuhalten und auf Verlangen der zuständigen Behörde zu übermitteln. [3]Die zuständige Behörde darf eine Bescheinigung nach

1. Satz 1 Nummer 2 nur ausstellen, wenn ein Zertifikat nach Satz 1 Nummer 1 nicht vorliegt und
   a) sie oder eine zuständige Behörde eines Mitgliedstaates der Europäischen Union oder eines anderen Vertragsstaates des Abkommens über den Europäischen Wirtschaftsraum sich regelmäßig im Herstellungsland vergewissert hat, dass die genannten Grundregeln bei der Herstellung der Arzneimittel oder Wirkstoffe eingehalten werden, oder
   b) mit einem Staat ein Abkommen über die gegenseitige Anerkennung der Guten Herstellungspraxis im Arzneimittelbereich mit der Europäischen Union besteht und die zuständige Behörde dieses Staates sich regelmäßig vergewissert hat, dass die genannten Grundregeln bei der Herstellung der

---

[1)] § 72a Abs. 4 angef. mWv 1.8.2007 durch G v. 20.7.2007 (BGBl. I S. 1574); Abs. 1 Satz 1, einl. Satzteil und Nr. 1, Satz 2, Abs. 1a, Nr. 2, Nr. 4 geänd., Nr. 5–7 angef., Abs. 2, Abs. 3 Satz 1 geänd., Abs. 4 aufgeh. mWv 23.7.2009 durch G v. 17.7.2009 (BGBl. I S. 1990, ber. S. 3578); Abs. 1a Nr. 1 geänd. mWv 1.1.2011 durch G v. 22.12.2010 (BGBl. I S. 2262); Abs. 1 Satz 1 Nr. 1 und 2 geänd., Abs. 1a Nr. 4 neu gef., Nr. 6 und 7 geänd., Nr. 8 angef. mWv 2.7.2013 durch G v. 19.10.2012 (BGBl. I S. 2192); Abs. 1 Satz 2 eingef., bish. Satz 2 wird Satz 3, Abs. 1a Nr. 2 und 5–7 geänd., Abs. 1e eingef. mWv 26.11.2016 durch G v. 21.11.2016 (BGBl. I S. 2623); Abs. 1a Nr. 1 neu gef. mWv 27.1.2022 durch G v. 20.12.2016 (BGBl. I S. 3048, geänd. durch G v. 27.9.2021, BGBl. I S. 4530); Abs. 1 Satz 3 Nr. 1 neu gef. mWv 16.8.2019 durch G v. 9.8.2019 (BGBl. I S. 1202); Abs. 1 Satz 1 einl. Satzteil, Nr. 1 und Abs. 1a Nr. 1 geänd. mWv 28.1.2022 durch G v. 27.9.2021 (BGBl. I S. 4530).

Arzneimittel oder Wirkstoffe in dem Hoheitsgebiet dieses Staates eingehalten werden,

2. Satz 1 Nummer 3 nur erteilen, wenn ein Zertifikat nach Satz 1 Nummer 1 nicht vorliegt und eine Bescheinigung nach Satz 1 Nummer 2 nicht vorgesehen oder nicht möglich ist.

(1a) Absatz 1 Satz 1 gilt nicht für

1. Arzneimittel, die zur klinischen Prüfung bestimmt sind, Hilfspräparate im Sinne des Artikels 2 Absatz 2 Nummer 8 und 10 der Verordnung (EU) Nr. 536/2014 oder Arzneimittel, die zur Anwendung im Rahmen eines Härtefallprogramms bestimmt sind,
2. Arzneimittel menschlicher Herkunft zur unmittelbaren Anwendung oder hämatopoetische Stammzellzubereitungen aus dem peripheren Blut oder aus dem Nabelschnurblut, die zur gerichteten, für eine bestimmte Person vorgesehenen Anwendung bestimmt sind,
3. Wirkstoffe, die menschlicher, tierischer oder mikrobieller Herkunft sind und für die Herstellung von nach einer im Homöopathischen Teil des Arzneibuches beschriebenen Verfahrenstechnik herzustellenden Arzneimitteln bestimmt sind,
4. Wirkstoffe, die Stoffe nach § 3 Nummer 1 bis 3 sind, soweit sie den Anforderungen der Guten Herstellungspraxis gemäß den Grundsätzen und Leitlinien der Europäischen Kommission nicht unterliegen,
5. Gewebe im Sinne von § 1a Nummer 4 des Transplantationsgesetzes[1)],
6. autologes Blut zur Herstellung von biotechnologisch bearbeiteten Gewebeprodukten,
7. Gewebezubereitungen im Sinne von § 20c und
8. Wirkstoffe, die in einem Staat hergestellt und aus diesem eingeführt werden, der nicht Mitgliedstaat der Europäischen Union oder ein anderer Vertragsstaat des Abkommens über den Europäischen Wirtschaftsraum ist und der in der von der Europäischen Kommission veröffentlichten Liste nach Artikel 111b der Richtlinie 2001/83/EG aufgeführt ist.

(1b) Die in Absatz 1 Satz 1 Nr. 1 und 2 für Wirkstoffe, die menschlicher, tierischer oder mikrobieller Herkunft sind, oder für Wirkstoffe, die auf gentechnischem Wege hergestellt werden, enthaltenen Regelungen gelten entsprechend für andere zur Arzneimittelherstellung bestimmte Stoffe menschlicher Herkunft.

(1c) Arzneimittel und Wirkstoffe, die menschlicher, tierischer oder mikrobieller Herkunft sind oder Wirkstoffe, die auf gentechnischem Wege hergestellt werden, sowie andere zur Arzneimittelherstellung bestimmte Stoffe menschlicher Herkunft, ausgenommen die in Absatz 1a Nr. 1 und 2 genannten Arzneimittel, dürfen nicht auf Grund einer Bescheinigung nach Absatz 1 Satz 1 Nr. 3 eingeführt werden.

(1d) Absatz 1 Satz 1 findet auf die Einfuhr von Wirkstoffen sowie anderen zur Arzneimittelherstellung bestimmten Stoffen menschlicher Herkunft Anwendung, soweit ihre Überwachung durch eine Rechtsverordnung nach § 54 geregelt ist.

---

1) Nr. **280**.

(1e) Die zuständige Behörde stellt dem Inhaber der Erlaubnis nach § 72 Absatz 4 Satz 2 eine Bescheinigung nach Maßgabe des Anhangs II der Richtlinie (EU) 2015/566 aus, wenn ein Zertifikat nach Absatz 1 Satz 1 Nummer 1 vorliegt oder die Voraussetzungen für eine Bescheinigung nach Absatz 1 Satz 1 Nummer 2 in Verbindung mit Absatz 1 Satz 3 Nummer 1 erfüllt sind.

(2) Das Bundesministerium wird ermächtigt, durch Rechtsverordnung mit Zustimmung des Bundesrates zu bestimmen, dass Stoffe und Zubereitungen aus Stoffen, die als Arzneimittel oder zur Herstellung von Arzneimitteln verwendet werden können, nicht eingeführt werden dürfen, sofern dies zur Abwehr von Gefahren für die Gesundheit des Menschen oder zur Risikovorsorge erforderlich ist.

(3) [1] Das Bundesministerium wird ferner ermächtigt, durch Rechtsverordnung mit Zustimmung des Bundesrates die weiteren Voraussetzungen für die Einfuhr von den unter Absatz 1a Nr. 1 und 2 genannten Arzneimitteln, zu bestimmen, sofern dies erforderlich ist, um eine ordnungsgemäße Qualität der Arzneimittel zu gewährleisten. [2] Es kann dabei insbesondere Regelungen zu den von der sachkundigen Person nach § 14 durchzuführenden Prüfungen und der Möglichkeit einer Überwachung im Herstellungsland durch die zuständige Behörde treffen.

**§ 72b[1)] Einfuhrerlaubnis und Zertifikate für Gewebe und bestimmte Gewebezubereitungen.** (1) [1] Gewebe im Sinne von § 1a Nummer 4 des Transplantationsgesetzes[2)] oder Gewebezubereitungen im Sinne von § 20c Absatz 1 Satz 1 oder Satz 2 dürfen nur von einer einführenden Gewebeeinrichtung eingeführt werden, die diese Tätigkeit gewerbs- oder berufsmäßig ausübt und die über die Einfuhr einen Vertrag mit einem Drittstaatlieferanten geschlossen hat. [2] Drittstaatlieferant ist eine Gewebeeinrichtung oder eine andere Stelle in einem Staat, der weder Mitgliedstaat der Europäischen Union noch anderer Vertragsstaat des Abkommens über den Europäischen Wirtschaftsraum ist, die für die Ausfuhr von Geweben oder Gewebezubereitungen, die sie an die einführende Gewebeeinrichtung liefert, verantwortlich ist. [3] Die einführende Gewebeeinrichtung bedarf einer Erlaubnis der zuständigen Behörde. [4] Die Entscheidung über die Erteilung der Erlaubnis trifft die zuständige Behörde des Landes, in dem die Betriebsstätte der einführenden Gewebeeinrichtung liegt oder liegen soll, im Benehmen mit der zuständigen Bundesoberbehörde. [5] Für die Einfuhr von Gewebezubereitungen zur unmittelbaren Anwendung gilt § 72 Absatz 2 entsprechend.

(1a) [1] Dem Antrag auf Erlaubnis nach Absatz 1 Satz 3 sind die in den Anhängen I und III Teil A der Richtlinie (EU) 2015/566 genannten Informationen und Unterlagen beizufügen. [2] Abweichend von Satz 1 sind einem Antrag auf Erteilung einer Erlaubnis, Gewebezubereitungen zur unmittelbaren Anwendung bei Menschen einzuführen, nur die in Anhang I Teil A, B und C Nummer 1 bis 3 und in Anhang III Teil A Nummer 1 und 3 der Richtlinie

[1)] § 72b eingef. mWv 1.8.2007 durch G v. 20.7.2007 (BGBl. I S. 1574); Abs. 1 Satz 1 geänd., Satz 3 angef., Abs. 2 Satz 1 neu gef., Abs. 5 angef. mWv 23.7.2009 durch G v. 17.7.2009 (BGBl. I S. 1990); Abs. 2 Satz 1 Nr. 1 geänd. mWv 26.10.2012 durch G v. 19.10.2012 (BGBl. I S. 2192); Abs. 1 neu gef., Abs. 1a eingef., Abs. 2 Satz 1 einl. Satzteil und Nr. 2 und 3 geänd., Satz 2 eingef., bish. Satz 2 wird Satz 3 und geänd., Abs. 2a–2d eingef., Abs. 5 aufgeh. mWv 26.11.2016 durch G v. 21.11.2016 (BGBl. I S. 2623).

[2)] Nr. **280**.

(EU) 2015/566 genannten Informationen und Unterlagen beizufügen. [3] § 20c Absatz 2 bis 5 und 7 gilt entsprechend.

(2) [1] Die einführende Gewebeeinrichtung nach Absatz 1 darf die Gewebe oder Gewebezubereitungen nur einführen, wenn

1. die Behörde des Herkunftslandes durch ein Zertifikat bestätigt hat, dass die Gewinnung, Laboruntersuchung, Be- oder Verarbeitung, Konservierung, Lagerung oder Prüfung nach Standards durchgeführt wurden, die den von der Europäischen Union festgelegten Standards der Guten fachlichen Praxis mindestens gleichwertig sind, und solche Zertifikate gegenseitig anerkannt sind, oder
2. die für die einführende Gewebeeinrichtung zuständige Behörde bescheinigt hat, dass die Standards der Guten fachlichen Praxis bei der Gewinnung, Laboruntersuchung, Be- oder Verarbeitung, Konservierung, Lagerung oder Prüfung eingehalten werden, nachdem sie oder eine zuständige Behörde eines anderen Mitgliedstaates der Europäischen Union oder eines anderen Vertragsstaates des Abkommens über den Europäischen Wirtschaftsraum sich darüber im Herstellungsland vergewissert hat, oder
3. die für die einführende Gewebeeinrichtung zuständige Behörde bescheinigt hat, dass die Einfuhr im öffentlichen Interesse ist, wenn ein Zertifikat nach Nummer 1 nicht vorliegt und eine Bescheinigung nach Nummer 2 nicht möglich ist.

[2] Die einführende Gewebeeinrichtung hat die in Anhang III Teil B der Richtlinie (EU) 2015/566 genannte Dokumentation bereitzuhalten und auf Verlangen der zuständigen Behörde vorzulegen. [3] Abweichend von Satz 1 Nr. 2 kann die zuständige Behörde von einer Besichtigung der Entnahmeeinrichtungen im Herkunftsland absehen, wenn die von der einführenden Gewebeeinrichtung eingereichten Unterlagen zu keinen Beanstandungen Anlass geben oder ihr Einrichtungen oder Betriebsstätten sowie das Qualitätssicherungssystem desjenigen, der im Herkunftsland das Gewebe gewinnt, bereits bekannt sind.

(2a) Die zuständige Behörde stellt dem Inhaber der Erlaubnis nach Absatz 1 eine Bescheinigung nach Maßgabe des Anhangs II der Richtlinie (EU) 2015/566 aus, wenn ein Zertifikat nach Absatz 2 Satz 1 Nummer 1 vorliegt oder die Voraussetzungen für eine Bescheinigung nach Absatz 2 Satz 1 Nummer 2, auch in Verbindung mit Absatz 2 Satz 3, erfüllt sind.

(2b) Die Absätze 2 und 2a gelten nicht für hämatopoetische Stammzellzubereitungen aus dem Knochenmark, die zur gerichteten, für eine bestimmte Person vorgesehenen Anwendung bestimmt sind.

(2c) [1] Der Inhaber der Erlaubnis nach Absatz 1 Satz 3 hat jede Veränderung der in § 20c Absatz 2 genannten Voraussetzungen und jede wesentliche Änderung seiner Einfuhrtätigkeiten unter Vorlage von Nachweisen der zuständigen Behörde im Voraus anzuzeigen. [2] Der Inhaber der Erlaubnis darf die Änderung erst vornehmen, wenn die zuständige Behörde eine schriftliche Erlaubnis erteilt hat. [3] Als wesentliche Änderung der Einfuhrtätigkeiten gelten insbesondere Änderungen im Hinblick auf

1. die Art der eingeführten Gewebe oder Gewebezubereitungen,
2. die in einem Drittstaat, der weder Mitgliedstaat der Europäischen Union noch anderer Vertragsstaat des Abkommens über den Europäischen Wirtschaftsraum ist, ausgeübten Tätigkeiten, die sich auf die Qualität und die

Sicherheit der eingeführten Gewebe oder Gewebezubereitungen auswirken können, oder

3. die eingesetzten Drittstaatlieferanten.

[4] Nimmt der Inhaber der Erlaubnis eine einmalige Einfuhr im Sinne des § 72c Absatz 2 von Geweben oder Gewebezubereitungen vor, die von einem Drittstaatlieferanten stammen, der nicht Gegenstand dieser Erlaubnis ist, so gilt eine solche einmalige Einfuhr nicht als wesentliche Änderung, sofern die Erlaubnis der einführenden Gewebeeinrichtung die Einfuhr derselben Art von Geweben oder Gewebezubereitungen von einem anderen Drittstaatlieferanten umfasst.

(2d) Der Inhaber der Erlaubnis hat der zuständigen Behörde unverzüglich Folgendes mitzuteilen:

1. den Widerruf, die Rücknahme oder die Anordnung des Ruhens der Genehmigung, Erlaubnis oder Bescheinigung eines Drittstaatlieferanten für die Ausfuhr von Geweben oder Gewebezubereitungen durch die zuständige Behörde des Staates, in dem der Drittstaatlieferant ansässig ist,
2. jede sonstige Entscheidung, die
   a) wegen Nichteinhaltung der Bestimmungen von der zuständigen Behörde des Staates, in dem der Drittstaatlieferant ansässig ist, getroffen wurde und
   b) für die Qualität und die Sicherheit der eingeführten Gewebe oder Gewebezubereitungen relevant sein kann,
3. die vollständige oder teilweise Einstellung seiner Einfuhrtätigkeit und
4. einen unvorhergesehenen Wechsel der verantwortlichen Person nach § 20c.

(3) [1] Das Bundesministerium wird ermächtigt, durch Rechtsverordnung mit Zustimmung des Bundesrates die weiteren Voraussetzungen für die Einfuhr von Geweben oder Gewebezubereitungen nach Absatz 2 zu bestimmen, um eine ordnungsgemäße Qualität der Gewebe oder Gewebezubereitungen zu gewährleisten. [2] Es kann dabei insbesondere Regelungen zu den von der verantwortlichen Person nach § 20c durchzuführenden Prüfungen und der Durchführung der Überwachung im Herkunftsland durch die zuständige Behörde treffen.

(4) Absatz 2 Satz 1 findet auf die Einfuhr von Gewebe und Gewebezubereitungen im Sinne von Absatz 1 Anwendung, soweit ihre Überwachung durch eine Rechtsverordnung nach § 54, nach § 12 des Transfusionsgesetzes oder nach § 16a des Transplantationsgesetzes geregelt ist.

## § 72c[1)] Einmalige Einfuhr von Gewebe oder Gewebezubereitungen.

(1) [1] Gewebe im Sinne von § 1a Nummer 4 des Transplantationsgesetzes[2)] oder Gewebezubereitungen im Sinne von § 20c Absatz 1 Satz 1 oder Satz 2, die Gegenstand einer einmaligen Einfuhr sind, dürfen nur von einer einführenden Gewebeeinrichtung im Sinne des § 72b Absatz 1 Satz 1 eingeführt werden. [2] Die einführende Gewebeeinrichtung bedarf für die einmalige Einfuhr einer Erlaubnis der zuständigen Behörde. [3] Die Entscheidung über die Erteilung der Erlaubnis trifft die zuständige Behörde des Landes, in dem die Betriebsstätte der einführenden Gewebeeinrichtung liegt oder liegen soll.

---

1) § 72c eingef. mWv 26.11.2016 durch G v. 21.11.2016 (BGBl. I S. 2623).
2) Nr. **280**.

(2) [1] Eine einmalige Einfuhr ist die Einfuhr eines Gewebes oder einer Gewebezubereitung im Auftrag einer bestimmten Person, die dieses Gewebe oder diese Gewebezubereitung bei einem Drittstaatlieferanten für die zukünftige Verwendung für sich oder Verwandte ersten oder zweiten Grades gelagert hat. [2] Es ist erlaubt, das Gewebe oder die Gewebezubereitung an eine Person abzugeben, die Ärztin oder Arzt ist und die das Gewebe oder die Gewebezubereitung bei der bestimmten Person oder der nahe verwandten Person anwenden soll. [3] Die Abgabe des Gewebes oder der Gewebezubereitung an andere als die vorgenannten Personen ist ausgeschlossen.

(3) [1] Dem Antrag auf Erlaubnis nach Absatz 1 Satz 2 sind die in Anhang I mit Ausnahme des Teils F der Richtlinie (EU) 2015/566 genannten Informationen und Unterlagen beizufügen. [2] § 20c Absatz 2 bis 5 und 7 ist entsprechend anzuwenden. [3] Die zuständige Behörde stellt dem Inhaber der Erlaubnis nach Absatz 1 Satz 2 eine Bescheinigung nach Maßgabe des Anhangs II der Richtlinie (EU) 2015/566 aus. [4] § 72b Absatz 2c Satz 1 und 2 und Absatz 2d ist entsprechend anzuwenden.

(4) [1] Die Absätze 1 bis 3 gelten entsprechend für hämatopoetische Stammzellen und Stammzellzubereitungen aus dem peripheren Blut oder aus dem Nabelschnurblut. [2] Abweichend von Absatz 3 Satz 2 sind die Vorgaben der §§ 14 bis 19 entsprechend anzuwenden.

**§ 73[1)] Verbringungsverbot.** (1) [1] Arzneimittel, die der Pflicht zur Zulassung oder Genehmigung nach § 21a oder zur Registrierung unterliegen, dürfen in den Geltungsbereich dieses Gesetzes nur verbracht werden, wenn sie zum Verkehr im Geltungsbereich dieses Gesetzes zugelassen, nach § 21a genehmigt, registriert oder von der Zulassung oder der Registrierung freigestellt sind und

1. der Empfänger in dem Fall des Verbringens aus einem Mitgliedstaat der Europäischen Union oder einem anderen Vertragsstaat des Abkommens über den Europäischen Wirtschaftsraum pharmazeutischer Unternehmer, Großhändler oder Tierarzt ist, eine Apotheke betreibt oder als Träger eines Krankenhauses nach dem Apothekengesetz[2)] von einer Apotheke eines Mitgliedstaates der Europäischen Union oder eines anderen Vertragsstaates des Abkommens über den Europäischen Wirtschaftsraum mit Arzneimitteln versorgt wird,

1a. im Falle des Versandes an den Endverbraucher das Arzneimittel von einer Apotheke eines Mitgliedstaates der Europäischen Union oder eines anderen Vertragsstaates des Abkommens über den Europäischen Wirtschaftsraum,

---

[1)] § 73 Abs. 1 Satz 1 einl. Satzteil, Nr. 1 geänd., Abs. 1b eingef., Abs. 2 Nr. 3 geänd., Abs. 3 neu gef., Abs. 3a eingef., Abs. 4 neu gef. mWv 23.7.2009 durch G v. 17.7.2009 (BGBl. I S. 1990, ber. S. 3578); Abs. 1 Satz 1 Nr. 1a und Abs. 2 Nr. 6 geänd. mWv 31.5.2011 durch G v. 25.5.2011 (BGBl. I S. 946); Abs. 2 Nr. 2a neu gef., Nr. 2b eingef., Nr. 3a geänd., Nr. 9a eingef., Abs. 5 neu gef. mWv 26.10.2012 durch G v. 19.10.2012 (BGBl. I S. 2192); Abs. 4 Sätze 2 und 3 geänd. mWv 18.12.2015 durch G v. 10.12.2015 (BGBl. I S. 2210); Abs. 1 Satz 1 Nr. 2, Abs. 3 Satz 1 geänd., Abs. 3a eingef., bish. Abs. 3a wird 3b, Abs. 4 Sätze 2 und 3, Abs. 6 Satz 1 geänd. mWv 26.11.2016 durch G v. 21.11.2016 (BGBl. I S. 2623); Abs. 2 Nr. 2, Abs. 4 Satz 2 geänd. mWv 27.1.2022 durch G v. 20.12.2016 (BGBl. I S. 3048, geänd. durch G v. 27.9.2021, BGBl. I S. 4530); Abs. 3 Satz 1 abschl. Satzteil und Satz 2 geänd. mWv 13.5.2017 durch G v. 4.5.2017 (BGBl. I S. 1050); Abs. 1 Satz 1 Nr. 2 geänd., Abs. 1a und Abs. 2 Nr. 1 aufgeh., Nr. 2, 6 und Abs. 3 einl. Satzteil geänd., Abs. 3b aufgeh., Abs. 4 Satz 2 geänd., Satz 3 aufgeh., Abs. 5 Sätze 1 und 2 geänd., Sätze 3 und 4 aufgeh., Abs. 6 Satz 1 und Abs. 7 geänd. mWv 28.1.2022 durch G v. 27.9.2021 (BGBl. I S. 4530).

[2)] Nr. **271**.

welche für den Versandhandel nach ihrem nationalen Recht, soweit es dem deutschen Apothekenrecht im Hinblick auf die Vorschriften zum Versandhandel entspricht, oder nach dem deutschen Apothekengesetz befugt ist, entsprechend den deutschen Vorschriften zum Versandhandel oder zum elektronischen Handel versandt wird oder

2. der Empfänger in dem Fall des Verbringens aus einem Staat, der nicht Mitgliedstaat der Europäischen Union oder ein anderer Vertragsstaat des Abkommens über den Europäischen Wirtschaftsraum ist, eine Erlaubnis nach § 72, § 72b oder § 72c besitzt.

[2] Die in § 47a Abs. 1 Satz 1 genannten Arzneimittel dürfen nur in den Geltungsbereich dieses Gesetzes verbracht werden, wenn der Empfänger eine der dort genannten Einrichtungen ist. [3] Das Bundesministerium veröffentlicht in regelmäßigen Abständen eine aktualisierte Übersicht über die Mitgliedstaaten der Europäischen Union und die anderen Vertragsstaaten des Europäischen Wirtschaftsraums, in denen für den Versandhandel und den elektronischen Handel mit Arzneimitteln dem deutschen Recht vergleichbare Sicherheitsstandards bestehen.

(1a) *(aufgehoben)*

(1b) [1] Es ist verboten, gefälschte Arzneimittel oder gefälschte Wirkstoffe in den Geltungsbereich dieses Gesetzes zu verbringen. [2] Die zuständige Behörde kann in begründeten Fällen, insbesondere zum Zwecke der Untersuchung oder Strafverfolgung, Ausnahmen zulassen.

(2) Absatz 1 Satz 1 gilt nicht für Arzneimittel, die

1. *(aufgehoben)*
2. für den Eigenbedarf der Einrichtungen von Forschung und Wissenschaft bestimmt sind und zu wissenschaftlichen Zwecken benötigt werden oder die vom Sponsor einer klinischen Prüfung oder einer von diesem beauftragten Person als Hilfspräparate gemäß Artikel 59 der Verordnung (EU) Nr. 536/2014 für eine klinische Prüfung gemäß den Angaben des Prüfplans verwendet werden sollen,

2a. in geringen Mengen von einem pharmazeutischen Unternehmer, einem Betrieb mit einer Erlaubnis nach § 13 oder von einem Prüflabor als Anschauungsmuster oder zu analytischen Zwecken benötigt werden,

2b. von einem Betrieb mit Erlaubnis nach § 13 entweder zum Zweck der Be- oder Verarbeitung und des anschließenden Weiter- oder Zurückverbringens oder zum Zweck der Herstellung eines zum Inverkehrbringen im Geltungsbereich zugelassenen oder genehmigten Arzneimittels aus einem Mitgliedstaat der Europäischen Union oder einem anderen Vertragsstaat des Abkommens über den Europäischen Wirtschaftsraum verbracht werden,

3. unter zollamtlicher Überwachung durch den Geltungsbereich des Gesetzes befördert oder in ein Zolllagerverfahren oder eine Freizone des Kontrolltyps II übergeführt oder in eine Freizone des Kontrolltyps I oder ein Freilager verbracht werden,

3a. in einem Mitgliedstaat der Europäischen Union oder einem anderen Vertragsstaat des Abkommens über den Europäischen Wirtschaftsraum zugelassen sind und auch nach Zwischenlagerung bei einem pharmazeutischen Unternehmer, Hersteller oder Großhändler wiederausgeführt oder weiterverbracht oder zurückverbracht werden,

4. für das Oberhaupt eines auswärtigen Staates oder seine Begleitung eingebracht werden und zum Gebrauch während seines Aufenthalts im Geltungsbereich dieses Gesetzes bestimmt sind,
5. zum persönlichen Gebrauch oder Verbrauch durch die Mitglieder einer diplomatischen Mission oder konsularischen Vertretung im Geltungsbereich dieses Gesetzes oder Beamte internationaler Organisationen, die dort ihren Sitz haben, sowie deren Familienangehörige bestimmt sind, soweit diese Personen weder Deutsche noch im Geltungsbereich dieses Gesetzes ständig ansässig sind,
6. bei der Einreise in den Geltungsbereich dieses Gesetzes in einer dem üblichen persönlichen Bedarf entsprechenden Menge eingebracht werden,
6a. im Herkunftsland in Verkehr gebracht werden dürfen und ohne gewerbs- oder berufsmäßige Vermittlung in einer dem üblichen persönlichen Bedarf entsprechenden Menge aus einem Mitgliedstaat der Europäischen Union oder einem anderen Vertragsstaat des Abkommens über den Europäischen Wirtschaftsraum bezogen werden,
7. in Verkehrsmitteln mitgeführt werden und ausschließlich zum Gebrauch oder Verbrauch der durch diese Verkehrsmittel beförderten Personen bestimmt sind,
8. zum Gebrauch oder Verbrauch auf Seeschiffen bestimmt sind und an Bord der Schiffe verbraucht werden,
9. als Proben der zuständigen Bundesoberbehörde zum Zwecke der Zulassung oder der staatlichen Chargenprüfung übersandt werden,
9a. als Proben zu analytischen Zwecken von der zuständigen Behörde im Rahmen der Arzneimittelüberwachung benötigt werden,
10. durch Bundes- oder Landesbehörden im zwischenstaatlichen Verkehr bezogen werden.

(3) [1]Abweichend von Absatz 1 Satz 1 dürfen Fertigarzneimittel, die nicht zum Verkehr im Geltungsbereich dieses Gesetzes zugelassen, registriert oder von der Zulassung oder Registrierung freigestellt sind, in den Geltungsbereich dieses Gesetzes verbracht werden, wenn

1. sie von Apotheken auf vorliegende Bestellung einzelner Personen in geringer Menge bestellt und von diesen Apotheken im Rahmen der bestehenden Apothekenbetriebserlaubnis abgegeben werden,
2. sie in dem Staat rechtmäßig in Verkehr gebracht werden dürfen, aus dem sie in den Geltungsbereich dieses Gesetzes verbracht werden, und
3. für sie hinsichtlich des Wirkstoffs identische und hinsichtlich der Wirkstärke vergleichbare Arzneimittel für das betreffende Anwendungsgebiet im Geltungsbereich des Gesetzes nicht zur Verfügung stehen

oder wenn sie in angemessenem Umfang, der zur Sicherstellung einer ordnungsgemäßen Versorgung der Patienten des Krankenhauses notwendig ist, zum Zwecke der vorübergehenden Bevorratung von einer Krankenhausapotheke oder krankenhausversorgenden Apotheke unter den Voraussetzungen der Nummer 2 bestellt und von dieser Krankenhausapotheke oder krankenhausversorgenden Apotheke unter den Voraussetzungen der Nummer 3 im Rahmen der bestehenden Apothekenbetriebserlaubnis zum Zwecke der Verabreichung an einen Patienten des Krankenhauses unter der unmittelbaren persönlichen Verantwortung einer ärztlichen Person abgegeben werden oder sie nach den apothekenrechtlichen Vorschriften oder berufsgenossenschaftlichen Vorgaben oder im Geschäftsbereich des Bundesministeriums der Verteidigung für Notfälle vorrätig zu halten sind oder kurzfristig beschafft werden müssen, wenn im Geltungsbereich dieses Gesetzes Arzneimittel für das betreffende Anwendungsgebiet nicht zur Verfügung stehen. [2]Die Bestellung nach Satz 1 Nummer 1 und die Abgabe der nach Satz 1 in den Geltungsbereich dieses Gesetzes verbrachten Arzneimittel bedürfen der ärztlichen oder zahnärztlichen Verschreibung für Arzneimittel, die nicht aus Mitgliedstaaten der Europäischen Union oder anderen Vertragsstaaten des Abkommens über den Europäischen Wirtschaftsraum bezogen worden sind. [3]Das Nähere regelt die Apothekenbetriebsordnung.

(3a) Abweichend von Absatz 1 Satz 1 dürfen Gewebezubereitungen, die nicht zum Verkehr im Geltungsbereich dieses Gesetzes nach § 21a Absatz 1 genehmigt sind, und hämatopoetische Stammzellzubereitungen aus dem peripheren Blut oder aus dem Nabelschnurblut, die nicht zum Verkehr im Geltungsbereich dieses Gesetzes nach § 21 zugelassen oder nach § 21a Absatz 1 genehmigt sind, in den Geltungsbereich dieses Gesetzes verbracht werden, wenn

1. sie von einer Einrichtung, die Inhaber einer Erlaubnis nach den §§ 13, 20c, 72, 72b oder nach § 72c für Tätigkeiten mit diesen Gewebezubereitungen oder hämatopoetischen Stammzellzubereitungen aus dem peripheren Blut oder aus dem Nabelschnurblut ist, auf vorliegende Bestellung einer einzelnen Person in geringer Menge bestellt werden und von dieser Einrichtung an das anwendende Krankenhaus oder den anwendenden Arzt abgegeben werden,
2. sie in dem Staat, aus dem sie in den Geltungsbereich dieses Gesetzes verbracht werden, rechtmäßig in Verkehr gebracht werden dürfen,
3. für sie hinsichtlich der Funktionalität vergleichbare Arzneimittel für das betreffende Anwendungsgebiet im Geltungsbereich dieses Gesetzes nicht zur Verfügung stehen und
4. im Fall des Verbringens aus einem Staat, der weder Mitgliedstaat der Europäischen Union noch anderer Vertragsstaat des Abkommens über den Europäischen Wirtschaftsraum ist, die Bestellung und Abgabe auf Grund einer ärztlichen Verschreibung erfolgt.

(4) [1]Auf Arzneimittel nach Absatz 2 Nummer 4 und 5 finden die Vorschriften dieses Gesetzes keine Anwendung. [2]Auf Arzneimittel nach Absatz 2 Nummer 2 und 3 und 6 bis 10 und den Absätzen 3 und 3a finden die Vorschriften dieses Gesetzes keine Anwendung mit Ausnahme der §§ 5, 8, 13 bis 20a, 52a, 64 bis 69 und 78, ferner in den Fällen des Absatzes 2 Nummer 2 und der Absätze 3 und 3a auch mit Ausnahme der §§ 48, 95 Absatz 1 Nummer 1 und 3a, Absatz 2 bis 4, § 96 Nummer 3, 10 und 11 sowie § 97 Absatz 1, 2 Nummer 1 sowie Absatz 3, ferner in den Fällen des Absatzes 3a auch mit Ausnahme der §§ 20b bis 20d, 72, 72b, 72c, 96 Nummer 18b und 18d und des § 97 Absatz 2 Nummer 7a.

(5) [1]Ärzte und Tierärzte dürfen bei der Ausübung ihres Berufes im kleinen Grenzverkehr im Sinne der Verordnung (EG) Nr. 1931/2006 des Europäischen Parlaments und des Rates vom 20. Dezember 2006 zur Festlegung von Vorschriften über den kleinen Grenzverkehr an den Landaußengrenzen der Mitgliedstaaten sowie zur Änderung der Bestimmungen des Übereinkommens von Schengen (ABl. L 405 vom 30.12.2006, S. 1; L 29 vom 3.2.2007, S. 3), die

durch die Verordnung (EU) Nr. 1342/2011 (ABl. L 347 vom 30.12.2011, S. 41) geändert worden ist, nur Arzneimittel mitführen, die zum Verkehr im Geltungsbereich dieses Gesetzes zugelassen oder registriert sind oder von der Zulassung oder Registrierung freigestellt sind. [2]Abweichend von Absatz 1 Satz 1 dürfen Ärzte, die eine Gesundheitsdienstleistung im Sinne der Richtlinie 2011/24/EU des Europäischen Parlaments und des Rates vom 9. März 2011 über die Ausübung der Patientenrechte in der grenzüberschreitenden Gesundheitsversorgung (ABl. L 88 vom 4.4.2011, S. 45), die durch die Richtlinie 2013/64/EU (ABl. L 353 vom 28.12.2013, S. 8) geändert worden ist, erbringen, am Ort ihrer Niederlassung zugelassene Arzneimittel in kleinen Mengen in einem für das Erbringen der grenzüberschreitenden Gesundheitsversorgung unerlässlichen Umfang in der Originalverpackung mit sich führen, wenn und soweit Arzneimittel gleicher Zusammensetzung und für gleiche Anwendungsgebiete auch im Geltungsbereich dieses Gesetzes zugelassen sind; der Arzt darf diese Arzneimittel nur selbst anwenden.

(6) [1]Für die zollamtliche Abfertigung zum freien Verkehr im Falle des Absatzes 1 Satz 1 Nr. 2 ist die Vorlage einer Bescheinigung der für den Empfänger zuständigen Behörde erforderlich, in der die Arzneimittel bezeichnet sind und bestätigt wird, dass die Voraussetzungen nach Absatz 1 erfüllt sind. [2]Die Zolldienststelle übersendet auf Kosten des Zollbeteiligten die Bescheinigung der Behörde, die diese Bescheinigung ausgestellt hat.

(7) Im Falle des Absatzes 1 Satz 1 Nummer 1 hat ein Empfänger, der Großhändler ist oder eine Apotheke betreibt, das Bestehen der Deckungsvorsorge nach § 94 nachzuweisen.

**§ 73a[1)] Ausfuhr.** (1) [1]Abweichend von den §§ 5 und 8 Absatz 1 und 2 dürfen die dort bezeichneten Arzneimittel ausgeführt oder aus dem Geltungsbereich des Gesetzes verbracht werden, wenn die zuständige Behörde des Bestimmungslandes die Einfuhr oder das Verbringen genehmigt hat. [2]Aus der Genehmigung nach Satz 1 muss hervorgehen, dass der zuständigen Behörde des Bestimmungslandes die Versagungsgründe bekannt sind, die dem Inverkehrbringen im Geltungsbereich dieses Gesetzes entgegenstehen.

(2) [1]Auf Antrag des pharmazeutischen Unternehmers, des Herstellers, des Ausführers oder der zuständigen Behörde des Bestimmungslandes stellt die zuständige Behörde oder die zuständige Bundesoberbehörde, soweit es sich um zulassungsbezogene Angaben handelt und der Zulassungsinhaber seinen Sitz außerhalb des Geltungsbereiches des Arzneimittelgesetzes hat, ein Zertifikat entsprechend dem Zertifikatsystem der Weltgesundheitsorganisation aus. [2]Wird der Antrag von der zuständigen Behörde des Bestimmungslandes gestellt, ist vor Erteilung des Zertifikats die Zustimmung des Herstellers einzuholen.

**§ 74[2)] Mitwirkung von Zolldienststellen.** (1) [1]Das Bundesministerium der Finanzen und die von ihm bestimmten Zolldienststellen wirken bei der Überwachung des Verbringens von Arzneimitteln und Wirkstoffen in den Geltungs-

---

[1)] § 73a Abs. 1 Sätze 1 und 2, Abs. 2 Satz 1 geänd. mWv 23.7.2009 durch G v. 17.7.2009 (BGBl. I S. 1990); Abs. 1 Satz 1 geänd. mWv 26.10.2012 durch G v. 19.10.2012 (BGBl. I S. 2192); Abs. 1 Satz 1 geänd. mWv 24.12.2016 durch G v. 20.12.2016 (BGBl. I S. 3048).

[2)] § 74 neu gef. mWv 23.7.2009 durch G v. 17.7.2009 (BGBl. I S. 1990); Abs. 2 Satz 3 geänd. mWv 8.9.2015 durch VO v. 31.8.2015 (BGBl. I S. 1474); Abs. 2 Satz 3 geänd. mWv 27.6.2020 durch VO v. 19.6.2020 (BGBl. I S. 1328); Abs. 2 Satz 3 geänd. mWv 28.1.2022 durch G v. 27.9.2021 (BGBl. I S. 4530).

bereich dieses Gesetzes und der Ausfuhr mit. [2]Die genannten Behörden können

1. Sendungen der in Satz 1 genannten Art sowie deren Beförderungsmittel, Behälter, Lade- und Verpackungsmittel zur Überwachung anhalten,
2. den Verdacht von Verstößen gegen Verbote und Beschränkungen dieses Gesetzes oder der nach diesem Gesetz erlassenen Rechtsverordnungen, der sich bei der Wahrnehmung ihrer Aufgaben ergibt, den zuständigen Verwaltungsbehörden mitteilen,
3. in den Fällen der Nummer 2 anordnen, dass die Sendungen der in Satz 1 genannten Art auf Kosten und Gefahr des Verfügungsberechtigten einer für die Arzneimittelüberwachung zuständigen Behörde vorgeführt werden.

[3]Das Brief- und Postgeheimnis nach Artikel 10 des Grundgesetzes[1)] wird nach Maßgabe der Sätze 1 und 2 eingeschränkt.

(2) [1]Das Bundesministerium der Finanzen regelt im Einvernehmen mit dem Bundesministerium durch Rechtsverordnung, die nicht der Zustimmung des Bundesrates bedarf, die Einzelheiten des Verfahrens nach Absatz 1. [2]Es kann dabei insbesondere Pflichten zu Anzeigen, Anmeldungen, Auskünften und zur Leistung von Hilfsdiensten sowie zur Duldung der Einsichtnahme in Geschäftspapiere und sonstige Unterlagen und zur Duldung von Besichtigungen und von Entnahmen unentgeltlicher Proben vorsehen. [3]Die Rechtsverordnung ergeht im Einvernehmen mit dem Bundesministerium für Umwelt, Naturschutz und nukleare Sicherheit, soweit es sich um radioaktive Arzneimittel und Wirkstoffe oder um Arzneimittel und Wirkstoffe handelt, bei deren Herstellung ionisierende Strahlen verwendet werden.

## Vierzehnter Abschnitt. Informationsbeauftragter, Pharmaberater

**§ 74a[2)] Informationsbeauftragter.** (1) [1]Wer als pharmazeutischer Unternehmer Fertigarzneimittel in den Verkehr bringt, hat eine Person mit der erforderlichen Sachkenntnis und der zur Ausübung ihrer Tätigkeit erforderlichen Zuverlässigkeit zu beauftragen, die Aufgabe der wissenschaftlichen Information über die Arzneimittel verantwortlich wahrzunehmen (Informationsbeauftragter). [2]Der Informationsbeauftragte ist insbesondere dafür verantwortlich, dass das Verbot des § 8 Abs. 1 Nr. 2 beachtet wird und die Kennzeichnung, die Packungsbeilage, die Fachinformation und die Werbung mit dem Inhalt der Zulassung oder der Registrierung oder, sofern das Arzneimittel von der Zulassung oder Registrierung freigestellt ist, mit den Inhalten der Verordnungen über die Freistellung von der Zulassung oder von der Registrierung nach § 36 oder § 39 Abs. 3 übereinstimmen. [3]Satz 1 gilt nicht für Personen, soweit sie nach § 13 Absatz 2 Nummer 1, 2 oder 5 keiner Herstellungserlaubnis bedürfen. [4]Andere Personen als in Satz 1 bezeichnet dürfen eine Tätigkeit als Informationsbeauftragter nicht ausüben.

(2) Der Informationsbeauftragte kann gleichzeitig Stufenplanbeauftragter sein.

---

[1)] **Sartorius Nr. 1.**

[2)] § 74a Abs. 2 Satz 1 aufgeh., Abs. 3 Satz 1 geänd. mWv 26.10.2012 durch G v. 19.10.2012 (BGBl. I S. 2192); Abs. 1 Sätze 1 und 3 geänd. mWv 28.1.2022 durch G v. 27.9.2021 (BGBl. I S. 4530).

(3) [1] Der pharmazeutische Unternehmer hat der zuständigen Behörde den Informationsbeauftragten und jeden Wechsel vorher mitzuteilen. [2] Bei einem unvorhergesehenen Wechsel des Informationsbeauftragten hat die Mitteilung unverzüglich zu erfolgen.

**§ 75[1)] Sachkenntnis.** (1) [1] Pharmazeutische Unternehmer dürfen nur Personen, die die in Absatz 2 bezeichnete Sachkenntnis besitzen, beauftragen, hauptberuflich Angehörige von Heilberufen aufzusuchen, um diese über Arzneimittel fachlich zu informieren (Pharmaberater). [2] Satz 1 gilt auch für eine fernmündliche Information. [3] Andere Personen als in Satz 1 bezeichnet dürfen eine Tätigkeit als Pharmaberater nicht ausüben.

(2) Die Sachkenntnis besitzen

1. Apotheker oder Personen mit einem Zeugnis über eine nach abgeschlossenem Hochschulstudium der Pharmazie, der Chemie, der Biologie, der Human- oder der Veterinärmedizin abgelegte Prüfung,
2. Apothekerassistenten sowie Personen mit einer abgeschlossenen Ausbildung als technische Assistenten in der Pharmazie, der Chemie, der Biologie, der Human- oder Veterinärmedizin,
3. Pharmareferenten.

(3) Die zuständige Behörde kann eine abgelegte Prüfung oder abgeschlossene Ausbildung als ausreichend anerkennen, die einer der Ausbildungen der in Absatz 2 genannten Personen mindestens gleichwertig ist.

**§ 76[2)] Pflichten.** (1) [1] Der Pharmaberater hat, soweit er Angehörige der Heilberufe über einzelne Arzneimittel fachlich informiert, die Fachinformation nach § 11a vorzulegen. [2] Er hat Mitteilungen von Angehörigen der Heilberufe über Nebenwirkungen und Gegenanzeigen oder sonstige Risiken bei Arzneimitteln schriftlich oder elektronisch aufzuzeichnen und dem Auftraggeber schriftlich oder elektronisch mitzuteilen.

(2) Soweit der Pharmaberater vom pharmazeutischen Unternehmer beauftragt wird, Muster von Fertigarzneimitteln an die nach § 47 Abs. 3 berechtigten Personen abzugeben, hat er über die Empfänger von Mustern sowie über Art, Umfang und Zeitpunkt der Abgabe von Mustern Nachweise zu führen und auf Verlangen der zuständigen Behörde vorzulegen.

## Fünfzehnter Abschnitt. Bestimmung der zuständigen Bundesoberbehörden und sonstige Bestimmungen

**§ 77[3)] Zuständige Bundesoberbehörde.** (1) Zuständige Bundesoberbehörde ist das Bundesinstitut für Arzneimittel und Medizinprodukte, es sei denn, dass das Paul-Ehrlich-Institut zuständig ist.

(2) Das Paul-Ehrlich-Institut ist zuständig für Sera, Impfstoffe, Blutzubereitungen, Gewebezubereitungen, Gewebe, Allergene, Arzneimittel für neuartige

---

[1)] § 75 Abs. 1 Satz 1 geänd. mWv 28.1.2022 durch G v. 27.9.2021 (BGBl. I S. 4530).

[2)] § 76 Abs. 1 Satz 2 geänd. mWv 5.4.2017 durch G v. 29.3.2017 (BGBl. I S. 626).

[3)] § 77 Abs. 2 geänd. mWv 18.8.2006 durch G v. 14.8.2006 (BGBl. I S. 1869); Abs. 2 geänd., Abs. 3 Sätze 2 und 3 angef. mWv 23.7.2009 durch G v. 17.7.2009 (BGBl. I S. 1990); Abs. 2 geänd. mWv 29.7.2017 durch G v. 18.7.2017 (BGBl. I S. 2757); Abs. 1 geänd., Abs. 3 aufgeh. mWv 28.1.2022 durch G v. 27.9.2021 (BGBl. I S. 4530).

Therapien, xenogene Arzneimittel und gentechnisch hergestellte Blutbestandteile.

(3) *(aufgehoben)*

(4) Das Bundesministerium wird ermächtigt, durch Rechtsverordnung ohne Zustimmung des Bundesrates die Zuständigkeit des Bundesinstituts für Arzneimittel und Medizinprodukte und des Paul-Ehrlich-Instituts zu ändern, sofern dies erforderlich ist, um neueren wissenschaftlichen Entwicklungen Rechnung zu tragen oder wenn Gründe der gleichmäßigen Arbeitsauslastung eine solche Änderung erfordern.

**§ 77a[1)] Unabhängigkeit und Transparenz.** (1) [1]Die zuständigen Bundesoberbehörden und die zuständigen Behörden stellen im Hinblick auf die Gewährleistung von Unabhängigkeit und Transparenz sicher, dass mit der Zulassung und Überwachung befasste Bedienstete der Zulassungsbehörden oder anderer zuständiger Behörden oder von ihnen beauftragte Sachverständige keine finanziellen oder sonstigen Interessen in der pharmazeutischen Industrie haben, die ihre Neutralität beeinflussen könnten. [2]Diese Personen geben jährlich dazu eine Erklärung ab. [3]Die zuständigen Bundesoberbehörden und die zuständigen Behörden machen die Erklärungen nach Satz 2 öffentlich zugänglich.

(2) Im Rahmen der Durchführung ihrer Aufgaben nach diesem Gesetz machen die zuständigen Bundesoberbehörden und die zuständigen Behörden die Geschäftsordnungen ihrer Ausschüsse, die Tagesordnungen sowie die Ergebnisprotokolle ihrer Sitzungen öffentlich zugänglich; dabei sind Betriebs-, Dienst- und Geschäftsgeheimnisse zu wahren.

**§ 78[2)] Preise.** (1) [1]Das Bundesministerium für Wirtschaft und Energie wird ermächtigt, im Einvernehmen mit dem Bundesministerium durch Rechtsverordnung mit Zustimmung des Bundesrates

1. Preisspannen für Arzneimittel, die im Großhandel oder in Apotheken im Wiederverkauf abgegeben werden,
2. Preise für Arzneimittel, die in Apotheken hergestellt und abgegeben werden, sowie für Abgabegefäße,
3. Preise für besondere Leistungen der Apotheken bei der Abgabe von Arzneimitteln

festzusetzen. [2]Abweichend von Satz 1 wird das Bundesministerium für Wirtschaft und Energie ermächtigt, im Einvernehmen mit dem Bundesministerium durch Rechtsverordnung, die nicht der Zustimmung des Bundesrates bedarf, den Anteil des Festzuschlags, der nicht der Förderung der Sicherstellung des

---

[1)] § 77a Abs. 1 Satz 3 angef. mWv 16.8.2019 durch G v. 9.8.2019 (BGBl. I S. 1202).

[2)] § 78 Abs. 3 und 4 angef. mWv 1.4.2007 durch G v. 26.3.2007 (BGBl. I S. 378); Abs. 1 Satz 2 geänd. mWv 23.7.2009 durch G v. 17.7.2009 (BGBl. I S. 1990); Abs. 3a eingef. mWv 1.1.2011 durch G v. 22.12.2010 (BGBl. I S. 2262); Abs. 1 Satz 3 angef. mWv 1.1.2012 durch G v. 22.12.2011 (BGBl. I S. 2983); Abs. 1 Satz 4 angef. mWv 26.10.2012 durch G v. 19.10.2012 (BGBl. I S. 2192); Abs. 1 Satz 2 geänd. mWv 1.8.2013 durch G v. 15.7.2013 (BGBl. I S. 2420); Abs. 3a neu gef. mWv 1.4.2014 durch G v. 27.3.2014 (BGBl. I S. 261); Abs. 1 Satz 1 einl. Satzteil und Satz 2 geänd. mWv 8.9.2015 durch VO v. 31.8.2015 (BGBl. I S. 1474); Abs. 2 Satz 1 geänd., Abs. 3 Satz 3 angef. mWv 13.5.2017 durch G v. 4.5.2017 (BGBl. I S. 1050); Abs. 2 Satz 1 geänd. mWv 11.5.2019 durch G v. 6.5.2019 (BGBl. I S. 646); Abs. 1 Satz 4 aufgeh. mWv 15.12.2020 durch G v. 9.12.2020 (BGBl. I S. 2870); Abs. 1 Satz 1 einl. Satzteil geänd., Nr. 1 neu gef., Nr. 2, Abs. 2 Satz 1 und Abs. 4 Satz 1 geänd. mWv 28.1.2022 durch G v. 27.9.2021 (BGBl. I S. 4530).

Notdienstes dient, entsprechend der Kostenentwicklung der Apotheken bei wirtschaftlicher Betriebsführung anzupassen. [3]Die Preisvorschriften für den Großhandel aufgrund von Satz 1 Nummer 1 gelten auch für pharmazeutische Unternehmer oder andere natürliche oder juristische Personen, die eine Tätigkeit nach § 4 Absatz 22 ausüben bei der Abgabe an Apotheken, die die Arzneimittel zur Abgabe an den Verbraucher beziehen.

(2) [1]Die Preise und Preisspannen müssen den berechtigten Interessen der Arzneimittelverbraucher, der Apotheken und des Großhandels Rechnung tragen; zu den berechtigten Interessen der Arzneimittelverbraucher gehört auch die Sicherstellung der Versorgung sowie die Bereitstellung von Arzneimitteln nach § 52b. [2]Ein einheitlicher Apothekenabgabepreis für Arzneimittel, die vom Verkehr außerhalb der Apotheken ausgeschlossen sind, ist zu gewährleisten. [3]Satz 2 gilt nicht für nicht verschreibungspflichtige Arzneimittel, die nicht zu Lasten der gesetzlichen Krankenversicherung abgegeben werden.

(3) [1]Für Arzneimittel nach Absatz 2 Satz 2, für die durch die Verordnung nach Absatz 1 Preise und Preisspannen bestimmt sind, haben die pharmazeutischen Unternehmer einen einheitlichen Abgabepreis sicherzustellen; für nicht verschreibungspflichtige Arzneimittel, die zu Lasten der gesetzlichen Krankenversicherung abgegeben werden, haben die pharmazeutischen Unternehmer zum Zwecke der Abrechnung der Apotheken mit den Krankenkassen ihren einheitlichen Abgabepreis anzugeben, von dem bei der Abgabe im Einzelfall abgewichen werden kann. [2]Sozialleistungsträger, private Krankenversicherungen sowie deren jeweilige Verbände können mit pharmazeutischen Unternehmern für die zu ihren Lasten abgegebenen verschreibungspflichtigen Arzneimittel Preisnachlässe auf den einheitlichen Abgabepreis des pharmazeutischen Unternehmers vereinbaren. [3]Bei der Abgabe von Arzneimitteln, bei der die Preise und *Preispannen*[1)] gemäß der Verordnung nach Absatz 1 von der Festsetzung ausgenommen sind, darf der einheitliche Abgabepreis nach Satz 1 nicht überschritten werden.

(3a) [1]Gilt für ein Arzneimittel ein Erstattungsbetrag nach § 130b des Fünften Buches Sozialgesetzbuch, gibt der pharmazeutische Unternehmer das Arzneimittel zum Erstattungsbetrag ab. [2]Abweichend von Satz 1 kann der pharmazeutische Unternehmer das Arzneimittel zu einem Betrag unterhalb des Erstattungsbetrages abgeben; die Verpflichtung in Absatz 3 Satz 1 erster Halbsatz bleibt unberührt. [3]Der Abgabepreis nach Satz 1 oder Satz 2 gilt auch für Personen, die das Arzneimittel nicht als Versicherte einer gesetzlichen Krankenkasse im Wege der Sachleistung erhalten.

(4) [1]Bei Arzneimitteln, die im Fall einer bedrohlichen übertragbaren Krankheit, deren Ausbreitung eine sofortige und das übliche Maß erheblich überschreitende Bereitstellung von spezifischen Arzneimitteln erforderlich macht, durch Apotheken abgegeben werden und die zu diesem Zweck nach § 47 Absatz 1 Nummer 3c bevorratet wurden, gilt als Grundlage für die nach Absatz 2 festzusetzenden Preise und Preisspannen der Länderabgabepreis. [2]Entsprechendes gilt für Arzneimittel, die aus für diesen Zweck entsprechend bevorrateten Wirkstoffen in Apotheken hergestellt und in diesen Fällen abgegeben werden. [3]In diesen Fällen gilt Absatz 2 Satz 2 auf Länderebene.

---

[1)] Richtig wohl: „Preisspannen".

**§ 79[1)] Ausnahmeermächtigungen für Krisenzeiten.** (1) Das Bundesministerium wird ermächtigt, im Einvernehmen mit dem Bundesministerium für Wirtschaft und Energie durch Rechtsverordnung[2)] mit Zustimmung des Bundesrates Ausnahmen von den Vorschriften dieses Gesetzes und der auf Grund dieses Gesetzes erlassenen Rechtsverordnungen zuzulassen, wenn die notwendige Versorgung der Bevölkerung mit Arzneimitteln sonst ernstlich gefährdet wäre und eine unmittelbare oder mittelbare Gefährdung der Gesundheit von Menschen durch Arzneimittel nicht zu befürchten ist; insbesondere können Regelungen getroffen werden, um einer Verbreitung von Gefahren zu begegnen, die als Reaktion auf die vermutete oder bestätigte Verbreitung von krankheitserregenden Substanzen, Toxinen, Chemikalien oder eine Aussetzung ionisierender Strahlung auftreten können.

(2) *(aufgehoben)*

(3) Die Rechtsverordnungen nach Absatz 1 ergehen im Einvernehmen mit dem Bundesministerium für Umwelt, Naturschutz und nukleare Sicherheit, soweit es sich um radioaktive Arzneimittel und um Arzneimittel, bei deren Herstellung ionisierende Strahlen verwendet werden, oder um Regelungen zur Abwehr von Gefahren durch ionisierende Strahlung handelt.

(4) Die Geltungsdauer der Rechtsverordnung nach Absatz 1 ist auf sechs Monate zu befristen.

(4a) [1] Wenn im Fall einer bestehenden oder drohenden bedrohlichen übertragbaren Krankheit die notwendige Versorgung der Bevölkerung mit Arzneimitteln sonst ernstlich gefährdet wäre, kann das Bundesministerium unbeschadet der Aufgaben anderer zur Sicherstellung der Versorgung der Bevölkerung Arzneimittel sowie Wirk-, Ausgangs- und Hilfsstoffe sowie Packmittel von Arzneimitteln selbst oder durch beauftragte Stellen herstellen, beschaffen, lagern und in Verkehr bringen. [2] Von den Abnehmern der Arzneimittel, Wirk-, Ausgangs- und Hilfsstoffe und Packmittel von Arzneimitteln soll ein angemessener Ersatz der Aufwendungen verlangt werden. [3] Durch die Regelung bleiben haushaltsrechtliche Vorgaben unberührt.

(5)[3)] [1] Im Falle eines Versorgungsmangels der Bevölkerung mit Arzneimitteln, die zur Vorbeugung oder Behandlung lebensbedrohlicher Erkrankungen benötigt werden, oder im Fall einer bedrohlichen übertragbaren Krankheit, deren Ausbreitung eine sofortige und das übliche Maß erheblich überschreitende Bereitstellung von spezifischen Arzneimitteln erforderlich macht, können die zuständigen Behörden im Einzelfall gestatten, dass Arzneimittel, die nicht zum Verkehr im Geltungsbereich dieses Gesetzes zugelassen oder registriert sind,

1. befristet in Verkehr gebracht werden sowie

---

[1)] § 79 Abs. 5 angef. mWv 23.7.2009 durch G v. 17.7.2009 (BGBl. I S. 1990); Abs. 5 neu gef., Abs. 6 angef. mWv 29.3.2013 durch G v. 21.3.2013 (BGBl. I S. 566); Abs. 1 Halbs. 1 geänd. mWv 13.8.2013 durch G v. 7.8.2013 (BGBl. I S. 3108); Abs. 1, 2, 3 und 5 Satz 7 geänd. mWv 8.9.2015 durch VO v. 31.8.2015 (BGBl. I S. 1474); Abs. 3, 5 Satz 7 geänd. mWv 27.6.2020 durch VO v. 19.6. 2020 (BGBl. I S. 1328); Abs. 4a eingef., Abs. 5 Satz 2 geänd. mWv 19.11.2020 durch G v. 18.11.2020 (BGBl. I S. 2397); Abs. 2 aufgeh., Abs. 3 und Abs. 4 geänd. mWv 28.1.2022 durch G v. 27.9.2021 (BGBl. I S. 4530).

[2)] Siehe Blutspende-Pandemieverordnung v. 18.12.2009 (BGBl. I S. 3946).

[3)] Siehe hierzu ua Bek. nach § 79 Abs. 5 ArzneimittelG v. 20.11.2018 (BAnz AT 23.11.2018 B2), Bek. nach § 79 Abs. 5 ArzneimittelG v. 18.3.2019 (BAnz AT 25.03.2019 B4) und Bek. nach § 79 Abs. 5 des ArzneimittelG v. 23.8.2021 (BAnz AT 27.08.2021 B10).

2. abweichend von § 73 Absatz 1 in den Geltungsbereich dieses Gesetzes verbracht werden.

[2] Satz 1 gilt, wenn die Arzneimittel in dem Staat rechtmäßig in Verkehr gebracht werden dürfen, aus dem sie in den Geltungsbereich dieses Gesetzes verbracht werden oder wenn die zuständige Bundesoberbehörde festgestellt hat, dass die Qualität der Arzneimittel gewährleistet ist und ihre Anwendung nach den Erkenntnissen der medizinischen Wissenschaft ein positives Nutzen-Risiko-Verhältnis zur Vorbeugung oder Behandlung der jeweiligen Erkrankung erwarten lässt. [3] Die Gestattung durch die zuständige Behörde gilt zugleich als Bescheinigung nach § 72a Absatz 1 Satz 1 Nummer 3 oder nach § 72b Absatz 2 Satz 1 Nummer 3, dass die Einfuhr im öffentlichen Interesse liegt. [4] Im Falle eines Versorgungsmangels oder einer bedrohlichen übertragbaren Krankheit im Sinne des Satzes 1 können die zuständigen Behörden im Einzelfall auch ein befristetes Abweichen von Erlaubnis- oder Genehmigungserfordernissen oder von anderen Verboten nach diesem Gesetz gestatten. [5] Vom Bundesministerium wird festgestellt, dass ein Versorgungsmangel oder eine bedrohliche übertragbare Krankheit im Sinne des Satzes 1 vorliegt oder nicht mehr vorliegt. [6] Die Feststellung erfolgt durch eine Bekanntmachung, die im Bundesanzeiger veröffentlicht wird. [7] Die Bekanntmachung ergeht im Einvernehmen mit dem Bundesministerium für Umwelt, Naturschutz und nukleare Sicherheit, soweit es sich um radioaktive Arzneimittel und um Arzneimittel handelt, bei deren Herstellung ionisierende Strahlen verwendet werden.

(6) [1] Maßnahmen der zuständigen Behörden nach Absatz 5 sind auf das erforderliche Maß zu begrenzen und müssen angemessen sein, um den Gesundheitsgefahren zu begegnen, die durch den Versorgungsmangel oder die bedrohliche übertragbare Krankheit hervorgerufen werden. [2] Widerspruch und Anfechtungsklage gegen Maßnahmen nach Absatz 5 haben keine aufschiebende Wirkung.

**§ 80[1)] Ermächtigung für Verfahrens- und Härtefallregelungen.** [1] Das Bundesministerium wird ermächtigt, durch Rechtsverordnung, die nicht der Zustimmung des Bundesrates bedarf, die weiteren Einzelheiten über das Verfahren bei

1. der Zulassung einschließlich der Verlängerung der Zulassung,

1a. der Genehmigung nach § 21a Absatz 1 oder der Bescheinigung nach § 21a Absatz 9,

1b. der Genehmigung nach § 4b Absatz 3,

2. der staatlichen Chargenprüfung und der Freigabe einer Charge,

3. den Anzeigen zur Änderung der Zulassungsunterlagen,

3a. den Anzeigen über Änderungen der Angaben und Unterlagen für die Genehmigung nach § 21a Absatz 1 oder über Änderungen in den Anforderungen für die Bescheinigung nach § 21a Absatz 9,

---

1) § 80 Satz 1 Nr. 4 und 5 geänd., Nr. 6 angef. mWv 26.10.2012 durch G v. 19.10.2012 (BGBl. I S. 2192); Satz 1 Nr. 4 und 6 geänd., Nr. 4a eingef. mWv 24.12.2014 durch G v. 17.12.2014 (BGBl. I S. 2222); Satz 5 geänd. mWv 8.9.2015 durch VO v. 31.8.2015 (BGBl. I S. 1474); Satz 1 Nr. 1a, 1b, 3a, 3b eingef., bish. Nr. 3a wird Nr. 3c, Nr. 4a eingef., bish. Nr. 4a wird Nr. 4b, Nr. 6 geänd. mWv 24.12.2016 durch G v. 20.12.2016 (BGBl. I S. 3048); Satz 1 Nr. 3c geänd., Satz 5 aufgeh. mWv 28.1.2022 durch G v. 27.9.2021 (BGBl. I S. 4530).

3b. den Anzeigen über Änderungen der Angaben und Unterlagen für die Genehmigung nach § 4b Absatz 3,

3c. der zuständigen Bundesoberbehörde und den beteiligten Personen im Falle des Inverkehrbringens in Härtefällen nach § 21 Absatz 2 Nummer 3 in Verbindung mit Artikel 83 der Verordnung (EG) Nr. 726/2004,

4. der Registrierung einschließlich der Verlängerung der Registrierung,

4a. den Anzeigen zur Änderung der Registrierungsunterlagen,

4b. der Veröffentlichung der Ergebnisse klinischer Prüfungen nach § 42b,

5. den Meldungen von Arzneimittelrisiken und

6. der elektronischen Einreichung von Unterlagen nach den Nummern 1 bis 5 einschließlich der zu verwendenden Formate

zu regeln; es kann dabei die Weiterleitung von Ausfertigungen an die zuständigen Behörden bestimmen sowie vorschreiben, dass Unterlagen in mehrfacher Ausfertigung sowie auf elektronischen oder optischen Speichermedien eingereicht werden. 2 Das Bundesministerium kann diese Ermächtigung ohne Zustimmung des Bundesrates auf die zuständige Bundesoberbehörde übertragen. 3 In der Rechtsverordnung nach Satz 1 Nr. 3a können insbesondere die Aufgaben der zuständigen Bundesoberbehörde im Hinblick auf die Beteiligung der Europäischen Arzneimittel-Agentur und des Ausschusses für Humanarzneimittel entsprechend Artikel 83 der Verordnung (EG) Nr. 726/2004 sowie die Verantwortungsbereiche der behandelnden Ärzte und der pharmazeutischen Unternehmer oder Sponsoren geregelt werden, einschließlich von Anzeige-, Dokumentations- und Berichtspflichten insbesondere für Nebenwirkungen entsprechend Artikel 24 Abs. 1 und Artikel 25 der Verordnung (EG) Nr. 726/2004. 4 Dabei können auch Regelungen für Arzneimittel getroffen werden, die unter den Artikel 83 der Verordnung (EG) Nr. 726/2004 entsprechenden Voraussetzungen Arzneimittel betreffen, die nicht zu den in Artikel 3 Abs. 1 oder 2 dieser Verordnung genannten gehören.

**§ 81**[1)] **Verhältnis zu anderen Gesetzen.** Die Vorschriften des Betäubungsmittel- und Atomrechts, des Anti-Doping-Gesetzes und des Tierschutzgesetzes[2)] bleiben unberührt.

**§ 82**[3)] **Allgemeine Verwaltungsvorschriften.** 1 Die Bundesregierung erlässt mit Zustimmung des Bundesrates die zur Durchführung dieses Gesetzes erforderlichen allgemeinen Verwaltungsvorschriften. 2 Soweit sich diese an die zuständige Bundesoberbehörde richten, werden die allgemeinen Verwaltungsvorschriften von dem Bundesministerium erlassen.

**§ 83**[4)] **Angleichung an das Recht der Europäischen Union.** Rechtsverordnungen oder allgemeine Verwaltungsvorschriften nach diesem Gesetz können auch zum Zwecke der Angleichung der Rechts- und Verwaltungsvorschriften der Mitgliedstaaten der Europäischen Union erlassen werden, soweit dies zur Durchführung von Verordnungen, Richtlinien, Entscheidungen oder

---

[1)] § 81 geänd. mWv 18.12.2015 durch G v. 10.12.2015 (BGBl. I S. 2210).

[2)] **Sartorius Nr. 873.**

[3)] § 82 Satz 3 geänd. mWv 8.9.2015 durch VO v. 31.8.2015 (BGBl. I S. 1474); Satz 3 aufgeh. mWv 28.1.2022 durch G v. 27.9.2021 (BGBl. I S. 4530).

[4)] § 83 Abs. 2 aufgeh. mWv 23.7.2009 durch G v. 17.7.2009 (BGBl. I S. 1990); Überschrift und Wortlaut geänd. mWv 26.10.2012 durch G v. 19.10.2012 (BGBl. I S. 2192).

Beschlüssen der Europäischen Gemeinschaft oder der Europäischen Union, die Sachbereiche dieses Gesetzes betreffen, erforderlich ist.

**§ 83a**[1] **Rechtsverordnungen in bestimmten Fällen.** Das Bundesministerium wird ermächtigt, durch Rechtsverordnung ohne Zustimmung des Bundesrates Verweisungen auf Vorschriften in Rechtsakten der Europäischen Gemeinschaft oder der Europäischen Union in diesem Gesetz oder in aufgrund dieses Gesetzes erlassenen Rechtsverordnungen zu ändern, soweit es zur Anpassung an Änderungen dieser Vorschriften erforderlich ist.

**§ 83b**[2] **Verkündung von Rechtsverordnungen.** Rechtsverordnungen nach diesem Gesetz können abweichend von § 2 Absatz 1 des Verkündungs- und Bekanntmachungsgesetzes[3] im Bundesanzeiger verkündet werden.

## Sechzehnter Abschnitt. Haftung für Arzneimittelschäden

**§ 84 Gefährdungshaftung.** (1) [1] Wird infolge der Anwendung eines zum Gebrauch bei Menschen bestimmten Arzneimittels, das im Geltungsbereich dieses Gesetzes an den Verbraucher abgegeben wurde und der Pflicht zur Zulassung unterliegt oder durch Rechtsverordnung von der Zulassung befreit worden ist, ein Mensch getötet oder der Körper oder die Gesundheit eines Menschen nicht unerheblich verletzt, so ist der pharmazeutische Unternehmer, der das Arzneimittel im Geltungsbereich dieses Gesetzes in den Verkehr gebracht hat, verpflichtet, dem Verletzten den daraus entstandenen Schaden zu ersetzen. [2] Die Ersatzpflicht besteht nur, wenn

1. das Arzneimittel bei bestimmungsgemäßem Gebrauch schädliche Wirkungen hat, die über ein nach den Erkenntnissen der medizinischen Wissenschaft vertretbares Maß hinausgehen oder
2. der Schaden infolge einer nicht den Erkenntnissen der medizinischen Wissenschaft entsprechenden Kennzeichnung, Fachinformation oder Gebrauchsinformation eingetreten ist.

(2) [1] Ist das angewendete Arzneimittel nach den Gegebenheiten des Einzelfalls geeignet, den Schaden zu verursachen, so wird vermutet, dass der Schaden durch dieses Arzneimittel verursacht ist. [2] Die Eignung im Einzelfall beurteilt sich nach der Zusammensetzung und der Dosierung des angewendeten Arzneimittels, nach der Art und Dauer seiner bestimmungsgemäßen Anwendung, nach dem zeitlichen Zusammenhang mit dem Schadenseintritt, nach dem Schadensbild und dem gesundheitlichen Zustand des Geschädigten im Zeitpunkt der Anwendung sowie allen sonstigen Gegebenheiten, die im Einzelfall für oder gegen die Schadensverursachung sprechen. [3] Die Vermutung gilt nicht, wenn ein anderer Umstand nach den Gegebenheiten des Einzelfalls geeignet ist, den Schaden zu verursachen. [4] Ein anderer Umstand liegt nicht in der Anwendung weiterer Arzneimittel, die nach den Gegebenheiten des Einzelfalls geeignet sind, den Schaden zu verursachen, es sei denn, dass wegen der

---

[1] § 83a eingef. mWv 31.5.2011 durch G v. 25.5.2011 (BGBl. I S. 946); Satz 2 geänd. mWv 8.9. 2015 durch VO v. 31.8.2015 (BGBl. I S. 1474); Satz 2 aufgeh. mWv 28.1.2022 durch G v. 27.9.2021 (BGBl. I S. 4530).

[2] § 83b angef. mWv 1.4.2014 durch G v. 10.10.2013 (BGBl. I S. 3813).

[3] **Sartorius Nr. 70.**

Anwendung dieser Arzneimittel Ansprüche nach dieser Vorschrift aus anderen Gründen als der fehlenden Ursächlichkeit für den Schaden nicht gegeben sind.

(3) Die Ersatzpflicht des pharmazeutischen Unternehmers nach Absatz 1 Satz 2 Nr. 1 ist ausgeschlossen, wenn nach den Umständen davon auszugehen ist, dass die schädlichen Wirkungen des Arzneimittels ihre Ursache nicht im Bereich der Entwicklung und Herstellung haben.

**§ 84a[1] Auskunftsanspruch.** (1) [1] Liegen Tatsachen vor, die die Annahme begründen, dass ein Arzneimittel den Schaden verursacht hat, so kann der Geschädigte von dem pharmazeutischen Unternehmer Auskunft verlangen, es sei denn, dies ist zur Feststellung, ob ein Anspruch auf Schadensersatz nach § 84 besteht, nicht erforderlich. [2] Der Anspruch richtet sich auf dem pharmazeutischen Unternehmer bekannte Wirkungen, Nebenwirkungen und Wechselwirkungen sowie ihm bekannt gewordene Verdachtsfälle von Nebenwirkungen und Wechselwirkungen und sämtliche weiteren Erkenntnisse, die für die Bewertung der Vertretbarkeit schädlicher Wirkungen von Bedeutung sein können. [3] Die §§ 259 bis 261 des Bürgerlichen Gesetzbuchs[2] sind entsprechend anzuwenden. [4] Ein Auskunftsanspruch besteht insoweit nicht, als die Angaben auf Grund gesetzlicher Vorschriften geheim zu halten sind oder die Geheimhaltung einem überwiegenden Interesse des pharmazeutischen Unternehmers oder eines Dritten entspricht.

(2) [1] Ein Auskunftsanspruch besteht unter den Voraussetzungen des Absatzes 1 auch gegenüber den Behörden, die für die Zulassung und Überwachung von Arzneimitteln zuständig sind. [2] Die Behörde ist zur Erteilung der Auskunft nicht verpflichtet, soweit Angaben auf Grund gesetzlicher Vorschriften geheim zu halten sind oder die Geheimhaltung einem überwiegenden Interesse des pharmazeutischen Unternehmers oder eines Dritten entspricht. [3] Ansprüche nach dem Informationsfreiheitsgesetz bleiben unberührt.

**§ 85 Mitverschulden.** Hat bei der Entstehung des Schadens ein Verschulden des Geschädigten mitgewirkt, so gilt § 254 des Bürgerlichen Gesetzbuchs[2].

**§ 86[3] Umfang der Ersatzpflicht bei Tötung.** (1) [1] Im Falle der Tötung ist der Schadensersatz durch Ersatz der Kosten einer versuchten Heilung sowie des Vermögensnachteils zu leisten, den der Getötete dadurch erlitten hat, dass während der Krankheit seine Erwerbsfähigkeit aufgehoben oder gemindert oder eine Vermehrung seiner Bedürfnisse eingetreten war. [2] Der Ersatzpflichtige hat außerdem die Kosten der Beerdigung demjenigen zu ersetzen, dem die Verpflichtung obliegt, diese Kosten zu tragen.

(2) [1] Stand der Getötete zur Zeit der Verletzung zu einem Dritten in einem Verhältnis, vermöge dessen er diesem gegenüber kraft Gesetzes unterhaltspflichtig war oder unterhaltspflichtig werden konnte, und ist dem Dritten infolge der Tötung das Recht auf Unterhalt entzogen, so hat der Ersatzpflichtige dem Dritten insoweit Schadensersatz zu leisten, als der Getötete während der mutmaßlichen Dauer seines Lebens zur Gewährung des Unterhalts verpflichtet gewesen sein würde. [2] Die Ersatzpflicht tritt auch dann ein, wenn der Dritte zur Zeit der Verletzung erzeugt, aber noch nicht geboren war.

---

[1] § 84a Abs. 2 Satz 3 angef. mWv 23.7.2009 durch G v. 17.7.2009 (BGBl. I S. 1990).
[2] **Habersack, Deutsche Gesetze Nr. 20.**
[3] § 86 Abs. 3 angef. mWv 22.7.2017 durch G v. 17.7.2017 (BGBl. I S. 2421).

(3) [1] Der Ersatzpflichtige hat dem Hinterbliebenen, der zur Zeit der Verletzung zu dem Getöteten in einem besonderen persönlichen Näheverhältnis stand, für das dem Hinterbliebenen zugefügte seelische Leid eine angemessene Entschädigung in Geld zu leisten. [2] Ein besonderes persönliches Näheverhältnis wird vermutet, wenn der Hinterbliebene der Ehegatte, der Lebenspartner, ein Elternteil oder ein Kind des Getöteten war.

**§ 87 Umfang der Ersatzpflicht bei Körperverletzung.** [1] Im Falle der Verletzung des Körpers oder der Gesundheit ist der Schadensersatz durch Ersatz der Kosten der Heilung sowie des Vermögensnachteils zu leisten, den der Verletzte dadurch erleidet, dass infolge der Verletzung zeitweise oder dauernd seine Erwerbsfähigkeit aufgehoben oder gemindert oder eine Vermehrung seiner Bedürfnisse eingetreten ist. [2] In diesem Fall kann auch wegen des Schadens, der nicht Vermögensschaden ist, eine billige Entschädigung in Geld verlangt werden.

**§ 88 Höchstbeträge.** [1] Der Ersatzpflichtige haftet

1. im Falle der Tötung oder Verletzung eines Menschen nur bis zu einem Kapitalbetrag von 600 000 Euro oder bis zu einem Rentenbetrag von jährlich 36 000 Euro,
2. im Falle der Tötung oder Verletzung mehrerer Menschen durch das gleiche Arzneimittel unbeschadet der in Nummer 1 bestimmten Grenzen bis zu einem Kapitalbetrag von 120 Millionen Euro oder bis zu einem Rentenbetrag von jährlich 7,2 Millionen Euro.

[2] Übersteigen im Falle des Satzes 1 Nr. 2 die den mehreren Geschädigten zu leistenden Entschädigungen die dort vorgesehenen Höchstbeträge, so verringern sich die einzelnen Entschädigungen in dem Verhältnis, in welchem ihr Gesamtbetrag zu dem Höchstbetrag steht.

**§ 89 Schadensersatz durch Geldrenten.** (1) Der Schadensersatz wegen Aufhebung oder Minderung der Erwerbsfähigkeit und wegen Vermehrung der Bedürfnisse des Verletzten sowie der nach § 86 Abs. 2 einem Dritten zu gewährende Schadensersatz ist für die Zukunft durch Entrichtung einer Geldrente zu leisten.

(2) Die Vorschriften des § 843 Abs. 2 bis 4 des Bürgerlichen Gesetzbuchs[1] und des § 708 Nr. 8 der Zivilprozessordnung[2] finden entsprechende Anwendung.

(3) Ist bei der Verurteilung des Verpflichteten zur Entrichtung einer Geldrente nicht auf Sicherheitsleistung erkannt worden, so kann der Berechtigte gleichwohl Sicherheitsleistung verlangen, wenn die Vermögensverhältnisse des Verpflichteten sich erheblich verschlechtert haben; unter der gleichen Voraussetzung kann er eine Erhöhung der in dem Urteil bestimmten Sicherheit verlangen.

**§ 90** (weggefallen)

**§ 91 Weitergehende Haftung.** Unberührt bleiben gesetzliche Vorschriften, nach denen ein nach § 84 Ersatzpflichtiger im weiteren Umfang als nach den

[1] **Habersack, Deutsche Gesetze Nr. 20.**
[2] **Habersack, Deutsche Gesetze Nr. 100.**

Vorschriften dieses Abschnitts haftet oder nach denen ein anderer für den Schaden verantwortlich ist.

**§ 92 Unabdingbarkeit.** [1]Die Ersatzpflicht nach diesem Abschnitt darf im voraus weder ausgeschlossen noch beschränkt werden. [2]Entgegenstehende Vereinbarungen sind nichtig.

**§ 93 Mehrere Ersatzpflichtige.** [1]Sind mehrere ersatzpflichtig, so haften sie als Gesamtschuldner. [2]Im Verhältnis der Ersatzpflichtigen zueinander hängt die Verpflichtung zum Ersatz sowie der Umfang des zu leistenden Ersatzes von den Umständen, insbesondere davon ab, inwieweit der Schaden vorwiegend von dem einen oder dem anderen Teil verursacht worden ist.

**§ 94[1)] Deckungsvorsorge.** (1) [1]Der pharmazeutische Unternehmer hat dafür Vorsorge zu treffen, dass er seinen gesetzlichen Verpflichtungen zum Ersatz von Schäden nachkommen kann, die durch die Anwendung eines von ihm in den Verkehr gebrachten, zum Gebrauch bei Menschen bestimmten Arzneimittels entstehen, das der Pflicht zur Zulassung unterliegt oder durch Rechtsverordnung von der Zulassung befreit worden ist (Deckungsvorsorge). [2]Die Deckungsvorsorge muss in Höhe der in § 88 Satz 1 genannten Beträge erbracht werden. [3]Sie kann nur

1. durch eine Haftpflichtversicherung bei einem im Geltungsbereich dieses Gesetzes zum Geschäftsbetrieb befugten unabhängigen Versicherungsunternehmen, für das im Falle einer Rückversicherung ein Rückversicherungsvertrag nur mit einem Rückversicherungsunternehmen, das seinen Sitz im Geltungsbereich dieses Gesetzes, in einem anderen Mitgliedstaat der Europäischen Union, in einem anderen Vertragsstaat des Abkommens über den Europäischen Wirtschaftsraum oder in einem von der Europäischen Kommission auf Grund von Artikel 172 der Richtlinie 2009/138/EG des Europäischen Parlaments und des Rates vom 25. November 2009 betreffend die Aufnahme und Ausübung der Versicherungs- und Rückversicherungstätigkeit (Solvabilität II) (ABl. L 335 vom 17.12.2009, S. 1) als gleichwertig anerkannten Staat hat, besteht, oder
2. durch eine Freistellungs- oder Gewährleistungsverpflichtung eines inländischen Kreditinstituts oder eines Kreditinstituts eines anderen Mitgliedstaates der Europäischen Union oder eines anderen Vertragsstaates des Abkommens über den Europäischen Wirtschaftsraum

erbracht werden.

(2) Wird die Deckungsvorsorge durch eine Haftpflichtversicherung erbracht, so gelten der § 113 Abs. 3 und die §§ 114 bis 124 des Versicherungsvertragsgesetzes[2)] sinngemäß.

(3) [1]Durch eine Freistellungs- oder Gewährleistungsverpflichtung eines Kreditinstituts kann die Deckungsvorsorge nur erbracht werden, wenn gewährleistet ist, dass das Kreditinstitut, solange mit seiner Inanspruchnahme gerechnet werden muss, in der Lage sein wird, seine Verpflichtungen im Rahmen der Deckungsvorsorge zu erfüllen. [2]Für die Freistellungs- oder Gewährleistungs-

---

[1)] § 94 Abs. 2, Abs. 3 Satz 2 und Abs. 4 geänd. mWv 1.1.2008 durch G v. 23.11.2007 (BGBl. I S. 2631); Abs. 1 Satz 3 Nr. 1 geänd. mWv 26.10.2012 durch G v. 19.10.2012 (BGBl. I S. 2192).

[2)] **Habersack, Deutsche Gesetze Nr. 62.**

verpflichtung gelten der § 113 Abs. 3 und die §§ 114 bis 124 des Versicherungsvertragsgesetzes sinngemäß.

(4) Zuständige Stelle im Sinne des § 117 Abs. 2 des Versicherungsvertragsgesetzes ist die für die Durchführung der Überwachung nach § 64 zuständige Behörde.

(5) Die Bundesrepublik Deutschland und die Länder sind zur Deckungsvorsorge gemäß Absatz 1 nicht verpflichtet.

**§ 94a Örtliche Zuständigkeit.** (1) Für Klagen, die auf Grund des § 84 oder des § 84a Abs. 1 erhoben werden, ist auch das Gericht zuständig, in dessen Bezirk der Kläger zur Zeit der Klageerhebung seinen Wohnsitz, in Ermangelung eines solchen seinen gewöhnlichen Aufenthaltsort hat.

(2) Absatz 1 bleibt bei der Ermittlung der internationalen Zuständigkeit der Gerichte eines ausländischen Staates nach § 328 Abs. 1 Nr. 1 der Zivilprozessordnung[1] außer Betracht.

## Siebzehnter Abschnitt. Straf- und Bußgeldvorschriften

**§ 95[2] Strafvorschriften.** (1) Mit Freiheitsstrafe bis zu drei Jahren oder mit Geldstrafe wird bestraft, wer

1. entgegen § 5 Absatz 1 ein Arzneimittel in den Verkehr bringt oder bei anderen anwendet,
2. entgegen § 6 Absatz 1 in Verbindung mit einer Rechtsverordnung nach § 6 Absatz 2, jeweils auch in Verbindung mit einer Rechtsverordnung nach § 6 Absatz 3, ein Arzneimittel in den Verkehr bringt oder bei einem anderen Menschen anwendet,
3. entgegen § 7 Abs. 1 radioaktive Arzneimittel oder Arzneimittel, bei deren Herstellung ionisierende Strahlen verwendet worden sind, in den Verkehr bringt,

3a. entgegen § 8 Abs. 1 Nr. 1 oder Absatz 2, auch in Verbindung mit § 73 Abs. 4 oder § 73a, Arzneimittel oder Wirkstoffe herstellt, in den Verkehr bringt oder sonst mit ihnen Handel treibt,

4. entgegen § 43 Abs. 1 Satz 2, Abs. 2 oder 3 mit Arzneimitteln, die nur auf Verschreibung an Verbraucher abgegeben werden dürfen, Handel treibt oder diese Arzneimittel abgibt,
5. Arzneimittel, die nur auf Verschreibung an Verbraucher abgegeben werden dürfen, entgegen § 47 Abs. 1 an andere als dort bezeichnete Personen oder Stellen abgibt oder entgegen § 47 Abs. 2 Satz 1 bezieht oder

5a. entgegen § 47a Abs. 1 ein dort bezeichnetes Arzneimittel an andere als die dort bezeichneten Einrichtungen abgibt oder in den Verkehr bringt.

---

[1] **Habersack, Deutsche Gesetze Nr. 100.**

[2] § 95 Abs. 1 Nr. 2b eingef. und Abs. 3 neu gef. mWv 1.11.2007 durch G v. 24.10.2007 (BGBl. I S. 2510); Abs. 1 Nr. 1 neu gef., Nr. 3a, Abs. 3 Satz 2 Nr. 3 geänd. mWv 23.7.2009 durch G v. 17.7. 2009 (BGBl. I S. 1990); Abs. 1 Nr. 2b neu gef. mWv 1.1.2011 durch G v. 22.12.2010 (BGBl. I S. 2262); Abs. 1 Nr. 11 neu gef. mWv 31.5.2011 durch G v. 25.5.2011 (BGBl. I S. 946); Abs. 1 Nr. 3a geänd. mWv 26.10.2012 durch G v. 19.10.2012 (BGBl. I S. 2192); Abs. 1 Nr. 2b geänd. mWv 13.8. 2013 durch G v. 7.8.2013 (BGBl. I S. 3108); Abs. 1 Nr. 2a und 2b, Abs. 3 Satz 2 Nr. 2 aufgeh., bish. Nr. 3 wird Nr. 2 mWv 18.12.2015 durch G v. 10.12.2015 (BGBl. I S. 2210); Abs. 1 Nr. 2 neu gef. mWv 16.8.2019 durch G v. 9.8.2019 (BGBl. I S. 1202); Abs. 1 Nr. 2, 4, 5 und 5a geänd., Nr. 6–11 aufgeh. mWv 28.1.2022 durch G v. 27.9.2021 (BGBl. I S. 4530).

(2) Der Versuch ist strafbar.

(3) [1] In besonders schweren Fällen ist die Strafe Freiheitsstrafe von einem Jahr bis zu zehn Jahren. [2] Ein besonders schwerer Fall liegt in der Regel vor, wenn der Täter

1. durch eine der in Absatz 1 bezeichneten Handlungen
   a) die Gesundheit einer großen Zahl von Menschen gefährdet,
   b) einen anderen der Gefahr des Todes oder einer schweren Schädigung an Körper oder Gesundheit aussetzt oder
   c) aus grobem Eigennutz für sich oder einen anderen Vermögensvorteile großen Ausmaßes erlangt oder
2. in den Fällen des Absatzes 1 Nr. 3a gefälschte Arzneimittel oder Wirkstoffe herstellt oder in den Verkehr bringt und dabei gewerbsmäßig oder als Mitglied einer Bande handelt, die sich zur fortgesetzten Begehung solcher Taten verbunden hat.

(4) Handelt der Täter in den Fällen des Absatzes 1 fahrlässig, so ist die Strafe Freiheitsstrafe bis zu einem Jahr oder Geldstrafe.

**§ 96[1)] Strafvorschriften.** Mit Freiheitsstrafe bis zu einem Jahr oder mit Geldstrafe wird bestraft, wer

1. entgegen § 4b Absatz 3 Satz 1 ein Arzneimittel abgibt,
2. entgegen § 6 Absatz 1 in Verbindung mit einer Rechtsverordnung nach § 6 Absatz 2, jeweils auch in Verbindung mit einer Rechtsverordnung nach § 6 Absatz 3, ein Arzneimittel herstellt,
3. entgegen § 8 Abs. 1 Nr. 2, auch in Verbindung mit § 73a, Arzneimittel oder Wirkstoffe herstellt oder in den Verkehr bringt,
4. ohne Erlaubnis nach § 13 Absatz 1 Satz 1 oder § 72 Absatz 1 Satz 1 ein Arzneimittel, einen Wirkstoff oder einen dort genannten Stoff herstellt oder einführt,

4a. ohne Erlaubnis nach § 20b Abs. 1 Satz 1 oder Abs. 2 Satz 7 Gewebe gewinnt oder Laboruntersuchungen durchführt oder ohne Erlaubnis nach § 20c Abs. 1 Satz 1 Gewebe oder Gewebezubereitungen be- oder verarbeitet, konserviert, prüft, lagert oder in den Verkehr bringt,

5. entgegen § 21 Absatz 1 Satz 1, auch in Verbindung mit einer Rechtsverordnung nach § 35 Absatz 1 Nummer 2, ein Fertigarzneimittel oder ein Arzneimittel in den Verkehr bringt,

---

1) § 96 Nr. 4a, 5a, 18a und 18b eingef. mWv 1.8.2007 durch G v. 20.7.2007 (BGBl. I S. 1574); Nr. 1 eingef., bish. Nr. 1 wird Nr. 2, Nr. 3 geänd., Nr. 4 neu gef., Nr. 18c eingef. mWv 23.7.2009 durch G v. 17.7.2009 (BGBl. I S. 1990); Nr. 18a eingef., bish. Nr. 18a–18c werden Nr. 18b–18d mWv 1.1.2011 durch G v. 22.12.2010 (BGBl. I S. 2262); Nr. 18a eingef., bish. Nr. 18a–18d werden Nr. 18b–18e mWv 31.5.2011 durch G v. 25.5.2011 (BGBl. I S. 946); Nr. 4a und 5 geänd., Nr. 5b eingef., Nr. 6 und 13 geänd., Nr. 14a eingef., Nr. 20 einl. Satzteil geänd., Buchst. a neu gef. mWv 26.10.2012 durch G v. 19.10.2012 (BGBl. I S. 2192); Nr. 20 einl. Satzteil und Buchst. a geänd. mWv 13.8.2013 durch G v. 7.8.2013 (BGBl. I S. 3108); Nr. 18b eingef., bish. Nr. 18b wird 18c, bish. Nr. 18c aufgeh. mWv 26.11.2016 durch G v. 21.11.2016 (BGBl. I S. 2623); Nr. 13 geänd. mWv 24.12.2016, Nr. 10, 11 neu gef., Nr. 19, 20 Buchst. b geänd., Nr. 21 angef. mWv 27.1.2022 durch G v. 20.12.2016 (BGBl. I S. 3048, geänd. durch G v. 27.9.2021, BGBl. I S. 4530); Nr. 2 neu gef. mWv 16.8.2019 durch G v. 9.8.2019 (BGBl. I S. 1202); Nr. 5 neu gef., Nr. 6 und 13 geänd., Nr. 15–18a aufgeh., Nr. 19 geänd., Nr. 20 neu gef. mWv 28.1.2022 durch G v. 27.9.2021 (BGBl. I S. 4530).

5a. ohne Genehmigung nach § 21a Abs. 1 Satz 1 Gewebezubereitungen in den Verkehr bringt,

5b. ohne Bescheinigung nach § 21a Absatz 9 Satz 1 eine Gewebezubereitung erstmalig verbringt,

6. eine nach § 22 Abs. 1 Nr. 3, 5 bis 9, 11, 12, 14 oder 15, Abs. 3b oder 3c Satz 1 erforderliche Angabe nicht vollständig oder nicht richtig macht oder eine nach § 22 Absatz 2 oder 3, jeweils auch in Verbindung mit § 38 Absatz 2 Satz 1, erforderliche Unterlage oder durch vollziehbare Anordnung nach § 28 Absatz 3, 3a, 3b oder Absatz 3c Satz 1 Nummer 2 geforderte Unterlage nicht vollständig oder mit nicht richtigem Inhalt vorlegt,

7. entgegen § 30 Abs. 4 Satz 1 Nr. 1, auch in Verbindung mit einer Rechtsverordnung nach § 35 Abs. 1 Nr. 2, ein Arzneimittel in den Verkehr bringt,

8. entgegen § 32 Abs. 1 Satz 1, auch in Verbindung mit einer Rechtsverordnung nach § 35 Abs. 1 Nr. 3, eine Charge ohne Freigabe in den Verkehr bringt,

9. entgegen § 38 Abs. 1 Satz 1 oder § 39a Satz 1 Fertigarzneimittel als homöopathische oder als traditionelle pflanzliche Arzneimittel ohne Registrierung in den Verkehr bringt,

10. entgegen § 40 Absatz 1 die klinische Prüfung beginnt,

11. entgegen § 40a Satz 1 Nummer 2 oder Nummer 3, auch in Verbindung mit Satz 2, entgegen § 40a Satz 1 Nummer 4 Buchstabe a oder Nummer 5 oder § 40b Absatz 3, Absatz 4 Satz 1 Nummer 1, Satz 2, Satz 3 oder Satz 9 oder Absatz 5 eine klinische Prüfung durchführt,

12. entgegen § 47a Abs. 1 Satz 1 ein dort bezeichnetes Arzneimittel ohne Verschreibung abgibt, wenn die Tat nicht nach § 95 Abs. 1 Nr. 5a mit Strafe bedroht ist,

13. entgegen § 48 Abs. 1 Satz 1 Nr. 1 in Verbindung mit einer Rechtsverordnung nach § 48 Abs. 2 Nr. 1, 2 oder Nummer 7 oder entgegen § 48 Absatz 1 Satz 1 Nummer 2, auch in Verbindung mit einer Rechtsverordnung nach § 48 Absatz 2 Satz 1 Nummer 1, Arzneimittel abgibt,

14. ohne Erlaubnis nach § 52a Abs. 1 Satz 1 Großhandel betreibt,

14a. entgegen § 52c Absatz 2 Satz 1 eine Tätigkeit als Arzneimittelvermittler aufnimmt,

15.–18a. *(aufgehoben)*

18b. ohne Erlaubnis nach § 72 Absatz 4 Satz 2, § 72b Absatz 1 Satz 3 oder § 72c Absatz 1 Satz 2, auch in Verbindung mit § 72c Absatz 4 Satz 1, dort genannte hämatopoetische Stammzellen, Stammzellzubereitungen, Gewebe oder Gewebezubereitungen einführt,

18c. entgegen § 72a Absatz 1 Satz 1, auch in Verbindung mit Absatz 1b oder Absatz 1d, oder entgegen § 72a Absatz 1c ein Arzneimittel, einen Wirkstoff oder einen in den genannten Absätzen anderen Stoff einführt,

18d. entgegen § 72b Abs. 2 Satz 1 Gewebe oder Gewebezubereitungen einführt,

18e. entgegen § 73 Absatz 1b Satz 1 ein gefälschtes Arzneimittel oder einen gefälschten Wirkstoff in den Geltungsbereich dieses Gesetzes verbringt,

19. ein Arzneimittel in den Verkehr bringt, obwohl die nach § 94 erforderliche Haftpflichtversicherung oder Freistellungs- oder Gewährleistungsverpflichtung nicht oder nicht mehr besteht,

20. entgegen Artikel 6 Absatz 1 Satz 1 der Verordnung (EG) Nr. 726/2004 des Europäischen Parlaments und des Rates vom 31. März 2004 zur Festlegung der Verfahren der Union für die Genehmigung und Überwachung von Humanarzneimitteln und zur Errichtung einer Europäischen Arzneimittel-Agentur (ABl. L 136 vom 30.4.2004, S. 1), die zuletzt durch die Verordnung (EU) Nr. 2019/5 (ABl. L 4 vom 7.1.2019, S. 24) geändert worden ist, in Verbindung mit Artikel 8 Absatz 3 Unterabsatz 1 Buchstabe c, ca Satz 1, Buchstabe d, e, h bis iaa oder Buchstabe ib der Richtlinie 2001/83/EG des Europäischen Parlaments und des Rates vom 6. November 2001 zur Schaffung eines Gemeinschaftskodexes für Humanarzneimittel (ABl. L 311 vom 28.11.2001, S. 67; L 239 vom 12.8.2014, S. 81), die zuletzt durch die Verordnung (EU) 2019/1243 (ABl. L 198 vom 25.7.2019, S. 241) geändert worden ist, eine Angabe oder eine Unterlage nicht richtig oder nicht vollständig beifügt oder

21. gegen die Verordnung (EU) Nr. 536/2014 des Europäischen Parlaments und des Rates vom 16. April 2014 über klinische Prüfungen mit Humanarzneimitteln und zur Aufhebung der Richtlinie 2001/20/EG (ABl. L 158 vom 27.5.2014, S. 1) verstößt, indem er
   a) entgegen Artikel 5 Absatz 1 Unterabsatz 1 in Verbindung mit Artikel 25 Absatz 1 Satz 1 Buchstabe c oder Anhang I Nummer 41 Satz 1 ein Antragsdossier nicht richtig oder nicht vollständig übermittelt oder
   b) entgegen Artikel 28 Absatz 1 Buchstabe a, c oder Buchstabe e in Verbindung mit Artikel 29 Absatz 1 Satz 1 oder Satz 3, entgegen Artikel 32 Absatz 1 oder Artikel 33 eine klinische Prüfung durchführt.

**§ 97[1] Bußgeldvorschriften.** (1) Ordnungswidrig handelt, wer eine in

[1] § 97 Abs. 2 Nr. 5a eingef. mWv 1.4.2007 durch G v. 26.3.2007 (BGBl. I S. 378); Abs. 2 Nr. 7 geänd. sowie Nr. 24e und 24f eingef. mWv 1.8.2007 durch G v. 20.7.2007 (BGBl. I S. 1574); Abs. 2 Nr. 7 geänd., Nr. 17 neu gef., Nr. 24d, 34, 35 geänd., Nr. 30a aufgeh., Nr. 36 angef., Abs. 4 geänd. mWv 23.7.2009 durch G v. 17.7.2009 (BGBl. I S. 1990); Abs. 2 Nr. 9a eingef., Abs. 4 geänd. mWv 1.1.2011 durch G v. 22.12.2010 (BGBl. I S. 2262); Abs. 2 Nr. 22a eingef. mWv 31.5.2011 durch G v. 25.5.2011 (BGBl. I S. 946); Abs. 2 Nr. 1 und 7 neu gef., Nr. 9a eingef., bish. Nr. 9a wird Nr. 9b, Nr. 24e und 24f neu gef., Nr. 24g–24q eingef., Nr. 32–36 aufgeh., Abs. 2a–2c eingef., Abs. 4 neu gef. mWv 26.10.2012 durch G v. 19.10.2012 (BGBl. I S. 2192); Abs. 1, 2 Nr. 7 und Abs. 4 neu gef. mWv 13.8.2013 durch G v. 7.8.2013 (BGBl. I S. 3108); Abs. 2 Nr. 19 neu gef., Nr. 23a–23d eingef., Nr. 31 geänd. mWv 1.4.2014 durch G v. 10.10.2013 (BGBl. I S. 3813); Abs. 2 Nr. 7 Buchst. a geänd. mWv 26.11.2016 durch G v. 21.11.2016 (BGBl. I S. 2623); Abs. 1 Nr. 2 neu gef., Abs. 2 Nr. 9, 9a aufgeh., bish. Nr. 9b wird Nr. 9 und geänd., Nr. 24m, 31 geänd. mWv 27.1.2022 durch G v. 20.12.2016 (BGBl. I S. 3048, geänd. durch G v. 27.9.2021, BGBl. I S. 4530); Abs. 2 Nr. 7 Buchst. b geänd., Buchst. c neu gef., Abs. 2d eingef., Abs. 4 Nr. 1, 2 geänd. mWv 16.8.2019 durch G v. 9.8.2019 (BGBl. I S. 1202); Abs. 2 Nr. 16a eingef., Abs. 4 Satz 2 angef. mWv 1.4.2020 durch G v. 22.3.2020 (BGBl. I S. 604); Abs. 2 Nr. 23a geänd., Nr. 23d eingef., bish. Nr. 23d wird Nr. 23e und geänd. mWv 1.11.2021 durch G v. 10.8.2021 (BGBl. I S. 3519); Abs. 2d eingef., bish. Abs. 2d wird Abs. 2e, Abs. 4 →

1. § 96 Nummer 1 bis 5b, 7 bis 18e oder Nummer 19 oder
2. § 96 Nummer 6, 20 oder Nummer 21

bezeichnete Handlung fahrlässig begeht.

(2) Ordnungswidrig handelt auch, wer vorsätzlich oder fahrlässig

1. entgegen § 8 Absatz 3 ein Arzneimittel in den Verkehr bringt,
2. entgegen § 9 Abs. 1 Arzneimittel, die nicht den Namen oder die Firma des pharmazeutischen Unternehmers tragen, in den Verkehr bringt,
3. entgegen § 9 Abs. 2 Satz 1 Arzneimittel in den Verkehr bringt, ohne seinen Sitz im Geltungsbereich dieses Gesetzes oder in einem anderen Mitgliedstaat der Europäischen Union oder in einem anderen Vertragsstaat des Abkommens über den Europäischen Wirtschaftsraum zu haben,
4. entgegen § 10, auch in Verbindung mit § 109 Abs. 1 Satz 1 oder einer Rechtsverordnung nach § 12 Abs. 1 Nr. 1, Arzneimittel ohne die vorgeschriebene Kennzeichnung in den Verkehr bringt,
5. entgegen § 11 Abs. 1 Satz 1, auch in Verbindung mit Abs. 2a bis 3b oder 4, jeweils auch in Verbindung mit einer Rechtsverordnung nach § 12 Abs. 1 Nr. 1, Arzneimittel ohne die vorgeschriebene Packungsbeilage in den Verkehr bringt,

5a. entgegen § 11 Abs. 7 Satz 1 eine Teilmenge abgibt,

6. einer vollziehbaren Anordnung nach § 18 Abs. 2 zuwiderhandelt,
7. entgegen
   a) den §§ 20, 20b Absatz 5, § 20c Absatz 6, § 52a Absatz 8, § 67 Absatz 8 Satz 1 oder § 72b Absatz 2c Satz 1,
   b) § 21a Absatz 7 Satz 1, § 29 Absatz 1 Satz 1, auch in Verbindung mit Satz 2, entgegen § 29 Absatz 1c Satz 1, § 63c Absatz 2, § 63i Absatz 2 Satz 1, § 67 Absatz 6 Satz 1 oder
   c) § 67 Absatz 1 Satz 1, auch in Verbindung mit Satz 2, entgegen § 67 Absatz 5 Satz 1 oder § 67 Absatz 9 Satz 1

   eine Anzeige nicht, nicht richtig, nicht vollständig oder nicht rechtzeitig erstattet,

7a. entgegen § 29 Abs. 1a Satz 1, Abs. 1b oder 1d eine Mitteilung nicht, nicht richtig, nicht vollständig oder nicht rechtzeitig macht,

8. entgegen § 30 Abs. 4 Satz 1 Nr. 2 oder § 73 Absatz 1 Arzneimittel in den Geltungsbereich dieses Gesetzes verbringt,
9. entgegen § 42b Absatz 1 die Berichte nicht, nicht richtig, nicht vollständig oder nicht rechtzeitig zur Verfügung stellt,
10. entgegen § 43 Abs. 1, 2 oder 3 Arzneimittel berufs- oder gewerbsmäßig in den Verkehr bringt oder mit Arzneimitteln, die ohne Verschreibung an Verbraucher abgegeben werden dürfen, Handel treibt oder diese Arzneimittel abgibt,

---

*(Fortsetzung der Anm. von voriger Seite)*
Satz 1 Nr. 1 geänd. mWv 27.1.2022, Abs. 2 Nr. 7 Buchst. a–c, Nr. 8 und 10 geänd., Nr. 11 aufgeh., Nr. 12 und 13 geänd., Nr. 17a–24b und 24o aufgeh., Nr. 25, 26 und 31 geänd., Abs. 2a aufgeh., Abs. 2b Nr. 1 und 2 geänd., Nr. 3 und 4 aufgeh., Abs. 2c einl. Satzteil geänd. mWv 28.1.2022 durch G v. 27.9.2021 (BGBl. I S. 4530).

11. *(aufgehoben)*
12. Arzneimittel, die ohne Verschreibung an Verbraucher abgegeben werden dürfen, entgegen § 47 Abs. 1 an andere als dort bezeichnete Personen oder Stellen abgibt oder entgegen § 47 Abs. 2 Satz 1 bezieht,

12a. entgegen § 47 Abs. 4 Satz 1 Muster ohne schriftliche Anforderung, in einer anderen als der kleinsten Packungsgröße oder über die zulässige Menge hinaus abgibt oder abgeben lässt,

13. die in § 47 Abs. 4 Satz 3 oder in § 47a Abs. 2 Satz 2 vorgeschriebenen Nachweise nicht oder nicht richtig führt, oder der zuständigen Behörde auf Verlangen nicht vorlegt,

13a. entgegen § 47a Abs. 2 Satz 1 ein dort bezeichnetes Arzneimittel ohne die vorgeschriebene Kennzeichnung abgibt,

14. entgegen § 50 Abs. 1 Einzelhandel mit Arzneimitteln betreibt,
15. entgegen § 51 Abs. 1 Arzneimittel im Reisegewerbe feilbietet oder Bestellungen darauf aufsucht,
16. entgegen § 52 Abs. 1 Arzneimittel im Wege der Selbstbedienung in den Verkehr bringt,

16a. entgegen § 52b Absatz 3e Satz 1 eine Mitteilung nicht, nicht richtig, nicht vollständig oder nicht rechtzeitig macht,

17. entgegen § 55 Absatz 8 Satz 1 auch in Verbindung mit Satz 2, einen Stoff, ein Behältnis oder eine Umhüllung verwendet oder eine Darreichungsform anfertigt,

18.–24b. *(aufgehoben)*

24c. entgegen § 63a Abs. 1 Satz 1 einen Stufenplanbeauftragten nicht beauftragt oder entgegen § 63a Abs. 3 eine Mitteilung nicht, nicht vollständig oder nicht rechtzeitig erstattet,

24d. entgegen § 63a Abs. 1 Satz 6 eine Tätigkeit als Stufenplanbeauftragter ausübt,

24e. entgegen § 63b Absatz 1 ein Pharmakovigilanz-System nicht betreibt,

24f. entgegen § 63b Absatz 2 Nummer 1 eine dort genannte Maßnahme nicht oder nicht rechtzeitig ergreift,

24g. entgegen § 63b Absatz 2 Nummer 3 eine Pharmakovigilanz-Stammdokumentation nicht, nicht richtig oder nicht vollständig führt oder nicht, nicht richtig, nicht vollständig oder nicht rechtzeitig zur Verfügung stellt,

24h. entgegen § 63b Absatz 2 Nummer 4 ein Risikomanagement-System für jedes einzelne Arzneimittel nicht, nicht richtig oder nicht vollständig betreibt,

24i. entgegen § 63b Absatz 3 Satz 1 eine dort genannte Information ohne die dort genannte vorherige oder gleichzeitige Mitteilung veröffentlicht,

24j. entgegen § 63d Absatz 1, auch in Verbindung mit Absatz 3 Satz 1 oder Absatz 3 Satz 4, einen Unbedenklichkeitsbericht nicht, nicht richtig, nicht vollständig oder nicht rechtzeitig vorlegt,

24k. entgegen § 63f Absatz 1 Satz 3 einen Abschlussbericht nicht oder nicht rechtzeitig übermittelt,

24l. entgegen § 63g Absatz 1 einen Entwurf des Prüfungsprotokolls nicht, nicht richtig oder nicht rechtzeitig vorlegt,

24m. entgegen § 63g Absatz 2 Satz 1 mit einer Unbedenklichkeitsstudie beginnt,

24n. entgegen § 63g Absatz 4 Satz 1 einen Prüfungsbericht nicht, nicht richtig, nicht vollständig oder nicht rechtzeitig vorlegt,

24o. *(aufgehoben)*

24p. entgegen § 63i Absatz 3 Satz 1 eine Meldung nicht, nicht richtig oder nicht rechtzeitig macht,

24q. entgegen § 63i Absatz 4 Satz 1 einen Bericht nicht, nicht richtig oder nicht rechtzeitig vorlegt,

25. einer vollziehbaren Anordnung nach § 64 Absatz 4 Nummer 4 zuwiderhandelt,

26. einer Duldungs- oder Mitwirkungspflicht nach § 66 zuwiderhandelt,

27. entgegen einer vollziehbaren Anordnung nach § 74 Abs. 1 Satz 2 Nr. 3 eine Sendung nicht vorführt,

27a. entgegen § 74a Abs. 1 Satz 1 einen Informationsbeauftragten nicht beauftragt oder entgegen § 74a Abs. 3 eine Mitteilung nicht, nicht vollständig oder nicht rechtzeitig erstattet,

27b. entgegen § 74a Abs. 1 Satz 4 eine Tätigkeit als Informationsbeauftragter ausübt,

28. entgegen § 75 Abs. 1 Satz 1 eine Person als Pharmaberater beauftragt,

29. entgegen § 75 Abs. 1 Satz 3 eine Tätigkeit als Pharmaberater ausübt,

30. einer Aufzeichnungs-, Mitteilungs- oder Nachweispflicht nach § 76 Abs. 1 Satz 2 oder Abs. 2 zuwiderhandelt,

31. einer Rechtsverordnung nach § 7 Abs. 2 Satz 2, § 12 Abs. 1 Nr. 3 Buchstabe a, § 12 Abs. 1b, § 54 Abs. 1 oder § 74 Abs. 2 oder einer vollziehbaren Anordnung auf Grund einer solchen Rechtsverordnung zuwiderhandelt, soweit die Rechtsverordnung für einen bestimmten Tatbestand auf diese Bußgeldvorschrift verweist.

32.–36. *(aufgehoben)*

(2a) *(aufgehoben)*

(2b) Ordnungswidrig handelt, wer gegen die Verordnung (EG) Nr. 726/2004 verstößt, indem er vorsätzlich oder fahrlässig

1. entgegen Artikel 16 Absatz 2 Satz 1 oder Satz 2 der Verordnung (EG) Nr. 726/2004 in Verbindung mit Artikel 8 Absatz 3 Unterabsatz 1 Buchstabe c bis e, h bis iaa oder Buchstabe ib der Richtlinie 2001/83/EG, jeweils in Verbindung mit § 29 Absatz 4 Satz 2, der Europäischen Arzneimittel-Agentur oder der zuständigen Bundesoberbehörde eine dort genannte Mitteilung nicht, nicht richtig, nicht vollständig oder nicht rechtzeitig macht oder
2. entgegen Artikel 28 Absatz 1 der Verordnung (EG) Nr. 726/2004 in Verbindung mit Artikel 107 Absatz 1 Unterabsatz 2 der Richtlinie 2001/83/EG nicht dafür sorgt, dass eine Meldung an einer dort genannten Stelle verfügbar ist.

(2c) Ordnungswidrig handelt, wer gegen die Verordnung (EG) Nr. 1901/2006 des Europäischen Parlaments und des Rates vom 12. Dezember 2006 über Kinderarzneimittel und zur Änderung der Verordnung (EWG) Nr. 1768/92, der Richtlinien 2001/20/EG und 2001/83/EG sowie der Verordnung (EG) Nr. 726/2004 (ABl. L 378 vom 27.12.2006, S. 1; L 339 vom 26.11.2014, S. 14), die zuletzt durch die Verordnung (EU) 2019/5 (ABl. L 4 vom 7.1.2019, S. 24) geändert worden ist, verstößt, indem er vorsätzlich oder fahrlässig

1. entgegen Artikel 33 Satz 1 ein dort genanntes Arzneimittel nicht, nicht richtig oder nicht rechtzeitig in den Verkehr bringt,
2. einer vollziehbaren Anordnung nach Artikel 34 Absatz 2 Satz 4 zuwiderhandelt,
3. entgegen Artikel 34 Absatz 4 Satz 1 den dort genannten Bericht nicht oder nicht rechtzeitig vorlegt,
4. entgegen Artikel 35 Satz 1 die Genehmigung für das Inverkehrbringen nicht oder nicht rechtzeitig auf einen dort genannten Dritten überträgt und diesem einen Rückgriff auf die dort genannten Unterlagen nicht oder nicht rechtzeitig gestattet,
5. entgegen Artikel 35 Satz 2 eine Unterrichtung nicht, nicht richtig oder nicht rechtzeitig vornimmt, oder
6. entgegen Artikel 41 Absatz 2 Satz 2 ein Ergebnis der dort genannten Prüfung nicht, nicht richtig oder nicht rechtzeitig vorlegt.

(2d) Ordnungswidrig handelt, wer gegen die Verordnung (EU) Nr. 536/2014 des Europäischen Parlaments und des Rates vom 16. April 2014 über klinische Prüfungen mit Humanarzneimitteln und zur Aufhebung der Richtlinie 2001/20/EG (ABl. L 158 vom 27.5.2014, S. 1; L 311 vom 17.11.2016, S. 25) verstößt, indem er vorsätzlich oder fahrlässig

1. entgegen Artikel 36, Artikel 37 Absatz 1, 2, 3 oder 5 oder Artikel 54 Absatz 2 die zuständige Bundesoberbehörde nicht oder nicht rechtzeitig unterrichtet,
2. entgegen Artikel 37 Absatz 4 Unterabsatz 1 Satz 1 in Verbindung mit Satz 2, Unterabsatz 2 oder Unterabsatz 3, entgegen Artikel 37 Absatz 4 Unterabsatz 4 oder Absatz 8 oder Artikel 43 Absatz 1 ein dort genanntes Dokument nicht, nicht richtig, nicht vollständig oder nicht rechtzeitig übermittelt,
3. entgegen Artikel 37 Absatz 6 die zuständige Bundesoberbehörde nicht oder nicht rechtzeitig in Kenntnis setzt,
4. entgegen Artikel 38 Absatz 1 eine Mitteilung nicht oder nicht rechtzeitig macht oder
5. entgegen
   a) Artikel 41 Absatz 1 oder 2 Unterabsatz 1 Satz 2 in Verbindung mit Unterabsatz 2 Satz 1 oder entgegen Artikel 41 Absatz 4
   oder
   b) Artikel 42 Absatz 1 in Verbindung mit Absatz 2 Satz 1, entgegen Artikel 52 Absatz 1 oder Artikel 53 Absatz 1

   eine Meldung nicht, nicht richtig, nicht vollständig oder nicht rechtzeitig macht.

(2e) Ordnungswidrig handelt, wer gegen die Delegierte Verordnung (EU) 2016/161 der Kommission vom 2. Oktober 2015 zur Ergänzung der Richtlinie 2001/83/EG des Europäischen Parlaments und des Rates durch die Festlegung genauer Bestimmungen über die Sicherheitsmerkmale auf der Verpackung von Humanarzneimitteln (ABl. L 32 vom 9.2.2016, S. 1) verstößt, indem er vorsätzlich oder fahrlässig

1. entgegen Artikel 18 ein dort genanntes Produkt in den Verkehr bringt oder eine Information nicht oder nicht rechtzeitig gibt,
2. entgegen Artikel 24 Satz 1 ein dort genanntes Produkt abgibt oder ausführt,
3. entgegen Artikel 24 Satz 2 eine Information nicht oder nicht rechtzeitig gibt,
4. entgegen Artikel 30 ein Arzneimittel abgibt oder eine Information nicht oder nicht rechtzeitig gibt oder
5. entgegen Artikel 37 Buchstabe d nicht für die Warnung einer zuständigen Behörde, der Europäischen Arzneimittel-Agentur oder der Kommission sorgt.

(3) Die Ordnungswidrigkeit kann mit einer Geldbuße bis zu 25 000 Euro geahndet werden.

(4) 1 Verwaltungsbehörde im Sinne des § 36 Absatz 1 Nummer 1 des Gesetzes über Ordnungswidrigkeiten[1] ist in den Fällen

1. des Absatzes 1 Nummer 2, des Absatzes 2 Nummer 7 Buchstabe b, Nummer 7a, 9 und 24d bis 24q, der Absätze 2a bis 2c und des Absatzes 2d Nummer 1 bis 4 und 5 Buchstabe b und
2. des Absatzes 2 Nummer 7 Buchstabe c, Nummer 24c und 31 soweit die Tat gegenüber der zuständigen Bundesoberbehörde begangen wird,

die nach § 77 zuständige Bundesoberbehörde. 2 Im Fall des Absatzes 2 Nummer 16a ist das Bundesinstitut für Arzneimittel und Medizinprodukte Verwaltungsbehörde im Sinne des § 36 Absatz 1 Nummer 1 des Gesetzes über Ordnungswidrigkeiten.

**§ 98 Einziehung.** 1 Gegenstände, auf die sich eine Straftat nach § 95 oder § 96 oder eine Ordnungswidrigkeit nach § 97 bezieht, können eingezogen werden. 2 § 74a des Strafgesetzbuches[2] und § 23 des Gesetzes über Ordnungswidrigkeiten[1] sind anzuwenden.

**§ 98a**[3] *(aufgehoben)*

## Achtzehnter Abschnitt.[4] Überleitungs- und Übergangsvorschriften

### Erster Unterabschnitt. Überleitungsvorschriften aus Anlass des Gesetzes zur Neuordnung des Arzneimittelrechts

**§ 99 Arzneimittelgesetz 1961.** Arzneimittelgesetz 1961 im Sinne dieses Gesetzes ist das Gesetz über den Verkehr mit Arzneimitteln vom 16. Mai 1961 (BGBl. I S. 533), zuletzt geändert durch das Gesetz vom 2. Juli 1975 (BGBl. I S. 1745).

**§ 100 [Herstellungserlaubnis]** (1) Eine Erlaubnis, die nach § 12 Abs. 1 oder § 19 Abs. 1 des Arzneimittelgesetzes 1961 erteilt worden ist und am

---

[1] **Habersack, Deutsche Gesetze Nr. 94.**

[2] **Habersack, Deutsche Gesetze Nr. 85.**

[3] § 98a aufgeh. mWv 1.7.2017 durch G v. 13.4.2017 (BGBl. I S. 872).

[4] 18. Abschnitt Zweiter UAbschnitt (§§ 125, 126), Fünfter UAbschnitt (§ 133), Neunter UAbschnitt (§ 137), 12. UAbschnitt (§ 140) und 21. UAbschnitt (§ 149) aufgeh. mWv 28.1.2022 durch G v. 27.9.2021 (BGBl. I S. 4530).

1. Januar 1978 rechtsgültig bestand, gilt im bisherigen Umfange als Erlaubnis im Sinne des § 13 Abs. 1 Satz 1 fort.

(2) Eine Erlaubnis, die nach § 53 Abs. 1 oder § 56 des Arzneimittelgesetzes 1961 als erteilt gilt und am 1. Januar 1978 rechtsgültig bestand, gilt im bisherigen Umfange als Erlaubnis nach § 13 Abs. 1 Satz 1 fort.

(3) War die Herstellung von Arzneimitteln nach dem Arzneimittelgesetz 1961 von einer Erlaubnis nicht abhängig, bedarf sie jedoch nach § 13 Abs. 1 Satz 1 einer Erlaubnis, so gilt diese demjenigen als erteilt, der die Tätigkeit der Herstellung von Arzneimitteln am 1. Januar 1978 seit mindestens drei Jahren befugt ausübt, jedoch nur, soweit die Herstellung auf bisher hergestellte oder nach der Zusammensetzung gleichartige Arzneimittel beschränkt bleibt.

**§ 101** (weggefallen)

**§ 102 [Sachkenntnis]** (1) Wer am 1. Januar 1978 die Tätigkeit des Herstellungsleiters befugt ausübt, darf diese Tätigkeit im bisherigen Umfang weiter ausüben.

(2) [1] Wer am 1. Januar 1978 die Sachkenntnis nach § 14 Abs. 1 des Arzneimittelgesetzes 1961 besitzt und die Tätigkeit als Herstellungsleiter nicht ausübt, darf die Tätigkeit als Herstellungsleiter ausüben, wenn er eine zweijährige Tätigkeit in der Arzneimittelherstellung nachweisen kann. [2] Liegt die praktische Tätigkeit vor dem 10. Juni 1965, ist vor Aufnahme der Tätigkeit ein weiteres Jahr praktischer Tätigkeit nachzuweisen.

(3) [1] Wer vor dem 10. Juni 1975 ein Hochschulstudium nach § 15 Abs. 1 begonnen hat, erwirbt die Sachkenntnis als Herstellungsleiter, wenn er bis zum 10. Juni 1985 das Hochschulstudium beendet und mindestens zwei Jahre lang eine Tätigkeit nach § 15 Abs. 1 und 3 ausgeübt hat. [2] Absatz 2 bleibt unberührt.

(4) Die Absätze 2 und 3 gelten entsprechend für eine Person, die die Tätigkeit als Kontrollleiter ausüben will.

**§ 102a** (weggefallen)

**§ 103 [Zulassungsfiktion für Sera und Impfstoffe]** (1) [1] Für Arzneimittel, die nach § 19a oder nach § 19d in Verbindung mit § 19a des Arzneimittelgesetzes 1961 am 1. Januar 1978 zugelassen sind oder für die am 1. Januar 1978 eine Zulassung nach Artikel 4 Abs. 1 des Gesetzes über die Errichtung eines Bundesamtes für Sera und Impfstoffe vom 7. Juli 1972 (BGBl. I S. 1163) als erteilt gilt, gilt eine Zulassung nach § 25 als erteilt. [2] Auf die Zulassung finden die §§ 28 bis 31 entsprechende Anwendung.

(2) (weggefallen)

**§ 104** (weggefallen)

**§ 105**[1)] **[Fiktive Zulassung, Nachzulassung]** (1) Fertigarzneimittel, die sich am 1. Januar 1978 im Verkehr befinden, gelten als zugelassen, wenn sie sich

---

[1)] § 105 Abs. 4b neu gef. mWv 31.5.2011 durch G v. 25.5.2011 (BGBl. I S. 946); Abs. 1, Abs. 3 Satz 1, Abs. 4 Satz 2, Abs. 4a Sätze 1 und 3 geänd., Abs. 4b aufgeh., Abs. 4c einl. und abschl. Satzteil geänd., Abs. 5a Satz 3 aufgeh., bish. Sätze 4–6 werden Sätze 3–5, bish. Satz 7 wird Satz 6 und geänd., Abs. 7 aufgeh. mWv 28.1.2022 durch G v. 27.9.2021 (BGBl. I S. 4530).

am 1. September 1976 im Verkehr befinden oder auf Grund eines Antrags, der bis zu diesem Zeitpunkt gestellt ist, in das Spezialitätenregister nach dem Arzneimittelgesetz 1961 eingetragen werden.

(2) [1] Fertigarzneimittel nach Absatz 1 müssen innerhalb einer Frist von sechs Monaten seit dem 1. Januar 1978 der zuständigen Bundesoberbehörde unter Mitteilung der Bezeichnung der wirksamen Bestandteile nach Art und Menge und der Anwendungsgebiete angezeigt werden. [2] Bei der Anzeige homöopathischer Arzneimittel kann die Mitteilung der Anwendungsgebiete entfallen. [3] Eine Ausfertigung der Anzeige ist der zuständigen Behörde unter Mitteilung der vorgeschriebenen Angaben zu übersenden. [4] Die Fertigarzneimittel dürfen nur weiter in den Verkehr gebracht werden, wenn die Anzeige fristgerecht eingeht.

(3) [1] Die Zulassung eines nach Absatz 2 fristgerecht angezeigten Arzneimittels erlischt abweichend von § 31 Absatz 1 Satz 1 Nummer 3 am 30. April 1990, es sei denn, dass ein Antrag auf Verlängerung der Zulassung oder auf Registrierung vor dem Zeitpunkt des Erlöschens gestellt wird, oder das Arzneimittel durch Rechtsverordnung von der Zulassung oder von der Registrierung freigestellt ist. [2] § 31 Abs. 4 Satz 1 findet auf die Zulassung nach Satz 1 Anwendung, sofern die Erklärung nach § 31 Abs. 1 Satz 1 Nr. 2 bis zum 31. Januar 2001 abgegeben wird.

(3a) [1] Bei Fertigarzneimitteln nach Absatz 1 ist bis zur erstmaligen Verlängerung der Zulassung eine Änderung nach § 29 Abs. 2a Satz 1 Nr. 1, soweit sie die Anwendungsgebiete betrifft, und Nr. 3 nur dann zulässig, sofern sie zur Behebung der von der zuständigen Bundesoberbehörde dem Antragsteller mitgeteilten Mängeln bei der Wirksamkeit oder Unbedenklichkeit erforderlich ist; im Übrigen findet auf Fertigarzneimittel nach Absatz 1 bis zur erstmaligen Verlängerung der Zulassung § 29 Abs. 2a Satz 1 Nr. 1, 2 und 5 keine Anwendung. [2] Ein Fertigarzneimittel nach Absatz 1, das nach einer im Homöopatischen Teil des Arzneibuches beschriebenen Verfahrenstechnik hergestellt ist, darf bis zur erstmaligen Verlängerung der Zulassung abweichend von § 29 Abs. 3

1. in geänderter Zusammensetzung der arzneilich wirksamen Bestandteile nach Art und Menge, wenn die Änderung sich darauf beschränkt, dass ein oder mehrere bislang enthaltene arzneilich wirksame Bestandteile nach der Änderung nicht mehr oder in geringerer Menge enthalten sind,
2. mit geänderter Menge des arzneilich wirksamen Bestandteils und innerhalb des bisherigen Anwendungsbereiches mit geänderter Indikation, wenn das Arzneimittel insgesamt dem nach § 25 Abs. 7 Satz 1 in der vor dem 17. August 1994 geltenden Fassung bekannt gemachten Ergebnis angepasst wird,
3. (weggefallen)
4. mit geänderter Menge der arzneilich wirksamen Bestandteile, soweit es sich um ein Arzneimittel mit mehreren wirksamen Bestandteilen handelt, deren Anzahl verringert worden ist, oder
5. mit geänderter Art oder Menge der arzneilich wirksamen Bestandteile ohne Erhöhung ihrer Anzahl innerhalb des gleichen Anwendungsbereichs und der gleichen Therapierichtung, wenn das Arzneimittel insgesamt einem nach § 25 Abs. 7 Satz 1 in der vor dem 17. August 1994 geltenden Fassung bekannt gemachten Ergebnis oder einem vom Bundesinstitut für Arzneimittel und Medizinprodukte vorgelegten Muster für ein Arzneimittel ange-

passt und das Arzneimittel durch die Anpassung nicht verschreibungspflichtig wird,

in den Verkehr gebracht werden; eine Änderung ist nur dann zulässig, sofern sie zur Behebung der von der zuständigen Bundesoberbehörde dem Antragsteller mitgeteilten Mängel bei der Wirksamkeit oder Unbedenklichkeit erforderlich ist. [3] Der pharmazeutische Unternehmer hat die Änderung anzuzeigen und im Falle einer Änderung der Zusammensetzung die bisherige Bezeichnung des Arzneimittels mindestens für die Dauer von fünf Jahren mit einem deutlich unterscheidenden Zusatz, der Verwechslungen mit der bisherigen Bezeichnung ausschließt, zu versehen. [4] Nach einer Frist von sechs Monaten nach der Anzeige darf der pharmazeutische Unternehmer das Arzneimittel nur noch in der geänderten Form in den Verkehr bringen. [5] Hat die zuständige Bundesoberbehörde für bestimmte Arzneimittel durch Auflage nach § 28 Abs. 2 Nr. 3 die Verwendung einer Packungsbeilage mit einheitlichem Wortlaut vorgeschrieben, darf das Arzneimittel bei Änderungen nach Satz 2 Nr. 2 abweichend von § 109 Abs. 2 nur mit einer Packungsbeilage nach § 11 in den Verkehr gebracht werden.

(4) [1] Dem Antrag auf Verlängerung der Zulassung sind abweichend von § 31 Abs. 2 die Unterlagen nach § 22 Abs. 1 Nr. 1 bis 6 beizufügen. [2] Den Zeitpunkt der Einreichung der Unterlagen nach § 22 Abs. 1 Nr. 7 bis 15, Abs. 2 Nr. 1 und Abs. 3a sowie das analytische Gutachten nach § 24 Abs. 1 bestimmt die zuständige Bundesoberbehörde im Einzelnen. [3] Auf Anforderung der zuständigen Bundesoberbehörde sind ferner Unterlagen einzureichen, die die ausreichende biologische Verfügbarkeit der arzneilich wirksamen Bestandteile des Arzneimittels belegen, sofern das nach dem jeweiligen Stand der wissenschaftlichen Erkenntnisse erforderlich ist. [4] Ein bewertendes Sachverständigengutachten ist beizufügen. [5] § 22 Abs. 2 Satz 2 und Abs. 4 bis 7 und § 23 Abs. 3 finden entsprechende Anwendung. [6] Die Unterlagen nach den Sätzen 2 bis 5 sind innerhalb von vier Monaten nach Anforderung der zuständigen Bundesoberbehörde einzureichen.

(4a) [1] Zu dem Antrag auf Verlängerung der Zulassung nach Absatz 3 sind die Unterlagen nach § 22 Absatz 2 Satz 1 Nummer 2 und 3 sowie die Gutachten nach § 24 Abs. 1 Satz 2 Nr. 2 und 3 bis zum 1. Februar 2001 nachzureichen, soweit diese Unterlagen nicht bereits vom Antragsteller vorgelegt worden sind; § 22 Abs. 3 findet entsprechende Anwendung. [2] Satz 1 findet keine Anwendung auf Arzneimittel, die nach einer im Homöopathischen Teil des Arzneibuches beschriebenen Verfahrenstechnik hergestellt sind. [3] Für Vollblut, Plasma und Blutzellen menschlichen Ursprungs bedarf es abweichend von Satz 1 nicht der Unterlagen nach § 22 Absatz 2 Satz 1 Nummer 2 sowie des Gutachtens nach § 24 Abs. 1 Satz 2 Nr. 2, es sei denn, dass darin Stoffe enthalten sind, die nicht im menschlichen Körper vorkommen. [4] Ausgenommen in den Fällen des § 109a erlischt die Zulassung, wenn die in den Sätzen 1 bis 3 genannten Unterlagen nicht fristgerecht eingereicht worden sind.

(4b) *(aufgehoben)*

(4c) Ist das Arzneimittel nach Absatz 3 bereits in einem anderen Mitgliedstaat der Europäischen Union oder anderen Vertragsstaat des Abkommens über den Europäischen Wirtschaftsraum entsprechend der Richtlinie 2001/83/EG zugelassen, ist die Verlängerung der Zulassung zu erteilen, wenn

1. sich das Arzneimittel in dem anderen Mitgliedstaat im Verkehr befindet und

2. der Antragsteller
   a) alle in § 22 Abs. 6 vorgesehenen Angaben macht und die danach erforderlichen Kopien beifügt und
   b) schriftlich erklärt, dass die eingereichten Unterlagen nach den Absätzen 4 und 4a mit den Zulassungsunterlagen übereinstimmen, auf denen die Zulassung in dem anderen Mitgliedstaat beruht,

es sei denn, dass die Verlängerung der Zulassung des Arzneimittels eine Gefahr für die öffentliche Gesundheit darstellen kann.

(4d) [1] Dem Antrag auf Registrierung sind abweichend von § 38 Abs. 2 die Unterlagen nach § 22 Abs. 1 Nr. 1 bis 4 beizufügen. [2] Die Unterlagen nach § 22 Abs. 1 Nr. 7 bis 15 und Abs. 2 Nr. 1 sowie das analytische Gutachten nach § 24 Abs. 1 sind der zuständigen Bundesoberbehörde auf Anforderung einzureichen. [3] § 22 Abs. 4 bis 7 mit Ausnahme des Entwurfs einer Fachinformation findet entsprechende Anwendung. [4] Die Unterlagen nach den Sätzen 2 und 3 sind innerhalb von zwei Monaten nach Anforderung der zuständigen Bundesoberbehörde einzureichen.

(4e) Für die Entscheidung über den Antrag auf Verlängerung der Zulassung oder Registrierung nach Absatz 3 Satz 1 finden § 25 Abs. 5 Satz 5 und § 39 Abs. 1 Satz 2 entsprechende Anwendung.

(4f) [1] Die Zulassung nach Absatz 1 ist auf Antrag nach Absatz 3 Satz 1 um fünf Jahre zu verlängern, wenn kein Versagungsgrund nach § 25 Abs. 2 vorliegt; für weitere Verlängerungen findet § 31 Anwendung. [2] Die Besonderheiten einer bestimmten Therapierichtung (Phytotherapie, Homöopathie, Anthroposophie) sind zu berücksichtigen.

(4g) Bei Arzneimitteln, die Blutzubereitungen sind, findet § 25 Abs. 8 entsprechende Anwendung.

(5) [1] Bei Beanstandungen hat der Antragsteller innerhalb einer angemessenen Frist, jedoch höchstens innerhalb von zwölf Monaten nach Mitteilung der Beanstandungen, den Mängeln abzuhelfen; die Mängelbeseitigung ist in einem Schriftsatz darzulegen. [2] Wird den Mängeln nicht innerhalb dieser Frist abgeholfen, so ist die Zulassung zu versagen. [3] Nach einer Entscheidung über die Versagung der Zulassung ist das Einreichen von Unterlagen zur Mängelbeseitigung ausgeschlossen. [4] Die zuständige Bundesbehörde hat in allen geeigneten Fällen keine Beanstandung nach Satz 1 erster Halbsatz auszusprechen, sondern die Verlängerung der Zulassung auf der Grundlage des Absatzes 5a Satz 1 und 2 mit einer Auflage zu verbinden, mit der dem Antragsteller aufgegeben wird, die Mängel innerhalb einer von ihr nach pflichtgemäßem Ermessen zu bestimmenden Frist zu beheben.

(5a) [1] Die zuständige Bundesoberbehörde kann die Verlängerung der Zulassung nach Absatz 3 Satz 1 mit Auflagen verbinden. [2] Auflagen können neben der Sicherstellung der in § 28 Abs. 2 genannten Anforderungen auch die Gewährleistung von Anforderungen an die Qualität, Unbedenklichkeit und Wirksamkeit zum Inhalt haben, es sei denn, dass wegen gravierender Mängel der pharmazeutischen Qualität, der Wirksamkeit oder der Unbedenklichkeit Beanstandungen nach Absatz 5 mitgeteilt oder die Verlängerung der Zulassung versagt werden muss. [3] Im Bescheid über die Verlängerung ist anzugeben, ob der Auflage unverzüglich oder bis zu einem von der zuständigen Bundesoberbehörde festgelegten Zeitpunkt entsprochen werden muss. [4] Die Erfüllung der Auflagen ist der zuständigen Bundesoberbehörde unter Beifügung einer eidesstattlichen Erklärung eines unabhängigen Gegensachverständigen mitzuteilen, in der bestätigt wird, dass die Qualität des Arzneimittels dem Stand der wissenschaftlichen Erkenntnisse entspricht. [5] § 25 Abs. 5 Satz 5, 6 und 8 sowie § 30 Abs. 2 Satz 1 Nr. 2 zweite Alternative gelten entsprechend. [6] Die Sätze 1 bis 5 gelten entsprechend für die Registrierung nach Absatz 3 Satz 1.

(5b) [1] Ein Vorverfahren nach § 68 der Verwaltungsgerichtsordnung[1)] findet bei Rechtsmitteln gegen die Entscheidung über die Verlängerung der Zulassung nach Absatz 3 Satz 1 nicht statt. [2] Die sofortige Vollziehung soll nach § 80 Abs. 2 Nr. 4 der Verwaltungsgerichtsordnung angeordnet werden, es sei denn, dass die Vollziehung für den pharmazeutischen Unternehmer eine unbillige, nicht durch überwiegende öffentliche Interessen gebotene Härte zur Folge hätte.

(5c) [1] Abweichend von Absatz 3 Satz 1 erlischt die Zulassung eines nach Absatz 2 fristgerecht angezeigten Arzneimittels, für das der pharmazeutische Unternehmer bis zum 31. Dezember 1999 erklärt hat, dass er den Antrag auf Verlängerung der Zulassung nach Absatz 3 Satz 1 zurücknimmt, am 1. Februar 2001, es sei denn, das Verfahren zur Verlängerung der Zulassung ist nach Satz 2 wieder aufzugreifen. [2] Hatte der pharmazeutische Unternehmer nach einer vor dem 17. August 1994 ausgesprochenen Anforderung nach Absatz 4 Satz 2 die nach Absatz 4 erforderlichen Unterlagen fristgerecht eingereicht oder lag der Einreichungszeitpunkt für das betreffende Arzneimittel nach diesem Datum oder ist die Anforderung für das betreffende Arzneimittel erst nach diesem Datum ausgesprochen worden, so ist das Verfahren zur Verlängerung der Zulassung von der zuständigen Bundesoberbehörde auf seinen Antrag wieder aufzugreifen; der Antrag ist bis zum 31. Januar 2001 unter Vorlage der Unterlagen nach Absatz 4a Satz 1 zu stellen.

(5d) Absatz 3 Satz 2 und Absätze 3a bis 5c gelten entsprechend für Arzneimittel, für die gemäß § 4 Abs. 2 der EG-Recht-Überleitungsverordnung vom 18. Dezember 1990 (BGBl. I S. 2915) Anlage 3 zu § 2 Nr. 2 Kapitel II Nr. 1 und 2 bis zum 30. Juni 1991 ein Verlängerungsantrag gestellt wurde.

(6) (weggefallen)

**§ 105a**[2)] **[Fachinformation]** (1) (weggefallen)

(2) (weggefallen)

(3) Die zuständige Bundesoberbehörde kann bei Fertigarzneimitteln, die nicht der Verschreibungspflicht nach § 48 unterliegen, zunächst von einer Prüfung der vorgelegten Fachinformation absehen und den pharmazeutischen Unternehmer von den Pflichten nach § 11a und den Pharmaberater von der Pflicht nach § 76 Abs. 1 Satz 1 freistellen, bis der einheitliche Wortlaut einer Fachinformation für entsprechende Arzneimittel durch Auflage nach § 28 Abs. 2 Nr. 3 angeordnet ist.

(4) Die Absätze 1 bis 3 gelten nicht für Arzneimittel, die in die Zuständigkeit des Paul-Ehrlich-Instituts fallen.

**§ 105b**[3)] *(aufgehoben)*

---

1) **Sartorius Nr. 600.**
2) § 105a Abs. 3 und 4 geänd. mWv 28.1.2022 durch G v. 27.9.2021 (BGBl. I S. 4530).
3) § 105b aufgeh. mWv 1.10.2021 durch G v. 18.7.2016 (BGBl. I S. 1666).

**§§ 106-108** (weggefallen)

**§ 108a[1)] [Überleitungsregelung zum Einigungsvertrag]** [1]Die Charge eines Serums, eines Impfstoffes oder eines Testallergens, die bei Wirksamwerden des Beitritts nach § 16 der Zweiten Durchführungsbestimmung zum Arzneimittelgesetz vom 1. Dezember 1986 (GBl. I Nr. 36 S. 483) freigegeben ist, gilt in dem in Artikel 3 des Einigungsvertrages genannten Gebiet als freigegeben im Sinne des § 32 Abs. 1 Satz 1. [2]Auf die Freigabe findet § 32 Abs. 5 entsprechende Anwendung.

**§ 108b** (weggefallen)

**§ 109[2)] [Kennzeichnung]** (1) [1]Auf Fertigarzneimittel, die sich am 1. Januar 1978 im Verkehr befunden haben, findet § 10 mit der Maßgabe Anwendung, dass anstelle der in § 10 Absatz 1 Satz 1 Nummer 3 genannten Zulassungsnummer, soweit vorhanden, die Registernummer des Spezialitätenregisters nach dem Arzneimittelgesetz 1961 mit der Abkürzung „Reg.-Nr." tritt. [2]Satz 1 gilt bis zur Verlängerung der Zulassung oder der Registrierung.

(2) [1]Die Texte für Kennzeichnung und Packungsbeilage sind spätestens bis zum 31. Juli 2001 vorzulegen. [2]Bis zu diesem Zeitpunkt dürfen Arzneimittel nach Absatz 1 Satz 1 vom pharmazeutischen Unternehmer, nach diesem Zeitpunkt weiterhin von Groß- und Einzelhändlern, mit einer Kennzeichnung und Packungsbeilage in den Verkehr gebracht werden, die den bis zu dem in Satz 1 genannten Zeitpunkt geltenden Vorschriften entspricht.

(3) [1]Fertigarzneimittel, die Arzneimittel im Sinne des § 105 Abs. 1 und nach § 44 Abs. 1 oder Abs. 2 Nr. 1 bis 3 oder § 45 für den Verkehr außerhalb der Apotheken freigegeben sind und unter die Buchstaben a bis e fallen, dürfen unbeschadet der Regelungen der Absätze 1 und 2 ab 1. Januar 1992 vom pharmazeutischen Unternehmer nur in den Verkehr gebracht werden, wenn sie auf dem Behältnis und, soweit verwendet, der äußeren Umhüllung und einer Packungsbeilage einen oder mehrere der folgenden Hinweise tragen:

„Traditionell angewendet:

a) zur Stärkung oder Kräftigung,

b) zur Besserung des Befindens,

c) zur Unterstützung der Organfunktion,

d) zur Vorbeugung,

e) als mild wirkendes Arzneimittel."

[2]Satz 1 findet keine Anwendung, soweit sich die Anwendungsgebiete im Rahmen einer Zulassung nach § 25 Abs. 1 oder eines nach § 25 Abs. 7 Satz 1 in der vor dem 17. August 1994 geltenden Fassung bekannt gemachten Ergebnisses halten.

**§ 109a[3)] [Nachzulassung frei verkäuflicher Arzneimittel]** (1) Für die in § 109 Abs. 3 genannten Arzneimittel sowie für Arzneimittel, die nicht ver-

---

[1)] § 108a Satz 1 geänd. mWv 28.1.2022 durch G v. 27.9.2021 (BGBl. I S. 4530).

[2)] § 109 Abs. 1 Sätze 2 und 3 aufgeh., bish. Satz 4 wird Satz 2 und neu gef. mWv 23.7.2009 durch G v. 17.7.2009 (BGBl. I S. 1990, ber. S. 3578); Abs. 1 neu gef. mWv 26.10.2012 durch G v. 19.10. 2012 (BGBl. I S. 2192); Abs. 1 Satz 1 geänd. mWv 28.1.2022 durch G v. 27.9.2021 (BGBl. I S. 4530).

[3)] § 109a Abs. 2 Satz 1 geänd. mWv 28.1.2022 durch G v. 27.9.2021 (BGBl. I S. 4530).

schreibungspflichtig und nicht durch eine Rechtsverordnung auf Grund des § 45 oder des § 46 wegen ihrer Inhaltsstoffe, wegen ihrer Darreichungsform oder weil sie chemische Verbindungen mit bestimmten pharmakologischen Wirkungen sind oder ihnen solche zugesetzt sind, vom Verkehr außerhalb der Apotheken ausgeschlossen sind, kann die Verlängerung der Zulassung nach § 105 Abs. 3 und sodann nach § 31 nach Maßgabe der Absätze 2 und 3 erteilt werden.

(2) [1] Die Anforderungen an die erforderliche Qualität sind erfüllt, wenn die Unterlagen nach § 22 Absatz 2 Satz 1 Nummer 1 sowie das analytische Gutachten nach § 24 Abs. 1 vorliegen und von Seiten des pharmazeutischen Unternehmers eidesstattlich versichert wird, dass das Arzneimittel nach Maßgabe der allgemeinen Verwaltungsvorschrift nach § 26 geprüft ist und die erforderliche pharmazeutische Qualität aufweist. [2] Form und Inhalt der eidesstattlichen Versicherung werden durch die zuständige Bundesoberbehörde festgelegt.

(3) [1] Die Anforderungen an die Wirksamkeit sind erfüllt, wenn das Arzneimittel Anwendungsgebiete beansprucht, die in einer von der zuständigen Bundesoberbehörde nach Anhörung von einer vom Bundesministerium berufenen Kommission, für die § 25 Abs. 6 Satz 4 bis 6 entsprechende Anwendung findet, erstellten Aufstellung der Anwendungsgebiete für Stoffe oder Stoffkombinationen anerkannt sind. [2] Diese Anwendungsgebiete werden unter Berücksichtigung der Besonderheiten der Arzneimittel und der tradierten und dokumentierten Erfahrung festgelegt und erhalten den Zusatz: „Traditionell angewendet“. [3] Solche Anwendungsgebiete sind: „Zur Stärkung oder Kräftigung des …“, „Zur Besserung des Befindens …“, „Zur Unterstützung der Organfunktion des …“, „Zur Vorbeugung gegen …“, „Als mild wirkendes Arzneimittel bei …“. [4] Anwendungsgebiete, die zur Folge haben, dass das Arzneimittel vom Verkehr außerhalb der Apotheken ausgeschlossen ist, dürfen nicht anerkannt werden.

(4) Die Absätze 1 bis 3 finden nur dann Anwendung, wenn Unterlagen nach § 105 Abs. 4a nicht eingereicht worden sind und der Antragsteller schriftlich erklärt, dass er eine Verlängerung der Zulassung nach § 105 Abs. 3 nach Maßgabe der Absätze 2 und 3 anstrebt.

(4a) Abweichend von Absatz 4 finden die Absätze 2 und 3 auf Arzneimittel nach Absatz 1 Anwendung, wenn die Verlängerung der Zulassung zu versagen wäre, weil ein nach § 25 Abs. 7 Satz 1 in der vor dem 17. August 1994 geltenden Fassung bekannt gemachtes Ergebnis zum Nachweis der Wirksamkeit nicht mehr anerkannt werden kann.

**§ 110[1)] [Warnhinweise]** Bei Arzneimitteln, die nach § 21 der Pflicht zur Zulassung oder nach § 38 der Pflicht zur Registrierung unterliegen und die sich am 1. Januar 1978 im Verkehr befinden, kann die zuständige Bundesoberbehörde durch Auflagen Warnhinweise anordnen, soweit es erforderlich ist, um bei der Anwendung des Arzneimittels eine unmittelbare oder mittelbare Gefährdung des Menschen zu verhüten.

**§ 111** (weggefallen)

---

[1)] § 110 Satz 2 aufgeh., bish. Satz 1 wird alleiniger Wortlaut mWv 18.8.2006 durch G v. 14.8.2006 (BGBl. I S. 1869); geänd. mWv 28.1.2022 durch G v. 27.9.2021 (BGBl. I S. 4530).

**§ 112**[1] **[Einzelhandel]** Wer am 1. Januar 1978 Arzneimittel, die zum Verkehr außerhalb der Apotheken freigegeben sind, im Einzelhandel außerhalb der Apotheken in den Verkehr bringt, kann diese Tätigkeit weiter ausüben, soweit er nach dem Gesetz über die Berufsausübung im Einzelhandel vom 5. August 1957 (BGBl. I S. 1121), geändert durch Artikel 150 Abs. 2 Nr. 15 des Gesetzes vom 24. Mai 1968 (BGBl. I S. 503), dazu berechtigt war.

**§ 113**[2] *(aufgehoben)*

**§ 114** (weggefallen)

**§ 115 [Pharmaberater]** Eine Person, die am 1. Januar 1978 die Tätigkeit eines Pharmaberaters nach § 75 ausübt, bedarf des dort vorgeschriebenen Ausbildungsnachweises nicht.

**§ 116 [Dispensierrecht]** [1] Ärzte, die am 1. Januar 1978 nach landesrechtlichen Vorschriften zur Herstellung sowie zur Abgabe von Arzneimitteln an die von ihnen behandelten Personen berechtigt sind, dürfen diese Tätigkeit im bisherigen Umfang weiter ausüben. [2] § 78 findet Anwendung.

**§ 117** (weggefallen)

**§ 118 [Gefährdungshaftung]** § 84 gilt nicht für Schäden, die durch Arzneimittel verursacht werden, die vor dem 1. Januar 1978 abgegeben worden sind.

**§ 119**[3] **[Überleitungsregelung zum Einigungsvertrag]** [1] Fertigarzneimittel, die sich bei Wirksamwerden des Beitritts in dem in Artikel 3 des Einigungsvertrages genannten Gebiet im Verkehr befinden, dürfen ohne die in § 11 vorgeschriebene Packungsbeilage noch von Groß- und Einzelhändlern in Verkehr gebracht werden, sofern sie den vor Wirksamwerden des Beitritts geltenden arzneimittelrechtlichen Vorschriften der Deutschen Demokratischen Republik entsprechen. [2] Die zuständige Bundesoberbehörde kann durch Auflagen Warnhinweise anordnen, soweit es erforderlich ist, um bei der Anwendung des Arzneimittels eine unmittelbare oder mittelbare Gefährdung des Menschen zu verhüten.

**§ 120 [Klinische Prüfung – Einigungsvertrag]** Bei einer klinischen Prüfung, die bei Wirksamwerden des Beitritts in dem in Artikel 3 des Einigungsvertrages genannten Gebiet durchgeführt wird, ist die Versicherung nach § 40 Abs. 1 Nr. 8 abzuschließen.

**§ 121** (weggefallen)

**§ 122 [Anzeigepflichtige Tätigkeit – Einigungsvertrag]** Die Anzeigepflicht nach § 67 gilt nicht für Betriebe, Einrichtungen und für Personen in dem in Artikel 3 des Einigungsvertrages genannten Gebiet, die bereits bei Wirksamwerden des Beitritts eine Tätigkeit im Sinne jener Vorschrift ausüben.

**§ 123 [Pharmaberater – Einigungsvertrag]** Die erforderliche Sachkenntnis als Pharmaberater nach § 75 Abs. 2 Nr. 2 besitzt auch, wer in dem in

[1] § 112 geänd. mWv 28.1.2022 durch G v. 27.9.2021 (BGBl. I S. 4530).
[2] § 113 aufgeh. mWv 28.1.2022 durch G v. 27.9.2021 (BGBl. I S. 4530).
[3] § 119 Sätze 1 und 2 geänd. mWv 28.1.2022 durch G v. 27.9.2021 (BGBl. I S. 4530).

Artikel 3 des Einigungsvertrages genannten Gebiet eine Ausbildung als Pharmazieingenieur, Apothekenassistent oder Veterinäringenieur abgeschlossen hat.

**§ 124 [Gefährdungshaftung – Einigungsvertrag]** Die §§ 84 bis 94a sind nicht auf Arzneimittel anwendbar, die in dem in Artikel 3 des Einigungsvertrages genannten Gebiet vor Wirksamwerden des Beitritts an den Verbraucher abgegeben worden sind.

### Zweiter Unterabschnitt.[1] *(aufgehoben)*

**§§ 125, 126**[1] *(aufgehoben)*

### Dritter Unterabschnitt. Übergangsvorschriften aus Anlass des Zweiten Gesetzes zur Änderung des Arzneimittelgesetzes

**§ 127 [Verfalldatum, Wirkstoffangabe]** (1) [1] Arzneimittel, die sich am 1. Februar 1987 im Verkehr befinden und den Kennzeichnungsvorschriften des § 10 unterliegen, müssen ein Jahr nach der ersten auf den 1. Februar 1987 erfolgenden Verlängerung der Zulassung oder nach der Freistellung von der Zulassung, oder, soweit sie homöopathische Arzneimittel sind, fünf Jahre nach dem 1. Februar 1987 vom pharmazeutischen Unternehmer entsprechend der Vorschrift des § 10 Abs. 1 Nr. 9 in den Verkehr gebracht werden. [2] Bis zu diesem Zeitpunkt dürfen Arzneimittel nach Satz 1 vom pharmazeutischen Unternehmer, nach diesem Zeitpunkt weiterhin von Groß- und Einzelhändlern ohne Angabe eines Verfalldatums in den Verkehr gebracht werden, wenn die Dauer der Haltbarkeit mehr als drei Jahre oder bei Arzneimitteln, für die die Regelung des § 109 gilt, mehr als zwei Jahre beträgt. [3] § 109 bleibt unberührt.

(2) Arzneimittel, die sich am 1. Februar 1987 im Verkehr befinden und den Kennzeichnungsvorschriften des § 10 Abs. 1a unterliegen, dürfen vom pharmazeutischen Unternehmer noch bis zum 31. Dezember 1988, von Groß- und Einzelhändlern auch nach diesem Zeitpunkt ohne die Angaben nach § 10 Abs. 1a in den Verkehr gebracht werden.

**§ 128 [Fachinformation]** (1) [1] Der pharmazeutische Unternehmer hat für Fertigarzneimittel, die sich am 1. Februar 1987 im Verkehr befinden, mit dem ersten auf den 1. Februar 1987 gestellten Antrag auf Verlängerung der Zulassung oder Registrierung der zuständigen Bundesoberbehörde den Wortlaut der Fachinformation vorzulegen. [2] Satz 1 gilt nicht, soweit die zuständige Bundesoberbehörde bis auf weiteres Arzneimittel, die nicht der Verschreibungspflicht nach § 49 unterliegen, von den Pflichten nach § 11a freigestellt hat; in diesem Fall ist der Entwurf der Fachinformation nach Aufforderung der zuständigen Bundesoberbehörde vorzulegen.

(2) [1] In den Fällen des Absatzes 1 gelten die §§ 11a, 47 Abs. 3 Satz 2 und § 76 Abs. 1 ab dem Zeitpunkt der Verlängerung der Zulassung oder Registrierung oder der Festlegung einer Fachinformation durch § 36 Abs. 1 oder in den Fällen des Absatzes 1 Satz 2 sechs Monate nach der Entscheidung der zuständigen Bundesoberbehörde über den Inhalt der Fachinformation. [2] Bis zu diesem Zeitpunkt dürfen Fertigarzneimittel in den Verkehr gebracht werden,

---

[1] 18. Abschnitt Zweiter UAbschnitt (§§ 125, 126) aufgeh. mWv 28.1.2022 durch G v. 27.9.2021 (BGBl. I S. 4530).

bei denen die Packungsbeilage nicht den Vorschriften des § 11 Abs. 1 in der Fassung des Zweiten Gesetzes zur Änderung des Arzneimittelgesetzes entspricht.

**§ 129 [Packungsbeilage]** § 11 Abs. 1a findet auf Arzneimittel, die sich am 1. Februar 1987 im Verkehr befinden, mit der Maßgabe Anwendung, dass ihre Packungsbeilage nach der nächsten Verlängerung der Zulassung oder Registrierung der zuständigen Behörde zu übersenden ist.

**§ 130 [Private Sachverständige]** Wer am 1. Februar 1987 als privater Sachverständiger zur Untersuchung von Proben nach § 65 Abs. 2 bestellt ist, darf diese Tätigkeit im bisherigen Umfang weiter ausüben.

**§ 131 [Fachinformation – Einigungsvertrag]** Für die Verpflichtung zur Vorlage oder Übersendung einer Fachinformation nach § 11a gilt § 128 für Arzneimittel, die sich bei Wirksamwerden des Beitritts in dem in Artikel 3 des Einigungsvertrages genannten Gebiet in Verkehr befinden, entsprechend.

## Vierter Unterabschnitt. Übergangsvorschriften aus Anlass des Fünften Gesetzes zur Änderung des Arzneimittelgesetzes

**§ 132[1)] [Übergangsvorschriften aus Anlass des Fünften Gesetzes zur Änderung des Arzneimittelgesetzes]** (1) [1] Arzneimittel, die sich am 17. August 1994 im Verkehr befinden und den Vorschriften der §§ 10 und 11 unterliegen, müssen ein Jahr nach der ersten auf den 17. August 1994 erfolgenden Verlängerung der Zulassung oder, soweit sie von der Zulassung freigestellt sind, zu dem in der Rechtsverordnung nach § 36 genannten Zeitpunkt oder, soweit sie homöopathische Arzneimittel sind, fünf Jahre nach dem 17. August 1994 vom pharmazeutischen Unternehmer entsprechend den Vorschriften der §§ 10 und 11 in den Verkehr gebracht werden. [2] Bis zu diesem Zeitpunkt dürfen Arzneimittel nach Satz 1 vom pharmazeutischen Unternehmer, nach diesem Zeitpunkt weiterhin von Groß- und Einzelhändlern mit einer Kennzeichnung und Packungsbeilage in den Verkehr gebracht werden, die den bis zum 17. August 1994 geltenden Vorschriften entspricht. [3] § 109 bleibt unberührt.

(2) [1] Der pharmazeutische Unternehmer hat für Fertigarzneimittel, die sich am 17. August 1994 in Verkehr befinden, mit dem ersten auf den 17. August 1994 gestellten Antrag auf Verlängerung der Zulassung der zuständigen Bundesoberbehörde den Wortlaut der Fachinformation vorzulegen, die § 11a in der Fassung dieses Gesetzes entspricht. [2] § 128 Abs. 1 Satz 2 bleibt unberührt.

(2a) [1] Eine Herstellungserlaubnis, die nicht dem § 16 entspricht, ist bis zum 17. August 1996 an § 16 anzupassen. [2] Satz 1 gilt für § 72 entsprechend.

(2b) Wer am 17. August 1994 die Tätigkeit als Herstellungsleiter für die Herstellung oder als Kontrollleiter für die Prüfung von Blutzubereitungen ausübt und die Voraussetzungen des § 15 Abs. 3 in der bis zum 17. August 1994 geltenden Fassung erfüllt, darf diese Tätigkeit weiter ausüben.

(3) *(aufgehoben)*

---

1) § 132 Abs. 3 aufgeh. mWv 31.5.2011 durch G v. 25.5.2011 (BGBl. I S. 946); Abs. 4 Satz 1 geänd., Satz 2 aufgeh., bish. Satz 3 wird Satz 2 und geänd., Satz 4 aufgeh. mWv 28.1.2022 durch G v. 27.9.2021 (BGBl. I S. 4530).

(4) [1] § 39 Absatz 2 Nummer 5a findet keine Anwendung auf Arzneimittel, die bis zum 31. Dezember 1993 registriert worden sind, oder deren Registrierung bis zu diesem Zeitpunkt beantragt worden ist oder die nach § 105 Abs. 2 angezeigt worden sind und nach § 38 Abs. 1 Satz 3 in der vor dem 11. September 1998 geltenden Fassung in den Verkehr gebracht worden sind. [2] § 39 Absatz 2 Nummer 5a findet ferner bei Entscheidungen über die Registrierung oder über ihre Verlängerung keine Anwendung auf Arzneimittel, die nach Art und Menge der Bestandteile und hinsichtlich der Darreichungsform mit den in Satz 1 genannten Arzneimitteln identisch sind.

### Fünfter Unterabschnitt.[1] *(aufgehoben)*

**§ 133**[1] *(aufgehoben)*

### Sechster Unterabschnitt. Übergangsvorschriften aus Anlass des Transfusionsgesetzes

**§ 134**[2] **[Übergangsvorschriften aus Anlass des Transfusionsgesetzes]**

[1] Wer bei Inkrafttreten des Transfusionsgesetzes vom 1. Juli 1998 (BGBl. I S. 1752) die Tätigkeit als Herstellungsleiter für die Herstellung oder als Kontrollleiter für die Prüfung von Blutzubereitungen oder Sera aus menschlichem Blut ausübt und die Voraussetzungen des § 15 Abs. 3 in der bis zu dem genannten Zeitpunkt geltenden Fassung erfüllt, darf diese Tätigkeit weiter ausüben. [2] Wer zu dem in Satz 1 genannten Zeitpunkt die Tätigkeit der Vorbehandlung von Personen zur Separation von hämatopoetischen Stammzellen aus dem peripheren Blut oder von anderen Blutbestandteilen nach dem Stand von Wissenschaft und Technik ausübt, darf diese Tätigkeit weiter ausüben.

### Siebter Unterabschnitt. Übergangsvorschriften aus Anlass des Achten Gesetzes zur Änderung des Arzneimittelgesetzes

**§ 135 [Übergangsvorschriften aus Anlass des Achten Gesetzes zur Änderung des Arzneimittelgesetzes]** (1) [1] Arzneimittel, die sich am 11. September 1998 im Verkehr befinden und den Vorschriften der §§ 10 und 11 unterliegen, müssen ein Jahr nach der ersten auf den 11. September 1998 erfolgenden Verlängerung der Zulassung oder, soweit sie von der Zulassung freigestellt sind, zu dem in der Rechtsverordnung nach § 36 genannten Zeitpunkt oder, soweit sie homöopathische Arzneimittel sind, am 1. Oktober 2003 vom pharmazeutischen Unternehmer entsprechend den Vorschriften der §§ 10 und 11 in den Verkehr gebracht werden. [2] Bis zu diesem Zeitpunkt dürfen Arzneimittel nach Satz 1 vom pharmazeutischen Unternehmer, nach diesem Zeitpunkt weiterhin von Groß- und Einzelhändlern mit einer Kennzeichnung und Packungsbeilage in den Verkehr gebracht werden, die den bis zum 11. September 1998 geltenden Vorschriften entspricht. [3] § 109 bleibt unberührt.

(2) [1] Wer am 11. September 1998 die Tätigkeit als Herstellungs- oder Kontrollleiter für die in § 15 Abs. 3a genannten Arzneimittel oder Wirkstoffe befugt ausübt, darf diese Tätigkeit im bisherigen Umfang weiter ausüben. [2] § 15 Abs. 4

---

[1] 18. Abschnitt Fünfter UAbschnitt (§ 133) aufgeh. mWv 28.1.2022 durch G v. 27.9.2021 (BGBl. I S. 4530).

[2] § 134 Satz 2 geänd. mWv 26.11.2016 durch G v. 21.11.2016 (BGBl. I S. 2623).

findet bis zum 1. Oktober 2001 keine Anwendung auf die praktische Tätigkeit für die Herstellung von Arzneimitteln und Wirkstoffen nach § 15 Abs. 3a.

(3) Homöopathische Arzneimittel, die sich am 11. September 1998 im Verkehr befinden und für die bis zum 1. Oktober 1999 ein Antrag auf Registrierung gestellt worden ist, dürfen abweichend von § 38 Abs. 1 Satz 3 bis zur Entscheidung über die Registrierung in den Verkehr gebracht werden, sofern sie den bis zum 11. September 1998 geltenden Vorschriften entsprechen.

(4) § 41 Nr. 6 findet in der geänderten Fassung keine Anwendung auf Einwilligungserklärungen, die vor dem 11. September 1998 abgegeben worden sind.

### Achter Unterabschnitt. Übergangsvorschriften aus Anlass des Zehnten Gesetzes zur Änderung des Arzneimittelgesetzes

**§ 136**[1] **[Übergangsvorschriften aus Anlass des Zehnten Gesetzes zur Änderung des Arzneimittelgesetzes]** (1) [1]Für Arzneimittel, bei denen die nach § 105 Abs. 3 Satz 1 beantragte Verlängerung bereits erteilt worden ist, sind die in § 105 Abs. 4a Satz 1 bezeichneten Unterlagen spätestens mit dem Antrag nach § 31 Absatz 1 Satz 1 Nummer 3 vorzulegen. [2]Bei diesen Arzneimitteln ist die Zulassung zu verlängern, wenn kein Versagungsgrund nach § 25 Abs. 2 vorliegt; für weitere Verlängerungen findet § 31 Anwendung.

(1a) Auf Arzneimittel nach § 105 Abs. 3 Satz 1, die nach einer nicht im Homöopathischen Teil des Arzneibuchs beschriebenen Verfahrenstechnik hergestellt sind, findet § 105 Abs. 3 Satz 2 in der bis zum 12. Juli 2000 geltenden Fassung bis zu einer Entscheidung der Kommission nach § 55 Abs. 6 über die Aufnahme dieser Verfahrenstechnik Anwendung, sofern bis zum 1. Oktober 2000 ein Antrag auf Aufnahme in den Homöopathischen Teil des Arzneibuchs gestellt wurde.

(2) Für Arzneimittel, bei denen dem Antragsteller vor dem 12. Juli 2000 Mängel bei der Wirksamkeit oder Unbedenklichkeit mitgeteilt worden sind, findet § 105 Abs. 3a in der bis zum 12. Juli 2000 geltenden Fassung Anwendung.

(2a) § 105 Abs. 3a Satz 2 findet in der bis zum 12. Juli 2000 geltenden Fassung bis zum 31. Januar 2001 mit der Maßgabe Anwendung, dass es eines Mängelbescheides nicht bedarf und eine Änderung nur dann zulässig ist, sofern sie sich darauf beschränkt, dass ein oder mehrere bislang enthaltene arzneilich wirksame Bestandteile nach der Änderung nicht mehr enthalten sind.

(3) Für Arzneimittel, die nach einer im Homöopathischen Teil des Arzneibuches beschriebenen Verfahrenstechnik hergestellt worden sind, gilt § 105 Abs. 5c weiter in der vor dem 12. Juli 2000 geltenden Fassung.

### Neunter Unterabschnitt.[2] *(aufgehoben)*

**§ 137**[2] *(aufgehoben)*

---

[1] § 136 Abs. 1 Satz 1 geänd. mWv 28.1.2022 durch G v. 27.9.2021 (BGBl. I S. 4530).

[2] 18. Abschnitt Neunter UAbschnitt (§ 137) aufgeh. mWv 28.1.2022 durch G v. 27.9.2021 (BGBl. I S. 4530).

## Zehnter Unterabschnitt. Übergangsvorschriften aus Anlass des Zwölften Gesetzes zur Änderung des Arzneimittelgesetzes

**§ 138[1)] [Übergangsvorschriften aus Anlass des Zwölften Gesetzes zur Änderung des Arzneimittelgesetzes]** (1) [1] Für die Herstellung und Einfuhr von Wirkstoffen, die mikrobieller Herkunft sind, sowie von anderen zur Arzneimittelherstellung bestimmten Stoffen menschlicher Herkunft, die gewerbs- oder berufsmäßig zum Zwecke der Abgabe an andere hergestellt oder in den Geltungsbereich dieses Gesetzes verbracht werden, finden die §§ 13, 72 und 72a in der bis zum 5. August 2004 geltenden Fassung bis zum 1. September 2006 Anwendung, es sei denn, es handelt sich um zur Arzneimittelherstellung bestimmtes Blut und Blutbestandteile menschlicher Herkunft. [2] Wird Blut zur Aufbereitung oder Vermehrung von autologen Körperzellen im Rahmen der Gewebezüchtung zur Geweberegeneration entnommen und ist dafür noch keine Herstellungserlaubnis beantragt worden, findet § 13 bis zum 1. September 2006 keine Anwendung.

(2) Wer am 5. August 2004 befugt ist, die Tätigkeit des Herstellungs- oder Kontrollleiters auszuüben, darf diese Tätigkeit abweichend von § 15 Abs. 1 weiter ausüben.

(3) Für klinische Prüfungen von Arzneimitteln, für die vor dem 6. August 2004 die nach § 40 Abs. 1 Satz 2 in der bis zum 6. August 2004 geltenden Fassung erforderlichen Unterlagen der für den Leiter der klinischen Prüfung zuständigen Ethik-Kommission vorgelegt worden sind, finden die §§ 40 bis 42, 96 Nr. 10 und § 97 Abs. 2 Nr. 9 in der bis zum 6. August 2004 geltenden Fassung Anwendung.

(4) Wer die Tätigkeit des Großhandels mit Arzneimitteln am 6. August 2004 befugt ausübt und bis zum 1. Dezember 2004 nach § 52a Abs. 1 einen Antrag auf Erteilung einer Erlaubnis zum Betrieb eines Großhandels mit Arzneimitteln gestellt hat, darf abweichend von § 52a Abs. 1 bis zur Entscheidung über den gestellten Antrag die Tätigkeit des Großhandels mit Arzneimitteln ausüben; § 52a Abs. 3 Satz 2 bis 3 findet keine Anwendung.

(5) *(aufgehoben)*

(6) Wer andere Stoffe als Wirkstoffe, die menschlicher oder tierischer Herkunft sind oder auf gentechnischem Wege hergestellt werden, am 6. August 2004 befugt ohne Einfuhrerlaubnis nach § 72 in den Geltungsbereich dieses Gesetzes verbracht hat, darf diese Tätigkeit bis zum 1. September 2005 weiter ausüben.

(7) [1] Arzneimittel, die vor dem 30. Oktober 2005 von der zuständigen Bundesoberbehörde zugelassen worden sind, dürfen abweichend von § 10 Abs. 1b von pharmazeutischen Unternehmern bis zur nächsten Verlängerung der Zulassung, jedoch nicht länger als bis zum 30. Oktober 2007, weiterhin in den Verkehr gebracht werden. [2] Arzneimittel, die von pharmazeutischen Unternehmern gemäß Satz 1 in den Verkehr gebracht worden sind, dürfen abweichend von § 10 Abs. 1b von Groß- und Einzelhändlern weiterhin in den Verkehr gebracht werden.

---

1) § 138 Abs. 3 geänd., Abs. 5 aufgeh. mWv 28.1.2022 durch G v. 27.9.2021 (BGBl. I S. 4530).

## Elfter Unterabschnitt. Übergangsvorschriften aus Anlass des Ersten Gesetzes zur Änderung des Transfusionsgesetzes und arzneimittelrechtlicher Vorschriften

**§ 139**[1)] **[Übergangsvorschriften aus Anlass des Ersten Gesetzes zur Änderung des Transfusionsgesetzes und arzneimittelrechtlicher Vorschriften]** Wer bei Inkrafttreten von Artikel 2 Nr. 3 des Ersten Gesetzes zur Änderung des Transfusionsgesetzes und arzneimittelrechtlicher Vorschriften vom 10. Februar 2005 (BGBl. I S. 234) die Tätigkeit als Herstellungsleiter oder als Kontrollleiter für die Prüfung von hämatopoetischen Stammzellzubereitungen aus dem peripheren Blut oder aus dem Nabelschnurblut ausübt und die Voraussetzungen des § 15 Abs. 3 in der bis zu diesem Zeitpunkt geltenden Fassung erfüllt, darf diese Tätigkeit weiter ausüben.

## Zwölfter Unterabschnitt.[2)] *(aufgehoben)*

**§ 140**[2)] *(aufgehoben)*

## Dreizehnter Unterabschnitt. Übergangsvorschriften aus Anlass des Vierzehnten Gesetzes zur Änderung des Arzneimittelgesetzes

**§ 141**[3)] **[Übergangsvorschriften aus Anlass des Vierzehnten Gesetzes zur Änderung des Arzneimittelgesetzes]** (1) [1] Arzneimittel, die sich am 5. September 2005 im Verkehr befinden und den Vorschriften der §§ 10 und 11 unterliegen, müssen zwei Jahre nach der ersten auf den 6. September 2005 folgenden Verlängerung der Zulassung oder Registrierung oder, soweit sie von der Zulassung oder Registrierung freigestellt sind, zu dem in der Rechtsverordnung nach § 36 oder § 39 genannten Zeitpunkt oder, soweit sie keiner Verlängerung bedürfen, am 1. Januar 2009 vom pharmazeutischen Unternehmer entsprechend den Vorschriften der §§ 10 und 11 in den Verkehr gebracht werden. [2] Bis zu den jeweiligen Zeitpunkten nach Satz 1 dürfen Arzneimittel vom pharmazeutischen Unternehmer, nach diesen Zeitpunkten weiter von Groß- und Einzelhändlern mit einer Kennzeichnung und Packungsbeilage in den Verkehr gebracht werden, die den bis zum 5. September 2005 geltenden Vorschriften entsprechen. [3] § 109 bleibt unberührt.

(2) Der pharmazeutische Unternehmer hat für Fertigarzneimittel, die sich am 5. September 2005 im Verkehr befinden, mit dem ersten nach dem 6. September 2005 gestellten Antrag auf Verlängerung der Zulassung der zuständigen Bundesoberbehörde den Wortlaut der Fachinformation vorzulegen, die § 11a entspricht; soweit diese Arzneimittel keiner Verlängerung bedürfen, gilt die Verpflichtung vom 1. Januar 2009 an.

(3) Eine Person, die die Sachkenntnis nach § 15 nicht hat, aber am 5. September 2005 befugt ist, die in § 19 beschriebenen Tätigkeiten einer sachkundigen Person auszuüben, gilt als sachkundige Person nach § 14.

---

1) § 139 geänd. mWv 26.11.2016 durch G v. 21.11.2016 (BGBl. I S. 2623).

2) 18. Abschnitt 12. UAbschnitt (§ 140) aufgeh. mWv 28.1.2022 durch G v. 27.9.2021 (BGBl. I S. 4530).

3) § 141 Abs. 11 Satz 1 geänd. mWv 28.12.2006 durch G v. 21.12.2006 (BGBl. I S. 3294); Abs. 14 Sätze 2 und 3 angef. mWv 23.7.2009 durch G v. 17.7.2009 (BGBl. I S. 1990); Abs. 12 geänd. mWv 26.10.2012 durch G v. 19.10.2012 (BGBl. I S. 2192); Abs. 11 Satz 2 und Abs. 12 geänd. mWv 8.9. 2015 durch VO v. 31.8.2015 (BGBl. I S. 1474); Abs. 5 und Abs. 6 Sätze 1 und 2 geänd., Abs. 11 und 12 aufgeh. mWv 28.1.2022 durch G v. 27.9.2021 (BGBl. I S. 4530).

(4) Fertigarzneimittel, die sich am 5. September 2005 im Verkehr befinden und nach dem 6. September 2005 nach § 4 Abs. 1 erstmalig der Zulassungspflicht nach § 21 unterliegen, dürfen weiter in den Verkehr gebracht werden, wenn für sie bis zum 1. September 2008 ein Antrag auf Zulassung gestellt worden ist.

(5) Die Zeiträume für den Unterlagenschutz nach § 24b Absatz 1 und 4 gelten nicht für Referenzarzneimittel, deren Zulassung vor dem 30. Oktober 2005 beantragt wurde; für diese Arzneimittel gelten die Schutzfristen nach § 24a in der bis zum Ablauf des 5. September 2005 geltenden Fassung und beträgt der Zeitraum in § 24b Abs. 4 zehn Jahre.

(6) [1] Für Arzneimittel, deren Zulassung vor dem 1. Januar 2001 verlängert wurde, findet § 31 Absatz 1 Satz 1 Nummer 3 in der bis zum 5. September 2005 geltenden Fassung Anwendung; § 31 Abs. 1a gilt für diese Arzneimittel erst dann, wenn sie nach dem 6. September 2005 verlängert worden sind. [2] Für Zulassungen, deren fünfjährige Geltungsdauer bis zum 1. Juli 2006 endet, gilt weiterhin die Frist des § 31 Absatz 1 Satz 1 Nummer 3 in der vor dem 6. September 2005 geltenden Fassung. [3] Die zuständige Bundesoberbehörde kann für Arzneimittel, deren Zulassung nach dem 1. Januar 2001 und vor dem 6. September 2005 verlängert wurde, das Erfordernis einer weiteren Verlängerung anordnen, sofern dies erforderlich ist, um das sichere Inverkehrbringen des Arzneimittels weiterhin zu gewährleisten. [4] Vor dem 6. September 2005 gestellte Anträge auf Verlängerung von Zulassungen, die nach diesem Absatz keiner Verlängerung mehr bedürfen, gelten als erledigt. [5] Die Sätze 1 und 4 gelten entsprechend für Registrierungen. [6] Zulassungsverlängerungen oder Registrierungen von Arzneimitteln, die nach § 105 Abs. 1 als zugelassen galten, gelten als Verlängerung im Sinne dieses Absatzes. [7] § 136 Abs. 1 bleibt unberührt.

(7) Der Inhaber der Zulassung hat für ein Arzneimittel, das am 5. September 2005 zugelassen ist, sich aber zu diesem Zeitpunkt nicht im Verkehr befindet, der zuständigen Bundesoberbehörde unverzüglich anzuzeigen, dass das betreffende Arzneimittel nicht in den Verkehr gebracht wird.

(8) Für Widersprüche, die vor dem 5. September 2005 erhoben wurden, findet § 33 in der bis zum 5. September 2005 geltenden Fassung Anwendung.

(9) § 25 Abs. 9 und § 34 Abs. 1a sind nicht auf Arzneimittel anzuwenden, deren Zulassung vor dem 6. September 2005 beantragt wurde.

(10) [1] Auf Arzneimittel, die bis zum 6. September 2005 als homöopathische Arzneimittel registriert worden sind oder deren Registrierung vor dem 30. April 2005 beantragt wurde, sind die bis dahin geltenden Vorschriften weiter anzuwenden. [2] Das Gleiche gilt für Arzneimittel, die nach § 105 Abs. 2 angezeigt worden sind und nach § 38 Abs. 1 Satz 3 in der vor dem 11. September 1998 geltenden Fassung in den Verkehr gebracht worden sind. [3] § 39 Abs. 2 Nr. 5b findet ferner bei Entscheidungen über die Registrierung oder über ihre Verlängerung keine Anwendung auf Arzneimittel, die nach Art und Menge der Bestandteile und hinsichtlich der Darreichungsform mit den in Satz 1 genannten Arzneimitteln identisch sind.

(11), (12) *(aufgehoben)*

(13) Für Arzneimittel, die sich am 5. September 2005 im Verkehr befinden und für die zu diesem Zeitpunkt die Berichtspflicht nach § 63b Abs. 5 Satz 2 in der bis zum 5. September 2005 geltenden Fassung besteht, findet § 63b Abs. 5

Satz 3 nach dem nächsten auf den 6. September 2005 vorzulegenden Bericht Anwendung.

(14) [1] Die Zulassung eines traditionellen pflanzlichen Arzneimittels, die nach § 105 in Verbindung mit § 109a verlängert wurde, erlischt am 30. April 2011, es sei denn, dass vor dem 1. Januar 2009 ein Antrag auf Zulassung oder Registrierung nach § 39a gestellt wurde. [2] Die Zulassung nach § 105 in Verbindung mit § 109a erlischt ferner nach Entscheidung über den Antrag auf Zulassung oder Registrierung nach § 39a. [3] Nach der Entscheidung darf das Arzneimittel noch zwölf Monate in der bisherigen Form in den Verkehr gebracht werden.

## Vierzehnter Unterabschnitt.[1)] [Übergangsvorschriften aus Anlass des Gewebegesetzes]

**§ 142[1)] Übergangsvorschriften aus Anlass des Gewebegesetzes.**

(1) Eine Person, die am 1. August 2007 als sachkundige Person die Sachkenntnis nach § 15 Abs. 3a in der bis zu diesem Zeitpunkt geltenden Fassung besitzt, darf die Tätigkeit als sachkundige Person weiter ausüben.

(2) Wer für Gewebe oder Gewebezubereitungen bis zum 1. Oktober 2007 eine Erlaubnis nach § 20b Abs. 1 oder Abs. 2 oder § 20c Abs. 1 oder eine Herstellungserlaubnis nach § 13 Abs. 1 oder bis zum 1. Februar 2008 eine Genehmigung nach § 21a Abs. 1 oder bis zum 30. September 2008 eine Zulassung nach § 21 Abs. 1 beantragt hat, darf diese Gewebe oder Gewebezubereitungen weiter gewinnen, im Labor untersuchen, be- oder verarbeiten, konservieren, lagern oder in den Verkehr bringen, bis über den Antrag entschieden worden ist.

(3) Wer am 1. August 2007 für Gewebe oder Gewebezubereitungen im Sinne von § 20b Abs. 1 oder § 20c Abs. 1 eine Herstellungserlaubnis nach § 13 Abs. 1 oder für Gewebezubereitungen im Sinne von § 21a Abs. 1 eine Zulassung nach § 21 Abs. 1 besitzt, muss keinen neuen Antrag nach § 20b Abs. 1, § 20c Abs. 1 oder § 21a Abs. 1 stellen.

**§ 142a[2)] Übergangs- und Bestandsschutzvorschrift aus Anlass des Gesetzes zur Umsetzung der Richtlinien (EU) 2015/566 und (EU) 2015/565 zur Einfuhr und zur Kodierung menschlicher Gewebe und Gewebezubereitungen.** (1) Für autologes Blut für die Herstellung von biotechnologisch bearbeiteten Gewebeprodukten ist § 72b in der bis einschließlich 25. November 2016 geltenden Fassung anzuwenden.

(2) Wer am 26. November 2016 eine Erlaubnis nach der bis einschließlich 25. November 2016 geltenden Fassung des § 72 Absatz 1 für die Einfuhr von hämatopoetischen Stammzellen und Stammzellzubereitungen aus dem peripheren Blut oder aus dem Nabelschnurblut oder eine Erlaubnis nach der bis einschließlich 25. November 2016 geltenden Fassung des § 72b Absatz 1 besitzt, muss ab dem 29. April 2017 die Anforderungen des § 72 Absatz 4 und 5, § 72a Absatz 1 Satz 2 und Absatz 1e, § 72b Absatz 1, 1a, 2 Satz 2, Absatz 2a, 2c, 2d und des § 72c erfüllen.

---

[1)] 14. UAbschnitt (§ 142) angef. mWv 1.8.2007 durch G v. 20.7.2007 (BGBl. I S. 1574).

[2)] § 142a eingef. mWv 26.11.2016 durch G v. 21.11.2016 (BGBl. I S. 2623); Abs. 3 angef. mWv 1.1.2017 durch G v. 19.12.2016 (BGBl. I S. 2986).

(3) Die Verpflichtung zur Kennzeichnung hämatopoetischer Stammzellzubereitungen aus dem peripheren Blut oder aus dem Nabelschnurblut mit dem Einheitlichen Europäischen Code mit der Abkürzung „SEC" nach § 10 Absatz 8a Satz 3 und die Verpflichtung zur Kennzeichnung von Gewebezubereitungen mit dem Einheitlichen Europäischen Code mit der Abkürzung „SEC" nach § 10 Absatz 8b Satz 1 sind ab dem 29. April 2017 zu erfüllen.

**§ 142b[1] Übergangsvorschrift aus Anlass des Gesetzes zur Fortschreibung der Vorschriften für Blut- und Gewebezubereitungen und zur Änderung anderer Vorschriften.** (1) Wer für Arzneimittel für neuartige Therapien am 29. Juli 2017 eine Genehmigung nach § 4b Absatz 3 in der bis zum 28. Juli 2017 geltenden Fassung besitzt, muss die Anforderungen des § 4b Absatz 3 Satz 3 und 4 und Absatz 4 ab dem 29. Juli 2019 erfüllen.

(2) Wer am 29. Juli 2017 eine Genehmigung nach § 21a Absatz 1 besitzt, muss die Anforderungen des § 21a Absatz 2 und 3 ab dem 29. Juli 2019 erfüllen.

## Fünfzehnter Unterabschnitt.[2] Übergangsvorschriften aus Anlass des Gesetzes zur Verbesserung der Bekämpfung des Dopings im Sport

**§ 143[3]** *(aufgehoben)*

## Sechzehnter Unterabschnitt.[4] Übergangsvorschriften aus Anlass des Gesetzes zur Änderung arzneimittelrechtlicher und anderer Vorschriften

**§ 144[5] [Übergangsvorschriften aus Anlass des Gesetzes zur Änderung arzneimittelrechtlicher und anderer Vorschriften]** (1) Wer die in § 4b Absatz 1 genannten Arzneimittel für neuartige Therapien am 23. Juli 2009 befugt herstellt und bis zum 1. Januar 2010 eine Herstellungserlaubnis beantragt, darf diese Arzneimittel bis zur Entscheidung über den gestellten Antrag weiter herstellen.

(2) Wer die in § 4b Absatz 1 genannten Arzneimittel für neuartige Therapien mit Ausnahme von biotechnologisch bearbeiteten Gewebeprodukten am 23. Juli 2009 befugt in den Verkehr bringt und bis zum 1. August 2010 eine Genehmigung nach§ 4b Absatz 3 Satz 1 beantragt, darf diese Arzneimittel bis zur Entscheidung über den gestellten Antrag weiter in den Verkehr bringen.

(3) Wer biotechnologisch bearbeitete Gewebeprodukte im Sinne von § 4b Absatz 1 am 23. Juli 2009 befugt in den Verkehr bringt und bis zum 1. Januar 2011 eine Genehmigung nach § 4b Absatz 3 Satz 1 beantragt, darf diese Arzneimittel bis zur Entscheidung über den gestellten Antrag weiter in den Verkehr bringen.

---

[1] § 142b eingef. mWv 29.7.2017 durch G v. 18.7.2017 (BGBl. I S. 2757).

[2] 15. UAbschnitt (§ 143) angef. mWv 1.11.2007 durch G v. 24.10.2007 (BGBl. I S. 2510).

[3] § 143 aufgeh. mWv 17.12.2016 durch G v. 10.12.2015 (BGBl. I S. 2210).

[4] 16. UAbschnitt (§ 144) angef. mWv 23.7.2009 durch G v. 17.7.2009 (BGBl. I S. 1990).

[5] § 144 angef. mWv 23.7.2009 durch G v. 17.7.2009 (BGBl. I S. 1990); Abs. 4a eingef. mWv 26.10.2012 durch G v. 19.10.2012 (BGBl. I S. 2192); Abs. 7 aufgeh. mWv 28.1.2022 durch G v. 27.9. 2021 (BGBl. I S. 4530).

(4) Eine Person, die am 23. Juli 2009 als sachkundige Person die Sachkenntnis nach § 15 Absatz 3a in der bis zu diesem Zeitpunkt geltenden Fassung besitzt, darf die Tätigkeit als sachkundige Person weiter ausüben.

(4a) [1] Eine Person, die vor dem 23. Juli 2009 als sachkundige Person die Sachkenntnis nach § 15 Absatz 1 und 2 für Arzneimittel besaß, die durch die Neufassung von § 4 Absatz 3 in der ab dem 23. Juli 2009 geltenden Fassung Sera sind und einer Sachkenntnis nach § 15 Absatz 3 bedürfen, durfte die Tätigkeit als sachkundige Person vom 23. Juli 2009 bis zum 26. Oktober 2012 weiter ausüben. [2] Dies gilt auch für eine Person, die ab dem 23. Juli 2009 als sachkundige Person die Sachkenntnis nach § 15 Absatz 1 und 2 für diese Arzneimittel besaß.

(5) Wer am 23. Juli 2009 für die Gewinnung oder die Laboruntersuchung von autologem Blut zur Herstellung von biotechnologisch bearbeiteten Gewebeprodukten eine Herstellungserlaubnis nach § 13 Absatz 1 besitzt, bedarf keiner neuen Erlaubnis nach § 20b Absatz 1 oder 2.

(6) Die Anzeigepflicht nach § 67 Absatz 5 besteht ab dem 1. Januar 2010 für Arzneimittel, die am 23. Juli 2009 bereits in den Verkehr gebracht werden.

## Siebzehnter Unterabschnitt.[1)] [Übergangsvorschriften aus Anlass des Gesetzes zur Neuordnung des Arzneimittelmarktes]

**§ 145[1)] Übergangsvorschriften aus Anlass des Gesetzes zur Neuordnung des Arzneimittelmarktes.** [1] Für Arzneimittel, die zum Zeitpunkt des Inkrafttretens bereits zugelassen sind, haben der pharmazeutische Unternehmer und der Sponsor die nach § 42b Absatz 1 und 2 geforderten Berichte erstmals spätestens 18 Monate nach Inkrafttreten des Gesetzes der zuständigen Bundesoberbehörde zur Verfügung zu stellen. [2] Satz 1 findet Anwendung für klinische Prüfungen, für die die §§ 40 bis 42 in der ab dem 6. August 2004 geltenden Fassung Anwendung gefunden haben.

## Achtzehnter Unterabschnitt.[2)] Übergangsvorschrift

**§ 146[3)] Übergangsvorschriften aus Anlass des Zweiten Gesetzes zur Änderung arzneimittelrechtlicher und anderer Vorschriften.** (1) [1] Arzneimittel, die sich am 26. Oktober 2012 im Verkehr befinden und der Vorschrift des § 10 Absatz 1 Nummer 2 unterliegen, müssen zwei Jahre nach der ersten auf den 26. Oktober 2012 folgenden Verlängerung der Zulassung oder Registrierung oder soweit sie von der Zulassung oder Registrierung freigestellt sind oder soweit sie keiner Verlängerung bedürfen, am 26. Oktober 2014 vom pharmazeutischen Unternehmer entsprechend der Vorschrift des § 10 Absatz 1 Nummer 2 in den Verkehr gebracht werden. [2] Bis zu den jeweiligen Zeitpunkten nach Satz 1 dürfen Arzneimittel vom pharmazeutischen Unternehmer, nach diesen Zeitpunkten weiter von Groß- und Einzelhändlern mit einer Kennzeichnung in den Verkehr gebracht werden, die der bis zum 26. Oktober 2012 geltenden Vorschrift entspricht.

---

1) 17. UAbschnitt (§ 145) angef. mWv 1.1.2011 durch G v. 22.12.2010 (BGBl. I S. 2262).

2) 18. UAbschnitt (§ 146) angef. mWv 26.10.2012 durch G v. 19.10.2012 (BGBl. I S. 2192).

3) § 146 angef. mWv 26.10.2012 durch G v. 19.10.2012 (BGBl. I S. 2192); Abs. 2 Satz 1 und Abs. 3 geänd. mWv 13.8.2013 durch G v. 7.8.2013 (BGBl. I S. 3108); Abs. 11 neu gef. mWv 24.12.2016 durch G v. 20.12.2016 (BGBl. I S. 3048); Abs. 11 geänd. mWv 28.1.2022 durch G v. 27.9.2021 (BGBl. I S. 4530).

(2) [1] Arzneimittel, die sich am 26. Oktober 2012 im Verkehr befinden und der Vorschrift des § 11 unterliegen, müssen hinsichtlich der Aufnahme des Standardtextes nach § 11 Absatz 1 Satz 1 Nummer 5 zwei Jahre nach der ersten auf die Bekanntmachung nach § 11 Absatz 1b zu dem Standardtext nach § 11 Absatz 1 Satz 1 Nummer 5 folgenden Verlängerung der Zulassung oder Registrierung oder, soweit sie von der Zulassung freigestellt sind, oder, soweit sie keiner Verlängerung bedürfen, zwei Jahre, oder, soweit sie nach § 38 registrierte oder nach § 38 oder § 39 Absatz 3 von der Registrierung freigestellte Arzneimittel sind, fünf Jahre nach der Bekanntmachung nach § 11 Absatz 1b zu dem Standardtext nach § 11 Absatz 1 Satz 1 Nummer 5 vom pharmazeutischen Unternehmer entsprechend der Vorschrift des § 11 in den Verkehr gebracht werden. [2] Bis zu den jeweiligen Zeitpunkten nach Satz 1 dürfen Arzneimittel vom pharmazeutischen Unternehmer, nach diesen Zeitpunkten weiter von Groß- und Einzelhändlern mit einer Packungsbeilage in den Verkehr gebracht werden, die der bis zum 26. Oktober 2012 geltenden Vorschrift entspricht.

(2a) Wer am 26. Oktober 2012 Arzneimittel nach § 13 Absatz 2a Satz 2 Nummer 1 oder 3 herstellt, hat dies der zuständigen Behörde nach § 13 Absatz 2a Satz 3 bis zum 26. Februar 2013 anzuzeigen.

(3) Der pharmazeutische Unternehmer hat hinsichtlich der Aufnahme des Standardtextes nach § 11a Absatz 1 Satz 3 für Fertigarzneimittel, die sich am 26. Oktober 2012 im Verkehr befinden, mit dem ersten nach der Bekanntmachung nach § 11a Absatz 1 Satz 9 zu dem Standardtext nach § 11a Absatz 1 Satz 3 gestellten Antrag auf Verlängerung der Zulassung der zuständigen Bundesoberbehörde den Wortlaut der Fachinformation vorzulegen, die § 11a entspricht; soweit diese Arzneimittel keiner Verlängerung bedürfen, gilt die Verpflichtung zwei Jahre nach der Bekanntmachung.

(4) Für Zulassungen oder Registrierungen, deren fünfjährige Geltungsdauer bis zum 26. Oktober 2013 endet, gilt weiterhin die Frist des § 31 Absatz 1 Satz 1 Nummer 3, des § 39 Absatz 2c und des § 39c Absatz 3 Satz 1 in der bis zum 26. Oktober 2012 geltenden Fassung.

(5) Die Verpflichtung nach § 22 Absatz 2 Satz 1 Nummer 5a gilt nicht für Arzneimittel, die vor dem 26. Oktober 2012 zugelassen worden sind oder für die ein ordnungsgemäßer Zulassungsantrag bereits vor dem 26. Oktober 2012 gestellt worden ist.

(6) Wer die Tätigkeit des Großhandels bis zum 26. Oktober 2012 befugt ausübt und bis zum 26. Februar 2013 einen Antrag auf Erteilung einer Erlaubnis zum Betrieb eines Großhandels mit Arzneimitteln gestellt hat, darf abweichend von § 52a Absatz 1 bis zur Entscheidung über den gestellten Antrag die Tätigkeit des Großhandels mit Arzneimitteln ausüben; § 52a Absatz 3 Satz 2 bis 3 findet keine Anwendung.

(7) [1] Die Verpflichtung nach § 63b Absatz 2 Nummer 3 gilt für Arzneimittel, die vor dem 26. Oktober 2012 zugelassen wurden, ab dem 21. Juli 2015 oder, falls dies früher eintritt, ab dem Datum, an dem die Zulassung verlängert wird. [2] Die Verpflichtung nach § 63b Absatz 2 Nummer 3 gilt für Arzneimittel, für die vor dem 26. Oktober 2012 ein ordnungsgemäßer Zulassungsantrag gestellt worden ist, ab dem 21. Juli 2015.

(8) Die §§ 63f und 63g finden Anwendung auf Prüfungen, die nach dem 26. Oktober 2012 begonnen wurden.

(9) Wer am 2. Januar 2013 eine Tätigkeit als Arzneimittelvermittler befugt ausübt und seine Tätigkeit bei der zuständigen Behörde bis zum 2. Mai 2013 anzeigt, darf diese Tätigkeit bis zur Entscheidung über die Registrierung nach § 52c weiter ausüben.

(10) Betriebe und Einrichtungen, die sonst mit Wirkstoffen Handel treiben, müssen ihre Tätigkeit bis zum 26. April 2013 bei der zuständigen Behörde anzeigen.

(11) Wer zum Zweck des Einzelhandels Arzneimittel im Wege des Versandhandels über das Internet anbietet, muss seine Tätigkeit unter Angabe der in § 67 Absatz 8 erforderlichen Angaben bis zum 24. März 2017 bei der zuständigen Behörde anzeigen.

(12) Die in § 94 Absatz 1 Satz 3 Nummer 1 genannten Anforderungen finden für Rückversicherungsverträge ab dem 1. Januar 2014 Anwendung.

### Neunzehnter Unterabschnitt.[1] Übergangsvorschrift

**§ 147[1] Übergangsvorschrift aus Anlass des Dritten Gesetzes zur Änderung arzneimittelrechtlicher und anderer Vorschriften.** Für nichtinterventionelle Unbedenklichkeitsprüfungen nach § 63f und Untersuchungen nach § 67 Absatz 6, die vor dem 13. August 2013 begonnen wurden, finden § 63f Absatz 4 und § 67 Absatz 6 bis zum 31. Dezember 2013 in der bis zum 12. August 2013 geltenden Fassung Anwendung.

### Zwanzigster Unterabschnitt.[2] Übergangsvorschrift

**§ 148[3] Übergangsvorschrift aus Anlass des Vierten Gesetzes zur Änderung arzneimittelrechtlicher und anderer Vorschriften sowie des Gesetzes zum Erlass eines Tierarzneimittelgesetzes und zur Anpassung arzneimittelrechtlicher und anderer Vorschriften.** (1) Für klinische Prüfungen, für die der Antrag auf Genehmigung vor dem Ablauf des Tages des sechsten auf den Monat der Veröffentlichung der Mitteilung der Europäischen Kommission über die Funktionsfähigkeit des EU-Portals und der Datenbank nach Artikel 82 der Verordnung (EU) Nr. 536/2014 im Amtsblatt der Europäischen Union folgenden Kalendermonats, dessen Zahl mit der des Tages der Veröffentlichung übereinstimmt, oder, wenn es einen solchen Kalendertag nicht gibt, vor dem Ablauf des ersten Tages des darauffolgenden Kalendermonats gemäß dem Sechsten Abschnitt des Arzneimittelgesetzes eingereicht wurde, sind das Arzneimittelgesetz und die GCP-Verordnung vom 9. August 2004 (BGBl. I S. 2081), die durch Artikel 13 Absatz 3 des Vierten Gesetzes zur Änderung arzneimittelrechtlicher und anderer Vorschriften vom 20. Dezember 2016 (BGBl. I S. 3048) aufgehoben worden ist, in der jeweils bis zum 26. Januar 2022 geltenden Fassung bis zum Ablauf des Tages des zweiundvierzigsten auf den Monat der Veröffentlichung der Mitteilung der Europäischen Kommission über die Funktionsfähigkeit des EU-Portals und der Datenbank nach Artikel 82 der Verordnung (EU) Nr. 536/2014 im Amtsblatt der Europäischen Union folgenden Kalendermonats, dessen Zahl mit der des Tages der Veröffentlichung übereinstimmt, oder, wenn es einen solchen Kalendertag nicht gibt, bis zum

[1] 19. UAbschnitt (§ 147) angef. mWv 13.8.2013 durch G v. 7.8.2013 (BGBl. I S. 3108).

[2] 20. UAbschnitt (§ 148) angef. mWv 27.1.2022 durch G v. 27.9.2021 (BGBl. I S. 4530).

[3] § 148 angef. mWv 27.1.2022, Abs. 1, Abs. 2 Satz 1 und Abs. 3 geänd. mWv 28.1.2022 durch G v. 27.9.2021 (BGBl. I S. 4530).

Ablauf des ersten Tages des darauffolgenden Kalendermonats weiter anzuwenden.

(2) [1] Eine klinische Prüfung, für die der Antrag auf Genehmigung vor dem Ablauf des Tages des achtzehnten auf den Monat der Veröffentlichung der Mitteilung der Europäischen Kommission über die Funktionsfähigkeit des EU-Portals und der Datenbank nach Artikel 82 der Verordnung (EU) Nr. 536/2014 im Amtsblatt der Europäischen Union folgenden Kalendermonats, dessen Zahl mit der des Tages der Veröffentlichung übereinstimmt, oder, wenn es einen solchen Kalendertag nicht gibt, vor dem Ablauf des ersten Tages des drauf folgenden Kalendermonats eingereicht wurde, darf nach dem Arzneimittelgesetz und der GCP-Verordnung in der jeweils bis zum 26. Januar 2022 geltenden Fassung begonnen werden. [2] Für die betreffende klinische Prüfung sind das Arzneimittelgesetz und die GCP-Verordnung in der jeweils bis zum 26. Januar 2022 geltenden Fassung bis zum Ablauf des Tages des zweiundvierzigsten auf den Monat der Veröffentlichung der Mitteilung der Europäischen Kommission über die Funktionsfähigkeit des EU-Portals und der Datenbank nach Artikel 82 der Verordnung (EU) Nr. 536/2014 im Amtsblatt der Europäischen Union folgenden Kalendermonats, dessen Zahl mit der des Tages der Veröffentlichung übereinstimmt, oder, wenn es einen solchen Kalendertag nicht gibt, bis zum Ablauf des ersten Tages des drauffolgenden Kalendermonats weiter anzuwenden.

(3) Für klinische Prüfungen mit Arzneimitteln, die nicht in den Anwendungsbereich der Verordnung (EU) Nr. 536/2014 fallen, sind das Arzneimittelgesetz und die GCP-Verordnung in der jeweils am 26. Januar 2022 geltenden Fassung bis zum 23. Dezember 2029 weiter anzuwenden.

### Einundzwanzigster Unterabschnitt.[1] *(aufgehoben)*

## § 149[1] *(aufgehoben)*

**Anlage**[2]
(zu § 6)

**[Stoffe, Zubereitungen aus Stoffen oder Gegenstände bei der Herstellung von Arzneimitteln gemäß § 6]**

Aflatoxine

Ethylenoxid

Farbstoffe

Frischzellen

Stoffe, Zubereitungen aus Stoffen oder Gegenstände tierischer Herkunft mit dem Risiko der Übertragung transmissibler spongiformer Enzephalopathien

---

[1] 18. Abschnitt 21. UAbschnitt (§ 149) aufgeh. mWv 28.1.2022 durch G v. 27.9.2021 (BGBl. I S. 4530).

[2] Anl. angef. mWv 16.8.2019 durch G v. 9.8.2019 (BGBl. I S. 1202); Anl. wird Anl. 1 mWv 1.11.2021 durch G v. 10.8.2021 (BGBl. I S. 3519); Anl. 1 wird Anl. mWv 28.1.2022 durch G v. 27.9.2021 (BGBl. I S. 4530).

**Anlage 2**[1]

*(aufgehoben)*

**Anhang.**[2] *(aufgehoben)*

[1] Anl. 2 aufgeh. mWv 28.1.2022 durch G v. 27.9.2021 (BGBl. I S. 4530).
[2] Anh. aufgeh. mWv 18.12.2015 durch G v. 10.12.2015 (BGBl. I S. 2210).

# 277. Gesetz über die Werbung auf dem Gebiete des Heilwesens (Heilmittelwerbegesetz – HWG)[1) 2)]

In der Fassung der Bekanntmachung vom 19. Oktober 1994[3)]
(BGBl. I S. 3068)

**FNA 2121-20**

geänd. durch Art. 3 MarkenrechtsreformG v. 25.10.1994 (BGBl. I S. 3082), Art. 2 Achtes ArzneimittelG-ÄndG v. 7.9.1998 (BGBl. I S. 2649), Art. 2 § 14 SeuchenrechtsneuordnungsG v. 20.7.2000 (BGBl. I S. 1045), Art. 2 G zur vergleichenden Werbung und zur Änd. wettbewerbsrechtl. Vorschr. v. 1.9.2000 (BGBl. I S. 1374), Art. 2 ZugabeVO-AufhebungsG v. 23.7.2001 (BGBl. I S. 1661), Art. 4 Achtes Euro-EinführungsG v. 23.10.2001 (BGBl. I S. 2702), Art. 2 Zweites MedizinprodukteG-ÄndG v. 13.12.2001 (BGBl. I S. 3586), Beschl. des BVerfG – 1 BvR 1972/00, 1 BvR 70/01 – v. 11.2.2003 (BGBl. I S. 455), Art. 22 GKV-ModernisierungsG v. 14.11.2003 (BGBl. I S. 2190), Art. 2 Zwölftes ArzneimittelG-ÄndG v. 30.7.2004 (BGBl. I S. 2031), Art. 2a Erstes G zur Änd. des TransfusionsG und arzneimittelrechtl. Vorschr. v. 10.2.2005 (BGBl. I S. 234), Art. 2 Vierzehntes ÄndG v. 29.8.2005 (BGBl. I S. 2570), Art. 2 G zur Verbesserung der Wirtschaftlichkeit in der Arzneimittelversorgung v. 26.4.2006 (BGBl. I S. 984), Art. 5 Zweites G zur Änd. arzneimittelrechtl. und and. Vorschriften v. 19.10.2012 (BGBl. I S. 2192), Art. 1a Drittes G zur Änd. arzneimittelrechtlicher und anderer Vorschriften v. 7.8.2013 (BGBl. I S. 3108), Art. 8a Fünftes G zur Änd. des Vierten Buches Sozialgesetzbuch und anderer G v. 15.4.2015 (BGBl. I S. 583), Art. 12 Viertes G zur Änd. arzneimittelrechtlicher und anderer Vorschriften v. 20.12.2016 (BGBl. I S. 3048), Art. 16 G für mehr Sicherheit in der Arzneimittelversorgung v. 9.8.2019 (BGBl. I S. 1202, ber. 2020 I S. 318), Art. 5 Digitale-Versorgung-G v. 9.12.2019 (BGBl. I S. 2562), Art. 3b MasernschutzG v. 10.2.2020 (BGBl. I S. 148), Art. 5, 6 Medizinprodukte-EU-AnpassungsG v. 28.4.2020 (BGBl. I S. 960, geänd. durch G v. 19.5.2020, BGBl. I S. 1018, und G v. 12.5.2021, BGBl. I S. 1087), Art. 4 G zur Stärkung der Vor-Ort-Apotheken v. 9.12.2020 (BGBl. I S. 2870), Art. 5, 6 G zur Änd. des Medizinprodukterecht-DurchführungsG und weiterer Gesetze v. 12.5.2021 (BGBl. I S. 1087) und Art. 6 G zum Erlass eines Tierarzneimittelgesetzes und zur Anpassung arzneimittelrechtlicher und anderer Vorschriften v. 27.9.2021 (BGBl. I S. 4530)

**Nichtamtliche Inhaltsübersicht**



---

1) Gesetzestitel neu gef. mWv 6.8.2004 durch G v. 30.7.2004 (BGBl. I S. 2031).

2) Die Änderungen durch Art. 6 G v. 12.5.2021 (BGBl. I S. 1087) treten erst **mWv 26.5.2022** in Kraft und sind im Text noch nicht berücksichtigt.

3) Neubekanntmachung des HWG idF der Bek. v. 18.10.1978 (BGBl. I S. 1677) in der ab 17.8.1994 geltenden Fassung.

**§ 1[1)] [Anwendungsbereich]** (1) Dieses Gesetz findet Anwendung auf die Werbung für

1. Arzneimittel im Sinne des § 2 des Arzneimittelgesetzes[2)],

1a. Medizinprodukte im Sinne von Artikel 2 Nummer 1 der Verordnung (EU) 2017/745 des Europäischen Parlaments und des Rates vom 5. April 2017 über Medizinprodukte, zur Änderung der Richtlinie 2001/83/EG, der Verordnung (EG) Nr. 178/2002[3)] und der Verordnung (EG) Nr. 1223/2009 und zur Aufhebung der Richtlinien 90/385/EWG und 93/42/EWG des Rates (ABl. L 117 vom 5.5.2017, S. 1; L 117 vom 3.5.2019, S. 9; L 334 vom 27.12.2019, S. 165), die durch die Verordnung (EU) 2020/561 (ABl. L 130 vom 24.4.2020, S. 18) geändert worden ist, in der jeweils geltenden Fassung und im Sinne des § 3 Nummer 4 des Medizinproduktegesetzes in der bis einschließlich 25. Mai 2021 geltenden Fassung,

2. andere Mittel, Verfahren, Behandlungen und Gegenstände, soweit sich die Werbeaussage auf die Erkennung, Beseitigung oder Linderung von Krankheiten, Leiden, Körperschäden oder krankhaften Beschwerden beim Menschen bezieht, sowie operative plastisch-chirurgische Eingriffe, soweit sich die Werbeaussage auf die Veränderung des menschlichen Körpers ohne medizinische Notwendigkeit bezieht,

3. Verfahren und Behandlungen, soweit sich die Werbeaussage auf die Erkennung, Beseitigung oder Linderung von Krankheiten, Leiden, Körperschäden oder krankhaften Beschwerden beim Tier bezieht.

(2) [1]Andere Mittel im Sinne des Absatzes 1 Nr. 2 sind kosmetische Mittel im Sinne des Artikels 2 Absatz 1 Buchstabe a der Verordnung (EG) Nr. 1223/2009 des Europäischen Parlaments und des Rates vom 30. November 2009 über kosmetische Mittel (ABl. L 342 vom 22.12.2009, S. 59), die zuletzt durch die Verordnung (EU) 2015/1298 (ABl. L 199 vom 29.7.2015, S. 22) geändert worden ist. [2]Gegenstände im Sinne des Absatzes 1 Nr. 2 sind auch Gegenstände zur Körperpflege im Sinne des § 2 Absatz 6 Nummer 4 des Lebensmittel- und Futtermittelgesetzbuches[4)].

(3) Eine Werbung im Sinne dieses Gesetzes ist auch das Ankündigen oder Anbieten von Werbeaussagen, auf die dieses Gesetz Anwendung findet.

(3a) Teleshopping im Sinne dieses Gesetzes ist die Sendung direkter Angebote an die Öffentlichkeit für den Absatz von Arzneimitteln gegen Entgelt oder die Erbringung von ärztlichen, zahnärztlichen und tierärztlichen Behandlungen und Verfahren gegen Entgelt.

---

[1)] § 1 Abs. 1 Nr. 1a eingef. mWv 1.1.2002 durch G v. 13.12.2001 (BGBl. I S. 3586); Abs. 5 und 6 angef. mWv 1.1.2004 durch G v. 14.11.2003 (BGBl. I S. 2190); Abs. 1 Nr. 2 geänd. mWv 1.4.2006 durch G v. 29.8.2005 (BGBl. I S. 2570); Abs. 2 Sätze 1 und 2 geänd., Abs. 7 und 8 angef. mWv 26.10.2012 durch G v. 19.10.2012 (BGBl. I S. 2192); Abs. 2 Satz 1 geänd., Abs. 3a eingef., Abs. 8 geänd. mWv 24.12.2016 durch G v. 20.12.2016 (BGBl. I S. 3048); Abs. 1 Nr. 1a neu gef. mWv 26.5. 2021 durch G v. 12.5.2021 (BGBl. I S. 1087); Abs. 1 Nr. 2 geänd., Nr. 3 angef. mWv 28.1.2022 durch G v. 27.9.2021 (BGBl. I S. 4530).

[2)] Nr. **272**.

[3)] Nr. **860**.

[4)] Nr. **862**.

(4) Dieses Gesetz findet keine Anwendung auf die Werbung für Gegenstände zur Verhütung von Unfallschäden.

(5) Das Gesetz findet keine Anwendung auf den Schriftwechsel und die Unterlagen, die nicht Werbezwecken dienen und die zur Beantwortung einer konkreten Anfrage zu einem bestimmten Arzneimittel erforderlich sind.

(6) Das Gesetz findet ferner keine Anwendung beim elektronischen Handel mit Arzneimitteln auf das Bestellformular und die dort aufgeführten Angaben, soweit diese für eine ordnungsgemäße Bestellung notwendig sind.

(7) Das Gesetz findet ferner keine Anwendung auf Verkaufskataloge und Preislisten für Arzneimittel, wenn die Verkaufskataloge und Preislisten keine Angaben enthalten, die über die zur Bestimmung des jeweiligen Arzneimittels notwendigen Angaben hinausgehen.

(8) Das Gesetz findet ferner keine Anwendung auf die auf Anforderung einer Person erfolgende Übermittlung der nach den §§ 10 bis 11a des Arzneimittelgesetzes für Arzneimittel vorgeschriebenen vollständigen Informationen, des genehmigten und veröffentlichten Schulungsmaterials für Arzneimittel nach § 34 Absatz 1f des Arzneimittelgesetzes und des öffentlichen Beurteilungsberichts für Arzneimittel nach § 34 Absatz 1a Satz 1 Nummer 2 des Arzneimittelgesetzes und auf die Bereitstellung dieser Informationen im Internet.

**§ 2**[1)] **[Fachkreise]** Fachkreise im Sinne dieses Gesetzes sind Angehörige der Heilberufe oder des Heilgewerbes, Einrichtungen, die der Gesundheit von Mensch oder Tier dienen, oder sonstige Personen, soweit sie mit Arzneimitteln, Medizinprodukten, Verfahren, Behandlungen, Gegenständen oder anderen Mitteln erlaubterweise Handel treiben oder sie in Ausübung ihres Berufes anwenden.

**§ 3**[2)] **[Unzulässigkeit irreführender Werbung]** [1] Unzulässig ist eine irreführende Werbung. [2] Eine Irreführung liegt insbesondere dann vor,

1. wenn Arzneimitteln, Medizinprodukten im Sinne des § 3 Nummer 4 des Medizinproduktegesetzes in der bis einschließlich 25. Mai 2021 geltenden Fassung, Verfahren, Behandlungen, Gegenständen oder anderen Mitteln eine therapeutische Wirksamkeit oder Wirkungen beigelegt werden, die sie nicht haben,
2. wenn fälschlich der Eindruck erweckt wird, daß
   a) ein Erfolg mit Sicherheit erwartet werden kann,
   b) bei bestimmungsgemäßem oder längerem Gebrauch keine schädlichen Wirkungen eintreten,
   c) die Werbung nicht zu Zwecken des Wettbewerbs veranstaltet wird,
3. wenn unwahre oder zur Täuschung geeignete Angaben
   a) über die Zusammensetzung oder Beschaffenheit von Arzneimitteln, Medizinprodukten im Sinne des § 3 Nummer 4 des Medizinproduktegesetzes in der bis einschließlich 25. Mai 2021 geltenden Fassung, Gegenständen

---

1) § 2 geänd. mWv 1.1.2002 durch G v. 13.12.2001 (BGBl. I S. 3586).

2) § 3 Satz 2 Nr. 1 und Nr. 3 Buchst. a geänd. mWv 1.1.2002 durch G v. 13.12.2001 (BGBl. I S. 3586); Satz 2 Nr. 1 und 3 Buchst. a geänd. mWv 26.5.2021 durch G v. 28.4.2020 (BGBl. I S. 960, geänd. durch G v. 19.5.2020, BGBl. I S. 1018, und durch G v. 12.5.2021, BGBl. I S. 1087); Satz 2 Nr. 1 und 3 Buchst. a geänd. mWv 26.5.2021 durch G v. 12.5.2021 (BGBl. I S. 1087).

oder anderen Mitteln oder über die Art und Weise der Verfahren oder Behandlungen oder

b) über die Person, Vorbildung, Befähigung oder Erfolge des Herstellers, Erfinders oder der für sie tätigen oder tätig gewesenen Personen

gemacht werden.

**§ 3a[1] [Werbeverbot für zulassungspflichtige Arzneimittel]** [1]Unzulässig ist eine Werbung für Arzneimittel, die der Pflicht zur Zulassung unterliegen und die nicht nach den arzneimittelrechtlichen Vorschriften zugelassen sind oder als zugelassen gelten. [2]Satz 1 findet auch Anwendung, wenn sich die Werbung auf Anwendungsgebiete oder Darreichungsformen bezieht, die nicht von der Zulassung erfasst sind.

**§ 4[2] [Inhaltliche Anforderungen]** (1) [1]Jede Werbung für Arzneimittel muß folgende Angaben enthalten:

1. den Namen oder die Firma und den Sitz des pharmazeutischen Unternehmers,
2. die Bezeichnung des Arzneimittels,
3. die Zusammensetzung des Arzneimittels gemäß § 11 Abs. 1 Satz 1 Nr. 6 Buchstabe d des Arzneimittelgesetzes[3],
4. die Anwendungsgebiete,
5. die Gegenanzeigen,
6. die Nebenwirkungen,
7. Warnhinweise, soweit sie für die Kennzeichnung der Behältnisse und äußeren Umhüllungen vorgeschrieben sind,

7a. bei Arzneimitteln, die der Verschreibungspflicht nach § 48 des Arzneimittelgesetzes unterliegen, den Hinweis „Verschreibungspflichtig“.

[2]Eine Werbung für traditionelle pflanzliche Arzneimittel, die nach dem Arzneimittelgesetz registriert sind, muss folgenden Hinweis enthalten: „Traditionelles pflanzliches Arzneimittel zur Anwendung bei … [spezifiziertes Anwendungsgebiet/spezifizierte Anwendungsgebiete] ausschließlich auf Grund langjähriger Anwendung“.

(1a) Bei Arzneimitteln, die nur einen Wirkstoff enthalten, muß der Angabe nach Absatz 1 Nr. 2 die Bezeichnung dieses Bestandteils mit dem Hinweis: „Wirkstoff:“ folgen; dies gilt nicht, wenn in der Angabe nach Absatz 1 Nr. 2 die Bezeichnung des Wirkstoffs enthalten ist.

(2) [1]Die Angaben nach den Absätzen 1 und 1a müssen mit denjenigen übereinstimmen, die nach § 11 oder § 12 des Arzneimittelgesetzes für die Packungsbeilage vorgeschrieben sind. [2]Können die in § 11 Abs. 1 Satz 1 Nr. 3 Buchstabe a und Nr. 5 des Arzneimittelgesetzes vorgeschriebenen Angaben nicht gemacht werden, so können sie entfallen.

---

[1] § 3a neu gef. mWv 6.9.2005 durch G v. 29.8.2005 (BGBl. I S. 2570).

[2] § 4 Abs. 6 Satz 2 geänd. mWv 1.1.1995 durch G v. 25.10.1994 (BGBl. I S. 3082); Abs. 2 Satz 2 angef., Abs. 3, 5 und 6 neu gef. mWv 11.9.1998 durch G v. 7.9.1998 (BGBl. I S. 2649); Abs. 1 Satz 1 Nr. 3 geänd., Satz 2 angef., Abs. 2 Satz 2 geänd. mWv 6.9.2005 durch G v. 29.8.2005 (BGBl. I S. 2570); Abs. 1a und Abs. 2 Satz 2 geänd. mWv 26.10.2012 durch G v. 19.10.2012 (BGBl. I S. 2192); Abs. 1 Satz 1 einl. Satzteil, Nr. 7a geänd., Nr. 8 aufgeh., Abs. 3 Satz 2 geänd. mWv 28.1.2022 durch G v. 27.9.2021 (BGBl. I S. 4530).

[3] Nr. **272**.

(3) [1] Bei einer Werbung außerhalb der Fachkreise ist der Text „Zu Risiken und Nebenwirkungen lesen Sie die Packungsbeilage und fragen Sie Ihren Arzt oder Apotheker“ gut lesbar und von den übrigen Werbeaussagen deutlich abgesetzt und abgegrenzt anzugeben. [2] Bei einer Werbung für Heilwässer tritt an die Stelle der Angabe „die Packungsbeilage“ die Angabe „das Etikett“. [3] Die Angaben nach Absatz 1 Nr. 1, 3, 5 und 6 können entfallen. [4] Satz 1 findet keine Anwendung auf Arzneimittel, die für den Verkehr außerhalb der Apotheken freigegeben sind, es sei denn, daß in der Packungsbeilage oder auf dem Behältnis Nebenwirkungen oder sonstige Risiken angegeben sind.

(4) Die nach Absatz 1 vorgeschriebenen Angaben müssen von den übrigen Werbeaussagen deutlich abgesetzt, abgegrenzt und gut lesbar sein.

(5) [1] Nach einer Werbung in audiovisuellen Medien ist der nach Absatz 3 Satz 1 oder 2 vorgeschriebene Text einzublenden, der im Fernsehen vor neutralem Hintergrund gut lesbar wiederzugeben und gleichzeitig zu sprechen ist, sofern nicht die Angabe dieses Textes nach Absatz 3 Satz 4 entfällt. [2] Die Angaben nach Absatz 1 können entfallen.

(6) [1] Die Absätze 1, 1a, 3 und 5 gelten nicht für eine Erinnerungswerbung. [2] Eine Erinnerungswerbung liegt vor, wenn ausschließlich mit der Bezeichnung eines Arzneimittels oder zusätzlich mit dem Namen, der Firma, der Marke des pharmazeutischen Unternehmers oder dem Hinweis: „Wirkstoff:“ geworben wird.

**§ 4a[1)] [Werbung für andere Arzneimittel]** (1) Unzulässig ist es, in der Packungsbeilage eines Arzneimittels für andere Arzneimittel oder andere Mittel zu werben.

(2) Unzulässig ist es auch, außerhalb der Fachkreise für die im Rahmen der vertragsärztlichen Versorgung bestehende Verordnungsfähigkeit eines Arzneimittels zu werben.

**§ 5 [Werbung für homöopathische Arzneimittel]** Für homöopathische Arzneimittel, die nach dem Arzneimittelgesetz[2)] registriert oder von der Registrierung freigestellt sind, darf mit der Angabe von Anwendungsgebieten nicht geworben werden.

**§ 6[3)] [Werbung mit wissenschaftlichen Veröffentlichungen]** Unzulässig ist eine Werbung, wenn

1. Gutachten oder Zeugnisse veröffentlicht oder erwähnt werden, die nicht von wissenschaftlich oder fachlich hierzu berufenen Personen erstattet worden sind und nicht die Angabe des Namens, Berufes und Wohnortes der Person, die das Gutachten erstellt oder das Zeugnis ausgestellt hat, sowie den Zeitpunkt der Ausstellung des Gutachtens oder Zeugnisses enthalten,
2. auf wissenschaftliche, fachliche oder sonstige Veröffentlichungen Bezug genommen wird, ohne daß aus der Werbung hervorgeht, ob die Veröffentlichung das Arzneimittel, das Verfahren, die Behandlung, den Gegenstand oder ein anderes Mittel selbst betrifft, für die geworben wird, und ohne daß der Name des Verfassers, der Zeitpunkt der Veröffentlichung und die Fundstelle genannt werden,

---

1) § 4a Abs. 2 angef. mWv 1.4.2006 durch G v. 29.8.2005 (BGBl. I S. 2570).
2) Nr. **272**.
3) § 6 Nr. 1 geänd. mWv 6.9.2005 durch G v. 29.8.2005 (BGBl. I S. 2570).

3. aus der Fachliteratur entnommene Zitate, Tabellen oder sonstige Darstellungen nicht wortgetreu übernommen werden.

**§ 7**[1)] **[Verbot von Werbegaben]** (1) [1] Es ist unzulässig, Zuwendungen und sonstige Werbegaben (Waren oder Leistungen) anzubieten, anzukündigen oder zu gewähren oder als Angehöriger der Fachkreise anzunehmen, es sei denn, dass

1. es sich bei den Zuwendungen oder Werbegaben um Gegenstände von geringem Wert, die durch eine dauerhafte und deutlich sichtbare Bezeichnung des Werbenden oder des beworbenen Produktes oder beider gekennzeichnet sind, oder um geringwertige Kleinigkeiten handelt; Zuwendungen oder Werbegaben sind für Arzneimittel unzulässig, soweit sie entgegen den Preisvorschriften gewährt werden, die auf Grund des Arzneimittelgesetzes[2)] oder des Fünften Buches Sozialgesetzbuch[3)] gelten;
2. die Zuwendungen oder Werbegaben in
   a) einem bestimmten oder auf bestimmte Art zu berechnenden Geldbetrag oder
   b) einer bestimmten oder auf bestimmte Art zu berechnenden Menge gleicher Ware gewährt werden;

   Zuwendungen oder Werbegaben nach Buchstabe a sind für Arzneimittel unzulässig, soweit sie entgegen den Preisvorschriften gewährt werden, die aufgrund des Arzneimittelgesetzes oder des Fünften Buches Sozialgesetzbuch gelten; Buchstabe b gilt nicht für Arzneimittel, deren Abgabe den Apotheken vorbehalten ist.
3. die Zuwendungen oder Werbegaben nur in handelsüblichem Zubehör zur Ware oder in handelsüblichen Nebenleistungen bestehen; als handelsüblich gilt insbesondere eine im Hinblick auf den Wert der Ware oder Leistung angemessene teilweise oder vollständige Erstattung oder Übernahme von Fahrtkosten für Verkehrsmittel des öffentlichen Personennahverkehrs, die im Zusammenhang mit dem Besuch des Geschäftslokals oder des Orts der Erbringung der Leistung aufgewendet werden;
4. die Zuwendungen oder Werbegaben in der Erteilung von Auskünften oder Ratschlägen bestehen oder
5. es sich um unentgeltlich an Verbraucherinnen und Verbraucher abzugebende Zeitschriften handelt, die nach ihrer Aufmachung und Ausgestaltung der Kundenwerbung und den Interessen der verteilenden Person dienen, durch einen entsprechenden Aufdruck auf der Titelseite diesen Zweck erkennbar machen und in ihren Herstellungskosten geringwertig sind (Kundenzeitschriften).

---

[1)] § 7 Abs. 1 Satz 1 neu gef. mWv 25.7.2001 durch G v. 23.7.2001 (BGBl. S. 1661); Abs. 1 Satz 1 Nr. 1 geänd. mWv 1.1.2002 durch G v. 13.12.2001 (BGBl. I S. 3586); Abs. 1 Satz 1 einleitender Satzteil geänd. mWv 1.1.2004 durch G v. 14.11.2003 (BGBl. I S. 2190); Abs. 3 angef. mWv 19.2. 2005 durch G v. 10.2.2005 (BGBl. I S. 234); Abs. 1 Satz 1 Nr. 2 neu gef., Nr. 5 geänd. mWv 6.9. 2005 durch G v. 29.8.2005 (BGBl. I S. 2570); Abs. 1 Satz 1 Nr. 2 abschl. Satzteil geänd. mWv 1.5. 2006 durch G v. 26.4.2006 (BGBl. I S. 984); Abs. 1 Satz 1 Nr. 1 geänd. mWv 13.8.2013 durch G v. 7.8.2013 (BGBl. I S. 3108); Abs. 1 Satz 1 Nr. 1, 2 geänd. mWv 15.12.2020 durch G v. 9.12.2020 (BGBl. I S. 2870); Abs. 1 Satz 2 geänd. mWv 28.1.2022 durch G v. 27.9.2021 (BGBl. I S. 4530).

[2)] Nr. **272**.

[3)] **Aichberger Nr. 5.**

[2] Werbegaben für Angehörige der Heilberufe sind unbeschadet des Satzes 1 nur dann zulässig, wenn sie zur Verwendung in der ärztlichen oder pharmazeutischen Praxis bestimmt sind. [3] § 47 Abs. 3 des Arzneimittelgesetzes bleibt unberührt.

(2) Absatz 1 gilt nicht für Zuwendungen im Rahmen ausschließlich berufsbezogener wissenschaftlicher Veranstaltungen, sofern diese einen vertretbaren Rahmen nicht überschreiten, insbesondere in bezug auf den wissenschaftlichen Zweck der Veranstaltung von untergeordneter Bedeutung sind und sich nicht auf andere als im Gesundheitswesen tätige Personen erstrecken.

(3) Es ist unzulässig, für die Entnahme oder sonstige Beschaffung von Blut-, Plasma- oder Gewebespenden zur Herstellung von Blut- und Gewebeprodukten und anderen Produkten zur Anwendung bei Menschen mit der Zahlung einer finanziellen Zuwendung oder Aufwandsentschädigung zu werben.

**§ 8**[1] **[Werbeverbote für Versandhandel und Teleshopping]** [1] Das Teleshopping im Sinne des § 1 Absatz 3a sowie die Werbung für das Teleshopping sind unzulässig. [2] Die Werbung für das Beziehen bestimmter Arzneimittel im Wege der Einzeleinfuhr nach § 73 Absatz 2 Nummer 6a oder Absatz 3 des Arzneimittelgesetzes[2] ist unzulässig. [3] Die Übersendung von Listen nicht zugelassener oder nicht registrierter Arzneimittel, deren Einfuhr aus einem anderen Mitgliedstaat oder aus einem anderen Vertragsstaat des Abkommens über den Europäischen Wirtschaftsraum nur ausnahmsweise zulässig ist, an Apotheker oder Betreiber einer tierärztlichen Hausapotheke ist zulässig, soweit die Listen nur Informationen über die Bezeichnung, die Packungsgrößen, die Wirkstärke und den Preis dieses Arzneimittels enthalten.

**§ 9**[3] **[Werbeverbot für Fernbehandlung]** [1] Unzulässig ist eine Werbung für die Erkennung oder Behandlung von Krankheiten, Leiden, Körperschäden oder krankhaften Beschwerden, die nicht auf eigener Wahrnehmung an dem zu behandelnden Menschen oder Tier beruht (Fernbehandlung). [2] Satz 1 ist nicht anzuwenden auf die Werbung für Fernbehandlungen, die unter Verwendung von Kommunikationsmedien erfolgen, wenn nach allgemein anerkannten fachlichen Standards ein persönlicher ärztlicher Kontakt mit dem zu behandelnden Menschen nicht erforderlich ist.

**§ 10**[4] **[Werbeverbote für verschreibungspflichtige Arzneimittel und Psychopharmaka]** (1) Für verschreibungspflichtige Arzneimittel darf nur bei Ärzten, Zahnärzten, Tierärzten, Apothekern und Personen, die mit diesen Arzneimitteln erlaubterweise Handel treiben, geworben werden.

(2) [1] Für Arzneimittel, die psychotrope Wirkstoffe mit der Gefahr der Abhängigkeit enthalten und die dazu bestimmt sind, bei Menschen die Schlaflosigkeit oder psychische Störungen zu beseitigen oder die Stimmungslage zu beeinflussen, darf außerhalb der Fachkreise nicht geworben werden. [2] Dies gilt auch für Arzneimittel, die zur Notfallkontrazeption zugelassen sind.

---

[1] § 8 neu gef. mWv 1.1.2004 durch G v. 14.11.2003 (BGBl. I S. 2190); Satz 2 angef. mWv 26.10.2012 durch G v. 19.10.2012 (BGBl. I S. 2192); Satz 1 neu gef., Satz 2 eingef., bish. Satz 2 wird Satz 3 mWv 24.12.2016 durch G v. 20.12.2016 (BGBl. I S. 3048).

[2] Nr. **272**.

[3] § 9 Satz 2 angef. mWv 19.12.2019 durch G v. 9.12.2019 (BGBl. I S. 2562).

[4] § 10 Abs. 2 neu gef. mWv 26.10.2012 durch G v. 19.10.2012 (BGBl. I S. 2192); Abs. 2 Satz 2 angef. mWv 22.4.2015 durch G v. 15.4.2015 (BGBl. I S. 583).

**§ 11**[1)] **[Werbeverbot außerhalb der Fachkreise]** (1) [1] Außerhalb der Fachkreise darf für Arzneimittel, Verfahren, Behandlungen, Gegenstände oder andere Mittel nicht geworben werden

1. *(aufgehoben)*
2. mit Angaben oder Darstellungen, die sich auf eine Empfehlung von Wissenschaftlern, von im Gesundheitswesen tätigen Personen, von im Bereich der Tiergesundheit tätigen Personen oder anderen Personen, die auf Grund ihrer Bekanntheit zum Arzneimittelverbrauch anregen können, beziehen,
3. mit der Wiedergabe von Krankengeschichten sowie mit Hinweisen darauf, wenn diese in missbräuchlicher, abstoßender oder irreführender Weise erfolgt oder durch eine ausführliche Beschreibung oder Darstellung zu einer falschen Selbstdiagnose verleiten kann,
4. *(aufgehoben)*
5. mit einer bildlichen Darstellung, die in missbräuchlicher, abstoßender oder irreführender Weise Veränderungen des menschlichen Körpers auf Grund von Krankheiten oder Schädigungen oder die Wirkung eines Arzneimittels im menschlichen Körper oder in Körperteilen verwendet,
6. *(aufgehoben)*
7. mit Werbeaussagen, die nahelegen, dass die Gesundheit durch die Nichtverwendung des Arzneimittels beeinträchtigt oder durch die Verwendung verbessert werden könnte,
8. durch Werbevorträge, mit denen ein Feilbieten oder eine Entgegennahme von Anschriften verbunden ist,
9. mit Veröffentlichungen, deren Werbezweck mißverständlich oder nicht deutlich erkennbar ist,
10. *(aufgehoben)*
11. mit Äußerungen Dritter, insbesondere mit Dank-, Anerkennungs- oder Empfehlungsschreiben, oder mit Hinweisen auf solche Äußerungen, wenn diese in missbräuchlicher, abstoßender oder irreführender Weise erfolgen,
12. mit Werbemaßnahmen, die sich ausschließlich oder überwiegend an Kinder unter 14 Jahren richten,
13. mit Preisausschreiben, Verlosungen oder anderen Verfahren, deren Ergebnis vom Zufall abhängig ist, sofern diese Maßnahmen oder Verfahren einer unzweckmäßigen oder übermäßigen Verwendung von Arzneimitteln Vorschub leisten,
14. durch die Abgabe von Arzneimitteln, deren Muster oder Proben oder durch Gutscheine dafür,
15. durch die nicht verlangte Abgabe von Mustern oder Proben von anderen Mitteln oder Gegenständen oder durch Gutscheine dafür.

[2] Für Medizinprodukte gilt Satz 1 Nr. 7 bis 9, 11 und 12 entsprechend. [3] Ferner darf für die in § 1 Absatz 1 Nummer 2 genannten operativen plastisch-chirurgischen Eingriffe nicht wie folgt geworben werden:

---

[1)] § 11 Abs. 2 angef. mWv 14.9.2000 durch G v. 1.9.2000 (BGBl. I S. 1374); Abs. 1 Satz 2 angef. mWv 1.1.2002 durch G v. 13.12.2001 (BGBl. I S. 3586); Abs. 1 Satz 1 Nr. 1 aufgeh., Nr. 2, 3 neu gef., Nr. 4 aufgeh., Nr. 5 neu gef., Nr. 6 aufgeh., Nr. 7 neu gef., Nr. 10 aufgeh., Nr. 11 und 13 geänd., Nr. 14 neu gef., Satz 2 geänd., Satz 3 angef. mWv 26.10.2012 durch G v. 19.10.2012 (BGBl. I S. 2192); Abs. 1 Satz 3 neu gef. mWv 1.3.2020 durch G v. 10.2.2020 (BGBl. I S. 148); Abs. 2 geänd. mWv 28.1.2022 durch G v. 27.9.2021 (BGBl. I S. 4530).

1. mit der Wirkung einer solchen Behandlung durch vergleichende Darstellung des Körperzustandes oder des Aussehens vor und nach dem Eingriff oder
2. mit Werbemaßnahmen, die sich ausschließlich oder überwiegend an Kinder und Jugendliche richten.

(2) Außerhalb der Fachkreise darf für Arzneimittel nicht mit Angaben geworben werden, die nahe legen, dass die Wirkung des Arzneimittels einem anderen Arzneimittel oder einer anderen Behandlung entspricht oder überlegen ist.

**§ 12[1)] [Weitere Werbeverbote]** (1) [1] Außerhalb der Fachkreise darf sich

1. die Werbung für Arzneimittel nicht auf die Erkennung, Verhütung, Beseitigung oder Linderung der in Abschnitt A der Anlage aufgeführten Krankheiten oder Leiden beim Menschen beziehen,
2. die Werbung für Medizinprodukte nicht auf die Erkennung, Verhütung, Beseitigung oder Linderung der in Abschnitt A Nummer 1, 3 und 4 der Anlage aufgeführten Krankheiten oder Leiden beim Menschen beziehen.

[2] Satz 1 Nummer 2 gilt nicht für die Werbung für Invitro-Diagnostika gemäß Anlage 3 zu § 3 Absatz 4 der Medizinprodukte-Abgabeverordnung, die sich auf die Erkennung der in Abschnitt A Nummer 1 der Anlage aufgeführten Krankheiten oder Leiden bei Menschen beziehen.

(2) [1] Die Werbung für andere Mittel, Verfahren, Behandlungen oder Gegenstände außerhalb der Fachkreise darf sich nicht auf die Erkennung, Beseitigung oder Linderung der in der Anlage aufgeführten Krankheiten oder Leiden beziehen. [2] Dies gilt nicht für die Werbung für Verfahren oder Behandlungen in Heilbädern, Kurorten und Kuranstalten.

**§ 13[2)] [Werbeverbot für ausländische Unternehmen]** Die Werbung eines Unternehmens mit Sitz außerhalb des Geltungsbereichs dieses Gesetzes ist unzulässig, wenn nicht ein Unternehmen mit Sitz oder eine natürliche Person mit gewöhnlichem Aufenthalt im Geltungsbereich dieses Gesetzes oder in einem anderen Mitgliedstaat der Europäischen Union oder in einem anderen Vertragsstaat des Abkommens über den Europäischen Wirtschaftsraum, die nach diesem Gesetz unbeschränkt strafrechtlich verfolgt werden kann, ausdrücklich damit betraut ist, die sich aus diesem Gesetz ergebenden Pflichten zu übernehmen.

**§ 14 [Straftaten]** Wer dem Verbot der irreführenden Werbung (§ 3) zuwiderhandelt, wird mit Freiheitsstrafe bis zu einem Jahr oder mit Geldstrafe bestraft.

**§ 15[3)] [Ordnungswidrigkeiten]** (1) Ordnungswidrig handelt, wer vorsätzlich oder fahrlässig

---

[1)] § 12 Abs. 1 Satz 2 angef., bish. Wortlaut wird Satz 1 und geänd. mWv 1.1.2002 durch G v. 13.12. 2001 (BGBl. I S. 3586); Abs. 1 neu gef. mWv 6.9.2005 durch G v. 29.8.2005 (BGBl. I S. 2570); Abs. 1 neu gef., Abs. 2 Satz 1 geänd. mWv 16.8.2019 durch G v. 9.8.2019 (BGBl. I S. 1202, ber. 2020 I S. 318); Abs. 1 Satz 1 Nr. 1, 2 neu gef. mWv 28.1.2022 durch G v. 27.9.2021 (BGBl. I S. 4530).

[2)] § 13 geänd. mWv 26.10.2012 durch G v. 19.10.2012 (BGBl. I S. 2192).

[3)] § 15 Abs. 1 Nr. 4 neu gef. mWv 11.9.1998 durch G v. 7.9.1998 (BGBl. I S. 2649); Abs. 3 geänd. mWv 1.1.2002 durch G v. 23.10.2001 (BGBl. I S. 2702); Abs. 1 Nr. 3a eingef. sowie Nr. 4 und Abs. 3 geänd. mWv 1.1.2004 durch G v. 14.11.2003 (BGBl. I S. 2190); Abs. 1 Nr. 1 eingef., bish. Nrn. 1 →

1. entgegen § 3a eine Werbung für ein Arzneimittel betreibt, das der Pflicht zur Zulassung unterliegt und das nicht nach den arzneimittelrechtlichen Vorschriften zugelassen ist oder als zugelassen gilt,
2. eine Werbung betreibt, die die nach § 4 vorgeschriebenen Angaben nicht enthält oder entgegen § 5 mit der Angabe von Anwendungsgebieten wirbt,
3. in einer nach § 6 unzulässigen Weise mit Gutachten, Zeugnissen oder Bezugnahmen auf Veröffentlichungen wirbt,
4. entgegen § 7 Abs. 1 und 3 eine mit Zuwendungen oder sonstigen Werbegaben verbundene Werbung betreibt,

4a. entgegen § 7 Abs. 1 als Angehöriger der Fachkreise eine Zuwendung oder sonstige Werbegabe annimmt,

5. entgegen § 8 Satz 1 oder Satz 2 Teleshopping oder eine dort genannte Werbung betreibt,
6. entgegen § 9 für eine Fernbehandlung wirbt,
7. entgegen § 10 für die dort bezeichneten Arzneimittel wirbt,
8. auf eine durch § 11 verbotene Weise außerhalb der Fachkreise wirbt,
9. entgegen § 12 eine Werbung betreibt, die sich auf die in der Anlage zu § 12 aufgeführten Krankheiten oder Leiden bezieht,
10. eine nach § 13 unzulässige Werbung betreibt.

(2) Ordnungswidrig handelt ferner, wer fahrlässig dem Verbot der irreführenden Werbung (§ 3) zuwiderhandelt.

(3) Die Ordnungswidrigkeit nach Absatz 1 kann mit einer Geldbuße bis zu fünfzigtausend Euro, die Ordnungswidrigkeit nach Absatz 2 mit einer Geldbuße bis zu zwanzigtausend Euro geahndet werden.

**§ 16[1)] [Einziehung von verbotenem Werbematerial]** [1] Werbematerial und sonstige Gegenstände, auf die sich eine Straftat nach § 14 oder eine Ordnungswidrigkeit nach § 15 bezieht, können eingezogen werden. [2] § 74a des Strafgesetzbuches[2)] und § 23 des Gesetzes über Ordnungswidrigkeiten[3)] sind anzuwenden.

**§ 17[4)] [Unberührtes Gesetz]** Das Gesetz gegen den unlauteren Wettbewerb[5)] bleibt unberührt.

**§ 18[6)]** *(aufgehoben)*

---

*(Fortsetzung der Anm. von voriger Seite)*
bis 9 werden Nrn. 2 bis 10 mWv 6.8.2004 durch G v. 30.7.2004 (BGBl. I S. 2031); Abs. 1 Nr. 4 geänd. mWv 19.2.2005 durch G v. 10.2.2005 (BGBl. I S. 234); Abs. 1 Nr. 5 geänd. mWv 24.12.2016 durch G v. 20.12.2016 (BGBl. I S. 3048).

[1)] § 16 neu gef. mWv 1.1.2004 durch G v. 14.11.2003 (BGBl. I S. 2190).

[2)] **Habersack, Deutsche Gesetze Nr. 85.**

[3)] **Habersack, Deutsche Gesetze Nr. 94.**

[4)] § 17 neu gef. mWv 25.7.2001 durch G v. 23.7.2001 (BGBl. S. 1661).

[5)] **Habersack, Deutsche Gesetze Nr. 73.**

[6)] § 18 aufgeh. mWv 26.10.2012 durch G v. 19.10.2012 (BGBl. I S. 2192).

**Anlage**[1)]
(zu § 12)

**Krankheiten und Leiden, auf die sich die Werbung gemäß § 12 nicht beziehen darf**

A. Krankheiten und Leiden beim Menschen

1. Nach dem Infektionsschutzgesetz[2)] vom 20. Juli 2000 (BGBl. I S. 1045) meldepflichtige Krankheiten oder durch meldepflichtige Krankheitserreger verursachte Infektionen,
2. bösartige Neubildungen,
3. Suchtkrankheiten, ausgenommen Nikotinabhängigkeit,
4. krankhafte Komplikationen der Schwangerschaft, der Entbindung und des Wochenbetts.

B. Krankheiten und Leiden beim Tier

1. Nach der Verordnung über anzeigepflichtige Tierseuchen und der Verordnung über meldepflichtige Tierkrankheiten in ihrer jeweils geltenden Fassung anzeige- oder meldepflichtige Seuchen oder Krankheiten,
2. bösartige Neubildungen,
3. bakterielle Eutererkrankungen bei Kühen, Ziegen und Schafen,
4. Kolik bei Pferden und Rindern.

[1)] Anlage neu gef. mWv 6.9.2005 durch G v. 29.8.2005 (BGBl. I S. 2570).
[2)] Nr. **285**.

# 280. Gesetz über die Spende, Entnahme und Übertragung von Organen und Geweben (Transplantationsgesetz – TPG)[1] [2] [3]

In der Fassung der Bekanntmachung vom 4. September 2007[4]
(BGBl. I S. 2206)

**FNA 212-2**

geänd. durch Art. 3 G zur Änd. arzneimittelrechtlicher und anderer Vorschriften v. 17.7.2009 (BGBl. I S. 1990), Art. 1 G zur Regelung der Entscheidungslösung im TransplantationsG v. 12.7.2012 (BGBl. I S. 1504), Art. 1 G zur Änd. des TransplantationsG v. 21.7.2012 (BGBl. I S. 1601), Art. 2a Zweites G zur Änd. arzneimittelrechtlicher und anderer Vorschriften v. 19.10.2012 (BGBl. I S. 2192), Art. 5d G zur Beseitigung sozialer Überforderung bei Beitragsschulden in der Krankenversicherung v. 15.7.2013 (BGBl. I S. 2423), Art. 1 G zur Errichtung eines Transplantationsregisters und zur Änd. weiterer Gesetze v. 11.10.2016 (BGBl. I S. 2233), Art. 2 G zur Umsetzung der RL (EU) 2015/566 und 2015/565 zur Einfuhr und zur Kodierung menschlicher Gewebe und Gewebezubereitungen v. 21.11.2016 (BGBl. I S. 2623), Art. 2 G zur Fortschreibung der Vorschriften für Blut- und Gewebezubereitungen und zur Änd. anderer Vorschriften v. 18.7.2017 (BGBl. I S. 2757), Art. 1 Zweites ÄndG v. 22.3.2019 (BGBl. I S. 352), Art. 24 Zweites Datenschutz-Anpassungs- und UmsetzungsG EU v. 20.11.2019 (BGBl. I S. 1626), Art. 1 G zur Stärkung der Entscheidungsbereitschaft bei der Organspende v. 16.3.2020 (BGBl. I S. 497, geänd. durch G v. 11.7.2021, BGBl. I S. 2754), Art. 16 Zweites G zum Schutz der Bevölkerung bei einer epidemischen Lage von nationaler Tragweite v. 19.5.2020 (BGBl. I S. 1018), Art. 6 Patientendaten-Schutz-G v. 14.10.2020 (BGBl. I S. 2115),

---

[1] **Amtl. Anm.:** Dieses Gesetz dient der Umsetzung der Richtlinie 2004/23/EG des Europäischen Parlaments und des Rates vom 31. März 2004 zur Festlegung von Qualitäts- und Sicherheitsstandards für die Spende, Beschaffung, Testung, Verarbeitung, Konservierung, Lagerung und Verteilung von menschlichen Geweben und Zellen (ABl. EU Nr. L 102 S. 48).

Die Verpflichtungen aus der Richtlinie 98/34/EG des Europäischen Parlaments und des Rates vom 22. Juni 1998 über ein Informationsverfahren auf dem Gebiet der Normen und technischen Vorschriften und der Vorschriften für die Dienste der Informationsgesellschaft (ABl. EG Nr. L 204 S. 37), geändert durch die Richtlinie 98/48/EG des Europäischen Parlaments und des Rates vom 20. Juli 1998 (ABl. EG Nr. L 217 S. 18), sind beachtet worden.

[2] Die Änderungen durch G v. 4.5.2021 (BGBl. I S. 882) treten erst **mWv 1.1.2023** in Kraft und sind im Text noch nicht berücksichtigt.

[3] Zur Ausführung und Durchführung des TPG haben die Länder ua folgende Vorschriften erlassen:
- **Bayern:** Transplantations-AusführungsG v. 24.11.1999 (GVBl. S. 464), zuletzt geänd. durch G v. 23.4.2021 (GVBl. S. 194)
- **Brandenburg:** TransplantationsgesetzdurchführungsVO v. 27.6.2016 (GVBl. II Nr. 31), aufgeh. durch VO v. 28.10.2021 (GVBl. II Nr. 88)
- **Bremen:** Transplantations-AusführungsG v. 31.3.2020 (Brem.GBl. S. 185)
- **Hamburg:** TransplantationsG-AusführungsG v. 5.6.2018 (HmbGVBl. S. 203)
- **Hessen:** TransplantationsG-AusführungsG v. 29.11.2000 (GVBl. I S. 514), zuletzt geänd. durch G v. 9.9.2019 (GVBl. S. 229)
- **Mecklenburg-Vorpommern:** TransplantationsausführungsG v. 24.11.2000 (GVOBl. M-V S. 541)
- **Niedersachsen:** Ausführungsgesetz zum Transplantationsgesetz v. 14.11.2018 (Nds. GVBl. S. 244)
- **Nordrhein-Westfalen:** G zur Ausführung des TPG v. 9.11.1999 (GV. NRW. S. 599), zuletzt geänd. durch G v. 2.2.2016 (GV. NRW. S. 78)
- **Rheinland-Pfalz:** Transplantations-AusführungsG v. 19.12.2018 (GVBl. S. 460)
- **Saarland:** Transplantations-AusführungsG v. 11.2.2015 (Amtsbl. I S. 221), geänd. durch G v. 8.12.2021 (Amtsbl. I S. 2629)
- **Sachsen:** Sächsisches TransplantationsausführungsG v. 7.11.2005 (SächsGVBl. S. 274), zuletzt geänd. durch G v. 17.5.2018 (SächsGVBl. S. 284)
- **Sachsen-Anhalt:** TransplantationsG-AusführungsVO v. 22.2.2016 (GVBl. LSA S. 108)
- **Schleswig-Holstein:** TransplantationsG-AusführungsG v. 9.4.2008 (GVOBl. Schl.-H. S. 166, ber. S. 561), zuletzt geänd. durch G v. 23.6.2020 (GVOBl. Schl.-H. S. 358)

[4] Neubekanntmachung des TPG v. 5.11.1997 (BGBl. I S. 2631) in der ab 1.8.2007 geltenden Fassung.

Art. 15 Abs. 3 Vormundschafts- und Betreuungsrechts-ReformG v. 4.5.2021 (BGBl. I S. 882), Art. 19a Digitale-Versorgung-und-Pflege-Modernisierungs-G v. 3.6.2021 (BGBl. I S. 1309) und Art. 15d GesundheitsversorgungsweiterentwicklungsG v. 11.7.2021 (BGBl. I S. 2754)

**Inhaltsübersicht**[1)]



---

[1)] Inhaltsübersicht geänd. mWv 1.11.2012 durch G v. 12.7.2012 (BGBl. I S. 1504); geänd. mWv 1.8.2012 durch G v. 21.7.2012 (BGBl. I S. 1601); geänd. mWv 1.11.2016 durch G v. 11.10.2016 (BGBl. I S. 2233); geänd. mWv 29.7.2017 durch G v. 18.7.2017 (BGBl. I S. 2757); geänd. mWv 1.4. 2019 durch G v. 22.3.2019 (BGBl. I S. 352); geänd. mWv 26.11.2019 durch G v. 20.11.2019 (BGBl. I S. 1626); geänd. mWv 1.3.2022 durch G v. 16.3.2020 (BGBl. I S. 497); geänd. mWv 20.7.2021 durch G v. 11.7.2021 (BGBl. I S. 2754); sie wurde nichtamtlich an die Änderung mWv 26.11.2016 durch G v. 21.11.2016 (BGBl. I S. 2623) angepasst.

## Abschnitt 1. Allgemeine Vorschriften

**§ 1[1] Ziel und Anwendungsbereich des Gesetzes** (1) [1]Ziel des Gesetzes ist es, die Bereitschaft zur Organspende in Deutschland zu fördern. [2]Hierzu soll jede Bürgerin und jeder Bürger regelmäßig im Leben in die Lage versetzt werden, sich mit der Frage seiner eigenen Spendebereitschaft ernsthaft zu befassen und aufgefordert werden, die jeweilige Erklärung auch zu dokumentieren. [3]Um eine informierte und unabhängige Entscheidung jedes Einzelnen zu ermöglichen, sieht dieses Gesetz eine breite Aufklärung der Bevölkerung zu den Möglichkeiten der Organ- und Gewebespende vor.

(2) [1]Dieses Gesetz gilt für die Spende und die Entnahme von menschlichen Organen oder Geweben zum Zwecke der Übertragung sowie für die Übertragung der Organe oder der Gewebe einschließlich der Vorbereitung dieser Maßnahmen. [2]Es gilt ferner für das Verbot des Handels mit menschlichen Organen oder Geweben.

(3) Dieses Gesetz gilt nicht für

1. Gewebe, die innerhalb ein und desselben chirurgischen Eingriffs einer Person entnommen werden, um auf diese ohne Änderung ihrer stofflichen Beschaffenheit rückübertragen zu werden,
2. Blut und Blutbestandteile.

---

[1] § 1 Überschrift neu gef., Abs. 1 eingef., bish. Abs. 1 und 2 werden Abs. 2 und 3 mWv 1.11.2012 durch G v. 12.7.2012 (BGBl. I S. 1504); Abs. 3 Nr. 1 geänd. mWv 29.7.2017 durch G v. 18.7.2017 (BGBl. I S. 2757).

**§ 1a[1] Begriffsbestimmungen.** Im Sinne dieses Gesetzes

1. sind Organe, mit Ausnahme der Haut, alle aus verschiedenen Geweben bestehenden, differenzierten Teile des menschlichen Körpers, die in Bezug auf Struktur, Blutgefäßversorgung und Fähigkeit zum Vollzug physiologischer Funktionen eine funktionale Einheit bilden, einschließlich der Organteile und einzelnen Gewebe eines Organs, die unter Aufrechterhaltung der Anforderungen an Struktur und Blutgefäßversorgung zum gleichen Zweck wie das ganze Organ im menschlichen Körper verwendet werden können, mit Ausnahme solcher Gewebe, die zur Herstellung von Arzneimitteln für neuartige Therapien im Sinne des § 4 Absatz 9 des Arzneimittelgesetzes[2] bestimmt sind;
2. sind vermittlungspflichtige Organe die Organe Herz, Lunge, Leber, Niere, Bauchspeicheldrüse und Darm im Sinne der Nummer 1, die nach § 3 oder § 4 entnommen worden sind;
3. sind nicht regenerierungsfähige Organe alle Organe, die sich beim Spender nach der Entnahme nicht wieder bilden können;
4. sind Gewebe alle aus Zellen bestehenden Bestandteile des menschlichen Körpers, die keine Organe nach Nummer 1 sind, einschließlich einzelner menschlicher Zellen;
5. sind nächste Angehörige in der Rangfolge ihrer Aufzählung
   a) der Ehegatte oder der eingetragene Lebenspartner,
   b) die volljährigen Kinder,
   c) die Eltern oder, sofern der mögliche Organ- oder Gewebespender zur Todeszeit minderjährig war und die Sorge für seine Person zu dieser Zeit nur einem Elternteil, einem Vormund oder einem Pfleger zustand, dieser Sorgeinhaber,
   d) die volljährigen Geschwister,
   e) die Großeltern;
6. ist Entnahme die Gewinnung von Organen oder Geweben;
7. ist Übertragung die Verwendung von Organen oder Geweben in oder an einem menschlichen Empfänger sowie die Anwendung beim Menschen außerhalb des Körpers;
8. ist Gewebeeinrichtung eine Einrichtung, die Gewebe zum Zwecke der Übertragung entnimmt, untersucht, aufbereitet, be- oder verarbeitet, konserviert, kennzeichnet, verpackt, aufbewahrt oder an andere abgibt;
9. ist Einrichtung der medizinischen Versorgung ein Krankenhaus oder eine andere Einrichtung mit unmittelbarer Patientenbetreuung, die fachlich-medizinisch unter ständiger ärztlicher Leitung steht und in der ärztliche medizinische Leistungen erbracht werden;
10. sind Verfahrensanweisungen schriftliche Anweisungen, die die Schritte eines spezifischen Verfahrens beschreiben, einschließlich der zu verwendenden Materialien und Methoden und des erwarteten Ergebnisses;
11. ist Rückverfolgbarkeit die Möglichkeit, das Organ in jeder Phase von der Spende bis zur Übertragung oder Verwerfung zu verfolgen und zu identifizieren; dies umfasst auch die Möglichkeit, den Spender, das Entnahme-

---

[1] § 1a Nr. 1 geänd. mWv 23.7.2009 durch G v. 17.7.2009 (BGBl. I S. 1990); Nr. 1 geänd., Nr. 10 und 11 neu gef. mWv 1.8.2012 durch G v. 21.7.2012 (BGBl. I S. 1601).

[2] Nr. **272**.

krankenhaus und den Empfänger im Transplantationszentrum zu identifizieren sowie alle sachdienlichen, nicht personenbezogenen Daten über Produkte und Materialien, mit denen das Organ in Berührung kommt, zu ermitteln und zu identifizieren.

**§ 2[1)] Aufklärung der Bevölkerung, Erklärung zur Organ- und Gewebespende, Organ- und Gewebespendeausweise.** (1) [1]Die nach Landesrecht zuständigen Stellen, die Bundesbehörden im Rahmen ihrer Zuständigkeit, insbesondere die Bundeszentrale für gesundheitliche Aufklärung, sowie die Krankenkassen sollen auf der Grundlage dieses Gesetzes die Bevölkerung aufklären über

1. die Möglichkeiten der Organ- und Gewebespende,
2. die Voraussetzungen der Organ- und Gewebeentnahme bei toten Spendern einschließlich der Bedeutung einer zu Lebzeiten abgegebenen Erklärung zur Organ- und Gewebespende, auch im Verhältnis zu einer Patientenverfügung, und der Rechtsfolge einer unterlassenen Erklärung im Hinblick auf das Entscheidungsrecht der nächsten Angehörigen nach § 4 sowie
3. die Bedeutung der Organ- und Gewebeübertragung im Hinblick auf den für kranke Menschen möglichen Nutzen einer medizinischen Anwendung von Organen und Geweben einschließlich von aus Geweben hergestellten Arzneimitteln und die Bedeutung der Erhebung transplantationsmedizinischer Daten im Transplantationsregister nach Abschnitt 5a.

[2]Die Aufklärung hat die gesamte Tragweite der Entscheidung zu umfassen und muss ergebnisoffen sein. [3]Die Aufklärung hat die Möglichkeiten zu umfassen, eine Erklärung zur Organ- und Gewebespende zu dokumentieren und insbesondere im Register nach § 2a abzugeben, zu ändern und zu widerrufen einschließlich der damit verbundenen Rechtsfolgen. [4]Sie hat auch die bestehenden Beratungsmöglichkeiten zur Organ- und Gewebespende durch Hausärzte sowie sonstige Beratungsmöglichkeiten zu umfassen. [5]Die in Satz 1 benannten Stellen sollen auch Ausweise für die Erklärung zur Organ- und Gewebespende (Organspendeausweis) zusammen mit geeigneten Aufklärungsunterlagen bereithalten und der Bevölkerung zur Verfügung stellen. [6]Bund und Länder stellen sicher, dass den für die Ausstellung und die Ausgabe von Personalausweisen, Pässen oder Passersatzpapieren sowie von eID-Karten zuständigen Stellen des Bundes und der Länder Organspendeausweise und den in den Sätzen 1 bis 4 genannten Anforderungen entsprechende Aufklärungsunterlagen der Bundeszentrale für gesundheitliche Aufklärung zur Verfügung stehen. [7]Bei der Beantragung, Verlängerung oder persönlichen Abholung von Personalausweisen, Pässen oder Passersatzpapieren sowie von eID-Karten händigen die in Satz 6 genannten Stellen dem Antragsteller die in Satz 6 genannten Unterlagen

---

[1)] § 2 Abs. 1 neu gef., Abs. 1a und 2a eingef. mWv 1.11.2012 durch G v. 12.7.2012 (BGBl. I S. 1504); Abs. 1 Satz 1 Nr. 3 geänd. mWv 1.11.2016 durch G v. 11.10.2016 (BGBl. I S. 2233); Abs. 3 Satz 2 geänd., Satz 3 Nr. 3 aufgeh., Nr. 4–6 werden Nr. 3–5, Abs. 4 Satz 3 eingef., bish. Satz 3 wird Satz 4 und geänd., Abs. 4a eingef. mWv 26.11.2019 durch G v. 20.11.2019 (BGBl. I S. 1626); Überschrift geänd., Abs. 1 Sätze 3, 4 eingef., bish. Satz 3 wird Satz 5, bish. Satz 4 wird Satz 6 und neu gef., Sätze 7–11 angef., Abs. 1a, 1b eingef., bish. Abs. 1a wird Abs. 1c, Abs. 1d eingef., Abs. 2 Sätze 4–6 angef., Abs. 3, 4, 4a aufgeh., bish. Abs. 5 wird Abs. 3 mWv 1.3.2022 durch G v. 16.3.2020 (BGBl. I S. 497, geänd. durch G v. 11.7.2021, BGBl. I S. 2754); Abs. 1a Sätze 1, 4 geänd. mWv 20.10.2020 durch G v. 14.10.2020 (BGBl. I S. 2115); Abs. 1a Satz 4 aufgeh., bish. Satz 5 wird Satz 4 mWv 9.6.2021 durch G v. 3.6.2021 (BGBl. I S. 1309).

aus und weisen auf weitere Informations- und Beratungsmöglichkeiten sowie die Möglichkeit, eine Erklärung zur Organ- und Gewebespende im Register abzugeben, hin. [8] Ist eine elektronische Antragstellung der in Satz 6 genannten Dokumente nach anderen Rechtsvorschriften zugelassen und werden sie elektronisch beantragt, sind die Unterlagen dem Antragstellenden zu übermitteln. [9] Die für die Ausstellung und die Ausgabe von Personalausweisen, Pässen oder Passersatzpapieren sowie von eID-Karten zuständigen Stellen des Bundes und der Länder stellen sicher, dass die Abgabe einer Erklärung zur Organ- und Gewebespende vor Ort erfolgen kann. [10] Satz 9 gilt nicht für die Passstellen der deutschen Auslandsvertretungen. [11] Bund und Länder stellen sicher, dass den Ausländerbehörden mehrsprachige Organspendeausweise und den in den Sätzen 1 bis 4 genannten Anforderungen entsprechende mehrsprachige Aufklärungsunterlagen von der Bundeszentrale für gesundheitliche Aufklärung zur Verfügung stehen.

(1a) [1] Hausärzte sollen ihre Patienten regelmäßig darauf hinweisen, dass sie mit Vollendung des 16. Lebensjahres eine Erklärung zur Organ- und Gewebespende abgeben, ändern und widerrufen und mit Vollendung des 14. Lebensjahres einer Organ- und Gewebeentnahme widersprechen können. [2] Bei Bedarf sollen sie diese Patienten über die Organ- und Gewebespende beraten. [3] Die Beratung umfasst insbesondere

1. die Möglichkeiten der Organ- und Gewebespende,
2. die Voraussetzungen für eine Organ- und Gewebeentnahme bei toten Spendern, einschließlich der Bedeutung einer abgegebenen Erklärung zur Organ- und Gewebespende und des Entscheidungsrechts der nächsten Angehörigen nach § 4,
3. die Bedeutung der Organ- und Gewebeübertragung im Hinblick auf den für kranke Menschen möglichen Nutzen einer medizinischen Anwendung von Organen und Geweben einschließlich von aus Geweben hergestellten Arzneimitteln und
4. die Möglichkeit eine Erklärung zur Organ- und Gewebespende im Register abzugeben.

[4] Dabei sollen die Hausärzte ausdrücklich darauf hinweisen, dass keine Verpflichtung zur Abgabe einer Erklärung zur Organ- und Gewebespende besteht. [5] Die Beratung muss ergebnisoffen sein. [6] Für die Beratung hat die Bundeszentrale für gesundheitliche Aufklärung den Arztpraxen geeignete Aufklärungsunterlagen auf der Grundlage des Absatzes 1 sowie Organspendeausweise zur Verfügung zu stellen.

(1b) [1] Im Rahmen einer ambulanten privatärztlichen Behandlung richtet sich der Vergütungsanspruch des Arztes für die Beratung über die Organ- und Gewebespende nach der Gebührenordnung für Ärzte. [2] Der Vergütungsanspruch besteht je Patient alle zwei Jahre. [3] Solange in der Anlage der Gebührenordnung für Ärzte (Gebührenverzeichnis für ärztliche Leistungen) keine eigenständige Leistung für die Beratung über die Organ- und Gewebespende enthalten ist, kann diese Beratung entsprechend einer nach Art, Kosten- und Zeitaufwand gleichwertigen Leistung des Gebührenverzeichnisses für ärztliche Leistungen mit der Maßgabe berechnet werden, dass mögliche Abrechnungsausschlüsse dieser gleichwertigen Leistungen gegenüber anderen Leistungen des Gebührenverzeichnisses für ärztliche Leistungen nicht gelten.

(1c) [1]Die Krankenkassen haben, unbeschadet ihrer Pflichten nach Absatz 1, die in Absatz 1 Satz 3 genannten Unterlagen ihren Versicherten, die das 16. Lebensjahr vollendet haben, zur Verfügung zu stellen, wenn ihnen die elektronische Gesundheitskarte nach § 291 Absatz 1 des Fünften Buches Sozialgesetzbuch[1)] ausgestellt wird. [2]Die privaten Krankenversicherungsunternehmen haben die in Absatz 1 Satz 3 genannten Unterlagen ihren Versicherten, die das 16. Lebensjahr vollendet haben, alle fünf Jahre zusammen mit der Beitragsmitteilung nach § 10 Absatz 2a Satz 9 des Einkommensteuergesetzes[2)] zur Verfügung zu stellen. [3]Ist den Krankenkassen und den privaten Krankenversicherungsunternehmen ein erstmaliges Erfüllen der Verpflichtungen nach den Sätzen 1 und 2 innerhalb von zwölf Monaten nach Inkrafttreten dieses Gesetzes nicht möglich, haben sie die Unterlagen nach Absatz 1 Satz 3 ihren Versicherten innerhalb des vorgenannten Zeitraums in anderer geeigneter Weise zur Verfügung zu stellen. [4]Mit der Zurverfügungstellung der Unterlagen fordern die Krankenkassen und die privaten Krankenversicherungsunternehmen die Versicherten auf, eine Erklärung zur Organ- und Gewebespende zu dokumentieren und benennen ihnen gegenüber fachlich qualifizierte Ansprechpartner für Fragen zur Organ- und Gewebespende sowie zur Bedeutung einer zu Lebzeiten abgegebenen Erklärung zur Organ- und Gewebespende, auch im Verhältnis zu einer Patientenverfügung.

(1d) [1]Die Aufklärungsunterlagen der Bundeszentrale für gesundheitliche Aufklärung sowie ihre sonstigen Informationsangebote zur Organ- und Gewebespende werden alle vier Jahre wissenschaftlich evaluiert. [2]Der Bericht ist unter Einbeziehung eines wissenschaftlichen Sachverständigen oder mehrerer wissenschaftlicher Sachverständiger, die im Einvernehmen mit dem Bundestag bestellt werden, zu erstellen. [3]Über die Ergebnisse der wissenschaftlichen Evaluation berichtet die Bundesregierung jeweils dem Deutschen Bundestag, erstmals im Jahr 2024.

(2) [1]Wer eine Erklärung zur Organ- und Gewebespende abgibt, kann in eine Organ- und Gewebeentnahme nach § 3 einwilligen, ihr widersprechen oder die Entscheidung einer namentlich benannten Person seines Vertrauens übertragen (Erklärung zur Organ- und Gewebespende). [2]Die Erklärung kann auf bestimmte Organe oder Gewebe beschränkt werden. [3]Die Einwilligung und die Übertragung der Entscheidung können vom vollendeten sechzehnten, der Widerspruch kann vom vollendeten vierzehnten Lebensjahr an erklärt werden. [4]Sind mehrere sich widersprechende Erklärungen abgegeben worden, gilt die zuletzt abgegebene Erklärung. [5]Ist nicht festzustellen, welche Erklärung zuletzt abgegeben worden ist, ist der nächste Angehörige zu befragen, ob ihm bekannt ist, welche Erklärung zuletzt abgegeben worden ist. [6]Ist dies dem nächsten Angehörigen nicht bekannt oder ist kein entscheidungsbefugter Angehöriger im Sinne des § 4 Absatz 2 vorhanden, gilt diejenige Erklärung mit der geringsten Eingriffstiefe.

(2a) Niemand kann verpflichtet werden, eine Erklärung zur Organ- und Gewebespende abzugeben.

(3) Die Bundesregierung kann durch allgemeine Verwaltungsvorschrift mit Zustimmung des Bundesrates ein Muster für den Organ- und Gewebespendeausweis festlegen und im Bundesanzeiger bekannt machen.

---

[1)] **Aichberger Nr. 5.**
[2)] **Steuergesetze Nr. 1.**

**§ 2a[1] Register für Erklärungen zur Organ- und Gewebespende; Verordnungsermächtigung.** (1) [1]Das Bundesinstitut für Arzneimittel und Medizinprodukte richtet ein Register für Erklärungen zur Organ- und Gewebespende ein und führt dieses Register. [2]Personen, die das 16. Lebensjahr vollendet haben, können zu jeder Zeit in dem Register eine Erklärung zur Organ- und Gewebespende abgeben, ändern oder widerrufen. [3]Ein Widerspruch gegen die Organ- und Gewebeentnahme kann im Register erst mit Vollendung des 14. Lebensjahres selbst erklärt werden. [4]Das Bundesinstitut für Arzneimittel und Medizinprodukte erteilt den berechtigten Personen nach Absatz 4 auf Anfrage Auskunft über die im Register gespeicherten Erklärungen zur Organ- und Gewebespende. [5]Die im Register gespeicherten personenbezogenen Daten dürfen nur zum Zweck der Feststellung verwendet werden, ob bei derjenigen Person, die die Erklärung abgegeben hat, eine Organ- oder Gewebeentnahme nach § 3 oder § 4 zulässig ist und nur zu diesem Zweck nach Absatz 3 oder Absatz 4 übermittelt werden. [6]Das Bundesinstitut für Arzneimittel und Medizinprodukte darf die im Register gespeicherten personenbezogenen Daten zudem zum Zweck der Erstellung eines Jahresberichts verwenden. [7]In dem Jahresbericht sind die im Register dokumentierten Erklärungen zur Organ- und Gewebespende, ihre Änderungen und Widerrufe in anonymisierter Form nach Anzahl, Geschlecht, Geburtsjahr und Bundesland, in dem die erklärende Person ihren Wohnsitz hat, auszuwerten. [8]Der Jahresbericht ist jährlich bis zum 30. Juni zu veröffentlichen.

(2) [1]Das Bundesinstitut für Arzneimittel und Medizinprodukte hat im Benehmen mit dem Bundesamt für Sicherheit in der Informationstechnik sichere Authentifizierungsverfahren für die Abgabe, Änderung und den Widerruf von Erklärungen zur Organ- und Gewebespende und für den Abruf von Erklärungen zur Organ- und Gewebespende nach Absatz 5 festzulegen. [2]Dabei ist sicherzustellen, dass sowohl die Erklärung zur Organ- und Gewebespende, deren Änderung und Widerruf als auch deren Abruf jederzeit online durch die Person, die die Erklärung zur Organ- und Gewebespende abgegeben hat, und durch den Arzt oder Transplantationsbeauftragten, der von einem Krankenhaus dem Bundesinstitut für Arzneimittel und Medizinprodukte als auskunftsberechtigt benannt wurde, erfolgen kann. [3]Das Bundesinstitut für Arzneimittel und Medizinprodukte hat die erforderlichen räumlichen, technischen und organisatorischen Maßnahmen zu treffen, damit die im Register gespeicherten Daten gegen unbefugtes Hinzufügen, Löschen oder Verändern geschützt sind und keine unbefugte Kenntnisnahme oder Weitergabe erfolgen kann.

(3) [1]Das Bundesinstitut für Arzneimittel und Medizinprodukte darf folgende personenbezogene Daten erheben und speichern

1. im Hinblick auf die Person, die eine Erklärung zur Organ- und Gewebespende abgibt, neben der Erklärung selbst
   a) ihre Vornamen, Familiennamen, Doktortitel,Geburtsname, Geburtsdatum und Geburtsort, Anschrift, die zu pseudonymisierende Krankenversichertennummer und E-Mail-Adresse,
   b) die für den Zugriff auf das Register erforderlichen Kennungen und
   c) im Fall der Übertragung der Entscheidung über die Organ- und Gewebespende auf eine namentlich benannte Person mit deren Einwilligung

[1] § 2a eingef. mWv 1.3.2022 durch G v. 16.3.2020 (BGBl. I S. 497, geänd. durch G v. 11.7.2021, BGBl. I S. 2754).

deren Vornamen, Familiennamen, Geburtsdatum, Geburtsort, Anschrift, E-Mail-Adresse und Telefonnummer,

2. im Hinblick auf den Arzt oder Transplantationsbeauftragten, der von einem Krankenhaus dem Bundesinstitut für Arzneimittel und Medizinprodukte als auskunftsberechtigt benannt wurde
   a) mit seiner Einwilligung seine Vornamen, Familiennamen, Namenszusätze, Geburtsdatum, E-Mail-Adresse und Kennnummer,
   b) Institutskennzeichen, E-Mail-Adresse und Kennnummer des Krankenhauses und
   c) Kennnummer des Eintrags.

[2] Das Bundesinstitut für Arzneimittel und Medizinprodukte darf das Pseudonym der Krankenversichertennummer ausschließlich zum Zweck der Vermeidung möglicher Fehlzuordnungen bei Doppelungen persönlicher Daten bei unterschiedlichen Personen im Abfragefall verarbeiten. [3] Das Verfahren zur Pseudonymisierung legt das Bundesinstitut für Arzneimittel und Medizinprodukte im Benehmen mit dem Bundesamt für die Sicherheit in der Informationstechnik und dem Bundesbeauftragten für den Datenschutz und die Informationsfreiheit fest.

(4) [1] Eine Auskunft aus dem Register darf ausschließlich an die Person, die die Erklärung zur Organ- und Gewebespende abgegeben hat, sowie an einen Arzt oder Transplantationsbeauftragten erteilt werden, der von einem Krankenhaus dem Bundesinstitut für Arzneimittel und Medizinprodukte als auskunftsberechtigt benannt wurde und der weder an der Entnahme noch an der Übertragung der Organe oder der Gewebe des möglichen Organ- oder Gewebespenders beteiligt ist und auch nicht Weisungen eines Arztes untersteht, der an diesen Maßnahmen beteiligt ist. [2] Ein als auskunftsberechtigt benannter Arzt oder Transplantationsbeauftragter darf eine Auskunft zu einem möglichen Organ- oder Gewebespender erfragen,

1. wenn der Tod des möglichen Organ- oder Gewebespenders gemäß § 3 Absatz 1 Satz 1 Nummer 2 festgestellt worden ist oder
2. in Behandlungssituationen, in denen der nicht behebbare Ausfall der Gesamtfunktion des Großhirns, des Kleinhirns und des Hirnstamms des möglichen Organ- oder Gewebespenders unmittelbar bevorsteht oder als bereits eingetreten vermutet wird.

[3] Zur Prüfung der Zulässigkeit der Anfragen an das Register und der Auskünfte aus dem Register hat das Bundesinstitut für Arzneimittel und Medizinprodukte die Auskünfte sowie deren Anlass und Zweck aufzuzeichnen. [4] Die Auskunft aus dem Register darf von dem als auskunftsberechtigt benannten Arzt oder Transplantationsbeauftragten nur an die folgenden Personen übermittelt werden:

1. in den Fällen des Satzes 2 Nummer 1 an den Arzt, der die Organ- oder Gewebeentnahme vornehmen oder unter dessen Verantwortung die Gewebeentnahme nach § 3 Absatz 1 Satz 2 vorgenommen werden soll, und
2. in den Fällen des Satzes 2 Nummer 2 an den Arzt, der den möglichen Organ- oder Gewebespender behandelt, und
3. an die Person, die
   a) nach § 3 Absatz 3 Satz 1 über die beabsichtigte Organ- oder Gewebeentnahme zu unterrichten ist oder

b) nach § 4 über eine in Frage kommende Organ- oder Gewebeentnahme zu unterrichten ist.

(5) [1]Die Auskunft nach Absatz 4 Satz 1 kann in einem automatisierten Abrufverfahren übermittelt werden. [2]Das automatisierte Abrufverfahren darf nur eingerichtet werden, sofern die beteiligten Stellen die technischen und organisatorischen Maßnahmen getroffen haben, die nach den Artikeln 24, 25 und 32 der Verordnung (EU) 2016/679 des Europäischen Parlaments und des Rates vom 27. April 2016 zum Schutz natürlicher Personen bei der Verarbeitung personenbezogener Daten, zum freien Datenverkehr und zur Aufhebung der Richtlinie 95/46/EG (Datenschutz-Grundverordnung) (ABl. L 119 vom 4.5.2016, S. 1; L 314 vom 22.11.2016, S. 72; L 127 vom 23.5.2018, S. 2) in der jeweils geltenden Fassung erforderlich sind. [3]Die Verantwortung für die Zulässigkeit des einzelnen Abrufs trägt die Person, die die Erklärung zur Organ- und Gewebespende im Register abgegeben hat, oder der Arzt oder Transplantationsbeauftragte, der von einem Krankenhaus dem Bundesinstitut für Arzneimittel und Medizinprodukte als auskunftsberechtigt benannt wurde. [4]Das Bundesinstitut für Arzneimittel und Medizinprodukte überprüft die Zulässigkeit der Abrufe durch geeignete Stichprobenverfahren und im Übrigen nur, wenn dazu Anlass besteht.

(6) Das Bundesministerium für Gesundheit kann durch Rechtsverordnung mit Zustimmung des Bundesrates das Nähere insbesondere zu den Authentifizierungsverfahren sowie den Datensätzen nach Absatz 3 festlegen.

## Abschnitt 2. Entnahme von Organen und Geweben bei toten Spendern

**§ 3 Entnahme mit Einwilligung des Spenders.** (1) [1]Die Entnahme von Organen oder Geweben ist, soweit in § 4 oder § 4a nichts Abweichendes bestimmt ist, nur zulässig, wenn

1. der Organ- oder Gewebespender in die Entnahme eingewilligt hatte,
2. der Tod des Organ- oder Gewebespenders nach Regeln, die dem Stand der Erkenntnisse der medizinischen Wissenschaft entsprechen, festgestellt ist und
3. der Eingriff durch einen Arzt vorgenommen wird.

[2]Abweichend von Satz 1 Nr. 3 darf die Entnahme von Geweben auch durch andere dafür qualifizierte Personen unter der Verantwortung und nach fachlicher Weisung eines Arztes vorgenommen werden.

(2) Die Entnahme von Organen oder Geweben ist unzulässig, wenn

1. die Person, deren Tod festgestellt ist, der Organ- oder Gewebeentnahme widersprochen hatte,
2. nicht vor der Entnahme bei dem Organ- oder Gewebespender der endgültige, nicht behebbare Ausfall der Gesamtfunktion des Großhirns, des Kleinhirns und des Hirnstamms nach Verfahrensregeln, die dem Stand der Erkenntnisse der medizinischen Wissenschaft entsprechen, festgestellt ist.

(3) [1]Der Arzt hat den nächsten Angehörigen des Organ- oder Gewebespenders über die beabsichtigte Organ- oder Gewebeentnahme zu unterrichten. [2]Die entnehmende Person hat Ablauf und Umfang der Organ- oder Gewebeentnahme aufzuzeichnen. [3]Der nächste Angehörige hat das Recht auf Einsichtnahme. [4]Er kann eine Person seines Vertrauens hinzuziehen.

**§ 4[1] Entnahme mit Zustimmung anderer Personen.** (1) [1]Hat die Auskunft aus dem Register für Erklärungen zur Organ- und Gewebespende nach § 2a Absatz 4 ergeben, dass der mögliche Organ- und Gewebespender keine Erklärung zur Organ- und Gewebespende abgegeben hat, und liegt dem Arzt, der die Organ- oder Gewebeentnahme vornehmen oder unter dessen Verantwortung die Gewebeentnahme nach § 3 Abs. 1 Satz 2 vorgenommen werden soll, weder eine schriftliche Einwilligung noch ein schriftlicher Widerspruch des möglichen Organ- oder Gewebespenders vor, ist dessen nächster Angehöriger zu befragen, ob ihm von diesem eine Erklärung zur Organ- oder Gewebespende bekannt ist. [2]Ist auch dem nächsten Angehörigen eine solche Erklärung nicht bekannt, so ist die Entnahme unter den Voraussetzungen des § 3 Abs. 1 Satz 1 Nr. 2 und 3, Satz 2 und Abs. 2 Nr. 2 nur zulässig, wenn ein Arzt den nächsten Angehörigen über eine in Frage kommende Organ- oder Gewebeentnahme unterrichtet und dieser ihr zugestimmt hat. [3]Kommt eine Entnahme mehrerer Organe oder Gewebe in Betracht, soll die Einholung der Zustimmung zusammen erfolgen. [4]Der nächste Angehörige hat bei seiner Entscheidung einen mutmaßlichen Willen des möglichen Organ- oder Gewebespenders zu beachten. [5]Der Arzt hat den nächsten Angehörigen hierauf hinzuweisen. [6]Der nächste Angehörige kann mit dem Arzt vereinbaren, dass er seine Erklärung innerhalb einer bestimmten, vereinbarten Frist widerrufen kann; die Vereinbarung bedarf der Schriftform.

(2) [1]Der nächste Angehörige ist nur dann zu einer Entscheidung nach Absatz 1 befugt, wenn er in den letzten zwei Jahren vor dem Tod des möglichen Organ- oder Gewebespenders zu diesem persönlichen Kontakt hatte. [2]Der Arzt hat dies durch Befragung des nächsten Angehörigen festzustellen. [3]Bei mehreren gleichrangigen nächsten Angehörigen genügt es, wenn einer von ihnen nach Absatz 1 beteiligt wird und eine Entscheidung trifft; es ist jedoch der Widerspruch eines jeden von ihnen beachtlich. [4]Ist ein vorrangiger nächster Angehöriger innerhalb angemessener Zeit nicht erreichbar, genügt die Beteiligung und Entscheidung des zuerst erreichbaren nächsten Angehörigen. [5]Dem nächsten Angehörigen steht eine volljährige Person gleich, die dem möglichen Organ- oder Gewebespender bis zu seinem Tode in besonderer persönlicher Verbundenheit offenkundig nahegestanden hat; sie tritt neben den nächsten Angehörigen.

(3) Hatte der mögliche Organ- oder Gewebespender die Entscheidung über eine Organ- oder Gewebeentnahme einer bestimmten Person übertragen, tritt diese an die Stelle des nächsten Angehörigen.

(4) [1]Der Arzt hat Ablauf, Inhalt und Ergebnis der Beteiligung der nächsten Angehörigen sowie der Personen nach Absatz 2 Satz 5 und Absatz 3 aufzuzeichnen. [2]Die nächsten Angehörigen sowie die Personen nach Absatz 2 Satz 5 und Absatz 3 haben das Recht auf Einsichtnahme.

**§ 4a[2] Entnahme bei toten Embryonen und Föten.** (1) [1]Die Entnahme von Organen oder Geweben bei einem toten Embryo oder Fötus ist nur zulässig, wenn

1. der Tod des Embryos oder Fötus nach Regeln, die dem Stand der Erkenntnisse der medizinischen Wissenschaft entsprechen, festgestellt ist,

---

[1] § 4 Abs. 1 Satz 1 geänd. mWv 1.3.2022 durch G v. 11.7.2021 (BGBl. I S. 2754).
[2] § 4a Abs. 2 Satz 5 geänd. mWv 1.4.2019 durch G v. 22.3.2019 (BGBl. I S. 352).

2. die Frau, die mit dem Embryo oder Fötus schwanger war, durch einen Arzt über eine in Frage kommende Organ- oder Gewebeentnahme aufgeklärt worden ist und in die Entnahme der Organe oder Gewebe schriftlich eingewilligt hat und
3. der Eingriff durch einen Arzt vorgenommen wird.

[2]In den Fällen des Satzes 1 Nr. 3 gilt § 3 Abs. 1 Satz 2 entsprechend. [3]Die Aufklärung und die Einholung der Einwilligung dürfen erst nach der Feststellung des Todes erfolgen.

(2) [1]Der Arzt hat Ablauf, Inhalt und Ergebnis der Aufklärung und der Einwilligung nach Absatz 1 Satz 1 Nr. 2 aufzuzeichnen. [2]Die entnehmende Person hat Ablauf und Umfang der Organ- oder Gewebeentnahme aufzuzeichnen. [3]Die Frau, die mit dem Embryo oder Fötus schwanger war, hat das Recht auf Einsichtnahme. [4]Sie kann eine Person ihres Vertrauens hinzuziehen. [5]Die Einwilligung kann schriftlich, elektronisch oder mündlich widerrufen werden.

(3) In den Fällen des Absatzes 1 gilt die Frau, die mit dem Embryo oder Fötus schwanger war, nur für die Zwecke der Dokumentation, der Rückverfolgung und des Datenschutzes als Spenderin.

**§ 5 Nachweisverfahren.** (1) [1]Die Feststellungen nach § 3 Abs. 1 Satz 1 Nr. 2 und Abs. 2 Nr. 2 sind jeweils durch zwei dafür qualifizierte Ärzte zu treffen, die den Organ- oder Gewebespender unabhängig voneinander untersucht haben. [2]Abweichend von Satz 1 genügt zur Feststellung nach § 3 Abs. 1 Satz 1 Nr. 2 die Untersuchung und Feststellung durch einen Arzt, wenn der endgültige, nicht behebbare Stillstand von Herz und Kreislauf eingetreten ist und seitdem mehr als drei Stunden vergangen sind.

(2) [1]Die an den Untersuchungen nach Absatz 1 beteiligten Ärzte dürfen weder an der Entnahme noch an der Übertragung der Organe oder Gewebe des Spenders beteiligt sein. [2]Sie dürfen auch nicht Weisungen eines Arztes unterstehen, der an diesen Maßnahmen beteiligt ist. [3]Die Feststellung der Untersuchungsergebnisse und ihr Zeitpunkt sind von den Ärzten unter Angabe der zugrunde liegenden Untersuchungsbefunde unverzüglich jeweils in einer Niederschrift aufzuzeichnen und zu unterschreiben. [4]Dem nächsten Angehörigen sowie den Personen nach § 4 Abs. 2 Satz 5 und Abs. 3 ist Gelegenheit zur Einsichtnahme zu geben. [5]Sie können eine Person ihres Vertrauens hinzuziehen.

(3) [1]Die Feststellung nach § 4a Abs. 1 Satz 1 Nr. 1 ist durch einen Arzt zu treffen, der weder an der Entnahme noch an der Übertragung der Organe oder Gewebe des Embryos oder Fötus beteiligt sein darf. [2]Er darf auch nicht Weisungen eines Arztes unterstehen, der an diesen Maßnahmen beteiligt ist. [3]Die Untersuchungsergebnisse und der Zeitpunkt ihrer Feststellung sind von den Ärzten unter Angabe der zugrunde liegenden Untersuchungsbefunde unverzüglich jeweils in einer gesonderten Niederschrift aufzuzeichnen und zu unterschreiben. [4]Der Frau, die mit dem Embryo oder Fötus schwanger war, ist Gelegenheit zur Einsichtnahme zu geben. [5]Sie kann eine Person ihres Vertrauens hinzuziehen.

**§ 6 Achtung der Würde des Organ- und Gewebespenders.** (1) Die Organ- oder Gewebeentnahme bei verstorbenen Personen und alle mit ihr zusammenhängenden Maßnahmen müssen unter Achtung der Würde des Organ-

oder Gewebespenders in einer der ärztlichen Sorgfaltspflicht entsprechenden Weise durchgeführt werden.

(2) [1]Der Leichnam des Organ- oder Gewebespenders muss in würdigem Zustand zur Bestattung übergeben werden. [2]Zuvor ist dem nächsten Angehörigen Gelegenheit zu geben, den Leichnam zu sehen.

(3) Die Absätze 1 und 2 gelten entsprechend für tote Embryonen und Föten.

**§ 7[1)] Datenverarbeitung, Auskunftspflicht.** (1) [1]Die Verarbeitung personenbezogener Daten eines möglichen Organ- oder Gewebespenders, eines nächsten Angehörigen oder einer Person nach § 4 Absatz 2 Satz 5 oder Absatz 3 ist zulässig, soweit dies erforderlich ist

1. zur Klärung, ob eine Organ- oder Gewebeentnahme nach § 3 Absatz 1 und 2, § 4 Absatz 1 bis 3 sowie § 9 Absatz 3 Satz 2 zulässig ist und ob ihr medizinische Gründe entgegenstehen,
2. zur Unterrichtung der nächsten Angehörigen nach § 3 Absatz 3 Satz 1,
3. zur Organ- und Spendercharakterisierung nach § 10a,
4. zur Rückverfolgung nach § 13 Absatz 1 oder
5. zur Meldung schwerwiegender Zwischenfälle und schwerwiegender unerwünschter Reaktionen auf der Grundlage der Rechtsverordnung nach § 13 Absatz 4.

[2]Die Übermittlung dieser Daten ist nur an die nach Absatz 3 Satz 1 auskunftsberechtigten Personen zulässig.

(2) [1]Zur unverzüglichen Auskunft über die nach Absatz 1 erforderlichen Daten sind verpflichtet:

1. Ärzte, die den möglichen Organ- oder Gewebespender wegen einer dem Tode vorausgegangenen Erkrankung behandelt hatten,
2. Ärzte und Transplantationsbeauftragte, die über den möglichen Organ- oder Gewebespender eine Auskunft aus dem Register für Erklärungen zur Organ- und Gewebespende nach § 2a Absatz 4 oder Absatz 5 erhalten haben,
3. die Einrichtung der medizinischen Versorgung, in der der Tod des möglichen Organ- oder Gewebespenders nach § 3 Abs. 1 Satz 1 Nr. 2 festgestellt worden ist,
4. Ärzte, die bei dem möglichen Organ- oder Gewebespender die Leichenschau vorgenommen haben,
5. die Behörden, in deren Gewahrsam oder Mitgewahrsam sich der Leichnam des möglichen Organ- oder Gewebespenders befindet oder befunden hat,
6. der Transplantationsbeauftragte des Entnahmekrankenhauses,
7. der verantwortliche Arzt des Transplantationszentrums, in dem das Organ übertragen werden soll oder übertragen worden ist, und

---

[1)] § 7 Abs. 1 neu gef., Abs. 2 Satz 1 Nr. 5 geänd., Nr. 6 und 7 eingef., bish. Nr. 6 wird Nr. 8, Abs. 3 Satz 1 Nr. 1 geänd. mWv 1.8.2012 durch G v. 21.7.2012 (BGBl. I S. 1601); Überschrift neu gef., Abs. 1 Satz 1 einl. Satzteil geänd., Satz 2 angef., Abs. 2 Satz 1 Nr. 2 geänd. mWv 26.11.2019 durch G v. 20.11.2019 (BGBl. I S. 1626); Abs. 2 Satz 1 Nr. 2 neu gef., Satz 3, Abs. 3 Satz 4 angef. mWv 1.3. 2022 durch G v. 11.7.2021 (BGBl. I S. 2754).

8. die von der Koordinierungsstelle (§ 11) oder einer gewebeentnehmenden Gewebeeinrichtung beauftragte Person, soweit sie Auskunft über nach Absatz 1 erforderliche Daten erhalten hat.

²Die Pflicht zur unverzüglichen Auskunft besteht erst, nachdem der Tod des möglichen Organ- oder Gewebespenders nach § 3 Abs. 1 Satz 1 Nr. 2 festgestellt ist. ³Die Auskunft nach Satz 1 Nummer 2 ist abweichend von Satz 2 in Behandlungssituationen, in denen der nicht behebbare Ausfall der Gesamtfunktion des Großhirns, des Kleinhirns und des Hirnstamms des möglichen Organ- oder Gewebespenders unmittelbar bevorsteht oder als bereits eingetreten vermutet wird, zu erteilen.

(3) ¹Ein Recht auf Auskunft über die nach Absatz 1 erforderlichen Daten haben

1. Ärzte, die die Entnahme von Organen nach § 3 oder § 4 beabsichtigen und in einem Krankenhaus tätig sind, das nach § 108 des Fünften Buches Sozialgesetzbuch[1] oder nach anderen gesetzlichen Bestimmungen für die Übertragung solcher Organe zugelassen ist oder mit einem solchen Krankenhaus zum Zwecke der Entnahme solcher Organe zusammenarbeitet, sowie der Transplantationsbeauftragte des Entnahmekrankenhauses und der verantwortliche Arzt des Transplantationszentrums, in dem das Organ übertragen werden soll oder übertragen worden ist,
2. Ärzte, die die Entnahme von Geweben nach § 3 oder § 4 beabsichtigen oder unter deren Verantwortung Gewebe nach § 3 Abs. 1 Satz 2 entnommen werden sollen und in einer Einrichtung der medizinischen Versorgung tätig sind, die solche Gewebe entnimmt oder mit einer solchen Einrichtung zum Zwecke der Entnahme solcher Gewebe zusammenarbeitet, und
3. die von der Koordinierungsstelle beauftragte Person.

²Die Auskunft soll für alle Organe oder Gewebe, deren Entnahme beabsichtigt ist, zusammen eingeholt werden. ³Sie darf erst eingeholt werden, nachdem der Tod des möglichen Organ- oder Gewebespenders nach § 3 Abs. 1 Satz 1 Nr. 2 festgestellt ist. ⁴Die Auskunft nach Absatz 2 Satz 1 Nummer 2 darf abweichend von Satz 3 in Behandlungssituationen, in denen der nicht behebbare Ausfall der Gesamtfunktion des Großhirns, des Kleinhirns und des Hirnstamms des möglichen Organ- oder Gewebespenders unmittelbar bevorsteht oder als bereits eingetreten vermutet wird, von Ärzten, die den möglichen Organ- oder Gewebespender behandeln, eingeholt werden.

## Abschnitt 3. Entnahme von Organen und Geweben bei lebenden Spendern

**§ 8[2] Entnahme von Organen und Geweben.** (1) ¹Die Entnahme von Organen oder Geweben zum Zwecke der Übertragung auf andere ist bei einer lebenden Person, soweit in § 8a nichts Abweichendes bestimmt ist, nur zulässig, wenn

1. die Person

---

[1] **Aichberger Nr. 5.**

[2] § 8 Abs. 2 Satz 1 Nr. 5 geänd. mWv 1.8.2012 durch G v. 21.7.2012 (BGBl. I S. 1601); Abs. 2 Satz 6 geänd. mWv 1.4.2019 durch G v. 22.3.2019 (BGBl. I S. 352); Abs. 2 Satz 1 Nr. 6 geänd. mWv 26.11.2019 durch G v. 20.11.2019 (BGBl. I S. 1626).

a) volljährig und einwilligungsfähig ist,

b) nach Absatz 2 Satz 1 und 2 aufgeklärt worden ist und in die Entnahme eingewilligt hat,

c) nach ärztlicher Beurteilung als Spender geeignet ist und voraussichtlich nicht über das Operationsrisiko hinaus gefährdet oder über die unmittelbaren Folgen der Entnahme hinaus gesundheitlich schwer beeinträchtigt wird,

2. die Übertragung des Organs oder Gewebes auf den vorgesehenen Empfänger nach ärztlicher Beurteilung geeignet ist, das Leben dieses Menschen zu erhalten oder bei ihm eine schwerwiegende Krankheit zu heilen, ihre Verschlimmerung zu verhüten oder ihre Beschwerden zu lindern,
3. im Fall der Organentnahme ein geeignetes Organ eines Spenders nach § 3 oder § 4 im Zeitpunkt der Organentnahme nicht zur Verfügung steht und
4. der Eingriff durch einen Arzt vorgenommen wird.

[2] Die Entnahme einer Niere, des Teils einer Leber oder anderer nicht regenerierungsfähiger Organe ist darüber hinaus nur zulässig zum Zwecke der Übertragung auf Verwandte ersten oder zweiten Grades, Ehegatten, eingetragene Lebenspartner, Verlobte oder andere Personen, die dem Spender in besonderer persönlicher Verbundenheit offenkundig nahestehen.

(2) [1] Der Spender ist durch einen Arzt in verständlicher Form aufzuklären über

1. den Zweck und die Art des Eingriffs,
2. die Untersuchungen sowie das Recht, über die Ergebnisse der Untersuchungen unterrichtet zu werden,
3. die Maßnahmen, die dem Schutz des Spenders dienen, sowie den Umfang und mögliche, auch mittelbare Folgen und Spätfolgen der beabsichtigten Organ- oder Gewebeentnahme für seine Gesundheit,
4. die ärztliche Schweigepflicht,
5. die zu erwartende Erfolgsaussicht der Organ- oder Gewebeübertragung und die Folgen für den Empfänger sowie sonstige Umstände, denen er erkennbar eine Bedeutung für die Spende beimisst, sowie über
6. die Verarbeitung personenbezogener Daten.

[2] Der Spender ist darüber zu informieren, dass seine Einwilligung Voraussetzung für die Organ- oder Gewebeentnahme ist. [3] Die Aufklärung hat in Anwesenheit eines weiteren Arztes, für den § 5 Abs. 2 Satz 1 und 2 entsprechend gilt, und, soweit erforderlich, anderer sachverständiger Personen zu erfolgen. [4] Der Inhalt der Aufklärung und die Einwilligungserklärung des Spenders sind in einer Niederschrift aufzuzeichnen, die von den aufklärenden Personen, dem weiteren Arzt und dem Spender zu unterschreiben ist. [5] Die Niederschrift muss auch eine Angabe über die versicherungsrechtliche Absicherung der gesundheitlichen Risiken nach Satz 1 enthalten. [6] Die Einwilligung kann schriftlich, elektronisch oder mündlich widerrufen werden. [7] Satz 3 gilt nicht im Fall der beabsichtigten Entnahme von Knochenmark.

(3) [1] Bei einem Lebenden darf die Entnahme von Organen erst durchgeführt werden, nachdem sich der Spender und der Empfänger, die Entnahme von Geweben erst, nachdem sich der Spender zur Teilnahme an einer ärztlich empfohlenen Nachbetreuung bereit erklärt hat. [2] Weitere Voraussetzung für die Entnahme von Organen bei einem Lebenden ist, dass die nach

*(Fortsetzung nächstes Blatt)*

diesen nur gemeinsam verarbeiten, insbesondere zusammenführen und an die Transplantationszentren übermitteln, in denen Organe des Spenders übertragen worden sind, soweit dies zur Abwehr einer zu befürchtenden gesundheitlichen Gefährdung der Organempfänger erforderlich ist.

(3) [1] Der behandelnde Arzt hat Patienten, bei denen die Übertragung vermittlungspflichtiger Organe medizinisch angezeigt ist, mit deren schriftlicher oder elektronischer Einwilligung unverzüglich an das Transplantationszentrum zu melden, in dem die Organübertragung vorgenommen werden soll. [2] Die Meldung hat auch dann zu erfolgen, wenn eine Ersatztherapie durchgeführt wird. [3] Die Transplantationszentren melden die für die Organvermittlung erforderlichen Angaben über die in die Wartelisten aufgenommenen Patienten nach deren schriftlicher oder elektronischer Einwilligung an die Vermittlungsstelle. [4] Duldet die Meldung nach Satz 1 oder 3 wegen der Gefahr des Todes oder einer schweren Gesundheitsschädigung des Patienten keinen Aufschub, kann sie auch ohne seine vorherige Einwilligung erfolgen; die Einwilligung ist unverzüglich nachträglich einzuholen.

(4) Das Bundesministerium für Gesundheit kann durch Rechtsverordnung mit Zustimmung des Bundesrates das Verfahren regeln

1. für die Übermittlung der Angaben, die für die Sicherstellung der Rückverfolgbarkeit der Organe nach Absatz 1 notwendig sind,
2. für die Meldung, Dokumentation, Untersuchung und Bewertung schwerwiegender Zwischenfälle und schwerwiegender unerwünschter Reaktionen und, soweit beim Organspender gleichzeitig Gewebe entnommen wurde, für die Meldung an die Gewebeeinrichtung, die das Gewebe entgegengenommen hat, sowie
3. zur Sicherstellung der Meldung von Vorfällen bei einer Lebendorganspende, die mit der Qualität und Sicherheit des gespendeten Organs zusammenhängen können, und von schwerwiegenden unerwünschten Reaktionen beim lebenden Spender.

**§ 13a Dokumentation übertragener Gewebe durch Einrichtungen der medizinischen Versorgung.** Die Einrichtungen der medizinischen Versorgung haben dafür zu sorgen, dass für Zwecke der Rückverfolgung oder für Zwecke der Risikoerfassung nach den Vorschriften des Arzneimittelgesetzes[1)] oder anderen Rechtsvorschriften jedes übertragene Gewebe von dem behandelnden Arzt oder unter dessen Verantwortung nach Maßgabe einer Rechtsverordnung nach § 16a dokumentiert wird.

**§ 13b[2)] Meldung schwerwiegender Zwischenfälle und schwerwiegender unerwünschter Reaktionen bei Geweben.** [1] Die Einrichtungen der medizinischen Versorgung haben

1. jeden schwerwiegenden Zwischenfall im Sinne des § 63i Absatz 6 des Arzneimittelgesetzes[1)] und
2. jede schwerwiegende unerwünschte Reaktion im Sinne des § 63i Absatz 7 des Arzneimittelgesetzes, die bei oder nach der Übertragung der Gewebe be-

[1)] Nr. **272**.

[2)] § 13b Satz 1 Nr. 1 neu gef., Nr. 2 geänd. mWv 1.8.2012 durch G v. 21.7.2012 (BGBl. I S. 1601); Satz 1 Nr. 1 und 2 geänd. mWv 26.10.2012 durch G v. 19.10.2012 (BGBl. I S. 2192).

obachtet wurde und mit der Qualität und Sicherheit der Gewebe im Zusammenhang stehen kann,

unverzüglich nach deren Feststellung zu dokumentieren und der Gewebeeinrichtung, von der sie das Gewebe erhalten haben, unverzüglich nach Satz 2 zu melden. 2 Dabei haben sie alle Angaben, die für die Rückverfolgbarkeit und für die Qualitäts- und Sicherheitskontrolle erforderlich sind, nach Maßgabe einer Rechtsverordnung nach § 16a mitzuteilen.

**§ 13c[1)] Rückverfolgungsverfahren bei Geweben.** (1) Jede Gewebeeinrichtung legt ein Verfahren fest, mit dem sie jedes Gewebe, das durch einen schwerwiegenden Zwischenfall im Sinne des § 63i Absatz 6 des Arzneimittelgesetzes[2)] oder eine schwerwiegende unerwünschte Reaktion im Sinne des § 63i Absatz 7 des Arzneimittelgesetzes beeinträchtigt sein könnte, unverzüglich aussondern, von der Abgabe ausschließen und die belieferten Einrichtungen der medizinischen Versorgung unterrichten kann.

(2) 1 Hat eine Gewebeeinrichtung oder eine Einrichtung der medizinischen Versorgung den begründeten Verdacht, dass Gewebe eine schwerwiegende Krankheit auslösen kann, so hat sie der Ursache unverzüglich nachzugehen und das Gewebe von dem Spender zu dem Empfänger oder umgekehrt zurückzuverfolgen. 2 Sie hat ferner vorangegangene Gewebespenden des Spenders zu ermitteln, zu untersuchen und zu sperren, wenn sich der Verdacht bestätigt.

**§ 14[3)] Datenschutz.** (1) 1 Ist die Koordinierungsstelle, die Vermittlungsstelle oder die Gewebeeinrichtung eine nicht-öffentliche Stelle im Geltungsbereich dieses Gesetzes, so überwachen die Aufsichtsbehörden der Länder die Anwendung der Vorschriften über den Datenschutz gemäß § 40 Absatz 1 des Bundesdatenschutzgesetzes[4)] auch in den Fällen, die nicht in den Anwendungsbereich der Verordnung (EU) 2016/679[5)] nach Artikel 2 Absatz 1 der Verordnung (EU) 2016/679 fallen. 2 Dies gilt auch für die Verarbeitung personenbezogener Daten durch Personen mit Ausnahme des Erklärenden, denen nach § 2a Absatz 4 Satz 1 oder Absatz 5 Satz 1 Auskunft aus dem Register für Erklärungen zur Organ- und Gewebespende erteilt oder an die nach § 2a Absatz 4 Satz 4 die Auskunft übermittelt worden ist.

(2) 1 Die an der Erteilung oder Übermittlung der Auskunft nach § 2a Absatz 4 oder Absatz 5 beteiligten Personen mit Ausnahme des Erklärenden, die an der Stellungnahme nach § 8 Abs. 3 Satz 2, die an der Mitteilung, Unterrichtung oder Übermittlung nach § 9a Absatz 2 Nummer 1 und § 11 Abs. 4 sowie die an der Organ- oder Gewebeentnahme, der Organvermittlung oder -übertragung oder der Gewebeabgabe oder -übertragung beteiligten Personen sowie die Personen, die bei der Transplantationsregisterstelle nach § 15b Absatz 2 und bei der Vertrauensstelle nach § 15c Absatz 1 Satz 2 personenbezogene Daten verarbeiten,

---

1) § 13c Abs. 1 geänd. mWv 1.8.2012 durch G v. 21.7.2012 (BGBl. I S. 1601); Abs. 1 geänd. mWv 26.10.2012 durch G v. 19.10.2012 (BGBl. I S. 2192).

2) Nr. **272**.

3) § 14 Abs. 2 Satz 1 geänd., Abs. 2a eingef. mWv 1.8.2012 durch G v. 21.7.2012 (BGBl. I S. 1601); Abs. 2 Sätze 1 und 5 geänd. mWv 1.11.2016 durch G v. 11.10.2016 (BGBl. I S. 2233); Abs. 1 Satz 1 neu gef., Satz 2 geänd., Abs. 2 Sätze 1, 3, 4 geänd., Satz 5 aufgeh., Abs. 2a Satz 1 neu gef., Satz 2 geänd. mWv 26.11.2019 durch G v. 20.11.2019 (BGBl. I S. 1626); Abs. 1 Satz 2, Abs. 2 Satz 1 geänd. mWv 1.3.2022 durch G v. 11.7.2021 (BGBl. I S. 2754).

4) **Sartorius Nr. 245.**

5) **Sartorius Nr. 246.**

dürfen personenbezogene Daten der Spender und der Empfänger nicht offenbaren. [2] Dies gilt auch für personenbezogene Daten von Personen, die nach § 3 Abs. 3 Satz 1 über die beabsichtigte oder nach § 4 oder § 4a über eine in Frage kommende Organ- oder Gewebeentnahme unterrichtet worden sind. [3] Die im Rahmen dieses Gesetzes erhobenen personenbezogenen Daten dürfen für andere als in diesem Gesetz genannte Zwecke nicht verarbeitet werden. [4] Sie dürfen für gerichtliche Verfahren verarbeitet werden, deren Gegenstand die Verletzung des Offenbarungsverbots nach Satz 1 oder 2 ist.

(2a) [1] Ärzte und anderes wissenschaftliches Personal des Entnahmekrankenhauses, des Transplantationszentrums, der Koordinierungsstelle nach § 11 und der Vermittlungsstelle nach § 12 dürfen personenbezogene Daten, die von dem jeweiligen Entnahmekrankenhaus, dem jeweiligen Transplantationszentrum oder der jeweiligen Stelle nach § 11 oder § 12 im Rahmen der Organ- und Spendercharakterisierung beim Organ- oder Gewebespender oder im Rahmen der Organ- oder Gewebeübertragung beim Organ- oder Gewebeempfänger erhoben oder an diese übermittelt worden sind, abweichend von Absatz 2 Satz 3 für eigene wissenschaftliche Forschungsvorhaben verarbeiten. [2] Diese Daten dürfen für ein bestimmtes Forschungsvorhaben an Dritte und andere als die in Satz 1 genannten Personen übermittelt und von diesen verarbeitet werden, wenn

1. die Daten der betroffenen Person nicht mehr zugeordnet werden können,
2. im Falle, dass der Forschungszweck die Möglichkeit der Zuordnung erfordert, die betroffene Person eingewilligt hat oder
3. im Falle, dass weder auf die Zuordnungsmöglichkeit verzichtet noch die Einwilligung mit verhältnismäßigem Aufwand eingeholt werden kann, das öffentliche Interesse an der Durchführung des Forschungsvorhabens die schützenswerten Interessen der betroffenen Person überwiegt und der Forschungszweck nicht auf andere Weise zu erreichen ist.

[3] Die personenbezogenen Daten sind, soweit dies nach dem Forschungszweck möglich ist und keinen im Verhältnis zu dem angestrebten Schutzzweck unverhältnismäßigen Aufwand erfordert, zu anonymisieren oder, solange eine Anonymisierung noch nicht möglich ist, zu pseudonymisieren.

(3) [1] Von diesen Vorschriften unberührt bleibt im Falle der Samenspende das Recht des Kindes auf Kenntnis der eigenen Abstammung. [2] Im Falle der Knochenmarkspende darf abweichend von Absatz 2 die Identität des Gewebespenders und des Gewebeempfängers gegenseitig oder den jeweiligen Verwandten bekannt gegeben werden, wenn der Gewebespender und der Gewebeempfänger oder ihre gesetzlichen Vertreter darin ausdrücklich eingewilligt haben.

**§ 15[1)] Aufbewahrungs- und Löschungsfristen.** (1) Die Aufzeichnungen über die Beteiligung nach § 4 Abs. 4, über die Aufklärung nach § 4a Abs. 2, zur Feststellung der Untersuchungsergebnisse nach § 5 Abs. 2 Satz 3 und Abs. 3 Satz 3, zur Aufklärung nach § 8 Abs. 2 Satz 4, auch in Verbindung mit § 8a Satz 1 Nr. 4, § 8b Abs. 1 und 2, § 8c Abs. 1 Nr. 1 Buchstabe b und Abs. 2 und 3 und zur gutachtlichen Stellungnahme nach § 8 Abs. 3 Satz 2 sowie die Dokumentationen der Organentnahme, -vermittlung und -übertragung und die nach § 10a

---

[1)] § 15 Abs. 1 Sätze 2 und 3 aufgeh., bish. Satz 1 geänd., Abs. 2 Satz 1 geänd., bish. Satz 2 wird Abs. 3 und geänd. mWv 1.8.2012 durch G v. 21.7.2012 (BGBl. I S. 1601); Abs. 1 geänd. mWv 1.11.2016 durch G v. 11.10.2016 (BGBl. I S. 2233); Abs. 1 und 2 geänd. mWv 26.11.2019 durch G v. 20.11.2019 (BGBl. I S. 1626).

erhobenen Angaben zur Organ- und Spendercharakterisierung sind, soweit § 15h nichts anderes bestimmt, 30 Jahre aufzubewahren, um eine lückenlose Rückverfolgung der Organe zu ermöglichen.

(2) Die nach § 8d Absatz 2 zu dokumentierenden Angaben müssen 30 Jahre lang nach Ablauf des Verfalldatums des Gewebes und die nach § 13a zu dokumentierenden Daten 30 Jahre lang nach der Übertragung des Gewebes aufbewahrt werden und unverzüglich verfügbar sein.

(3) Nach Ablauf der Aufbewahrungsfrist nach den Absätzen 1 und 2 sind die Angaben zu löschen oder zu anonymisieren.

## Abschnitt 5a.[1] Transplantationsregister

**§ 15a[1] Zweck des Transplantationsregisters.** Zur Verbesserung der Datengrundlage für die transplantationsmedizinische Versorgung und Forschung sowie zur Erhöhung der Transparenz in der Organspende und Transplantation wird ein Transplantationsregister eingerichtet, insbesondere

1. zur Weiterentwicklung der Regeln zur Aufnahme in die Warteliste nach § 10 Absatz 2 Satz 1 Nummer 2,
2. zur Weiterentwicklung der Organ- und Spendercharakterisierung und ihrer Bewertung nach § 10a Absatz 1 Satz 1 und 4,
3. zur Weiterentwicklung der Konservierung, Aufbereitung, Aufbewahrung und Beförderung der Organe nach § 16 Absatz 1 Satz 1 Nummer 4 Buchstabe b,
4. zur Bewertung schwerwiegender Zwischenfälle und schwerwiegender unerwünschter Reaktionen,
5. zur Weiterentwicklung der Regeln für die Organvermittlung nach § 12 Absatz 3 Satz 1,
6. zur Verbesserung der Qualität in der transplantationsmedizinischen Versorgung und Nachsorge sowie
7. zur Unterstützung der Überwachung der Organspende und Transplantation.

**§ 15b[2] Transplantationsregisterstelle.** (1) [1]Der Spitzenverband Bund der Krankenkassen, die Bundesärztekammer und die Deutsche Krankenhausgesellschaft beauftragen eine geeignete Einrichtung mit der Errichtung und dem Betrieb einer Transplantationsregisterstelle. [2]Die Transplantationsregisterstelle muss auf Grund einer finanziell und organisatorisch eigenständigen Trägerschaft, der Qualifikation ihrer Mitarbeiter sowie ihrer sachlichen und technischen Ausstattung gewährleisten, dass sie die ihr nach diesem Abschnitt übertragenen Aufgaben erfüllen kann.

(2) [1]Die Transplantationsregisterstelle führt das Transplantationsregister. [2]Sie hat insbesondere

1. die nach § 15e Absatz 1 übermittelten Daten zu erheben, zu speichern und auf Plausibilität, Vollständigkeit und Vollzähligkeit zu überprüfen und, soweit er-

[1] Abschnitt 5a (§§ 15a–15i) eingef. mWv 1.11.2016 durch G v. 11.10.2016 (BGBl. I S. 2233).

[2] § 15b eingef. mWv 1.11.2016 durch G v. 11.10.2016 (BGBl. I S. 2233); Abs. 1 Satz 1, Abs. 4 Satz 1, Abs. 6 geänd. mWv 1.4.2019 durch G v. 22.3.2019 (BGBl. I S. 352); Abs. 4 Satz 1 Nr. 2, 6 geänd., Abs. 7 neu gef. mWv 26.11.2019 durch G v. 20.11.2019 (BGBl. I S. 1626).

4. die Meldung von Qualitäts- und Sicherheitsmängeln und schwerwiegenden unerwünschten Reaktionen durch Einrichtungen der medizinischen Versorgung und
5. die Aufklärung und die Einholung der Einwilligung der Gewebespender oder der Zustimmung zu einer Gewebeentnahme

geregelt werden. [3]Das Bundesministerium für Gesundheit kann die Ermächtigung nach Satz 1 durch Rechtsverordnung ohne Zustimmung des Bundesrates auf die zuständige Bundesoberbehörde übertragen.

**§ 16b Richtlinien zum Stand der Erkenntnisse der medizinischen Wissenschaft zur Entnahme von Geweben und deren Übertragung.**

(1) [1]Die Bundesärztekammer kann ergänzend zu den Vorschriften der Rechtsverordnung nach § 16a in Richtlinien den allgemein anerkannten Stand der Erkenntnisse der medizinischen Wissenschaft im Einvernehmen mit der zuständigen Bundesoberbehörde zur Entnahme von Geweben und deren Übertragung feststellen, insbesondere zu den Anforderungen an

1. die ärztliche Beurteilung der medizinischen Eignung als Gewebespender,
2. die Untersuchung der Gewebespender und
3. die Entnahme, Übertragung und Anwendung von menschlichen Geweben.

[2]Bei der Erarbeitung der Richtlinien ist die angemessene Beteiligung von Sachverständigen der betroffenen Fach- und Verkehrskreise einschließlich der zuständigen Behörden von Bund und Ländern sicherzustellen. [3]Die Richtlinien werden von der zuständigen Bundesoberbehörde im Bundesanzeiger bekannt gemacht[1)]

(2) Die Einhaltung des Standes der Erkenntnisse der medizinischen Wissenschaft wird vermutet, wenn die Richtlinien der Bundesärztekammer nach Absatz 1 beachtet worden sind.

## Abschnitt 6. Verbotsvorschriften

**§ 17 Verbot des Organ- und Gewebehandels.** (1) [1]Es ist verboten, mit Organen oder Geweben, die einer Heilbehandlung eines anderen zu dienen bestimmt sind, Handel zu treiben. [2]Satz 1 gilt nicht für

1. die Gewährung oder Annahme eines angemessenen Entgelts für die zur Erreichung des Ziels der Heilbehandlung gebotenen Maßnahmen, insbesondere für die Entnahme, die Konservierung, die weitere Aufbereitung einschließlich der Maßnahmen zum Infektionsschutz, die Aufbewahrung und die Beförderung der Organe oder Gewebe, sowie
2. Arzneimittel, die aus oder unter Verwendung von Organen oder Geweben hergestellt sind und den Vorschriften über die Zulassung nach § 21 des Arzneimittelgesetzes[2)], auch in Verbindung mit § 37 des Arzneimittelgesetzes, oder der Registrierung nach § 38 oder § 39a des Arzneimittelgesetzes unterliegen oder durch Rechtsverordnung nach § 36 des Arzneimittelgesetzes von der Zulassung oder nach § 39 Abs. 3 des Arzneimittelgesetzes von

[1)] Siehe hierzu ua die Richtlinie zur Entnahme und Übertragung von menschlichen Keimzellen im Rahmen der assistierten Reproduktion gemäß § 16b Abs. 1 Satz 3 TransplantationsG v. 19.6.2018 (BAnz AT 20.07.2018 B3).

[2)] Nr. **272**.

der Registrierung freigestellt sind, oder Wirkstoffe im Sinne des § 4 Abs. 19 des Arzneimittelgesetzes, die aus oder unter Verwendung von Zellen hergestellt sind.

(2) Ebenso ist verboten, Organe oder Gewebe, die nach Absatz 1 Satz 1 Gegenstand verbotenen Handeltreibens sind, zu entnehmen, auf einen anderen Menschen zu übertragen oder sich übertragen zu lassen.

## Abschnitt 7. Straf- und Bußgeldvorschriften

**§ 18 Organ- und Gewebehandel.** (1) Wer entgegen § 17 Abs. 1 Satz 1 mit einem Organ oder Gewebe Handel treibt oder entgegen § 17 Abs. 2 ein Organ oder Gewebe entnimmt, überträgt oder sich übertragen lässt, wird mit Freiheitsstrafe bis zu fünf Jahren oder mit Geldstrafe bestraft.

(2) Handelt der Täter in den Fällen des Absatzes 1 gewerbsmäßig, ist die Strafe Freiheitsstrafe von einem Jahr bis zu fünf Jahren.

(3) Der Versuch ist strafbar.

(4) Das Gericht kann bei Organ- oder Gewebespendern, deren Organe oder Gewebe Gegenstand verbotenen Handeltreibens waren, und bei Organ- oder Gewebeempfängern von einer Bestrafung nach Absatz 1 absehen oder die Strafe nach seinem Ermessen mildern (§ 49 Abs. 2 des Strafgesetzbuchs[1]).

**§ 19[2] Weitere Strafvorschriften.** (1) Wer

1. entgegen § 8 Abs. 1 Satz 1 Nr. 1 Buchstabe a oder Buchstabe b oder Nr. 4 oder § 8c Abs. 1 Nr. 1 oder Nr. 3, Abs. 2 Satz 1, auch in Verbindung mit Abs. 3 Satz 2, oder § 8c Abs. 3 Satz 1 ein Organ oder Gewebe entnimmt,
2. entgegen § 8 Abs. 1 Satz 2 ein Organ entnimmt oder
3. entgegen § 8b Abs. 1 Satz 1, auch in Verbindung mit Abs. 2, ein Organ oder Gewebe zur Übertragung auf eine andere Person verwendet oder menschliche Samenzellen gewinnt,

wird mit Freiheitsstrafe bis zu fünf Jahren oder mit Geldstrafe bestraft.

(2) Wer entgegen § 3 Abs. 1 Satz 1 oder Abs. 2, § 4 Abs. 1 Satz 2 oder § 4a Abs. 1 Satz 1 ein Organ oder Gewebe entnimmt, wird mit Freiheitsstrafe bis zu drei Jahren oder mit Geldstrafe bestraft.

(2a) Mit Freiheitsstrafe bis zu zwei Jahren oder mit Geldstrafe wird bestraft, wer absichtlich entgegen § 10 Absatz 3 Satz 2 den Gesundheitszustand eines Patienten erhebt, dokumentiert oder übermittelt.

(3) Wer

1. entgegen § 2a Absatz 4 Satz 1 oder Satz 4 eine Auskunft erteilt oder übermittelt,
2. entgegen § 13 Abs. 2 eine Angabe verarbeitet oder
3. entgegen § 14 Abs. 2 Satz 1, auch in Verbindung mit Satz 2, oder Satz 3 personenbezogene Daten offenbart oder verarbeitet,

wird mit Freiheitsstrafe bis zu einem Jahr oder mit Geldstrafe bestraft.

---

[1] **Habersack, Deutsche Gesetze Nr. 85.**

[2] § 19 Abs. 2a eingef., Abs. 4 geänd. mWv 1.8.2013 durch G v. 15.7.2013 (BGBl. I S. 2423); Abs. 3 Nr. 1–3 geänd. mWv 26.11.2019 durch G v. 20.11.2019 (BGBl. I S. 1626); Abs. 3 Nr. 1 geänd. mWv 1.3.2022 durch G v. 11.7.2021 (BGBl. I S. 2754).

(4) In den Fällen der Absätze 1, 2 und 2a ist der Versuch strafbar.

(5) Handelt der Täter in den Fällen des Absatzes 2 fahrlässig, ist die Strafe Freiheitsstrafe bis zu einem Jahr oder Geldstrafe.

**§ 20[1] Bußgeldvorschriften.** (1) Ordnungswidrig handelt, wer vorsätzlich oder fahrlässig

1. entgegen § 5 Abs. 2 Satz 3 oder Abs. 3 Satz 3 eine Aufzeichnung nicht, nicht richtig, nicht vollständig oder nicht rechtzeitig macht,
2. entgegen § 8d Abs. 1 Satz 2 Nr. 3 in Verbindung mit einer Rechtsverordnung nach § 16a Satz 2 Nr. 3 nicht sicherstellt, dass eine Laboruntersuchung durchgeführt wird,
3. entgegen § 8d Abs. 2 in Verbindung mit einer Rechtsverordnung nach § 16a Satz 2 Nr. 1 eine Gewebeentnahme, eine Gewebeabgabe, eine damit verbundene Maßnahme oder eine dort genannte Angabe nicht, nicht richtig, nicht vollständig oder nicht rechtzeitig dokumentiert,

3a. entgegen § 8d Absatz 3 Satz 2 einen Bericht nicht, nicht richtig, nicht vollständig oder nicht rechtzeitig übermittelt,

4. entgegen § 9 Absatz 1 oder Absatz 2 Satz 1 oder Satz 3 ein Organ entnimmt oder überträgt,
5. entgegen § 9 Absatz 2 Satz 2 ein Organ überträgt, ohne dass die Entnahme des Organs durch die Koordinierungsstelle organisiert wurde,
6. entgegen § 10 Absatz 2 Nummer 4 nicht, nicht richtig, nicht vollständig oder nicht rechtzeitig feststellt, dass die Organ- und Spendercharakterisierung nach § 10a Absatz 1 abgeschlossen ist oder die Bedingungen für den Transport nach § 10a Absatz 3 Satz 1 eingehalten sind,
7. entgegen § 10 Absatz 2 Nummer 5 die Organübertragung nicht, nicht richtig, nicht vollständig oder nicht rechtzeitig dokumentiert,
8. entgegen § 10a Absatz 1 Satz 1 nicht sicherstellt, dass ein Organ nur unter den dort genannten Voraussetzungen für eine Übertragung freigegeben wird,
9. entgegen § 13a in Verbindung mit einer Rechtsverordnung nach § 16a Satz 2 Nr. 1 nicht dafür sorgt, dass ein übertragenes Gewebe dokumentiert wird,
10. entgegen § 13b Satz 1 in Verbindung mit einer Rechtsverordnung nach § 16a Satz 2 Nr. 4 einen Qualitäts- oder Sicherheitsmangel oder eine schwerwiegende unerwünschte Reaktion nicht, nicht richtig, nicht rechtzeitig oder nicht vollständig dokumentiert oder eine Meldung nicht, nicht richtig, nicht vollständig oder nicht rechtzeitig macht oder
11. einer Rechtsverordnung nach § 10a Absatz 4 Satz 1, § 13 Absatz 4 oder § 16a Satz 1 oder einer vollziehbaren Anordnung auf Grund einer solchen Rechtsverordnung zuwiderhandelt, soweit die Rechtsverordnung für einen bestimmten Tatbestand auf diese Bußgeldvorschrift verweist.

---

[1] § 20 Abs. 1 Nr. 4 neu gef., Nr. 5 und 6 eingef., bish. Nr. 5 wird Nr. 7 und geänd., Nr. 8 eingef., bish. Nr. 6–8 werden Nr. 9–11 und neue Nr. 10 und 11 geänd. mWv 1.8.2012 durch G v. 21.7.2012 (BGBl. I S. 1601); Abs. 1 Nr. 3a eingef., Abs. 2 neu gef., Abs. 3 angef. mWv 29.7.2017 durch G v. 18.7.2017 (BGBl. I S. 2757).

(2) Die Ordnungswidrigkeit kann in den Fällen des Absatzes 1 Nummer 1 bis 3 und 4 bis 11 mit einer Geldbuße bis zu dreißigtausend Euro, in den übrigen Fällen mit einer Geldbuße bis zu fünftausend Euro geahndet werden.

(3) Verwaltungsbehörde im Sinne des § 36 Absatz 1 Nummer 1 des Gesetzes über Ordnungswidrigkeiten[1] ist in den Fällen des Absatzes 1 Nummer 3a das Paul-Ehrlich-Institut.

## Abschnitt 8. Schlussvorschriften

**§ 21 Zuständige Bundesoberbehörde.** Zuständige Bundesoberbehörde im Sinne dieses Gesetzes ist das Paul-Ehrlich-Institut.

**§ 22 Verhältnis zu anderen Rechtsbereichen.** Die Vorschriften des Embryonenschutzgesetzes und des Stammzellgesetzes bleiben unberührt.

**§ 23 Bundeswehr.** Im Geschäftsbereich des Bundesministeriums der Verteidigung obliegt der Vollzug dieses Gesetzes bei der Überwachung den zuständigen Stellen und Sachverständigen der Bundeswehr.

**§ 24** (Änderung des Strafgesetzbuchs)

**§ 25 Übergangsregelungen.** (1) Bei Inkrafttreten dieses Gesetzes bestehende Verträge über Regelungsgegenstände nach § 11 gelten weiter, bis sie durch Vertrag[2] nach § 11 Abs. 1 und 2 abgelöst oder durch Rechtsverordnung nach § 11 Abs. 6 ersetzt werden.

(2) Bei Inkrafttreten dieses Gesetzes bestehende Verträge über Regelungsgegenstände nach § 12 gelten weiter, bis sie durch Vertrag[2] nach § 12 Abs. 1 und 4 abgelöst oder durch Rechtsverordnung nach § 12 Abs. 6 ersetzt werden.

**§ 26** (Inkrafttreten, Außerkrafttreten)

[1] **Habersack, Deutsche Gesetze Nr. 94.**
[2] Siehe hierzu Bek. v. 11.7.2013 (BAnz AT 17.07.2013 B4).

# 285. Gesetz zur Verhütung und Bekämpfung von Infektionskrankheiten beim Menschen (Infektionsschutzgesetz – IfSG)[1) 2) 3) 4)]

Vom 20. Juli 2000
(BGBl. I S. 1045)

**FNA 2126-13**

geänd. durch Art. 2a Drittes G zur Änd. des HeimG v. 5.11.2001 (BGBl. I S. 2960), Art. 11 § 3 Lebensmittelsicherheit-NeuordnungsG v. 6.8.2002 (BGBl. I S. 3082), Art. 39 Achte ZuständigkeitsanpassungsVO v. 25.11.2003 (BGBl. I S. 2304), Art. 19 Drittes G für moderne Dienstleistungen am Arbeitsmarkt v. 23.12.2003 (BGBl. I S. 2848), Art. 12 Viertes G für moderne Dienstleistungen am Arbeitsmarkt v. 24.12.2003 (BGBl. I S. 2954), Art. 2b Vierzehntes G zur Änd. des ArzneimittelG v. 29.8.2005 (BGBl. I S. 2570), § 3 Abs. 4 G über den Übergang auf das neue Lebensmittel- und Futtermittelrecht v. 1.9.2005 (BGBl. I S. 2618), Art. 9 G zur Förderung ganzjähriger Beschäftigung v. 24.4.2006 (BGBl. I S. 926), Art. 5 G zur Änd. von Vorschriften des Sozialen Entschädigungsrechts und des G über einen Ausgleich für Dienstbeschädigungen im Beitrittsgebiet v. 19.6.2006 (BGBl. I S. 1305), Art. 57 Neunte ZuständigkeitsanpassungsVO v. 31.10.2006 (BGBl. I S. 2407), Art. 6 Abs. 1 GewebeG v. 20.7.2007 (BGBl. I S. 1574), Art. 3 G zu den Internationalen Gesundheitsvorschriften (2005) (IGV) v. 20.7.2007 (BGBl. II S. 930 iVm Bek. v. 1.10.2007, BGBl. II S. 1528), Art. 2 G zur Änd. des BundesversorgungsG und anderer Vorschriften des Sozialen Entschädigungsrechts v. 13.12.2007 (BGBl. I S. 2904), Art. 16 FGG-ReformG v. 17.12.2008 (BGBl. I S. 2586), Art. 13 G zur Änd. arzneimittelrechtlicher und anderer Vorschriften v. 17.7.2009 (BGBl. I S. 1990), Art. 2a G zur Umsetzung der DienstleistungsRL im Gewerberecht und in weiteren Rechtsvorschriften v. 17.7.2009 (BGBl. I S. 2091), Art. 5 G zur Änd. des BundesversorgungsG und anderer Vorschriften v. 20.6.2011 (BGBl. I S. 1114), Art. 1 G zur Änd. des InfektionsschutzG und weiterer Gesetze v. 28.7.2011 (BGBl. I S. 1622, geänd. durch G v. 10.12.2015, BGBl. I S. 2229), Art. 3 Gesetz zur Durchführung der Internationalen Gesundheitsvorschriften (2005) und zur Änd. weiterer Gesetze v. 21.3.2013 (BGBl. I S. 566), Art. 5 Abs. 2 G zur Umsetzung des Seearbeitsübereinkommens 2006 der Internationalen Arbeitsorganisation v. 20.4.2013 (BGBl. I S. 868), Art. 2 Abs. 36, Art. 4 Abs. 21 G zur Strukturreform des Gebührenrechts des Bundes v. 7.8.2013 (BGBl. I S. 3154, Art. 4 Abs. 21 dieses G aufgeh. durch Art. 2 G v. 18.7.2016, BGBl. I S. 1666), Art. 8 PräventionsG v. 17.7.2015 (BGBl. I S. 1368), Art. 70 Zehnte ZuständigkeitsanpassungsVO v. 31.8.2015 (BGBl. I S. 1474), Art. 6a KrankenhausstrukturG v. 10.12.2015 (BGBl. I S. 2229), Art. 41 Zweites G über die weitere Bereinigung von Bundesrecht v. 8.7.2016 (BGBl. I S. 1594), Art. 4 Abs. 20 G zur Aktualisierung der Strukturreform des Gebührenrechts des Bundes v. 18.7.2016 (BGBl. I S. 1666, geänd. durch G v. 17.7.2017, BGBl. I S. 2615), Art. 1 G zur Modernisierung der epidemiologischen Überwachung übertragbarer Krankheiten v. 17.7.2017 (BGBl. I S. 2615), Art. 6 Pflegepersonal-StärkungsG v. 11.12.2018 (BGBl. I S. 2394), Art. 14b Terminservice- und VersorgungsG v. 6.5.2019 (BGBl. I S. 646), Art. 31 Bundeswehr-EinsatzbereitschaftsstärkungsG v. 4.8.2019 (BGBl. I S. 1147), Art. 18a G für mehr Sicherheit in der Arzneimittelversorgung v. 9.8.2019 (BGBl. I S. 1202), Art. 30 Zweites Datenschutz-Anpassungs- und UmsetzungsG EU v. 20.11.2019 (BGBl. I S. 1626), Art. 46 G zur Regelung des Sozialen Entschädigungsrechts v. 12.12.2019 (BGBl. I S. 2652), Art. 1 MasernschutzG v. 10.2.2020 (BGBl. I S. 148), Art. 1, 2, 3 G zum Schutz der Bevölkerung bei einer epidemischen Lage von nationaler Tragweite v. 27.3.2020 (BGBl. I S. 587, geänd. durch G v. 18.11.2020, BGBl. I S. 2397,

---

[1)] Verkündet als Art. 1 SeuchenrechtsneuordnungsG v. 20.7.2000 (BGBl. I S. 1045); Inkrafttreten gem. Art. 5 Abs. 1 Satz 1 dieses G am 1.1.2001 mit Ausnahme von §§ 37 und 38, die gem. Art. 5 Abs. 2 dieses G am 26.7.2000 in Kraft getreten sind.

[2)] Die Änderungen durch G v. 12.12.2019 (BGBl. I S. 2652) treten erst **mWv 1.1.2024** in Kraft und sind im Text noch nicht berücksichtigt.

[3)] Die Änderungen durch G v. 10.12.2021 (BGBl. I S. 5162) treten teilweise erst **mWv 1.1.2023** in Kraft und sind insoweit im Text noch nicht berücksichtigt.

[4)] Zu abweichendem Landesrecht siehe:
- **Baden-Württemberg:** Abweichungen im PolizeiG mWv 29.11.2012; vgl. Hinweis v. 21.12.2012 (BGBl. I S. 2726)
- **Bremen:** Abweichungen im Infektionskrankheiten-BehandlungsG mWv 26.3.2015; vgl. Hinweis v. 18.5.2015 (BGBl. I S. 700).

geänd. durch G v. 29.3.2021 BGBl. I S. 370), Art. 1, 2 Zweites G zum Schutz der Bevölkerung bei einer epidemischen Lage von nationaler Tragweite v. 19.5.2020 (BGBl. I S. 1018, geänd. durch G v. 18.11.2020, BGBl. I S. 2397), Art. 98 Elfte ZuständigkeitsanpassungsVO v. 19.6.2020 (BGBl. I S. 1328), Art. 5 Corona-SteuerhilfeG v. 19.6.2020 (BGBl. I S. 1385), Art. 1, 2 Drittes G zum Schutz der Bevölkerung bei einer epidemischen Lage von nationaler Tragweite v. 18.11.2020 (BGBl. I S. 2397, geänd. durch G v. 29.3.2021 BGBl. I S. 370), Art. 4a G über eine einmalige Sonderzahlung aus Anlass der COVID-19-Pandemie an Besoldungs- und Wehrsoldempfänger v. 21.12.2020 (BGBl. I S. 3136), Art. 1 G zur Fortgeltung der die epidemische Lage von nationaler Tragweite betreffenden Regelungen v. 29.3.2021 (BGBl. I S. 370), Art. 1 Viertes G zum Schutz der Bevölkerung bei einer epidemischen Lage von nationaler Tragweite v. 22.4.2021 (BGBl. I S. 802), Art. 6 G zur Verbesserung des Schutzes von Gerichtsvollziehern vor Gewalt sowie zur Änd. weiterer zwangsvollstreckungsrechtlicher Vorschriften und zur Änd. des InfektionsschutzG v. 7.5.2021 (BGBl. I S. 850), Art. 1 Zweites G zur Änd. des InfektionsschutzG und weiterer Gesetze v. 28.5.2021 (BGBl. I S. 1174), Art. 9 G zur Vereinheitlichung des Stiftungsrechts und zur Änd. des InfektionsschutzG v. 16.7.2021 (BGBl. I S. 2947), Art. 6 Viertes G zur Änd. des Lebensmittel- und Futtermittelgesetzbuches sowie anderer Vorschriften v. 27.7.2021 (BGBl. I S. 3274), Art. 12 AufbauhilfeG 2021 v. 10.9.2021 (BGBl. I S. 4147), Art. 8 Abs. 8 G zum Erlass eines Tierarzneimittelgesetzes und zur Anpassung arzneimittelrechtlicher und anderer Vorschriften v. 27.9.2021 (BGBl. I S. 4530), Art. 1 G zur Änd. des IfSG und weiterer Gesetze anlässlich der Aufhebung der Feststellung der epidemischen Lage von nationaler Tragweite v. 22.11.2021 (BGBl. I S. 4906) und Art. 1, 2 G zur Stärkung der Impfprävention gegen COVID-19 und zur Änd. weiterer Vorschriften im Zusammenhang mit der COVID-19-Pandemie v. 10.12.2021 (BGBl. I S. 5162)

**Inhaltsübersicht**[1)]



---

[1)] Inhaltsübersicht geänd. mWv 1.8.2007 durch G v. 20.7.2007 (BGBl. I S. 1574); mWv 28.12.2009 durch G v. 17.7.2009 (BGBl. I S. 2091); mWv 4.8.2011 durch G v. 28.7.2011 (BGBl. I S. 1622); mWv 29.3.2013 durch G v. 21.3.2013 (BGBl. I S. 566); mWv 1.8.2013 durch G v. 20.4.2013 (BGBl. I S. 868); mWv 15.8.2013 durch G v. 7.8.2013 (BGBl. I S. 3154); mWv 25.7.2015 durch G v. 17.7. 2015 (BGBl. I S. 1368); geänd. mWv 1.10.2021 durch G v. 18.7.2016 (BGBl. I S. 1666, geänd. durch G v. 17.7.2017, BGBl. I S. 2615); geänd. mWv 25.7.2017 durch G v. 17.7.2017 (BGBl. I S. 2615); geänd. mWv 26.11.2019 durch G v. 20.11.2019 (BGBl. I S. 1626); geänd. mWv 1.3.2020 durch G v. 10.2.2020 (BGBl. I S. 148); geänd. mWv 28.3.2020 durch G v. 27.3.2020 (BGBl. I S. 587); geänd. mWv 23.5.2020 durch G v. 19.5.2020 (BGBl. I S. 1018); geänd. mWv 19.11.2020 durch G v. 18.11. 2020 (BGBl. I S. 2397); geänd. mWv 31.3.2021 durch G v. 29.3.2021 (BGBl. I S. 370); geänd. mWv 23.4.2021 durch G v. 22.4.2021 (BGBl. I S. 802); geänd. mWv 1.6.2021 durch G v. 28.5.2021 (BGBl. I S. 1174); geänd. mWv 24.11.2021 durch G v. 22.11.2021 (BGBl. I S. 4906); geänd. mWv 12.12.2021 durch G v. 10.12.2021 (BGBl. I S. 5162); sie wurde nichtamtlich an die Änderungen durch G v. 11.12.2018 (BGBl. I S. 2394) angepasst.

## 1. Abschnitt. Allgemeine Vorschriften

**§ 1 Zweck des Gesetzes** (1) Zweck des Gesetzes ist es, übertragbaren Krankheiten beim Menschen vorzubeugen, Infektionen frühzeitig zu erkennen und ihre Weiterverbreitung zu verhindern.

(2) [1] Die hierfür notwendige Mitwirkung und Zusammenarbeit von Behörden des Bundes, der Länder und der Kommunen, Ärzten, Tierärzten, Krankenhäusern, wissenschaftlichen Einrichtungen sowie sonstigen Beteiligten soll entsprechend dem jeweiligen Stand der medizinischen und epidemiologischen Wissenschaft und Technik gestaltet und unterstützt werden. [2] Die Eigenverantwortung der Träger und Leiter von Gemeinschaftseinrichtungen, Lebensmittelbetrieben, Gesundheitseinrichtungen sowie des Einzelnen bei der Prävention übertragbarer Krankheiten soll verdeutlicht und gefördert werden.

**§ 1a**[2] *(aufgehoben)*

[1] **Aichberger Nr. 20/10.**
[2] § 1a aufgeh. mWv 26.11.2019 durch G v. 20.11.2019 (BGBl. I S. 1626).

**§ 2[1] Begriffsbestimmungen.** Im Sinne dieses Gesetzes ist

1. Krankheitserreger
ein vermehrungsfähiges Agens (Virus, Bakterium, Pilz, Parasit) oder ein sonstiges biologisches transmissibles Agens, das bei Menschen eine Infektion oder übertragbare Krankheit verursachen kann,

2. Infektion
die Aufnahme eines Krankheitserregers und seine nachfolgende Entwicklung oder Vermehrung im menschlichen Organismus,

3. übertragbare Krankheit
eine durch Krankheitserreger oder deren toxische Produkte, die unmittelbar oder mittelbar auf den Menschen übertragen werden, verursachte Krankheit,

3a. bedrohliche übertragbare Krankheit
eine übertragbare Krankheit, die auf Grund klinisch schwerer Verlaufsformen oder ihrer Ausbreitungsweise eine schwerwiegende Gefahr für die Allgemeinheit verursachen kann,

4. Kranker
eine Person, die an einer übertragbaren Krankheit erkrankt ist,

5. Krankheitsverdächtiger
eine Person, bei der Symptome bestehen, welche das Vorliegen einer bestimmten übertragbaren Krankheit vermuten lassen,

6. Ausscheider
eine Person, die Krankheitserreger ausscheidet und dadurch eine Ansteckungsquelle für die Allgemeinheit sein kann, ohne krank oder krankheitsverdächtig zu sein,

7. Ansteckungsverdächtiger
eine Person, von der anzunehmen ist, dass sie Krankheitserreger aufgenommen hat, ohne krank, krankheitsverdächtig oder Ausscheider zu sein,

8. nosokomiale Infektion
eine Infektion mit lokalen oder systemischen Infektionszeichen als Reaktion auf das Vorhandensein von Erregern oder ihrer Toxine, die im zeitlichen Zusammenhang mit einer stationären oder einer ambulanten medizinischen Maßnahme steht, soweit die Infektion nicht bereits vorher bestand,

9. Schutzimpfung
die Gabe eines Impfstoffes mit dem Ziel, vor einer übertragbaren Krankheit zu schützen,

10. andere Maßnahme der spezifischen Prophylaxe
die Gabe von Antikörpern (passive Immunprophylaxe) oder die Gabe von Medikamenten (Chemoprophylaxe) zum Schutz vor Weiterverbreitung bestimmter übertragbarer Krankheiten,

11. Impfschaden

---

[1] § 2 Nr. 3a eingef. mWv 25.7.2017 durch G v. 17.7.2017 (BGBl. I S. 2615); Nr. 14 geänd., Nr. 15 und 16 angef. mWv 1.3.2020 durch G v. 10.2.2020 (BGBl. I S. 148); Nr. 16 geänd., Nr. 17 angef. mWv 19.11.2020 durch G v. 18.11.2020 (BGBl. I S. 2397); Nr. 15 neu gef., Nr. 15a, 15b eingef. mWv 12.12.2021 durch G v. 10.12.2021 (BGBl. I S. 5162).

die gesundheitliche und wirtschaftliche Folge einer über das übliche Ausmaß einer Impfreaktion hinausgehenden gesundheitlichen Schädigung durch die Schutzimpfung; ein Impfschaden liegt auch vor, wenn mit vermehrungsfähigen Erregern geimpft wurde und eine andere als die geimpfte Person geschädigt wurde,

12. Gesundheitsschädling
ein Tier, durch das Krankheitserreger auf Menschen übertragen werden können,

13. Sentinel-Erhebung
eine epidemiologische Methode zur stichprobenartigen Erfassung der Verbreitung bestimmter übertragbarer Krankheiten und der Immunität gegen bestimmte übertragbare Krankheiten in ausgewählten Bevölkerungsgruppen,

14. Gesundheitsamt
die nach Landesrecht für die Durchführung dieses Gesetzes bestimmte und mit einem Amtsarzt besetzte Behörde,

15. Einrichtung oder Unternehmen
eine juristische Person, eine Personengesellschaft oder eine natürliche Person, in deren unmittelbarem Verantwortungsbereich natürliche Personen behandelt, betreut, gepflegt oder untergebracht werden,

15a. Leitung der Einrichtung
a) die natürliche Person oder die natürlichen Personen, die im Verantwortungsbereich einer Einrichtung durch diese mit den Aufgaben nach diesem Gesetz betraut ist oder sind,
b) sofern eine Aufgabenübertragung nach Buchstabe a nicht erfolgt ist, die natürliche Person oder die natürlichen Personen, die für die Geschäftsführung zuständig ist oder sind, oder
c) sofern die Einrichtung von einer einzelnen natürlichen Person betrieben wird, diese selbst,

15b. Leitung des Unternehmens
a) die natürliche Person oder die natürlichen Personen, die im Verantwortungsbereich eines Unternehmens durch dieses mit den Aufgaben nach diesem Gesetz betraut ist oder sind,
b) sofern eine Aufgabenübertragung nach Buchstabe a nicht erfolgt ist, die natürliche Person oder die natürlichen Personen, die für die Geschäftsführung zuständig ist oder sind, oder
c) sofern das Unternehmen von einer einzelnen natürlichen Person betrieben wird, diese selbst,

16. personenbezogene Angabe
Name und Vorname, Geschlecht, Geburtsdatum, Anschrift der Hauptwohnung oder des gewöhnlichen Aufenthaltsortes und, falls abweichend, Anschrift des derzeitigen Aufenthaltsortes der betroffenen Person sowie, soweit vorliegend, Telefonnummer und E-Mail-Adresse,

17. Risikogebiet
ein Gebiet außerhalb der Bundesrepublik Deutschland, für das vom Bundesministerium für Gesundheit im Einvernehmen mit dem Auswärtigen Amt und dem Bundesministerium des Innern, für Bau und Heimat ein erhöhtes Risiko für eine Infektion mit einer bestimmten bedrohlichen übertragbaren Krankheit festgestellt wurde; die Einstufung als Risikogebiet

erfolgt erst mit Ablauf des ersten Tages nach Veröffentlichung der Feststellung durch das Robert Koch-Institut im Internet unter der Adresse https://www.rki.de/risikogebiete.

**§ 3 Prävention durch Aufklärung.** [1] Die Information und Aufklärung der Allgemeinheit über die Gefahren übertragbarer Krankheiten und die Möglichkeiten zu deren Verhütung sind eine öffentliche Aufgabe. [2] Insbesondere haben die nach Landesrecht zuständigen Stellen über Möglichkeiten des allgemeinen und individuellen Infektionsschutzes sowie über Beratungs-, Betreuungs- und Versorgungsangebote zu informieren.

## 2. Abschnitt.[1)] Koordinierung und epidemische Lage von nationaler Tragweite

**§ 4[2)] Aufgaben des Robert Koch-Institutes.** (1) [1] Das Robert Koch-Institut ist die nationale Behörde zur Vorbeugung übertragbarer Krankheiten sowie zur frühzeitigen Erkennung und Verhinderung der Weiterverbreitung von Infektionen. [2] Dies schließt die Entwicklung und Durchführung epidemiologischer und laborgestützter Analysen sowie Forschung zu Ursache, Diagnostik und Prävention übertragbarer Krankheiten ein. [3] Es arbeitet mit den jeweils zuständigen Bundesbehörden, den zuständigen Landesbehörden, den nationalen Referenzzentren, weiteren wissenschaftlichen Einrichtungen und Fachgesellschaften zusammen. [4] Auf dem Gebiet der Zoonosen und mikrobiell bedingten Lebensmittelvergiftungen sind das Bundesamt für Verbraucherschutz und Lebensmittelsicherheit, das Bundesinstitut für Risikobewertung, sofern es sich um Aufgaben der Risikobewertung handelt, und das Friedrich-Loeffler-Institut zu beteiligen. [5] Auf Ersuchen der zuständigen obersten Landesgesundheitsbehörde kann das Robert Koch-Institut den zuständigen Stellen bei Maßnahmen zur Überwachung, Verhütung und Bekämpfung von bedrohlichen übertragbaren Krankheiten, auf Ersuchen mehrerer zuständiger oberster Landesgesundheitsbehörden auch länderübergreifend, Amtshilfe leisten. [6] Soweit es zur Erfüllung dieser Amtshilfe erforderlich ist, darf es personenbezogene Daten verarbeiten. [7] Beim Robert Koch-Institut wird eine Kontaktstelle für den öffentlichen Gesundheitsdienst der Länder eingerichtet, die die Amtshilfe nach Satz 5 und die Zusammenarbeit mit den zuständigen Landesbehörden und die Zusammenarbeit bei der Umsetzung des elektronischen Melde- und Informationssystems nach § 14 innerhalb der vom gemeinsamen Planungsrat nach § 14 Absatz 1 Satz 7 getroffenen Leitlinien koordiniert.

(1a) [1] Das Bundesministerium für Gesundheit legt dem Deutschen Bundestag nach Beteiligung des Bundesrates bis spätestens zum 31. März 2021 einen Bericht zu den Erkenntnissen aus der durch das neuartige Coronavirus SARS-

---

[1)] 2. Abschnitt Überschrift neu gef. mWv 28.3.2020 durch G v. 27.3.2020 (BGBl. I S. 587).

[2)] § 4 Abs. 1 Satz 3 geänd. mWv 1.11.2002 durch G v. 6.8.2002 (BGBl. I S. 3082); Abs. 1 Satz 4 geänd. mWv 6.9.2005 durch G v. 29.8.2005 (BGBl. I S. 2570); Abs. 2 Nr. 2 Buchst. b neu gef. mWv 4.8.2011 durch G v. 28.7.2011 (BGBl. I S. 1622); Abs. 1 Satz 5 geänd., Abs. 2 Nr. 2–5 neu gef., Abs. 3 angef. mWv 25.7.2017 durch G v. 17.7.2017 (BGBl. I S. 2615); Abs. 1 Sätze 3–5 neu gef., Satz 6 angef., Abs. 3 neu gef. mWv 1.3.2020 durch G v. 10.2.2020 (BGBl. I S. 148); Abs. 1 neu gef., Abs. 1a eingef. mWv 28.3.2020 durch G v. 27.3.2020 (BGBl. I S. 587); Abs. 1 Satz 7 angef. mWv 23.5.2020 durch G v. 19.5.2020 (BGBl. I S. 1018); Abs. 1 Satz 7 und Abs. 3 Satz 4 geänd. mWv 19.11.2020 durch G v. 18.11.2020 (BGBl. I S. 2397); Abs. 1 Satz 4 geänd. mWv 10.8.2021 durch G v. 27.7.2021 (BGBl. I S. 3274).

CoV-2 verursachten Epidemie vor. [2]Der Bericht beinhaltet Vorschläge zur gesetzlichen, infrastrukturellen und personellen Stärkung des Robert Koch-Instituts sowie gegebenenfalls zusätzlicher Behörden zur Erreichung des Zwecks dieses Gesetzes.

(2) Das Robert Koch-Institut

1. erstellt im Benehmen mit den jeweils zuständigen Bundesbehörden für Fachkreise als Maßnahme des vorbeugenden Gesundheitsschutzes Richtlinien, Empfehlungen, Merkblätter und sonstige Informationen zur Vorbeugung, Erkennung und Verhinderung der Weiterverbreitung übertragbarer Krankheiten,
2. wertet die Daten zu meldepflichtigen Krankheiten und meldepflichtigen Nachweisen von Krankheitserregern, die ihm nach diesem Gesetz und nach § 11 Absatz 5, § 16 Absatz 4 des IGV-Durchführungsgesetzes übermittelt worden sind, infektionsepidemiologisch aus,
3. stellt die Ergebnisse der infektionsepidemiologischen Auswertungen den folgenden Behörden und Institutionen zur Verfügung:
   a) den jeweils zuständigen Bundesbehörden,
   b) dem Kommando Sanitätsdienst der Bundeswehr,
   c) den obersten Landesgesundheitsbehörden,
   d) den Gesundheitsämtern,
   e) den Landesärztekammern,
   f) dem Spitzenverband Bund der Krankenkassen,
   g) der Kassenärztlichen Bundesvereinigung,
   h) dem Institut für Arbeitsschutz der Deutschen Gesetzlichen Unfallversicherung und
   i) der Deutschen Krankenhausgesellschaft,
4. veröffentlicht die Ergebnisse der infektionsepidemiologischen Auswertungen periodisch und
5. unterstützt die Länder und sonstigen Beteiligten bei ihren Aufgaben im Rahmen der epidemiologischen Überwachung nach diesem Gesetz.

(3) [1]Das Robert Koch-Institut arbeitet zu den in § 1 Absatz 1 genannten Zwecken mit ausländischen Stellen und supranationalen Organisationen sowie mit der Weltgesundheitsorganisation und anderen internationalen Organisationen zusammen. [2]Im Rahmen dieser Zusammenarbeit stärkt es deren Fähigkeiten, insbesondere einer möglichen grenzüberschreitenden Ausbreitung von übertragbaren Krankheiten vorzubeugen, entsprechende Gefahren frühzeitig zu erkennen und Maßnahmen zur Verhinderung einer möglichen grenzüberschreitenden Weiterverbreitung einzuleiten. [3]Die Zusammenarbeit kann insbesondere eine dauerhafte wissenschaftliche Zusammenarbeit mit Einrichtungen in Partnerstaaten, die Ausbildung von Personal der Partnerstaaten sowie Unterstützungsleistungen im Bereich der epidemiologischen Lage- und Risikobewertung und des Krisenmanagements umfassen, auch verbunden mit dem Einsatz von Personal des Robert Koch-Institutes im Ausland. [4]Soweit es zur Abwendung von Gefahren von Dritten und zum Schutz von unmittelbar Betroffenen im Rahmen der frühzeitigen Erkennung und Verhinderung der Weiterverbreitung von bedrohlichen übertragbaren Krankheiten, der Unterstützung bei der Ausbruchsuntersuchung und -bekämpfung, der Kontaktpersonennachverfolgung oder der medizinischen Evakuierung von Erkrankten

und Ansteckungsverdächtigen erforderlich ist, darf das Robert Koch-Institut im Rahmen seiner Aufgaben nach den Sätzen 1 bis 3 personenbezogene Daten verarbeiten.

**§ 5[1)] Epidemische Lage von nationaler Tragweite.** (1) [1] Der Deutsche Bundestag kann eine epidemische Lage von nationaler Tragweite feststellen, wenn die Voraussetzungen nach Satz 6 vorliegen. [2] Der Deutsche Bundestag hebt die Feststellung der epidemischen Lage von nationaler Tragweite wieder auf, wenn die Voraussetzungen nach Satz 6 nicht mehr vorliegen. [3] Die Feststellung nach Satz 1 gilt als nach Satz 2 aufgehoben, sofern der Deutsche Bundestag nicht spätestens drei Monate nach der Feststellung nach Satz 1 das Fortbestehen der epidemischen Lage von nationaler Tragweite feststellt; dies gilt entsprechend, sofern der Deutsche Bundestag nicht spätestens drei Monate nach der Feststellung des Fortbestehens der epidemischen Lage von nationaler Tragweite das Fortbestehen erneut feststellt. [4] Die Feststellung des Fortbestehens nach Satz 3 gilt als Feststellung im Sinne des Satzes 1. [5] Die Feststellung und die Aufhebung sind im Bundesgesetzblatt bekannt zu machen. [6] Eine epidemische Lage von nationaler Tragweite liegt vor, wenn eine ernsthafte Gefahr für die öffentliche Gesundheit in der gesamten Bundesrepublik Deutschland besteht, weil

1. die Weltgesundheitsorganisation eine gesundheitliche Notlage von internationaler Tragweite ausgerufen hat und die Einschleppung einer bedrohlichen übertragbaren Krankheit in die Bundesrepublik Deutschland droht oder
2. eine dynamische Ausbreitung einer bedrohlichen übertragbaren Krankheit über mehrere Länder in der Bundesrepublik Deutschland droht oder stattfindet.

[7] Solange eine epidemische Lage von nationaler Tragweite festgestellt ist, unterrichtet die Bundesregierung den Deutschen Bundestag regelmäßig mündlich über die Entwicklung der epidemischen Lage von nationaler Tragweite.

(2) [1] Das Bundesministerium für Gesundheit wird im Rahmen der epidemischen Lage von nationaler Tragweite unbeschadet der Befugnisse der Länder ermächtigt,

1.–3. *(aufgehoben)*

4. durch Rechtsverordnung ohne Zustimmung des Bundesrates Maßnahmen zur Sicherstellung der Versorgung mit Arzneimitteln einschließlich Impfstoffen und Betäubungsmitteln, mit Medizinprodukten, Labordiag-

---

[1)] § 5 neu gef. mWv 28.3.2020 durch G v. 27.3.2020 (BGBl. I S. 587); Abs. 2 Satz 1 Nr. 4 einl. Satzteil neu gef., Buchst. f geänd., Nr. 6 neu gef., Nr. 7 Buchst. b geänd., Buchst. c und d angef., Nr. 8 Buchst. c geänd., Nr. 9, 10 und Satz 2 angef., Abs. 3 Sätze 3 und 4 eingef., bish. Satz 3 wird Satz 5, Abs. 4 Satz 2 neu gef., Satz 3 eingef., bish. Sätze 3 und 4 werden Sätze 4 und 5, Abs. 7 Satz 3 angef. mWv 23.5.2020 durch G v. 19.5.2020 (BGBl. I S. 1018); Abs. 1 neu gef., Abs. 2 Satz 1 Nr. 1–3 aufgeh., Nr. 9 geänd., Abs. 8 angef. mWv 19.11.2020 durch G v. 18.11.2020 (BGBl. I S. 2397); Abs. 1 Sätze 1, 2 geänd., Sätze 3, 4 eingef., bish. Sätze 3–5 werden Sätze 5–7, Abs. 2 Satz 1 Nr. 4 einl. Satzteil, Buchst. f, Nr. 7 einl. Satzteil, Buchst. b, c, d geänd., Buchst. e, f angef., Nr. 8 einl. Satzteil, Nr. 10 einl. Satzteil geänd., Buchst. b neu gef., Buchst. c eingef., bish. Buchst. c–e werden Buchst. d–f, Abs. 3 Satz 1 aufgeh., bish. Sätze 2–4 werden Sätze 1–3, bish Satz 5 wird Satz 4 und geänd., Abs. 4 Sätze 1–4 geänd., Abs. 9 angef. mWv 31.3.2021 durch G v. 29.3.2021 (BGBl. I S. 370); Abs. 2 Satz 1 Nr. 4 Buchst. a, Nr. 7 Buchst. f geänd., Buchst. g angef., Abs. 4 neu gef. mWv 1.6.2021 durch G v. 28.5.2021 (BGBl. I S. 1174); Abs. 9 Sätze 4 und 5 geänd. mWv 24.11.2021 durch G v. 22.11.2021 (BGBl. I S. 4906); Abs. 2 Satz 3, Abs. 4 Sätze 8, 9 angef., Abs. 9 Satz 1 geänd. mWv 12.12.2021 durch G v. 10.12.2021 (BGBl. I S. 5162).

nostik, Hilfsmitteln, Gegenständen der persönlichen Schutzausrüstung und Produkten zur Desinfektion sowie zur Sicherstellung der Versorgung mit Wirk-, Ausgangs- und Hilfsstoffen, Materialien, Behältnissen und Verpackungsmaterialien, die zur Herstellung und zum Transport der zuvor genannten Produkte erforderlich sind, zu treffen und

a) Ausnahmen von den Vorschriften des Arzneimittelgesetzes[1)], des Betäubungsmittelgesetzes[2)], des Apothekengesetzes[3)], des Fünften Buches Sozialgesetzbuch[4)], des Transfusionsgesetzes, des Heilmittelwerbegesetzes[5)] sowie der auf ihrer Grundlage erlassenen Rechtsverordnungen, der medizinprodukterechtlichen Vorschriften und der die persönliche Schutzausrüstung betreffenden Vorschriften zum Arbeitsschutz, die die Herstellung, Kennzeichnung, Zulassung, klinische Prüfung, Anwendung, Verschreibung und Abgabe, Ein- und Ausfuhr, das Verbringen und die Haftung, sowie den Betrieb von Apotheken einschließlich Leitung und Personaleinsatz regeln, zuzulassen,

b) die zuständigen Behörden zu ermächtigen, im Einzelfall Ausnahmen von den in Buchstabe a genannten Vorschriften zu gestatten, insbesondere Ausnahmen von den Vorschriften zur Herstellung, Kennzeichnung, Anwendung, Verschreibung und Abgabe, zur Ein- und Ausfuhr und zum Verbringen sowie zum Betrieb von Apotheken einschließlich Leitung und Personaleinsatz zuzulassen,

c) Maßnahmen zum Bezug, zur Beschaffung, Bevorratung, Verteilung und Abgabe solcher Produkte durch den Bund zu treffen sowie Regelungen zu Melde- und Anzeigepflichten vorzusehen,

d) Regelungen zur Sicherstellung und Verwendung der genannten Produkte sowie bei enteignender Wirkung Regelungen über eine angemessene Entschädigung hierfür vorzusehen,

e) ein Verbot, diese Produkte zu verkaufen, sich anderweitig zur Überlassung zu verpflichten oder bereits eingegangene Verpflichtungen zur Überlassung zu erfüllen sowie Regelungen über eine angemessene Entschädigung hierfür vorzusehen,

f) Regelungen zum Vertrieb, zur Abgabe, Preisbildung und -gestaltung, Erstattung, Vergütung sowie für den Fall beschränkter Verfügbarkeit von Arzneimitteln einschließlich Impfstoffen zur Priorisierung der Abgabe und Anwendung der Arzneimittel oder der Nutzung der Arzneimittel durch den Bund und die Länder zu Gunsten bestimmter Personengruppen vorzusehen,

g) Maßnahmen zur Aufrechterhaltung, Umstellung, Eröffnung oder Schließung von Produktionsstätten oder einzelnen Betriebsstätten von Unternehmen, die solche Produkte produzieren sowie Regelungen über eine angemessene Entschädigung hierfür vorzusehen;

5. nach § 13 Absatz 1 des Patentgesetzes[6)] anzuordnen, dass eine Erfindung in Bezug auf eines der in Nummer 4 vor der Aufzählung genannten

---

1) Nr. 272.
2) **Sartorius Nr. 275.**
3) Nr. 271.
4) **Aichberger Nr. 5.**
5) Nr. 277.
6) **Habersack, Deutsche Gesetze ErgBd. Nr. 70.**

Produkte im Interesse der öffentlichen Wohlfahrt oder im Interesse der Sicherheit des Bundes benutzt werden soll; das Bundesministerium für Gesundheit kann eine nachgeordnete Behörde beauftragen, diese Anordnung zu treffen;

6. die notwendigen Anordnungen

   a) zur Durchführung der Maßnahmen nach Nummer 4 Buchstabe a und

   b) zur Durchführung der Maßnahmen nach Nummer 4 Buchstabe c bis g

   zu treffen; das Bundesministerium für Gesundheit kann eine nachgeordnete Behörde beauftragen, diese Anordnung zu treffen;

7. durch Rechtsverordnung ohne Zustimmung des Bundesrates Maßnahmen zur Aufrechterhaltung der Gesundheitsversorgung in ambulanten Praxen, Apotheken, Krankenhäusern, Laboren, Vorsorge- und Rehabilitationseinrichtungen und in sonstigen Gesundheitseinrichtungen in Abweichung von bestehenden gesetzlichen Vorgaben vorzusehen und

   a) untergesetzliche Richtlinien, Regelungen, Vereinbarungen und Beschlüsse der Selbstverwaltungspartner nach dem Fünften Buch Sozialgesetzbuch und nach Gesetzen, auf die im Fünften Buch Sozialgesetzbuch Bezug genommen wird, anzupassen, zu ergänzen oder auszusetzen,

   b) abweichend von der Approbationsordnung für Ärzte die Regelstudienzeit, die Zeitpunkte und die Anforderungen an die Durchführung der einzelnen Abschnitte der Ärztlichen Prüfung und der Eignungs- und Kenntnisprüfung festzulegen und zu regeln, dass Medizinstudierenden infolge einer notwendigen Mitwirkung an der Gesundheitsversorgung keine Nachteile für den Studienfortschritt entstehen,

   c) abweichend von der Approbationsordnung für Zahnärzte, sofern sie nach § 133 der Approbationsordnung für Zahnärzte und Zahnärztinnen weiter anzuwenden ist, die Regelstudienzeit, die Anforderungen an die Durchführung der naturwissenschaftlichen Vorprüfung, der zahnärztlichen Vorprüfung und der zahnärztlichen Prüfung festzulegen und alternative Lehrformate vorzusehen, um die Fortführung des Studiums zu gewährleisten,

   d) abweichend von der Approbationsordnung für Apotheker die Regelstudienzeit, die Zeitpunkte und die Anforderungen an die Durchführung der einzelnen Prüfungsabschnitte der pharmazeutischen Prüfung sowie die Anforderungen an die Durchführung der Famulatur und der praktischen Ausbildung festzulegen und alternative Lehrformate vorzusehen, um die Fortführung des Studiums zu gewährleisten,

   e) abweichend von der Approbationsordnung für Psychotherapeutinnen und Psychotherapeuten die Regelstudienzeit festzulegen,

   f) abweichend von der Approbationsordnung für Zahnärzte und Zahnärztinnen die Regelstudienzeit, die Zeitpunkte und die Anforderungen an die Durchführung der einzelnen Abschnitte der Zahnärztlichen Prüfung und der Eignungs- und Kenntnisprüfung, des Krankenpflegedienstes und der Famulatur festzulegen und alternative Lehrformate vorzusehen, um die Fortführung des Studiums und die Durchführung der Prüfungen zu gewährleisten,

   g) Vorgaben festzulegen zur

aa) Erfassung, Aufrechterhaltung und Sicherung intensivmedizinischer Behandlungskapazitäten in Krankenhäusern,

bb) Meldung der Auslastung dieser Kapazitäten an eine vom Bundesministerium für Gesundheit zu bestimmende Stelle und

cc) zu den Folgen unterlassener oder verspäteter Meldungen;

8. durch Rechtsverordnung ohne Zustimmung des Bundesrates Maßnahmen zur Aufrechterhaltung der pflegerischen Versorgung in ambulanten und stationären Pflegeeinrichtungen in Abweichung von bestehenden gesetzlichen Vorgaben vorzusehen und

a) bundesgesetzliche oder vertragliche Anforderungen an Pflegeeinrichtungen auszusetzen oder zu ändern,

b) untergesetzliche Richtlinien, Regelungen, Vereinbarungen und Beschlüsse der Selbstverwaltungspartner nach dem Elften Buch Sozialgesetzbuch[1)] und nach Gesetzen, auf die im Elften Buch Sozialgesetzbuch Bezug genommen wird, anzupassen, zu ergänzen oder auszusetzen,

c) Aufgaben, die über die Durchführung von körperbezogenen Pflegemaßnahmen, pflegerischen Betreuungsmaßnahmen und Hilfen bei der Haushaltsführung bei Pflegebedürftigen hinaus regelmäßig von Pflegeeinrichtungen, Pflegekassen und Medizinischen Diensten zu erbringen sind, auszusetzen oder einzuschränken;

9. Finanzhilfen gemäß Artikel 104b Absatz 1 des Grundgesetzes[2)] für Investitionen der Länder, Gemeinden und Gemeindeverbände zur technischen Modernisierung der Gesundheitsämter und zum Anschluss dieser an das elektronische Melde- und Informationssystem nach § 14 sowie zum Aufbau oder zur Aufrechterhaltung von Kernkapazitäten im Sinne der Anlage 1 Teil B der Internationalen Gesundheitsvorschriften (2005) (BGBl. 2007 II S. 930, 932), auf Flughäfen, in Häfen und bei Landübergängen, soweit dies in die Zuständigkeit der Länder fällt, zur Verfügung zu stellen; das Nähere wird durch Verwaltungsvereinbarungen mit den Ländern geregelt;

10. durch Rechtsverordnung ohne Zustimmung des Bundesrates unbeschadet des jeweiligen Ausbildungsziels und der Patientensicherheit abweichende Regelungen von den Berufsgesetzen der Gesundheitsfachberufe und den auf deren Grundlage erlassenen Rechtsverordnungen zu treffen, hinsichtlich

a) der Dauer der Ausbildungen,

b) des theoretischen und praktischen Unterrichts, einschließlich der Nutzung von digitalen Unterrichtsformen,

c) der praktischen Ausbildung,

d) der Besetzung der Prüfungsausschüsse,

e) der staatlichen Prüfungen und

f) der Durchführung der Eignungs- und Kenntnisprüfungen.

[2]Die Ermächtigung nach Satz 1 Nummer 10 umfasst die folgenden Ausbildungen:

---

1) **Aichberger Nr. 11.**
2) **Sartorius Nr. 1.**

1. zur Altenpflegerin oder zum Altenpfleger nach § 58 Absatz 2 des Pflegeberufegesetzes[1)],
2. zur Altenpflegerin oder zum Altenpfleger nach § 66 Absatz 2 des Pflegeberufegesetzes,
3. zur Diätassistentin oder zum Diätassistenten nach dem Diätassistentengesetz,
4. zur Ergotherapeutin oder zum Ergotherapeuten nach dem Ergotherapeutengesetz,
5. zur Gesundheits- und Krankenpflegerin oder zum Gesundheits- und Krankenpfleger nach § 66 Absatz 1 Satz 1 Nummer 1 des Pflegeberufegesetzes,
6. zur Gesundheits- und Kinderkrankenpflegerin oder zum Gesundheits- und Kinderkrankenpfleger nach § 58 Absatz 1 Satz 1 des Pflegeberufegesetzes,
7. zur Gesundheits- und Kinderkrankenpflegerin oder zum Gesundheits- und Kinderkrankenpfleger nach § 66 Absatz 1 Satz 1 Nummer 2 des Pflegeberufegesetzes,
8. zur Hebamme oder zum Entbindungspfleger nach § 77 Absatz 1 und § 78 des Hebammengesetzes,
9. zur Hebamme nach dem Hebammengesetz,
10. zur Logopädin oder zum Logopäden nach dem Gesetz über den Beruf des Logopäden,
11. zur Masseurin und medizinischen Bademeisterin oder zum Masseur und medizinischen Bademeister nach dem Masseur- und Physiotherapeutengesetz,
12. zur Medizinisch-technischen Laboratoriumsassistentin oder zum Medizinisch-technischen Laboratoriumsassistenten nach dem MTA-Gesetz,
13. zur Medizinisch-technischen Radiologieassistentin oder zum Medizinisch-technischen Radiologieassistenten nach dem MTA-Gesetz,
14. zur Medizinisch-technischen Assistentin für Funktionsdiagnostik oder zum Medizinisch-technischen Assistenten für Funktionsdiagnostik nach dem MTA-Gesetz,
15. zur Notfallsanitäterin oder zum Notfallsanitäter nach dem Notfallsanitätergesetz,
16. zur Orthoptistin oder zum Orthoptisten nach dem Orthoptistengesetz,
17. zur Pflegefachfrau oder zum Pflegefachmann nach dem Pflegeberufegesetz,
18. zur pharmazeutisch-technischen Assistentin oder zum pharmazeutisch-technischen Assistenten nach dem Gesetz über den Beruf des pharmazeutisch-technischen Assistenten,
19. zur Physiotherapeutin oder zum Physiotherapeuten nach dem Masseur- und Physiotherapeutengesetz,
20. zur Podologin oder zum Podologen nach dem Podologengesetz,
21. zur Veterinärmedizinisch-technischen Assistentin oder zum Veterinärmedizinisch-technischen Assistenten nach dem MTA-Gesetz.

[3]Das Bundesministerium für Gesundheit wird abweichend von Satz 1 ermächtigt, eine Rechtsverordnung nach Satz 1 Nummer 7 Buchstabe b bis f auch nach Aufhebung der Feststellung der epidemischen Lage von nationaler Tragweite durch den Deutschen Bundestag nach Absatz 1 Satz 2 zu erlassen, soweit

---

[1)] **LB Arbeitsrecht Nr. 416.**

Regelungen nach Satz 1 Nummer 7 Buchstabe b bis f im Rahmen der Bewältigung der Coronavirus-SARS-CoV-2-Pandemie oder ihrer Folgen erforderlich sind.

(3) [1] Rechtsverordnungen nach Absatz 2, insbesondere nach Nummer 3, 4, 7 und 8, bedürfen des Einvernehmens mit dem Bundesministerium für Arbeit und Soziales, soweit sie sich auf das Arbeitsrecht oder den Arbeitsschutz beziehen. [2] Rechtsverordnungen nach Absatz 2 Nummer 4 und Anordnungen nach Absatz 2 Nummer 6 ergehen im Benehmen mit dem Bundesministerium für Wirtschaft und Energie. [3] Rechtsverordnungen nach Absatz 2 Nummer 10 werden im Benehmen mit dem Bundesministerium für Bildung und Forschung erlassen und bedürfen, soweit sie sich auf die Pflegeberufe beziehen, des Einvernehmens mit dem Bundesministerium für Familie, Senioren, Frauen und Jugend. [4] Bei Gefahr im Verzug kann auf das Einvernehmen nach Satz 1 verzichtet werden.

(4) [1] Eine auf Grund des Absatzes 2 oder des § 5a Absatz 2 erlassene Rechtsverordnung tritt mit Aufhebung der Feststellung der epidemischen Lage von nationaler Tragweite außer Kraft. [2] Abweichend von Satz 1

1. bleibt eine Übergangsregelung in der Verordnung nach Absatz 2 Satz 1 Nummer 7 Buchstabe b bis f bis zum Ablauf der Phase des Studiums in Kraft, für die sie gilt, und
2. tritt eine nach Absatz 2 Satz 1 Nummer 4, 7 Buchstabe a, g oder Nummer 10 erlassene Verordnung spätestens ein Jahr nach Aufhebung der Feststellung der epidemischen Lage von nationaler Tragweite außer Kraft.

[3] Bis zu ihrem jeweiligen Außerkrafttreten kann eine nach Absatz 2 Satz 1 Nummer 4, 7 Buchstabe a, g oder Nummer 10 erlassene Verordnung auch nach Aufhebung der epidemischen Lage von nationaler Tragweite geändert werden. [4] Nach Absatz 2 Satz 1 getroffene Anordnungen gelten mit Aufhebung der Feststellung der epidemischen Lage von nationaler Tragweite als aufgehoben. [5] Abweichend von Satz 4 gilt eine Anordnung nach Absatz 2 Satz 1 Nummer 6 spätestens ein Jahr nach der Aufhebung der Feststellung der epidemischen Lage von nationaler Tragweite als aufgehoben. [6] Nach Absatz 2 Satz 1 Nummer 6 getroffene Anordnungen können auch bis spätestens ein Jahr nach Aufhebung der epidemischen Lage von nationaler Tragweite geändert werden. [7] Eine Anfechtungsklage gegen Anordnungen nach Absatz 2 Satz 1 hat keine aufschiebende Wirkung. [8] Eine auf Grund des Absatzes 2 Satz 3 erlassene Rechtsverordnung tritt spätestens mit Ablauf des 31. März 2022 außer Kraft. [9] Der Deutsche Bundestag kann durch im Bundesgesetzblatt bekanntzumachenden Beschluss einmalig die Frist nach Satz 8 um sechs Monate verlängern.

(5) Das Grundrecht der körperlichen Unversehrtheit (Artikel 2 Absatz 2 Satz 1 des Grundgesetzes) wird im Rahmen des Absatzes 2 insoweit eingeschränkt.

(6) Aufgrund einer epidemischen Lage von nationaler Tragweite kann das Bundesministerium für Gesundheit unter Heranziehung der Empfehlungen des Robert Koch-Instituts Empfehlungen abgeben, um ein koordiniertes Vorgehen innerhalb der Bundesrepublik Deutschland zu ermöglichen.

(7) [1] Das Robert Koch-Institut koordiniert im Rahmen seiner gesetzlichen Aufgaben im Fall einer epidemischen Lage von nationaler Tragweite die Zusammenarbeit zwischen den Ländern und zwischen den Ländern und dem Bund sowie weiteren beteiligten Behörden und Stellen und tauscht Informatio-

nen aus. [2]Die Bundesregierung kann durch allgemeine Verwaltungsvorschrift mit Zustimmung des Bundesrates Näheres bestimmen. [3]Die zuständigen Landesbehörden informieren unverzüglich die Kontaktstelle nach § 4 Absatz 1 Satz 7, wenn im Rahmen einer epidemischen Lage von nationaler Tragweite die Durchführung notwendiger Maßnahmen nach dem 5. Abschnitt nicht mehr gewährleistet ist.

(8) Aufgrund einer epidemischen Lage von nationaler Tragweite kann das Bundesministerium für Gesundheit im Rahmen der Aufgaben des Bundes insbesondere das Deutsche Rote Kreuz, die Johanniter-Unfall-Hilfe, den Malteser Hilfsdienst, den Arbeiter-Samariter-Bund und die Deutsche Lebens-Rettungs-Gesellschaft gegen Auslagenerstattung beauftragen, bei der Bewältigung der epidemischen Lage von nationaler Tragweite Hilfe zu leisten.

(9) [1]Das Bundesministerium für Gesundheit beauftragt eine externe Evaluation zu den Auswirkungen der Regelungen in dieser Vorschrift und in den Vorschriften der §§ 5a, 20a, 20b, 28 bis 32, 36 und 56 im Rahmen der Coronavirus-SARS-CoV-2-Pandemie und zu der Frage einer Reformbedürftigkeit. [2]Die Evaluation soll interdisziplinär erfolgen und insbesondere auf Basis epidemiologischer und medizinischer Erkenntnisse die Wirksamkeit der auf Grundlage der in Satz 1 genannten Vorschriften getroffenen Maßnahmen untersuchen. [3]Die Evaluation soll durch unabhängige Sachverständige erfolgen, die jeweils zur Hälfte von der Bundesregierung und vom Deutschen Bundestag benannt werden. [4]Das Ergebnis der Evaluierung soll der Bundesregierung bis zum 30. Juni 2022 vorgelegt werden. [5]Die Bundesregierung übersendet dem Deutschen Bundestag bis zum 30. September 2022 das Ergebnis der Evaluierung sowie eine Stellungnahme der Bundesregierung zu diesem Ergebnis.

### § 5a[1)] Ausübung heilkundlicher Tätigkeiten bei Vorliegen einer epidemischen Lage von nationaler Tragweite, Verordnungsermächtigung.

(1) [1]Im Rahmen einer epidemischen Lage von nationaler Tragweite wird die Ausübung heilkundlicher Tätigkeiten folgenden Personen gestattet:

*(Fortsetzung nächstes Blatt)*

[1)] § 5a eingef. mWv 28.3.2020 durch G v. 27.3.2020 (BGBl. I S. 587).

**§ 19[1)] Aufgaben des Gesundheitsamtes in besonderen Fällen.** (1) [1]Das Gesundheitsamt bietet bezüglich sexuell übertragbarer Krankheiten und Tuberkulose Beratung und Untersuchung an oder stellt diese in Zusammenarbeit mit anderen medizinischen Einrichtungen sicher. [2]In Bezug auf andere übertragbare Krankheiten kann das Gesundheitsamt Beratung und Untersuchung anbieten oder diese in Zusammenarbeit mit anderen medizinischen Einrichtungen sicherstellen. [3]Die Beratung und Untersuchung sollen für Personen, deren Lebensumstände eine erhöhte Ansteckungsgefahr für sich oder andere mit sich bringen, auch aufsuchend angeboten werden. [4]Im Einzelfall können die Beratung und Untersuchung nach Satz 1 bezüglich sexuell übertragbarer Krankheiten und Tuberkulose die ambulante Behandlung durch eine Ärztin oder einen Arzt umfassen, soweit dies zur Verhinderung der Weiterverbreitung der übertragbaren Krankheit erforderlich ist. [5]Die Angebote können bezüglich sexuell übertragbarer Krankheiten anonym in Anspruch genommen werden, soweit hierdurch die Geltendmachung von Kostenerstattungsansprüchen nicht gefährdet wird. [6]Die zuständigen Behörden können mit den Maßnahmen nach den Sätzen 1 bis 4 Dritte beauftragen.

(2) [1]Soweit die von der Maßnahme betroffene Person gegen einen anderen Kostenträger einen Anspruch auf entsprechende Leistungen hat oder einen Anspruch auf Erstattung der Aufwendungen für entsprechende Leistungen hätte, ist dieser zur Tragung der Sachkosten verpflichtet. [2]Wenn Dritte nach Absatz 1 Satz 6 beauftragt wurden, ist der andere Kostenträger auch zur Tragung dieser Kosten verpflichtet, soweit diese angemessen sind.

**§ 20[2)] Schutzimpfungen und andere Maßnahmen der spezifischen Prophylaxe.** (1) [1]Die Bundeszentrale für gesundheitliche Aufklärung, die obersten Landesgesundheitsbehörden und die von ihnen beauftragten Stellen sowie die Gesundheitsämter informieren die Bevölkerung zielgruppenspezifisch über die Bedeutung von Schutzimpfungen und andere Maßnahmen der spezifischen Prophylaxe übertragbarer Krankheiten. [2]Bei der Information der Bevölkerung soll die vorhandene Evidenz zu bestehenden Impflücken berücksichtigt werden.

(2) [1]Beim Robert Koch-Institut wird eine Ständige Impfkommission eingerichtet. [2]Die Kommission gibt sich eine Geschäftsordnung, die der Zustimmung des Bundesministeriums für Gesundheit bedarf. [3]Die Kommission gibt Empfehlungen zur Durchführung von Schutzimpfungen und zur Durchführung anderer Maßnahmen der spezifischen Prophylaxe übertragbarer Krankheiten und entwickelt Kriterien zur Abgrenzung einer üblichen Impfreaktion und einer über das übliche Ausmaß einer Impfreaktion hinausgehenden gesundheit-

[1)] § 19 Abs. 1 Satz 3 geänd., Abs. 2 neu gef. mWv 11.5.2019 durch G v. 6.5.2019 (BGBl. I S. 646); Abs. 1 neu gef., Abs. 2 Satz 2 angef. mWv 14.5.2020 durch G v. 19.5.2020 (BGBl. I S. 1018).

[2)] § 20 Abs. 2 Sätze 2, 4 und 5, Abs. 4 Satz 1, Abs. 6 Satz 1 und Abs. 7 Satz 1 geänd. mWv 28.11. 2003 durch VO v. 25.11.2003 (BGBl. I S. 2304); Abs. 2 Sätze 2, 4 und 5, Abs. 4 Satz 1, Abs. 6 Satz 1 und Abs. 7 Satz 1 geänd. mWv 8.11.2006 durch VO v. 31.10.2006 (BGBl. I S. 2407); Abs. 5 Sätze 2–4 angef. mWv 11.5.2019 durch G v. 6.5.2019 (BGBl. I S. 646); Abs. 4 aufgeh. mWv 16.8.2019 durch G v. 9.8.2019 (BGBl. I S. 1202); Abs. 1, 4, 6 Satz 2 neu gef., Abs. 6 Satz 3 aufgeh., bish. Satz 4 wird Satz 3, Abs. 7 Satz 3 aufgeh., Abs. 8–14 angef. mWv 1.3.2020 durch G v. 10.2.2020 (BGBl. I S. 148); Abs. 12 Satz 5 geänd. mWv 19.11.2020 durch G v. 18.11.2020 (BGBl. I S. 2397); Abs. 2a eingef., Abs. 10 Sätze 1, 2, Abs. 11 Satz 1 Nr. 2 geänd. mWv 31.3.2021 durch G v. 29.3.2021 (BGBl. I S. 370); Abs. 9 Sätze 2–5 neu gef., Abs. 9a eingef., Abs. 10, 11 und Abs. 12 Sätze 2–6 neu gef., Satz 7 angef. mWv 12.12.2021 durch G v. 10.12.2021 (BGBl. I S. 5162).

lichen Schädigung. [4] Die Mitglieder der Kommission werden vom Bundesministerium für Gesundheit im Benehmen mit den obersten Landesgesundheitsbehörden berufen. [5] Vertreter des Bundesministeriums für Gesundheit, der obersten Landesgesundheitsbehörden, des Robert Koch-Institutes und des Paul-Ehrlich-Institutes nehmen mit beratender Stimme an den Sitzungen teil. [6] Weitere Vertreter von Bundesbehörden können daran teilnehmen. [7] Die Empfehlungen der Kommission werden von dem Robert Koch-Institut den obersten Landesgesundheitsbehörden übermittelt und anschließend veröffentlicht.

(2a) [1] Empfehlungen der Ständigen Impfkommission zur Durchführung von Schutzimpfungen gegen das Coronavirus SARS-CoV-2 haben sich insbesondere an folgenden Impfzielen auszurichten:

1. Reduktion schwerer oder tödlicher Krankheitsverläufe,
2. Unterbindung einer Transmission des Coronavirus SARS-CoV-2,
3. Schutz von Personen mit besonders hohem Risiko für einen schweren oder tödlichen Krankheitsverlauf,
4. Schutz von Personen mit besonders hohem behinderungs-, tätigkeits- oder aufenthaltsbedingtem Infektionsrisiko,
5. Aufrechterhaltung zentraler staatlicher Funktionen, von Kritischen Infrastrukturen, von zentralen Bereichen der Daseinsvorsorge und des öffentlichen Lebens.

[2] Die auf Grund des § 5 Absatz 2 Satz 1 Nummer 4 Buchstabe f sowie des § 20i Absatz 3 Satz 2 Nummer 1 Buchstabe a, auch in Verbindung mit Nummer 2, des Fünften Buches Sozialgesetzbuch[1)] erlassenen Rechtsverordnungen haben sich an den in Satz 1 genannten Impfzielen im Fall beschränkter Verfügbarkeit von Impfstoffen bei notwendigen Priorisierungen auszurichten.

(3) Die obersten Landesgesundheitsbehörden sollen öffentliche Empfehlungen für Schutzimpfungen oder andere Maßnahmen der spezifischen Prophylaxe auf der Grundlage der jeweiligen Empfehlungen der Ständigen Impfkommission aussprechen.

(4) [1] Zur Durchführung von Schutzimpfungen ist jeder Arzt berechtigt. [2] Fachärzte dürfen Schutzimpfungen unabhängig von den Grenzen der Ausübung ihrer fachärztlichen Tätigkeit durchführen. [3] Die Berechtigung zur Durchführung von Schutzimpfungen nach anderen bundesrechtlichen Vorschriften bleibt unberührt.

(5) [1] Die obersten Landesgesundheitsbehörden können bestimmen, dass die Gesundheitsämter unentgeltlich Schutzimpfungen oder andere Maßnahmen der spezifischen Prophylaxe gegen bestimmte übertragbare Krankheiten durchführen. [2] Die zuständigen Behörden können mit den Maßnahmen nach Satz 1 Dritte beauftragen. [3] Soweit die von der Maßnahme betroffene Person gegen einen anderen Kostenträger einen Anspruch auf entsprechende Leistungen hat oder einen Anspruch auf Erstattung der Aufwendungen für entsprechende Leistungen hätte, ist dieser zur Tragung der Sachkosten verpflichtet. [4] Wenn Dritte nach Satz 2 beauftragt wurden, ist der andere Kostenträger auch zur Tragung dieser Kosten verpflichtet, soweit diese angemessen sind.

(6) [1] Das Bundesministerium für Gesundheit wird ermächtigt, durch Rechtsverordnung mit Zustimmung des Bundesrates anzuordnen, dass bedrohte Teile

1) **Aichberger Nr. 5.**

der Bevölkerung an Schutzimpfungen oder anderen Maßnahmen der spezifischen Prophylaxe teilzunehmen haben, wenn eine übertragbare Krankheit mit klinisch schweren Verlaufsformen auftritt und mit ihrer epidemischen Verbreitung zu rechnen ist. [2]Personen, die auf Grund einer medizinischen Kontraindikation nicht an Schutzimpfungen oder an anderen Maßnahmen der spezifischen Prophylaxe teilnehmen können, können durch Rechtsverordnung nach Satz 1 nicht zu einer Teilnahme an Schutzimpfungen oder an anderen Maßnahmen der spezifischen Prophylaxe verpflichtet werden. [3]§ 15 Abs. 2 gilt entsprechend.

(7) [1]Solange das Bundesministerium für Gesundheit von der Ermächtigung nach Absatz 6 keinen Gebrauch macht, sind die Landesregierungen zum Erlass einer Rechtsverordnung nach Absatz 6 ermächtigt. [2]Die Landesregierungen können die Ermächtigung durch Rechtsverordnung auf die obersten Landesgesundheitsbehörden übertragen.

(8) [1]Folgende Personen, die nach dem 31. Dezember 1970 geboren sind, müssen entweder einen nach den Maßgaben von Satz 2 ausreichenden Impfschutz gegen Masern oder ab der Vollendung des ersten Lebensjahres eine Immunität gegen Masern aufweisen:

1. Personen, die in einer Gemeinschaftseinrichtung nach § 33 Nummer 1 bis 3 betreut werden,
2. Personen, die bereits vier Wochen
   a) in einer Gemeinschaftseinrichtung nach § 33 Nummer 4 betreut werden oder
   b) in einer Einrichtung nach § 36 Absatz 1 Nummer 4 untergebracht sind, und
3. Personen, die in Einrichtungen nach § 23 Absatz 3 Satz 1, § 33 Nummer 1 bis 4 oder § 36 Absatz 1 Nummer 4 tätig sind.

[2]Ein ausreichender Impfschutz gegen Masern besteht, wenn ab der Vollendung des ersten Lebensjahres mindestens eine Schutzimpfung und ab der Vollendung des zweiten Lebensjahres mindestens zwei Schutzimpfungen gegen Masern bei der betroffenen Person durchgeführt wurden. [3]Satz 1 gilt auch, wenn zur Erlangung von Impfschutz gegen Masern ausschließlich Kombinationsimpfstoffe zur Verfügung stehen, die auch Impfstoffkomponenten gegen andere Krankheiten enthalten. [4]Satz 1 gilt nicht für Personen, die auf Grund einer medizinischen Kontraindikation nicht geimpft werden können.

(9) [1]Personen, die in Gemeinschaftseinrichtungen nach § 33 Nummer 1 bis 3 betreut oder in Einrichtungen nach § 23 Absatz 3 Satz 1, § 33 Nummer 1 bis 4 oder § 36 Absatz 1 Nummer 4 tätig werden sollen, haben der Leitung der jeweiligen Einrichtung vor Beginn ihrer Betreuung oder ihrer Tätigkeit folgenden Nachweis vorzulegen:

1. eine Impfdokumentation nach § 22 Absatz 1 und 2 oder ein ärztliches Zeugnis, auch in Form einer Dokumentation nach § 26 Absatz 2 Satz 4 des Fünften Buches Sozialgesetzbuch, darüber, dass bei ihnen ein nach den Maßgaben von Absatz 8 Satz 2 ausreichender Impfschutz gegen Masern besteht,
2. ein ärztliches Zeugnis darüber, dass bei ihnen eine Immunität gegen Masern vorliegt oder sie aufgrund einer medizinischen Kontraindikation nicht geimpft werden können oder

3. eine Bestätigung einer staatlichen Stelle oder der Leitung einer anderen in Absatz 8 Satz 1 genannten Einrichtung darüber, dass ein Nachweis nach Nummer 1 oder Nummer 2 bereits vorgelegen hat.

2 Wenn der Nachweis nach Satz 1 von einer Person, die auf Grund einer nach Satz 8 zugelassenen Ausnahme oder nach Satz 9 in Gemeinschaftseinrichtungen nach § 33 Nummer 1 bis 3 betreut oder in Einrichtungen nach § 23 Absatz 3 Satz 1, § 33 Nummer 1 bis 4 oder § 36 Absatz 1 Nummer 4 beschäftigt oder tätig werden darf, nicht vorgelegt wird oder wenn Zweifel an der Echtheit oder inhaltlichen Richtigkeit des vorgelegten Nachweises bestehen, hat die Leitung der jeweiligen Einrichtung unverzüglich das Gesundheitsamt, in dessen Bezirk sich die Einrichtung befindet, darüber zu benachrichtigen und dem Gesundheitsamt personenbezogene Daten zu übermitteln. 3 Die oberste Landesgesundheitsbehörde oder die von ihr bestimmte Stelle kann bestimmen, dass

1. der Nachweis nach Satz 1 nicht der Leitung der jeweiligen Einrichtung, sondern dem Gesundheitsamt oder einer anderen staatlichen Stelle gegenüber zu erbringen ist,
2. die Benachrichtigung nach Satz 2 nicht durch die Leitung der jeweiligen Einrichtung, sondern durch die nach Nummer 1 bestimmte Stelle zu erfolgen hat,
3. die Benachrichtigung nach Satz 2 nicht gegenüber dem Gesundheitsamt, in dessen Bezirk sich die jeweilige Einrichtung befindet, sondern gegenüber einer anderen staatlichen Stelle zu erfolgen hat.

4 Die Behörde, die für die Erteilung der Erlaubnis nach § 43 Absatz 1 des Achten Buches Sozialgesetzbuch[1)] zuständig ist, kann bestimmen, dass vor dem Beginn der Tätigkeit im Rahmen der Kindertagespflege der Nachweis nach Satz 1 ihr gegenüber zu erbringen ist; in diesen Fällen hat die Benachrichtigung nach Satz 2 durch sie zu erfolgen. 5 Eine Benachrichtigungspflicht nach Satz 2 besteht nicht, wenn der Leitung der jeweiligen Einrichtung oder der anderen nach Satz 3 Nummer 2 oder Satz 4 bestimmten Stelle bekannt ist, dass das Gesundheitsamt oder die andere nach Satz 3 Nummer 3 bestimmte Stelle über den Fall bereits informiert ist. 6 Eine Person, die ab der Vollendung des ersten Lebensjahres keinen Nachweis nach Satz 1 vorlegt, darf nicht in Gemeinschaftseinrichtungen nach § 33 Nummer 1 bis 3 betreut oder in Einrichtungen nach § 23 Absatz 3 Satz 1, § 33 Nummer 1 bis 4 oder § 36 Absatz 1 Nummer 4 beschäftigt werden. 7 Eine Person, die über keinen Nachweis nach Satz 1 verfügt oder diesen nicht vorlegt, darf in Einrichtungen nach § 23 Absatz 3 Satz 1, § 33 Nummer 1 bis 4 oder § 36 Absatz 1 Nummer 4 nicht tätig werden. 8 Die oberste Landesgesundheitsbehörde oder die von ihr bestimmte Stelle kann allgemeine Ausnahmen von den Sätzen 6 und 7 zulassen, wenn das Paul-Ehrlich-Institut auf seiner Internetseite einen Lieferengpass zu allen Impfstoffen mit einer Masernkomponente, die für das Inverkehrbringen in Deutschland zugelassen oder genehmigt sind, bekannt gemacht hat; parallel importierte und parallel vertriebene Impfstoffe mit einer Masernkomponente bleiben unberücksichtigt. 9 Eine Person, die einer gesetzlichen Schulpflicht unterliegt, darf in Abweichung von Satz 6 in Gemeinschaftseinrichtungen nach § 33 Nummer 3 betreut werden.

---

**1) Habersack, Deutsche Gesetze ErgBd. Nr. 46.**

(9a) [1] Sofern sich ergibt, dass ein Impfschutz gegen Masern erst zu einem späteren Zeitpunkt möglich ist oder vervollständigt werden kann oder ein Nachweis nach Absatz 9 Satz 1 Nummer 2 seine Gültigkeit auf Grund Zeitablaufs verliert, haben Personen, die in Gemeinschaftseinrichtungen nach § 33 Nummer 1 bis 3 betreut werden oder in Einrichtungen nach § 23 Absatz 3 Satz 1, § 33 Nummer 1 bis 4 oder § 36 Absatz 1 Nummer 4 tätig sind, der Leitung der jeweiligen Einrichtung einen Nachweis nach Absatz 9 Satz 1 innerhalb eines Monats, nachdem es ihnen möglich war, einen Impfschutz gegen Masern zu erlangen oder zu vervollständigen, oder innerhalb eines Monats nach Ablauf der Gültigkeit des bisherigen Nachweises nach Absatz 9 Satz 1 Nummer 2 vorzulegen. [2] Wenn der Nachweis nach Satz 1 nicht innerhalb dieses Monats vorgelegt wird oder wenn Zweifel an der Echtheit oder inhaltlichen Richtigkeit des vorgelegten Nachweises bestehen, hat die Leitung der jeweiligen Einrichtung unverzüglich das Gesundheitsamt, in dessen Bezirk sich die jeweilige Einrichtung befindet, darüber zu benachrichtigen und dem Gesundheitsamt personenbezogene Daten zu übermitteln. [3] Absatz 9 Satz 3 gilt entsprechend.

(10) [1] Personen, die am 1. März 2020 bereits in Gemeinschaftseinrichtungen nach § 33 Nummer 1 bis 3 betreut wurden und noch werden oder in Einrichtungen nach § 23 Absatz 3 Satz 1, § 33 Nummer 1 bis 4 oder § 36 Absatz 1 Nummer 4 tätig waren und noch sind, haben der Leitung der jeweiligen Einrichtung einen Nachweis nach Absatz 9 Satz 1 bis zum Ablauf des 31. Juli 2022 vorzulegen. [2] Wenn der Nachweis nach Absatz 9 Satz 1 nicht bis zum Ablauf des 31. Juli 2022 vorgelegt wird oder wenn Zweifel an der Echtheit oder inhaltlichen Richtigkeit des vorgelegten Nachweises bestehen, hat die Leitung der jeweiligen Einrichtung unverzüglich das Gesundheitsamt, in dessen Bezirk sich die Einrichtung befindet, darüber zu benachrichtigen und dem Gesundheitsamt personenbezogene Daten zu übermitteln. [3] Absatz 9 Satz 3 und 4 findet entsprechende Anwendung.

(11) [1] Personen, die bereits vier Wochen in Gemeinschaftseinrichtungen nach § 33 Nummer 4 betreut werden oder in Einrichtungen nach § 36 Absatz 1 Nummer 4 untergebracht sind, haben der Leitung der jeweiligen Einrichtung einen Nachweis nach Absatz 9 Satz 1 wie folgt vorzulegen:

1. innerhalb von vier weiteren Wochen oder,
2. wenn sie am 1. März 2020 bereits betreut wurden und noch werden oder untergebracht waren und noch sind, bis zum Ablauf des 31. Juli 2022.

[2] Wenn der Nachweis nach Absatz 9 Satz 1 in den Fällen des Satzes 1 Nummer 1 nicht innerhalb von vier weiteren Wochen oder in den Fällen von Satz 1 Nummer 2 nicht bis zum Ablauf des 31. Juli 2022 vorgelegt wird oder wenn Zweifel an der Echtheit oder inhaltlichen Richtigkeit des vorgelegten Nachweises bestehen, hat die Leitung der jeweiligen Einrichtung unverzüglich das Gesundheitsamt, in dessen Bezirk sich die Einrichtung befindet, darüber zu benachrichtigen und dem Gesundheitsamt personenbezogene Daten zu übermitteln. [3] Absatz 9 Satz 3 findet entsprechende Anwendung.

(12) [1] Folgende Personen haben dem Gesundheitsamt, in dessen Bezirk sich die jeweilige Einrichtung befindet, auf Anforderung einen Nachweis nach Absatz 9 Satz 1 vorzulegen:

1. Personen, die in Gemeinschaftseinrichtungen nach § 33 Nummer 1 bis 3 betreut werden,

2. Personen, die bereits acht Wochen
   a) in Gemeinschaftseinrichtungen nach § 33 Nummer 4 betreut werden oder
   b) in Einrichtungen nach § 36 Absatz 1 Nummer 4 untergebracht sind und
3. Personen, die in Einrichtungen nach § 23 Absatz 3 Satz 1, § 33 Nummer 1 bis 4 oder § 36 Absatz 1 Nummer 4 tätig sind.

[2] Bestehen Zweifel an der Echtheit oder inhaltlichen Richtigkeit des vorgelegten Nachweises, so kann das Gesundheitsamt eine ärztliche Untersuchung dazu anordnen, ob die betroffene Person auf Grund einer medizinischen Kontraindikation nicht gegen Masern geimpft werden kann. [3] Wenn der Nachweis nach Absatz 9 Satz 1 nicht innerhalb einer angemessenen Frist vorgelegt wird, kann das Gesundheitsamt die zur Vorlage des Nachweises verpflichtete Person zu einer Beratung laden und hat diese zu einer Vervollständigung des Impfschutzes gegen Masern aufzufordern. [4] Das Gesundheitsamt kann einer Person, die trotz der Anforderung nach Satz 1 keinen Nachweis innerhalb einer angemessenen Frist vorlegt oder der Anordnung einer ärztlichen Untersuchung nach Satz 2 nicht Folge leistet, untersagen, dass sie die dem Betrieb einer in Absatz 8 Satz 1 genannten Einrichtung dienenden Räume betritt oder in einer solchen Einrichtung tätig wird. [5] Einer Person, die einer gesetzlichen Schulpflicht unterliegt, kann in Abweichung von Satz 4 nicht untersagt werden, die dem Betrieb einer Einrichtung nach § 33 Nummer 3 dienenden Räume zu betreten. [6] Einer Person, die einer Unterbringungspflicht unterliegt, kann in Abweichung von Satz 4 nicht untersagt werden, die dem Betrieb einer Gemeinschaftseinrichtung nach § 33 Nummer 4 oder einer Einrichtung nach § 36 Absatz 1 Nummer 4 dienenden Räume zu betreten. [7] Widerspruch und Anfechtungsklage gegen eine vom Gesundheitsamt nach Satz 2 erlassene Anordnung oder ein von ihm nach Satz 4 erteiltes Verbot haben keine aufschiebende Wirkung.

(13) [1] Wenn eine nach den Absätzen 9 bis 12 verpflichtete Person minderjährig ist, so hat derjenige für die Einhaltung der diese Person nach den Absätzen 9 bis 12 treffenden Verpflichtungen zu sorgen, dem die Sorge für diese Person zusteht. [2] Die gleiche Verpflichtung trifft den Betreuer einer von Verpflichtungen nach den Absätzen 9 bis 12 betroffenen Person, soweit die Erfüllung dieser Verpflichtungen zu seinem Aufgabenkreis gehört.

(14) Durch die Absätze 6 bis 12 wird das Grundrecht der körperlichen Unversehrtheit (Artikel 2 Absatz 2 Satz 1 des Grundgesetzes[1)]) eingeschränkt.

**§ 20a[2)] Immunitätsnachweis gegen COVID-19.** (1) [1] Folgende Personen müssen ab dem 15. März 2022 entweder geimpfte oder genesene Personen im Sinne des § 2 Nummer 2 oder Nummer 4 der COVID-19-Schutzmaßnahmen-Ausnahmenverordnung in der jeweils geltenden Fassung sein:

1. Personen, die in folgenden Einrichtungen oder Unternehmen tätig sind:
   a) Krankenhäuser,
   b) Einrichtungen für ambulantes Operieren,
   c) Vorsorge- oder Rehabilitationseinrichtungen,
   d) Dialyseeinrichtungen,
   e) Tageskliniken,

---

[1)] **Sartorius Nr. 1.**

[2)] § 20a eingef. mWv 12.12.2021 durch G v. 10.12.2021 (BGBl. I S. 5162).

f) Entbindungseinrichtungen,
g) Behandlungs- oder Versorgungseinrichtungen, die mit einer der in den Buchstaben a bis f genannten Einrichtungen vergleichbar sind,
h) Arztpraxen, Zahnarztpraxen,
i) Praxen sonstiger humanmedizinischer Heilberufe,
j) Einrichtungen des öffentlichen Gesundheitsdienstes, in denen medizinische Untersuchungen, Präventionsmaßnahmen oder ambulante Behandlungen durchgeführt werden,
k) Rettungsdienste,
l) sozialpädiatrische Zentren nach § 119 des Fünften Buches Sozialgesetzbuch[1],
m) medizinische Behandlungszentren für Erwachsene mit geistiger Behinderung oder schweren Mehrfachbehinderungen nach § 119c des Fünften Buches Sozialgesetzbuch,
n) Einrichtungen der beruflichen Rehabilitation nach § 51 des Neunten Buches Sozialgesetzbuch[2] und Dienste der beruflichen Rehabilitation,
o) Begutachtungs- und Prüfdienste, die auf Grund der Vorschriften des Fünften Buches Sozialgesetzbuch oder des Elften Buches Sozialgesetzbuch tätig werden,

2. Personen, die in voll- oder teilstationären Einrichtungen zur Betreuung und Unterbringung älterer, behinderter oder pflegebedürftiger Menschen oder in vergleichbaren Einrichtungen tätig sind,
3. Personen, die in ambulanten Pflegediensten und weiteren Unternehmen, die den in Nummer 2 genannten Einrichtungen vergleichbare Dienstleistungen im ambulanten Bereich anbieten, tätig sind; zu diesen Unternehmen gehören insbesondere:
a) ambulante Pflegeeinrichtungen gemäß § 72 des Elften Buches Sozialgesetzbuch[3] sowie Einzelpersonen gemäß § 77 des Elften Buches Sozialgesetzbuch,
b) ambulante Pflegedienste, die ambulante Intensivpflege in Einrichtungen, Wohngruppen oder sonstigen gemeinschaftlichen Wohnformen erbringen,
c) Unternehmen, die Assistenzleistungen nach § 78 des Neunten Buches Sozialgesetzbuch erbringen,
d) Unternehmen, die Leistungen der interdisziplinären Früherkennung und Frühförderung nach § 42 Absatz 2 Nummer 2 des Neunten Buches Sozialgesetzbuch und § 46 des Neunten Buches Sozialgesetzbuch in Verbindung mit der Frühförderungsverordnung oder heilpädagogische Leistungen nach § 79 des Neunten Buches Sozialgesetzbuch erbringen,
e) Beförderungsdienste, die für Einrichtungen nach Nummer 2 dort behandelte, betreute, gepflegte oder untergebrachte Personen befördern oder die Leistungen nach § 83 Absatz 1 Nummer 1 des Neunten Buches Sozialgesetzbuch erbringen, und

---

[1] **Aichberger Nr. 5.**
[2] **Aichberger Nr. 9.**
[3] **Aichberger Nr. 11.**

f) Leistungsberechtigte, die im Rahmen eines Persönlichen Budgets nach § 29 des Neunten Buches Sozialgesetzbuch Personen für die Erbringung entsprechender Dienstleistungen beschäftigen.

[2] Satz 1 gilt nicht für Personen, die auf Grund einer medizinischen Kontraindikation nicht gegen das Coronavirus SARS-CoV-2 geimpft werden können.

(2) [1] Personen, die in den in Absatz 1 Satz 1 genannten Einrichtungen oder Unternehmen tätig sind, haben der Leitung der jeweiligen Einrichtung oder des jeweiligen Unternehmens bis zum Ablauf des 15. März 2022 folgenden Nachweis vorzulegen:

1. einen Impfnachweis im Sinne des § 2 Nummer 3 der COVID-19-Schutzmaßnahmen-Ausnahmenverordnung in der jeweils geltenden Fassung,
2. einen Genesenennachweis im Sinne des § 2 Nummer 5 der COVID-19-Schutzmaßnahmen-Ausnahmenverordnung in der jeweils geltenden Fassung oder
3. ein ärztliches Zeugnis darüber, dass sie auf Grund einer medizinischen Kontraindikation nicht gegen das Coronavirus SARS-CoV-2 geimpft werden können.

[2] Wenn der Nachweis nach Satz 1 nicht bis zum Ablauf des 15. März 2022 vorgelegt wird oder wenn Zweifel an der Echtheit oder inhaltlichen Richtigkeit des vorgelegten Nachweises bestehen, hat die Leitung der jeweiligen Einrichtung oder des jeweiligen Unternehmens unverzüglich das Gesundheitsamt, in dessen Bezirk sich die jeweilige Einrichtung oder das jeweilige Unternehmen befindet, darüber zu benachrichtigen und dem Gesundheitsamt personenbezogene Daten zu übermitteln. [3] Die oberste Landesgesundheitsbehörde oder die von ihr bestimmte Stelle kann bestimmen, dass

1. der Nachweis nach Satz 1 nicht der Leitung der jeweiligen Einrichtung oder des jeweiligen Unternehmens, sondern dem Gesundheitsamt oder einer anderen staatlichen Stelle gegenüber zu erbringen ist,
2. die Benachrichtigung nach Satz 2 nicht durch die Leitung der jeweiligen Einrichtung oder des jeweiligen Unternehmens, sondern durch die nach Nummer 1 bestimmte Stelle zu erfolgen hat,
3. die Benachrichtigung nach Satz 2 nicht gegenüber dem Gesundheitsamt, in dessen Bezirk sich die jeweilige Einrichtung oder das jeweilige Unternehmen befindet, sondern gegenüber einer anderen staatlichen Stelle zu erfolgen hat.

(3) [1] Personen, die in den in Absatz 1 Satz 1 genannten Einrichtungen oder Unternehmen ab dem 16. März 2022 tätig werden sollen, haben der Leitung der jeweiligen Einrichtung oder des jeweiligen Unternehmens vor Beginn ihrer Tätigkeit einen Nachweis nach Absatz 2 Satz 1 vorzulegen. [2] Wenn Zweifel an der Echtheit oder inhaltlichen Richtigkeit des vorgelegten Nachweises bestehen, hat die Leitung der jeweiligen Einrichtung oder des jeweiligen Unternehmens unverzüglich das Gesundheitsamt, in dessen Bezirk sich die jeweilige Einrichtung oder das jeweilige Unternehmen befindet, darüber zu benachrichtigen und dem Gesundheitsamt personenbezogene Daten zu übermitteln. [3] Absatz 2 Satz 3 gilt entsprechend. [4] Eine Person nach Satz 1, die keinen Nachweis nach Absatz 2 Satz 1 vorlegt, darf nicht in den in Absatz 1 Satz 1 genannten Einrichtungen oder Unternehmen beschäftigt werden. [5] Eine Person nach Satz 1, die über keinen Nachweis nach Absatz 2 Satz 1 verfügt oder diesen nicht vorlegt, darf nicht in den in Absatz 1 Satz 1 genannten Einrichtungen

oder Unternehmen tätig werden. [6] Die oberste Landesgesundheitsbehörde oder die von ihr bestimmte Stelle kann allgemeine Ausnahmen von den Sätzen 4 und 5 zulassen, wenn das Paul-Ehrlich-Institut auf seiner Internetseite einen Lieferengpass zu allen Impfstoffen mit einer Komponente gegen das Coronavirus SARS-CoV-2, die für das Inverkehrbringen in Deutschland zugelassen oder genehmigt sind, bekannt gemacht hat; parallel importierte und parallel vertriebene Impfstoffe mit einer Komponente gegen das Coronavirus SARS-CoV-2 bleiben unberücksichtigt.

(4) [1] Soweit ein Nachweis nach Absatz 2 Satz 1 ab dem 16. März 2022 seine Gültigkeit auf Grund Zeitablaufs verliert, haben Personen, die in den in Absatz 1 Satz 1 genannten Einrichtungen oder Unternehmen tätig sind, der Leitung der jeweiligen Einrichtung oder des jeweiligen Unternehmens einen neuen Nachweis nach Absatz 2 Satz 1 innerhalb eines Monats nach Ablauf der Gültigkeit des bisherigen Nachweises vorzulegen. [2] Wenn der neue Nachweis nach Satz 1 nicht innerhalb dieses Monats vorgelegt wird oder wenn Zweifel an der Echtheit oder inhaltlichen Richtigkeit des vorgelegten Nachweises bestehen, hat die Leitung der jeweiligen Einrichtung oder des jeweiligen Unternehmens unverzüglich das Gesundheitsamt, in dessen Bezirk sich die jeweilige Einrichtung oder das jeweilige Unternehmen befindet, darüber zu benachrichtigen und dem Gesundheitsamt personenbezogene Daten zu übermitteln. [3] Absatz 2 Satz 3 gilt entsprechend.

(5) [1] Die in Absatz 1 Satz 1 genannten Personen haben dem Gesundheitsamt, in dessen Bezirk sich die jeweilige Einrichtung oder das jeweilige Unternehmen befindet, auf Anforderung einen Nachweis nach Absatz 2 Satz 1 vorzulegen. [2] Bestehen Zweifel an der Echtheit oder inhaltlichen Richtigkeit des vorgelegten Nachweises, so kann das Gesundheitsamt eine ärztliche Untersuchung dazu anordnen, ob die betroffene Person auf Grund einer medizinischen Kontraindikation nicht gegen das Coronavirus SARS-CoV-2 geimpft werden kann. [3] Das Gesundheitsamt kann einer Person, die trotz der Anforderung nach Satz 1 keinen Nachweis innerhalb einer angemessenen Frist vorlegt oder der Anordnung einer ärztlichen Untersuchung nach Satz 2 nicht Folge leistet, untersagen, dass sie die dem Betrieb einer in Absatz 1 Satz 1 genannten Einrichtung oder eines in Absatz 1 Satz 1 genannten Unternehmens dienenden Räume betritt oder in einer solchen Einrichtung oder einem solchen Unternehmen tätig wird. [4] Widerspruch und Anfechtungsklage gegen eine vom Gesundheitsamt nach Satz 2 erlassene Anordnung oder ein von ihm nach Satz 3 erteiltes Verbot haben keine aufschiebende Wirkung.

(6) Die Absätze 1 bis 5 gelten nicht für die in den Einrichtungen oder von den Unternehmen behandelten, betreuten, gepflegten oder untergebrachten Personen.

(7) Durch die Absätze 1 bis 5 wird das Grundrecht der körperlichen Unversehrtheit (Artikel 2 Absatz 2 Satz 1 des Grundgesetzes[1)]) eingeschränkt.

**§ 20b[2)] Durchführung von Schutzimpfungen gegen das Coronavirus SARS-CoV-2.** (1) Abweichend von § 20 Absatz 4 Satz 1 sind Zahnärzte, Tierärzte sowie Apotheker zur Durchführung von Schutzimpfungen gegen das

---

[1)] **Sartorius Nr. 1.**
[2)] § 20b eingef. mWv 12.12.2021 durch G v. 10.12.2021 (BGBl. I S. 5162).

Coronavirus SARS-CoV-2 bei Personen, die das zwölfte Lebensjahr vollendet haben, berechtigt, wenn

1. sie hierfür ärztlich geschult wurden und ihnen die erfolgreiche Teilnahme an der Schulung bestätigt wurde und
2. ihnen eine geeignete Räumlichkeit mit der Ausstattung zur Verfügung steht, die für die Durchführung von Schutzimpfungen gegen das Coronavirus SARS-CoV-2 erforderlich ist, oder der Zahnarzt, der Tierarzt oder der Apotheker in andere geeignete Strukturen, insbesondere ein mobiles Impfteam, eingebunden ist.

(2) [1] Die ärztliche Schulung nach Absatz 1 Nummer 1 hat insbesondere die Vermittlung der folgenden Kenntnisse, Fähigkeiten und Fertigkeiten zu umfassen:

1. Kenntnisse, Fähigkeiten und Fertigkeiten zur Durchführung der Schutzimpfung gegen das Coronavirus SARS-CoV-2, insbesondere zur
   a) Aufklärung,
   b) Erhebung der Anamnese einschließlich der Impfanamnese und der Feststellung der aktuellen Befindlichkeit zum Ausschluss akuter Erkrankungen oder Allergien,
   c) weiteren Impfberatung und
   d) Einholung der Einwilligung der zu impfenden Person,
2. Kenntnis von Kontraindikationen sowie Fähigkeiten und Fertigkeiten zu deren Beachtung und
3. Kenntnis von Notfallmaßnahmen bei eventuellen akuten Impfreaktionen sowie Fähigkeiten und Fertigkeiten zur Durchführung dieser Notfallmaßnahmen.

[2] Die ärztlichen Schulungen sind so zu gestalten, dass diese die bereits erworbenen Kenntnisse, Fähigkeiten und Kompetenzen, über die jeder Berufsangehörige, der an der jeweiligen ärztlichen Schulung teilnimmt, verfügt, berücksichtigen und auf diesen aufbauen. [3] Bereits im Rahmen von Modellvorhaben nach § 132j des Fünften Buches Sozialgesetzbuch[1)] durchgeführte ärztliche Schulungen berechtigen zur Durchführung von Schutzimpfungen gegen das Coronavirus SARS-CoV-2 bei Personen, die das 18. Lebensjahr vollendet haben.

(3) Bis zum 31. Dezember 2021 entwickeln in Zusammenarbeit mit der Bundesärztekammer:

1. die Bundesapothekerkammer ein Mustercurriculum für die ärztliche Schulung der Apotheker,
2. die Bundeszahnärztekammer ein Mustercurriculum für die ärztliche Schulung der Zahnärzte und
3. die Bundestierärztekammer ein Mustercurriculum für die ärztliche Schulung der Tierärzte.

(4) Die Möglichkeit der ärztlichen Delegation der Durchführung von Schutzimpfungen gegen das Coronavirus SARS-CoV-2 auf nichtärztliches Gesundheitspersonal bleibt unberührt.

---

1) **Aichberger Nr. 5.**

**§ 21[1)] Impfstoffe.** [1]Bei einer auf Grund dieses Gesetzes angeordneten oder einer von der obersten Landesgesundheitsbehörde öffentlich empfohlenen Schutzimpfung oder einer Impfung nach § 17a Absatz 2 des Soldatengesetzes dürfen Impfstoffe verwendet werden, die Mikroorganismen enthalten, welche von den Geimpften ausgeschieden und von anderen Personen aufgenommen werden können. [2]Das Grundrecht der körperlichen Unversehrtheit (Artikel 2 Abs. 2 Satz 1 Grundgesetz[2)]) wird insoweit eingeschränkt.

**§ 22[3)] Impf-, Genesenen- und Testdokumentation, COVID-19-Zertifikate.** (1) Die zur Durchführung von Schutzimpfungen berechtigte Person hat jede Schutzimpfung unverzüglich in einem Impfausweis oder, falls der Impfausweis nicht vorgelegt wird, in einer Impfbescheinigung zu dokumentieren (Impfdokumentation).

(2) [1]Die Impfdokumentation muss zu jeder Schutzimpfung folgende Angaben enthalten:

1. Datum der Schutzimpfung,
2. Bezeichnung und Chargenbezeichnung des Impfstoffes,
3. Name der Krankheit, gegen die geimpft wurde,
4. Name der geimpften Person, deren Geburtsdatum und Name und Anschrift der für die Durchführung der Schutzimpfung verantwortlichen Person sowie
5. Bestätigung in Schriftform oder in elektronischer Form mit einer qualifizierten elektronischen Signatur oder einem qualifizierten elektronischen Siegel durch die für die Durchführung der Schutzimpfung verantwortliche Person.

[2]Das Bundesministerium für Gesundheit wird ermächtigt, durch Rechtsverordnung ohne Zustimmung des Bundesrates festzulegen, dass abweichend von Satz 1 Nummer 5 die Bestätigung in elektronischer Form auch mit einem fortgeschrittenen elektronischen Siegel erfolgen kann, wenn das Siegel der zur Durchführung der Schutzimpfung verantwortlichen Person eindeutig zugeordnet werden kann. [3]Bei Nachtragungen in einen Impfausweis kann jeder Arzt oder Apotheker die Bestätigung nach Satz 1 Nummer 5 vornehmen oder hat das zuständige Gesundheitsamt die Bestätigung nach Satz 1 Nummer 5 vorzunehmen, wenn dem Arzt, dem Apotheker oder dem Gesundheitsamt eine frühere Impfdokumentation über die nachzutragende Schutzimpfung vorgelegt wird.

(3) In der Impfdokumentation ist hinzuweisen auf

1. das zweckmäßige Verhalten bei ungewöhnlichen Impfreaktionen,
2. die sich gegebenenfalls aus den §§ 60 bis 64 ergebenden Ansprüche bei Eintritt eines Impfschadens sowie
3. Stellen, bei denen die sich aus einem Impfschaden ergebenden Ansprüche geltend gemacht werden können.

---

[1)] § 21 Satz 1 geänd. mWv 9.8.2019 durch G v. 4.8.2019 (BGBl. I S. 1147).

[2)] **Sartorius Nr. 1.**

[3)] § 22 neu gef. mWv 1.3.2020 durch G v. 10.2.2020 (BGBl. I S. 148); Abs. 1 neu gef., Abs. 2 Satz 2 eingef., bish. Satz 2 wird Satz 3 mWv 31.3.2021 durch G v. 29.3.2021 (BGBl. I S. 370); Überschrift neu gef., Abs. 2 Satz 1 Nr. 4, Satz 3 geänd., Abs. 5–7 angef. mWv 1.6.2021 durch G v. 28.5.2021 (BGBl. I S. 1174); Überschrift geänd., Abs. 4a–4d eingef. mWv 24.11.2021 durch G v. 22.11.2021 (BGBl. I S. 4906); Abs. 4b Nr. 2, Abs. 4d Nr. 2 geänd. mWv 12.12.2021 durch G v. 10.12.2021 (BGBl. I S. 5162).

(4) In der Impfdokumentation ist über notwendige Folge- und Auffrischimpfungen mit Terminvorschlägen zu informieren, so dass die geimpfte Person diese rechtzeitig wahrnehmen kann.

(4a) [1] Die zur Durchführung oder Überwachung einer Testung in Bezug auf einen positiven Erregernachweis des Coronavirus SARS-CoV-2 befugte Person hat jede Durchführung oder Überwachung einer solchen Testung unverzüglich zu dokumentieren (Genesenendokumentation). [2] Andere als in Satz 1 genannte Personen dürfen eine dort genannte Testung nicht dokumentieren.

(4b) Die Genesenendokumentation muss zu jeder Testung folgende Angaben enthalten:

1. Datum der Testung,
2. Name der getesteten Person und deren Geburtsdatum sowie Name und Anschrift der zur Durchführung oder Überwachung der Testung befugten Person,
3. Angaben zur Testung, einschließlich der Art der Testung.

(4c) [1] Die zur Durchführung oder Überwachung einer Testung in Bezug auf einen negativen Erregernachweis des Coronavirus SARS-CoV-2 befugte Person hat jede Durchführung oder Überwachung einer solchen Testung unverzüglich zu dokumentieren (Testdokumentation). [2] Andere als in Satz 1 genannte Personen dürfen eine dort genannte Testung nicht dokumentieren.

(4d) Die Testdokumentation muss zu jeder Testung folgende Angaben enthalten:

1. Datum der Testung,
2. Name der getesteten Person und deren Geburtsdatum sowie Name und Anschrift der zur Durchführung oder Überwachung der Testung befugten Person,
3. Angaben zur Testung, einschließlich der Art der Testung.

(5) [1] Zusätzlich zu der Impfdokumentation ist auf Wunsch der geimpften Person die Durchführung einer Schutzimpfung gegen das Coronavirus SARS-CoV-2 in einem digitalen Zertifikat (COVID-19-Impfzertifikat) durch folgende Personen zu bescheinigen:

1. durch die zur Durchführung der Schutzimpfung berechtigte Person oder
2. nachträglich von jedem Arzt oder Apotheker.

[2] Die Verpflichtung nach Satz 1 Nummer 2 besteht nur, wenn dem Arzt oder Apotheker eine Impfdokumentation über eine Schutzimpfung gegen das Coronavirus SARS-CoV-2 vorgelegt wird und er sich zum Nachtrag unter Verwendung geeigneter Maßnahmen zur Vermeidung der Ausstellung eines unrichtigen COVID-19-Impfzertifikats, insbesondere, um die Identität der geimpften Person und die Authentizität der Impfdokumentation nachzuprüfen, bereit erklärt hat. [3] Zur Erstellung des COVID-19-Impfzertifikats übermittelt die zur Bescheinigung der Schutzimpfung gegen das Coronavirus SARS-CoV-2 verpflichtete Person die in Absatz 2 Satz 1 und Absatz 4 genannten personenbezogenen Daten an das Robert Koch-Institut, das das COVID-19-Impfzertifikat technisch generiert. [4] Das Robert Koch-Institut ist befugt, die zur Erstellung und Bescheinigung des COVID-19-Impfzertifikats erforderlichen personenbezogenen Daten zu verarbeiten.

(6) [1] Die Durchführung oder Überwachung einer Testung in Bezug auf einen positiven Erregernachweis des Coronavirus SARS-CoV-2 ist auf Wunsch der betroffenen Person in einem digitalen Zertifikat (COVID-19-Genesenenzertifikat) zu bescheinigen:

1. durch die zur Durchführung oder Überwachung der Testung berechtigte Person oder
2. nachträglich von jedem Arzt oder Apotheker.

[2] Die Verpflichtung nach Satz 1 Nummer 2 besteht nur, wenn dem Arzt oder Apotheker eine Testdokumentation in Bezug auf einen positiven Erregernachweis des Coronavirus SARS-CoV-2 vorgelegt wird und er sich zum Nachtrag unter Verwendung geeigneter Maßnahmen zur Vermeidung der Ausstellung eines unrichtigen COVID-19-Genesenenzertifikats, insbesondere, um die Identität der getesteten Person und die Authentizität der Testdokumentation nachzuprüfen, bereit erklärt hat. [3] Zur Erstellung des COVID-19-Genesenenzertifikats übermittelt die zur Bescheinigung der Testung in Bezug auf einen positiven Erregernachweis des Coronavirus SARS-CoV-2 verpflichtete Person folgende Daten an das Robert Koch-Institut, das das COVID-19-Genesenenzertifikat technisch generiert:

1. den Namen der getesteten Person, deren Geburtsdatum,
2. das Datum der Testung und
3. Angaben zur Testung, einschließlich der Art der Testung, und zum Aussteller.

[4] Absatz 5 Satz 4 gilt entsprechend.

(7) [1] Die Durchführung oder Überwachung einer Testung in Bezug auf einen negativen Erregernachweis des Coronavirus SARS-CoV-2 ist auf Wunsch der getesteten Person durch die zur Durchführung oder Überwachung der Testung berechtigte Person in einem digitalen Zertifikat (COVID-19-Testzertifikat) zu bescheinigen. [2] Zur Erstellung des COVID-19-Testzertifikats übermittelt die zur Bescheinigung verpflichtete Person folgende Daten an das Robert Koch-Institut, das das COVID-19-Testzertifikat technisch generiert:

1. den Namen der getesteten Person, deren Geburtsdatum,
2. das Datum der Testung und
3. Angaben zur Testung, einschließlich der Art der Testung, und zum Aussteller.

[3] Absatz 5 Satz 4 gilt entsprechend.

**§ 23[1] Nosokomiale Infektionen; Resistenzen; Rechtsverordnungen durch die Länder.** (1) [1] Beim Robert Koch-Institut wird eine Kommission für Krankenhaushygiene und Infektionsprävention eingerichtet. [2] Die Kommission gibt sich eine Geschäftsordnung, die der Zustimmung des Bundesministe-

[1] § 23 neu gef. mWv 4.8.2011 durch G v. 28.7.2011 (BGBl. I S. 1622); Abs. 8 Satz 2 Nr. 3 geänd. mWv 1.1.2016 durch G v. 10.12.2015 (BGBl. I S. 2229); Abs. 8 Satz 1 geänd. mWv 15.7.2016 durch G v. 8.7.2016 (BGBl. I S. 1594); Abs. 1 Satz 4 eingef., bish. Sätze 4–6 werden Sätze 5–7, Abs. 4 Sätze 1 und 2 geänd., Abs. 4a eingef. mWv 25.7.2017 durch G v. 17.7.2017 (BGBl. I S. 2615); Abs. 3 Satz 1 Nr. 8 und 9 geänd., Nr. 10 und 11 angef., Abs. 5 Satz 1 Nr. 6 und 7 geänd., Nr, 8 angef., Abs. 6a eingef., Abs. 7 aufgeh. mWv 1.1.2019 durch G v. 11.12.2018 (BGBl. I S. 2394); Abs. 3 Satz 1 Nr. 10 und 11 geänd., Nr. 12 angef., Abs. 5 Satz 1 Nr. 7 und 8 geänd., Nr. 9 angef., Abs. 8 Satz 3 eingef., bish. Satz 3 wird Satz 4 mWv 1.3.2020 durch G v. 10.2.2020 (BGBl. I S. 148).

riums für Gesundheit bedarf. [3] Die Kommission erstellt Empfehlungen zur Prävention nosokomialer Infektionen sowie zu betrieblich-organisatorischen und baulich-funktionellen Maßnahmen der Hygiene in Krankenhäusern und anderen medizinischen Einrichtungen. [4] Sie erstellt zudem Empfehlungen zu Kriterien und Verfahren zur Einstufung von Einrichtungen als Einrichtungen für ambulantes Operieren. [5] Die Empfehlungen der Kommission werden unter Berücksichtigung aktueller infektionsepidemiologischer Auswertungen stetig weiterentwickelt und vom Robert Koch-Institut veröffentlicht. [6] Die Mitglieder der Kommission werden vom Bundesministerium für Gesundheit im Benehmen mit den obersten Landesgesundheitsbehörden berufen. [7] Vertreter des Bundesministeriums für Gesundheit, der obersten Landesgesundheitsbehörden und des Robert Koch-Institutes nehmen mit beratender Stimme an den Sitzungen teil.

(2) [1] Beim Robert Koch-Institut wird eine Kommission Antiinfektiva, Resistenz und Therapie eingerichtet. [2] Die Kommission gibt sich eine Geschäftsordnung, die der Zustimmung des Bundesministeriums für Gesundheit bedarf. [3] Die Kommission erstellt Empfehlungen mit allgemeinen Grundsätzen für Diagnostik und antimikrobielle Therapie, insbesondere bei Infektionen mit resistenten Krankheitserregern. [4] Die Empfehlungen der Kommission werden unter Berücksichtigung aktueller infektionsepidemiologischer Auswertungen stetig weiterentwickelt und vom Robert Koch-Institut veröffentlicht. [5] Die Mitglieder der Kommission werden vom Bundesministerium für Gesundheit im Benehmen mit den obersten Landesgesundheitsbehörden berufen. [6] Vertreter des Bundesministeriums für Gesundheit, der obersten Landesgesundheitsbehörden, des Robert Koch-Institutes und des Bundesinstitutes für Arzneimittel und Medizinprodukte nehmen mit beratender Stimme an den Sitzungen teil.

*(Fortsetzung nächstes Blatt)*

(2) Wird festgestellt, dass eine Person in einer Gemeinschaftseinrichtung an Masern erkrankt, dessen verdächtig oder ansteckungsverdächtig ist, kann die zuständige Behörde Personen, die weder einen Impfschutz, der den Empfehlungen der Ständigen Impfkommission entspricht, noch eine Immunität gegen Masern durch ärztliches Zeugnis nachweisen können, die in § 34 Absatz 1 Satz 1 und 2 genannten Verbote erteilen, bis eine Weiterverbreitung der Krankheit in der Gemeinschaftseinrichtung nicht mehr zu befürchten ist.

(3) Für Maßnahmen nach den Absätzen 1 und 2 gilt § 16 Abs. 5 bis 8, für ihre Überwachung außerdem § 16 Abs. 2 entsprechend.

**§ 28a[1] Besondere Schutzmaßnahmen zur Verhinderung der Verbreitung der Coronavirus-Krankheit-2019 (COVID-19)** (1) Notwendige Schutzmaßnahmen im Sinne des § 28 Absatz 1 Satz 1 und 2 zur Verhinderung der Verbreitung der Coronavirus-Krankheit-2019 (COVID-19) können für die Dauer der Feststellung einer epidemischen Lage von nationaler Tragweite nach § 5 Absatz 1 Satz 1 durch den Deutschen Bundestag insbesondere sein

1. Anordnung eines Abstandsgebots im öffentlichen Raum,
2. Verpflichtung zum Tragen einer Mund-Nasen-Bedeckung (Maskenpflicht),

2a. Verpflichtung zur Vorlage eines Impf-, Genesenen- oder Testnachweises,

3. Ausgangs- oder Kontaktbeschränkungen im privaten sowie im öffentlichen Raum,
4. Verpflichtung zur Erstellung und Anwendung von Hygienekonzepten für Betriebe, Einrichtungen oder Angebote mit Publikumsverkehr,
5. Untersagung oder Beschränkung von Freizeitveranstaltungen und ähnlichen Veranstaltungen,
6. Untersagung oder Beschränkung des Betriebs von Einrichtungen, die der Freizeitgestaltung zuzurechnen sind,
7. Untersagung oder Beschränkung von Kulturveranstaltungen oder des Betriebs von Kultureinrichtungen,
8. Untersagung oder Beschränkung von Sportveranstaltungen und der Sportausübung,
9. umfassendes oder auf bestimmte Zeiten beschränktes Verbot der Alkoholabgabe oder des Alkoholkonsums auf bestimmten öffentlichen Plätzen oder in bestimmten öffentlich zugänglichen Einrichtungen,
10. Untersagung von oder Erteilung von Auflagen für das Abhalten von Veranstaltungen, Ansammlungen, Aufzügen, Versammlungen sowie religiösen oder weltanschaulichen Zusammenkünften,
11. Untersagung oder Beschränkung von Reisen; dies gilt insbesondere für touristische Reisen,
12. Untersagung oder Beschränkung von Übernachtungsangeboten,
13. Untersagung oder Beschränkung des Betriebs von gastronomischen Einrichtungen,

---

[1] § 28a eingef. mWv 19.11.2020 durch G v. 18.11.2020 (BGBl. I S. 2397); Abs. 3 Sätze 1, 8 geänd., Satz 12 eingef., bish. Satz 12 wird Satz 13 mWv 31.3.2021 durch G v. 29.3.2021 (BGBl. I S. 370); Abs. 1 Nr. 2a eingef., Abs. 3 Sätze 2–8 neu gef., Sätze 9–13 aufgeh., Abs. 7 Satz 1 geänd., Satz 2 angef. mWv 15.9.2021 durch G v. 10.9.2021 (BGBl. I S. 4147); Abs. 1 Nr. 2a geänd., Abs. 7 neu gef., Abs. 8–10 angef. mWv 24.11.2021 durch G v. 22.11.2021 (BGBl. I S. 4906); Abs. 7 Satz 2 geänd., Abs. 8 Satz 1 neu gef., Satz 2 eingef., bish. Satz 2 wird Satz 3, Abs. 9 Satz 1 geänd. mWv 12.12.2021 durch G v. 10.12.2021 (BGBl. I S. 5162).

14. Schließung oder Beschränkung von Betrieben, Gewerben, Einzel- oder Großhandel,
15. Untersagung oder Beschränkung des Betretens oder des Besuchs von Einrichtungen des Gesundheits- oder Sozialwesens,
16. Schließung von Gemeinschaftseinrichtungen im Sinne von § 33, Hochschulen, außerschulischen Einrichtungen der Erwachsenenbildung oder ähnlichen Einrichtungen oder Erteilung von Auflagen für die Fortführung ihres Betriebs oder
17. Anordnung der Verarbeitung der Kontaktdaten von Kunden, Gästen oder Veranstaltungsteilnehmern, um nach Auftreten einer Infektion mit dem Coronavirus SARS-CoV-2 mögliche Infektionsketten nachverfolgen und unterbrechen zu können.

(2) [1]Die Anordnung der folgenden Schutzmaßnahmen nach Absatz 1 in Verbindung mit § 28 Absatz 1 ist nur zulässig, soweit auch bei Berücksichtigung aller bisher getroffenen anderen Schutzmaßnahmen eine wirksame Eindämmung der Verbreitung der Coronavirus-Krankheit-2019 (COVID-19) erheblich gefährdet wäre:

1. Untersagung von Versammlungen oder Aufzügen im Sinne von Artikel 8 des Grundgesetzes[1)] und von religiösen oder weltanschaulichen Zusammenkünften nach Absatz 1 Nummer 10,
2. Anordnung einer Ausgangsbeschränkung nach Absatz 1 Nummer 3, nach der das Verlassen des privaten Wohnbereichs nur zu bestimmten Zeiten oder zu bestimmten Zwecken zulässig ist, und
3. Untersagung des Betretens oder des Besuchs von Einrichtungen im Sinne von Absatz 1 Nummer 15, wie zum Beispiel Alten- oder Pflegeheimen, Einrichtungen der Behindertenhilfe, Entbindungseinrichtungen oder Krankenhäusern für enge Angehörige von dort behandelten, gepflegten oder betreuten Personen.

[2]Schutzmaßnahmen nach Absatz 1 Nummer 15 dürfen nicht zur vollständigen Isolation von einzelnen Personen oder Gruppen führen; ein Mindestmaß an sozialen Kontakten muss gewährleistet bleiben.

(3) [1]Entscheidungen über Schutzmaßnahmen zur Verhinderung der Verbreitung der Coronavirus-Krankheit-2019 (COVID-19) nach Absatz 1 in Verbindung mit § 28 Absatz 1, nach § 28 Absatz 1 Satz 1 und 2 und den §§ 29 bis 32 sind insbesondere an dem Schutz von Leben und Gesundheit und der Funktionsfähigkeit des Gesundheitssystems auszurichten; dabei sind absehbare Änderungen des Infektionsgeschehens durch ansteckendere, das Gesundheitssystem stärker belastende Virusvarianten zu berücksichtigen. [2]Zum präventiven Infektionsschutz können insbesondere die in Absatz 1 Nummer 1, 2, 2a, 4 und 17 genannten Schutzmaßnahmen ergriffen werden. [3]Weitergehende Schutzmaßnahmen sollen unter Berücksichtigung des jeweiligen regionalen und überregionalen Infektionsgeschehens mit dem Ziel getroffen werden, eine drohende Überlastung der regionalen und überregionalen stationären Versorgung zu vermeiden. [4]Wesentlicher Maßstab für die weitergehenden Schutzmaßnahmen ist insbesondere die Anzahl der in Bezug auf die Coronavirus-Krankheit-2019 (COVID-19) in ein Krankenhaus aufgenommenen Personen je 100 000 Einwohner innerhalb von sieben Tagen. [5]Weitere Indikatoren wie

---

[1)] **Sartorius Nr. 1.**

die unter infektionsepidemiologischen Aspekten differenzierte Anzahl der Neuinfektionen mit dem Coronavirus SARS-CoV-2 je 100 000 Einwohner innerhalb von sieben Tagen, die verfügbaren intensivmedizinischen Behandlungskapazitäten und die Anzahl der gegen die Coronavirus-Krankheit-2019 (COVID-19) geimpften Personen sollen bei der Bewertung des Infektionsgeschehens berücksichtigt werden. [6]Die Landesregierungen können im Rahmen der Festlegung der Schutzmaßnahmen unter Berücksichtigung der jeweiligen stationären Versorgungskapazitäten in einer Rechtsverordnung nach § 32 Schwellenwerte für die Indikatoren nach den Sätzen 4 und 5 festsetzen; entsprechend können die Schutzmaßnahmen innerhalb eines Landes regional differenziert werden. [7]Das Robert Koch-Institut veröffentlicht im Internet unter https://www.rki.de/covid-19-trends werktäglich nach Altersgruppen differenzierte und mindestens auf einzelne Länder und auf das Bundesgebiet bezogene Daten zu Indikatoren nach den Sätzen 4 und 5. [8]Die Länder können die Indikatoren nach den Sätzen 4 und 5 landesweit oder regional differenziert auch statt bezogen auf 100 000 Einwohner bezogen auf das Land oder die jeweilige Region als Maßstab verwenden.

(4) [1]Im Rahmen der Kontaktdatenerhebung nach Absatz 1 Nummer 17 dürfen von den Verantwortlichen nur personenbezogene Angaben sowie Angaben zum Zeitraum und zum Ort des Aufenthaltes erhoben und verarbeitet werden, soweit dies zur Nachverfolgung von Kontaktpersonen zwingend notwendig ist. [2]Die Verantwortlichen haben sicherzustellen, dass eine Kenntnisnahme der erfassten Daten durch Unbefugte ausgeschlossen ist. [3]Die Daten dürfen nicht zu einem anderen Zweck als der Aushändigung auf Anforderung an die nach Landesrecht für die Erhebung der Daten zuständigen Stellen verwendet werden und sind vier Wochen nach Erhebung zu löschen. [4]Die zuständigen Stellen nach Satz 3 sind berechtigt, die erhobenen Daten anzufordern, soweit dies zur Kontaktnachverfolgung nach § 25 Absatz 1 erforderlich ist. [5]Die Verantwortlichen nach Satz 1 sind in diesen Fällen verpflichtet, den zuständigen Stellen nach Satz 3 die erhobenen Daten zu übermitteln. [6]Eine Weitergabe der übermittelten Daten durch die zuständigen Stellen nach Satz 3 oder eine Weiterverwendung durch diese zu anderen Zwecken als der Kontaktnachverfolgung ist ausgeschlossen. [7]Die den zuständigen Stellen nach Satz 3 übermittelten Daten sind von diesen unverzüglich irreversibel zu löschen, sobald die Daten für die Kontaktnachverfolgung nicht mehr benötigt werden.

(5) [1]Rechtsverordnungen, die nach § 32 in Verbindung mit § 28 Absatz 1 und § 28a Absatz 1 erlassen werden, sind mit einer allgemeinen Begründung zu versehen und zeitlich zu befristen. [2]Die Geltungsdauer beträgt grundsätzlich vier Wochen; sie kann verlängert werden.

(6) [1]Schutzmaßnahmen nach Absatz 1 in Verbindung mit § 28 Absatz 1, nach § 28 Absatz 1 Satz 1 und 2 und nach den §§ 29 bis 31 können auch kumulativ angeordnet werden, soweit und solange es für eine wirksame Verhinderung der Verbreitung der Coronavirus-Krankheit-2019 (COVID-19) erforderlich ist. [2]Bei Entscheidungen über Schutzmaßnahmen zur Verhinderung der Verbreitung der Coronavirus-Krankheit-2019 (COVID-19) sind soziale, gesellschaftliche und wirtschaftliche Auswirkungen auf den Einzelnen und die Allgemeinheit einzubeziehen und zu berücksichtigen, soweit dies mit dem Ziel einer wirksamen Verhinderung der Verbreitung der Coronavirus-Krankheit-2019 (COVID-19) vereinbar ist. [3]Einzelne soziale, gesellschaftliche oder wirtschaftliche Bereiche, die für die Allgemeinheit von besonderer Bedeutung sind,

können von den Schutzmaßnahmen ausgenommen werden, soweit ihre Einbeziehung zur Verhinderung der Verbreitung der Coronavirus-Krankheit-2019 (COVID-19) nicht zwingend erforderlich ist.

(7) [1] Unabhängig von einer durch den Deutschen Bundestag nach § 5 Absatz 1 Satz 1 festgestellten epidemischen Lage von nationaler Tragweite können folgende Maßnahmen notwendige Schutzmaßnahmen im Sinne des § 28 Absatz 1 Satz 1 und 2 sein, soweit sie zur Verhinderung der Verbreitung der Coronavirus-Krankheit-2019 (COVID-19) erforderlich sind:

1. die Anordnung eines Abstandsgebots im öffentlichen Raum, insbesondere in öffentlich zugänglichen Innenräumen,
2. die Anordnung von Kontaktbeschränkungen im privaten sowie im öffentlichen Raum,
3. die Verpflichtung zum Tragen einer Atemschutzmaske (FFP2 oder vergleichbar) oder einer medizinischen Gesichtsmaske (Mund-Nasen-Schutz),
4. die Verpflichtung zur Vorlage von Impf-, Genesenen- oder Testnachweisen sowie an die Vorlage solcher Nachweise anknüpfende Beschränkungen des Zugangs in den oder bei den in Absatz 1 Nummer 4 bis 8 und 10 bis 16 genannten Betrieben, Gewerben, Einrichtungen, Angeboten, Veranstaltungen, Reisen und Ausübungen,
5. die Verpflichtung zur Erstellung und Anwendung von Hygienekonzepten, auch unter Vorgabe von Personenobergrenzen, für die in Absatz 1 Nummer 4 bis 8 und 10 bis 16 genannten Betriebe, Gewerbe, Einrichtungen, Angebote, Veranstaltungen, Reisen und Ausübungen,
6. die Beschränkung der Anzahl von Personen in oder bei den in Absatz 1 Nummer 4 bis 8 und 10 bis 16 genannten Betrieben, Gewerben, Einrichtungen, Angeboten, Veranstaltungen, Reisen und Ausübungen,
7. die Erteilung von Auflagen für die Fortführung des Betriebs von Gemeinschaftseinrichtungen im Sinne von § 33, Hochschulen, außerschulischen Einrichtungen der Erwachsenenbildung oder ähnlichen Einrichtungen und
8. die Anordnung der Verarbeitung der Kontaktdaten von Kunden, Gästen oder Veranstaltungsteilnehmern in den oder bei den in Absatz 1 Nummer 4 bis 8 und 10 bis 16 genannten Betrieben, Gewerben, Einrichtungen, Angeboten, Veranstaltungen, Reisen und Ausübungen, um nach Auftreten einer Infektion mit dem Coronavirus SARS-CoV-2 mögliche Infektionsketten nachverfolgen und unterbrechen zu können; dabei kann auch angeordnet werden, dass die Nachverfolgung und Unterbrechung von Infektionsketten vorrangig durch die Bereitstellung der QR-Code-Registrierung für die Corona-Warn-App des Robert Koch-Instituts erfolgt.

[2] Individuelle Schutzmaßnahmen gegenüber Kranken, Krankheitsverdächtigen, Ansteckungsverdächtigen oder Ausscheidern nach § 28 Absatz 1 Satz 1 sowie die Schließung von Einrichtungen und Betrieben im Einzelfall nach § 28 Absatz 1 Satz 1 und 2 bleiben unberührt. [3] Die Absätze 3 bis 6 gelten für Schutzmaßnahmen nach Satz 1 entsprechend. [4] Die besonderen Belange von Kindern und Jugendlichen sind zu berücksichtigen.

(8) [1] Nach dem Ende einer durch den Deutschen Bundestag nach § 5 Absatz 1 Satz 1 festgestellten epidemischen Lage von nationaler Tragweite können die Absätze 1 bis 6 auch angewendet werden, soweit und solange die konkrete Gefahr der epidemischen Ausbreitung der Coronavirus-Krankheit-2019 (COVID- 19) in einem Land besteht und das Parlament in dem betroffenen Land

die Anwendbarkeit der Absätze 1 bis 6 feststellt, mit der Maßgabe, dass folgende Schutzmaßnahmen ausgeschlossen sind:

1. die Anordnung von Ausgangsbeschränkungen,
2. die Untersagung der Sportausübung und die Schließung von Sporteinrichtungen,
3. die Untersagung von Versammlungen oder Aufzügen im Sinne von Artikel 8 des Grundgesetzes und von religiösen oder weltanschaulichen Zusammenkünften,
4. die Untersagung von Reisen,
5. die Untersagung von Übernachtungsangeboten,
6. die Schließung von Betrieben, Gewerben, Einzel- oder Großhandel, sofern es sich nicht um gastronomische Einrichtungen, Freizeit- oder Kultureinrichtungen oder um Messen oder Kongresse handelt,
7. die Schließung von Gemeinschaftseinrichtungen im Sinne von § 33.

[2] Absatz 7 bleibt unberührt. [3] Die Feststellung nach Satz 1 gilt als aufgehoben, sofern das Parlament in dem betroffenen Land nicht spätestens drei Monate nach der Feststellung nach Satz 1 die weitere Anwendbarkeit der Absätze 1 bis 6 für das Land feststellt; dies gilt entsprechend, sofern das Parlament in dem betroffenen Land nicht spätestens drei Monate nach der Feststellung der weiteren Anwendbarkeit der Absätze 1 bis 6 die weitere Anwendbarkeit der Absätze 1 bis 6 erneut feststellt.

(9) [1] Die Absätze 1 bis 6 bleiben nach dem Ende einer durch den Deutschen Bundestag nach § 5 Absatz 1 Satz 1 festgestellten epidemischen Lage von nationaler Tragweite bis längstens zum Ablauf des 19. März 2022 für Schutzmaßnahmen nach Absatz 1 in Verbindung mit § 28 Absatz 1 Satz 1 und 2 anwendbar, die bis zum 25. November 2021 in Kraft getreten sind. [2] Satz 1 gilt für Schutzmaßnahmen nach Absatz 1 in Verbindung mit § 28 Absatz 1 Satz 1 und 2 und § 32 entsprechend, sofern das Parlament in dem betroffenen Land die Rechtsverordnungen nicht aufhebt. [3] Die Anordnung von Schutzmaßnahmen nach Absatz 8 in Verbindung mit § 28 Absatz 1 Satz 1 und 2 oder nach Absatz 8 in Verbindung mit § 28 Absatz 1 Satz 1 und 2 und § 32 bleibt unberührt.

(10) [1] Eine auf Grund von Absatz 7 Satz 1 oder Absatz 8 Satz 1 in Verbindung mit § 28 Absatz 1 und § 32 erlassene Rechtsverordnung muss spätestens mit Ablauf des 19. März 2022 außer Kraft treten. [2] Nach Absatz 7 Satz 1 oder Absatz 8 Satz 1 in Verbindung mit § 28 Absatz 1 Satz 1 und 2 getroffene Anordnungen müssen spätestens mit Ablauf des 19. März 2022 aufgehoben werden. [3] Der Deutsche Bundestag kann durch im Bundesgesetzblatt bekanntzumachenden Beschluss einmalig die Fristen nach den Sätzen 1 und 2 um bis zu drei Monate verlängern.

**§ 28b**[1] *(galt gem. Abs. 7 bis zum Ablauf des 19.3.2022)*

**§ 28c**[2] **Verordnungsermächtigung für besondere Regelungen für Geimpfte, Getestete und vergleichbare Personen.** [1] Die Bundesregierung

[1] § 28b neu gef. mWv 24.11.2021 durch G v. 22.11.2021 (BGBl. I S. 4906).

[2] § 28c eingef. mWv 23.4.2021 durch G v. 22.4.2021 (BGBl. I S. 802); Satz 3 angef. mWv 8.5.2021 durch G v. 7.5.2021 (BGBl. I S. 850); Satz 3 geänd., Satz 4 angef. mWv 1.6.2021 durch G v. →

wird ermächtigt, durch Rechtsverordnung für Personen, bei denen von einer Immunisierung gegen das Coronavirus SARS-CoV-2 auszugehen ist oder die ein negatives Ergebnis eines Tests auf eine Infektion mit dem Coronavirus SARS-CoV-2 vorlegen können, Erleichterungen oder Ausnahmen von Geboten und Verboten nach dem fünften Abschnitt dieses Gesetzes oder von aufgrund der Vorschriften im fünften Abschnitt dieses Gesetzes erlassenen Geboten und Verboten zu regeln. [2] In der Rechtsverordnung kann vorgesehen werden, dass Erleichterungen und Ausnahmen für Personen, bei denen von einer Immunisierung gegen das Coronavirus SARS-CoV-2 auszugehen ist, nur bestehen, wenn sie ein negatives Ergebnis eines Tests auf eine Infektion mit dem Coronavirus SARS-CoV-2 vorlegen können. [3] Rechtsverordnungen der Bundesregierung nach den Sätzen 1 und 2 bedürfen der Zustimmung von Bundestag und Bundesrat. [4] Wenn die Bundesregierung von ihrer Ermächtigung nach nach den Sätzen 1 und 2 Gebrauch macht, kann sie zugleich die Landesregierungen ermächtigen, ganz oder teilweise in Bezug auf von den Ländern nach dem fünften Abschnitt dieses Gesetzes erlassene Gebote und Verbote für die in Satz 1 genannten Personen Erleichterungen oder Ausnahmen zu regeln. [5] Die Landesregierungen können die Ermächtigung durch Rechtsverordnung auf andere Stellen übertragen.

**§ 29[1)] Beobachtung.** (1) Kranke, Krankheitsverdächtige, Ansteckungsverdächtige und Ausscheider können einer Beobachtung unterworfen werden.

(2) [1] Wer einer Beobachtung nach Absatz 1 unterworfen ist, hat die erforderlichen Untersuchungen durch die Beauftragten des Gesundheitsamtes zu dulden und den Anordnungen des Gesundheitsamtes Folge zu leisten. [2] § 25 Absatz 3 gilt entsprechend. [3] Eine Person nach Satz 1 ist ferner verpflichtet, den Beauftragten des Gesundheitsamtes zum Zwecke der Befragung oder der Untersuchung den Zutritt zu seiner Wohnung zu gestatten, auf Verlangen ihnen über alle seinen Gesundheitszustand betreffenden Umstände Auskunft zu geben und im Falle des Wechsels der Hauptwohnung oder des gewöhnlichen Aufenthaltes unverzüglich dem bisher zuständigen Gesundheitsamt Anzeige zu erstatten. [4] Die Anzeigepflicht gilt auch bei Änderungen einer Tätigkeit im Lebensmittelbereich im Sinne von § 42 Abs. 1 Satz 1 oder in Einrichtungen im Sinne von § 23 Absatz 5 oder § 36 Absatz 1 sowie beim Wechsel einer Gemeinschaftseinrichtung im Sinne von § 33. [5] § 16 Abs. 2 Satz 4 gilt entsprechend. [6] Die Grundrechte der körperlichen Unversehrtheit (Artikel 2 Abs. 2 Satz 1 Grundgesetz[2)]), der Freiheit der Person (Artikel 2 Abs. 2 Satz 2 Grundgesetz) und der Unverletzlichkeit der Wohnung (Artikel 13 Abs. 1 Grundgesetz) werden insoweit eingeschränkt.

---

*(Fortsetzung der Anm. von voriger Seite)*
28.5.2021 (BGBl. I S. 1174); Satz 2 eingef., bish. Sätze 2–4 werden Sätze 3–5, neue Sätze 3 und 4 geänd. mWv 24.11.2021 durch G v. 22.11.2021 (BGBl. I S. 4906).

[1)] § 29 Abs. 2 Satz 4 geänd. mWv 4.8.2011 durch G v. 28.7.2011 (BGBl. I S. 1622); Abs. 2 Satz 2 neu gef. mWv 29.3.2013 durch G v. 21.3.2013 (BGBl. I S. 566); Abs. 2 Satz 4 geänd. mWv 15.7.2016 durch G v. 8.7.2016 (BGBl. I S. 1594).

[2)] **Sartorius Nr. 1.**

**§ 30[1] Absonderung.** (1) [1]Die zuständige Behörde hat anzuordnen, dass Personen, die an Lungenpest oder an von Mensch zu Mensch übertragbarem hämorrhagischem Fieber erkrankt oder dessen verdächtig sind, unverzüglich in einem Krankenhaus oder einer für diese Krankheiten geeigneten Einrichtung abgesondert werden. [2]Bei sonstigen Kranken sowie Krankheitsverdächtigen, Ansteckungsverdächtigen und Ausscheidern kann angeordnet werden, dass sie in einem geeigneten Krankenhaus oder in sonst geeigneter Weise abgesondert werden, bei Ausscheidern jedoch nur, wenn sie andere Schutzmaßnahmen nicht befolgen, befolgen können oder befolgen würden und dadurch ihre Umgebung gefährden.

(2) [1]Kommt der Betroffene den seine Absonderung betreffenden Anordnungen nicht nach oder ist nach seinem bisherigen Verhalten anzunehmen, dass er solchen Anordnungen nicht ausreichend Folge leisten wird, so ist er zwangsweise durch Unterbringung in einem abgeschlossenen Krankenhaus oder einem abgeschlossenen Teil eines Krankenhauses abzusondern. [2]Ansteckungsverdächtige und Ausscheider können auch in einer anderen geeigneten abgeschlossenen Einrichtung abgesondert werden. [3]Das Grundrecht der Freiheit der Person (Artikel 2 Abs. 2 Satz 2 Grundgesetz[2]) kann insoweit eingeschränkt

*(Fortsetzung nächstes Blatt)*

[1] § 30 Abs. 2 Satz 4 geänd. mWv 1.9.2009 durch G v. 17.12.2008 (BGBl. I S. 2586); Abs. 3 Satz 4 geänd. mWv 26.11.2019 durch G v. 20.11.2019 (BGBl. I S. 1626); Überschrift neu gef. mWv 23.5. 2020 durch G v. 19.5.2020 (BGBl. I S. 1018).

[2] **Sartorius Nr. 1.**

Impfkommission ausreichenden Impfschutz des Kindes erfolgt ist. [2] Wenn der Nachweis nicht erbracht wird, benachrichtigt die Leitung der Kindertageseinrichtung das Gesundheitsamt, in dessen Bezirk sich die Einrichtung befindet, und übermittelt dem Gesundheitsamt personenbezogene Angaben. [3] Das Gesundheitsamt kann die Personensorgeberechtigten zu einer Beratung laden. [4] Weitergehende landesrechtliche Regelungen bleiben unberührt.

(11) Bei Erstaufnahme in die erste Klasse einer allgemein bildenden Schule hat das Gesundheitsamt oder der von ihm beauftragte Arzt den Impfstatus zu erheben und die hierbei gewonnenen aggregierten und anonymisierten Daten über die oberste Landesgesundheitsbehörde dem Robert Koch-Institut zu übermitteln.

**§ 35 Belehrung für Personen in der Betreuung von Kindern und Jugendlichen.** [1] Personen, die in den in § 33 genannten Gemeinschaftseinrichtungen Lehr-, Erziehungs-, Pflege-, Aufsichts- oder sonstige regelmäßige Tätigkeiten ausüben und Kontakt mit den dort Betreuten haben, sind vor erstmaliger Aufnahme ihrer Tätigkeit und im Weiteren mindestens im Abstand von zwei Jahren von ihrem Arbeitgeber über die gesundheitlichen Anforderungen und Mitwirkungsverpflichtungen nach § 34 zu belehren. [2] Über die Belehrung ist ein Protokoll zu erstellen, das beim Arbeitgeber für die Dauer von drei Jahren aufzubewahren ist. [3] Die Sätze 1 und 2 finden für Dienstherren entsprechende Anwendung.

**§ 36[1)] Infektionsschutz bei bestimmten Einrichtungen, Unternehmen und Personen; Verordnungsermächtigung.** (1) Folgende Einrichtungen und Unternehmen müssen in Hygieneplänen innerbetriebliche Verfahrensweisen zur Infektionshygiene festlegen und unterliegen der infektionshygienischen Überwachung durch das Gesundheitsamt:

1. die in § 33 genannten Gemeinschaftseinrichtungen mit Ausnahme der Gemeinschaftseinrichtungen nach § 33 Nummer 2,
2. nicht unter § 23 Absatz 5 Satz 1 fallende voll- oder teilstationäre Einrichtungen zur Betreuung und Unterbringung älterer, behinderter oder pflegebedürftiger Menschen oder vergleichbare Einrichtungen,
3. Obdachlosenunterkünfte,

---

[1)] § 36 Abs. 1 Satz 1 und Abs. 4 Satz 1 geänd. mWv 1.1.2002 durch G v. 5.11.2001 (BGBl. I S. 2960); Abs. 1–3 neu gef. und Abs. 5 geänd. mWv 4.8.2011 durch G v. 28.7.2011 (BGBl. I S. 1622); Überschrift, Abs. 1 und 2 neu gef., Abs. 3a eingef., Abs. 4 neu gef., Abs. 5 und 6 eingef., bish. Abs. 5 wird Abs. 7 und neu gef. mWv 25.7.2017 durch G v. 17.7.2017 (BGBl. I S. 2615); Abs. 1 Nr. 7 geänd., Abs. 3 aufgeh., Abs. 4 Satz 3 geänd., Abs. 6 eingef., bish. Abs. 6 wird Abs. 7, Abs. 8 eingef., bish. Abs. 7 wird Abs. 9 und neu gef. mWv 1.1.2019 durch G v. 11.12.2018 (BGBl. I S. 2394); Abs. 1 Nr. 1 und Abs. 2 neu gef. mWv 1.3.2020 durch G v. 10.2.2020 (BGBl. I S. 148); Abs. 1 Nr. 2, Abs. 6 Sätze 1, 2 und Satz 3 Nr. 1 und Abs. 7 Sätze 1, 2 geänd., Abs. 8 und 9 neu gef., Abs. 10–13 angef. mWv 19.11.2020 durch G v. 18.11.2020 (BGBl. I S. 2397); Abs. 8 Satz 1 neu gef., Satz 2 geänd., Satz 3 eingef., bish. Sätze 3, 4 werden Sätze 4, 5 und geänd., Abs. 9 Satz 3 geänd., Satz 5 angef., Abs. 10 Satz 1 einl. Satzteil und Nr. 1 Buchst. a, Abs. 12, 13 geänd. mWv 31.3.2021 durch G v. 29.3.2021 (BGBl. I S. 370); Abs. 10 Satz 1 Nr. 1a eingef., Nr. 2 einl. Satzteil, Buchst. a, b und Satz 3 geänd. mWv 1.6.2021 durch G v. 28.5.2021 (BGBl. I S. 1174); Abs. 12 neu gef. mWv 23.7.2021 durch G v. 16.7.2021 (BGBl. I S. 2947); Abs. 3, Abs. 10 Satz 1 Nr. 1a neu gef., Satz 2 geänd., Abs. 11 Satz 4 eingef., bish. Sätze 4, 5 werden Sätze 5, 6, bish. Satz 6 wird Satz 7 und geänd. mWv 15.9.2021 durch G v. 10.9.2021 (BGBl. I S. 4147); Abs. 3 Satz 1 geänd. mWv 24.11.2021 durch G v. 22.11.2021 (BGBl. I S. 4906).

4. Einrichtungen zur gemeinschaftlichen Unterbringung von Asylbewerbern, vollziehbar Ausreisepflichtigen, Flüchtlingen und Spätaussiedlern,
5. sonstige Massenunterkünfte,
6. Justizvollzugsanstalten sowie
7. nicht unter § 23 Absatz 5 Satz 1 fallende ambulante Pflegedienste und Unternehmen, die den Einrichtungen nach Nummer 2 vergleichbare Dienstleistungen anbieten; Angebote zur Unterstützung im Alltag im Sinne von § 45a Absatz 1 Satz 2 des Elften Buches Sozialgesetzbuch[1)] zählen nicht zu den Dienstleistungen, die mit Angeboten in Einrichtungen nach Nummer 2 vergleichbar sind.

(2) Einrichtungen und Unternehmen, bei denen die Möglichkeit besteht, dass durch Tätigkeiten am Menschen durch Blut Krankheitserreger übertragen werden, sowie Gemeinschaftseinrichtungen nach § 33 Nummer 2 können durch das Gesundheitsamt infektionshygienisch überwacht werden.

(3) [1] Sofern der Deutsche Bundestag nach § 5 Absatz 1 Satz 1 eine epidemische Lage von nationaler Tragweite festgestellt hat und unabhängig davon bis zum Ablauf des 19. März 2022 darf der Arbeitgeber, soweit dies zur Verhinderung der Verbreitung der Coronavirus-Krankheit-2019 (COVID-19) erforderlich ist, in den in den Absätzen 1 und 2 genannten Einrichtungen und Unternehmen personenbezogene Daten eines Beschäftigten über dessen Impf- und Serostatus in Bezug auf die Coronavirus-Krankheit-2019 (COVID-19) verarbeiten, um über die Begründung eines Beschäftigungsverhältnisses oder über die Art und Weise einer Beschäftigung zu entscheiden. [2] Im Übrigen gelten die Bestimmungen des allgemeinen Datenschutzrechts.

(3a) Die Leiter von in Absatz 1 Nummer 2 bis 6 genannten Einrichtungen haben das Gesundheitsamt, in dessen Bezirk sich die Einrichtung befindet, unverzüglich zu benachrichtigen und die nach diesem Gesetz erforderlichen krankheits- und personenbezogenen Angaben zu machen, wenn eine in der Einrichtung tätige oder untergebrachte Person an Skabies erkrankt ist oder bei ihr der Verdacht besteht, dass sie an Skabies erkrankt ist.

(4) [1] Personen, die in eine Einrichtung nach Absatz 1 Nummer 2 bis 4 aufgenommen werden sollen, haben der Leitung der Einrichtung vor oder unverzüglich nach ihrer Aufnahme ein ärztliches Zeugnis darüber vorzulegen, dass bei ihnen keine Anhaltspunkte für das Vorliegen einer ansteckungsfähigen Lungentuberkulose vorhanden sind. [2] Bei der erstmaligen Aufnahme darf die Erhebung der Befunde, die dem ärztlichen Zeugnis zugrunde liegt, nicht länger als sechs Monate zurückliegen, bei einer erneuten Aufnahme darf sie nicht länger als zwölf Monate zurückliegen. [3] Bei Personen, die in eine Einrichtung nach Absatz 1 Nummer 4 aufgenommen werden sollen, muss sich das Zeugnis auf eine im Geltungsbereich dieses Gesetzes erstellte Röntgenaufnahme der Lunge oder auf andere von der obersten Landesgesundheitsbehörde oder der von ihr bestimmten Stelle zugelassene Befunde stützen. [4] Bei Personen, die das 15. Lebensjahr noch nicht vollendet haben, sowie bei Schwangeren ist von der Röntgenaufnahme abzusehen; stattdessen ist ein ärztliches Zeugnis vorzulegen, dass nach sonstigen Befunden eine ansteckungsfähige Lungentuberkulose nicht zu befürchten ist. [5] § 34 Absatz 4 gilt entsprechend. [6] Satz 1 gilt nicht für

---

[1)] **Aichberger Nr. 11.**

Obdachlose, die weniger als drei Tage in eine Einrichtung nach Absatz 1 Nummer 3 aufgenommen werden.

(5) [1] Personen, die in eine Einrichtung nach Absatz 1 Nummer 4 aufgenommen werden sollen, sind verpflichtet, eine ärztliche Untersuchung auf Ausschluss einer ansteckungsfähigen Lungentuberkulose einschließlich einer Röntgenaufnahme der Atmungsorgane zu dulden. [2] Dies gilt nicht, wenn die betroffenen Personen ein ärztliches Zeugnis nach Absatz 4 vorlegen oder unmittelbar vor ihrer Aufnahme in einer anderen Einrichtung nach Absatz 1 Nummer 4 untergebracht waren und die entsprechenden Untersuchungen bereits dort durchgeführt wurden. [3] Personen, die in eine Justizvollzugsanstalt aufgenommen werden, sind verpflichtet, eine ärztliche Untersuchung auf übertragbare Krankheiten einschließlich einer Röntgenaufnahme der Lunge zu dulden. [4] Für Untersuchungen nach den Sätzen 1 und 3 gilt Absatz 4 Satz 4 entsprechend. [5] Widerspruch und Anfechtungsklage gegen Anordnungen nach den Sätzen 1 und 3 haben keine aufschiebende Wirkung.

(6) [1] Die Landesregierungen werden ermächtigt, durch Rechtsverordnung festzulegen, dass Personen, die nach dem 31. Dezember 2018 in die Bundesrepublik Deutschland eingereist sind und die auf Grund ihrer Herkunft oder ihrer Lebenssituation wahrscheinlich einem erhöhten Infektionsrisiko für bestimmte bedrohliche übertragbare Krankheiten ausgesetzt waren, nach ihrer Einreise ein ärztliches Zeugnis darüber vorzulegen haben, dass bei ihnen keine Anhaltspunkte für das Vorliegen solcher bedrohlicher übertragbarer Krankheiten vorhanden sind, sofern dies zum Schutz der Bevölkerung vor einer Gefährdung durch bedrohliche übertragbare Krankheiten erforderlich ist; § 34 Absatz 4 gilt entsprechend. [2] Personen, die kein auf Grund der Rechtsverordnung erforderliches ärztliches Zeugnis vorlegen, sind verpflichtet, eine ärztliche Untersuchung auf Ausschluss bedrohlicher übertragbarer Krankheiten im Sinne des Satzes 1 zu dulden; Absatz 5 Satz 5 gilt entsprechend. [3] In der Rechtsverordnung nach Satz 1 ist zu bestimmen:

1. das jeweils zugrunde liegende erhöhte Infektionsrisiko im Hinblick auf bestimmte bedrohliche übertragbare Krankheiten,
2. die jeweils betroffenen Personengruppen unter Berücksichtigung ihrer Herkunft oder ihrer Lebenssituation,
3. Anforderungen an das ärztliche Zeugnis nach Satz 1 und zu der ärztlichen Untersuchung nach Satz 2 sowie
4. die Frist, innerhalb der das ärztliche Zeugnis nach der Einreise in die Bundesrepublik Deutschland vorzulegen ist.

[4] Das Robert Koch-Institut kann zu den Einzelheiten nach Satz 3 Nummer 1 Empfehlungen abgeben. [5] Die Landesregierungen können die Ermächtigung nach Satz 1 durch Rechtsverordnung auf andere Stellen übertragen.

(7) [1] Das Bundesministerium für Gesundheit wird ermächtigt, durch Rechtsverordnung mit Zustimmung des Bundesrates festzulegen, dass Personen, die in die Bundesrepublik Deutschland einreisen wollen oder eingereist sind und die wahrscheinlich einem erhöhten Infektionsrisiko für eine bestimmte bedrohliche übertragbare Krankheit ausgesetzt waren, vor oder nach ihrer Einreise ein ärztliches Zeugnis darüber vorzulegen haben, dass bei ihnen keine Anhaltspunkte für das Vorliegen einer solchen bedrohlichen übertragbaren Krankheit vorhanden sind, sofern dies zum Schutz der Bevölkerung vor einer Gefährdung durch bedrohliche übertragbare Krankheiten erforderlich ist; § 34 Absatz 4 gilt

entsprechend. [2]Personen, die kein auf Grund der Rechtsverordnung erforderliches ärztliches Zeugnis vorlegen, sind verpflichtet, eine ärztliche Untersuchung auf Ausschluss einer bedrohlichen übertragbaren Krankheit im Sinne des Satzes 1 zu dulden; Absatz 5 Satz 5 gilt entsprechend. [3]In der Rechtsverordnung können nähere Einzelheiten insbesondere zu den betroffenen Personengruppen und zu den Anforderungen an das ärztliche Zeugnis nach Satz 1 und zu der ärztlichen Untersuchung nach Satz 2 bestimmt werden. [4]Das Robert Koch-Institut kann zu den Einzelheiten nach Satz 3 Empfehlungen abgeben. [5]In dringenden Fällen kann zum Schutz der Bevölkerung die Rechtsverordnung ohne Zustimmung des Bundesrates erlassen werden. [6]Eine auf der Grundlage des Satzes 5 erlassene Verordnung tritt ein Jahr nach ihrem Inkrafttreten außer Kraft; ihre Geltungsdauer kann mit Zustimmung des Bundesrates verlängert werden.

(8) [1]Die Bundesregierung wird, sofern der Deutsche Bundestag nach § 5 Absatz 1 Satz 1 eine epidemische Lage von nationaler Tragweite festgestellt hat, ermächtigt, durch Rechtsverordnung ohne Zustimmung des Bundesrates festzulegen, dass Personen, die in die Bundesrepublik Deutschland einreisen wollen oder eingereist sind und bei denen die Möglichkeit besteht, dass sie einem erhöhten Infektionsrisiko für die Krankheit ausgesetzt waren, die zur Feststellung der epidemischen Lage von nationaler Tragweite geführt hat, insbesondere, weil sie sich in einem entsprechenden Risikogebiet aufgehalten haben, ausschließlich zur Feststellung und Verhinderung der Verbreitung dieser Krankheit verpflichtet sind,

1. sich unverzüglich nach der Einreise für einen bestimmten Zeitraum in geeigneter Weise auf eigene Kosten abzusondern sowie
2. der zuständigen Behörde durch Nutzung des vom Robert Koch-Institut nach Absatz 9 eingerichteten elektronischen Melde- und Informationssystems folgende Angaben mitzuteilen:
   a) ihre personenbezogenen Angaben,
   b) das Datum ihrer voraussichtlichen Einreise,
   c) ihre Aufenthaltsorte bis zu zehn Tage vor und nach der Einreise,
   d) das für die Einreise genutzte Reisemittel und vorliegende Informationen zum Sitzplatz,
   e) Angaben, ob eine Impfdokumentation hinsichtlich der Krankheit vorliegt, die zur Feststellung der epidemischen Lage von nationaler Tragweite geführt hat,
   f) Angaben, ob ein ärztliches Zeugnis oder ein Testergebnis hinsichtlich des Nichtvorliegens der Krankheit vorliegt, die zur Feststellung der epidemischen Lage von nationaler Tragweite geführt hat, und
   g) Angaben, ob bei ihr Anhaltspunkte für die Krankheit vorliegen, die zur Feststellung der epidemischen Lage von nationaler Tragweite geführt hat;

in der Rechtsverordnung kann auch festgelegt werden, dass eine Impfdokumentation im Sinne des Buchstabens e oder ein ärztliches Zeugnis oder ein Testergebnis im Sinne des Buchstabens f über das nach Absatz 9 eingerichtete Melde- und Informationssystem der zuständigen Behörde zu übermitteln sind. [2]In der Rechtsverordnung ist auch zu bestimmen, in welchen Fällen Ausnahmen von den Verpflichtungen nach Satz 1 bestehen. [3]Personen nach Satz 1 können einer Beobachtung nach § 29 unterworfen werden, auch wenn die in § 29 Absatz 1 genannten Voraussetzungen nicht vorliegen. [4]Es kann festgelegt werden, in welchen Fällen anstelle der Nutzung des vom Robert Koch-Institut nach Absatz 9 eingerichteten elektronischen Melde- und Informationssystems eine schriftliche Ersatzmitteilung gegenüber der zuständigen Behörde vorzunehmen ist. [5] § 34 Absatz 4 gilt für die durch die Rechtsverordnung nach den Sätzen 1 und 4 festgelegten Verpflichtungen entsprechend.

(9) [1] Das Robert Koch-Institut richtet für die Zwecke des Absatzes 8 Satz 1 ein elektronisches Melde- und Informationssystem ein und ist verantwortlich für dessen technischen Betrieb. [2] Das Robert Koch-Institut kann einen IT-Dienstleister mit der technischen Umsetzung beauftragen. [3] Die aufgrund einer Rechtsverordnung nach Absatz 8 Satz 1 erhobenen Daten dürfen von der zuständigen Behörde nur für Zwecke der Erfüllung und Überwachung der Verpflichtungen, die sich aus der Rechtsverordnung nach Absatz 8 Satz 1 ergeben, und der Kontaktnachverfolgung verarbeitet werden. [4] Sie sind spätestens 14 Tage nach dem mitgeteilten Datum der Einreise der jeweils betroffenen Person zu löschen. [5] Eine Übermittlung der auf Grund einer Rechtsverordnung nach Absatz 8 Satz 1 Nummer 2 erhobenen Daten durch die zuständigen Behörden an andere Stellen oder eine Weiterverwendung dieser Daten durch die zuständigen Behörden zu anderen als den in Satz 3 genannten Zwecken ist unzulässig.

(10) [1] Die Bundesregierung wird, sofern der Deutsche Bundestag nach § 5 Absatz 1 Satz 1 eine epidemische Lage von nationaler Tragweite festgestellt hat, ermächtigt, durch Rechtsverordnung ohne Zustimmung des Bundesrates festzulegen,

1. dass die in einer Rechtsverordnung nach Absatz 8 Satz 1 genannten Personen verpflichtet sind, gegenüber den Beförderern, gegenüber der zuständigen Behörde oder gegenüber den diese Behörde nach Maßgabe des Absatzes 11 Satz 1 unterstützenden, mit der polizeilichen Kontrolle des grenzüberschreitenden Verkehrs beauftragten Behörden
   a) einen Nachweis über die Erfüllung der in einer Rechtsverordnung nach Absatz 8 Satz 1 Nummer 2 festgelegten Verpflichtungen oder die Ersatzmitteilung nach Absatz 8 Satz 4 vorzulegen oder auszuhändigen,
   b) eine Impfdokumentation hinsichtlich der in Absatz 8 Satz 1 genannten Krankheit vorzulegen,
   c) ein ärztliches Zeugnis oder ein Testergebnis hinsichtlich des Nichtvorliegens der in Absatz 8 Satz 1 genannten Krankheit vorzulegen,
   d) Auskunft darüber zu geben, ob bei ihnen Anhaltspunkte für die in Absatz 8 Satz 1 genannte Krankheit vorhanden sind;

1a. dass auf Grund eines bei Reisen allgemein gesteigerten Infektionsrisikos in Bezug auf die Krankheit, die zur Feststellung der epidemischen Lage von nationaler Tragweite geführt hat, alle Personen, die in die Bundesrepublik Deutschland einreisen wollen oder eingereist sind, ausschließlich zur Feststellung und Verhinderung der Verbreitung der Krankheit, die zur Feststellung der epidemischen Lage von nationaler Tragweite geführt hat, verpflichtet sind, über einen Nachweis oder ein Dokument nach Nummer 1 Buchstabe b oder Buchstabe c zu verfügen und den Nachweis oder das Dokument gegenüber den Beförderern oder den in Nummer 1 genannten Behörden vorzulegen;

2. dass Unternehmen, die im Eisenbahn-, Bus-, Schiffs- oder Flugverkehr Reisende befördern, Betreiber von Flugplätzen, Häfen, Personenbahnhöfen

und Omnibusbahnhöfen im Rahmen ihrer betrieblichen und technischen Möglichkeiten ausschließlich zur Feststellung und Verhinderung der Verbreitung der in Absatz 8 Satz 1 genannten Krankheit, bei der Durchführung der Rechtsverordnung nach Nummer 1 oder Nummer 1a mitzuwirken haben, und verpflichtet sind,

a) Beförderungen im Fall eines erhöhten Infektionsrisikos im Sinne von Absatz 8 Satz 1 in die Bundesrepublik Deutschland zu unterlassen, sofern eine Rückreise von Personen mit Wohnsitz in Deutschland weiterhin möglich ist, deren Einreise nicht aus aufenthaltsrechtlichen Gründen zu untersagen ist,

b) Beförderungen in die Bundesrepublik Deutschland nur dann durchzuführen, wenn die zu befördernden Personen den nach Nummer 1 oder Nummer 1a auferlegten Verpflichtungen vor der Beförderung nachgekommen sind,

c) Reisende über die geltenden Einreise- und Infektionsschutzbestimmungen und -maßnahmen in der Bundesrepublik Deutschland und die Gefahren der in Absatz 8 Satz 1 genannten Krankheit sowie die Möglichkeiten zu deren Verhütung und Bekämpfung barrierefrei zu informieren und in diesem Rahmen auf die Reise- und Sicherheitshinweise des Auswärtigen Amts hinzuweisen,

d) die zur Identifizierung einer Person oder zur Früherkennung von Kranken, Krankheitsverdächtigen, Ansteckungsverdächtigen und Ausscheidern notwendigen personenbezogenen Angaben zu erheben und an die für den Aufenthaltsort der betreffenden Person nach diesem Gesetz zuständige Behörde zu übermitteln,

e) bestimmte Schutzmaßnahmen zur Verhinderung der Übertragung der in Absatz 8 Satz 1 genannten Krankheit im Rahmen der Beförderung vorzunehmen,

f) die Beförderung von Kranken, Krankheitsverdächtigen, Ansteckungsverdächtigen und Ausscheidern der zuständigen Behörde zu melden,

g) Passagierlisten und Sitzpläne auf Nachfrage der zuständigen Behörde zu übermitteln,

h) den Transport von Kranken, Krankheitsverdächtigen, Ansteckungsverdächtigen oder Ausscheidern, in ein Krankenhaus oder in eine andere geeignete Einrichtung durch Dritte zu ermöglichen,

i) gegenüber dem Robert Koch-Institut eine für Rückfragen der zuständigen Behörden erreichbare Kontaktstelle zu benennen;

3. dass Anbieter von Telekommunikationsdiensten und Betreiber öffentlicher Mobilfunknetze verpflichtet sind, Einreisende barrierefrei über elektronische Nachrichten über die geltenden Einreise- und Infektionsschutzbestimmungen und -maßnahmen in der Bundesrepublik Deutschland zu informieren.

[2] Personen, die keinen auf Grund der Rechtsverordnung nach Satz 1 Nummer 1 und 1a erforderlichen Nachweis oder kein auf Grund der Rechtsverordnung nach Satz 1 Nummer 1 und 1a erforderliches Dokument vorlegen, sind verpflichtet, eine ärztliche Untersuchung auf Ausschluss der in Absatz 8 Satz 1 genannten Krankheit zu dulden. [3] § 34 Absatz 4 gilt für die durch die Rechtsverordnung nach Satz 1 Nummer 1 oder Nummer 1a festgelegten Verpflichtungen entsprechend.

(11) [1] Die mit der polizeilichen Kontrolle des grenzüberschreitenden Verkehrs beauftragten Behörden können anlässlich der grenzpolizeilichen Aufgabenwahrnehmung als unterstützende Behörde nach Absatz 10 Satz 1 Nummer 1 stichprobenhaft von den in der Rechtsverordnung nach Absatz 8 Satz 1 genannten Personen verlangen, dass sie ihnen die in Absatz 10 Satz 1 Nummer 1 Buchstabe a bis c genannten Nachweise oder Dokumente vorlegen oder ihnen Auskunft nach Absatz 10 Satz 1 Nummer 1 Buchstabe d erteilen. [2] Die unterstützenden Behörden nach Absatz 10 Satz 1 Nummer 1 unterrichten bei Kenntnis unverzüglich die zuständigen Behörden über die Einreise der in der Rechtsverordnung nach Absatz 8 Satz 1 genannten Personen, soweit diese ihren den unterstützenden Behörden gegenüber bestehenden in der Rechtsverordnung nach Absatz 10 Satz 1 Nummer 1 festgelegten Verpflichtungen bei der Einreise nicht nachkommen. [3] Zu diesem Zweck dürfen bei den in der Rechtsverordnung nach Absatz 8 Satz 1 genannten Personen ihre personenbezogenen Angaben, Angaben zu ihren Aufenthaltsorten bis zu zehn Tage vor und nach der Einreise und Angaben zu dem von ihnen genutzten Reisemittel erhoben und der zuständigen Behörde übermittelt werden. [4] Die Sätze 1 bis 3 gelten in Bezug auf die in der Rechtsverordnung nach Absatz 10 Satz 1 Nummer 1a genannten Personen mit den Maßgaben entsprechend, dass nur die in Absatz 10 Satz 1 Nummer 1a genannten Nachweise oder Dokumente vorgelegt werden müssen und nur die personenbezogenen Angaben erhoben und übermittelt werden dürfen. [5] Die nach § 71 Absatz 1 Satz 1 des Aufenthaltsgesetzes[1)] zuständigen Behörden und die unterstützenden Behörden nach Absatz 10 Satz 1 Nummer 1 unterrichten bei Kenntnis unverzüglich die zuständigen Behörden über die Einreise der in der Rechtsverordnung nach Absatz 6 Satz 1 oder nach Absatz 7 Satz 1 genannten Personen. [6] Zu diesem Zweck dürfen bei diesen Personen ihre personenbezogenen Angaben erhoben und der zuständigen Behörde übermittelt werden. [7] Die von den Behörden nach den Sätzen 1, 3, 4 und 6 erhobenen Daten dürfen mit den Daten vorgelegter Reisedokumente abgeglichen werden.

(12) [1] Eine aufgrund des Absatzes 8 Satz 1 oder des Absatzes 10 Satz 1 erlassene Rechtsverordnung tritt spätestens ein Jahr nach der Aufhebung der Feststellung der epidemischen Lage von nationaler Tragweite durch den Deutschen Bundestag nach § 5 Absatz 1 Satz 2 außer Kraft. [2] Bis zu ihrem Außerkrafttreten kann eine aufgrund des Absatzes 8 Satz 1 oder des Absatzes 10 Satz 1 erlassene Rechtsverordnung auch nach Aufhebung der epidemischen Lage von nationaler Tragweite geändert werden.

(13) Durch die Absätze 4 bis 8 und 10 werden die Grundrechte der körperlichen Unversehrtheit (Artikel 2 Absatz 2 Satz 1 des Grundgesetzes[2)]), der Freiheit der Person (Artikel 2 Absatz 2 Satz 2 des Grundgesetzes), der Freizügigkeit der Person (Artikel 11 Absatz 1 des Grundgesetzes) und der Unverletzlichkeit der Wohnung (Artikel 13 Absatz 1 des Grundgesetzes) eingeschränkt.

---

[1)] **Sartorius Nr. 565.**
[2)] **Sartorius Nr. 1.**

## 7. Abschnitt. Wasser

**§ 37[1) 2)] Beschaffenheit von Wasser für den menschlichen Gebrauch sowie von Wasser zum Schwimmen oder Baden in Becken oder Teichen, Überwachung.** (1) Wasser für den menschlichen Gebrauch muss so beschaffen sein, dass durch seinen Genuss oder Gebrauch eine Schädigung der menschlichen Gesundheit, insbesondere durch Krankheitserreger, nicht zu besorgen ist.

(2) [1]Wasser, das in Gewerbebetrieben, öffentlichen Bädern sowie in sonstigen nicht ausschließlich privat genutzten Einrichtungen zum Schwimmen oder Baden bereitgestellt wird

1. in Schwimm- oder Badebecken oder
2. in Schwimm- oder Badeteichen, die nicht Badegewässer im Sinne der Richtlinie 2006/7/EG des Europäischen Parlaments und des Rates vom 15. Februar 2006 über die Qualität der Badegewässer und deren Bewirtschaftung und zur Aufhebung der Richtlinie 76/160/EWG (ABl. L 64 vom 4.3.2006, S. 37; L 359 vom 29.12.2012, S. 77), die zuletzt durch die Richtlinie 2013/64/EU (ABl. L 353 vom 28.12.2013, S. 8) geändert worden ist, sind,

muss so beschaffen sein, dass durch seinen Gebrauch eine Schädigung der menschlichen Gesundheit, insbesondere durch Krankheitserreger, nicht zu besorgen ist. [2]Bei Schwimm- oder Badebecken muss die Aufbereitung des Wassers eine Desinfektion einschließen. [3]Bei Schwimm- oder Badeteichen hat die Aufbereitung des Wassers durch biologische und mechanische Verfahren, die mindestens den allgemein anerkannten Regeln der Technik entsprechen, zu erfolgen.

(3) Wassergewinnungs- und Wasserversorgungsanlagen, Schwimm- oder Badebecken und Schwimm- oder Badeteiche einschließlich ihrer Wasseraufbereitungsanlagen unterliegen hinsichtlich der in den Absätzen 1 und 2 genannten Anforderungen der Überwachung durch das Gesundheitsamt.

**§ 38[1) 3)] Erlass von Rechtsverordnungen.** (1) [1]Das Bundesministerium für Gesundheit bestimmt durch Rechtsverordnung[4)] mit Zustimmung des Bundesrates,

1. welchen Anforderungen das Wasser für den menschlichen Gebrauch entsprechen muss, um der Vorschrift von § 37 Abs. 1 zu genügen,

---

[1)] §§ 37, 38 traten gem. Art. 5 Abs. 2 des G v. 20.7.2000 (BGBl. I S. 1045) bereits **mWv 26.7.2000** in Kraft.

[2)] § 37 Überschrift geänd., Abs. 2 neu gef., Abs. 3 Satz 1 geänd. mWv 25.7.2017 durch G v. 17.7. 2017 (BGBl. I S. 2615); Abs. 3 Sätze 2 und 3 aufgeh. mWv 1.1.2019 durch G v. 11.12.2018 (BGBl. I S. 2394).

[3)] § 38 Abs. 1 und 2 jeweils Satz 1 einl. Satzteil geänd. mWv 28.11.2003 durch VO v. 25.11.2003 (BGBl. I S. 2304); Abs. 1 Satz 1 Nr. 4 geänd. mWv 7.9.2005 durch G v. 1.9.2005 (BGBl. I S. 2618); Abs. 1 und 2 jeweils Satz 1 einl. Satzteil geänd. mWv 8.11.2006 durch VO v. 31.10.2006 (BGBl. I S. 2407); Abs. 1 Satz 1 Nr. 4 neu gef., Sätze 3 bis 5 eingef., bish. Satz 3 wird Satz 6, Abs. 2 Satz 2 Halbs. 2 aufgeh., Satz 4 und Abs. 3 neu gef. mWv 23.7.2009 durch G v. 17.7.2009 (BGBl. I S. 1990); Abs. 3 Satz 1 geänd. mWv 15.8.2013 durch G v. 7.8.2013 (BGBl. I S. 3154); Abs. 1 Satz 6 und Abs. 3 Satz 2 geänd. mWv 8.9.2015 durch VO v. 31.8.2015 (BGBl. I S. 1474); Abs. 3 aufgeh. mWv 1.10. 2021 durch G v. 18.7.2016 (BGBl. I S. 1666; geänd. durch G v. 17.7.2017, BGBl. I S. 2615); Abs. 2 Satz 1 Nr. 2, 3, 5 und Satz 2 geänd., Sätze 3 und 4 aufgeh. mWv 25.7.2017 durch G v. 17.7.2017 →

2. dass und wie die Wassergewinnungs- und Wasserversorgungsanlagen und das Wasser in hygienischer Hinsicht zu überwachen sind,
3. welche Handlungs-, Unterlassungs-, Mitwirkungs- und Duldungspflichten dem Unternehmer oder sonstigen Inhaber einer Wassergewinnungs- oder Wasserversorgungsanlage im Sinne der Nummern 1 und 2 obliegen, welche Wasseruntersuchungen dieser durchführen oder durchführen lassen muss und in welchen Zeitabständen diese vorzunehmen sind,
4. die Anforderungen an Stoffe, Verfahren und Materialien bei der Gewinnung, Aufbereitung oder Verteilung des Wassers für den menschlichen Gebrauch, soweit diese nicht den Vorschriften des Lebensmittel- und Futtermittelgesetzbuches unterliegen, und insbesondere, dass nur Aufbereitungsstoffe und Desinfektionsverfahren verwendet werden dürfen, die hinreichend wirksam sind und keine vermeidbaren oder unvertretbaren Auswirkungen auf Gesundheit und Umwelt haben,
5. in welchen Fällen das Wasser für den menschlichen Gebrauch, das den Anforderungen nach den Nummern 1 oder 4 nicht entspricht, nicht oder nur eingeschränkt abgegeben oder anderen nicht oder nur eingeschränkt zur Verfügung gestellt werden darf,
6. dass und wie die Bevölkerung über die Beschaffenheit des Wassers für den menschlichen Gebrauch und über etwaige zu treffende Maßnahmen zu informieren ist,
7. dass und wie Angaben über die Gewinnung und die Beschaffenheit des Wassers für den menschlichen Gebrauch einschließlich personenbezogener Daten, soweit diese für die Erfassung und die Überwachung der Wasserqualität und der Wasserversorgung erforderlich sind, zu übermitteln sind und
8. die Anforderungen an die Untersuchungsstellen, die das Wasser für den menschlichen Gebrauch analysieren.

*(Fortsetzung nächstes Blatt)*

---

*(Fortsetzung der Anm. von voriger Seite)*
(BGBl. I S. 2615); Abs. 1 Satz 6, Abs. 3 Satz 2 geänd. mWv 27.6.2020 durch VO v. 19.6.2020 (BGBl. I S. 1328).

[4] Siehe die TrinkwasserVO idF der Bek. v. 10.3.2016 (BGBl. I S. 459), zuletzt geänd. durch VO v. 22.9.2021 (BGBl. I S. 4343).

[illegible]

(5) [1]Die Bescheinigung nach Absatz 1 und die letzte Dokumentation der Belehrung nach Absatz 4 sind beim Arbeitgeber aufzubewahren. [2]Der Arbeitgeber hat die Nachweise nach Satz 1 und, sofern er eine in § 42 Abs. 1 bezeichnete Tätigkeit selbst ausübt, die ihn betreffende Bescheinigung nach Absatz 1 Satz 1 an der Betriebsstätte verfügbar zu halten und der zuständigen Behörde und ihren Beauftragten auf Verlangen vorzulegen. [3]Bei Tätigkeiten an wechselnden Standorten genügt die Vorlage einer beglaubigten Abschrift oder einer beglaubigten Kopie.

(6) [1]Im Falle der Geschäftsunfähigkeit oder der beschränkten Geschäftsfähigkeit treffen die Verpflichtungen nach Absatz 1 Satz 1 Nr. 2 und Absatz 2 denjenigen, dem die Sorge für die Person zusteht. [2]Die gleiche Verpflichtung trifft auch den Betreuer, soweit die Sorge für die Person zu seinem Aufgabenkreis gehört. [3]Die den Arbeitgeber oder Dienstherrn betreffenden Verpflichtungen nach dieser Vorschrift gelten entsprechend für Personen, die die in § 42 Abs. 1 genannten Tätigkeiten selbständig ausüben.

(7) Das Bundesministerium für Gesundheit wird ermächtigt, durch Rechtsverordnung mit Zustimmung des Bundesrates Untersuchungen und weitergehende Anforderungen vorzuschreiben oder Anforderungen einzuschränken, wenn Rechtsakte der Europäischen Union dies erfordern.

## 9. Abschnitt. Tätigkeiten mit Krankheitserregern

**§ 44 Erlaubnispflicht für Tätigkeiten mit Krankheitserregern.** Wer Krankheitserreger in den Geltungsbereich dieses Gesetzes verbringen, sie ausführen, aufbewahren, abgeben oder mit ihnen arbeiten will, bedarf einer Erlaubnis der zuständigen Behörde.

**§ 45[1] Ausnahmen.** (1) Einer Erlaubnis nach § 44 bedürfen nicht Personen, die zur selbständigen Ausübung des Berufs als Arzt, Zahnarzt oder Tierarzt berechtigt sind, für mikrobiologische Untersuchungen zur orientierenden medizinischen und veterinärmedizinischen Diagnostik mittels solcher kultureller Verfahren, die auf die primäre Anzucht und nachfolgender Subkultur zum Zwecke der Resistenzbestimmung beschränkt sind und bei denen die angewendeten Methoden nicht auf den spezifischen Nachweis meldepflichtiger Krankheitserreger gerichtet sind, soweit die Untersuchungen für die unmittelbare Behandlung der eigenen Patienten für die eigene Praxis durchgeführt werden.

(2) Eine Erlaubnis nach § 44 ist nicht erforderlich für

1. Sterilitätsprüfungen, Bestimmung der Koloniezahl und sonstige Arbeiten zur mikrobiologischen Qualitätssicherung bei der Herstellung, Prüfung und der Überwachung des Verkehrs mit
   a) Arzneimitteln,
   b) Tierarzneimitteln,
   c) Medizinprodukten,
2. Sterilitätsprüfungen, Bestimmung der Koloniezahl und sonstige Arbeiten zur mikrobiologischen Qualitätssicherung, soweit diese nicht dem spezifischen

[1] § 45 Abs. 2 Nr. 2 geänd., Nr. 3 angef. mWv 25.7.2017 durch G v. 17.7.2017 (BGBl. I S. 2615); Abs. 2 Nr. 1 Buchst. b eingef., bish. Buchst. b wird Buchst. c mWv 28.1.2022 durch G v. 27.9.2021 (BGBl. I S. 4530).

Nachweis von Krankheitserregern dienen und dazu Verfahrensschritte zur gezielten Anreicherung oder gezielten Vermehrung von Krankheitserregern beinhalten,

3. Sterilitätsprüfungen, Bestimmung der Koloniezahl und sonstige Arbeiten zur mikrobiologischen Qualitätssicherung, wenn
   a) diese durch die in Absatz 1 bezeichneten Personen durchgeführt werden,
   b) der Qualitätssicherung von mikrobiologischen Untersuchungen nach Absatz 1 dienen und
   c) von der jeweiligen Berufskammer vorgesehen sind.

(3) Die zuständige Behörde hat Personen für sonstige Arbeiten zur mikrobiologischen Qualitätssicherung, die auf die primäre Anzucht auf Selektivmedien beschränkt sind, von der Erlaubnispflicht nach § 44 freizustellen, wenn die Personen im Rahmen einer mindestens zweijährigen Tätigkeit auf dem Gebiet der mikrobiologischen Qualitätssicherung oder im Rahmen einer staatlich geregelten Ausbildung die zur Ausübung der beabsichtigten Tätigkeiten erforderliche Sachkunde erworben haben.

(4) Die zuständige Behörde hat Tätigkeiten im Sinne der Absätze 1, 2 und 3 zu untersagen, wenn eine Person, die die Arbeiten ausführt, sich bezüglich der erlaubnisfreien Tätigkeiten nach den Absätzen 1, 2 oder 3 als unzuverlässig erwiesen hat.

**§ 46 Tätigkeit unter Aufsicht.** Der Erlaubnis nach § 44 bedarf nicht, wer unter Aufsicht desjenigen, der eine Erlaubnis besitzt oder nach § 45 keiner Erlaubnis bedarf, tätig ist.

**§ 47 Versagungsgründe, Voraussetzungen für die Erlaubnis.** (1) Die Erlaubnis ist zu versagen, wenn der Antragsteller

1. die erforderliche Sachkenntnis nicht besitzt oder
2. sich als unzuverlässig in Bezug auf die Tätigkeiten erwiesen hat, für deren Ausübung die Erlaubnis beantragt wird.

(2) [1] Die erforderliche Sachkenntnis wird durch

1. den Abschluss eines Studiums der Human-, Zahn- oder Veterinärmedizin, der Pharmazie oder den Abschluss eines naturwissenschaftlichen Fachhochschul- oder Universitätsstudiums mit mikrobiologischen Inhalten und
2. eine mindestens zweijährige hauptberufliche Tätigkeit mit Krankheitserregern unter Aufsicht einer Person, die im Besitz der Erlaubnis zum Arbeiten mit Krankheitserregern ist,

nachgewiesen. [2] Die zuständige Behörde hat auch eine andere, mindestens zweijährige hauptberufliche Tätigkeit auf dem Gebiet der Bakteriologie, Mykologie, Parasitologie oder Virologie als Nachweis der Sachkenntnis nach Nummer 2 anzuerkennen, wenn der Antragsteller bei dieser Tätigkeit eine gleichwertige Sachkenntnis erworben hat.

(3) [1] Die Erlaubnis ist auf bestimmte Tätigkeiten und auf bestimmte Krankheitserreger zu beschränken und mit Auflagen zu verbinden, soweit dies zur Verhütung übertragbarer Krankheiten erforderlich ist. [2] Die zuständige Behörde kann Personen, die ein naturwissenschaftliches Fachhochschul- oder Universitätsstudium ohne mikrobiologische Inhalte oder ein ingenieurwissenschaftliches Fachhochschul- oder Universitätsstudium mit mikrobiologischen Inhalten

abgeschlossen haben oder die die Voraussetzungen nach Absatz 2 Satz 1 Nr. 2 nur teilweise erfüllen, eine Erlaubnis nach Satz 1 erteilen, wenn der Antragsteller für den eingeschränkten Tätigkeitsbereich eine ausreichende Sachkenntnis erworben hat.

*(Fortsetzung nächstes Blatt)*

## 11. Abschnitt. Angleichung an Gemeinschaftsrecht

**§ 55 Angleichung an Gemeinschaftsrecht.** Rechtsverordnungen nach diesem Gesetz können auch zum Zwecke der Angleichung der Rechtsvorschriften der Mitgliedstaaten der Europäischen Union erlassen werden, soweit dies zur Durchführung von Verordnungen oder zur Umsetzung von Richtlinien oder Entscheidungen des Rates der Europäischen Union oder der Kommission der Europäischen Gemeinschaften, die Sachbereiche dieses Gesetzes betreffen, erforderlich ist.

## 12. Abschnitt.[1] Entschädigung in besonderen Fällen

**§ 56[2] Entschädigung.** (1) [1] Wer auf Grund dieses Gesetzes als Ausscheider, Ansteckungsverdächtiger, Krankheitsverdächtiger oder als sonstiger Träger von Krankheitserregern im Sinne von § 31 Satz 2 Verboten in der Ausübung seiner bisherigen Erwerbstätigkeit unterliegt oder unterworfen wird und dadurch einen Verdienstausfall erleidet, erhält eine Entschädigung in Geld. [2] Das Gleiche gilt für eine Person, die nach § 30, auch in Verbindung mit § 32, abgesondert wird oder sich auf Grund einer nach § 36 Absatz 8 Satz 1 Nummer 1 erlassenen Rechtsverordnung absondert. [3] Eine Entschädigung in Geld kann auch einer Person gewährt werden, wenn diese sich bereits vor der Anordnung einer Absonderung nach § 30 oder eines beruflichen Tätigkeitsverbots nach § 31 vorsorglich abgesondert oder vorsorglich bestimmte berufliche Tätigkeiten ganz oder teilweise nicht ausgeübt hat und dadurch einen Verdienstausfall erleidet, wenn eine Anordnung einer Absonderung nach § 30 oder eines beruflichen Tätigkeitsverbots nach § 31 bereits zum Zeitpunkt der vorsorglichen Absonderung oder der vorsorglichen Nichtausübung beruflicher Tätigkeiten hätte erlassen werden können. [4] Eine Entschädigung nach den Sätzen 1 und 2 erhält nicht, wer durch Inanspruchnahme einer Schutzimpfung oder anderen Maßnahme der spezifischen Prophylaxe, die gesetzlich vorgeschrieben ist oder im Bereich des gewöhnlichen Aufenthaltsorts des Betroffenen öffentlich empfohlen wurde, oder durch Nichtantritt einer vermeidbaren Reise in ein bereits zum Zeitpunkt der Abreise eingestuftes Risikogebiet ein Verbot in

---

[1] Bish. 12. Abschnitt (§§ 56-68) wird 12. Abschnitt (§§ 56-67) mWv 31.3.2021 durch G v. 29.3. 2021 (BGBl. I S. 370).

[2] § 56 Abs. 8 Satz 1 Nr. 4 sowie Abs. 9 Sätze 1 und 2 geänd. mWv 1.1.2004 durch G v. 23.12.2003 (BGBl. I S. 2848); Abs. 8 Satz 1 Nr. 4 geänd. sowie Abs. 9 Satz 2 aufgeh., bish. Satz 1 wird alleiniger Wortlaut und geänd. mWv 1.1.2005 durch G v. 24.12.2003 (BGBl. I S. 2954); Abs. 3 Satz 2 sowie Abs. 9 geänd. mWv 1.1.2007 durch G v. 24.4.2006 (BGBl. I S. 926); Abs. 1 Satz 3 angef. mWv 1.3. 2020 durch G v. 10.2.2020 (BGBl. I S. 148); Abs. 1a eingef., Abs. 2 Satz 4 angef. mWv 30.3.2020 durch G v. 27.3.2020 (BGBl. I S. 587); Abs. 1 Satz 2, Abs. 7 Satz 2 geänd., Abs. 11 Satz 1 neu gef. mWv 23.5.2020 durch G v. 19.5.2020 (BGBl. I S. 1018); Abs. 1a Satz 1 neu gef., Sätze 3, 4 geänd., Abs. 2 Satz 4 neu gef. mWv 30.3.2020 durch G v. 19.6.2020 (BGBl. I S. 1385); Abs. 1 Satz 3 geänd., Satz 4 angef., Abs. 1a Satz 1 Nr. 1 geänd. mWv 19.11.2020 durch G v. 18.11.2020 (BGBl. I S. 2397); Abs. 1a Satz 1 Nr. 1 geänd. mWv 16.12.2020 durch G v. 21.12.2020 (BGBl. I S. 3136); Abs. 1 Satz 2 neu gef., Satz 3 eingef., bish. Sätze 3, 4 werden Sätze 4, 5, neuer Satz 5 geänd., Abs. 1a Satz 1 einl. Satzteil und Nr. 1 geänd., Abs. 2 Sätze 3, 4 neu gef., Satz 5 angef., Abs. 3 neu gef, Abs. 5 Satz 2 eingef., bish. Sätze 2, 3 werden Sätze 3, 4, Abs. 9 Satz 2 angef., Abs. 11 Satz 1 neu gef., Sätze 2, 3 eingef., bish. Sätze 2, 3 werden Sätze 4, 5 mWv 31.3.2021 durch G v. 29.3.2021 (BGBl. I S. 370); Abs. 1a Satz 1 Nr. 1 geänd. mWv 23.4.2021 durch G v. 28.5.2021 (BGBl. I S. 1174); Abs. 1 Satz 3 geänd., Abs. 1a Satz 5 angef. mWv 24.11.2021 durch G v. 22.11.2021 (BGBl. I S. 4906); Abs. 2 Satz 5 geänd., Abs. 11 Satz 6 angef. mWv 12.12.2021 durch G v. 10.12.2021 (BGBl. I S. 5162).

der Ausübung seiner bisherigen Tätigkeit oder eine Absonderung hätte vermeiden können. [5] Eine Reise ist im Sinne des Satzes 4 vermeidbar, wenn zum Zeitpunkt der Abreise keine zwingenden und unaufschiebbaren Gründe für die Reise vorlagen.

(1a) [1] Sofern der Deutsche Bundestag nach § 5 Absatz 1 Satz 1 eine epidemische Lage von nationaler Tragweite festgestellt hat, erhält eine erwerbstätige Person eine Entschädigung in Geld, wenn

1. Einrichtungen zur Betreuung von Kindern, Schulen oder Einrichtungen für Menschen mit Behinderungen zur Verhinderung der Verbreitung von Infektionen oder übertragbaren Krankheiten auf Grund dieses Gesetzes vorübergehend geschlossen werden oder deren Betreten, auch aufgrund einer Absonderung, untersagt wird, oder wenn von der zuständigen Behörde aus Gründen des Infektionsschutzes Schul- oder Betriebsferien angeordnet oder verlängert werden, die Präsenzpflicht in einer Schule aufgehoben oder der Zugang zum Kinderbetreuungsangebot eingeschränkt wird oder eine behördliche Empfehlung vorliegt, vom Besuch einer Einrichtung zur Betreuung von Kindern, einer Schule oder einer Einrichtung für Menschen mit Behinderungen abzusehen,[1)],
2. die erwerbstätige Person ihr Kind, das das zwölfte Lebensjahr noch nicht vollendet hat oder behindert und auf Hilfe angewiesen ist, in diesem Zeitraum selbst beaufsichtigt, betreut oder pflegt, weil sie keine anderweitige zumutbare Betreuungsmöglichkeit sicherstellen kann, und
3. die erwerbstätige Person dadurch einen Verdienstausfall erleidet.

[2] Anspruchsberechtigte haben gegenüber der zuständigen Behörde, auf Verlangen des Arbeitgebers auch diesem gegenüber, darzulegen, dass sie in diesem Zeitraum keine zumutbare Betreuungsmöglichkeit für das Kind sicherstellen können. [3] Ein Anspruch besteht nicht, soweit eine Schließung ohnehin wegen der Schul- oder Betriebsferien erfolgen würde. [4] Im Fall, dass das Kind in Vollzeitpflege nach § 33 des Achten Buches Sozialgesetzbuch[2)] in den Haushalt aufgenommen wurde, steht der Anspruch auf Entschädigung den Pflegeeltern zu. [5] Der Anspruch nach Satz 1 besteht in Bezug auf die dort genannten Maßnahmen auch unabhängig von einer durch den Deutschen Bundestag nach § 5 Absatz 1 Satz 1 festgestellten epidemischen Lage von nationaler Tragweite, soweit diese zur Verhinderung der Verbreitung der Coronavirus-Krankheit-2019 (COVID-19) im Zeitraum bis zum Ablauf des 19. März 2022 erfolgen.

(2) [1] Die Entschädigung bemisst sich nach dem Verdienstausfall. [2] Für die ersten sechs Wochen wird sie in Höhe des Verdienstausfalls gewährt. [3] Vom Beginn der siebenten Woche an wird die Entschädigung abweichend von Satz 2 in Höhe von 67 Prozent des der erwerbstätigen Person entstandenen Verdienstausfalls gewährt; für einen vollen Monat wird höchstens ein Betrag von 2016 Euro gewährt. [4] Im Fall des Absatzes 1a wird die Entschädigung von Beginn an in der in Satz 3 bestimmten Höhe gewährt. [5] Für jede erwerbstätige Person wird die Entschädigung nach Satz 4 für die Dauer der vom Deutschen Bundestag nach § 5 Absatz 1 Satz 1 festgestellten epidemischen Lage von nationaler Tragweite und für den in Absatz 1a Satz 5 genannten Zeitraum unabhängig von der Anzahl der Kinder für längstens zehn Wochen pro Jahr

[1)] Zeichensetzung amtlich.
[2)] **Habersack, Deutsche Gesetze ErgBd. Nr. 46.**

gewährt, für eine erwerbstätige Person, die ihr Kind allein beaufsichtigt, betreut oder pflegt, längstens für 20 Wochen pro Jahr.

(3) 1 Als Verdienstausfall gilt das Arbeitsentgelt, das dem Arbeitnehmer bei der für ihn maßgebenden regelmäßigen Arbeitszeit zusteht, vermindert um Steuern und Beiträge zur Sozialversicherung sowie zur Arbeitsförderung oder entsprechende Aufwendungen zur sozialen Sicherung in angemessenem Umfang (Netto-Arbeitsentgelt). 2 Bei der Ermittlung des Arbeitsentgelts sind die Regelungen des § 4 Absatz 1, 1a und 4 des Entgeltfortzahlungsgesetzes[1)] entsprechend anzuwenden. 3 Für die Berechnung des Verdienstausfalls ist die Netto-Entgeltdifferenz in entsprechender Anwendung des § 106 des Dritten Buches Sozialgesetzbuch[2)] zu bilden. 4 Der Betrag erhöht sich um das Kurzarbeitergeld und um das Zuschuss-Wintergeld, auf das der Arbeitnehmer Anspruch hätte, wenn er nicht aus den in Absatz 1 genannten Gründen an der Arbeitsleistung verhindert wäre. 5 Satz 1 gilt für die Berechnung des Verdienstausfalls bei den in Heimarbeit Beschäftigten und bei Selbständigen entsprechend mit der Maßgabe, dass bei den in Heimarbeit Beschäftigten das im Durchschnitt des letzten Jahres vor Einstellung der verbotenen Tätigkeit oder vor der Absonderung verdiente monatliche Arbeitsentgelt und bei Selbständigen ein Zwölftel des Arbeitseinkommens (§ 15 des Vierten Buches Sozialgesetzbuch[3)]) aus der entschädigungspflichtigen Tätigkeit zugrunde zu legen ist.

(4) 1 Bei einer Existenzgefährdung können den Entschädigungsberechtigten die während der Verdienstausfallzeiten entstehenden Mehraufwendungen auf Antrag in angemessenem Umfang von der zuständigen Behörde erstattet werden. 2 Selbständige, deren Betrieb oder Praxis während der Dauer einer Maßnahme nach Absatz 1 ruht, erhalten neben der Entschädigung nach den Absätzen 2 und 3 auf Antrag von der zuständigen Behörde Ersatz der in dieser Zeit weiterlaufenden nicht gedeckten Betriebsausgaben in angemessenem Umfang.

(5) 1 Bei Arbeitnehmern hat der Arbeitgeber für die Dauer des Arbeitsverhältnisses, längstens für sechs Wochen, die Entschädigung für die zuständige Behörde auszuzahlen. 2 Abweichend von Satz 1 hat der Arbeitgeber die Entschädigung nach Absatz 1a für die in Absatz 2 Satz 5 genannte Dauer auszuzahlen. 3 Die ausgezahlten Beträge werden dem Arbeitgeber auf Antrag von der zuständigen Behörde erstattet. 4 Im Übrigen wird die Entschädigung von der zuständigen Behörde auf Antrag gewährt.

(6) 1 Bei Arbeitnehmern richtet sich die Fälligkeit der Entschädigungsleistungen nach der Fälligkeit des aus der bisherigen Tätigkeit erzielten Arbeitsentgelts. 2 Bei sonstigen Entschädigungsberechtigten ist die Entschädigung jeweils zum Ersten eines Monats für den abgelaufenen Monat zu gewähren.

(7) 1 Wird der Entschädigungsberechtigte arbeitsunfähig, so bleibt der Entschädigungsanspruch in Höhe des Betrages, der bei Eintritt der Arbeitsunfähigkeit an den Berechtigten auszuzahlen war, bestehen. 2 Ansprüche, die Entschädigungsberechtigten wegen des durch die Arbeitsunfähigkeit bedingten Verdienstausfalls auf Grund anderer gesetzlicher Vorschriften oder eines privaten Versicherungsverhältnisses zustehen, gehen insoweit auf das entschädigungspflichtige Land über.

---

[1)] **Habersack, Deutsche Gesetze ErgBd. Nr. 80.**
[2)] **Aichberger Nr. 3.**
[3)] **Aichberger Nr. 4.**

(8) [1] Auf die Entschädigung sind anzurechnen

1. Zuschüsse des Arbeitgebers, soweit sie zusammen mit der Entschädigung den tatsächlichen Verdienstausfall übersteigen,
2. das Netto-Arbeitsentgelt und das Arbeitseinkommen nach Absatz 3 aus einer Tätigkeit, die als Ersatz der verbotenen Tätigkeit ausgeübt wird, soweit es zusammen mit der Entschädigung den tatsächlichen Verdienstausfall übersteigt,
3. der Wert desjenigen, das der Entschädigungsberechtigte durch Ausübung einer anderen als der verbotenen Tätigkeit zu erwerben böswillig unterlässt, soweit es zusammen mit der Entschädigung den tatsächlichen Verdienstausfall übersteigt,
4. das Arbeitslosengeld in der Höhe, in der diese Leistung dem Entschädigungsberechtigten ohne Anwendung der Vorschriften über das Ruhen des Anspruchs auf Arbeitslosengeld bei Sperrzeit nach dem Dritten Buch Sozialgesetzbuch sowie des § 66 des Ersten Buches Sozialgesetzbuch[1)] in der jeweils geltenden Fassung hätten gewährt werden müssen.

[2] Liegen die Voraussetzungen für eine Anrechnung sowohl nach Nummer 3 als auch nach Nummer 4 vor, so ist der höhere Betrag anzurechnen.

(9) [1] Der Anspruch auf Entschädigung geht insoweit, als dem Entschädigungsberechtigten Arbeitslosengeld oder Kurzarbeitergeld für die gleiche Zeit zu gewähren ist, auf die Bundesagentur für Arbeit über. [2] Das Eintreten eines Tatbestandes nach Absatz 1 oder Absatz 1a unterbricht nicht den Bezug von Arbeitslosengeld oder Kurzarbeitergeld, wenn die weiteren Voraussetzungen nach dem Dritten Buch Sozialgesetzbuch erfüllt sind.

(10) Ein auf anderen gesetzlichen Vorschriften beruhender Anspruch auf Ersatz des Verdienstausfalls, der dem Entschädigungsberechtigten durch das Verbot der Ausübung seiner Erwerbstätigkeit oder durch die Absonderung erwachsen ist, geht insoweit auf das zur Gewährung der Entschädigung verpflichtete Land über, als dieses dem Entschädigungsberechtigten nach diesem Gesetz Leistungen zu gewähren hat.

(11) [1] Die Anträge nach Absatz 5 sind innerhalb einer Frist von zwei Jahren nach Einstellung der verbotenen Tätigkeit, dem Ende der Absonderung oder nach dem Ende der vorübergehenden Schließung, der Untersagung des Betretens, der Schul- oder Betriebsferien, der Aufhebung der Präsenzpflicht, der Einschränkung des Kinderbetreuungsangebotes oder der Aufhebung der Empfehlung nach Absatz 1a Satz 1 Nummer 1 bei der zuständigen Behörde zu stellen. [2] Die Landesregierungen werden ermächtigt, durch Rechtsverordnung zu bestimmen, dass der Antrag nach Absatz 5 Satz 3 und 4 nach amtlich vorgeschriebenem Verfahren durch Datenfernübertragung zu übermitteln ist und das nähere Verfahren zu bestimmen. [3] Die zuständige Behörde kann zur Vermeidung unbilliger Härten auf eine Übermittlung durch Datenfernübertragung verzichten. [4] Dem Antrag ist von Arbeitnehmern eine Bescheinigung des Arbeitgebers und von den in Heimarbeit Beschäftigten eine Bescheinigung des Auftraggebers über die Höhe des in dem nach Absatz 3 für sie maßgeblichen Zeitraum verdienten Arbeitsentgelts und der gesetzlichen Abzüge, von Selbständigen eine Bescheinigung des Finanzamtes über die Höhe des letzten beim Finanzamt nachgewiesenen Arbeitseinkommens beizufügen. [5] Ist ein sol-

[1)] Nr. **401**.

ches Arbeitseinkommen noch nicht nachgewiesen oder ist ein Unterschiedsbetrag nach Absatz 3 zu errechnen, so kann die zuständige Behörde die Vorlage anderer oder weiterer Nachweise verlangen. [6] Die Frist nach Satz 1 verlängert sich in den Fällen des Absatzes 9 bei der Gewährung von Kurzarbeitergeld auf drei Jahre.

(12) Die zuständige Behörde hat auf Antrag dem Arbeitgeber einen Vorschuss in der voraussichtlichen Höhe des Erstattungsbetrages, den in Heimarbeit Beschäftigten und Selbständigen in der voraussichtlichen Höhe der Entschädigung zu gewähren.

## § 57[1)] Verhältnis zur Sozialversicherung und zur Arbeitsförderung.

(1) [1] Für Personen, denen eine Entschädigung nach § 56 Abs. 1 zu gewähren ist, besteht eine Versicherungspflicht in der gesetzlichen Rentenversicherung fort. [2] Bemessungsgrundlage für Beiträge sind

1. bei einer Entschädigung nach § 56 Abs. 2 Satz 2 das Arbeitsentgelt, das der Verdienstausfallentschädigung nach § 56 Abs. 3 vor Abzug von Steuern und Beitragsanteilen zur Sozialversicherung oder entsprechender Aufwendungen zur sozialen Sicherung zugrunde liegt,
2. bei einer Entschädigung nach § 56 Abs. 2 Satz 3 80 vom Hundert des dieser Entschädigung zugrunde liegenden Arbeitsentgelts oder Arbeitseinkommens.

[3] Das entschädigungspflichtige Land trägt die Beiträge zur gesetzlichen Rentenversicherung allein. [4] Zahlt der Arbeitgeber für die zuständige Behörde die Entschädigung aus, gelten die Sätze 2 und 3 entsprechend; die zuständige Behörde hat ihm auf Antrag die entrichteten Beiträge zu erstatten. [5] Die Erstattung umfasst auch Beiträge, die nach § 172 des Sechsten Buches Sozialgesetzbuch[2)] vom Arbeitgeber entrichtet wurden.

(2) [1] Für Personen, denen nach § 56 Absatz 1 Satz 2 eine Entschädigung zu gewähren ist, besteht eine Versicherungspflicht in der gesetzlichen Krankenversicherung, in der sozialen Pflegeversicherung und nach dem Dritten Buch Sozialgesetzbuch sowie eine Pflicht zur Leistung der aufgrund der Teilnahme an den Ausgleichsverfahren nach § 1 oder § 12 des Aufwendungsausgleichsgesetzes[3)] und nach § 358 des Dritten Buches Sozialgesetzbuch[4)] zu entrichtenden Umlagen fort. [2] Absatz 1 Satz 2 bis 4 gilt entsprechend; die Erstattung umfasst auch Beiträge, die nach § 249b des Fünften Buches Sozialgesetzbuch[5)] vom Arbeitgeber entrichtet wurden.

(3) [1] In der gesetzlichen Unfallversicherung wird, wenn es für den Berechtigten günstiger ist, der Berechnung des Jahresarbeitsverdienstes für Zeiten, in denen dem Verletzten im Jahr vor dem Arbeitsunfall eine Entschädigung nach § 56 Abs. 1 zu gewähren war, das Arbeitsentgelt oder Arbeitseinkommen zugrunde gelegt, das seinem durchschnittlichen Arbeitsentgelt oder Arbeitseinkommen in den mit Arbeitsentgelt oder Arbeitseinkommen belegten Zeiten

[1)] § 57 Abs. 6 angef. mWv 30.3.2020 durch G v. 27.3.2020 (BGBl. I S. 587); Abs. 2 Satz 1 neu gef. mWv 19.11.2020 durch G v. 18.11.2020 (BGBl. I S. 2397); Abs. 1 Satz 5 angef., Abs. 2 Satz 2 geänd. mWv 24.11.2021 durch G v. 22.11.2021 (BGBl. I S. 4906).

[2)] **Aichberger Nr. 6.**

[3)] **Habersack, Deutsche Gesetze ErgBd. Nr. 80a.**

[4)] **Aichberger Nr. 3.**

[5)] **Aichberger Nr. 5.**

dieses Zeitraums entspricht. [2] § 82 Abs. 3 des Siebten Buches Sozialgesetzbuch[1)] gilt entsprechend. [3] Die durch die Anwendung des Satzes 1 entstehenden Mehraufwendungen werden den Versicherungsträgern von der zuständigen Behörde erstattet.

(4) In der Krankenversicherung werden die Leistungen nach dem Arbeitsentgelt berechnet, das vor Beginn des Anspruchs auf Entschädigung gezahlt worden ist.

(5) Zeiten, in denen nach Absatz 1 eine Versicherungspflicht nach dem Dritten Buch Sozialgesetzbuch fortbesteht, bleiben bei der Feststellung des Bemessungszeitraums für einen Anspruch auf Arbeitslosengeld nach dem Dritten Buch Sozialgesetzbuch außer Betracht.

(6) Wird eine Entschädigung nach § 56 Absatz 1a gewährt, gelten die Absätze 1, 2 und 5 entsprechend mit der Maßgabe, dass sich die Bemessungsgrundlage für die Beiträge nach Absatz 1 Satz 2 Nummer 2 bestimmt.

**§ 58[2)] Aufwendungserstattung.** [1] Entschädigungsberechtigte im Sinne des § 56 Absatz 1 und 1a, die der Pflichtversicherung in der gesetzlichen Kranken-, Renten- sowie der sozialen Pflegeversicherung nicht unterliegen, haben gegenüber dem nach § 66 Absatz 1 Satz 1 zur Zahlung verpflichteten Land einen Anspruch auf Erstattung ihrer Aufwendungen für soziale Sicherung in angemessenem Umfang. [2] In den Fällen, in denen sie Netto-Arbeitsentgelt und Arbeitseinkommen aus einer Tätigkeit beziehen, die als Ersatz der verbotenen Tätigkeit ausgeübt wird, mindert sich der Anspruch nach Satz 1 in dem Verhältnis dieses Einkommens zur ungekürzten Entschädigung.

**§ 59 Sondervorschrift für Ausscheider.** Ausscheider, die Anspruch auf eine Entschädigung nach § 56 haben, gelten als körperlich Behinderte im Sinne des Dritten Buches Sozialgesetzbuch[3)].

**§ 60[4)] Versorgung bei Impfschaden und bei Gesundheitsschäden durch andere Maßnahmen der spezifischen Prophylaxe.** (1) [1] Wer durch eine Schutzimpfung oder durch eine andere Maßnahme der spezifischen Prophylaxe, die

1. von einer zuständigen Landesbehörde öffentlich empfohlen und in ihrem Bereich vorgenommen wurde,
1a. gegen das Coronavirus SARS-CoV-2 aufgrund einer Rechtsverordnung nach § 20i Absatz 3 Satz 2 Nummer 1 Buchstabe a, auch in Verbindung mit Nummer 2, des Fünften Buches[5)] Sozialgesetzbuch vorgenommen wurde,
2. auf Grund dieses Gesetzes angeordnet wurde,
3. gesetzlich vorgeschrieben war oder
4. auf Grund der Verordnungen zur Ausführung der Internationalen Gesundheitsvorschriften durchgeführt worden ist,

---

[1)] **Aichberger Nr. 7.**

[2)] § 58 Satz 1 geänd. mWv 30.3.2020 durch G v. 27.3.2020 (BGBl. I S. 587); Satz 1 geänd. mWv 19.11.2020 durch G v. 18.11.2020 (BGBl. I S. 2397).

[3)] **Aichberger Nr. 3.**

[4)] § 60 Abs. 4 Sätze 2 und 3 angef., bish. Wortlaut wird Satz 1 mWv 23.6.2006 durch G v. 19.6. 2006 (BGBl. I S. 1305); Abs. 1 Satz 1 Nr. 1a eingef. mWv 27.12.2020 durch G v. 28.5.2021 (BGBl. I S. 1174).

[5)] **Aichberger Nr. 5.**

eine gesundheitliche Schädigung erlitten hat, erhält nach der Schutzimpfung wegen des Impfschadens im Sinne des § 2 Nr. 11 oder in dessen entsprechender Anwendung bei einer anderen Maßnahme wegen der gesundheitlichen und wirtschaftlichen Folgen der Schädigung auf Antrag Versorgung in entsprechender Anwendung der Vorschriften des Bundesversorgungsgesetzes[1], soweit dieses Gesetz nichts Abweichendes bestimmt. [2] Satz 1 Nr. 4 gilt nur für Personen, die zum Zwecke der Wiedereinreise in den Geltungsbereich dieses Gesetzes geimpft wurden und die ihren Wohnsitz oder gewöhnlichen Aufenthalt in diesem Gebiet haben oder nur vorübergehend aus beruflichen Gründen oder zum Zwecke der Ausbildung aufgegeben haben, sowie deren Angehörige, die mit ihnen in häuslicher Gemeinschaft leben. [3] Als Angehörige gelten die in § 10 des Fünften Buches Sozialgesetzbuch genannten Personen.

(2) [1] Versorgung im Sinne des Absatzes 1 erhält auch, wer als Deutscher außerhalb des Geltungsbereichs dieses Gesetzes einen Impfschaden durch eine Impfung erlitten hat, zu der er auf Grund des Impfgesetzes vom 8. April 1874

*(Fortsetzung nächstes Blatt)*

---

[1] **Aichberger Nr. 20/10.**

[2]Soweit ein anderer Kostenträger zur Kostentragung verpflichtet ist oder solange dies noch nicht feststeht, können die entsprechenden Kosten vorläufig aus öffentlichen Mitteln bestritten werden. [3]Der andere Kostenträger ist zur Erstattung der Kosten verpflichtet.

(2) Wer die öffentlichen Mittel aufzubringen hat, bleibt, soweit nicht bundesgesetzlich geregelt, der Regelung durch die Länder vorbehalten.[1)]

(3) [1]Für aus öffentlichen Mitteln zu bestreitende Kosten der Quarantänemaßnahmen nach § 30 ist der Kostenträger zuständig, in dessen Bezirk die von der Maßnahme betroffene Person zum Zeitpunkt der Anordnung der Maßnahme ihren gewöhnlichen Aufenthalt hat oder zuletzt hatte. [2]Falls ein gewöhnlicher Aufenthaltsort nicht feststellbar ist, werden die Kosten vorläufig von dem Kostenträger übernommen, in dessen Bezirk die Maßnahme angeordnet wird. [3]Der zuständige Kostenträger ist im Fall des Satzes 2 zur Erstattung verpflichtet. [4]Satz 1 gilt nicht, soweit die Länder abweichende Vereinbarungen treffen.

**§§ 70–72**[2)] *(aufgehoben)*

## 14. Abschnitt.[3)] Straf- und Bußgeldvorschriften

**§ 73**[4)] **Bußgeldvorschriften.** (1) *(aufgehoben)*

(1a) Ordnungswidrig handelt, wer vorsätzlich oder fahrlässig

1. einer vollziehbaren Anordnung nach § 5 Absatz 2 Satz 1 Nummer 6 Buchstabe b zuwiderhandelt,
2. entgegen § 6 oder § 7, jeweils auch in Verbindung mit § 14 Absatz 8 Satz 2, 3, 4 oder 5 oder einer Rechtsverordnung nach § 15 Absatz 1 oder 3, eine Meldung nicht, nicht richtig, nicht vollständig, nicht in der vorgeschriebenen Weise oder nicht rechtzeitig macht,

---

[1)] Über die Tragung der Kosten durch die Länder siehe ua:
– **Nordrhein-Westfalen:** IfSG-KostenregelungsG v. 5.12.2000 (GV. NRW. S. 756)
– **Schleswig-Holstein:** Kostenträger-InfektionsschutzG v. 11.12.2001 (GVOBl. Schl.-H. S. 364)
– **Thüringen:** Infektionsschutz-KostenträgerG v. 18.12.2002 (GVBl. S. 483).

[2)] 14. Abschnitt (§§ 70–72) aufgeh. mWv 23.5.2020 durch G v. 19.5.2020 (BGBl. I S. 1018).

[3)] 14. Abschnitt (§§ 70–72) aufgeh., bish. 15. Abschnitt wird 14. Abschnitt und Überschrift neu gef. mWv 23.5.2020 durch G v. 19.5.2020 (BGBl. I S. 1018).

[4)] § 73 Abs. 1 Nr. 9 neu gef., Nr. 9a und 9b eingef., Nr. 10 geänd., Nr. 10a eingef., Nr. 24 und Abs. 2 geänd. mWv 4.8.2011 durch G v. 28.7.2011 (BGBl. I S. 1622); Abs. 1 Nr. 3–6 und Nr. 11 geänd. mWv 29.3.2013 durch G v. 21.3.2013 (BGBl. I S. 566); Abs. 1 Nr. 11a und 17a eingef., Abs. 2 geänd. mWv 25.7.2015 durch G v. 17.7.2015 (BGBl. I S. 1368); Abs. 1 eingef., bish. Abs. 1 wird Abs. 1a und Nr. 1 neu gef., Nr. 2 aufgeh., Nr. 13 geänd., Nr. 16a eingef., Nr. 17 und 19 geänd., Nr. 22a eingef., Nr. 24 und Abs. 2 geänd. mWv 25.7.2017 durch G v. 17.7.2017 (BGBl. I S. 2615); Abs. 1a Nr. 3 bis 5 neu gef., Nr. 19 geänd. mWv 1.1.2019 durch G v. 11.12.2018 (BGBl. I S. 2394); Abs. 1a Nr. 7a–7d eingef., Abs. 2 geänd. mWv 1.3.2020 durch G v. 10.2.2020 (BGBl. I S. 148); Abs. 1a Nr. 1 eingef., bish. Nr. 1 wird Nr. 2, Nr. 24 geänd. mWv 28.3.2020 durch G v. 27.3.2020 (BGBl. I S. 587); Abs. 1a Nr. 1, 6 und 24 geänd. mWv 23.5.2020 durch G v. 19.5.2020 (BGBl. I S. 1018); Abs. 1a Nr. 1, 2 geänd., Nr. 8 aufgeh., Nr. 19 neu gef., Nr. 24 geänd. mWv 19.11.2020 durch G v. 18.11.2020 (BGBl. I S. 2397); Abs. 1 aufgeh., Abs. 1a Nr. 8 neu gef., Nr. 22b eingef., Nr. 24 geänd. mWv 31.3.2021 durch G v. 29.3.2021 (BGBl. I S. 370); Abs. 1a Nr. 11b–11m eingef., Nr. 24 geänd. mWv 23.4.2021 durch G v. 22.4.2021 (BGBl. I S. 802); Abs. 1a Nr. 24 geänd. mWv 15.9.2021 durch G v. 10.9.2021 (BGBl. I S. 4147); Abs. 1a Nr. 11b–11e neu gef., Nr. 11f–11m aufgeh. mWv 24.11.2021 durch G v. 22.11.2021 (BGBl. I S. 4906); Abs. 1a Nr. 7a–7d neu gef., Nr. 7e–7h eingef., Nr. 24, Abs. 2 geänd. mWv 12.12.2021 durch G v. 10.12.2021 (BGBl. I S. 5162).

3. entgegen § 15a Absatz 2 Satz 1, § 16 Absatz 2 Satz 3, auch in Verbindung mit § 25 Absatz 2 Satz 1 oder 2 zweiter Halbsatz oder einer Rechtsverordnung nach § 17 Absatz 4 Satz 1, oder entgegen § 29 Absatz 2 Satz 3, auch in Verbindung mit einer Rechtsverordnung nach § 32 Satz 1, eine Auskunft nicht, nicht richtig, nicht vollständig oder nicht rechtzeitig erteilt,
4. entgegen § 15a Absatz 2 Satz 1, § 16 Absatz 2 Satz 3, auch in Verbindung mit § 25 Absatz 2 Satz 1 oder 2 zweiter Halbsatz oder einer Rechtsverordnung nach § 17 Absatz 4 Satz 1, eine Unterlage nicht, nicht richtig, nicht vollständig oder nicht rechtzeitig vorlegt,
5. entgegen § 15a Absatz 3 Satz 2, § 16 Absatz 2 Satz 2, auch in Verbindung mit § 25 Absatz 2 Satz 1 oder einer Rechtsverordnung nach § 17 Absatz 4 Satz 1, oder entgegen § 51 Satz 2 ein Grundstück, einen Raum, eine Anlage, eine Einrichtung, ein Verkehrsmittel oder einen sonstigen Gegenstand nicht zugänglich macht,
6. einer vollziehbaren Anordnung nach § 17 Abs. 1, auch in Verbindung mit einer Rechtsverordnung nach Abs. 4 Satz 1, § 17 Abs. 3 Satz 1, § 25 Absatz 3 Satz 1 oder 2, auch in Verbindung mit § 29 Abs. 2 Satz 2, dieser auch in Verbindung mit einer Rechtsverordnung nach § 32 Satz 1, § 25 Absatz 4 Satz 2, § 28 Absatz 1 Satz 1 oder Satz 2, § 30 Absatz 1 Satz 2 oder § 31, jeweils auch in Verbindung mit einer Rechtsverordnung nach § 32 Satz 1, oder § 34 Abs. 8 oder 9 zuwiderhandelt,
7. entgegen § 18 Abs. 1 Satz 1 ein Mittel oder ein Verfahren anwendet,
7a. entgegen § 20 Absatz 9 Satz 2, Absatz 9a Satz 2, Absatz 10 Satz 2 oder Absatz 11 Satz 2 eine Benachrichtigung nicht, nicht richtig, nicht vollständig oder nicht rechtzeitig vornimmt,
7b. einer vollziehbaren Anordnung nach § 20 Absatz 9 Satz 3 Nummer 3, auch in Verbindung mit Absatz 9a Satz 3, Absatz 10 Satz 3 oder Absatz 11 Satz 3, oder nach § 20 Absatz 12 Satz 4, auch in Verbindung mit Absatz 13, zuwiderhandelt,
7c. entgegen § 20 Absatz 9 Satz 6 oder Satz 7 eine Person betreut oder beschäftigt oder in einer dort genannten Einrichtung tätig wird,
7d. entgegen § 20 Absatz 12 Satz 1, auch in Verbindung mit Absatz 13, einen Nachweis nicht, nicht richtig, nicht vollständig oder nicht rechtzeitig vorlegt,
7e. entgegen § 20a Absatz 2 Satz 2, Absatz 3 Satz 2 oder Absatz 4 Satz 2 eine Benachrichtigung nicht, nicht richtig, nicht vollständig oder nicht rechtzeitig vornimmt,
7f. einer vollziehbaren Anordnung nach § 20a Absatz 2 Satz 3 Nummer 3, auch in Verbindung mit Absatz 3 Satz 3 oder Absatz 4 Satz 3, oder nach § 20a Absatz 5 Satz 3 zuwiderhandelt,
7g. entgegen § 20a Absatz 3 Satz 4 oder Satz 5 eine Person beschäftigt oder in einer Einrichtung oder einem Unternehmen tätig wird,
7h. entgegen § 20a Absatz 5 Satz 1 einen Nachweis nicht, nicht richtig, nicht vollständig oder nicht rechtzeitig vorlegt,
8. entgegen § 22 Absatz 1 eine Schutzimpfung nicht, nicht richtig, nicht vollständig oder nicht rechtzeitig dokumentiert,

9. entgegen § 23 Absatz 4 Satz 1 nicht sicherstellt, dass die dort genannten Infektionen und das Auftreten von Krankheitserregern aufgezeichnet oder die Präventionsmaßnahmen mitgeteilt oder umgesetzt werden,
9a. entgegen § 23 Absatz 4 Satz 2 nicht sicherstellt, dass die dort genannten Daten aufgezeichnet oder die Anpassungen mitgeteilt oder umgesetzt werden,
9b. entgegen § 23 Absatz 4 Satz 3 eine Aufzeichnung nicht oder nicht mindestens zehn Jahre aufbewahrt,
10. entgegen § 23 Absatz 4 Satz 4 Einsicht nicht gewährt,
10a. entgegen § 23 Absatz 5 Satz 1, auch in Verbindung mit einer Rechtsverordnung nach § 23 Absatz 5 Satz 2, nicht sicherstellt, dass die dort genannten Verfahrensweisen festgelegt sind,
11. entgegen § 25 Absatz 4 Satz 1 eine Untersuchung nicht gestattet,
11a. einer vollziehbaren Anordnung nach § 28 Absatz 2, auch in Verbindung mit einer Rechtsverordnung nach § 32 Satz 1, zuwiderhandelt,
11b. entgegen § 28b Absatz 1 Satz 1 eine Arbeitsstätte betritt,
11c. entgegen § 28b Absatz 2 Satz 1 eine Einrichtung oder ein Unternehmen betritt,
11d. entgegen § 28b Absatz 3 Satz 1 die Einhaltung einer dort genannten Verpflichtung nicht oder nicht richtig überwacht,
11e. entgegen § 28b Absatz 5 Satz 1 ein dort genanntes Verkehrsmittel benutzt,
12. entgegen § 29 Abs. 2 Satz 3, auch in Verbindung mit einer Rechtsverordnung nach § 32 Satz 1, Zutritt nicht gestattet,
13. entgegen § 29 Abs. 2 Satz 3, auch in Verbindung mit Satz 4 oder einer Rechtsverordnung nach § 32 Satz 1, § 49 Absatz 1 Satz 1, § 50 Satz 1 oder 2 oder § 50a Absatz 1 Satz 1 eine Anzeige nicht, nicht richtig, nicht vollständig oder nicht rechtzeitig erstattet,
14. entgegen § 34 Abs. 1 Satz 1, auch in Verbindung mit Satz 2 oder Abs. 3, eine dort genannte Tätigkeit ausübt, einen Raum betritt, eine Einrichtung benutzt oder an einer Veranstaltung teilnimmt,
15. ohne Zustimmung nach § 34 Abs. 2 einen Raum betritt, eine Einrichtung benutzt oder an einer Veranstaltung teilnimmt,
16. entgegen § 34 Abs. 4 für die Einhaltung der dort genannten Verpflichtungen nicht sorgt,
16a. entgegen § 34 Absatz 5 Satz 1 oder § 43 Absatz 2 eine Mitteilung nicht, nicht richtig, nicht vollständig oder nicht rechtzeitig macht,
17. entgegen § 34 Abs. 6 Satz 1, auch in Verbindung mit Satz 2, oder § 36 Absatz 3a das Gesundheitsamt nicht, nicht richtig, nicht vollständig oder nicht rechtzeitig benachrichtigt,
17a. entgegen § 34 Absatz 10a Satz 1 einen Nachweis nicht oder nicht rechtzeitig erbringt,
18. entgegen § 35 Satz 1 oder § 43 Abs. 4 Satz 1 eine Belehrung nicht, nicht richtig, nicht vollständig oder nicht rechtzeitig durchführt,
19. entgegen § 36 Absatz 5 Satz 1 oder Satz 3, Absatz 6 Satz 2 erster Halbsatz, Absatz 7 Satz 2 erster Halbsatz oder Absatz 10 Satz 2 eine ärztliche Untersuchung nicht duldet,
20. entgegen § 43 Abs. 1 Satz 1, auch in Verbindung mit einer Rechtsverordnung nach Abs. 7, eine Person beschäftigt,

21. entgegen § 43 Abs. 5 Satz 2 einen Nachweis oder eine Bescheinigung nicht oder nicht rechtzeitig vorlegt,
22. einer vollziehbaren Auflage nach § 47 Abs. 3 Satz 1 zuwiderhandelt,

22a. entgegen § 50a Absatz 2, auch in Verbindung mit einer Rechtsverordnung nach § 50a Absatz 4 Nummer 1, Polioviren oder dort genanntes Material nicht oder nicht rechtzeitig vernichtet,

22b entgegen § 50a Absatz 3 Satz 1, auch in Verbindung mit einer Rechtsverordnung nach § 50a Absatz 4 Nummer 2, Polioviren oder dort genanntes Material besitzt,

23. entgegen § 51 Satz 2 ein Buch oder eine sonstige Unterlage nicht oder nicht rechtzeitig vorlegt, Einsicht nicht gewährt oder eine Prüfung nicht duldet oder
24. einer Rechtsverordnung nach § 5 Absatz 2 Satz 1 Nummer 4 Buchstabe c bis f oder g oder Nummer 8 Buchstabe c, § 13 Absatz 3 Satz 8 oder Absatz 4 Satz 2, § 17 Absatz 4 Satz 1 oder Absatz 5 Satz 1, § 20 Abs. 6 Satz 1 oder Abs. 7 Satz 1, § 23 Absatz 8 Satz 1 oder Satz 2, § 32 Satz 1, § 36 Absatz 8 Satz 1 oder Satz 4, jeweils auch in Verbindung mit Satz 5, Absatz 10 Satz 1 Nummer 1 oder Nummer 1a, jeweils auch in Verbindung mit Satz 3, Nummer 2 oder Nummer 3, § 38 Abs. 1 Satz 1 Nr. 3 oder Abs. 2 Nr. 3 oder 5 oder § 53 Abs. 1 Nr. 2 oder einer vollziehbaren Anordnung auf Grund einer solchen Rechtsverordnung zuwiderhandelt, soweit die Rechtsverordnung für einen bestimmten Tatbestand auf diese Bußgeldvorschrift verweist.

(2) Die Ordnungswidrigkeit kann in den Fällen des Absatzes 1a Nummer 7a bis 7h, 8, 9b, 11a, 17a und 21 mit einer Geldbuße bis zu zweitausendfünfhundert Euro, in den übrigen Fällen mit einer Geldbuße bis zu fünfundzwanzigtausend Euro geahndet werden.

**§ 74[1] Strafvorschriften.** (1) Mit Freiheitsstrafe bis zu fünf Jahren oder mit Geldstrafe wird bestraft, wer eine in § 73 Absatz 1 oder Absatz 1a Nummer 1 bis 7, 11, 11a, 12 bis 20, 22, 22a, 23 oder 24 bezeichnete vorsätzliche Handlung begeht und dadurch eine in § 6 Absatz 1 Satz 1 Nummer 1 genannte Krankheit, einen in § 7 genannten Krankheitserreger oder eine in einer Rechtsverordnung nach § 15 Absatz 1 oder Absatz 3 genannte Krankheit oder einen dort genannten Krankheitserreger verbreitet.

(2) Mit Freiheitsstrafe bis zu zwei Jahren oder mit Geldstrafe wird bestraft, wer eine in § 73 Absatz 1a Nummer 8 bezeichnete Handlung begeht, indem er wissentlich eine Schutzimpfung gegen das Coronavirus SARS-CoV-2 zur Täuschung im Rechtsverkehr nicht richtig dokumentiert.

**§ 75[2] Weitere Strafvorschriften.** (1) Mit Freiheitsstrafe bis zu zwei Jahren oder mit Geldstrafe wird bestraft, wer

1. einer vollziehbaren Anordnung nach § 30 Absatz 1 Satz 1, auch in Verbindung mit einer Rechtsverordnung nach § 32 Satz 1, zuwiderhandelt,

---

[1] § 74 neu gef. mWv 25.7.2017 durch G v. 17.7.2017 (BGBl. I S. 2615); geänd. mWv 19.11.2020 durch G v. 18.11.2020 (BGBl. I S. 2397); Abs. 2 angef. mWv 1.6.2021 durch G v. 28.5.2021 (BGBl. I S. 1174); Abs. 1 geänd. mWv 24.11.2021 durch G v. 22.11.2021 (BGBl. I S. 4906).

[2] § 75 Abs. 1 Nr. 1 geänd. mWv 23.5.2020 durch G v. 19.5.2020 (BGBl. I S. 1018).

2. entgegen § 42 Abs. 1 Satz 1, auch in Verbindung mit Satz 2, jeweils auch in Verbindung mit einer Rechtsverordnung nach § 42 Abs. 5 Satz 1, oder § 42 Abs. 3 eine Person beschäftigt oder eine Tätigkeit ausübt,
3. ohne Erlaubnis nach § 44 Krankheitserreger verbringt, ausführt, aufbewahrt, abgibt oder mit ihnen arbeitet oder
4. entgegen § 52 Satz 1 Krankheitserreger oder Material abgibt.

(2) Ebenso wird bestraft, wer einer Rechtsverordnung nach § 38 Abs. 1 Satz 1 Nr. 5 oder Abs. 2 Nr. 4 oder einer vollziehbaren Anordnung auf Grund einer solchen Rechtsverordnung zuwiderhandelt, soweit die Rechtsverordnung für einen bestimmten Tatbestand auf diese Strafvorschrift verweist.

(3) Wer durch eine in Absatz 1 bezeichnete Handlung eine in § 6 Abs. 1 Nr. 1 genannte Krankheit oder einen in § 7 genannten Krankheitserreger verbreitet, wird mit Freiheitsstrafe von drei Monaten bis zu fünf Jahren bestraft, soweit nicht die Tat in anderen Vorschriften mit einer schwereren Strafe bedroht ist.

(4) Handelt der Täter in den Fällen der Absätze 1 oder 2 fahrlässig, so ist die Strafe Freiheitsstrafe bis zu einem Jahr oder Geldstrafe.

(5) Mit Freiheitsstrafe bis zu einem Jahr oder mit Geldstrafe wird bestraft, wer entgegen § 24 Satz 1, auch in Verbindung mit Satz 2, dieser auch in Verbindung mit einer Rechtsverordnung nach § 15 Abs. 1, eine Person behandelt.

**§ 75a[1] Weitere Strafvorschriften.** (1) Mit Freiheitsstrafe bis zu zwei Jahren oder mit Geldstrafe wird bestraft, wer wissentlich zur Täuschung im Rechtsverkehr

1. entgegen § 22 Absatz 4a Satz 1 oder Absatz 4c Satz 1 die Durchführung oder Überwachung einer dort genannten Testung nicht richtig dokumentiert oder
2. entgegen § 22 Absatz 5 Satz 1, Absatz 6 Satz 1 oder Absatz 7 Satz 1 die Durchführung einer Schutzimpfung oder die Durchführung oder Überwachung einer dort genannten Testung nicht richtig bescheinigt.

(2) Mit Freiheitsstrafe bis zu einem Jahr oder mit Geldstrafe wird bestraft, wer wissentlich zur Täuschung im Rechtsverkehr entgegen § 22 Absatz 4a Satz 2 oder Absatz 4c Satz 2 eine Testung dokumentiert.

(3) Ebenso wird bestraft, wer wissentlich

1. eine in § 74 Absatz 2 oder § 75a Absatz 1 Nummer 1 bezeichnete nicht richtige Dokumentation,
2. eine in Absatz 1 Nummer 2 bezeichnete nicht richtige Bescheinigung oder
3. eine in Absatz 2 bezeichnete Dokumentation

zur Täuschung im Rechtsverkehr gebraucht.

**§ 76 Einziehung.** Gegenstände, auf die sich eine Straftat nach § 75 Abs. 1 oder 3 bezieht, können eingezogen werden.

---

[1] § 75a neu gef. mWv 24.11.2021 durch G v. 22.11.2021 (BGBl. I S. 4906).

## 15. Abschnitt.[1] Übergangsvorschriften

**§ 77[2] Übergangsvorschriften.** (1) [1] Die nach den Vorschriften des Bundes-Seuchengesetzes bestehende Erlaubnis für das Arbeiten und den Verkehr mit Krankheitserregern gilt im Geltungsbereich dieses Gesetzes als Erlaubnis im Sinne des § 44; bei juristischen Personen gilt dies bis fünf Jahre nach Inkrafttreten dieses Gesetzes mit der Maßgabe, dass die Erlaubnis nach § 48 zurückgenommen oder widerrufen werden kann, wenn ein Versagungsgrund nach § 47 Abs. 1 Nr. 2 bei den nach Gesetz oder Satzung zur Vertretung berufenen Personen vorliegt; die Maßgabe gilt auch, wenn der Erlaubnisinhaber nicht selbst die Leitung der Tätigkeiten übernommen hat und bei der von ihm mit der Leitung beauftragten Person ein Versagungsgrund nach § 47 Abs. 1 vorliegt. [2] Die Beschränkung des § 47 Abs. 4 Satz 1 gilt nicht für die in § 22 Abs. 4 Satz 2 des Bundes-Seuchengesetzes genannten Personen, wenn bei Inkrafttreten dieses Gesetzes sie selbst oder diejenigen Personen, von denen sie mit der Leitung der Tätigkeiten beauftragt worden sind, Inhaber einer insoweit unbeschränkten Erlaubnis sind. [3] Bei Personen, die die in § 20 Abs. 1 Satz 1 des Bundes-Seuchengesetzes bezeichneten Arbeiten vor dem Inkrafttreten des Gesetzes berechtigt durchgeführt haben, bleibt die Befreiung von der Erlaubnis für diese Arbeiten fünf Jahre nach Inkrafttreten des Gesetzes bestehen; § 45 Abs. 4 findet entsprechend Anwendung.

(2) Ein Zeugnis nach § 18 des Bundes-Seuchengesetzes gilt als Bescheinigung nach § 43 Abs. 1.

(3) Auf Streitigkeiten über Ansprüche nach den §§ 56 bis 58 gegen das nach § 66 Absatz 1 Satz 1 zur Zahlung verpflichtete Land, die nach dem 18. November 2020 rechtshängig werden, sind § 58 Absatz 2 Satz 1 der Verwaltungsgerichtsordnung[3], § 70 Absatz 1 Satz 1 der Verwaltungsgerichtsordnung und § 75 Satz 2 der Verwaltungsgerichtsordnung mit der Maßgabe anzuwenden, dass die Fristen frühestens am 19. November 2020 zu laufen beginnen.

(4) Abweichend von § 5 Absatz 1 Satz 3 gilt eine vor dem 30. März 2021 getroffene Feststellung nach § 5 Absatz 1 Satz 1 erst dann als nach § 5 Absatz 1 Satz 2 aufgehoben, wenn der Deutsche Bundestag das Fortbestehen der epidemischen Lage von nationaler Tragweite nicht bis zum 1. Juli 2021 feststellt.

(5) Auf Streitigkeiten über Ansprüche nach § 65 gegen das nach § 66 Absatz 1 Satz 2 zur Zahlung verpflichtete Land, die nach dem 30. März 2021 rechtshängig werden, sind § 58 Absatz 2 Satz 1, § 70 Absatz 1 Satz 1 und § 75 Satz 2 der Verwaltungsgerichtsordnung mit der Maßgabe anzuwenden, dass die Fristen frühestens am 31. März 2021 zu laufen beginnen.

(6) [1] Für die Zählung der nach § 28b Absatz 1 Satz 1 und Absatz 3 Satz 2 und 3 maßgeblichen Tage werden die drei unmittelbar vor dem 23. April 2021 liegenden Tage mitgezählt. [2] In Landkreisen und kreisfreien Städten, in denen die Sieben-Tage-Inzidenz an den drei unmittelbar vor dem 23. April 2021

[1] Bish. 16. Abschnitt wird 15. Abschnitt und Überschrift neu gef. mWv 23.5.2020 durch G v. 19.5.2020 (BGBl. I S. 1018).

[2] § 77 Abs. 3 angef. mWv 19.11.2020 durch G v. 18.11.2020 (BGBl. I S. 2397); Abs. 4 und 5 angef. mWv 31.3.2021 durch G v. 29.3.2021 (BGBl. I S. 370); Abs. 6 und 7 angef. mWv 23.4.2021 durch G v. 22.4.2021 (BGBl. I S. 802); Abs. 6 Satz 1 geänd., Abs. 7 neu gef. mWv 23.4.2021 durch G v. 7.5.2021 (BGBl. I S. 850).

[3] **Sartorius Nr. 600.**

liegenden Tagen den nach § 28b Absatz 1 und 3 jeweils maßgeblichen Schwellenwert überschritten hat, gelten die Maßnahmen nach § 28b Absatz 1 und 3 ab dem 24. April 2021. [3] In den Fällen des Satzes 2 macht die nach Landesrecht zuständige Behörde den Tag, ab dem die Maßnahmen nach § 28b Absatz 1 und 3 gelten, am 23. April 2021 bekannt.

(7) [1] Bis zum Erlass einer Rechtsverordnung nach § 28c können die Länder in Bezug auf landesrechtlich angeordnete Schutzmaßnahmen Erleichterungen oder Ausnahmen für Personen vorsehen, bei denen von einer Immunisierung gegen das Coronavirus SARS-CoV-2 auszugehen ist oder die ein negatives Ergebnis eines Tests auf eine Infektion mit dem Coronavirus SARS-CoV-2 vorlegen können. [2] Bis zum Erlass einer Rechtsverordnung nach § 28c können die Länder in den Fällen des § 28b Absatz 1 Satz 1 Nummer 4 dritter Teilsatz Buchstabe b, Nummer 5 dritter Teilsatz, Nummer 6 dritter Teilsatz und Nummer 8 zweiter Teilsatz Personen, bei denen von einer Immunisierung gegen das Coronavirus SARS-CoV-2 auszugehen ist, denjenigen gleichstellen, die ein negatives Ergebnis einer mittels eines anerkannten Tests durchgeführten Testung auf eine Infektion mit dem Coronavirus SARS-CoV-2 vorlegen können.

**Anlage**[1)]
(zu § 5b Absatz 4)

**Maskentypen nach § 5b Absatz 4**

| Maskentyp | Standard (Teil der Kennzeichnung) | Weitere Kennzeichnungsmerkmale | Zielland |
|---|---|---|---|
| | PSA gemäß Verordnung (EU) 2016/425 | | |
| FFP1 | CE-Kennzeichnung mit nachgestellter Kennnummer der notifizierten Stelle | gemäß Verordnung (EU) 2016/425, z. B. Schutzklasse FFP1<br>Gebrauchsdauer<br>Herstellerangaben<br>Verweis auf DIN EN 149:2001+A1:2009 oder vergleichbar<br>EU-Konformitätserklärung<br>Anleitung und Information | EU |
| FFP2 oder vergleichbar | CE-Kennzeichnung mit nachgestellter Kennnummer der notifizierten Stelle | gemäß Verordnung (EU) 2016/425, z. B. Schutzklasse FFP2<br>Gebrauchsdauer<br>Herstellerangaben<br>Verweis auf DIN EN 149:2001+A1:2009 oder vergleichbar<br>EU-Konformitätserklärung<br>Anleitung und Information | EU |
| FFP3 oder vergleichbar | CE-Kennzeichnung mit nachgestellter Kennnummer der notifizierten Stelle | gemäß Verordnung (EU) 2016/425, z. B. Schutzklasse FFP3<br>Gebrauchsdauer<br>Herstellerangaben<br>Verweis auf DIN EN 149:2001+A1:2009 oder vergleichbar<br>EU-Konformitätserklärung<br>Anleitung und Information | EU |

[1)] Anl. angef. mWv 1.6.2021 durch G v. 28.5.2021 (BGBl. I S. 1174).

| Maskentyp | Standard (Teil der Kennzeichnung) | Weitere Kennzeichnungsmerkmale | Zielland |
|---|---|---|---|
| | | PSA gemäß § 9 Absatz 1 MedBVSV | |
| N95 | NIOSH-42CFR84 | Modellnummer<br>Lot-Nummer<br>Maskentyp<br>Herstellerangaben<br>TC-Zulassungsnummer | USA und Kanada |
| P2 | AS/NZS 1716-2012 | Identifizierungsnummer oder Logo der Konformitätsbewertungsstellen | Australien und Neuseeland |
| DS2 | JMHLW-Notification 214, 2018 | https://www.baua.de/DE/Themen/Arbeitsgestaltung-im-Betrieb/Coronavirus/pdf/Kennzeichnung-Masken.pdf?__blob=publicationFile&v=10<br>https://www.jaish.gr.jp/horei/hor1-y/hor1-y-13-11-3_1.pdf<br>https://www.jaish.gr.jp/horei/hor1-y/hor1-y-13-11-3_2.pdf | Japan |
| N 100 | NIOSH-42CFR84 | Modellnummer<br>Lot-Nummer<br>Maskentyp<br>Herstellerangaben<br>TC-Zulassungsnummer | USA und Kanada |
| | | PSA gemäß § 9 Absatz 2 MedBVSV | |
| CPA | Prüfgrundsatz für Corona SARS-CoV-2 Pandemie Atemschutzmasken (CPA) | Bescheinigung der Marktüberwachungsbehörde nach § 9 Absatz 3 MedBVSV | Deutschland |
| | | Mund-Nasen-Schutz gemäß Richtlinie 93/42/EWG | |
| MNS | CE-Kennzeichnung | DIN EN 14863 | |
| | | Corona Pandemie Infektionsschutzmasken | |
| CPI | BMG/BfArM/TüV-Prüfgrundsätze | Vom Bund im Rahmen seiner hoheitlichen Aufgaben nach § 1 Absatz 1 und 2 der Verordnung vom 8. April 2020 (BAnz AT 09.04.2020 V3) beschaffte Schutzmasken. | Deutschland |

# 401. Sozialgesetzbuch (SGB) Erstes Buch (I) Allgemeiner Teil[1) 2) 3) 4)]

Vom 11. Dezember 1975
(BGBl. I S. 3015)

**FNA 860-1**

geänd. durch Art. 2 § 14 20. RentenanpassungsG v. 27.6.1977 (BGBl. I S. 1040), Art. 3 § 5 21. RentenanpassungsG v. 25.7.1978 (BGBl. I S. 1089), Art. 3 Fünftes G zur Änd. des ArbeitsförderungsG v. 23.7.1979 (BGBl. I S. 1189), Art. 3 Zweites Agrarsoziales ErgänzungsG v. 9.7.1980 (BGBl. I S. 905), Art. II § 28 SGB – Verwaltungsverfahren – v. 18.8.1980 (BGBl. I S. 1469), Art. II § 15 SGB – Zusammenarbeit der Leistungsträger und ihre Beziehungen zu Dritten – v. 4.11.1982 (BGBl. I S. 1450), Art. 8 HaushaltsbegleitG 1984 v. 22.12.1983 (BGBl. I S. 1532), Art. 2 G zur Erleichterung des Übergangs vom Arbeitsleben in den Ruhestand v. 13.4.1984 (BGBl. I S. 601), Art. 1 G zur Verbesserung des Wahlrechts für die Sozialversicherungswahlen v. 27.7.1984 (BGBl. I S. 1029), Art. 18 AdoptionsanpassungsG v. 24.6.1985 (BGBl. I S. 1144), Dritter Abschn. § 28 BundeserziehungsgeldG v. 6.12.1985 (BGBl. I S. 2154), Art. 4 Drittes Agrarsoziales ErgänzungsG v. 20.12.1985 (BGBl. I S. 2475), Art. 2 Erstes G zur Änd. des SchwerbehindertenG v. 24.7.1986 (BGBl. I S. 1110), Art. 6 § 6 G zur Neuregelung des Internationalen Privatrechts v. 25.7.1986 (BGBl. I S. 1142), Art. 30 Zweites RechtsbereinigungsG v. 16.12.1986 (BGBl. I S. 2441), Art. 1 Kindererziehungsleistungs-G v. 12.7.1987 (BGBl. I S. 1585), Art. 1 Erstes ÄndG v. 20.7.1988 (BGBl. I S. 1046), Art. 7 G zur Änd. des ArbeitsförderungsG und zur Förderung eines gleitenden Übergangs älterer Arbeitnehmer in den Ruhestand v. 20.12.1988 (BGBl. I S. 2343), Erster Teil Art. 2 Gesundheits-ReformG v. 20.12.1988 (BGBl. I S. 2477), Art. 2 Zwölftes G zur Änderung des BundeskindergeldG v. 30.6.1989 (BGBl. I S. 1294), Art. 2 RentenreformG 1992 v. 18.12.1989 (BGBl. I S. 2261), Art. 2 Kinder- und JugendhilfeG v. 26.6.1990 (BGBl. I S. 1163), Art. 6 Abs. 99 EisenbahnneuordnungsG v. 27.12.1993 (BGBl. I S. 2378), Zweiter Teil Art. 2 Pflege-VersicherungsG v. 26.5.1994 (BGBl. I S. 1014), Art. 1 Zweites G zur Änd. des SGB v. 13.6.1994 (BGBl. I S. 1229), Art. 2 AgrarsozialreformG 1995 v. 29.7.1994 (BGBl. I S. 1890), Art. 95 EinführungsG zur InsolvenzO v. 15.10.1994 (BGBl. I S. 2911, geänd. durch G v. 24.3.1997, BGBl. I S. 594), Art. 9 Abs. 7 Schwangeren- und FamilienhilfeÄndG v. 21.8.1995 (BGBl. I S. 1050), Art. 2 Nr. 8 Zweites G zur Änd. des ArbeitsförderungsG im Bereich des Baugewerbes v. 15.12.1995 (BGBl. I S. 1809), Art. 4 G zur Förderung eines gleitenden Übergangs in den Ruhestand v. 23.7.1996 (BGBl. I S. 1078), Art. 2 Gesetz zur Reform des Sozialhilferechts v. 23.7.1996 (BGBl. I S. 1088), Art. 2 Unfallversicherungs-EinordnungsG v. 7.8.1996 (BGBl. I S. 1254), Art. 2 Arbeitsförderungs-ReformG v. 24.3.1997 (BGBl. I S. 594), Art. 2 Erstes SGB III-ÄndG v. 16.12.1997 (BGBl. I S. 2970), Art. 2 RentenreformG 1999 v. 16.12.1997 (BGBl. I S. 2998, geänd. durch G v. 19.12.1998, BGBl. I S. 3843, und G v. 20.12.2000, BGBl. I S. 1827), Art. 17 G zur Änd. des Begriffs „Erziehungsurlaub" v. 30.11.2000 (BGBl. I S. 1638), Art. 2 G zur Reform der Renten wegen verminderter Erwerbsfähigkeit v. 20.12. 2000 (BGBl. I S. 1827), Art. 1 Viertes Euro-EinführungsG v. 21.12.2000 (BGBl. I S. 1983), Art. 3 § 48 G zur Beendigung der Diskriminierung gleichgeschlechtlicher Gemeinschaften: Lebenspartnerschaften v. 16.2.2001 (BGBl. I S. 266), Art. 8 § 1 G zur Änd. des BundesdatenschutzG und anderer G v. 18.5.2001 (BGBl. I S. 904), Art. 2 SGB IX – Rehabilitation und Teilhabe behinderter Menschen – v. 19.6.2001 (BGBl. I S. 1046), Art. 2 AltersvermögensG v. 26.6.2001 (BGBl. I S. 1310), Art. 3 G zur Bekämpfung der illegalen Beschäftigung im gewerblichen Güterkraftverkehr v. 2.9.2001 (BGBl. I S. 2272), Art. 4 Abs. 5 G zur Regelung von Rechtsfragen auf dem Gebiet der internationalen Adoption und zur Weiterentwicklung des Adoptionsvermittlungsrechts v. 5.11.2001

---

[1)] Verkündet als Art. I Sozialgesetzbuch (SGB) – Allgemeiner Teil – v. 11.12.1975 (BGBl. I S. 3015); Inkrafttreten gem. Art. II § 23 Abs. 1 Satz 1 dieses G am 1.1.1976 mit Ausnahme des § 44, der gem. Art. II § 23 Abs. 2 Satz 1 am 1.1.1978 in Kraft getreten ist.

[2)] Die Änderungen durch G v. 12.12.2019 (BGBl. I S. 2652) treten erst **mWv 1.1.2024** in Kraft und sind im Text noch nicht berücksichtigt.

[3)] Die Änderungen durch G v. 4.5.2021 (BGBl. I S. 882) treten erst **mWv 1.1.2023** in Kraft und sind im Text noch nicht berücksichtigt.

[4)] Die Änderungen durch G v. 20.8.2021 (BGBl. I S. 3932) treten erst **mWv 1.1.2025** in Kraft und sind im Text noch nicht berücksichtigt.

(BGBl. I S. 2950), Art. 47 G zur Gleichstellung behinderter Menschen und zur Änd. anderer G v. 27.4.2002 (BGBl. I S. 1467), Art. 5 Hüttenknappschaftl. Zusatzversicherungs-Neuregelungs-G v. 21.6.2002 (BGBl. I S. 2167), Art. 1 G zur Erleichterung der Bekämpfung von illegaler Beschäftigung und Schwarzarbeit v. 23.7.2002 (BGBl. I S. 2787), Art. 2 Drittes G zur Änd. verwaltungsverfahrensrechtl. Vorschriften v. 21.8.2002 (BGBl. I S. 3322), Art. 3 GKV-ModernisierungsG v. 14.11.2003 (BGBl. I S. 2190), Art. 2 Drittes G für moderne Dienstleistungen am Arbeitsmarkt v. 23.12.2003 (BGBl. I S. 2848), Art. 2 Viertes G für moderne Dienstleistungen am Arbeitsmarkt v. 24.12.2003 (BGBl. I S. 2954, geänd. durch G v. 30.7.2004, BGBl. I S. 2014), Art. 3 Zweites G zur Änd. des Sechsten Buches Sozialgesetzbuch und anderer G v. 27.12.2003 (BGBl. I S. 3013), Art. 2 G zur Einordnung des Sozialhilferechts in das SGB v. 27.12.2003 (BGBl. I S. 3022), Art. 4 G zur Intensivierung der Bekämpfung der Schwarzarbeit und damit zusammenhängender Steuerhinterziehung v. 23.7.2004 (BGBl. I S. 1842), Art. 2 Kommunales OptionsG v. 30.7.2004 (BGBl. I S. 2014), Art. 3 G zur Organisationsreform in der gesetzl. Rentenversicherung v. 9.12.2004 (BGBl. I S. 3242), Art. 7 Zweites G zur Änd. wohnungsrechtl. Vorschriften v. 15.12.2004 (BGBl. I S. 3450), Art. 2 VerwaltungsvereinfachungsG v. 21.3.2005 (BGBl. I S. 818), Art. 2 G zur Förderung ganzjähriger Beschäftigung v. 24.4.2006 (BGBl. I S. 926), Art. 3 Abs. 7 G zur Umsetzung europ. RL zur Verwirklichung des Grundsatzes der Gleichbehandlung v. 14.8.2006 (BGBl. I S. 1897), Art. 2 Abs. 15 G zur Einführung des Elterngeldes v. 5.12.2006 (BGBl. I S. 2748), Art. 20 Abs. 4 G zur Änd. d. BundesversorgungsG u. and. Vorschriften des Sozialen Entschädigungsrechts v. 13.12.2007 (BGBl. I S. 2904), Art. 2 G zur Änd. des SGB IV und anderer Gesetze v. 19.12.2007 (BGBl. I S. 3024), Art. 2 G zur Neuregelung des Wohngeldrechts und zur Änd. des SGB v. 24.9.2008 (BGBl. I S. 1856), Art. 3 G zur Neuausrichtung der arbeitsmarktpolitischen Instrumente v. 21.12.2008 (BGBl. I S. 2917), Art. 3 Zweites G zur Änd. des SGB IV und anderer G v. 21.12.2008 (BGBl. I S. 2933), Art. 2 ELENA-VerfahrensG v. 28.3.2009 (BGBl. I S. 634), Art. 6 und 7 Abs. 5 G zur Reform des Kontopfändungsschutzes v. 7.7.2009 (BGBl. I S. 1707), Art. 110 Abs. 5 Bundesrecht-BereinigungsG v. 8.12.2010 (BGBl. I S. 1864), Art. 12 Abs. 2a G zur Ermittlung von Regelbedarfen und zur Änd. des Zweiten und Zwölften Buches Sozialgesetzbuch v. 24.3.2011 (BGBl. I S. 453), Art. 5 G zur Änd. des BeherbergungsstatistikG und des HandelsstatistikG sowie zur Aufhebung von Vorschriften zum Verfahren des elektronischen Entgeltnachweises v. 23.11.2011 (BGBl. I S. 2298), Art. 4 G zur Verbesserung der Eingliederungschancen am Arbeitsmarkt v. 20.12.2011 (BGBl. I S. 2854), Art. 13 Abs. 14 LSV-NeuordnungsG v. 12.4.2012 (BGBl. I S. 579), Art. 1b G zur Vereinfachung des Elterngeldvollzugs v. 10.9.2012 (BGBl. I S. 1878), Art. 11 Pflege-Neuausrichtungs-Gesetz v. 23.10.2012 (BGBl. I S. 2246), Art. 2 Abs. 1 BetreuungsgeldG v. 15.2.2013 (BGBl. I S. 254), Art. 2 Abs. 1, Art. 4 Abs. 1 G zur Übertragung der Zuständigkeiten der Länder im Bereich der Beschädigten- und Hinterbliebenenversorgung nach dem Dritten Teil des SoldatenversorgungsG auf den Bund v. 15.7.2013 (BGBl. I S. 2416), Art. 4 G zur Förderung der elektronischen Verwaltung sowie zur Änd. weiterer Vorschriften v. 25.7.2013 (BGBl. I S. 2749), Art. 9 und 10 BUK-NeuorganisationsG v. 19.10.2013 (BGBl. I S. 3836), Art. 2 G zur Einführung des Elterngeld Plus mit Partnerschaftsbonus und einer flexibleren Elternzeit im Bundeselterngeld- und ElternzeitG v. 18.12.2014 (BGBl. I S. 2325), Art. 27 G zur Bereinigung des Rechts der Lebenspartner v. 20.11.2015 (BGBl. I S. 2010), Art. 1b G für sichere digitale Kommunikation und Anwendungen im Gesundheitswesen sowie zur Änd. weiterer G v. 21.12.2015 (BGBl. I S. 2408), Art. 3 G zur Weiterentwicklung des Behindertengleichstellungsrechts v. 19.7.2016 (BGBl. I S. 1757), Art. 22 Abs. 1 6. SGB IV-ÄndG v. 11.11.2016 (BGBl. I S. 2500), Art. 3 FlexirentenG v. 8.12.2016 (BGBl. I S. 2838), Art. 3 BundesteilhabeG v. 23.12.2016 (BGBl. I S. 3234), Art. 6 Abs. 7 G zur Neuregelung des Mutterschutzrechts v. 23.5.2017 (BGBl. I S. 1228), Art. 19 G zur Änd. des BundesversorgungsG und anderer Vorschriften v. 17.7.2017 (BGBl. I S. 2541), Art. 11 Abs. 40 eIDAS-DurchführungsG v. 18.7.2017 (BGBl. I S. 2745), Art. 5 BetriebsrentenstärkungsG v. 17.8.2017 (BGBl. I S. 3214), Art. 5 Abs. 18 G zur Einführung einer Karte für Unionsbürger und Angehörige des Europäischen Wirtschaftsraums mit Funktion zum elektronischen Identitätsnachweis sowie zur Änd. des PersonalausweisG und weiterer Vorschriften v. 21.6.2019 (BGBl. I S. 846), Art. 119 Zweites Datenschutz-Anpassungs- und UmsetzungsG EU v. 20.11.2019 (BGBl. I S. 1626), Art. 28 G zur Regelung des Sozialen Entschädigungsrechts v. 12.12.2019 (BGBl. I S. 2652), Art. 2 Siebtes G zur Änd. des Vierten Buches SGB und anderer G v. 12.6.2020 (BGBl. I S. 1248), Art. 4 Abs. 5 Adoptionshilfe-G v. 12.2.2021 (BGBl. I S. 226), Art. 2 Zweites G zur Änd. des Bundeselterngeld- und ElternzeitG v. 15.2.2021 (BGBl. I S. 239), Art. 11 Vormundschafts- und Betreuungsrechts-ReformG v. 4.5.2021 (BGBl. I S. 882), Art. 15 Digitale-Versorgung-und-Pflege-Modernisierungs-G v. 3.6.2021 (BGBl. I S. 1309) und Art. 32 G über die Entschädigung der Soldatinnen und Soldaten und zur Neuordnung des Soldatenversorgungsrechts v. 20.8.2021 (BGBl. I S. 3932)

# 402. Sozialgesetzbuch (SGB) Zweites Buch (II) – Grundsicherung für Arbeitsuchende –[1) 2) 3) 4)]

In der Fassung der Bekanntmachung vom 13. Mai 2011[5)]

(BGBl. I S. 850, ber. S. 2094)

**FNA 860-2**

geänd. durch Art. 3a G zur Änd. des BundesversorgungsG und anderer Vorschriften v. 20.6.2011 (BGBl. I S. 1114), Art. 5 G zur Verbesserung der Eingliederungschancen am Arbeitsmarkt v. 20.12. 2011 (BGBl. I S. 2854), Art. 1a Viertes G zur Änd. des Vierten Buches Sozialgesetzbuch und anderer Gesetze v. 22.12.2011 (BGBl. I S. 3057), Art. 3 G zur Neuordnung der Altersversorgung der Bezirksschornsteinfegermeister und zur Änd. anderer Gesetze v. 5.12.2012 (BGBl. I S. 2467), Art. 1 HaushaltsbegleitG 2013 v. 20.12.2012 (BGBl. I S. 2781), Art. 2 G zur Stärkung der beruflichen Aus- und Weiterbildung in der Altenpflege v. 13.3.2013 (BGBl. I S. 446), Art. 8 EhrenamtsstärkungsG v. 21.3. 2013 (BGBl. I S. 556), Art. 9 Abs. 1 SEPA-BegleitG v. 3.4.2013 (BGBl. I S. 610), Art. 2 Abs. 12 G zur Fortentwicklung des Meldewesens v. 3.5.2013 (BGBl. I S. 1084, geänd. durch G v. 20.11.2014, BGBl. I S. 1738), Art. 1 G zur Änd. des Zweiten Buches Sozialgesetzbuch und anderer G v. 7.5.2013 (BGBl. I S. 1167), Art. 2 GKV-Finanzstruktur- und Qualitäts-WeiterentwicklungsG v. 21.7.2014 (BGBl. I S. 1133), Art. 1 Achtes ÄndG v. 28.7.2014 (BGBl. I S. 1306), Urt. des BVerfG – 2 BvR 1641/11 – v. 7.10.2014 (BGBl. I S. 1638), Art. 4 G zur Änd. des FreizügigkeitsG/EU und weiterer

---

[1)] Die Änderungen durch G v. 12.12.2019 (BGBl. I S. 2652) treten erst **mWv 1.1.2024** in Kraft und sind im Text noch nicht berücksichtigt.

[2)] Die Änderungen durch G v. 10.8.2021 (BGBl. I S. 3515) treten erst **mWv 1.7.2022** in Kraft und sind im Text noch nicht berücksichtigt.

[3)] Die Änderungen durch G v. 20.8.2021 (BGBl. I S. 3932) treten erst **mWv 1.1.2024** bzw. **mWv 1.1.2025** in Kraft und sind im Text noch nicht berücksichtigt.

[4)] Zum SGB II haben die Länder ua folgende Vorschriften erlassen:
- **Baden-Württemberg:** G zur Ausführung des SGB II v. 14.12.2004 (GBl. S. 907), zuletzt geänd. durch G v. 6.2.2018 (GBl. S. 6);
- **Bayern:** VO zur Ausführung der Sozialgesetze v. 8.12.2006 (GVBl. S. 942), zuletzt geänd. durch G v. 23.12.2021 (GVBl. S. 671);
- **Berlin:** G zur Ausführung des SGB II v. 15.12.2010 (GVBl. S. 557), geänd. durch G v. 13.7.2011 (GVBl. S. 344);
- **Brandenburg:** G zur Ausführung des SGB II im Land Brandenburg v. 8.12.2004 (GVBl. I S. 458), zuletzt geänd. durch G v. 18.12.2020 (GVBl. I Nr. 36);
- **Hessen:** Hessisches OFFENSIV-G v. 20.12.2004 (GVBl. I S. 488), zuletzt geänd. durch G v. 7.5. 2020 (GVBl. S. 318);
- **Mecklenburg-Vorpommern:** G des Landes Mecklenburg-Vorpommern zur Ausführung des SGB II v. 28.10.2004 (GVOBl. M-V S. 502), zuletzt geänd. durch G v. 9.4.2020 (GVOBl. M-V S. 166);
- **Niedersachsen:** Niedersächsisches G zur Ausführung des SGB II und des § 6b des BundeskindergeldG v. 16.9.2004 (Nds. GVBl. S. 358), zuletzt geänd. durch G v. 16.12.2021 (Nds. GVBl. S. 883);
- **Nordrhein-Westfalen:** G zur Ausführung des SGB II für das Land Nordrhein-Westfalen v. 16.12. 2004 (GV. NRW. S. 821), zuletzt geänd. durch G v. 1.9.2020 (GV. NRW. S. 823);
- **Rheinland-Pfalz:** LandesG zur Ausführung des SGB II v. 22.12.2004 (GVBl. S. 569), zuletzt geänd. durch G v. 18.12.2017 (GVBl. S. 331);
- **Saarland:** G zur Ausführung des SGB II und des BundeskindergeldG (AGSGB II/BKGG) v. 17.6. 2015 (Amtsbl. I S. 538), geänd. durch G v. 21.3.2018 (Amtsbl. I S. 248);
- **Sachsen:** Sächsisches G zur Ausführung des Sozialgesetzbuches v. 6.6.2002 (SächsGVBl. S. 169), zuletzt geänd. durch G v. 31.3.2021 (SächsGVBl. S. 411);
- **Sachsen-Anhalt:** G zur Ausführung des SGB II und des BundeskindergeldG v. 20.1.2012 (GVBl. LSA S. 36, ber. S. 120), zuletzt geänd. durch G v. 22.3.2017 (GVBl. LSA S. 55);
- **Schleswig-Holstein:** G zur Ausführung des SGB II und des § 6b BundeskindergeldG v. 27.5.2011 (GVOBl. Schl.-H. S. 146), zuletzt geänd. durch VO v. 16.1.2019 (GVOBl. Schl.-H. S. 30);
- **Thüringen:** Thüringer G zur Ausführung des SGB II v. 12.7.2013 (GVBl. S. 161).

[5)] Neubekanntmachung des SGB II v. 24.12.2003 (BGBl. I S. 2954) in der ab 1.4.2011 geltenden Fassung.

Vorschriften v. 2.12.2014 (BGBl. I S. 1922), Art. 2 G zur weiteren Entlastung von Ländern und Kommunen ab 2015 und zum quantitativen und qualitativen Ausbau der Kindertagesbetreuung sowie zur Änd. des LastenausgleichsG v. 22.12.2014 (BGBl. I S. 2411), Art. 2 Abs. 20 G zur Modernisierung der Finanzaufsicht über Versicherungen v. 1.4.2015 (BGBl. I S. 434), Art. 1a Fünftes G zur Änd. des Vierten Buches Sozialgesetzbuch und anderer G v. 15.4.2015 (BGBl. I S. 583), Art. 5 G zur Förderung von Investitionen finanzschwacher Kommunen und zur Entlastung von Ländern und Kommunen bei der Aufnahme und Unterbringung von Asylbewerbern v. 24.6.2015 (BGBl. I S. 974), Art. 2 Arbeitslosenversicherungsschutz- und WeiterbildungsstärkungsG v. 18.7.2016 (BGBl. I S. 1710), Art. 1 Neuntes G zur Änd. des SGB II – Rechtsvereinfachung – sowie zur vorübergehenden Aussetzung der Insolvenzantragspflicht v. 26.7.2016 (BGBl. I S. 1824), Art. 2 IntegrationsG v. 31.7. 2016 (BGBl. I S. 1939), Art. 22 Abs. 2 6. SGB IV-ÄndG v. 11.11.2016 (BGBl. I S. 2500), Art. 2 G zur Beteiligung des Bundes an den Kosten der Integration und zur weiteren Entlastung von Ländern und Kommunen v. 1.12.2016 (BGBl. I S. 2755), Art. 1 G zur Regelung von Ansprüchen ausländischer Personen in der Grundsicherung für Arbeitsuchende nach dem SGB II und in der Sozialhilfe nach dem SGB XII v. 22.12.2016 (BGBl. I S. 3155), Art. 6 G zur Ermittlung von Regelbedarfen sowie zur Änd. des Zweiten und des Zwölften Buches Sozialgesetzbuch v. 22.12.2016 (BGBl. I S. 3159), Art. 4 BundesteilhabeG v. 23.12.2016 (BGBl. I S. 3234), Art. 158 G zum Abbau verzichtbarer Anordnungen der Schriftform im Verwaltungsrecht des Bundes v. 29.3.2017 (BGBl. I S. 626), Art. 20 G zur Änd. des BundesversorgungsG und anderer Vorschriften v. 17.7.2017 (BGBl. I S. 2541), Art. 5 Integrationskosten-BeteiligungsG v. 17.12.2018 (BGBl. I S. 2522), Art. 1 TeilhabechancenG v. 17.12.2018 (BGBl. I S. 2583), Art. 3 QualifizierungschancenG v. 18.12.2018 (BGBl. I S. 2651), Art. 3 Starke-Familien-G v. 29.4.2019 (BGBl. I S. 530), Art. 4 G zur Anpassung der Berufsausbildungsbeihilfe und des Ausbildungsgeldes v. 8.7.2019 (BGBl. I S. 1025), Art. 5 G gegen illegale Beschäftigung und Sozialleistungsmissbrauch v. 11.7.2019 (BGBl. I S. 1066), Art. 120 Zweites Datenschutz-Anpassungs- und UmsetzungsG EU v. 20.11.2019 (BGBl. I S. 1626), Art. 7 G zur Änd. des Neunten und des Zwölften Buches Sozialgesetzbuch und anderer Rechtsvorschriften v. 30.11.2019 (BGBl. I S. 1948), Urt. des BVerfG – 1 BvL 7/16 - v. 5.11.2019 (BGBl. I S. 2046), Art. 3 Integrationskosten-BeteiligungsG 2020/2021 v. 9.12.2019 (BGBl. I S. 2051), Art. 29 G zur Regelung des Sozialen Entschädigungsrechts v. 12.12.2019 (BGBl. I S. 2652, geänd. durch G v. geänd. durch G v. 20.8.2021, BGBl. I S. 3932), Art. 7 MDK-ReformG v. 14.12.2019 (BGBl. I S. 2789), Art. 1 Sozialschutz-Paket v. 27.3.2020 (BGBl. I S. 575), Art. 3 und 4 Covid-19-G zur Förderung der berufl. Weiterbildung im Strukturwandel und zur Weiterentwicklung der Ausbildungsförderung v. 20.5.2020 (BGBl. I S. 1044), Art. 13 Sozialschutz-Paket II v. 20.5.2020 (BGBl. I S. 1055), Art. 3 Siebtes G zur Änd. des Vierten Buches SGB und anderer G v. 12.6.2020 (BGBl. I S. 1248), Art. 2 GrundrentenG v. 12.8.2020 (BGBl. I S. 1879), Art. 2 Covid-19-G zur finanziellen Entlastung der Kommunen und der neuen Länder v. 6.10.2020 (BGBl. I S. 2072), Art. 4 G zur Ermittlung der Regelbedarfe und zur Änd. des Zwölften Buches Sozialgesetzbuch sowie weiterer Gesetze v. 9.12.2020 (BGBl. I S. 2855), Art. 42 Jahressteuergesetz 2020 v. 21.12.2020 (BGBl. I S. 3096), Art. 4 G Digitale Rentenübersicht v. 11.2.2021 (BGBl. I S. 154), Art. 1 Sozialschutz-Paket III v. 10.3.2021 (BGBl. I S. 335), Art. 2 TeilhabestärkungsG v. 2.6.2021 (BGBl. I S. 1387), Art. 14 G zur Novellierung des BundespersonalvertretungsG v. 9.6.2021 (BGBl. I S. 1614), Art. 6 KitafinanzhilfenänderungsG v. 25.6.2021 (BGBl. I S. 2020), Art. 3 MietspiegelreformG v. 10.8.2021 (BGBl. I S. 3515), Art. 33 und 34 G über die Entschädigung der Soldatinnen und Soldaten und zur Neuordnung des Soldatenversorgungsrechts v. 20.8.2021 (BGBl. I S. 3932) und Art. 3 G zur Änd. des InfektionsschutzG und weiterer Gesetze anlässlich der Aufhebung der Feststellung der epidemischen Lage von nationaler Tragweite v. 22.11. 2021 (BGBl. I S. 4906)

## Inhaltsübersicht[1]

### Kapitel 1. Fördern und Fordern



### Kapitel 2. Anspruchsvoraussetzungen



### Kapitel 3. Leistungen

#### Abschnitt 1. Leistungen zur Eingliederung in Arbeit



#### Abschnitt 2. Leistungen zur Sicherung des Lebensunterhalts

##### Unterabschnitt 1. Leistungsanspruch



##### Unterabschnitt 2. Arbeitslosengeld II und Sozialgeld



[1] Inhaltsübersicht zuletzt geänd. mWv 24.11.2021 durch G v. 22.11.2021 (BGBl. I S. 4906).

## Kapitel 1. Fördern und Fordern

### § 1[1] Aufgabe und Ziel der Grundsicherung für Arbeitsuchende

(1) Die Grundsicherung für Arbeitsuchende soll es Leistungsberechtigten ermöglichen, ein Leben zu führen, das der Würde des Menschen entspricht.

(2) [1] Die Grundsicherung für Arbeitsuchende soll die Eigenverantwortung von erwerbsfähigen Leistungsberechtigten und Personen, die mit ihnen in einer Bedarfsgemeinschaft leben, stärken und dazu beitragen, dass sie ihren Lebensunterhalt unabhängig von der Grundsicherung aus eigenen Mitteln und Kräften bestreiten können. [2] Sie soll erwerbsfähige Leistungsberechtigte bei der Aufnahme oder Beibehaltung einer Erwerbstätigkeit unterstützen und den Lebensunterhalt sichern, soweit sie ihn nicht auf andere Weise bestreiten können. [3] Die Gleichstellung von Männern und Frauen ist als durchgängiges Prinzip zu verfolgen. [4] Die Leistungen der Grundsicherung sind insbesondere darauf auszurichten, dass

1. durch eine Erwerbstätigkeit Hilfebedürftigkeit vermieden oder beseitigt, die Dauer der Hilfebedürftigkeit verkürzt oder der Umfang der Hilfebedürftigkeit verringert wird,
2. die Erwerbsfähigkeit einer leistungsberechtigten Person erhalten, verbessert oder wieder hergestellt wird,
3. geschlechtsspezifischen Nachteilen von erwerbsfähigen Leistungsberechtigten entgegengewirkt wird,
4. die familienspezifischen Lebensverhältnisse von erwerbsfähigen Leistungsberechtigten, die Kinder erziehen oder pflegebedürftige Angehörige betreuen, berücksichtigt werden,
5. behinderungsspezifische Nachteile überwunden werden,
6. Anreize zur Aufnahme und Ausübung einer Erwerbstätigkeit geschaffen und aufrechterhalten werden.

(3) Die Grundsicherung für Arbeitsuchende umfasst Leistungen zur

1. Beratung,
2. Beendigung oder Verringerung der Hilfebedürftigkeit insbesondere durch Eingliederung in Ausbildung oder Arbeit und
3. Sicherung des Lebensunterhalts.

*(Fortsetzung nächstes Blatt)*

[1] § 1 Abs. 3 neu gef. mWv 1.8.2016 durch G v. 26.7.2016 (BGBl. I S. 1824); Abs. 2 Satz 4 Nr. 5 geänd. mWv 1.1.2022 durch G v. 2.6.2021 (BGBl. I S. 1387).

**§ 65e Übergangsregelung zur Aufrechnung.** [1]Der zuständige Träger der Leistungen nach diesem Buch kann mit Zustimmung des Trägers der Sozialhilfe dessen Ansprüche gegen den Leistungsberechtigten mit Geldleistungen zur Sicherung des Lebensunterhalts nach den Voraussetzungen des § 43 Absatz 2, 3 und 4 Satz 1 aufrechnen. [2]Die Aufrechnung wegen eines Anspruchs nach Satz 1 ist auf die ersten zwei Jahre der Leistungserbringung nach diesem Buch beschränkt.

**§ 66 Rechtsänderungen bei Leistungen zur Eingliederung in Arbeit.**

(1) Wird dieses Gesetzbuch geändert, so sind, soweit nichts Abweichendes bestimmt ist, auf Leistungen zur Eingliederung in Arbeit bis zum Ende der Leistungen oder der Maßnahme die Vorschriften in der vor dem Tag des Inkrafttretens der Änderung geltenden Fassung weiter anzuwenden, wenn vor diesem Tag

1. der Anspruch entstanden ist,
2. die Leistung zuerkannt worden ist oder
3. die Maßnahme begonnen hat, wenn die Leistung bis zum Beginn der Maßnahme beantragt worden ist.

(2) Ist eine Leistung nur für einen begrenzten Zeitraum zuerkannt worden, richtet sich eine Verlängerung nach den zum Zeitpunkt der Entscheidung über die Verlängerung geltenden Vorschriften.

**§ 67[1)] Vereinfachtes Verfahren für den Zugang zu sozialer Sicherung aus Anlass der COVID-19-Pandemie; Verordnungsermächtigung.**

(1) Leistungen für Bewilligungszeiträume, die in der Zeit vom 1. März 2020 bis zum 31. März 2022 beginnen, werden nach Maßgabe der Absätze 2 bis 4 erbracht[2)].

(2) [1]Abweichend von den §§ 9, 12 und 19 Absatz 3 wird Vermögen für die Dauer von sechs Monaten nicht berücksichtigt. [2]Satz 1 gilt nicht, wenn das Vermögen erheblich ist; es wird vermutet, dass kein erhebliches Vermögen vorhanden ist, wenn die Antragstellerin oder der Antragsteller dies im Antrag erklärt.

(3) [1]§ 22 Absatz 1 ist mit der Maßgabe anzuwenden, dass die tatsächlichen Aufwendungen für Unterkunft und Heizung für die Dauer von sechs Monaten als angemessen gelten. [2]Nach Ablauf des Zeitraums nach Satz 1 ist § 22 Absatz 1 Satz 3 mit der Maßgabe anzuwenden, dass der Zeitraum nach Satz 1 nicht auf die in § 22 Absatz 1 Satz 3 genannte Frist anzurechnen ist. [3]Satz 1 gilt nicht in den Fällen, in denen im vorangegangenen Bewilligungszeitraum die angemessenen und nicht die tatsächlichen Aufwendungen als Bedarf anerkannt wurden.

(4) [1]Sofern über die Leistungen nach § 41a Absatz 1 Satz 1 vorläufig zu entscheiden ist, ist über den Anspruch auf Leistungen zur Sicherung des Lebensunterhalts abweichend von § 41 Absatz 3 Satz 1 und 2 für sechs Monate

---

[1)] § 67 neu gef. mWv 28.3.2020 durch G v. 27.3.2020 (BGBl. I S. 575); Überschr. geänd. mWv 29.5.2020 durch G v. 20.5.2020 (BGBl. I S. 1055); Abs. 1 geänd., Abs. 5 aufgeh. mWv 1.1.2021 durch G v. 9.12.2020 (BGBl. I S. 2855); Überschrift, Abs. 1 und Abs. 4 Satz 2 geänd., Abs. 6 aufgeh. mWv 1.4.2021 durch G v. 10.3.2021 (BGBl. I S. 335); Überschrift und Abs. 1 geänd., Abs. 5 neu gef. mWv 24.11.2021 durch G v. 22.11.2021 (BGBl. I S. 4906).

[2)] Siehe hierzu die Vereinfachter-Zugang-VerlängerungsVO v. 25.6.2020 (BGBl. I S. 1509), geänd. durch VO v. 16.9.2020 (BGBl. I S. 2001).

zu entscheiden. [2] In den Fällen des Satzes 1 entscheiden die Träger der Grundsicherung für Arbeitsuchende für Bewilligungszeiträume, die bis zum 31. März 2021 begonnen haben, abweichend von § 41a Absatz 3 nur auf Antrag abschließend über den monatlichen Leistungsanspruch.

(5) Die Bundesregierung wird ermächtigt, den in Absatz 1 genannten Zeitraum durch Rechtsverordnung ohne Zustimmung des Bundesrates längstens bis zum 31. Dezember 2022 zu verlängern.

**§ 68[1)] Regelungen zu Bedarfen für Bildung aus Anlass der COVID-19-Pandemie.** [1] Abweichend von § 28 Absatz 6 Satz 1 kommt es im Zeitraum vom 1. März 2020 bis zur Aufhebung der Feststellung einer epidemischen Lage von nationaler Tragweite wegen der dynamischen Ausbreitung der Coronavirus-Krankheit-2019 (COVID-19) nach § 5 Absatz 1 Satz 2 des Infektionsschutzgesetzes[2)] durch den Deutschen Bundestag, längstens jedoch bis zum Ablauf des 31. Dezember 2021, auf eine Gemeinschaftlichkeit der Mittagsverpflegung nicht an[3)]. [2] Zu den Aufwendungen im Sinne des § 28 Absatz 6 Satz 1 zählen bei den Leistungsberechtigten anfallende Zahlungsverpflichtungen auch, wenn sie pandemiebedingt in geänderter Höhe oder aufgrund abweichender Abgabewege berechnet werden. [3] Dies umfasst auch die Kosten einer Belieferung. [4] § 28 Absatz 6 Satz 2 findet keine Anwendung.

**§ 69[4)] Übergangsregelung zum Freibetrag für Grundrentenzeiten und vergleichbare Zeiten.** Über die Erbringung der Leistungen zur Sicherung des Lebensunterhalts ist ohne Berücksichtigung eines möglichen Freibetrages nach § 11b Absatz 2a in Verbindung mit § 82a des Zwölften Buches[5)] zu entscheiden, solange nicht durch eine Mitteilung des Rentenversicherungsträgers oder einer berufsständischen Versicherungs- oder Versorgungseinrichtung nachgewiesen ist, dass die Voraussetzungen für die Einräumung des Freibetrages vorliegen.

**§ 70[6)] Einmalzahlung aus Anlass der COVID-19-Pandemie.** [1] Leistungsberechtigte, die für den Monat Mai 2021 Anspruch auf Arbeitslosengeld II oder Sozialgeld haben und deren Bedarf sich nach Regelbedarfsstufe 1 oder 2 richtet, erhalten für den Zeitraum vom 1. Januar 2021 bis zum 30. Juni 2021 zum Ausgleich der mit der COVID-19-Pandemie in Zusammenhang stehenden Mehraufwendungen eine Einmalzahlung in Höhe von 150 Euro. [2] Satz 1 gilt auch für Leistungsberechtigte, deren Bedarf sich nach Regelbedarfsstufe 3 richtet, sofern bei ihnen kein Kindergeld als Einkommen berücksichtigt wird.

**§ 71[7)] Kinderfreizeitbonus und weitere Regelung aus Anlass der COVID-19-Pandemie.** (1) [1] Abweichend von § 37 Absatz 1 Satz 2 gilt der Antrag auf Leistungen nach § 28 Absatz 5 in der Zeit vom 1. Juli 2021 bis zum

---

[1)] § 68 neu gef. mWv 29.5.2020 durch G v. 20.5.2020 (BGBl. I S. 1055); Abs. 1 Satz 1 geänd. mWv 1.1.2021 durch G v. 9.12.2020 (BGBl. I S. 2855); Überschrift, Abs. 1 Satz 1 geänd., Abs. 2 aufgeh. mWv 1.4.2021 durch G v. 10.3.2021 (BGBl. I S. 335).

[2)] Nr. **285**.

[3)] Siehe hierzu die Vereinfachter-Zugang-VerlängerungsVO v. 25.6.2020 (BGBl. I S. 1509), geänd. durch VO v. 16.9.2020 (BGBl. I S. 2001).

[4)] § 69 neu gef. mWv 1.1.2021 durch G v. 9.12.2020 (BGBl. I S. 2855).

[5)] Nr. **412**.

[6)] § 70 neu gef. mWv 1.4.2021 durch G v. 10.3.2021 (BGBl. I S. 335).

[7)] § 71 neu gef. mWv 1.7.2021 durch G v. 25.6.2021 (BGBl. I S. 2020).

Ablauf des 31. Dezember 2023 als von dem Antrag auf Leistungen zur Sicherung des Lebensunterhalts mit umfasst. [2]Dies gilt für ab dem 1. Juli 2021 entstehende Lernförderungsbedarfe auch dann, wenn die jeweiligen Bewilligungszeiträume nur teilweise in den in Satz 1 genannten Zeitraum fallen, weil sie entweder bereits vor dem 1. Juli 2021 begonnen haben oder erst nach dem 31. Dezember 2023 enden.

(2) [1]Leistungsberechtigte, die für den Monat August 2021 Anspruch auf Arbeitslosengeld II oder Sozialgeld und das 18. Lebensjahr noch nicht vollendet haben, erhalten eine Einmalzahlung in Höhe von 100 Euro. [2]Satz 1 gilt nicht für Leistungsberechtigte, für die im Monat August 2021 Kinderzuschlag nach § 6a des Bundeskindergeldgesetzes[1)] gezahlt wird. [3]Eines gesonderten Antrags bedarf es nicht. [4]Erhält die leistungsberechtigte Person Arbeitslosengeld II oder Sozialgeld in zwei Bedarfsgemeinschaften, wird die Leistung nach Satz 1 in der Bedarfsgemeinschaft erbracht, in der das Kindergeld für die leistungsberechtigte Person berücksichtigt wird.

## §§ 72 und 73[2)] *(aufgehoben)*

## § 74 (weggefallen)

## § 75[3)] *(aufgehoben)*

*(Fortsetzung nächstes Blatt)*

[1)] **Habersack, Deutsche Gesetze ErgBd. Nr. 45b.**
[2)] §§ 72 und 73 aufgeh. mWv 1.8.2016 durch G v. 26.7.2016 (BGBl. I S. 1824).
[3)] § 75 aufgeh. mWv 1.8.2016 durch G v. 26.7.2016 (BGBl. I S. 1824).

# 410. Zehntes Buch Sozialgesetzbuch – Sozialverwaltungsverfahren und Sozialdatenschutz – (SGB X)[1) 2) 3) 4) 5) 6) 7)]

In der Fassung der Bekanntmachung vom 18. Januar 2001[8)]
(BGBl. I S. 130)

**FNA 860-10-1**

geänd. durch Art. 8 §§ 2, 3 und 4 G zur Änd. des BundesdatenschutzG und anderer G v. 18.5.2001 (BGBl. I S. 904), Art. 9 SGB IX – Rehabilitation und Teilhabe behinderter Menschen – v. 19.6.2001 (BGBl. I S. 1046), Art. 18 TerrorismusbekämpfungsG v. 9.1.2002 (BGBl. I S. 361), Art. 6 G zur Vereinfachung der Wahl der Arbeitnehmervertreter in den Aufsichtsrat v. 23.3.2002 (BGBl. I S. 1130), Art. 10 Nr. 10 ZuwanderungsG v. 20.6.2002 (BGBl. I S. 1946, nichtig gem. Urt. des BVerfG v. 18.12.2002 – 2 BvF 1/02 –), Art. 11 Hüttenknappschaftliches Zusatzversicherungs-Neuregelungs-G v. 21.6.2002 (BGBl. I S. 2167), Art. 3 G zur Änd. des Ordnungswidrigkeitenverfahrensrechts v. 26.7. 2002 (BGBl. I S. 2864), Art. 3 Drittes G zur Änd. verwaltungsverfahrensrechtlicher Vorschriften v. 21.8.2002 (BGBl. I S. 3322), Art. 5 Zweites G für moderne Dienstleistungen am Arbeitsmarkt v. 23.12.2002 (BGBl. I S. 4621), Art. 211 Achte ZuständigkeitsanpassungsVO v. 25.11.2003 (BGBl. I S. 2304), Art. 9 Drittes G für moderne Dienstleistungen am Arbeitsmarkt v. 23.12.2003 (BGBl. I S. 2848), Art. 10 Viertes G für moderne Dienstleistungen am Arbeitsmarkt v. 24.12.2003 (BGBl. I S. 2954), Art. 9 G zur Einordnung des Sozialhilferechts in das SGB v. 27.12.2003 (BGBl. I S. 3022), Art. 4 Abs. 72 KostenrechtsmodernisierungsG v. 5.5.2004 (BGBl. I S. 718), Art. 8 AlterseinkünfteG v. 5.7.2004 (BGBl. I S. 1427), Art. 8 G zur Intensivierung der Bekämpfung der Schwarzarbeit und damit zusammenhängender Steuerhinterziehung v. 23.7.2004 (BGBl. I S. 1842), Art. 10 Nr. 10 ZuwanderungsG v. 30.7.2004 (BGBl. I S. 1950), Art. 9 G zur Organisationsreform in der gesetzl. RV v. 9.12.2004 (BGBl. I S. 3242), Art. 0 Siebentes G zur Änd. des SozialgerichtsG v. 9.12.2004 (BGBl. I S. 3302), Art. 8 Zweites G zur Änd. wohnungsrechtl. Vorschriften v. 15.12.2004 (BGBl. I S. 3450), Art. 2 Abs. 12 G zum internationalen Familienrecht v. 26.1.2005 (BGBl. I S. 162), Art. 9 VerwaltungsvereinfachungsG v. 21.3.2005 (BGBl. I S. 818), Art. 10 Zweites BetreuungsrechtsänderungsG v. 21.4.2005 (BGBl. I S. 1073), Art. 2 Abs. 25 G zur Novellierung des VerwaltungszustellungsR v. 12.8.2005 (BGBl. I S. 2354), Art. 2 Nr. 4 G über den Ausgleich von Arbeitgeberaufwendungen und zur Änd. weiterer G v. 22.12.2005 (BGBl. I S. 3686), Art. 6 G zur Fortentwicklung der Grundsicherung für Arbeitsuchende v. 20.7.2006 (BGBl. I S. 1706), Art. 263 Neunte ZuständigkeitsanpassungsVO v. 31.10.2006 (BGBl. I S. 2407), Art. 7 G zur Änd. des SGB IV und anderer G v. 19.12.2007 (BGBl. I S. 3024), Art. 26 JahressteuerG 2008 v. 20.12.2007 (BGBl. I S. 3150), Art. 15 Abs. 4 WehrrechtsänderungsG 2008 v. 31.7.2008 (BGBl. I S. 1629), Art. 2c G zur Neuregelung des

---

1) Die Änderungen durch G v. 18.7.2017 (BGBl. I S. 2739, geänd. BGBl. I 2021 S. 2) treten gem. Art. 3 Abs. 2 dieses G an dem Tag in Kraft, an dem die Rechtsverordnung nach § 10 des Wettbewerbsregistergesetzes in Kraft tritt; sie sind im Text noch nicht berücksichtigt. Das Bundesministerium für Wirtschaft und Energie gibt den Tag nach Satz 2 im Bundesgesetzblatt bekannt.

2) Die Änderungen durch G v. 12.12.2019 (BGBl. I S. 2652) treten erst **mWv 1.1.2024** in Kraft und sind im Text noch nicht berücksichtigt.

3) Die Änderungen durch G v. 28.3.2021 (BGBl. I S. 591) treten gem. Art. 22 Satz 3 dieses G erst an dem Tag in Kraft, an dem das Bundesministerium des Innern, für Bau und Heimat im Bundesgesetzblatt bekannt gibt, dass die technischen Voraussetzungen für die Verarbeitung der Identifikationsnummer nach § 139b AO nach den jeweils geänderten Gesetzen vorliegen; sie sind im Text noch nicht berücksichtigt.

4) Die Änderungen durch G v. 7.5.2021 (BGBl. I S. 850) treten erst **mWv 1.11.2022** in Kraft und sind im Text noch nicht berücksichtigt.

5) Die Änderungen durch G v. G v. 4.5.2021 (BGBl. I S. 882) treten erst **mWv 1.1.2023** in Kraft und sind im Text noch nicht berücksichtigt.

6) Die Änderungen durch G v. 10.8.2021 (BGBl. I S. 3436) treten erst **mWv 1.1.2024** in Kraft und sind im Text noch nicht berücksichtigt.

7) Die Änderungen durch G v. 20.8.2021 (BGBl. I S. 3932) treten erst **mWv 1.1.2024** bzw. **mWv 1.1.2025** in Kraft und sind im Text noch nicht berücksichtigt.

8) Neubekanntmachung des SGB X v. 18.8.1980 (BGBl. I S. 1469, 2218) in der ab 1.1.2001 geltenden Fassung.

Wohngeldrechts und zur Änd. des SGB v. 24.9.2008 (BGBl. I S. 1856), Art. 2 Viertes G zur Änd. verwaltungsverfahrensrechtl. Vorschriften v. 11.12.2008 (BGBl. I S. 2418), Art. 106 FGG-ReformG v. 17.12.2008 (BGBl. I S. 2586), Art. 21 JahressteuerG 2009 v. 19.12.2008 (BGBl. I S. 2794), Art. 6 Zweites G zur Änd. des SGB IV und anderer G v. 21.12.2008 (BGBl. I S. 2933), Art. 6 Nr. 2a G zur Verbesserung der Rahmenbedingungen für die Absicherung flexibler Arbeitszeitregelungen und zur Änd. anderer G v. 21.12.2008 (BGBl. I S. 2940), Art. 15 Abs. 99 DienstrechtsneuordnungsG v. 5.2. 2009 (BGBl. I S. 160), Art. 6 ELENA-VerfahrensG v. 28.3.2009 (BGBl. I S. 634), Art. 19 G zur Strukturreform des Versorgungsausgleichs v. 3.4.2009 (BGBl. I S. 700), Art. 5 BürgerentlastungsG Krankenversicherung v. 16.7.2009 (BGBl. I S. 1959), Art. 4 Abs. 15 G zur Reform der Sachaufklärung in der Zwangsvollstreckung v. 29.7.2009 (BGBl. I S. 2258), Art. 5 Drittes G zur Änd. des SGB IV und anderer G v. 5.8.2010 (BGBl. I S. 1127), Art. 13 G zur Durchführung der VO (EG) Nr. 4/2009 und zur Neuordnung bestehender Aus- und Durchführungsbestimmungen auf dem Gebiet des internationalen Unterhaltsverfahrensrechts v. 23.5.2011 (BGBl. I S. 898), Art. 9 G zur Umsetzung aufenthaltsrechtl. RL der EU und zur Anpassung nationaler Rechtsvorschriften an den EU-Visakodex v. 22.11.2011 (BGBl. I S. 2258), Art. 7 G zur Änd. des BeherbergungsstatistikG und des HandelsstatistikG sowie zur Aufhebung von Vorschriften zum Verfahren des elektronischen Entgeltnachweises v. 23.11.2011 (BGBl. I S. 2298), Art. 3 GKV-VersorgungsstrukturG v. 22.12.2011 (BGBl. I S. 2983), Art. 9 LSV-NeuordnungsG v. 12.4.2012 (BGBl. I S. 579), Art. 4 G zur Umsetzung der Hochqualifizierten-Richtlinie der Europäischen Union v. 1.6.2012 (BGBl. I S. 1224), Art. 8 G über die Vereinfachung des Austauschs von Informationen und Erkenntnissen zwischen den Strafverfolgungsbehörden der Mitgliedstaaten der EU v. 21.7.2012 (BGBl. I S. 1566), Art. 2 Abs. 13 G zur Fortentwicklung des Meldewesens v. 3.5.2013 (BGBl. I S. 1084, geänd. durch G v. 20.11.2014, BGBl. I S. 1738), Art. 38 Zweites KostenrechtsmodernisierungsG v. 23.7.2013 (BGBl. I S. 2586), Art. 6 G zur Förderung der elektronischen Verwaltung sowie zur Änd. weiterer Vorschriften v. 25.7. 2013 (BGBl. I S. 2749), Art. 10 TarifautonomiestärkungsG v. 11.8.2014 (BGBl. I S. 1348), Art. 32 G zur Bereinigung des Rechts der Lebenspartner v. 20.11.2015 (BGBl. I S. 2010), Art. 12 DatenaustauschverbesserungsG v. 2.2.2016 (BGBl. I S. 130), Art. 19 G zur Modernisierung des Besteuerungsverfahrens v. 18.7.2016 (BGBl. I S. 1679), Art. 4 G zur Weiterentwicklung des Behindertengleichstellungsrechts v. 19.7.2016 (BGBl. I S. 1757), Art. 7 G zur Änd. des BundesstatistikG und anderer Statistikgesetze v. 21.7.2016 (BGBl. I S. 1768), Art. 23 G zur Einführung von Ausschreibungen für Strom aus erneuerbaren Energien und zu weiteren Änd. des Rechts der erneuerbaren Energien v. 13.10.2016 (BGBl. I S. 2258), Art. 6 6. SGB IV-ÄndG v. 11.11.2016 (BGBl. I S. 2500), Art. 20 Abs. 8 BundesteilhabeG v. 23.12.2016 (BGBl. I S. 3234), Art. 5 Abs. 7 G zur Neuregelung des Bundesarchivrechts v. 10.3.2017 (BGBl. I S. 410), Art. 166 G zum Abbau verzichtbarer Anordnungen der Schriftform im Verwaltungsrecht des Bundes v. 29.3.2017 (BGBl. I S. 626), Art. 6 Abs. 2 G zur Änd. von Vorschriften im Bereich des Internationalen Privat- und Zivilverfahrensrechts v. 11.6.2017 (BGBl. I S. 1607), Art. 11 G zur Umsetzung der Vierten EU-GeldwäscheRL, zur Ausführung der EU-GeldtransferVO und zur Neuorganisation der Zentralstelle für Finanztransaktionsuntersuchungen v. 23.6.2017 (BGBl. I S. 1822), Art. 24 G zur Änd. des BundesversorgungsG und anderer Vorschriften v. 17.7.2017 (BGBl. I S. 2541), Art. 2 Abs. 6 G zur Einführung eines Wettbewerbsregisters und zur Änd. des G gegen Wettbewerbsbeschränkungen[1] v. 18.7.2017 (BGBl. I S. 2739, geänd. BGBl. I 2021 S. 2), Art. 10 Abs. 11 G zur Neuregelung des Schutzes von Geheimnissen bei der Mitwirkung Dritter an der Berufsausübung schweigepflichtiger Personen v. 30.10.2017 (BGBl. I S. 3618), Art. 1a G zur Verlängerung befristeter Regelungen im Arbeitsförderungsrecht und zur Umsetzung der RL (EU) 2016/2102 über den barrierefreien Zugang zu den Websites und mobilen Anwendungen öffentlicher Stellen v. 10.7.2018 (BGBl. I S. 1117), Art. 16 G zur Umsetzung des G zur Einführung des Rechts auf Eheschließung für Personen gleichen Geschlechts v. 18.12.2018 (BGBl. I S. 2639), Art. 16 G gegen illegale Beschäftigung und Sozialleistungsmissbrauch v. 11.7.2019 (BGBl. I S. 1066), Art. 47 FachkräfteeinwanderungsG v. 15.8.2019 (BGBl. I S. 1307), Art. 131 Zweites Datenschutz-Anpassungs- und UmsetzungsG EU v. 20.11.2019 (BGBl. I S. 1626), Art. 38 G zur Regelung des Sozialen Entschädigungsrechts v. 12.12.2019 (BGBl. I S. 2652, geänd. durch G v. 20.8.2021, BGBl. I S. 3932), Art. 9 MDK-ReformG v. 14.12.2019 (BGBl. I S. 2789), Art. 2 G zur Einführung einer Wohnungslosenberichterstattung sowie einer Statistik untergebrachter wohnungsloser Personen und zur Änd. weiterer Gesetze v. 4.3.2020 (BGBl. I S. 437), Art. 16 Sozialschutz-Paket II v. 20.5.2020 (BGBl. I S. 1055), Art. 8 Siebtes G zur Änd. des Vierten Buches SGB und anderer G v. 12.6.2020 (BGBl. I S. 1248), Art. 9 G zur Digitalisierung von Verwaltungsverfahren bei der Gewährung von Familienleistungen v. 3.12.2020 (BGBl. I S. 2668), Art. 5 Gesetz Digitale Rentenübersicht v. 11.2.2021

[1] Art. 2 Abs. 6 tritt an dem Tag in Kraft, an dem die Rechtsverordnung nach § 10 des Wettbewerbsregistergesetzes in Kraft tritt. Das Bundesministerium für Wirtschaft und Energie gibt den Tag nach Satz 2 im Bundesgesetzblatt bekannt.

(BGBl. I S. 154), Art. 14 RegistermodernisierungsG v. 28.3.2021 (BGBl. I S. 591), Art. 4 Abs. 8 G zur Verbesserung des Schutzes von Gerichtsvollziehern vor Gewalt sowie zur Änd. weiterer zwangsvollstreckungsrechtl. Vorschriften und zur Änd. des InfektionsschutzG v. 7.5.2021 (BGBl. I S. 850), Art. 14 Vormundschafts- und Betreuungsrechts-ReformG v. 4.5.2021 (BGBl. I S. 882), Art. 5 Zweites IT-SicherheitsG v. 18.5.2021 (BGBl. I S. 1122), Art. 5 Kinder- und JugendstärkungsG v. 3.6. 2021 (BGBl. I S. 1444), Art. 4 G zur Erprobung von Verfahren eines Registerzensus und zur Änd. statistikrechtlicher Vorschriften v. 9.6.2021 (BGBl. I S. 1649), Art. 24 Abs. 10 G zur Modernisierung des notariellen Berufsrechts und zur Änd. weiterer Vorschriften v. 25.6.2021 (BGBl. I S. 2154), Art. 6 G zur Weiterentwicklung des Ausländerzentralregisters v. 9.7.2021 (BGBl. I S. 2467), Art. 120 PersonengesellschaftsrechtsmodernisierungsG (MoPeG) v. 10.8.2021 (BGBl. I S. 3436) und Art. 44 und 45 G über die Entschädigung der Soldatinnen und Soldaten und zur Neuordnung des Soldatenversorgungsrechts v. 20.8.2021 (BGBl. I S. 3932)

*(Fortsetzung nächstes Blatt)*

# 412. Sozialgesetzbuch (SGB) Zwölftes Buch (XII) – Sozialhilfe –[1) 2) 3) 4) 5) 6) 7)]

Vom 27. Dezember 2003
(BGBl. I S. 3022)

**FNA 860-12**

geänd. durch Art. 10 Nr. 10a ZuwanderungsG v. 30.7.2004 (BGBl. I S. 1950), Art. 11 G zur Organisationsreform in der gesetzl. RV v. 9.12.2004 (BGBl. I S. 3242), Art. 10 und Art. 27 Nr. 2

---

[1)] Verkündet als Art. 1 G zur Einordnung des Sozialhilferechts in das SGB v. 27.12.2003 (BGBl. I S. 3022, geänd. durch G v. 9.12.2004, BGBl. I S. 3220, und durch G v. 9.12.2004, BGBl. I S. 3305); Inkrafttreten gem. Art. 70 Abs. 1 dieses G am 1.1.2005 mit Ausnahme der §§ 40 und 133 Abs. 2, die gem. Art. 70 Abs. 2 Satz 1 am 31.12.2003, der §§ 24, 28 Abs. 2, §§ 132 und 133 Abs. 1, die gem. Art. 70 Abs. 2 Sätze 2 und 3 am 1.1.2004 sowie der §§ 57 und 61 Abs. 2 Sätze 3 und 4, die gem. Art. 70 Abs. 2 Satz 4 am 1.7.2004 in Kraft getreten sind; § 97 Abs. 3 ist gem. Art. 70 Abs. 2 Satz 5 am 1.1.2007 in Kraft getreten.

[2)] § 100 ist gem. Art. 27 Nr. 2 G v. 21.3.2005 (BGBl. I S. 818) am 1.1.2004 in Kraft getreten.

[3)] Die Änderungen durch G v. 12.12.2019 (BGBl. I S. 2652) treten erst **mWv 1.1.2024** in Kraft und sind im Text noch nicht berücksichtigt.

[4)] Die Änderungen durch G v. 10.8.2021 (BGBl. I S. 3515) treten erst **mWv 1.7.2022** in Kraft und sind im Text noch nicht berücksichtigt.

[5)] Die Änderungen durch G v. 20.8.2021 (BGBl. I S. 3932) treten erst **mWv 1.1.2025** in Kraft und sind im Text noch nicht berücksichtigt.

[6)] Zum SGB XII haben die Länder ua folgende Vorschriften erlassen:
- **Baden-Württemberg:** G zur Ausführung des SGB XII v. 1.7.2004 (GBl. S. 469), zuletzt geänd. durch G v. 4.2.2021 (GBl. S. 198)
- **Bayern:** G zur Ausführung der Sozialgesetze v. 8.12.2006 (GVBl. S. 942), zuletzt geänd. durch G v. 23.12.2021 (GVBl. S. 671);
- **Berlin:** G zur Ausführung des SGB XII v. 7.9.2005 (GVBl. S. 467), zuletzt geänd. durch G v. 25.9. 2019 (GVBl. S. 602);
- **Brandenburg:** G zur Ausführung des SGB XII v. 3.11.2010 (GVBl. I Nr. 36), zuletzt geänd. durch G v. 17.12.2021 (GVBl. I Nr. 40);
- **Bremen:** G zur Ausführung des SGB XII v. 30.4.2007 (Brem.GBl. S. 315), zuletzt geänd. durch G v. 5.3.2019 (Brem.GBl. S. 45);
- **Hamburg::** Gesetz zu § 116 des SGB XII v. 1.9.2005 (HmbGVBl. S. 385);
- **Hessen:** Hessisches AusführungsG zum SGB XII v. 13.9.2018 (GVBl. S. 590, 594), zuletzt geänd. durch G v. 30.9.2021 (GVBl. S. 637);
- **Mecklenburg-Vorpommern:** G zur Ausführung des SGB XII v. 20.12.2004 (GVOBl. M-V S. 546), zuletzt geänd. durch G v. 11.12.2020 (GVOBl. M-V S. 1346);
- **Niedersachsen:** G zur Ausführung des SGB IX und des SGB XII v. 24.10.2019 (Nds. GVBl. S. 300);
- **Nordrhein-Westfalen:** LandesausführungsG zum SGB XII für das Land Nordrhein-Westfalen v. 16.12.2004 (GV. NRW. S. 816), zuletzt geänd. durch G v. 1.12.2021 (GV. NRW. S. 1384);
- **Rheinland-Pfalz:** LandesG zur Ausführung des SGB XII v. 22.12.2004 (GVBl. S. 571), zuletzt geänd. durch G v. 19.12.2018 (GVBl. S. 463);
- **Saarland:** G zur Ausführung des SGB XII v. 8.3.2005 (Amtsbl. S. 438), zuletzt geänd. durch G v. 8.12.2021 (Amtsbl. 2022 I S. 94);
- **Sachsen:** Sächsisches G zur Ausführung des Sozialgesetzbuches (SächsAGSGB) v. 6.6.2002 (SächsGVBl. S. 169), zuletzt geänd. durch G v. 31.3.2021 (SächsGVBl. S. 411);
- **Sachsen-Anhalt:** G zur Ausführung des SGB XII v. 11.1.2005 (GVBl. LSA S. 8), zuletzt geänd. durch G v. 5.12.2019 (GVBl. LSA S. 948);
- **Schleswig-Holstein:** G zur Ausführung des SGB XII;
- **Thüringen:** Thüringer G zur Ausführung des SGB XII v. 17.12.2004 (GVBl. S. 891), zuletzt geänd. durch G v. 8.4.2009 (GVBl. S. 322).

[7)] Siehe hierzu ua auch den Hinweis auf von BundesR abweichendes LandesR für das Land Berlin v. 10.8.2018 (BGBl. I S. 1311).

VerwaltungsvereinfachungsG v. 21.3.2005 (BGBl. I S. 818), Art. 4 Abs. 36 G zur Neuorganisation der Bundesfinanzverwaltung und zur Schaffung eines Refinanzierungsregisters v. 22.9.2005 (BGBl. I S. 2809), Art. 3 G zur Änd. des SGB II und anderer G v. 24.3.2006 (BGBl. I S. 558), Art. 8 G zur Fortentwicklung der Grundsicherung für Arbeitsuchende v. 20.7.2006 (BGBl. I S. 1706), Art. 266 Neunte ZuständigkeitsanpassungsVO v. 31.10.2006 (BGBl. I S. 2407), Art. 1 G zur Änd. des SGB XII und and. G v. 2.12.2006 (BGBl. I S. 2670), Art. 10 GKV-WettbewerbsstärkungsG v. 26.3.2007 (BGBl. I S. 378, aufgeh. durch G v. 20.7.2007, BGBl. I S. 1595), Art. 7 RV-AltersgrenzenanpassungsG v. 20.4.2007 (BGBl. I S. 554), Art. 5 G zum Schutz vor den Gefahren des Passivrauchens v. 20.7.2007 (BGBl. I S. 1595), Art. 5 22. G zur Änd. des BundesausbildungsförderungsG v. 23.12.2007 (BGBl. I S. 3254), Art. 7 Pflege-WeiterentwicklungsG v. 28.5.2008 (BGBl. I S. 874), Art. 2d G zur Neuregelung des Wohngeldrechts und zur Änd. des SGB v. 24.9.2008 (BGBl. I S. 1856), Art. 7 Zweites G zur Änd. des SGB IV und anderer G v. 21.12.2008 (BGBl. I S. 2933), Art. 4 FamilienleistungsG v. 22.12.2008 (BGBl. I S. 2955), Art. 9a G zur Änd. des SGB IV, zur Errichtung einer Versorgungsausgleichskasse und anderer G v. 15.7.2009 (BGBl. I S. 1939), Art. 6 BürgerentlastungsG Krankenversicherung v. 16.7.2009 (BGBl. I S. 1959), Art. 2 Abs. 2 G zur Neuregelung der zivilrechtl. Vorschriften des HeimG nach der Föderalismusreform v. 29.7.2009 (BGBl. I S. 2319), Art. 4 G zur Regelung des Assistenzpflegebedarfs im Krankenhaus v. 30.7.2009 (BGBl. I S. 2495), Art. 2 Abs. 3 G zur Weiterentwicklung der Organisation der Grundsicherung für Arbeitsuchende v. 3.8.2010 (BGBl. I S. 1112), Art. 21 HaushaltsbegleitG 2011 v. 9.12.2010 (BGBl. I S. 1885), Art. 3 G zur Ermittlung von Regelbedarfen und zur Änd. des Zweiten und Zwölften Buches Sozialgesetzbuch v. 24.3.2011 (BGBl. I S. 453), Art. 3b G zur Änd. des BundesversorgungsG und and. Vorschriften v. 20.6.2011 (BGBl. I S. 1114), § 2 Abs. 2 Regelbedarfsstufen-FortschreibungsVO 2012 v. 17.10. 2011 (BGBl. I S. 2090), Art. 1 G zur Stärkung der Finanzkraft der Kommunen v. 6.12.2011 (BGBl. I S. 2563), Art. 12 G zur Verbesserung der Eingliederungschancen am Arbeitsmarkt v. 20.12.2011 (BGBl. I S. 2854), Art. 6a Viertes G zur Änd. des Vierten Buches Sozialgesetzbuch und anderer G v. 22.12.2011 (BGBl. I S. 3057), Art. 13 Abs. 28 LSV-NeuordnungsG v. 12.4.2012 (BGBl. I S. 579), § 2 Regelbedarfsstufen-FortschreibungsVO 2013 v. 18.10.2012 (BGBl. I S. 2173), Art. 1 G zur Änd. des SGB XII v. 20.12.2012 (BGBl. I S. 2783), Art. 3 G zur Regelung des Assistenzpflegebedarfs in stationären Vorsorge- oder Rehabilitationseinrichtungen v. 20.12.2012 (BGBl. I S. 2789), Art. 9 EhrenamtsstärkungsG v. 21.3.2013 (BGBl. I S. 556), Art. 2 G zur Änd. des Zweiten Buches Sozialgesetzbuch und anderer G v. 7.5.2013 (BGBl. I S. 1167), Art. 2 Kinder- und JugendhilfeverwaltungsvereinfachungsG v. 29.8.2013 (BGBl. I S. 3464), Art. 1 Zweites G zur Änd. des Zwölften Buches Sozialgesetzbuch v. 1.10.2013 (BGBl. I S. 3733), § 2 Regelbedarfsstufen-FortschreibungsVO 2014 v. 15.10.2013 (BGBl. I S. 3856), Art. 9 GKV-Finanzstruktur- und Qualitäts-WeiterentwicklungsG v. 21.7.2014 (BGBl. I S. 1133), § 2 Regelbedarfsstufen-FortschreibungsVO 2015 v. 14.10.2014 (BGBl. I S. 1618), § 2 Regelbedarfsstufen-FortschreibungsVO 2016 v. 22.10.2015 (BGBl. I S. 1788), Art. 1 G zur Änd. des Zwölften Buches Sozialgesetzbuch und weiterer Vorschriften v. 21.12.2015 (BGBl. I S. 2557), Art. 3 Abs. 8 Neuntes G zur Änd. des SGB II - Rechtsvereinfachung - sowie zur vorübergehenden Aussetzung der Insolvenzantragspflicht v. 26.7.2016 (BGBl. I S. 1824), Art. 3 IntegrationsG v. 31.7.2016 (BGBl. I S. 1939), Art. 22 Abs. 3 6. SGB IV-ÄndG v. 11.11.2016 (BGBl. I S. 2500), Art. 2 G zur Regelung von Ansprüchen ausländischer Personen in der Grundsicherung für Arbeitsuchende nach dem SGB II und in der Sozialhilfe nach dem SGB XII v. 22.12.2016 (BGBl. I S. 3155), Art. 3, Art. 3a, Art. 4, Art. 5 G zur Ermittlung von Regelbedarfen sowie zur Änd. des Zweiten und des Zwölften Buches Sozialgesetzbuch v. 22.12.2016 (BGBl. I S. 3159), Art. 2 Drittes PflegestärkungsG v. 23.12.2016 (BGBl. I S. 3191), Art. 11, Art. 12, Art. 13 BundesteilhabeG v. 23.12.2016 (BGBl. I S. 3234, geänd. durch G v. 29.4.2019, BGBl. S. 530 und durch G v. 30.11. 2019, BGBl. I S. 1948), Art. 25 G zur Änd. des BundesversorgungsG und anderer Vorschriften v. 17.7.2017 (BGBl. I S. 2541), Art. 5 Rentenüberleitungs-AbschlussG v. 17.7.2017 (BGBl. I S. 2575), Art. 2 BetriebsrentenstärkungsG v. 17.8.2017 (BGBl. I S. 3214), § 2 Regelbedarfsstufen-FortschreibungsVO 2018 v. 8.11.2017 (BGBl. I S. 3767), Art. 2 G zur Verlängerung befristeter Regelungen im Arbeitsförderungsrecht und zur Umsetzung der RL (EU) 2016/2102 über den barrierefreien Zugang zu den Websites und mobilen Anwendungen öffentlicher Stellen v. 10.7.2018 (BGBl. I S. 1117), § 2 Regelbedarfsstufen-FortschreibungsVO 2019 v. 19.10.2018 (BGBl. I S. 1766), Art. 5, Art. 6 G zur Durchführung von Verordnungen der EU zur Bereitstellung von Produkten auf dem Markt und zur Änd. des Neunten und Zwölften Buches Sozialgesetzbuch v. 18.4.2019 (BGBl. I S. 473), Art. 4 Starke-Familien-G v. 29.4.2019 (BGBl. I S. 530), Art. 2 AusländerbeschäftigungsförderungsG v. 8.7.2019 (BGBl. I S. 1029), § 2 Regelbedarfsstufen-FortschreibungsVO 2020 v. 15.10.2019 (BGBl. I S. 1452), Art. 133 Zweites Datenschutz-Anpassungs- und UmsetzungsG EU v. 20.11.2019 (BGBl. I S. 1626), Art. 3 G zur Änd. des Neunten und des Zwölften Buches Sozialgesetzbuch und anderer Rechtsvorschriften v. 30.11.2019 (BGBl. I S. 1948), Art. 1 Angehörigen-EntlastungsG v. 10.12.2019 (BGBl. I S. 2135), Art. 40 G zur Regelung des Sozialen Entschädigungsrechts v. 12.12.2019 (BGBl. I S. 2652), Art. 11 MDK-ReformG v. 14.12.2019 (BGBl. I

S. 2789), Art. 5 Sozialschutz-Paket v. 27.3.2020 (BGBl. I S. 575), Art. 17 Sozialschutz-Paket II v. 20.5.2020 (BGBl. I S. 1055), Art. 314 Elfte ZuständigkeitsanpassungsVO v. 19.6.2020 (BGBl. I S. 1328), Art. 3 GrundrentenG v. 12.8.2020 (BGBl. I S. 1879), Beschl. des BVerfG – 2 BvR 696/12 – v. 7.7.2020 (BGBl. I S. 1992), Art. 3 Abs. 7 59. G zur Änd. des Strafgesetzbuches v. 9.10.2020 (BGBl. I S. 2075), Art. 2 G zur Ermittlung der Regelbedarfe und zur Änd. des Zwölften Buches Sozialgesetzbuch sowie weiterer Gesetze v. 9.12.2020 (BGBl. I S. 2855), Art. 43 JahressteuerG 2020 v. 21.12.2020 (BGBl. I S. 3096), Art. 6 G Digitale Rentenübersicht v. 11.2.2021 (BGBl. I S. 154), Art. 2 Sozialschutz-Paket III v. 10.3.2021 (BGBl. I S. 335), Art. 1 TeilhabestärkungsG v. 2.6.2021 (BGBl. I S. 1387), Art. 8 Abs. 6 G zur Bekämpfung sexualisierter Gewalt gegen Kinder v. 16.6.2021 (BGBl. I S. 1810), Art. 7 KitafinanzhilfenänderungsG v. 25.6.2021 (BGBl. I S. 2020), Art. 4 MietspiegelreformG v. 10.8.2021 (BGBl. I S. 3515), Art. 47 G über die Entschädigung der Soldatinnen und Soldaten und zur Neuordnung des Soldatenversorgungsrechts v. 20.8.2021 (BGBl. I S. 3932), § 1 Regelbedarfsstufen-FortschreibungsVO 2022 v. 13.10.2021 (BGBl. I S. 4674), Art. 9 G zur Änd. des InfektionsschutzG und weiterer Gesetze anlässlich der Aufhebung der Feststellung der epidemischen Lage von nationaler Tragweite v. 22.11.2021 (BGBl. I S. 4906) und Art. 16 G zur Stärkung der Impfprävention gegen COVID-19 und zur Änd. weiterer Vorschriften im Zusammenhang mit der COVID-19-Pandemie v. 10.12.2021 (BGBl. I S. 5162)

## Inhaltsverzeichnis[1]



[1] Inhaltsverzeichnis zuletzt geänd. mWv 25.11.2021 durch G v. 10.12.2021 (BGBl. I S. 5162).

**Siebtes Kapitel. Hilfe zur Pflege**



**Achtes Kapitel. Hilfe zur Überwindung besonderer sozialer Schwierigkeiten**



**Neuntes Kapitel. Hilfe in anderen Lebenslagen**



**Zehntes Kapitel. Vertragsrecht**



**Elftes Kapitel. Einsatz des Einkommens und des Vermögens**

Erster Abschnitt. Einkommen



Zweiter Abschnitt. Einkommensgrenzen für die Leistungen nach dem Fünften bis Neunten Kapitel

## Erstes Kapitel. Allgemeine Vorschriften

**§ 1 Aufgabe der Sozialhilfe** [1] Aufgabe der Sozialhilfe ist es, den Leistungsberechtigten die Führung eines Lebens zu ermöglichen, das der Würde des Menschen entspricht. [2] Die Leistung soll sie so weit wie möglich befähigen, unabhängig von ihr zu leben; darauf haben auch die Leistungsberechtigten nach ihren Kräften hinzuarbeiten. [3] Zur Erreichung dieser Ziele haben die Leistungsberechtigten und die Träger der Sozialhilfe im Rahmen ihrer Rechte und Pflichten zusammenzuwirken.

**§ 2 Nachrang der Sozialhilfe.** (1) Sozialhilfe erhält nicht, wer sich vor allem durch Einsatz seiner Arbeitskraft, seines Einkommens und seines Vermögens selbst helfen kann oder wer die erforderliche Leistung von anderen, insbesondere von Angehörigen oder von Trägern anderer Sozialleistungen, erhält.

(2) [1] Verpflichtungen anderer, insbesondere Unterhaltspflichtiger oder der Träger anderer Sozialleistungen, bleiben unberührt. [2] Auf Rechtsvorschriften

beruhende Leistungen anderer dürfen nicht deshalb versagt werden, weil nach dem Recht der Sozialhilfe entsprechende Leistungen vorgesehen sind.

**§ 3 Träger der Sozialhilfe.** (1) Die Sozialhilfe wird von örtlichen und überörtlichen Trägern geleistet.

(2) [1] Örtliche Träger der Sozialhilfe sind die kreisfreien Städte und die Kreise, soweit nicht nach Landesrecht etwas anderes bestimmt wird. [2] Bei der Bestimmung durch Landesrecht ist zu gewährleisten, dass die zukünftigen örtlichen Träger mit der Übertragung dieser Aufgaben einverstanden sind, nach ihrer Leistungsfähigkeit zur Erfüllung der Aufgaben nach diesem Buch geeignet sind und dass die Erfüllung dieser Aufgaben in dem gesamten Kreisgebiet sichergestellt ist.

(3) Die Länder bestimmen die überörtlichen Träger der Sozialhilfe.

**§ 4[1] Zusammenarbeit.** (1) [1] Die Träger der Sozialhilfe arbeiten mit anderen Stellen, deren gesetzliche Aufgaben dem gleichen Ziel dienen oder die an Leistungen beteiligt sind oder beteiligt werden sollen, zusammen, insbesondere mit den Trägern von Leistungen nach dem Zweiten[2], dem Achten[3], dem Neunten[4] und dem Elften Buch[5], sowie mit anderen Trägern von Sozialleistungen und mit Verbänden. [2] Darüber hinaus sollen die Träger der Sozialhilfe gemeinsam mit den Beteiligten der Pflegestützpunkte nach § 7c des Elften Buches alle für die wohnortnahe Versorgung und Betreuung in Betracht kommenden Hilfe- und Unterstützungsangebote koordinieren. [3] Die Rahmenverträge nach § 7a Absatz 7 des Elften Buches sind zu berücksichtigen und die Empfehlungen nach § 8a des Elften Buches sollen berücksichtigt werden.

(2) Ist die Beratung und Sicherung der gleichmäßigen, gemeinsamen oder ergänzenden Erbringung von Leistungen geboten, sollen zu diesem Zweck Arbeitsgemeinschaften gebildet werden.

(3) Soweit eine Verarbeitung personenbezogener Daten erfolgt, ist das Nähere in einer Vereinbarung zu regeln.

**§ 5 Verhältnis zur freien Wohlfahrtspflege.** (1) Die Stellung der Kirchen und Religionsgesellschaften des öffentlichen Rechts sowie der Verbände der freien Wohlfahrtspflege als Träger eigener sozialer Aufgaben und ihre Tätigkeit zur Erfüllung dieser Aufgaben werden durch dieses Buch nicht berührt.

(2) [1] Die Träger der Sozialhilfe sollen bei der Durchführung dieses Buches mit den Kirchen und Religionsgesellschaften des öffentlichen Rechts sowie den Verbänden der freien Wohlfahrtspflege zusammenarbeiten. [2] Sie achten dabei deren Selbständigkeit in Zielsetzung und Durchführung ihrer Aufgaben.

---

[1] § 4 Abs. 1 neu gef. mWv 1.7.2008 durch G v. 28.5.2008 (BGBl. I S. 874); Abs. 1 Satz 2 geänd., Satz 3 angef. mWv 1.1.2017 durch G v. 23.12.2016 (BGBl. I S. 3191); Abs. 1 Satz 1 geänd. mWv 1.1. 2020 durch G v. 23.12.2016 (BGBl. I S. 3234); Abs. 3 geänd. mWv 26.11.2019 durch G v. 20.11. 2019 (BGBl. I S. 1626).

[2] Nr. **402.**

[3] **Habersack, Deutsche Gesetze ErgBd. Nr. 46.**

[4] **Aichberger Nr. 9.**

[5] **Aichberger Nr. 11.**

2. als Leistung nach dem Dritten Kapitel für Personen, bei denen die Voraussetzungen der Nummer 1 nicht vorliegen.

[5]Bei Personen, für die Satz 4 Nummer 1 gilt, ist § 44 Absatz 1 Satz 1 nicht anzuwenden. [6]Die Sätze 1 bis 5 gelten entsprechend für alle laufend gezahlten und am Monatsende zufließenden Einkommen. [7]Der Zuschuss nach den Sätzen 1 bis 3 gilt nicht als Leistung nach § 7 Absatz 1 Satz 1 Nummer 5 und 6 des Wohngeldgesetzes[1)].

**§ 141[2)] Übergangsregelung aus Anlass der COVID-19-Pandemie-Übergangsregelung aus Anlass der COVID-19-Pandemie; Verordnungsermächtigung.** (1) Leistungen nach dem Dritten und Vierten Kapitel werden für Bewilligungszeiträume, die in der Zeit vom 1. März 2020 bis zum 31. März 2022 beginnen, nach Maßgabe der Absätze 2 bis 4 erbracht.

(2) [1]Abweichend von § 2 Absatz 1, § 19 Absatz 1, 2 und 5, § 27 Absatz 1 und 2, § 39, § 41 Absatz 1, § 43 Absatz 1, § 43a Absatz 2 und § 90 wird Vermögen für die Dauer von sechs Monaten nicht berücksichtigt. [2]Satz 1 gilt nicht, wenn das Vermögen erheblich ist; es wird vermutet, dass kein erhebliches Vermögen vorhanden ist, wenn die leistungsnachsuchenden Personen dies im Antrag erklären.

(3) [1]Abweichend von § 35 und § 42a Absatz 1 gelten die tatsächlichen Aufwendungen für Unterkunft und Heizung für die Dauer von sechs Monaten als angemessen. [2]Nach Ablauf des Zeitraums nach Satz 1 ist § 35 Absatz 2 Satz 2 mit der Maßgabe anzuwenden, dass der Zeitraum nach Satz 1 nicht auf die in § 35 Absatz 2 Satz 2 genannte Frist anzurechnen ist. [3]Satz 1 gilt nicht in den Fällen, in denen im vorangegangenen Bewilligungszeitraum die angemessenen und nicht die tatsächlichen Aufwendungen als Bedarf anerkannt wurden.

(4) Sofern Geldleistungen der Grundsicherung im Alter und bei Erwerbsminderung nach § 44a Absatz 1 vorläufig oder Geldleistungen der Hilfe zum Lebensunterhalt vorschussweise nach § 42 des Ersten Buches[3)] zu bewilligen sind, ist über den monatlichen Leistungsanspruch für Bewilligungszeiträume, die bis zum 31. März 2021 begonnen haben, nur auf Antrag der leistungsberechtigten Person abschließend zu entscheiden; § 44a Absatz 5 Satz 1 findet keine Anwendung.

(5) [1]Abweichend von § 34a Absatz 1 Satz 1 gilt der Antrag auf Leistungen nach § 34 Absatz 5 in der Zeit vom 1. Juli 2021 bis zum Ablauf des 31. Dezember 2023 als von dem Antrag auf Leistungen zur Sicherung des Lebensunterhalts mit umfasst. [2]Dies gilt für ab dem 1. Juli 2021 entstehende Lernförderungsbedarfe auch dann, wenn die jeweiligen Bewilligungszeiträume nur teilweise in den in Satz 1 genannten Zeitraum fallen, weil sie entweder bereits vor dem 1. Juli 2021 begonnen haben oder erst nach dem 31. Dezember 2023 enden.

---

1) **Sartorius Nr. 385.**

2) § 141 angef. mWv 28.3.2020 durch G v. 27.3.2020 (BGBl. I S. 575); Abs. 1 geänd., Abs. 5 aufgeh. mWv 1.1.2021 durch G v. 9.12.2020 (BGBl. I S. 2855); Überschr., Abs. 1 und 4 geänd., Abs. 6 aufgeh. mWv 1.4.2021 durch G v. 10.3.2021 (BGBl. I S. 335); Abs. 5 neu gef. mWv 1.7.2021 durch G v. 25.6.2021 (BGBl. I S. 2020); Überschr. neu gef., Abs. 1 geänd., Abs. 6 angef. mWv 24.11.2021 durch G v. 22.11.2021 (BGBl. I S. 4906).

3) Nr. **401**.

(6) Die Bundesregierung wird ermächtigt, den in Absatz 1 genannten Zeitraum durch Rechtsverordnung ohne Zustimmung des Bundesrates längstens bis zum 31. Dezember 2022 zu verlängern.

**§ 142[1)] Übergangsregelung für die gemeinschaftliche Mittagsverpflegung für Menschen mit Behinderungen aus Anlass der COVID-19-Pandemie; Verordnungsermächtigung.** (1) [1] Wurde im Oktober 2021 ein Mehrbedarf nach § 42b Absatz 2 anerkannt, wird dieser bis zum Ablauf des 31. März 2022 in unveränderter Höhe auch dann anerkannt, wenn abweichend von § 42b Absatz 2 Satz 1 und 2 die Voraussetzungen der Gemeinschaftlichkeit der Mittagsverpflegung und der Essenseinnahme in der Verantwortung des Leistungsanbieters nicht vorliegen. [2] Für die Berechnung der Höhe des Mehrbedarfs sind die Anzahl der für Oktober 2021 berücksichtigten Arbeitstage und die sich nach § 42b Absatz 2 Satz 3 ergebenden Mehraufwendungen je Arbeitstag zugrunde zu legen.

(2) Die Bundesregierung wird ermächtigt, den in Absatz 1 Satz 1 genannten Zeitraum durch Rechtsverordnung ohne Zustimmung des Bundesrates längstens bis zum 31. Dezember 2022 zu verlängern.

**§ 143[2)] Übergangsregelung zum Freibetrag für Grundrentenzeiten und vergleichbare Zeiten.** Der Träger der Sozialhilfe hat über Leistungen der Hilfe zum Lebensunterhalt und der Grundsicherung im Alter und bei Erwerbsminderung ohne Berücksichtigung eines eventuellen Freibetrages nach § 82a zu entscheiden, so lange ihm nicht durch eine Mitteilung des Rentenversicherungsträgers oder berufsständischer Versicherungs- oder Versorgungseinrichtungen nachgewiesen ist, dass die Voraussetzungen für die Einräumung des Freibetrages vorliegen.

**§ 144[3)] Einmalzahlung aus Anlass der COVID-19-Pandemie.** [1] Leistungsberechtigte, denen für den Monat Mai 2021 Leistungen nach dem Dritten oder Vierten Kapitel gezahlt werden und deren Regelsatz sich nach der Regelbedarfsstufe 1, 2 oder 3 der Anlage zu § 28 ergibt, erhalten für den Zeitraum vom 1. Januar 2021 bis zum 30. Juni 2021 zum Ausgleich der mit der COVID-19-Pandemie in Zusammenhang stehenden Mehraufwendungen eine Einmalzahlung in Höhe von 150 Euro. [2] Leistungsberechtigten, für die die Regelbedarfsstufe 3 gilt, ist die Leistung nach Satz 1 zusammen mit dem Barbetrag nach § 27b Absatz 3 oder § 27c Absatz 3 auszuzahlen; die Einmalzahlungen für Leistungsberechtigte nach dem Vierten Kapitel sind Bruttoausgaben nach § 46a Absatz 2 Satz 1. [3] Die Sätze 1 und 2 gelten nur, sofern bei Leistungsberechtigten kein für sie gewährtes und an sie unmittelbar ausgezahltes oder weitergeleitetes Kindergeld als Einkommen berücksichtigt wird.

*(Fortsetzung nächstes Blatt)*

---

[1)] § 142 neu gef. mWv 25.11.2021 durch G v. 10.12.2021 (BGBl. I S. 5162).
[2)] § 143 eingef. mWv 1.1.2021 durch G v. 9.12.2020 (BGBl. I S. 2855).
[3)] § 144 angef. mWv 1.4.2021 durch G v. 10.3.2021 (BGBl. I S. 335).

technik in gerichtlichen und staatsanwaltschaftlichen Verfahren v. 25.4.2013 (BGBl. I S. 935), Art. 5 Abs. 8 Achtes G zur Änd. des GWB v. 26.6.2013 (BGBl. I S. 1738), Art. 19 Zweites KostenrechtsmodernisierungsG v. 23.7.2013 (BGBl. I S. 2586), Art. 11 G zur Änd. des Prozesskostenhilfe- und Beratungshilferechts v. 31.8.2013 (BGBl. I S. 3533), Art. 4 G zur Förderung des elektronischen Rechtsverkehrs mit den Gerichten v. 10.10.2013 (BGBl. I S. 3786), Art. 7 BUK-NeuorganisationsG v. 19.10.2013 (BGBl. I S. 3836), Art. 12 G zur Durchführung der Verordnung (EU) Nr. 1215/2012 sowie zur Änd. sonstiger Vorschriften v. 8.7.2014 (BGBl. I S. 890), Art. 2 G zur Änd. des AsylbewerberleistungsG und des SozialgerichtsG v. 10.12.2014 (BGBl. I S. 2187), Art. 8 Fünftes G zur Änd. des Vierten Buches Sozialgesetzbuch und anderer G v. 15.4.2015 (BGBl. I S. 583), Art. 2 Abs. 2 VergaberechtsmodernisierungsG v. 17.2.2016 (BGBl. I S. 203), Art. 6 G zur Änd. des Sachverständigenrechts und zur weiteren Änd. des G über das Verfahren in Familiensachen und in den Angelegenheiten der freiwilligen Gerichtsbarkeit sowie zur Änd. weiterer G v. 11.10.2016 (BGBl. I S. 2222), Art. 15 Abs. 6 EU-KontopfändungsVO-DurchführungsG v. 21.11.2016 (BGBl. I S. 2591), Art. 19 Abs. 7, Art. 20 Abs. 2 BundesteilhabeG v. 23.12.2016 (BGBl. I S. 3234), Art. 12 G zur Umsetzung der BerufsanerkennungsRL und zur Änd. weiterer Vorschriften im Bereich der rechtsberatenden Berufe v. 12.5. 2017 (BGBl. I S. 1121), Art. 5 Neuntes G zur Änd. des G gegen Wettbewerbsbeschränkungen v. 1.6. 2017 (BGBl. I S. 1416), Art. 18 und 19 G zur Einführung der elektronischen Akte in der Justiz und zur weiteren Förderung des elektronischen Rechtsverkehrs v. 5.7.2017 (BGBl. I S. 2208), Art. 11 Abs. 23 eIDAS-DurchführungsG v. 18.7.2017 (BGBl. I S. 2745), Art. 5 Abs. 5 G über die Erweiterung der Medienöffentlichkeit in Gerichtsverfahren v. 8.10.2017 (BGBl. I S. 3546), Art. 9 G zur Einführung einer zivilprozessualen Musterfeststellungsklage v. 12.7.2018 (BGBl. I S. 1151), Art. 4 Terminservice- und VersorgungsG v. 6.5.2019 (BGBl. I S. 646), Art. 5 Abs. 19 G zur Einführung einer Karte für Unionsbürger und Angehörige des Europäischen Wirtschaftsraums mit Funktion zum elektronischen Identitätsnachweis sowie zur Änd. des PersonalausweisG und weiterer Vorschriften[1] v. 21.6.2019 (BGBl. I S. 846), Art. 6 G zur Regelung der Wertgrenze für die Nichtzulassungsbeschwerde in Zivilsachen, zum Ausbau der Spezialisierung bei den Gerichten sowie zur Änd. weiterer prozessrechtl. Vorschriften v. 12.12.2019 (BGBl. I S. 2633), Art. 16 G zur Regelung des Sozialen Entschädigungsrechts v. 12.12.2019 (BGBl. I S. 2652), Art. 1 Fairer-Kassenwettbewerb-G v. 22.3.2020 (BGBl. I S. 604), Art. 4 und 5 Sozialschutz-Paket II v. 20.5.2020 (BGBl. I S. 1055), Art. 10 Siebtes G zur Änd. des Vierten Buches SGB und anderer G v. 12.6.2020 (BGBl. I S. 1248), Art. 5 GWB-DigitalisierungsG v. 18.1.2021 (BGBl. I S. 2), Art. 6 Digitale-Versorgung-und-Pflege-Modernisierungs-G v. 3.6.2021 (BGBl. I S. 1309), Art. 13 G zur Fortentwicklung der StrafprozessO und zur Änd. weiterer Vorschriften v. 25.6.2021 (BGBl. I S. 2099), Art. 19 G zur Neuregelung des Berufsrechts der anwaltlichen und steuerberatenden Berufsausübungsgesellschaften sowie zur Änd. weiterer Vorschriften im Bereich der rechtsberatenden Berufe v. 7.7.2021 (BGBl. I S. 2363), Art. 2f G zur Umsetzung der RL (EU) 2019/882 v. 16.7.2021 (BGBl. I S. 2970), Art. 25 G über die Entschädigung der Soldatinnen und Soldaten und zur Neuordnung des Soldatenversorgungsrechts v. 20.8.2021 (BGBl. I S. 3932) und Art. 11, 12 und 13 G zum Ausbau des elektronischen Rechtsverkehrs mit den Gerichten und zur Änd. weiterer Vorschriften v. 5.10.2021 (BGBl. I S. 4607)

[1] Die Änd. des Inkrafttretens dieses G durch Art. 154a G v. 20.11.2019 (BGBl. I S. 1626) ist unbeachtlich, da das G bei Erlass des ÄndG bereits in Kraft getreten war.

**Inhaltsübersicht**[1)]



# Erster Teil. Gerichtsverfassung

## Erster Abschnitt. Gerichtsbarkeit und Richteramt

**§ 1**[2)] **[Besondere Verwaltungsgerichte]** Die Sozialgerichtsbarkeit wird durch unabhängige, von den Verwaltungsbehörden getrennte, besondere Verwaltungsgerichte ausgeübt.

**§ 2 [Gerichte der Sozialgerichtsbarkeit]** Als Gerichte der Sozialgerichtsbarkeit werden in den Ländern Sozialgerichte und Landessozialgerichte, im Bund das Bundessozialgericht errichtet.

**§ 3 [Besetzung mit Berufsrichtern und ehrenamtlichen Richtern]**

Die Gerichte der Sozialgerichtsbarkeit werden mit Berufsrichtern und ehrenamtlichen Richtern[3)] besetzt.

**§ 4**[4)] **[Geschäftsstelle]** [1] Bei jedem Gericht wird eine Geschäftsstelle eingerichtet, die mit der erforderlichen Zahl von Urkundsbeamten besetzt wird.

---

[1)] Inhaltsübersicht neu gef. mWv 2.1.2002 durch G v. 17.8.2001 (BGBl. I S. 2144) und zuletzt geänd. mWv 1.1.2011 durch G v. 22.12.2010 (BGBl. I S. 2262).

[2)] § 1 Satz 2 angef., bish. Wortlaut wird Satz 1 mWv 15.12.2004; Satz 2 aufgeh., bish. Satz 1 wird alleiniger Wortlaut mWv 1.1.2009 durch G v. 9.12.2004 (BGBl. I S. 3302).

[3)] Siehe §§ 43, 45 und 45a Deutsches RichterG **(Habersack, Deutsche Gesetze ErgBd. Nr. 97)**.

[4)] § 4 Satz 2 geänd. mWv 2.1.2002 durch G v. 17.8.2001 (BGBl. I S. 2144); Satz 2 geänd. mWv 28.11.2003 durch VO v. 25.11.2003 (BGBl. I S. 2304); Satz 2 geänd. mWv 8.11.2006 durch VO v. 31.10.2006 (BGBl. I S. 2407).

setzlich nichts anderes bestimmt ist, ist die Klage zulässig, wenn der Kläger behauptet, durch den Verwaltungsakt oder durch die Ablehnung oder Unterlassung eines Verwaltungsakts beschwert zu sein.

(2) [1] Der Kläger ist beschwert, wenn der Verwaltungsakt oder die Ablehnung oder Unterlassung eines Verwaltungsakts rechtswidrig ist. [2] Soweit die Behörde, Körperschaft oder Anstalt des öffentlichen Rechts ermächtigt ist, nach ihrem Ermessen zu handeln, ist Rechtswidrigkeit auch gegeben, wenn die gesetzlichen Grenzen dieses Ermessens überschritten sind oder von dem Ermessen in einer dem Zweck der Ermächtigung nicht entsprechenden Weise Gebrauch gemacht ist.

(3) Eine Körperschaft oder eine Anstalt des öffentlichen Rechts kann mit der Klage die Aufhebung einer Anordnung der Aufsichtsbehörde begehren, wenn sie behauptet, daß die Anordnung das Aufsichtsrecht überschreite.

(4) Betrifft der angefochtene Verwaltungsakt eine Leistung, auf die ein Rechtsanspruch besteht, so kann mit der Klage neben der Aufhebung des Verwaltungsakts gleichzeitig die Leistung verlangt werden.

(5) Mit der Klage kann die Verurteilung zu einer Leistung, auf die ein Rechtsanspruch besteht, auch dann begehrt werden, wenn ein Verwaltungsakt nicht zu ergehen hatte.

**§ 55[1)] [Feststellungsklage]** (1) Mit der Klage kann begehrt werden

1. die Feststellung des Bestehens oder Nichtbestehens eines Rechtsverhältnisses,
2. die Feststellung, welcher Versicherungsträger der Sozialversicherung zuständig ist,
3. die Feststellung, ob eine Gesundheitsstörung oder der Tod die Folge eines Arbeitsunfalls, einer Berufskrankheit oder einer Schädigung im Sinne des Bundesversorgungsgesetzes[2)] ist,
4. die Feststellung der Nichtigkeit eines Verwaltungsakts,

wenn der Kläger ein berechtigtes Interesse an der baldigen Feststellung hat.

(2) Unter Absatz 1 Nr. 1 fällt auch die Feststellung, in welchem Umfange Beiträge zu berechnen oder anzurechnen sind.

(3) Mit Klagen, die sich gegen Verwaltungsakte der Deutschen Rentenversicherung Bund nach § 7a des Vierten Buches Sozialgesetzbuch[3)] richten, kann die Feststellung begehrt werden, ob eine Erwerbstätigkeit als Beschäftigung oder selbständige Tätigkeit ausgeübt wird.

**§ 55a[4)] [Überprüfung der Gültigkeit]** (1) Auf Antrag ist über die Gültigkeit von Satzungen oder anderen im Rang unter einem Landesgesetz stehenden Rechtsvorschriften, die nach § 22a Absatz 1 des Zweiten Buches Sozialgesetzbuch[5)] und dem dazu ergangenen Landesgesetz erlassen worden sind, zu entscheiden.

(2) [1] Den Antrag kann jede natürliche Person stellen, die geltend macht, durch die Anwendung der Rechtsvorschrift in ihren Rechten verletzt zu sein oder in absehbarer Zeit verletzt zu werden. [2] Er ist gegen die Körperschaft zu

---

1) § 55 Abs. 3 angef. mWv 1.4.2022 durch G v. 16.7.2021 (BGBl. I S. 2970).
2) **Aichberger Nr. 20/10.**
3) **Aichberger Nr. 4.**
4) § 55a eingef. mWv 1.4.2011 durch G v. 24.3.2011 (BGBl. I S. 453).
5) Nr. **402**.

richten, welche die Rechtsvorschrift erlassen hat. [3]Das Landessozialgericht kann der obersten Landesbehörde oder der von ihr bestimmten Stelle Gelegenheit zur Äußerung binnen einer bestimmten Frist geben. [4]§ 75 Absatz 1 und 3 sowie Absatz 4 Satz 1 sind entsprechend anzuwenden.

(3) Das Landessozialgericht prüft die Vereinbarkeit der Rechtsvorschrift mit Landesrecht nicht, soweit gesetzlich vorgesehen ist, dass die Rechtsvorschrift ausschließlich durch das Verfassungsgericht eines Landes nachprüfbar ist.

(4) Ist ein Verfahren zur Überprüfung der Gültigkeit der Rechtsvorschrift bei einem Verfassungsgericht anhängig, so kann das Landessozialgericht anordnen, dass die Verhandlung bis zur Erledigung des Verfahrens vor dem Verfassungsgericht auszusetzen ist.

(5) [1]Das Landessozialgericht entscheidet durch Urteil oder, wenn es eine mündliche Verhandlung nicht für erforderlich hält, durch Beschluss. [2]Kommt das Landessozialgericht zu der Überzeugung, dass die Rechtsvorschrift ungültig ist, so erklärt es sie für unwirksam; in diesem Fall ist die Entscheidung allgemein verbindlich und die Entscheidungsformel vom Antragsgegner oder der Antragsgegnerin ebenso zu veröffentlichen wie die Rechtsvorschrift bekannt zu machen wäre. [3]Für die Wirkung der Entscheidung gilt § 183 der Verwaltungsgerichtsordnung[1)] entsprechend.

(6) Das Landessozialgericht kann auf Antrag eine einstweilige Anordnung erlassen, wenn dies zur Abwehr schwerer Nachteile oder aus anderen wichtigen Gründen dringend geboten ist.

**§ 56 [Klagenhäufung]** Mehrere Klagebegehren können vom Kläger in einer Klage zusammen verfolgt werden, wenn sie sich gegen denselben Beklagten richten, im Zusammenhang stehen und dasselbe Gericht zuständig ist.

**§ 56a[2)] [Rechtsbehelfe gegen behördliche Verfahrenshandlungen]**

[1]Rechtsbehelfe gegen behördliche Verfahrenshandlungen können nur gleichzeitig mit den gegen die Sachentscheidung zulässigen Rechtsbehelfen geltend gemacht werden. [2]Dies gilt nicht, wenn behördliche Verfahrenshandlungen vollstreckt werden können oder gegen einen Nichtbeteiligten ergehen.

**§ 57[3)] [Örtliche Zuständigkeit, Gerichtsstand]** (1) [1]Örtlich zuständig ist das Sozialgericht, in dessen Bezirk der Kläger zur Zeit der Klageerhebung seinen Sitz oder Wohnsitz oder in Ermangelung dessen seinen Aufenthaltsort hat; steht er in einem Beschäftigungsverhältnis, so kann er auch vor dem für den Beschäftigungsort zuständigen Sozialgericht klagen. [2]Klagt eine Körperschaft oder Anstalt des öffentlichen Rechts, in Angelegenheiten nach dem Elften Buch Sozialgesetzbuch[4)] ein Unternehmen der privaten Pflegeversicherung oder in Angelegenheiten des sozialen Entschädigungsrechts oder des Schwerbehindertenrechts ein Land, so ist der Sitz oder Wohnsitz oder Auf-

---

[1)] **Sartorius Nr. 600.**

[2)] § 56a eingef. mWv 25.10.2013 durch G v. 19.10.2013 (BGBl. I S. 3836).

[3)] § 57 Abs. 4 angef. durch G v. 20.12.1988 (BGBl. I S. 2477); Abs. 1 Satz 2 geänd. durch G v. 30.3. 1998 (BGBl. I S. 638); Abs. 1 Satz 2, Abs. 2 Sätze 2 und 3 sowie Abs. 3 und 4 geänd. mWv 2.1.2002 durch G v. 17.8.2001 (BGBl. I S. 2144); Abs. 1 Satz 1, Abs. 3 geänd. mWv 1.1.2005 und geänd. mWv 1.1.2009 durch G v. 9.12.2004 (BGBl. I S. 3302); Abs. 5 angef. mWv 1.1.2011 durch G v. 22.12.2010 (BGBl. I S. 2262); Abs. 6 angef. mWv 1.4.2011 durch G v. 24.3.2011 (BGBl. I S. 453); Abs. 7 angef. mWv 22.4.2015 durch G v. 15.4.2015 (BGBl. I S. 583).

[4)] **Aichberger Nr. 11.**

enthaltsort des Beklagten maßgebend, wenn dieser eine natürliche Person oder eine juristische Person des Privatrechts ist.

(2) [1] Ist die erstmalige Bewilligung einer Hinterbliebenenrente streitig, so ist der Wohnsitz oder in Ermangelung dessen der Aufenthaltsort der Witwe oder des Witwers maßgebend. [2] Ist eine Witwe oder ein Witwer nicht vorhanden, so ist das Sozialgericht örtlich zuständig, in dessen Bezirk die jüngste Waise im Inland ihren Wohnsitz oder in Ermangelung dessen ihren Aufenthaltsort hat; sind nur Eltern oder Großeltern vorhanden, so ist das Sozialgericht örtlich zuständig, in dessen Bezirk die Eltern oder Großeltern ihren Wohnsitz oder in Ermangelung dessen ihren Aufenthaltsort haben. [3] Bei verschiedenem Wohnsitz oder Aufenthaltsort der Eltern- oder Großelternteile gilt der im Inland gelegene Wohnsitz oder Aufenthaltsort des anspruchsberechtigten Ehemannes oder geschiedenen Mannes.

(3) Hat der Kläger seinen Sitz oder Wohnsitz oder Aufenthaltsort im Ausland, so ist örtlich zuständig das Sozialgericht, in dessen Bezirk der Beklagte seinen Sitz oder Wohnsitz oder in Ermangelung dessen seinen Aufenthaltsort hat.

(4) In Angelegenheiten des § 51 Abs. 1 Nr. 2, die auf Bundesebene festgesetzte Festbeträge betreffen, ist das Sozialgericht örtlich zuständig, in dessen Bezirk die Bundesregierung ihren Sitz hat, in Angelegenheiten, die auf Lan-

*(Fortsetzung nächstes Blatt)*

# 418. Asylbewerberleistungsgesetz (AsylbLG)[1) 2) 3)]

In der Fassung der Bekanntmachung vom 5. August 1997[4)]

(BGBl. I S. 2022)

**FNA 2178-1**

geänd. durch Art. 1 Zweites ÄndG v. 25.8.1998 (BGBl. I S. 2505), Art. 65 Siebente ZuständigkeitsanpassungsVO v. 29.10.2001 (BGBl. I S. 2785), Art. 8 ZuwanderungsG v. 20.6.2002 (BGBl. I S. 1946, nichtig gem. Urt. des BVerfG v. 18.12.2002 – 2 BvF 1/02 –), Art. 56 Achte ZuständigkeitsanpassungsVO v. 25.11.2003 (BGBl. I S. 2304), Art. 19a Viertes G für moderne Dienstleistungen am Arbeitsmarkt v. 24.12.2003 (BGBl. I S. 2954), Art. 20 G zur Einordnung des Sozialhilferechts in das SGB v. 27.12.2003 (BGBl. I S. 3022), Art. 8 ZuwanderungsG v. 30.7.2004 (BGBl. I S. 1950), Art. 6 Nrn. 6a und 6b G zur Änd. des AufenthaltsG und weiterer Gesetze v. 14.3.2005 (BGBl. I S. 721, ber. 2010 S. 1358), Art. 7c Bürokratieabbau- und DeregulierungsG v. 21.6.2005 (BGBl. I S. 1666), Art. 82 Neunte ZuständigkeitsanpassungsVO v. 31.10.2006 (BGBl. I S. 2407), Art. 6 Abs. 2 G zur Umsetzung aufenthalts- und asylrechtlicher Richtlinien der Europäischen Union v. 19.8.2007 (BGBl. I S. 1970), Art. 2 Abs. 1 G zur Neuregelung des Wohngeldrechts und zur Änd. des SGB v. 24.9.2008 (BGBl. I S. 1856), Art. 3 G zur Umsetzung aufenthaltsrechtlicher Richtlinien der EU und zur Anpassung nationaler Rechtsvorschriften an den EU-Visakodex v. 22.11.2011 (BGBl. I S. 2258), Beschl. des BVerfG – 1 BvL 10/10 und 1 BvL 2/11 – v. 18.7.2012 (BGBl. I S. 1715), Art. 1 G zur Änd. des AsylbewerberleistungsG und des SozialgerichtsG v. 10.12.2014 (BGBl. I S. 2187), Art. 3 G zur Verbesserung der Rechtsstellung von asylsuchenden und geduldeten Ausländern v. 23.12.2014 (BGBl. I S. 2439), Art. 2 AsylverfahrensbeschleunigungsG v. 20.10.2015 (BGBl. I S. 1722), Art. 3 G zur Einführung beschleunigter Asylverfahren v. 11.3.2016 (BGBl. I S. 390), Art. 3 Abs. 9 Neuntes G zur Änd. des SGB II – Rechtsvereinfachung – sowie zur vorübergehenden Aussetzung der Insolvenzantragspflicht v. 26.7.2016 (BGBl. I S. 1824), Art. 4, 8 Abs. 4 IntegrationsG v. 31.7.2016 (BGBl. I S. 1939), Art. 20 Abs. 6 BundesteilhabeG v. 23.12.2016 (BGBl. I S. 3234), Art. 4 G zur Änd. des BundesversorgungsG und anderer Vorschriften[5)] v. 17.7.2017 (BGBl. I

---

[1)] Die Änderungen durch G v. 31.7.2016 (BGBl. I S. 1939) treten teilweise erst **mit noch nicht bestimmtem Datum** in Kraft und sind insoweit im Text noch nicht berücksichtigt.

[2)] Die Änderungen durch G v. 12.12.2019 (BGBl. I S. 2652) treten erst **mWv 1.1.2024** in Kraft und sind im Text noch nicht berücksichtigt.

[3)] Zur Ausführung und Durchführung des AsylbLG haben die Länder ua folgende Vorschriften erlassen:
- **Baden-Württemberg:** FlüchtlingsaufnahmeG v. 19.12.2013 (GBl. S. 493), zuletzt geänd. durch VO v. 21.12.2021 (GBl. 2022 S. 1)
- **Bayern:** AufnahmeG v. 24.5.2002 (GVBl. S. 192), zuletzt geänd. durch G v. 23.12.2021 (GVBl. S. 672)
- **Berlin:** AsylbewerberleistungsGAG v. 10.6.1998 (GVBl. S. 129), zuletzt geänd. durch G v. 25.9.2019 (GVBl. S. 602)
- **Brandenburg:** VwV zur Asylbewerberleistungsgesetzdurchführung v. 14.10.2011 (ABl. S. 1951)
- **Hessen:** VO zur Durchführung des AsylbewerberleistungsG v. 16.11.1993 (GVBl. I S. 515), geänd. durch VO v. 5.7.1994 (GVBl. I S. 286)
- **Mecklenburg-Vorpommern:** AusführungsG zum AsylbLG v. 28.6.1994 (GVOBl. M-V S. 660)
- **Niedersachsen:** AufnahmeG v. 11.3.2004 (Nds. GVBl. S. 100), zuletzt geänd. durch G v. 1.7.2020 (Nds. GVBl. S. 212)
- **Nordrhein-Westfalen:** Asylbewerberleistungs-AusführungsG v. 29.11.1994 (GV. NRW. S. 1087), zuletzt geänd. durch G v. 19.12.2019 (GV. NRW. S. 1004)
- **Rheinland-Pfalz:** LandesaufnahmeG v. 21.12.1993 (GVBl. S. 627), zuletzt geänd. durch G v. 18.11.2020 (GVBl. S. 606)
- **Saarland:** Asylbewerberleistungs-AusführungsG v. 13.10.1993 (Amtsbl. S. 958), zuletzt geänd. durch G v. 21.11.2007 (Amtsbl. S. 2393)
- **Sachsen:** Asylbewerberleistungs-VO v. 28.3.2001 (SächsGVBl. S. 135)
- **Sachsen-Anhalt:** AufnahmeG v. 21.1.1998 (GVBl. LSA S. 10), zuletzt geänd. durch G v. 14.2.2019 (GVBl. LSA S. 33)
- **Schleswig-Holstein:** LandesaufnahmeG v. 4.11.2021 (GVOBl. Schl.-H. S. 1282)
- **Thüringen:** AsylbewerberleistungsVO v. 5.5.2000 (GVBl. S. 102)

[4)] Neubekanntmachung des AsylbLG v. 30.6.1993 (BGBl. I S. 1074) in der ab 1.6.1997 geltenden Fassung.

[5)] Art. 4 dieses G ist am **27.2.2019** in Kraft getreten; vgl. Art. 31 Abs. 5 dieses G iVm Bek. v. 25.2.2019 (BGBl. I S. 162).

S. 2541 iVm Bek. v. 25.2.2019, BGBl. I S. 162), Art. 1 Drittes ÄndG v. 13.8.2019 (BGBl. I S. 1290), Art. 5 Zweites G zur besseren Durchsetzung der Ausreisepflicht v. 15.8.2019 (BGBl. I S. 1294), Art. 38 Zweites Datenschutz-Anpassungs- und Umsetzungsgesetz EU v. 20.11.2019 (BGBl. I S. 1626), Art. 4 G zur Regelung des Sozialen Entschädigungsrechts v. 12.12.2019 (BGBl. I S. 2652), Art. 7 Sozialschutz-Paket II v. 20.5.2020 (BGBl. I S. 1055), Art. 18 Siebtes G zur Änd. des SGB IV und anderer Gesetze v. 12.6. 2020 (BGBl. I S. 1248), Art. 3 G zur Ermittlung der Regelbedarfe und zur Änd. des Zwölften Buches Sozialgesetzbuch sowie weiterer Gesetze v. 9.12.2020 (BGBl. I S. 2855), Art. 44 JahressteuerG 2020 v. 21.12.2020 (BGBl. I S. 3096), Art. 5 Sozialschutz-Paket III v. 10.3.2021 (BGBl. I S. 335), Art. 20c RegistermodernisierungsG v. 28.3.2021 (BGBl. I S. 591), Art. 8 KitafinanzhilfenänderungsG v. 25.6. 2021 (BGBl. I S. 2020) und Art. 18 G zur Stärkung der Impfprävention gegen COVID-19 und zur Änd. weiterer Vorschriften im Zusammenhang mit der COVID-19-Pandemie v. 10.12.2021 (BGBl. I S. 5162)

**Nichtamtliche Inhaltsübersicht**



**§ 1[1] Leistungsberechtigte** (1) Leistungsberechtigt nach diesem Gesetz sind Ausländer, die sich tatsächlich im Bundesgebiet aufhalten und die

1. eine Aufenthaltsgestattung nach dem Asylgesetz[2] besitzen,

1a. ein Asylgesuch geäußert haben und nicht die in den Nummern 1, 2 bis 5 und 7 genannten Voraussetzungen erfüllen,

2. über einen Flughafen einreisen wollen und denen die Einreise nicht oder noch nicht gestattet ist,

---

[1] § 1 Abs. 1 Nr. 6 geänd. mWv 1.1.2005 durch G v. 27.12.2003 (BGBl. I S. 3022); Abs. 1 Nr. 3 neu gef., Nr. 4–6 sowie Abs. 2 und Abs. 3 Nr. 2 geänd. und Abs. 1 Nr. 7 angef. mWv 1.1.2005 durch G v. 30.7.2004 (BGBl. I S. 1950); Abs. 1 Nr. 3 neu gef. mWv 18.3.2005 durch G v. 14.3.2005 (BGBl. I S. 721); Abs. 1 Nr. 3 neu gef. mWv 28.8.2007 durch G v. 19.8.2007 (BGBl. I S. 1970); Abs. 1 Nr. 3 geänd. mWv 26.11.2011 durch G v. 22.11.2011 (BGBl. I S. 2258); Abs. 1 Nr. 3 neu gef. mWv 1.3.2015 durch G v. 10.12.2014 (BGBl. I S. 2187); Abs. 1 Nr. 1 und Nr. 7 geänd., Abs. 3 Satz 2 angef. mWv 24.10.2015 durch G v. 20.10.2015 (BGBl. I S. 1722); Abs. 1 Nr. 1a eingef., Abs. 3 Satz 1 neu gef. mWv 1.9.2019 durch G v. 13.8.2019 (BGBl. I S. 1290); Abs. 4 angef. mWv 21.8.2019 durch G v. 15.8.2019 (BGBl. I S. 1294).

[2] **Sartorius Nr. 567.**

(2) Bei der Unterbringung von Leistungsberechtigten nach Absatz 1 in einer Gemeinschaftsunterkunft bestimmt die zuständige Behörde die Form der Leistung auf Grund der örtlichen Umstände.

(3) Minderjährige Kinder, die mit ihren Eltern oder einem Elternteil in einer Haushaltsgemeinschaft leben, erhalten Leistungen nach Absatz 1 auch dann, wenn mindestens ein Elternteil in der Haushaltsgemeinschaft Leistungen nach Absatz 1 erhält.

**§ 3[1] Grundleistungen.** (1) [1]Leistungsberechtigte nach § 1 erhalten Leistungen zur Deckung des Bedarfs an Ernährung, Unterkunft, Heizung, Kleidung, Gesundheitspflege und Gebrauchs- und Verbrauchsgütern des Haushalts (notwendiger Bedarf). [2]Zusätzlich werden ihnen Leistungen zur Deckung persönlicher Bedürfnisse des täglichen Lebens gewährt (notwendiger persönlicher Bedarf).

(2) [1]Bei einer Unterbringung in Aufnahmeeinrichtungen im Sinne von § 44 Absatz 1 des Asylgesetzes[2] wird der notwendige Bedarf durch Sachleistungen gedeckt. [2]Kann Kleidung nicht geleistet werden, so kann sie in Form von Wertgutscheinen oder anderen vergleichbaren unbaren Abrechnungen gewährt werden. [3]Gebrauchsgüter des Haushalts können leihweise zur Verfügung gestellt werden. [4]Der notwendige persönliche Bedarf soll durch Sachleistungen gedeckt werden, soweit dies mit vertretbarem Verwaltungsaufwand möglich ist. [5]Sind Sachleistungen für den notwendigen persönlichen Bedarf nicht mit vertretbarem Verwaltungsaufwand möglich, können auch Leistungen in Form von Wertgutscheinen, von anderen vergleichbaren unbaren Abrechnungen oder von Geldleistungen gewährt werden.

(3) [1]Bei einer Unterbringung außerhalb von Aufnahmeeinrichtungen im Sinne des § 44 Absatz 1 des Asylgesetzes sind vorbehaltlich des Satzes 3 vorrangig Geldleistungen zur Deckung des notwendigen Bedarfs zu gewähren. [2]Anstelle der Geldleistungen können, soweit es nach den Umständen erforderlich ist, zur Deckung des notwendigen Bedarfs Leistungen in Form von unbaren Abrechnungen, von Wertgutscheinen oder von Sachleistungen gewährt werden. [3]Der Bedarf für Unterkunft, Heizung und Hausrat sowie für Wohnungsinstandhaltung und Haushaltsenergie wird, soweit notwendig und angemessen, gesondert als Geld- oder Sachleistung erbracht. [4]Absatz 2 Satz 3 ist entsprechend anzuwenden. [5]Der notwendige persönliche Bedarf ist vorbehaltlich des Satzes 6 durch Geldleistungen zu decken. [6]In Gemeinschaftsunterkünften im Sinne von § 53 des Asylgesetzes kann der notwendige persönliche Bedarf soweit wie möglich auch durch Sachleistungen gedeckt werden.

(4) [1]Bedarfe für Bildung und Teilhabe am sozialen und kulturellen Leben in der Gemeinschaft werden bei Kindern, Jugendlichen und jungen Erwachsenen neben den Leistungen nach den Absätzen 1 bis 3 entsprechend den §§ 34, 34a und 34b des Zwölften Buches Sozialgesetzbuch[3] gesondert berücksichtigt. [2]Die Regelung des § 141 Absatz 5 des Zwölften Buches Sozialgesetzbuch gilt entsprechend.

---

[1] § 3 neu gef. mWv 1.9.2019 durch G v. 13.8.2019 (BGBl. I S. 1290); Abs. 4a eingef. mWv 29.5. 2020 durch G v. 20.5.2020 (BGBl. I S. 1055); Abs. 6 angef. mWv 1.4.2021 durch G v. 10.3.2021 (BGBl. I S. 335); Abs. 4 Satz 2 angef. mWv 1.7.2021 durch G v. 25.6.2021 (BGBl. I S. 2020); Abs. 4a aufgeh. mWv 25.11.2021 durch G v. 10.12.2021 (BGBl. I S. 5162).

[2] **Sartorius Nr. 567.**

[3] Nr. **412**.

(5) [1] Leistungen in Geld oder Geldeswert sollen der oder dem Leistungsberechtigten oder einem volljährigen berechtigten Mitglied des Haushalts persönlich ausgehändigt werden. [2] Stehen die Leistungen nicht für einen vollen Monat zu, wird die Leistung anteilig erbracht; dabei wird der Monat mit 30 Tagen berechnet. [3] Geldleistungen dürfen längstens einen Monat im Voraus erbracht werden. [4] Von Satz 3 kann nicht durch Landesrecht abgewichen werden.

(6) Die Regelung des § 144 Satz 1 des Zwölften Buches Sozialgesetzbuch gilt entsprechend.

**§ 3a[1)] Bedarfssätze der Grundleistungen.** (1) Wird der notwendige persönliche Bedarf nach § 3 Absatz 1 Satz 2 vollständig durch Geldleistungen gedeckt, so beträgt dieser monatlich für

1. erwachsene Leistungsberechtigte, die in einer Wohnung im Sinne von § 8 Absatz 1 Satz 2 des Regelbedarfs-Ermittlungsgesetzes[2)] leben und für die nicht Nummer 2 Buchstabe a oder Nummer 3 Buchstabe a gelten, sowie für jugendliche Leistungsberechtigte, die nicht mit mindestens einem Elternteil in einer Wohnung leben, je 162 Euro;
2. erwachsene Leistungsberechtigte je 146 Euro, wenn sie
   a) in einer Wohnung im Sinne von § 8 Absatz 1 Satz 2 des Regelbedarfs-Ermittlungsgesetzes mit einem Ehegatten oder Lebenspartner oder in eheähnlicher oder lebenspartnerschaftsähnlicher Gemeinschaft mit einem Partner zusammenleben;
   b) nicht in einer Wohnung leben, weil sie in einer Aufnahmeeinrichtung im Sinne von § 44 Absatz 1 des Asylgesetzes[3)] oder in einer Gemeinschaftsunterkunft im Sinne von § 53 Absatz 1 des Asylgesetzes oder nicht nur kurzfristig in einer vergleichbaren sonstigen Unterkunft untergebracht sind;
3. erwachsene Leistungsberechtigte je 130 Euro, wenn sie
   a) das 25. Lebensjahr noch nicht vollendet haben, unverheiratet sind und mit mindestens einem Elternteil in einer Wohnung im Sinne von § 8 Absatz 1 Satz 2 des Regelbedarfs-Ermittlungsgesetzes zusammenleben;
   b) in einer stationären Einrichtung untergebracht sind;
4. jugendliche Leistungsberechtigte vom Beginn des 15. bis zur Vollendung des 18. Lebensjahres 110 Euro;
5. leistungsberechtigte Kinder vom Beginn des siebten bis zur Vollendung des 14. Lebensjahres 108 Euro;
6. leistungsberechtigte Kinder bis zur Vollendung des sechsten Lebensjahres 104 Euro.

(2) Wird der notwendige Bedarf nach § 3 Absatz 1 Satz 1 mit Ausnahme der Bedarfe für Unterkunft, Heizung, Hausrat, Wohnungsinstandhaltung und Haushaltsenergie vollständig durch Geldleistungen gedeckt, so beträgt dieser monatlich für

---

1) § 3a eingef. mWv 1.9.2019 durch G v. 13.8.2019 (BGBl. I S. 1290); Abs. 1 Nr. 1–6, Abs. 2 Nr. 1–6 geänd., Abs. 2a eingef. mWv 1.1.2021 durch G v. 9.12.2020 (BGBl. I S. 2855).

2) Nr. **412a**.

3) **Sartorius Nr. 567.**

# 419. Heimgesetz[1)]

In der Fassung der Bekanntmachung vom 5. November 2001[2)]

(BGBl. I S. 2970)

**FNA 2170-5**

geänd. durch Art. 31 OLG-VertretungsÄndG v. 23.7.2002 (BGBl. I S. 2850), Art. 52 Achte ZuständigkeitsanpassungsVO v. 25.11.2003 (BGBl. I S. 2304), Art. 17 G zur Einordnung des Sozialhilferechts in das SGB v. 27.12.2003 (BGBl. I S. 3022), Art. 12 VerwaltungsvereinfachungsG v. 21.3.2005 (BGBl. I S. 818), Art. 78 Neunte ZuständigkeitsanpassungsVO v. 31.10.2006 (BGBl. I S. 2407) und Art. 3 Satz 2 G zur Neuregelung der zivilrechtl. Vorschriften des HeimG nach der Föderalismusreform v. 29.7.2009 (BGBl. I S. 2319)

**Inhaltsübersicht**[3)]



---

[1)] In den Ländern wurde das Heimgesetz ua durch folgende Vorschriften ersetzt:
– **Baden-Württemberg:** Wohn-, Teilhabe- und Pflegegesetz v. 20.5.2014 (GBl. S. 241)
– **Bayern:** Pflege- und Wohnqualitätsgesetz – PfleWoqG v. 8.7.2008 (GVBl. S. 346), zuletzt geänd. durch G v. 24.7.2020 (GVBl. S. 370)
– **Berlin:** Wohnteilhabegesetz – WTG v. 4.5.2021 (GVBl. S. 417), geänd. durch G v. 4.5.2021 (GVBl. S. 417)
– **Brandenburg:** Brandenburgisches Pflege- und Betreuungswohngesetz – BbgPBWoG v. 8.7.2009 (GVBl. I S. 298)
– **Bremen:** Bremisches Wohn- und Betreuungsgesetz – BremWoBeG v. 12.12.2017 (Brem.GBl. S. 730), zuletzt geänd. durch Bek. v. 20.10.2020 (Brem.GBl. S. 1172)
– **Hamburg:** Hamburgisches Wohn- und Betreuungsqualitätsgesetz v. 15.12.2009 (HmbGVBl. S. 494), zuletzt geänd. durch G v. 4.10.2018 (HmbGVBl. S. 336)
– **Hessen:** Hessisches Gesetz über Betreuungs- und Pflegeleistungen (HGBP) v. 7.3.2012 (GVBl. S. 34), zuletzt geänd. durch G v. 19.12.2016 (GVBl. S. 322)
– **Mecklenburg-Vorpommern:** Einrichtungenqualitätsgesetz – EQG M-V v. 17.5.2010 (GVOBl. M-V S. 241), zuletzt geänd. durch G v. 16.12.2019 (GVOBl. M-V S. 796)
– **Niedersachsen:** Niedersächsisches Heimgesetz (NHeimG) v. 29.6.2011 (Nds. GVBl. S. 196), zuletzt geänd. durch G v. 15.7.2020 (Nds. GVBl. S. 244)
– **Nordrhein-Westfalen:** Wohn- und Teilhabegesetz – WTG v. 2.10.2014 (GV. NRW. S. 625, 632), zuletzt geänd. durch G v. 30.6.2020 (GV. NRW. S. 650)
– **Rheinland-Pfalz:** Landesgesetz über Wohnformen und Teilhabe (LWTG) v. 22.12.2009 (GVBl. S. 399), zuletzt geänd. durch G v. 19.12.2018 (GVBl. S. 448)
– **Saarland:** Landesheimgesetz Saarland – LHeimGS v. 6.5.2009 (Amtsbl. S. 906), zuletzt geänd. durch G v. 8.12.2021 (Amtsbl. I S. 2629)
– **Sachsen:** Sächsisches Betreuungs- und Wohnqualitätsgesetz – SächsBeWoG v. 12.7.2012 (SächsGVBl. S. 397), zuletzt geänd. durch G v. 6.6.2019 (SächsGVBl. 2019 S. 466)
– **Sachsen-Anhalt:** Wohn- und Teilhabegesetz – WTG LSA v. 17.2.2011 (GVBl. LSA S. 136)
– **Schleswig-Holstein:** Selbstbestimmungsstärkungsgesetz – SbStG v. 17.7.2009 (GVOBl. Schl.-H. S. 402), geänd. durch G v. 17.12.2010 (GVOBl. Schl.-H. S. 789).
– **Thüringen:** Thüringer Wohn- und Teilhabegesetz – ThürWTG – v. 10.6.2014 (GVBl. S. 161), geänd. durch G v. 6.6.2018 (GVBl. S. 229).

[2)] Neubekanntmachung des HeimG idF der Bek. v. 23.4.1990 (BGBl. I S. 763, 1069) in der ab 1.1. 2002 geltenden Fassung.

[3)] Die Inhaltsübersicht wurde redaktionell an die Änderungen durch G v. 29.7.2009 (BGBl. I S. 2329) angepasst.

**§ 1 Anwendungsbereich** (1) [1]Dieses Gesetz gilt für Heime. [2]Heime im Sinne dieses Gesetzes sind Einrichtungen, die dem Zweck dienen, ältere Menschen oder pflegebedürftige oder behinderte Volljährige aufzunehmen, ihnen Wohnraum zu überlassen sowie Betreuung und Verpflegung zur Verfügung zu stellen oder vorzuhalten, und die in ihrem Bestand von Wechsel und Zahl der Bewohnerinnen und Bewohner unabhängig sind und entgeltlich betrieben werden.

(2) [1]Die Tatsache, dass ein Vermieter von Wohnraum durch Verträge mit Dritten oder auf andere Weise sicherstellt, dass den Mietern Betreuung und Verpflegung angeboten werden, begründet allein nicht die Anwendung dieses Gesetzes. [2]Dies gilt auch dann, wenn die Mieter vertraglich verpflichtet sind, allgemeine Betreuungsleistungen wie Notrufdienste oder Vermittlung von Dienst- und Pflegeleistungen von bestimmten Anbietern anzunehmen und das Entgelt hierfür im Verhältnis zur Miete von untergeordneter Bedeutung ist. [3]Dieses Gesetz ist anzuwenden, wenn die Mieter vertraglich verpflichtet sind, Verpflegung und weitergehende Betreuungsleistungen von bestimmten Anbietern anzunehmen.

(3) [1]Auf Heime oder Teile von Heimen im Sinne des Absatzes 1, die der vorübergehenden Aufnahme Volljähriger dienen (Kurzzeitheime), sowie auf stationäre Hospize finden die §§ 6, 7, 10 und 14 Abs. 2 Nr. 3 und 4, Abs. 3, 4 und 7 keine Anwendung. [2]Nehmen die Heime nach Satz 1 in der Regel mindestens sechs Personen auf, findet § 10 mit der Maßgabe Anwendung, dass ein Heimfürsprecher zu bestellen ist.

(4) Als vorübergehend im Sinne dieses Gesetzes ist ein Zeitraum von bis zu drei Monaten anzusehen.

(5) [1]Dieses Gesetz gilt auch für Einrichtungen der Tages- und der Nachtpflege mit Ausnahme der §§ 10 und 14 Abs. 2 Nr. 3 und 4, Abs. 3, 4 und 7. [2]Nimmt die Einrichtung in der Regel mindestens sechs Personen auf, findet § 10 mit der Maßgabe Anwendung, dass ein Heimfürsprecher zu bestellen ist.

(6) [1]Dieses Gesetz gilt nicht für Krankenhäuser im Sinne des § 2 Nr. 1 des Krankenhausfinanzierungsgesetzes[1)]. [2]In Einrichtungen zur Rehabilitation gilt dieses Gesetz für die Teile, die die Voraussetzungen des Absatzes 1 erfüllen.

---

[1)] **Aichberger Nr. 5/20.**

# 419a. Verordnung über bauliche Mindestanforderungen für Altenheime, Altenwohnheime und Pflegeheime für Volljährige (Heimmindestbauverordnung – HeimMindBauV)[1) 2)]

In der Fassung der Bekanntmachung vom 3. Mai 1983[3)]

(BGBl. I S. 550)

**FNA 2170-5-2**

geänd. durch Art. 5 VO zur Berechnung der Wohnfläche, über die Aufstellung von Betriebskosten und zur Änd. anderer VOen v. 25.11.2003 (BGBl. I S. 2346)

**Inhaltsübersicht**



---

1) Die VO wurde erlassen auf Grund von § 3 und § 22 HeimG (Nr. **419**).

2) Die HeimmindestbauVO wurde in folgenden Ländern ersetzt:
- **Bayern:** Verordnung zur Ausführung des Pflege- und Wohnqualitätsgesetzes (AVPfleWoqG) v. 27.7.2011 (GVBl. S. 346), zuletzt geänd. durch V v. 22.12.2020 (GVBl. S. 691)
- **Mecklenburg-Vorpommern:** Verordnung über bauliche Mindestanforderungen für Einrichtungen (Einrichtungenmindestbauverordnung – EMindBauVO M-V) v. 10.11.2010 (GVOBl. M-V S. 655), zuletzt geänd. durch G v. 16.12.2019 (GVOBl. M-V S. 796)
- **Rheinland-Pfalz:** Landesgesetz über Wohnformen und Teilhabe (LWTG) v. 22.12.2009 (GVBl. S. 399), zuletzt geänd. durch G v. 19.12.2018 (GVBl. S. 448)
- **Nordrhein-Westfalen:** Verordnung zur Durchführung des Wohn- und Teilhabegesetzes (Wohn- und Teilhabegesetz-Durchführungsverordnung – WTG DVO) v. 23.10.2014 (GV. NRW. S. 686), geänd. durch VO v. 9.5.2019 (GV. NRW. S. 235)

In folgenden Ländern gilt die HeimmindestbauVO des Bundes idF v. 3.5.1983 (BGBl. I S. 550), zuletzt geänd. durch VO v. 25.11.2003 (BGBl. I S. 2346) als Landesrecht fort:
- **Hessen:** gem. § 26 Abs. 1 Nr. 1 des Hess. G über die Betreuungs- und Pflegeleistungen (HGBP) v. 7.3.2012 (GVBl. S. 34), zuletzt geänd. durch G v. 19.12.2016 (GVBl. S. 322).
- **Sachsen:** gem. § 21 Nr. 1 des Sächsischen Betreuungs- und WohnqualitätsG v. 12.7.2012 (SächsGVBl. S. 397), zuletzt geänd. durch G v. 6.6.2019 (SächsGVBl. 2019 S. 466).

3) Neubekanntmachung der HeimMindBauV v. 27.1.1978 (BGBl. I S. 189) in der ab 11.5.1983 geltenden Fassung.

## Erster Teil. Gemeinsame Vorschriften

**§ 1 Anwendungsbereich.** Einrichtungen im Sinne des § 1 Abs. 1 des Heimgesetzes[1], die in der Regel mindestens sechs Personen aufnehmen, dürfen nur betrieben werden, wenn sie die Mindestanforderungen der §§ 2 bis 29 erfüllen, soweit nicht nach den §§ 30 und 31 etwas anderes bestimmt wird.

**§ 2 Wohn- und Pflegeplätze.** Wohnplätze (§§ 14, 19) und Pflegeplätze (§ 23) müssen unmittelbar von einem Flur erreichbar sein, der den Heimbewohnern, dem Personal und den Besuchern allgemein zugänglich ist.

**§ 3 Flure und Treppen.** (1) Flure, die von Heimbewohnern benutzt werden, dürfen innerhalb eines Geschosses keine oder nur solche Stufen haben, die zusammen mit einer geeigneten Rampe angeordnet sind.

(2) In Pflegeheimen und Pflegeabteilungen müssen die Flure zu den Pflegeplätzen so bemessen sein, daß auf ihnen bettlägerige Bewohner transportiert werden können.

(3) Flure und Treppen sind an beiden Seiten mit festen Handläufen zu versehen.

**§ 4 Aufzüge.** [1]In Einrichtungen, in denen bei regelmäßiger Benutzung durch die Bewohner mehr als eine Geschoßhöhe zu überwinden ist oder in denen Rollstuhlbenutzer in nicht stufenlos zugänglichen Geschossen unterge-

[1] Nr. **419**.

# 419b. Verordnung über personelle Anforderungen für Heime (Heimpersonalverordnung – HeimPersV)[1) 2)]

Vom 19. Juli 1993

(BGBl. I S. 1205)

**FNA 2170-5-5**

geänd. durch Art. 1 Erste ÄndVO v. 22.6.1998 (BGBl. I S. 1506)

---

1) Die Länder haben seit der Föderalismusreform 2007 die Aufgaben den ordnungsrechtlichen Teil der Heimgesetzgebung selbst zu regeln. Dazu gehören Fragen der Genehmigung des Betriebs von Heimen oder anderen Wohnformen für ältere, pflegebedürftige und behinderte Menschen, die personelle oder bauliche Ausstattung der Einrichtung oder Sanktionen bei Nichteinhaltung der gesetzlichen Vorschriften.

Dort wo die Länder noch keine Durchführungsverordnungen erlassen haben, gelten die alten Verordnungen des alten Bundesheimgesetzes (s. ua die Heimmitwirkungsverordnung (HeimmwV) idF der Bek. v. 25.7.2002 (BGBl. I S. 2896), Heimmindestbauverordnung (HeimMindBauV) (Nr. **419a**), Heimsicherungs-Verordnung (HeimsicherungsV) v. 24.4.1978 (BGBl. I S. 553), geänd. durch G v. 27.12.2003 (BGBl. I S. 3022) und Heimpersonalverordnung (HeimPersV) (Nr. **419b**).

Folgende Vorschriften wurden in den Ländern erlassen:

- **Baden-Württemberg:** (Wohn-, Teilhabe- und Pflegegesetz – WTPG v. 20.5.2014 (GBl. S. 241), Landesheimmitwirkungsverordnung (LHeimMitVO) v. 30.3.2010 (GBl. S. 390), zuletzt geänd. durch G v. 11.2.2020 (GBl. S. 37), Landespersonalverordnung (LPersVO) v. 7.12.2015 (GBl. S. 1253), geänd. durch G v. 11.2.2020 (GBl. S. 37),
- **Bayern:** Pflege- und Wohnqualitätsgesetz (PfleWoqG) v. 8.7.2008 (GVBl. S. 346), zuletzt geänd. durch G v. ErlDat (GVBl. 2020), Verordnung zur Ausführung des Pflege- und Wohnqualitätsgesetzes (AVPfleWoqG) v. 27.7.2011 (GVBl. S. 346), zuletzt geänd. durch V v. 22.12.2020 (GVBl. S. 691),
- **Berlin:** Wohnteilhabegesetz – WTG v. 3.6.2010 (GVBl. S. 285), aufgeh. durch G v. 4.5.2021 (GVBl. S. 417), Wohnteilhabe-Personalverordnung – WTG-PersV) v. 16.5.2011 (GVBl. S. 230), Wohnteilhabe-Bauverordnung – WTG-BauV v. 7.10.2013 (GVBl. S. 542),
- **Brandenburg:** Brandenburgisches Pflege- und Betreuungswohngesetz – BbgPBWoG) v. 8.7.2009 (GVBl. I S. 298), Einrichtungsmitwirkungsverordnung – EMitwV v. 6.2.2012 (GVBl. II Nr. 9), Strukturqualitätsverordnung – SQV) v. 28.10.2010 (GVBl. II Nr. 74),
- **Bremen:** Bremisches Wohn- und Betreuungsgesetz (BremWoBeG) v. 12.12.2017 (Brem.GBl. S. 730), zuletzt geänd. durch Bek. v. 20.10.2020 (Brem.GBl. S. 1172), Personalverordnung zum Bremischen Wohn-und Betreuungsgesetz v. 8.3.2018 (Brem.GBl. S. 75),
- **Hamburg:** Hamburgisches Wohn- und Betreuungsqualitätsgesetz – HmbWBG v. 15.12.2009 (HmbGVBl. S. 494), zuletzt geänd. durch G v. 4.10.2018 (HmbGVBl. S. 336), Weiterübertragungs-VO-Wohn- und Betreuungsqualitätsgesetz v. 14.2.2012 (HmbGVBl. S. 65), geänd. durch VO v. 6.10.2020 (HmbGVBl. S. 523), Wohn- und Betreuungsbauverordnung – WBBauVO v. 14.2.2012 (HmbGVBl. S. 45, ber. S. 120), zuletzt geänd. durch VO v. 2.3.2021 (HmbGVBl. S. 118), Wohn- und Betreuungsmitwirkungsverordnung – WBMitwVO v. 14.2.2012 (HmbGVBl. S. 59), Wohn- und Betreuungspersonalverordnung – WBPersVO v. 14.2.2012 (HmbGVBl. S. 50, ber. S. 120), zuletzt geänd. durch VO v. 7.9.2021 (HmbGVBl. S. 619)
- **Hessen:** Hessisches Gesetz über Betreuungs- und Pflegeleistungen (HGBP) v. 7.3.2012 (GVBl. S. 34), zuletzt geänd. durch G v. 19.12.2016 (GVBl. S. 322),
- **Mecklenburg-Vorpommern:** Einrichtungenqualitätsgesetz – EQG M-V) v. 17.5.2010 (GVOBl. M-V S. 241), zuletzt geänd. durch G v. 16.12.2019 (GVOBl. M-V S. 796), Einrichtungenmitwirkungsverordnung – EMitwVO M-V v. 10.11.2010 (GVOBl. M-V S. 661), zuletzt geänd. durch G v. 16.12.2019 (GVOBl. M-V S. 796), Einrichtungenpersonalverordnung – EPersVO M-V v. 10.11.2010 (GVOBl. M-V S. 658), zuletzt geänd. durch G v. 16.12.2019 (GVOBl. M-V S. 796), Einrichtungenmindestbauverordnung – EMindBauVO M-V v. 10.11.2010 (GVOBl. M-V S. 655), zuletzt geänd. durch G v. 16.12.2019 (GVOBl. M-V S. 796),
- **Niedersachsen:** Niedersächsisches Heimgesetz (NHeimG) v. 29.6.2011 (Nds. GVBl. S. 196), zuletzt geänd. durch G v. 15.7.2020 (Nds. GVBl. S. 244),
- **Nordrhein-Westfalen:** Alten- und Pflegegesetz Nordrhein-Westfalen – APG NRW v. 2.10.2014 (GV. NRW. S. 625), zuletzt geänd. durch G v. 30.6.2020 (GV. NRW. S. 650), Wohn- und Teilhabegesetz (WTG) v. 2.10.2014 (GV. NRW. S. 625, 632), zuletzt geänd. durch G v. 30.6.2020 (GV. →

Auf Grund des § 3 des Heimgesetzes[1] in der Fassung der Bekanntmachung vom 23. April 1990 (BGBl. I S. 763) in Verbindung mit II. des Organisationserlasses des Bundeskanzlers vom 23. Januar 1991 (BGBl. I S. 530) verordnet das Bundesministerium für Familie und Senioren im Einvernehmen mit dem Bundesministerium für Wirtschaft und dem Bundesministerium für Raumordnung, Bauwesen und Städtebau:

**Inhaltsübersicht**[2]



---

*(Fortsetzung der Anm. von voriger Seite)*
NRW. S. 650), Wohn- und Teilhabegesetz-Durchführungsverordnung – WTG DVO) v. 23.10.2014 (GV. NRW. S. 686), geänd. durch VO v. 9.5.2019 (GV. NRW. S. 235),
- **Rheinland-Pfalz:** LandesG über Wohnformen und Teilhabe (LWTG) v. 22.12.2009 (GVBl. S. 399), zuletzt geänd. durch G v. 19.12.2018 (GVBl. S. 448), LandesVO zur Durchführung des Landesgesetzes über Wohnformen und Teilhabe (LWTGDVO) v. 22.3.2013 (GVBl. S. 43), geänd. durch G v. 16.2.2016 (GVBl. S. 25),
- **Saarland :** Landesheimgesetz Saarland – LHeimGS v. 6.5.2009 (Amtsbl. S. 906), zuletzt geänd. durch G v. 8.12.2021 (Amtsbl. I S. 2629), VO über die Mitwirkung der Bewohnerinnen und Bewohner in Angelegenheiten des Betriebs von Einrichtungen nach dem Landesheimgesetz Saarland (MitwVLHeimGS) v. 22.11.2013 (Amtsbl. I S. 310), zuletzt geänd. durch G v. 8.12.2021 (Amtsbl. I S. 2629),
- **Sachsen:**Sächsisches Betreuungs- und Wohnqualitätsgesetz – SächsBeWoG v. 12.7.2012 (SächsGVBl. S. 397), zuletzt geänd. durch G v. 6.6.2019 (SächsGVBl. 2019 S. 466),
- **Sachsen-Anhalt:**Wohn- und Teilhabegesetz – WTG LSA v. 17.2.2011 (GVBl. LSA S. 136), Wohn- und Teilhabegesetz-Personalverordnung v. 23.4.2019 (GVBl. LSA S. 68)
- **Schleswig-Holstein:**Selbstbestimmungsstärkungsgesetz – SbStG v. 17.7.2009 (GVOBl. Schl.-H. S. 402), geänd. durch G v. 17.12.2010 (GVOBl. Schl.-H. S. 789), SbStG-Durchführungsverordnung - SbStG-DVO v. 23.11.2011 (GVOBl. Schl.-H. S. 380), zuletzt geänd. durch VO v. 12.11.2021 (GVOBl. Schl.-H. S. 1353))
- **Thüringen:** Thüringer Gesetz über betreute Wohnformen und Teilhabe (Thüringer Wohn- und Teilhabegesetz – ThürWTG – v. 10.6.2014 (GVBl. S. 161), geänd. durch G v. 6.6.2018 (GVBl. S. 229).

[2] Verordnungstitel neu gef. durch VO v. 22.6.1998 (BGBl. I S. 1506).

[1] Nr. **419**.

[2] Die Inhaltsübersicht wurde nichtamtlich an die nachträglichen Änderungen angepasst.

# 422. Berufsbildungsgesetz (BBiG)[1) 2)]

Vom 4. Mai 2020[3)]

(BGBl. I S. 920)

**FNA 806-22**

geänd. durch Art. 16 RegistermodernisierungsG[1)] v. 28.3.2021 (BGBl. I S. 591)

**Inhaltsübersicht**

**Teil 1. Allgemeine Vorschriften**



---

[1)] Die Änderungen durch G v. 28.3.2021 (BGBl. I S. 591) treten an dem Tag in Kraft, an dem das Bundesministerium des Innern, für Bau und Heimat im Bundesgesetzblatt bekannt gibt, dass die technischen Voraussetzungen für die Verarbeitung der Identifikationsnummer nach § 139b der Abgabenordnung nach den jeweils geänderten Gesetzen vorliegen, vgl. Art. 22 Satz 3 G v. 28.3.2021 (BGBl. I S. 591); sie sind noch nicht im Text berücksichtigt.

[2)] Zum Berufsbildungsgesetz haben die Länder ua folgende Vorschriften erlassen:
- **Baden-Württemberg:** G zur Ausführung des Berufsbildungsgesetzes (AGBBiG) v. 3.7.2007 (GBl. S. 297)
- **Bayern:** G zur Ausführung des BerufsbildungsG und des BerufsqualifikationsfeststellungsG (AGBBiG) idF der Bek. v. 29.9.1993 (GVBl. S. 754), zuletzt geänd. durch G v. 24.3.2021 (GVBl. S. 94)
- **Berlin:** G zur Bestimmung von zuständigen Stellen im Bereich der Berufsbildung v. 19.6.2012 (GVBl. S. 192)
- **Brandenburg:** BerufsbildungszuständigkeitsVO (BBiZV) v. 27.2.2015 (GVBl. II Nr. 10), geänd. durch VO v. 9.11.2018 (GVBl. II Nr. 77)
- **Bremen:** BerufsbildungszuständigkeitsVO v. 15.4.2008 (Brem.GBl. S. 76), geänd. durch VO v. 18.8.2020 (Brem.GBl. S. 860)
- **Hamburg:** Hamb. Eignungsprüfung-ZuständigkeitsübertragungsVO v. 31.8.2021 (HmbGVBl. S. 618)
- **Hessen:** Hess. AusführungsG zum Berufsbildungsgesetz v. 18.12.2006 (GVBl. I S. 690), zuletzt geänd. durch G v. 14.7.2016 (GVBl. S. 121)
- **Mecklenburg-Vorpommern:** BerufsbildungszuständigkeitslandesVO (BBiZustLVO M-V) v. 27.8.2007 (GVOBl. M-V S. 320), zuletzt geänd. durch VO v. 22.4.2020 (GVOBl. M-V S. 198)
- **Niedersachsen:** § 1 VO über Zuständigkeiten im Bereich der Bildung (ZustVO-Bildung) v. 27.8. 2012 (Nds. GVBl. S. 344)
- **Nordrhein-Westfalen:** VO über die Zuständigkeiten nach dem BBiG und die Angelegenheiten der Berufsbildung im Rahmen der HandwerksO sowie die Zuständigkeiten nach dem BerufsqualifikationsfeststellungsG (BBiGZustVO) v. 5.9.2006 (GV. NRW. S. 446), zuletzt geänd. durch VO v. 6.11.2018 (GV. NRW. S. 588)
- **Rheinland-Pfalz:** LandesVO über Zuständigkeiten für die Berufsbildung nach dem BBiG und der HandwerksO v. 4.3.2009 (GVBl. S. 108)
- **Saarland:** VO über die Zuständigkeiten nach dem BBiG und der HandwerksO v. 16.8.2007 (Amtsbl. S. 1733), zuletzt geänd. durch VO v. 4.12.2020 (Amtsbl. I S. 1349)
- **Sachsen:** Sächs. AusführungsVO zum BBiG und zu den Berufsqualifikationsfeststellungsgesetzen idF der Bek. v. 12.5.2016 (SächsGVBl. S. 167), zuletzt geänd. durch VO v. 24.2.2021 (SächsGVBl. S. 323)
- **Sachsen-Anhalt:** G zur Ausführung des BBiG und des BerufsqualifikationsfeststellungsG Land Sachsen-Anhalt v. 24.6.2014 (GVBl. LSA S. 350)
- **Schleswig-Holstein:** AusführungsG zum Berufsbildungsgesetz (AG-BBiG) v. 26.6.1980 (GVOBl. Schl.-H. S. 236), zuletzt geänd. durch VO v. 16.1.2019 (GVOBl. Schl.-H. S. 30)
- **Thüringen:** Thüringer VO über Zuständigkeiten auf dem Gebiet der Berufsbildung v. 28.3.2006 (GVBl. S. 230), zuletzt geänd. durch G v. 18.12.2018 (GVBl. S. 731).

[3)] Neubekanntmachung des BerufsbildungsG v. 23.3.2005 (BGBl. I S. 931) in der ab 1.1.2020 geltenden Fassung.

# 801. Gesetz über die Durchführung von Maßnahmen des Arbeitsschutzes zur Verbesserung der Sicherheit und des Gesundheitsschutzes der Beschäftigten bei der Arbeit (Arbeitsschutzgesetz – ArbSchG)[1) 2)]

Vom 7. August 1996
(BGBl. I S. 1246)

**FNA 805-3**

geänd. durch Art. 9 Arbeitsrechtl. BeschäftigungsförderungsG v. 25.9.1996 (BGBl. I S. 1476), Art. 53 Arbeitsförderungs-ReformG v. 24.3.1997 (BGBl. I S. 594), Art. 18 Erstes SGB III-ÄndG v. 16.12.1997 (BGBl. I S. 2970), Art. 6c Sozialversicherungs-KorrekturG v. 19.12.1998 (BGBl. I S. 3843), Art. 33 Viertes Euro-EinführungsG v. 21.12.2000 (BGBl. I S. 1983), Art. 3 Abs. 6 GerätesicherheitsG-ÄndG v. 27.12.2000 (BGBl. I S. 2048), Art. 210 Siebente ZuständigkeitsanpassungsVO v. 29.10.2001 (BGBl. I S. 2785), Art. 8 PostbereinigungsG v. 7.5.2002 (BGBl. I S. 1529), Art. 11 Nr. 19 ZuwanderungsG v. 20.6.2002 (BGBl. I S. 1946, nichtig gem. Urt. des BVerfG v. 18.12.2002 - 2 BvF 1/02 -), Art. 17 Hüttenknappschaftl. Zusatzversicherungs-NeuregelungsG v. 21.6.2002 (BGBl. I S. 2167), Art. 179 Achte ZuständigkeitsanpassungsVO v. 25.11.2003 (BGBl. I S. 2304), Art. 83 Drittes G für moderne Dienstleistungen am Arbeitsmarkt v. 23.12.2003 (BGBl. I S. 2848), Art. 2b EU-ArbeitsmarktzugangsG v. 23.4. 2004 (BGBl. I S. 602), Art. 11 Nr. 20 ZuwanderungsG v. 30.7.2004 (BGBl. I S. 1950), Art. 227 Neunte ZuständigkeitsanpassungsVO v. 31.10.2006 (BGBl. I S. 2407), Art. 6 G zur Änd. seeverkehrsrechtlicher, verkehrsrechtl. und anderer Vorschriften mit Bezug zum Seerecht v. 8.4.2008 (BGBl. I S. 706), § 62 Abs. 16 BeamtenstatusG v. 17.6.2008 (BGBl. I S. 1010), Art. 6 UnfallversicherungsmodernisierungsG v. 30.10.2008 (BGBl. I S. 2130), Art. 15 Abs. 89 DienstrechtsneuordnungsG v. 5.2.2009 (BGBl. I S. 160), Art. 8 BUK-Neuorganisationsgesetz v. 19.10.2013 (BGBl. I S. 3836), Art. 427 Zehnte ZuständigkeitsanpassungsVO v. 31.8.2015 (BGBl. I S. 1474), Art. 113 Zweites Datenschutz-Anpassungs- und UmsetzungsG EU v. 20.11.2019 (BGBl. I S. 1626), Art. 293 Elfte ZuständigkeitsanpassungsVO v. 19.6.2020 (BGBl. I S. 1328), Art. 1 ArbeitsschutzkontrollG v. 22.12.2020 (BGBl. I S. 3334) und Art. 12 G zur Änd. des InfektionsschutzG und weiterer Gesetze anlässlich der Aufhebung der Feststellung der epidemischen Lage von nationaler Tragweite v. 22.11.2021 (BGBl. I S. 4906)

## Nichtamtliche Inhaltsübersicht

### Erster Abschnitt. Allgemeine Vorschriften



### Zweiter Abschnitt. Pflichten des Arbeitgebers



---

1) Verkündet als Art. 1 G zur Umsetzung der EG-Rahmenrichtlinie Arbeitsschutz und weiterer Arbeitsschutz-Richtlinien v. 7.8.1996 (BGBl. I S. 1246); Inkrafttreten gem. Art. 6 Satz 1 dieses G am 21.8.1996 mit Ausnahme des § 6 Abs. 1, der gem. Art. 6 Satz 2 am 21.8.1997 in Kraft getreten ist.

Dieses G dient der Umsetzung folgender EG-Richtlinien:
- Richtlinie 89/391/EWG des Rates vom 12. Juni 1989 über die Durchführung von Maßnahmen zur Verbesserung der Sicherheit und des Gesundheitsschutzes der Arbeitnehmer bei der Arbeit (ABl. EG Nr. L 183 S. 1) und
- Richtlinie 91/383/EWG des Rates vom 25. Juni 1991 zur Ergänzung der Maßnahmen zur Verbesserung der Sicherheit und des Gesundheitsschutzes von Arbeitnehmern mit befristetem Arbeitsverhältnis oder Leiharbeitsverhältnis (ABl. EG Nr. L 206 S. 19).

2) Die Änderungen durch G v. 22.12.2020 (BGBl. I S. 3334) **treten teilweise erst mWv 1.1.2023 in Kraft** und sind insoweit im Text noch nicht berücksichtigt.

## Erster Abschnitt. Allgemeine Vorschriften

**§ 1[1)] Zielsetzung und Anwendungsbereich.** (1) [1] Dieses Gesetz dient dazu, Sicherheit und Gesundheitsschutz der Beschäftigten bei der Arbeit durch Maßnahmen des Arbeitsschutzes zu sichern und zu verbessern. [2] Es gilt in allen Tätigkeitsbereichen und findet im Rahmen der Vorgaben des Seerechtsübereinkommens der Vereinten Nationen vom 10. Dezember 1982 (BGBl. 1994 II S. 1799) auch in der ausschließlichen Wirtschaftszone Anwendung.

(2) [1] Dieses Gesetz gilt nicht für den Arbeitsschutz von Hausangestellten in privaten Haushalten. [2] Es gilt nicht für den Arbeitsschutz von Beschäftigten auf Seeschiffen und in Betrieben, die dem Bundesberggesetz unterliegen, soweit dafür entsprechende Rechtsvorschriften bestehen.

(3) [1] Pflichten, die die Arbeitgeber zur Gewährleistung von Sicherheit und Gesundheitsschutz der Beschäftigten bei der Arbeit nach sonstigen Rechtsvorschriften haben, bleiben unberührt. [2] Satz 1 gilt entsprechend für Pflichten und Rechte der Beschäftigten. [3] Unberührt bleiben Gesetze, die andere Personen als Arbeitgeber zu Maßnahmen des Arbeitsschutzes verpflichten.

(4) Bei öffentlich-rechtlichen Religionsgemeinschaften treten an die Stelle der Betriebs- oder Personalräte die Mitarbeitervertretungen entsprechend dem kirchlichen Recht.

**§ 2 Begriffsbestimmungen.** (1) Maßnahmen des Arbeitsschutzes im Sinne dieses Gesetzes sind Maßnahmen zur Verhütung von Unfällen bei der Arbeit und arbeitsbedingten Gesundheitsgefahren einschließlich Maßnahmen der menschengerechten Gestaltung der Arbeit.

(2) Beschäftigte im Sinne dieses Gesetzes sind:

---

1) § 1 Abs. 1 Satz 2 geänd. mWv 18.4.2008 durch G v. 8.4.2008 (BGBl. I S. 706).

**§ 14 Unterrichtung und Anhörung der Beschäftigten des öffentlichen Dienstes.** (1) Die Beschäftigten des öffentlichen Dienstes sind vor Beginn der Beschäftigung und bei Veränderungen in ihren Arbeitsbereichen über Gefahren für Sicherheit und Gesundheit, denen sie bei der Arbeit ausgesetzt sein können, sowie über die Maßnahmen und Einrichtungen zur Verhütung dieser Gefahren und die nach § 10 Abs. 2 getroffenen Maßnahmen zu unterrichten.

(2) Soweit in Betrieben des öffentlichen Dienstes keine Vertretung der Beschäftigten besteht, hat der Arbeitgeber die Beschäftigten zu allen Maßnahmen zu hören, die Auswirkungen auf Sicherheit und Gesundheit der Beschäftigten haben können.

## Dritter Abschnitt. Pflichten und Rechte der Beschäftigten

**§ 15 Pflichten der Beschäftigten.** (1) [1] Die Beschäftigten sind verpflichtet, nach ihren Möglichkeiten sowie gemäß der Unterweisung und Weisung des Arbeitgebers für ihre Sicherheit und Gesundheit bei der Arbeit Sorge zu tragen. [2] Entsprechend Satz 1 haben die Beschäftigten auch für die Sicherheit und Gesundheit der Personen zu sorgen, die von ihren Handlungen oder Unterlassungen bei der Arbeit betroffen sind.

(2) Im Rahmen des Absatzes 1 haben die Beschäftigten insbesondere Maschinen, Geräte, Werkzeuge, Arbeitsstoffe, Transportmittel und sonstige Arbeitsmittel sowie Schutzvorrichtungen und die ihnen zur Verfügung gestellte persönliche Schutzausrüstung bestimmungsgemäß zu verwenden.

**§ 16 Besondere Unterstützungspflichten.** (1) Die Beschäftigten haben dem Arbeitgeber oder dem zuständigen Vorgesetzten jede von ihnen festgestellte unmittelbare erhebliche Gefahr für die Sicherheit und Gesundheit sowie jeden an den Schutzsystemen festgestellten Defekt unverzüglich zu melden.

(2) [1] Die Beschäftigten haben gemeinsam mit dem Betriebsarzt und der Fachkraft für Arbeitssicherheit den Arbeitgeber darin zu unterstützen, die Sicherheit und den Gesundheitsschutz der Beschäftigten bei der Arbeit zu gewährleisten und seine Pflichten entsprechend den behördlichen Auflagen zu erfüllen. [2] Unbeschadet ihrer Pflicht nach Absatz 1 sollen die Beschäftigten von ihnen festgestellte Gefahren für Sicherheit und Gesundheit und Mängel an den Schutzsystemen auch der Fachkraft für Arbeitssicherheit, dem Betriebsarzt oder dem Sicherheitsbeauftragten nach § 22 des Siebten Buches Sozialgesetzbuch[1)] mitteilen.

**§ 17[2)] Rechte der Beschäftigten.** (1) [1] Die Beschäftigten sind berechtigt, dem Arbeitgeber Vorschläge zu allen Fragen der Sicherheit und des Gesundheitsschutzes bei der Arbeit zu machen. [2] Für Beamtinnen und Beamte des Bundes ist § 125 des Bundesbeamtengesetzes[3)] anzuwenden. [3] Entsprechendes Landesrecht bleibt unberührt.

(2) [1] Sind Beschäftigte auf Grund konkreter Anhaltspunkte der Auffassung, daß die vom Arbeitgeber getroffenen Maßnahmen und bereitgestellten Mittel nicht ausreichen, um die Sicherheit und den Gesundheitsschutz bei der Arbeit

---

1) **Aichberger Nr. 7.**

2) § 17 Abs. 1 Satz 3 neu gef. mWv 1.4.2009 durch G v. 17.6.2008 (BGBl. I S. 1010); Abs. 1 Satz 2 geänd. mWv 12.2.2009 durch G v. 5.2.2009 (BGBl. I S. 160).

3) **Sartorius Nr. 160.**

zu gewährleisten, und hilft der Arbeitgeber darauf gerichteten Beschwerden von Beschäftigten nicht ab, können sich diese an die zuständige Behörde wenden. [2] Hierdurch dürfen den Beschäftigten keine Nachteile entstehen. [3] Die in Absatz 1 Satz 2 und 3 genannten Vorschriften sowie die Vorschriften der Wehrbeschwerdeordnung und des Gesetzes über den Wehrbeauftragten[1)] des Deutschen Bundestages bleiben unberührt.

## Vierter Abschnitt. Verordnungsermächtigungen

**§ 18[2)] Verordnungsermächtigungen.** (1) [1] Die Bundesregierung wird ermächtigt, durch Rechtsverordnung[3)] mit Zustimmung des Bundesrates vorzuschreiben, welche Maßnahmen der Arbeitgeber und die sonstigen verantwortlichen Personen zu treffen haben und wie sich die Beschäftigten zu verhalten haben, um ihre jeweiligen Pflichten, die sich aus diesem Gesetz ergeben, zu erfüllen. [2] In diesen Rechtsverordnungen kann auch bestimmt werden, daß bestimmte Vorschriften des Gesetzes zum Schutz anderer als in § 2 Abs. 2 genannter Personen anzuwenden sind.

(2) Durch Rechtsverordnungen nach Absatz 1 kann insbesondere bestimmt werden,

1. daß und wie zur Abwehr bestimmter Gefahren Dauer oder Lage der Beschäftigung oder die Zahl der Beschäftigten begrenzt werden muß,
2. daß der Einsatz bestimmter Arbeitsmittel oder -verfahren mit besonderen Gefahren für die Beschäftigten verboten ist oder der zuständigen Behörde angezeigt oder von ihr erlaubt sein muß oder besonders gefährdete Personen dabei nicht beschäftigt werden dürfen,
3. daß bestimmte, besonders gefährliche Betriebsanlagen einschließlich der Arbeits- und Fertigungsverfahren vor Inbetriebnahme, in regelmäßigen Abständen oder auf behördliche Anordnung fachkundig geprüft werden müssen,

3a. dass für bestimmte Beschäftigte angemessene Unterkünfte bereitzustellen sind, wenn dies aus Gründen der Sicherheit, zum Schutz der Gesundheit oder aus Gründen der menschengerechten Gestaltung der Arbeit erforderlich ist und welche Anforderungen dabei zu erfüllen sind,

4. daß Beschäftigte, bevor sie eine bestimmte gefährdende Tätigkeit aufnehmen oder fortsetzen oder nachdem sie sie beendet haben, arbeitsmedizinisch

---

1) **Sartorius Nr. 635.**

2) § 18 Abs. 2 Nr. 4 geänd. und Nr. 5 angef. mWv 31.12.2000 durch G v. 27.12.2000 (BGBl. I S. 2048); Abs. 2 Nr. 5 geänd. mWv 28.11.2003 durch VO v. 25.11.2003 (BGBl. I S. 2304); Abs. 2 Nr. 5 geänd. mWv 8.11.2006 durch VO v. 31.10.2006 (BGBl. I S. 2407); Abs. 2 Nr. 3a eingef., Abs. 3 angef. mWv 1.1.2021 durch G v. 22.12.2020 (BGBl. I S. 3334); Abs. 3 Satz 2 angef. mWv 24.11.2021 durch G v. 22.11.2021 (BGBl. I S. 4906).

3) Siehe die PSA-BenutzungsVO v. 4.12.1996 (BGBl. I S. 1841), die LastenhandhabungsVO v. 4.12.1996 (BGBl. I S. 1841, 1842), zuletzt geänd. durch VO v. 19.6.2020 (BGBl. I S. 1328), die BaustellenVO (Nr. **801b**), die ArbeitsstättenVO (Nr. **801a**), BetriebssicherheitsVO (Nr. **801c**), die Lärm- und Vibrations-ArbeitsschutzVO v. 6.3.2007 (BGBl. I S. 261), zuletzt geänd. durch VO v. 21.7.2021 (BGBl. I S. 3115), die Arbeitsmedizinische Vorsorge-VO v. 18.12.2008 (BGBl. I S. 2768), zuletzt geänd. durch VO v. 12.7.2019 (BGBl. I S. 1082), die ArbeitsschutzVO zu künstlicher optischer Strahlung (Nr. **801d**), die GefahrstoffVO v. 26.11.2010 (BGBl. I S. 1643, 1644), zuletzt geänd. durch VO v. 21.7.2021 (BGBl. I S. 3115), die BiostoffVO v. 15.7.2013 (BGBl. I S. 2514), zuletzt geänd. durch VO v. 21.7.2021 (BGBl. I S. 3115), die ArbeitsschutzVO zu elektromagnetischen Feldern v. 15.11.2016 (BGBl. I S. 2531), geänd. durch VO v. 30.4.2019 (BGBl. I S. 554).

zu untersuchen sind und welche besonderen Pflichten der Arzt dabei zu beachten hat,

5. dass Ausschüsse zu bilden sind, denen die Aufgabe übertragen wird, die Bundesregierung oder das zuständige Bundesministerium zur Anwendung der Rechtsverordnungen zu beraten, dem Stand der Technik, Arbeitsmedizin und Hygiene entsprechende Regeln und sonstige gesicherte arbeitswissenschaftliche Erkenntnisse zu ermitteln sowie Regeln zu ermitteln, wie die in den Rechtsverordnungen gestellten Anforderungen erfüllt werden können. Das Bundesministerium für Arbeit und Soziales kann die Regeln und Erkenntnisse amtlich bekannt machen.

(3) [1] In epidemischen Lagen von nationaler Tragweite nach § 5 Absatz 1 des Infektionsschutzgesetzes[1)] kann das Bundesministerium für Arbeit und Soziales ohne Zustimmung des Bundesrates spezielle Rechtsverordnungen nach Absatz 1 für einen befristeten Zeitraum erlassen. [2] Das Bundesministerium für Arbeit und Soziales kann ohne Zustimmung des Bundesrates durch Rechtsverordnung für einen befristeten Zeitraum, der spätestens sechs Monate nach Aufhebung der Feststellung der epidemischen Lage von nationaler Tragweite endet,

1. bestimmen, dass spezielle Rechtsverordnungen nach Satz 1 nach Aufhebung der Feststellung der epidemischen Lage von nationaler Tragweite nach § 5 Absatz 1 des Infektionsschutzgesetzes fortgelten, und diese ändern sowie
2. spezielle Rechtsverordnungen nach Absatz 1 erlassen.

**§ 19 Rechtsakte der Europäischen Gemeinschaften und zwischenstaatliche Vereinbarungen.** Rechtsverordnungen nach § 18 können auch erlassen werden, soweit dies zur Durchführung von Rechtsakten des Rates oder der Kommission der Europäischen Gemeinschaften oder von Beschlüssen internationaler Organisationen oder von zwischenstaatlichen Vereinbarungen, die Sachbereiche dieses Gesetzes betreffen, erforderlich ist, insbesondere um Arbeitsschutzpflichten für andere als in § 2 Abs. 3 genannte Personen zu regeln.

**§ 20[2)] Regelungen für den öffentlichen Dienst.** (1) Für die Beamten der Länder, Gemeinden und sonstigen Körperschaften, Anstalten und Stiftungen des öffentlichen Rechts regelt das Landesrecht, ob und inwieweit die nach § 18 erlassenen Rechtsverordnungen gelten.

(2) [1] Für bestimmte Tätigkeiten im öffentlichen Dienst des Bundes, insbesondere bei der Bundeswehr, der Polizei, den Zivil- und Katastrophenschutzdiensten, dem Zoll oder den Nachrichtendiensten, können das Bundeskanzleramt, das Bundesministerium des Innern, für Bau und Heimat, das Bundesministerium für Verkehr und digitale Infrastruktur, das Bundesministerium der Verteidigung oder das Bundesministerium der Finanzen, soweit sie hierfür jeweils zuständig sind, durch Rechtsverordnung[3)] ohne Zustimmung des Bundesrates bestimmen, daß Vorschriften dieses Gesetzes ganz oder zum Teil nicht anzuwenden sind, soweit öffentliche Belange dies zwingend erfordern, ins-

---

[1)] Nr. **285**.

[2)] § 20 Abs. 2 Satz 1 geänd. mWv 7.11.2001 durch VO v. 29.10.2001 (BGBl. I S. 2785); Abs. 2 Satz 2 geänd. mWv 28.11.2003 durch VO v. 25.11.2003 (BGBl. I S. 2304); Abs. 2 Sätze 1 und 2 geänd. mWv 8.11.2006 durch VO v. 31.10.2006 (BGBl. I S. 2407); Abs. 2 Satz 1 geänd. mWv 8.9. 2015 durch VO v. 31.8.2015 (BGBl. I S. 1474); Abs. 2 Sätze 1 und 2 geänd. mWv 27.6.2020 durch VO v. 19.6.2020 (BGBl. I S. 1328).

[3)] Siehe die ArbeitsschutzG-AnwendungsVO v. 3.6.2002 (BGBl. I S. 1850).

besondere zur Aufrechterhaltung oder Wiederherstellung der öffentlichen Sicherheit. [2]Rechtsverordnungen nach Satz 1 werden im Einvernehmen mit dem Bundesministerium für Arbeit und Soziales und, soweit nicht das Bundesministerium des Innern, für Bau und Heimat selbst ermächtigt ist, im Einvernehmen mit diesem Ministerium erlassen. [3]In den Rechtsverordnungen ist gleichzeitig festzulegen, wie die Sicherheit und der Gesundheitsschutz bei der Arbeit unter Berücksichtigung der Ziele dieses Gesetzes auf andere Weise gewährleistet werden. [4]Für Tätigkeiten im öffentlichen Dienst der Länder, Gemeinden und sonstigen landesunmittelbaren Körperschaften, Anstalten und Stiftungen des öffentlichen Rechts können den Sätzen 1 und 3 entsprechende Regelungen durch Landesrecht getroffen werden.

## Fünfter Abschnitt.[1)] Gemeinsame deutsche Arbeitsschutzstrategie

**§ 20a[2)] Gemeinsame deutsche Arbeitsschutzstrategie.** (1) [1]Nach den Bestimmungen dieses Abschnitts entwickeln Bund, Länder und Unfallversicherungsträger im Interesse eines wirksamen Arbeitsschutzes eine gemeinsame deutsche Arbeitsschutzstrategie und gewährleisten ihre Umsetzung und Fortschreibung. [2]Mit der Wahrnehmung der ihnen gesetzlich zugewiesenen Aufgaben zur Verhütung von Arbeitsunfällen, Berufskrankheiten und arbeitsbedingten Gesundheitsgefahren sowie zur menschengerechten Gestaltung der Arbeit tragen Bund, Länder und Unfallversicherungsträger dazu bei, die Ziele der gemeinsamen deutschen Arbeitsschutzstrategie zu erreichen.

(2) Die gemeinsame deutsche Arbeitsschutzstrategie umfasst

1. die Entwicklung gemeinsamer Arbeitsschutzziele,
2. die Festlegung vorrangiger Handlungsfelder und von Eckpunkten für Arbeitsprogramme sowie deren Ausführung nach einheitlichen Grundsätzen,
3. die Evaluierung der Arbeitsschutzziele, Handlungsfelder und Arbeitsprogramme mit geeigneten Kennziffern,
4. die Festlegung eines abgestimmten Vorgehens der für den Arbeitsschutz zuständigen Landesbehörden und der Unfallversicherungsträger bei der Beratung und Überwachung der Betriebe,
5. die Herstellung eines verständlichen, überschaubaren und abgestimmten Vorschriften- und Regelwerks.

**§ 20b[3)] Nationale Arbeitsschutzkonferenz.** (1) [1]Die Aufgabe der Entwicklung, Steuerung und Fortschreibung der gemeinsamen deutschen Arbeitsschutzstrategie nach § 20a Abs. 1 Satz 1 wird von der Nationalen Arbeitsschutzkonferenz wahrgenommen. [2]Sie setzt sich aus jeweils drei stimmberechtigten Vertretern von Bund, Ländern und den Unfallversicherungsträgern zusammen und bestimmt für jede Gruppe drei Stellvertreter. [3]Außerdem entsenden die Spitzenorganisationen der Arbeitgeber und Arbeitnehmer für die Behandlung von Angelegenheiten nach § 20a Abs. 2 Nr. 1 bis 3 und 5 jeweils bis zu drei Vertreter in die Nationale Arbeitsschutzkonferenz; sie nehmen mit beratender Stimme an den Sitzungen teil. [4]Die Nationale Arbeitsschutzkonferenz gibt sich eine Geschäftsordnung; darin werden insbesondere die Arbeitsweise und das

---

[1)] 5. Abschn. (§§ 20a und 20b) eingef. mWv 5.11.2008 durch G v. 30.10.2008 (BGBl. I S. 2130).
[2)] § 20a eingef. mWv 5.11.2008 durch G v. 30.10.2008 (BGBl. I S. 2130).
[3)] § 20b eingef. mWv 5.11.2008 durch G v. 30.10.2008 (BGBl. I S. 2130).

Beschlussverfahren festgelegt. [5] Die Geschäftsordnung muss einstimmig angenommen werden.

(2) Alle Einrichtungen, die mit Sicherheit und Gesundheit bei der Arbeit befasst sind, können der Nationalen Arbeitsschutzkonferenz Vorschläge für Arbeitsschutzziele, Handlungsfelder und Arbeitsprogramme unterbreiten.

(3) [1] Die Nationale Arbeitsschutzkonferenz wird durch ein Arbeitsschutzforum unterstützt, das in der Regel einmal jährlich stattfindet. [2] Am Arbeits-

*(Fortsetzung nächstes Blatt)*

# 822. Gesetz über explosionsgefährliche Stoffe (Sprengstoffgesetz – SprengG)[1) 2) 3)]

In der Fassung der Bekanntmachung vom 10. September 2002[4)]
(BGBl. I S. 3518)

**FNA 7134-2**

geänd. durch Art. 12 Waffenrechts-NeuregelungsG v. 11.10.2002 (BGBl. I S. 3970, ber. S. 4592), Art. 113 Achte ZuständigkeitsanpassungsVO v. 25.11.2003 (BGBl. I S. 2304), Art. 1 Drittes ÄndG v. 15.6.2005 (BGBl. I S. 1626), Art. 35 G zur Umbenennung des Bundesgrenzschutzes in Bundespolizei v. 21.6.2005 (BGBl. I S. 1818), Art. 150 Neunte ZuständigkeitsanpassungsVO v. 31.10.2006 (BGBl. I S. 2407), Art. 1 Viertes G zur Änd. des SprengstoffG v. 17.7.2009 (BGBl. I S. 2062), Art. 4 RechtsbereinigungsG Umwelt v. 11.8.2009 (BGBl. I S. 2723), Art. 2 Abs. 64 G zur Änd. von Vorschriften über Verkündung und Bekanntmachungen sowie der ZPO, des EGZPO und der AO v. 22.12.2011 (BGBl. I S. 3044), Art. 2 Abs. 86, Art. 3 Abs. 15 und Art. 4 Abs. 67 G zur Strukturreform des Gebührenrechts des Bundes v. 7.8.2013 (BGBl. I S. 3154, geänd. BGBl. 2016 I S. 1666), Art. 289 und Art. 626 Abs. 4 Zehnte ZuständigkeitsanpassungsVO v. 31.8.2015 (BGBl. I S. 1474, geänd. BGBl. 2016 I S. 1666), Art. 2, Art. 3 Abs. 14, Art. 4 Abs. 64, Art. 5 Abs. 5 G zur Aktualisierung der Strukturreform des Gebührenrechts des Bundes v. 18.7.2016 (BGBl. I S. 1666), Art. 109 G zum Abbau verzichtbarer Anordnungen der Schriftform im Verwaltungsrecht des Bundes v. 29.3.2017 (BGBl. I S. 626), Art. 1 Fünftes ÄndG v. 11.6.2017 (BGBl. I S. 1586), Art. 4a Drittes Waffenrechtsänderungsgesetz v. 17.2.2020 (BGBl. I S. 166), Art. 232 Elfte ZuständigkeitsanpassungsVO v. 19.6.2020 (BGBl. I S. 1328) und Art. 18 G zur Anpassung des ProduktsicherheitsG und zur Neuordnung des Rechts der überwachungsbedürftigen Anlagen v. 27.7.2021 (BGBl. I S. 3146)

**Nichtamtliche Inhaltsübersicht**

**Abschnitt I. Allgemeine Vorschriften**



---

1) **Amtl. Anm.:** Mit diesem Gesetz wird die Richtlinie 93/15/EWG des Rates vom 5. April 1993 zur Harmonisierung der Bestimmungen über das Inverkehrbringen und die Kontrolle von Explosivstoffen für zivile Zwecke (ABl. EG Nr. L 121 S. 20, 1995 Nr. L 79 S. 34) in deutsches Recht umgesetzt und an Stelle der Anlage 1 des Gesetzes der Anhang I Teil A. 14 der Richtlinie 92/69/EWG der Kommission vom 31. Juli 1992 (ABl. EG Nr. L 383 S. 113 und Nr. L 383A S. 1 (S. 87)) unmittelbar für anwendbar erklärt.

2) Siehe hierzu auch die Erste SprengstoffVO idF der Bek. v. 31.1.1991 (BGBl. I S. 169), zuletzt geänd. durch VO v. 20.12.2021 (BGBl. I S. 5238), die Zweite SprengstoffVO idF der Bek. v. 10.9.2002 (BGBl. I S. 3543), zuletzt geänd. durch G v. 29.3.2017 (BGBl. I S. 626) und die Dritte SprengstoffVO v. 23.6.1978 (BGBl. I S. 783), geänd. durch G v. 25.7.2013 (BGBl. I S. 2749).

3) Siehe hierzu auch das Ausführungsgesetz zum Sprengstoffgesetz v. 17.12.2009 (GV. NRW. S. 863), geänd. durch G v. 4.7.2014 (GV. NRW. S. 379) v. 17.12.2009 (GV. NRW. S. 863).

4) Neubekanntmachung des SprengG idF der Bek. v. 17.4.1986 (BGBl. I S. 577) in der ab 6.9.2002 geltenden Fassung.

# 830c. Verordnung über Allgemeine Bedingungen für den Netzanschluss und dessen Nutzung für die Gasversorgung in Niederdruck (Niederdruckanschlussverordnung – NDAV)[1]

Vom 1. November 2006
(BGBl. I S. 2477, 2485)

**FNA 752-6-7**

geänd. durch Art. 2 Abs. 6 VO zum Erlass von Regelungen über Messeinrichtungen im Strom- und Gasbereich v. 17.10.2008 (BGBl. I S. 2006), Art. 3 VO zur Neufassung und Änd. von Vorschriften auf dem Gebiet des Energiewirtschaftsrechts sowie des Bergrechts v. 3.9.2010 (BGBl. I S. 1261), Art. 7 VO zur Neuregelung des gesetzlichen Messwesens und zur Anpassung an europäische Rechtsprechung v. 11.12. 2014 (BGBl. I S. 2010), Art. 8 G zur Digitalisierung der Energiewende v. 29.8.2016 (BGBl. I S. 2034), Art. 7 G zur Änd. des Erneuerbare-Energien-G, des Kraft-Wärme-KopplungsG, des EnergiewirtschaftsG und weiterer energierechtlicher Vorschriften v. 17.12.2018 (BGBl. I S. 2549), Art. 2 VO zur Umsetzung pandemiebedingter und weiterer Anpassungen in Rechtsverordnungen auf Grundlage des EnergiewirtschaftsG v. 30.10.2020 (BGBl. I S. 2269), Art. 36 TelekommunikationsmodernisierungsG v. 23.6.2021 (BGBl. I S. 1858) und Art. 1 ÄndVO v. 1.11.2021 (BGBl. I S. 4786)

**Inhaltsübersicht**[2]



---

[1] Verkündet als Art. 2 VO v. 1.11.2006 (BGBl. I S. 2477); Inkrafttreten gem. Art. 4 Satz 1 dieser VO am 8.11.2006.

[2] Inhaltsübersicht geänd. mWv 1.1.2022 durch VO v. 1.11.2021 (BGBl. I S. 4786).

## Teil 1. Allgemeine Vorschriften

**§ 1 Anwendungsbereich, Begriffsbestimmungen.** (1) [1] Diese Verordnung regelt die Allgemeinen Bedingungen, zu denen Netzbetreiber nach § 18 Abs. 1 des Energiewirtschaftsgesetzes[1)] jedermann in Niederdruck an ihr Gasversorgungsnetz der allgemeinen Versorgung anzuschließen und den Anschluss zur Entnahme von Gas zur Verfügung zu stellen haben. [2] Diese sind Bestandteil der Rechtsverhältnisse über den Netzanschluss an das Gasversorgungsnetz der allgemeinen Versorgung (Netzanschluss) und die Anschlussnutzung, soweit sie sich nicht ausdrücklich allein auf eines dieser Rechtsverhältnisse beziehen. [3] Die Verordnung gilt für alle nach dem 12. Juli 2005 abgeschlossenen Netzanschlussverhältnisse und ist auch auf alle Anschlussnutzungsverhältnisse anzuwenden, die vor ihrem Inkrafttreten entstanden sind.

(2) Anschlussnehmer ist jedermann im Sinne des § 18 Abs. 1 Satz 1 des Energiewirtschaftsgesetzes, in dessen Auftrag ein Grundstück oder Gebäude an das Niederdrucknetz angeschlossen wird, oder im Übrigen jeder Eigentümer oder Erbbauberechtigte eines Grundstücks oder Gebäudes, das an das Niederdrucknetz angeschlossen ist.

(3) Anschlussnutzer ist jeder Letztverbraucher, der im Rahmen eines Anschlussnutzungsverhältnisses einen Anschluss an das Niederdrucknetz zur Entnahme von Gas nutzt.

(4) Netzbetreiber im Sinne dieser Verordnung ist der Betreiber eines Gasversorgungsnetzes der allgemeinen Versorgung im Sinne des § 18 Abs. 1 Satz 1 des Energiewirtschaftsgesetzes.

**§ 2[2)] Netzanschlussverhältnis.** (1) [1] Das Netzanschlussverhältnis umfasst den Anschluss der Gasanlage über den Netzanschluss und dessen weiteren Betrieb. [2] Es besteht zwischen dem Anschlussnehmer und dem Netzbetreiber.

(2) [1] Das Netzanschlussverhältnis entsteht durch Vertrag erstmalig mit dem Anschlussnehmer, der die Herstellung des Netzanschlusses in Auftrag gibt. [2] Bei Herstellung eines Netzanschlusses ist der Netzanschlussvertrag in Textform abzuschließen.

(3) Anschlussnehmer, die nicht Grundstückseigentümer oder Erbbauberechtigte sind, haben die schriftliche Zustimmung des Grundstückseigentümers zur Herstellung und Änderung des Netzanschlusses unter Anerkennung der für den Anschlussnehmer und ihn damit verbundenen Verpflichtungen beizubringen.

(4) [1] Bei angeschlossenen Grundstücken oder Gebäuden entsteht das Netzanschlussverhältnis mit dem Eigentumserwerb an der Kundenanlage zwischen dem jeweiligen Eigentümer und dem Netzbetreiber, sofern der bisherige Ei-

---

[1)] **Sartorius Nr. 830.**

[2)] § 2 Abs. 4 Sätze 3 und 4 angef. mWv 23.10.2008 durch VO v. 17.10.2008 (BGBl. I S. 2006); Abs. 2 Satz 2 geänd. mWv 6.11.2020 durch VO v. 30.10.2020 (BGBl. I S. 2269).

diese Anlagen ganz oder teilweise dem Versorgungsbereich zuordnen lassen, in dem der Anschluss erfolgt. [2]Baukostenzuschüsse dürfen höchstens 50 vom Hundert dieser Kosten betragen.

(2) [1]Der von dem Anschlussnehmer als Baukostenzuschuss zu übernehmende Kostenanteil bemisst sich nach dem Verhältnis, in dem die an seinem Netzanschluss vorzuhaltende Leistung zu der Summe der Leistungen steht, die in den im betreffenden Versorgungsbereich erstellten Verteileranlagen oder auf Grund der Verstärkung insgesamt vorgehalten werden können. [2]Der Durchmischung der jeweiligen Leistungsanforderungen ist Rechnung zu tragen. [3]Der Baukostenzuschuss kann auf der Grundlage der durchschnittlich für vergleichbare Fälle entstehenden Kosten pauschal berechnet werden.

(3) [1]Der Netzbetreiber ist berechtigt, von dem Anschlussnehmer einen weiteren Baukostenzuschuss zu verlangen, wenn der Anschlussnehmer seine Leistungsanforderung erheblich über das der ursprünglichen Berechnung zugrunde liegende Maß hinaus erhöht. [2]Der Baukostenzuschuss ist nach den Absätzen 1 und 2 zu bemessen.

(4) Der Baukostenzuschuss und die in § 9 geregelten Netzanschlusskosten sind getrennt zu errechnen und dem Anschlussnehmer aufgegliedert auszuweisen.

(5) § 9 Abs. 2 gilt entsprechend.

**§ 12 Grundstücksbenutzung.** (1) [1]Anschlussnehmer, die Grundstückseigentümer sind, haben für Zwecke der örtlichen Versorgung das Anbringen und Verlegen von Leitungen nebst Zubehör, insbesondere Verteilungsanlagen, über ihre im Gebiet des Gasversorgungsnetzes der allgemeinen Versorgung liegenden Grundstücke sowie erforderliche Schutzmaßnahmen unentgeltlich zuzulassen. [2]Diese Pflicht betrifft nur Grundstücke,

1. die an das Gasversorgungsnetz angeschlossen sind,
2. die vom Eigentümer in wirtschaftlichem Zusammenhang mit einem an das Netz angeschlossenen Grundstück genutzt werden oder
3. für die die Möglichkeit des Netzanschlusses sonst wirtschaftlich vorteilhaft ist.

[3]Sie besteht nicht, wenn die Inanspruchnahme der Grundstücke den Eigentümer mehr als notwendig oder in unzumutbarer Weise belasten würde; insbesondere ist die Inanspruchnahme des Grundstücks zwecks Anschlusses eines anderen Grundstücks an das Gasversorgungsnetz grundsätzlich verwehrt, wenn der Anschluss über das eigene Grundstück des anderen Anschlussnehmers möglich und dem Netzbetreiber zumutbar ist.

(2) Der Anschlussnehmer ist rechtzeitig über Art und Umfang der beabsichtigten Inanspruchnahme des Grundstücks zu benachrichtigen.

(3) [1]Der Grundstückseigentümer kann die Verlegung der Einrichtungen verlangen, wenn sie an der bisherigen Stelle für ihn nicht mehr zumutbar sind. [2]Die Kosten der Verlegung hat der Netzbetreiber zu tragen; dies gilt nicht, soweit die Einrichtungen ausschließlich dem Anschluss des Grundstücks dienen.

(4) Wird die Anschlussnutzung eingestellt, so hat der Eigentümer die auf seinen Grundstücken befindlichen Einrichtungen noch drei Jahre unentgeltlich zu dulden, es sei denn, dass ihm dies nicht zugemutet werden kann.

(5) Die Absätze 1 bis 4 gelten nicht für öffentliche Verkehrswege und Verkehrsflächen sowie für Grundstücke, die durch Planfeststellung für den Bau von öffentlichen Verkehrswegen und Verkehrsflächen bestimmt sind.

**§ 13**[1] **Gasanlage.** (1) [1]Für die ordnungsgemäße Errichtung, Erweiterung, Änderung und Instandhaltung der Gasanlage hinter der Hauptabsperreinrichtung (Anlage), mit Ausnahme des Druckregelgerätes und der Messeinrichtungen, die nicht in seinem Eigentum stehen, ist der Anschlussnehmer verantwortlich. [2]Satz 1 gilt nicht für die Messeinrichtungen, die nicht im Eigentum des Anschlussnehmers stehen. [3]Hat der Anschlussnehmer die Anlage ganz oder teilweise einem Dritten vermietet oder sonst zur Benutzung überlassen, so bleibt er verantwortlich.

(2) [1]Die Anlage darf nur nach den Vorschriften dieser Verordnung, nach anderen anzuwendenden Rechtsvorschriften und behördlichen Bestimmungen sowie nach den anerkannten Regeln der Technik errichtet, erweitert, geändert und instand gehalten werden. [2]In Bezug auf die allgemein anerkannten Regeln der Technik gilt § 49 Abs. 2 Nr. 2 des Energiewirtschaftsgesetzes[2] entsprechend. [3]Arbeiten an der Anlage dürfen, außer durch den Netzbetreiber, nur durch Installationsunternehmen durchgeführt werden, die in einem Installateurverzeichnis eines Netzbetreibers eingetragen sind, der im Geltungsbereich dieser Verordnung tätig ist. [4]§ 13a Absatz 8 bleibt unberührt. [5]Es dürfen nur Materialien und Gasgeräte verwendet werden, die unter Beachtung der allgemein anerkannten Regeln der Technik hergestellt wurden. [6]Die Einhaltung der Voraussetzungen des Satzes 4 wird vermutet, wenn die vorgeschriebene CE-Kennzeichnung vorhanden ist. [7]Sofern die CE-Kennzeichnung nicht vorgeschrieben ist, wird dies auch vermutet, wenn die Materialien oder Gasgeräte das Zeichen einer akkreditierten Stelle tragen. [8]Materialien und Gasgeräte, die

1. in einem anderen Mitgliedstaat der Europäischen Union oder der Türkei rechtmäßig hergestellt oder in den Verkehr gebracht worden sind oder
2. in einem anderen Vertragsstaat des Abkommens über den Europäischen Wirtschaftsraum rechtmäßig hergestellt worden sind

und die den technischen Spezifikationen der Zeichen im Sinne des Satzes 6 nicht entsprechen, werden einschließlich der von den vorgenannten Staaten durchgeführten Prüfungen und Überwachungen als gleichwertig behandelt, wenn mit ihnen das geforderte Schutzniveau gleichermaßen dauerhaft erreicht wird. [9]Der Netzbetreiber ist berechtigt, die Ausführung der Arbeiten zu überwachen.

(3) [1]Anlagenteile, die sich vor den Messeinrichtungen befinden, können vom Netzbetreiber plombiert werden. [2]Die dafür erforderliche Ausstattung der Anlage ist nach den Angaben des Netzbetreibers vom Anschlussnehmer zu veranlassen.

**§ 13a**[3] **Installateurverzeichnis.** (1) [1]Der Netzbetreiber darf eine Eintragung in sein Installateurverzeichnis nur von dem Nachweis einer ausreichenden

---

[1] § 13 Abs. 2 Sätze 4 und 5 neu gef., Sätze 6 und 7 eingef., bish. Satz 6 wird Satz 8 mWv 9.9.2010 durch VO v. 3.9.2010 (BGBl. I S. 1261); Abs. 2 Sätze 4 und 6 geänd. mWv 18.12.2014 durch VO v. 11.12.2014 (BGBl. I S. 2010); Abs. 2 Satz 3 neu gef., Satz 4 eingef., bish. Sätze 4–8 werden Sätze 5–9 mWv 1.1.2022 durch VO v. 1.11.2021 (BGBl. I S. 4786).

[2] **Sartorius Nr. 830.**

[3] § 13a eingef. mWv 1.1.2022 durch VO v. 1.11.2021 (BGBl. I S. 4786).

fachlichen Qualifikation des Installationsunternehmens für die Durchführung der jeweiligen Arbeiten nach § 13 Absatz 2 Satz 1 abhängig machen. [2]Der Netzbetreiber, in dessen Installateurverzeichnis die Eintragung erfolgen soll, ist berechtigt, vor der Eintragung das Vorliegen der ausreichenden fachlichen Qualifikation zu prüfen. [3]Begründen besondere Umstände Zweifel am Bestehen einer ausreichenden fachlichen Qualifikation ist der Netzbetreiber jederzeit berechtigt, das Vorliegen einer ausreichenden fachlichen Qualifikation erneut zu prüfen.

(2) [1]Nachdem der Netzbetreiber ein Installationsunternehmen in sein Installateurverzeichnis eingetragen hat, hat der Netzbetreiber dem betreffenden Installationsunternehmen zur Dokumentation der Eintragung einen Installateurausweis auszustellen. [2]Führt ein Installationsunternehmen Arbeiten in einem Netzgebiet durch, bei dessen Netzbetreiber es nicht in das Installationsverzeichnis eingetragen ist, so genügt es, dass das *Installationsunternehmens*[1] dem betroffenen Netzbetreiber einen durch einen anderen Netzbetreiber ausgestellten Installateurausweis als Nachweis der ausreichenden fachlichen Qualifikation rechtzeitig vorlegt. [3]Eine weitere Überprüfung des Vorliegens der ausreichenden fachlichen Qualifikation darf der betroffene Netzbetreiber nur vornehmen, falls aufgrund besonderer Umstände begründete Zweifel am Bestehen der ausreichenden fachlichen Qualifikation vorliegen.

(3) [1]Der Netzbetreiber kann im Rahmen der Eintragung in das Installateurverzeichnis einen Nachweis darüber verlangen, dass die ausreichende fachliche Qualifikation bei dem Inhaber des Installationsunternehmens oder einer fest angestellten, verantwortlichen und weisungsberechtigten Fachkraft vorliegt. [2]Im Rahmen der Prüfung der fachlichen Qualifikation kann der Netzbetreiber nur die Glaubhaftmachung der Fertigkeiten, praktischen und theoretischen Fachkenntnisse sowie Erfahrungen verlangen, die für eine fachgerechte, den anerkannten Regeln der Technik und den Sicherheitserfordernissen entsprechende Ausführung der jeweiligen Arbeiten notwendig sind.

(4) [1]Darüber hinaus kann der Netzbetreiber jederzeit von dem Installationsunternehmen verlangen, eine ausreichende Betriebshaftpflichtversicherung nachzuweisen. [2]Der Netzbetreiber kann im Einzelfall bei begründeten Zweifeln am Vorhandensein der technischen Ausstattung zur einwandfreien Ausführung oder Prüfung aller Installationsarbeiten nach den Regeln fachhandwerklichen Könnens jederzeit von Installationsunternehmen verlangen, glaubhaft zu machen, über eine ordnungsgemäß eingerichtete Werkstatt oder einen Werkstattwagen, ausreichende Werk- und Hilfswerkzeuge sowie Mess- und Prüfgeräte zu verfügen, mit denen alle Installationsarbeiten einwandfrei und nach den Regeln fachhandwerklichen Könnens ausgeführt und geprüft werden können. [3]Der Netzbetreiber kann im Einzelfall jederzeit von Installationsunternehmen verlangen eine gültige Bescheinigung über die Gewerbeanzeige nach § 14 der Gewerbeordnung[2] vorzulegen, soweit die Gewerbeanzeige gewerberechtlich erforderlich ist.

(5) [1]Ein in ein Installateurverzeichnis eingetragenes Installationsunternehmen ist von dem Netzbetreiber, der dieses Installateurverzeichnis führt, zu verpflichten, sich insbesondere über alle Fragen der Ausführung von Installationsarbeiten über Neuerungen auf dem Gebiet der Installationstechnik sowie

---

[1] Wortlaut amtlich.
[2] **Sartorius Nr. 800.**

über weitere Neuerungen, die für eine fachgerechte Ausführung der jeweiligen Arbeiten erforderlich sind laufend zu informieren, zum Beispiel durch eine Teilnahme an Fortbildungskursen des Gasfaches zur Einführung neuer Bestimmungen oder zur Unterrichtung über geltende Bestimmungen. [2] Erhält der Netzbetreiber Kenntnis von erheblichen oder anhaltenden Verstößen gegen die Verpflichtungen nach Satz 1 ist der Netzbetreiber berechtigt, die Eintragung des betreffenden Installationsunternehmens in seinem Installateurverzeichnis zu löschen.

(6) [1] Bei einem Installationsunternehmen aus einem Mitgliedstaat der Europäischen Union, aus einem Vertragsstaat des Abkommens über den Europäischen Wirtschaftsraum oder aus der Schweiz wird im Rahmen der Prüfung der Voraussetzungen für die Aufnahme in ein Installateurverzeichnis widerleglich vermutet, dass die Voraussetzungen nach Absatz 3 Satz 2 vorliegen, wenn der Inhaber des Installationsunternehmens oder eine fest angestellte, verantwortliche und weisungsberechtigte Fachkraft in ihrem Herkunftsstaat eine berufliche Qualifikation erworben hat, die sich nicht wesentlich von den als ausreichend angesehenen fachlichen Qualifikationen im Sinne von Absatz 1 Satz 2 unterscheidet. [2] § 3 Absatz 2 bis 5 sowie die §§ 4 bis 7 der EU/EWR-Handwerk-Verordnung[1)] vom 18. März 2016 (BGBl. I S. 509), die durch Artikel 2 der Verordnung vom 26. Oktober 2021 (BGBl. I S. 4740) geändert worden ist, sind entsprechend anzuwenden.

(7) Eine Betriebshaftpflichtversicherung, die in einem Mitgliedstaat der Europäischen Union, in einem Vertragsstaat des Abkommens über den Europäischen Wirtschaftsraum oder in der Schweiz abgeschlossen wurde, ist als ausreichend im Sinne von Absatz 4 Satz 1 anzuerkennen, wenn sie Versicherungsschutz für den Fall eines schädigenden Ereignisses bei Tätigkeiten in der Bundesrepublik Deutschland bietet.

(8) [1] Einem Installationsunternehmen aus einem Mitgliedstaat der Europäischen Union, aus einem Vertragsstaat des Abkommens über den Europäischen Wirtschaftsraum oder aus der Schweiz, das in der Bundesrepublik Deutschland keine gewerbliche Niederlassung unterhält, ist die vorübergehende und gelegentliche Erbringung von Installationsarbeiten nach § 13 Absatz 1 in der Bundesrepublik Deutschland ohne Eintragung in ein Installateurverzeichnis eines Netzbetreibers gestattet, wenn es in seinem Herkunftsstaat zur Ausübung vergleichbarer Tätigkeiten rechtmäßig niedergelassen ist. [2] Der Netzbetreiber ist berechtigt, von einem solchen Installationsunternehmen, das erstmals Installationsarbeiten nach § 13 Absatz 2 Satz 1 in der Bundesrepublik Deutschland erbringt und nicht in ein Installateurverzeichnis eines Netzbetreibers eingetragen ist, vor der Leistungserbringung einen Nachweis darüber zu verlangen, dass die ausreichende fachliche Qualifikation nach den Absätzen 1 und 3 sowie eine ausreichende Betriebshaftpflichtversicherung nach Absatz 4 Satz 1 und Absatz 7 vorliegen. [3] Die §§ 5, 9 und 10 der EU/EWR-Handwerk-Verordnung sind entsprechend anzuwenden.

**§ 14 Inbetriebsetzung der Gasanlage.** (1) [1] Der Netzbetreiber oder dessen Beauftragter hat die Anlage über den Netzanschluss an das Verteilernetz anzuschließen und in Betrieb zu nehmen, indem er nach erfolgtem Einbau der Messeinrichtung und gegebenenfalls des Druckregelgerätes durch Öffnung der

---

[1)] **LB Arbeitsrecht Nr. 108.**

Absperreinrichtungen die Gaszufuhr freigibt. [2]Die Anlage hinter diesen Einrichtungen hat das Installationsunternehmen in Betrieb zu setzen.

(2) [1]Jede Inbetriebsetzung der Anlage ist beim Netzbetreiber von dem Unternehmen, das nach § 13 Abs. 2 die Arbeiten an der Anlage ausgeführt hat, in Auftrag zu geben. [2]Auf Verlangen des Netzbetreibers ist ein von diesem zur Verfügung gestellter Vordruck zu verwenden.

(3) [1]Der Netzbetreiber kann für die Inbetriebsetzung vom Anschlussnehmer Kostenerstattung verlangen. [2]Die Kosten können auf der Grundlage der durchschnittlich für vergleichbare Fälle entstehenden Kosten pauschal berechnet werden. [3]Die Kosten sind so darzustellen, dass der Anschlussnehmer die Anwendung des pauschalierten Berechnungsverfahrens einfach nachvollziehen kann.

**§ 15 Überprüfung der Gasanlage.** (1) [1]Der Netzbetreiber ist berechtigt, die Anlage vor und, um unzulässige Rückwirkungen auf Einrichtungen des Netzbetreibers oder Dritter auszuschließen, nach ihrer Inbetriebsetzung zu überprüfen. [2]Er hat den Anschlussnehmer auf erkannte Sicherheitsmängel aufmerksam zu machen und kann deren Beseitigung verlangen.

(2) Werden Mängel festgestellt, welche die Sicherheit gefährden oder erhebliche Störungen erwarten lassen, so ist der Netzbetreiber berechtigt, den Anschluss zu verweigern oder die Anschlussnutzung zu unterbrechen; bei Gefahr für Leib oder Leben ist er hierzu verpflichtet.

(3) [1]Durch Vornahme oder Unterlassung der Überprüfung der Anlage sowie durch deren Anschluss an das Verteilernetz übernimmt der Netzbetreiber keine Haftung für die Mängelfreiheit der Anlage. [2]Dies gilt nicht, wenn er bei einer Überprüfung Mängel festgestellt hat, die eine Gefahr für Leib oder Leben darstellen.

## Teil 3. Anschlussnutzung

**§ 16[1] Nutzung des Anschlusses.** (1) [1]Der Netzbetreiber ist bei Bestehen eines Anschlussnutzungsverhältnisses verpflichtet, dem Anschlussnutzer in dem im Netzanschlussverhältnis vorgesehenen Umfang die Nutzung des Netzanschlusses jederzeit zu ermöglichen. [2]Dies gilt nicht, soweit und solange der Netzbetreiber hieran durch höhere Gewalt oder sonstige Umstände, deren Beseitigung ihm im Sinne des § 18 Absatz 1 Satz 2 Nummer 1 des Energiewirtschaftsgesetzes[2] aus wirtschaftlichen Gründen nicht zugemutet werden kann, gehindert ist.

(2) [1]Der Netzbetreiber hat Brennwert und Druck möglichst gleichbleibend zu halten. [2]Allgemein übliche Gasgeräte müssen einwandfrei betrieben werden können. [3]Stellt der Anschlussnutzer Anforderungen an die Gasqualität, die über die Verpflichtungen nach den Sätzen 1 und 2 hinausgehen, so obliegt es ihm selbst, innerhalb seines Bereichs Vorkehrungen zum störungsfreien Betrieb seiner Geräte und Anlagen zu treffen.

---

[1] § 16 Abs. 1 Satz 2 geänd. mWv 21.12.2018 durch G v. 17.12.2018 (BGBl. I S. 2549); Abs. 3 geänd. mWv 1.1.2022 durch VO v. 1.11.2021 (BGBl. I S. 4786).

[2] **Sartorius Nr. 830.**

(3) Zwischen Anschlussnutzer und Netzbetreiber gelten die §§ 7, 8, 12 und 13 Abs. 1 und 2, § 13a, § 14 Abs. 1 Satz 1, Abs. 2 und 3 sowie § 15 entsprechend.

**§ 17[1)] Unterbrechung der Anschlussnutzung.** (1) [1]Die Anschlussnutzung kann unterbrochen werden, soweit dies zur Vornahme betriebsnotwendiger Arbeiten oder zur Vermeidung eines drohenden Netzzusammenbruchs erforderlich ist. [2]Der Netzbetreiber hat jede Unterbrechung oder Unregelmäßigkeit unverzüglich zu beheben. [3]Eine notwendige Unterbrechung wegen eines vom Anschlussnutzer veranlassten Austauschs der Messeinrichtung durch einen Messstellenbetreiber nach den Vorschriften des Messstellenbetriebsgesetzes hat der Netzbetreiber nicht zu vertreten.

(2) [1]Der Netzbetreiber hat die Anschlussnutzer bei einer beabsichtigten Unterbrechung der Anschlussnutzung rechtzeitig in geeigneter Weise zu unterrichten. [2]Die Pflicht zur Benachrichtigung entfällt, wenn die Unterrichtung

1. nach den Umständen nicht rechtzeitig möglich ist und der Netzbetreiber dies nicht zu vertreten hat oder
2. die Beseitigung von bereits eingetretenen Unterbrechungen verzögern würde.

[3]In den Fällen des Satzes 3 ist der Netzbetreiber verpflichtet, dem Anschlussnutzer auf Nachfrage nachträglich mitzuteilen, aus welchem Grund die Unterbrechung vorgenommen worden ist.

**§ 18 Haftung bei Störungen der Anschlussnutzung.** (1) [1]Soweit der Netzbetreiber für Schäden, die ein Anschlussnutzer durch Unterbrechung oder durch Unregelmäßigkeiten in der Anschlussnutzung erleidet, aus Vertrag, Anschlussnutzungsverhältnis oder unerlaubter Handlung haftet und dabei Verschulden des Unternehmens oder eines Erfüllungs- oder Verrichtungsgehilfen vorausgesetzt wird, wird

1. hinsichtlich eines Vermögensschadens widerleglich vermutet, dass Vorsatz oder grobe Fahrlässigkeit vorliegt,
2. hinsichtlich der Beschädigung einer Sache widerleglich vermutet, dass Vorsatz oder Fahrlässigkeit vorliegt.

[2]Bei Vermögensschäden nach Satz 1 Nr. 1 ist die Haftung für sonstige Fahrlässigkeit ausgeschlossen.

(2) [1]Bei weder vorsätzlich noch grob fahrlässig verursachten Sachschäden ist die Haftung des Netzbetreibers gegenüber seinen Anschlussnutzern auf jeweils 5 000 Euro begrenzt. [2]Die Haftung für nicht vorsätzlich verursachte Sachschäden ist je Schadensereignis insgesamt begrenzt auf

1. 2,5 Millionen Euro bei bis zu 25 000 an das eigene Netz angeschlossenen Anschlussnutzern;
2. 10 Millionen Euro bei 25 001 bis 100 000 an das eigene Netz angeschlossenen Anschlussnutzern;
3. 20 Millionen Euro bei 100 001 bis 200 000 an das eigene Netz angeschlossenen Anschlussnutzern;

---

[1)] § 17 Abs. 1 Satz 3 angef. mWv 23.10.2008 durch VO v. 17.10.2008 (BGBl. I S. 2006); Abs. 1 Satz 3 geänd. mWv 2.9.2016 durch G v. 29.8.2016 (BGBl. I S. 2034).

4. 30 Millionen Euro bei 200 001 bis einer Million an das eigene Netz angeschlossenen Anschlussnutzern;
5. 40 Millionen Euro bei mehr als einer Million an das eigene Netz angeschlossene Anschlussnutzern.

[3] In diese Höchstgrenzen werden auch Schäden von Anschlussnutzern in Mittel- und Hochdruck einbezogen, wenn die Haftung ihnen gegenüber im Einzelfall entsprechend Satz 1 begrenzt ist.

(3) [1] Die Absätze 1 und 2 sind auch auf Ansprüche von Anschlussnutzern anzuwenden, die diese gegen einen dritten Netzbetreiber im Sinne des § 3

*(Fortsetzung nächstes Blatt)*

# 832b. Verordnung über die verbrauchsabhängige Abrechnung der Heiz- und Warmwasserkosten (Verordnung über Heizkostenabrechnung – HeizkostenV)[1)]

In der Fassung der Bekanntmachung vom 5. Oktober 2009[2)]

(BGBl. I S. 3250)

**FNA 754-4-4**

geänd. durch Art. 1 ÄndVO v. 24.11.2021 (BGBl. I S. 4964)

**Nichtamtliche Inhaltsübersicht**



**§ 1 Anwendungsbereich.** (1) Diese Verordnung gilt für die Verteilung der Kosten

1. des Betriebs zentraler Heizungsanlagen und zentraler Warmwasserversorgungsanlagen,
2. der eigenständig gewerblichen Lieferung von Wärme und Warmwasser, auch aus Anlagen nach Nummer 1 (Wärmelieferung, Warmwasserlieferung),

durch den Gebäudeeigentümer auf die Nutzer der mit Wärme oder Warmwasser versorgten Räume.

(2) Dem Gebäudeeigentümer stehen gleich

1. der zur Nutzungsüberlassung in eigenem Namen und für eigene Rechnung Berechtigte,

---

[1)] **Amtl. Anm.:** Diese Verordnung dient der Umsetzung der Richtlinie 2006/32/EG des Europäischen Parlaments und des Rates vom 5. April 2006 über Endenergieeffizienz und Energiedienstleistungen und zur Aufhebung der Richtlinie 93/76/EWG des Rates (ABl. L 114 vom 27.4.1996, S. 64).

[2)] Neubekanntmachung der HeizkostenV idF der Bek. v. 20.1.1989 (BGBl. I S. 115) in der ab 1.1. 2009 geltenden Fassung.

2. derjenige, dem der Betrieb von Anlagen im Sinne des § 1 Absatz 1 Nummer 1 in der Weise übertragen worden ist, dass er dafür ein Entgelt vom Nutzer zu fordern berechtigt ist,
3. beim Wohnungseigentum die Gemeinschaft der Wohnungseigentümer im Verhältnis zum Wohnungseigentümer, bei Vermietung einer oder mehrerer Eigentumswohnungen der Wohnungseigentümer im Verhältnis zum Mieter.

(3) Diese Verordnung gilt auch für die Verteilung der Kosten der Wärmelieferung und Warmwasserlieferung auf die Nutzer der mit Wärme oder Warmwasser versorgten Räume, soweit der Lieferer unmittelbar mit den Nutzern abrechnet und dabei nicht den für den einzelnen Nutzer gemessenen Verbrauch, sondern die Anteile der Nutzer am Gesamtverbrauch zu Grunde legt; in diesen Fällen gelten die Rechte und Pflichten des Gebäudeeigentümers aus dieser Verordnung für den Lieferer.

(4) Diese Verordnung gilt auch für Mietverhältnisse über preisgebundenen Wohnraum, soweit für diesen nichts anderes bestimmt ist.

**§ 2 Vorrang vor rechtsgeschäftlichen Bestimmungen.** Außer bei Gebäuden mit nicht mehr als zwei Wohnungen, von denen eine der Vermieter selbst bewohnt, gehen die Vorschriften dieser Verordnung rechtsgeschäftlichen Bestimmungen vor.

**§ 3 Anwendung auf das Wohnungseigentum.** [1] Die Vorschriften dieser Verordnung sind auf Wohnungseigentum anzuwenden unabhängig davon, ob durch Vereinbarung oder Beschluss der Wohnungseigentümer abweichende Bestimmungen über die Verteilung der Kosten der Versorgung mit Wärme und Warmwasser getroffen worden sind. [2] Auf die Anbringung und Auswahl der Ausstattung nach den §§ 4 und 5 sowie auf die Verteilung der Kosten und die sonstigen Entscheidungen des Gebäudeeigentümers nach den §§ 6 bis 9b und 11 sind die Regelungen entsprechend anzuwenden, die für die Verwaltung des gemeinschaftlichen Eigentums im Wohnungseigentumsgesetz[1)] enthalten oder durch Vereinbarung der Wohnungseigentümer getroffen worden sind. [3] Die Kosten für die Anbringung der Ausstattung sind entsprechend den dort vorgesehenen Regelungen über die Tragung der Verwaltungskosten zu verteilen.

**§ 4 Pflicht zur Verbrauchserfassung.** (1) Der Gebäudeeigentümer hat den anteiligen Verbrauch der Nutzer an Wärme und Warmwasser zu erfassen.

(2) [1] Er hat dazu die Räume mit Ausstattungen zur Verbrauchserfassung zu versehen; die Nutzer haben dies zu dulden. [2] Will der Gebäudeeigentümer die Ausstattung zur Verbrauchserfassung mieten oder durch eine andere Art der Gebrauchsüberlassung beschaffen, so hat er dies den Nutzern vorher unter Angabe der dadurch entstehenden Kosten mitzuteilen; die Maßnahme ist unzulässig, wenn die Mehrheit der Nutzer innerhalb eines Monats nach Zugang der Mitteilung widerspricht. [3] Die Wahl der Ausstattung bleibt im Rahmen des § 5 dem Gebäudeeigentümer überlassen.

(3) [1] Gemeinschaftlich genutzte Räume sind von der Pflicht zur Verbrauchserfassung ausgenommen. [2] Dies gilt nicht für Gemeinschaftsräume mit nut-

---

[1)] **Habersack, Deutsche Gesetze Nr. 37.**

zungsbedingt hohem Wärme- oder Warmwasserverbrauch, wie Schwimmbäder oder Saunen.

(4) Der Nutzer ist berechtigt, vom Gebäudeeigentümer die Erfüllung dieser Verpflichtungen zu verlangen.

**§ 5[1)] Ausstattung zur Verbrauchserfassung.** (1) [1] Zur Erfassung des anteiligen Wärmeverbrauchs sind Wärmezähler oder Heizkostenverteiler, zur Erfassung des anteiligen Warmwasserverbrauchs Warmwasserzähler zu verwenden. [2] Soweit nicht eichrechtliche Bestimmungen zur Anwendung kommen, dürfen nur solche Ausstattungen zur Verbrauchserfassung verwendet werden, hinsichtlich derer sachverständige Stellen bestätigt haben, dass sie den anerkannten Regeln der Technik entsprechen oder dass ihre Eignung auf andere Weise nachgewiesen wurde. [3] Als sachverständige Stellen gelten nur solche Stellen, deren Eignung die nach Landesrecht zuständige Behörde im Benehmen mit der Physikalisch-Technischen Bundesanstalt bestätigt hat. [4] Die Ausstattungen müssen für das jeweilige Heizsystem geeignet sein und so angebracht werden, dass ihre technisch einwandfreie Funktion gewährleistet ist.

(2) [1] Ausstattungen zur Verbrauchserfassung nach Absatz 1 Satz 1 und nach § 9 Absatz 2 Satz 1, die nach dem 1. Dezember 2021 installiert werden, müssen fernablesbar sein und dabei den Datenschutz und die Datensicherheit nach dem Stand der Technik gewährleisten. [2] Fernablesbar ist eine Ausstattung zur Verbrauchserfassung, wenn sie ohne Zugang zu einzelnen Nutzeinheiten abgelesen werden kann. [3] Ab dem 1. Dezember 2022 dürfen nur noch solche fernablesbaren Ausstattungen installiert werden, die sicher an ein Smart-Meter-Gateway nach § 2 Satz 1 Nummer 19 des Messstellenbetriebsgesetzes vom 29. August 2016 (BGBl. I S. 2034), das zuletzt durch Artikel 10 des Gesetzes vom 16. Juli 2021 (BGBl. I S. 3026) geändert worden ist, unter Beachtung des in Schutzprofilen und Technischen Richtlinien des Bundesamtes für Sicherheit in der Informationstechnik niedergelegten Stands der Technik nach dem Messstellenbetriebsgesetz angebunden werden können. [4] Die Sätze 1 bis 3 sind nicht anzuwenden, wenn ein einzelner Zähler oder Heizkostenverteiler ersetzt oder ergänzt wird, der Teil eines Gesamtsystems ist und die anderen Zähler oder Heizkostenverteiler dieses Gesamtsystems zum Zeitpunkt des Ersatzes oder der Ergänzung nicht fernablesbar sind.

(3) [1] Nicht fernablesbare Ausstattungen zur Verbrauchserfassung, die bis zum 1. Dezember 2021 oder nach Maßgabe des Absatzes 2 Satz 4 nach dem 1. Dezember 2021 installiert wurden, müssen bis zum 31. Dezember 2026 die Anforderungen nach den Absätzen 2 und 5 durch Nachrüstung oder Austausch erfüllen. [2] Satz 1 ist nicht anzuwenden, wenn dies im Einzelfall wegen besonderer Umstände technisch nicht möglich ist oder durch einen unangemessenen Aufwand oder in sonstiger Weise zu einer unbilligen Härte führen würde.

(4) Fernablesbare Ausstattungen zur Verbrauchserfassung, die bis zum 1. Dezember 2022 installiert wurden, müssen nach dem 31. Dezember 2031 die Anforderungen nach Absatz 2 Satz 3 und Absatz 5 durch Nachrüstung oder Austausch erfüllen.

(5) [1] Ab dem 1. Dezember 2022 dürfen nur noch solche fernauslesbaren Ausstattungen zur Verbrauchserfassung installiert werden, die einschließlich

---

1) § 5 Abs. 1 Satz 1 geänd., Abs. 2–6 eingef., bish. Abs. 2 wird Abs. 7, Abs. 8 angef. mWv 1.12. 2021 durch VO v. 24.11.2021 (BGBl. I S. 4964).

ihrer Schnittstellen mit den Ausstattungen gleicher Art anderer Hersteller interoperabel sind und dabei den Stand der Technik einhalten. [2]Die Interoperabilität ist in der Weise zu gewährleisten, dass im Fall der Übernahme der Ablesung durch eine andere Person diese die Ausstattungen zur Verbrauchserfassung selbst fernablesen kann. [3]Das Schlüsselmaterial der fernablesbaren Ausstattungen zur Verbrauchserfassung ist dem Gebäudeeigentümer kostenfrei zur Verfügung zu stellen.

(6) [1]Die Einhaltung des Stands der Technik nach den Absätzen 2 und 5 wird vermutet, soweit Schutzprofile und technische Richtlinien eingehalten werden, die vom Bundesamt für Sicherheit in der Informationstechnik bekannt gemacht worden sind, oder wenn die Ausstattung zur Verbrauchserfassung mit einem Smart-Meter-Gateway nach § 2 Satz 1 Nummer 19 des Messstellenbetriebsgesetzes verbunden ist und die nach dem Messstellenbetriebsgesetz geltenden Schutzprofile und technischen Richtlinien eingehalten werden. [2]Wenn der Gebäudeeigentümer von der Möglichkeit des § 6 Absatz 1 des Messstellenbetriebsgesetzes für die Sparte Heizwärme Gebrauch gemacht hat, sind fernablesbare Ausstattungen zur Verbrauchserfassung nach den Absätzen 2 und 3 an vorhandene Smart- Meter-Gateways nach § 2 Satz 1 Nummer 19 des Messstellenbetriebsgesetzes anzubinden.

(7) [1]Wird der Verbrauch der von einer Anlage im Sinne des § 1 Absatz 1 versorgten Nutzer nicht mit gleichen Ausstattungen erfasst, so sind zunächst durch Vorerfassung vom Gesamtverbrauch die Anteile der Gruppen von Nutzern zu erfassen, deren Verbrauch mit gleichen Ausstattungen erfasst wird. [2]Der Gebäudeeigentümer kann auch bei unterschiedlichen Nutzungs- oder Gebäudearten oder aus anderen sachgerechten Gründen eine Vorerfassung nach Nutzergruppen durchführen.

(8) [1]Die Bundesregierung evaluiert die Auswirkungen der Regelungen auf Mieter in den Absätzen 2, 5 und 6 drei Jahre nach dem 1. Dezember 2021, insbesondere im Hinblick auf zusätzliche Betriebskosten durch fernablesbare Ausstattungen und den Nutzen dieser Ausstattungen für Mieter. [2]Der Evaluationsbericht wird spätestens am 31. August 2025 veröffentlicht.

**§ 6[1)] Pflicht zur verbrauchsabhängigen Kostenverteilung.** (1) [1]Der Gebäudeeigentümer hat die Kosten der Versorgung mit Wärme und Warmwasser auf der Grundlage der Verbrauchserfassung nach Maßgabe der §§ 7 bis 9 auf die einzelnen Nutzer zu verteilen. [2]Das Ergebnis der Ablesung bei nicht fernablesbaren Ausstattungen soll dem Nutzer in der Regel innerhalb eines Monats mitgeteilt werden. [3]Eine gesonderte Mitteilung ist nicht erforderlich, wenn das Ableseergebnis über einen längeren Zeitraum in den Räumen des Nutzers gespeichert ist und von diesem selbst abgerufen werden kann. [4]Einer gesonderten Mitteilung des Warmwasserverbrauchs bedarf es auch dann nicht, wenn in der Nutzeinheit ein Warmwasserzähler eingebaut ist.

(2) [1]In den Fällen des § 5 Absatz 2 sind die Kosten zunächst mindestens zu 50 vom Hundert nach dem Verhältnis der erfassten Anteile am Gesamtverbrauch auf die Nutzergruppen aufzuteilen. [2]Werden die Kosten nicht vollständig nach dem Verhältnis der erfassten Anteile am Gesamtverbrauch aufgeteilt, sind

---

[1)] § 6 Abs. 1 Satz 2 geänd. mWv 1.12.2021 durch VO v. 24.11.2021 (BGBl. I S. 4964).

1. die übrigen Kosten der Versorgung mit Wärme nach der Wohn- oder Nutzfläche oder nach dem umbauten Raum auf die einzelnen Nutzergruppen zu verteilen; es kann auch die Wohn- oder Nutzfläche oder der umbaute Raum der beheizten Räume zu Grunde gelegt werden,
2. die übrigen Kosten der Versorgung mit Warmwasser nach der Wohn- oder Nutzfläche auf die einzelnen Nutzergruppen zu verteilen.

[3] Die Kostenanteile der Nutzergruppen sind dann nach Absatz 1 auf die einzelnen Nutzer zu verteilen.

(3) [1] In den Fällen des § 4 Absatz 3 Satz 2 sind die Kosten nach dem Verhältnis der erfassten Anteile am Gesamtverbrauch auf die Gemeinschaftsräume und die übrigen Räume aufzuteilen. [2] Die Verteilung der auf die Gemeinschaftsräume entfallenden anteiligen Kosten richtet sich nach rechtsgeschäftlichen Bestimmungen.

(4) [1] Die Wahl der Abrechnungsmaßstäbe nach Absatz 2 sowie nach § 7 Absatz 1 Satz 1, §§ 8 und 9 bleibt dem Gebäudeeigentümer überlassen. [2] Er kann diese für künftige Abrechnungszeiträume durch Erklärung gegenüber den Nutzern ändern

1. bei der Einführung einer Vorerfassung nach Nutzergruppen,
2. nach Durchführung von baulichen Maßnahmen, die nachhaltig Einsparungen von Heizenergie bewirken oder
3. aus anderen sachgerechten Gründen nach deren erstmaliger Bestimmung.

[3] Die Festlegung und die Änderung der Abrechnungsmaßstäbe sind nur mit Wirkung zum Beginn eines Abrechnungszeitraumes zulässig.

**§ 6a[1)] Abrechnungs- und Verbrauchsinformationen; Informationen in der Abrechnung.** (1) Wenn fernablesbare Ausstattungen zur Verbrauchserfassung installiert wurden, hat der Gebäudeeigentümer den Nutzern Abrechnungs- oder Verbrauchsinformationen für Heizung und Warmwasser auf der Grundlage des tatsächlichen Verbrauchs oder der Ablesewerte von Heizkostenverteilern in folgenden Zeitabständen mitzuteilen:

1. für alle Abrechnungszeiträume, die ab dem 1. Dezember 2021 beginnen
   a) auf Verlangen des Nutzers oder wenn der Gebäudeeigentümer sich gegenüber dem Versorgungsunternehmen für die Zustellung der Abrechnung auf elektronischem Wege entschieden hat, mindestens vierteljährlich und
   b) ansonsten mindestens zweimal im Jahr,
2. ab dem 1. Januar 2022 monatlich.

(2) Verbrauchsinformationen nach Absatz 1 Nummer 2 müssen mindestens folgende Informationen enthalten:

1. Verbrauch des Nutzers im letzten Monat in Kilowattstunden,
2. einen Vergleich dieses Verbrauchs mit dem Verbrauch des Vormonats desselben Nutzers sowie mit dem entsprechenden Monat des Vorjahres desselben Nutzers, soweit diese Daten erhoben worden sind, und
3. einen Vergleich mit dem Verbrauch eines normierten oder durch Vergleichstests ermittelten Durchschnittsnutzers derselben Nutzerkategorie.

---

[1)] § 6a eingef. mWv 1.12.2021 durch VO v. 24.11.2021 (BGBl. I S. 4964).

(3) [1] Wenn die Abrechnungen auf dem tatsächlichen Verbrauch oder auf den Ablesewerten von Heizkostenverteilern beruhen, muss der Gebäudeeigentümer den Nutzern für Abrechnungszeiträume, die ab dem 1. Dezember 2021 beginnen, zusammen mit den Abrechnungen folgende Informationen zugänglich machen:

1. Informationen über

   a) den Anteil der eingesetzten Energieträger und bei Nutzern, die mit Fernwärme aus Fernwärmesystemen versorgt werden, auch über die damit verbundenen jährlichen Treibhausgasemissionen und den Primärenergiefaktor des Fernwärmenetzes, bei Fernwärmesystemen mit einer thermischen Gesamtleistung unter 20 Megawatt jedoch erst ab dem 1. Januar 2022,

   b) die erhobenen Steuern, Abgaben und Zölle,

   c) die Entgelte für die Gebrauchsüberlassung und Verwendung der Ausstattungen zur Verbrauchserfassung, einschließlich der Eichung, sowie für die Ablesung und Abrechnung,

2. Kontaktinformationen, darunter Internetadressen von Verbraucherorganisationen, Energieagenturen oder ähnlichen Einrichtungen, bei denen Informationen über angebotene Maßnahmen zur Energieeffizienzverbesserung, Endnutzer-Vergleichsprofile und objektive technische Spezifikationen für energiebetriebene Geräte eingeholt werden können,

3. im Falle eines Verbrauchervertrags nach § 310 Absatz 3 des Bürgerlichen Gesetzbuches[1)] die Information über die Möglichkeit der Durchführung von Streitbeilegungsverfahren nach dem Verbraucherstreitbeilegungsgesetz[2)], wobei die §§ 36 und 37 des Verbraucherstreitbeilegungsgesetzes unberührt bleiben,

4. Vergleiche mit dem Verbrauch eines normierten oder durch Vergleichstests ermittelten Durchschnittsnutzers derselben Nutzerkategorie, wobei im Fall elektronischer Abrechnungen ein solcher Vergleich online bereitgestellt und in der Abrechnung darauf verwiesen werden kann,

5. einen Vergleich des witterungsbereinigten Energieverbrauchs des jüngsten Abrechnungszeitraums des Nutzers mit seinem witterungsbereinigten Energieverbrauch im vorhergehenden Abrechnungszeitraum in grafischer Form.

[2] Der Energieverbrauch nach Satz 1 Nummer 5 umfasst den Wärmeverbrauch und den Warmwasserverbrauch. [3] Dabei ist der Wärmeverbrauch einer Witterungsbereinigung unter Anwendung eines den anerkannten Regeln der Technik entsprechenden Verfahrens zu unterziehen. [4] Die Einhaltung der anerkannten Regeln der Technik wird vermutet, soweit für den Vergleich der witterungsbereinigten Energieverbräuche Vereinfachungen verwendet werden, die vom Bundesministerium für Wirtschaft und Energie und vom Bundesministerium des Innern, für Bau und Heimat gemeinsam im Bundesanzeiger bekannt gemacht worden sind.

(4) Die Pflichten gemäß § 556 Absatz 3 des Bürgerlichen Gesetzbuches bleiben unberührt.

---

[1)] **Habersack, Deutsche Gesetze Nr. 20.**

[2)] **Habersack, Deutsche Gesetze ErgBd. Nr. 107.**

(5) Abrechnungen, die nicht auf dem tatsächlichen Verbrauch oder auf den Ablesewerten von Heizkostenverteilern beruhen, müssen mindestens die Informationen gemäß Absatz 3 Satz 1 Nummer 2 und 3 enthalten.

**§ 6b[1] Zulässigkeit und Umfang der Verarbeitung von Daten.** Die Erhebung, Speicherung und Verwendung von Daten aus einer fernablesbaren Ausstattung zur Verbrauchserfassung darf nur durch den Gebäudeeigentümer oder einen von ihm beauftragten Dritten erfolgen und soweit dies erforderlich ist:

1. zur Erfüllung der verbrauchsabhängigen Kostenverteilung und zur Abrechnung mit dem Nutzer nach § 6 oder
2. zur Erfüllung der Informationspflichten nach § 6a.

**§ 7[2] Verteilung der Kosten der Versorgung mit Wärme.** (1) [1] Von den Kosten des Betriebs der zentralen Heizungsanlage sind mindestens 50 vom Hundert, höchstens 70 vom Hundert nach dem erfassten Wärmeverbrauch der Nutzer zu verteilen. [2] In Gebäuden, die das Anforderungsniveau der Wärmeschutzverordnung vom 16. August 1994 (BGBl. I S. 2121) nicht erfüllen, die mit einer Öl- oder Gasheizung versorgt werden und in denen die freiliegenden Leitungen der Wärmeverteilung überwiegend gedämmt sind, sind von den Kosten des Betriebs der zentralen Heizungsanlage 70 vom Hundert nach dem erfassten Wärmeverbrauch der Nutzer zu verteilen. [3] In Gebäuden, in denen die freiliegenden Leitungen der Wärmeverteilung überwiegend ungedämmt sind und deswegen ein wesentlicher Anteil des Wärmeverbrauchs nicht erfasst wird, kann der Wärmeverbrauch der Nutzer nach anerkannten Regeln der Technik bestimmt werden. [4] Der so bestimmte Verbrauch der einzelnen Nutzer wird als erfasster Wärmeverbrauch nach Satz 1 berücksichtigt. [5] Die übrigen Kosten sind nach der Wohn- oder Nutzfläche oder nach dem umbauten Raum zu verteilen; es kann auch die Wohn- oder Nutzfläche oder der umbaute Raum der beheizten Räume zu Grunde gelegt werden.

(2) Zu den Kosten des Betriebs der zentralen Heizungsanlage einschließlich der Abgasanlage gehören die Kosten der verbrauchten Brennstoffe und ihrer Lieferung, die Kosten des Betriebsstromes, die Kosten der Bedienung, Überwachung und Pflege der Anlage, der regelmäßigen Prüfung ihrer Betriebsbereitschaft und Betriebssicherheit einschließlich der Einstellung durch eine Fachkraft, der Reinigung der Anlage und des Betriebsraumes, die Kosten der Messungen nach dem Bundes-Immissionsschutzgesetz[3], die Kosten der Anmietung oder anderer Arten der Gebrauchsüberlassung einer Ausstattung zur Verbrauchserfassung sowie die Kosten der Verwendung einer Ausstattung zur Verbrauchserfassung einschließlich der Kosten der Eichung sowie der Kosten der Berechnung, Aufteilung und Abrechnungs- und Verbrauchsinformationen gemäß § 6a.

(3) Für die Verteilung der Kosten der Wärmelieferung gilt Absatz 1 Satz 1 und 3 bis 5 entsprechend.

---

[1] § 6b eingef. mWv 1.12.2021 durch VO v. 24.11.2021 (BGBl. I S. 4964).

[2] § 7 Abs. 2 bish. Satz 1 geänd., Satz 2 aufgeh., Abs. 3 geänd. mWv 1.12.2021 durch VO v. 24.11.2021 (BGBl. I S. 4964).

[3] **Sartorius Nr. 296.**

(4) Zu den Kosten der Wärmelieferung gehören das Entgelt für die Wärmelieferung und die Kosten des Betriebs der zugehörigen Hausanlagen entsprechend Absatz 2.

**§ 8 Verteilung der Kosten der Versorgung mit Warmwasser.** (1) Von den Kosten des Betriebs der zentralen Warmwasserversorgungsanlage sind mindestens 50 vom Hundert, höchstens 70 vom Hundert nach dem erfassten Warmwasserverbrauch, die übrigen Kosten nach der Wohn- oder Nutzfläche zu verteilen.

(2) [1] Zu den Kosten des Betriebs der zentralen Warmwasserversorgungsanlage gehören die Kosten der Wasserversorgung, soweit sie nicht gesondert abgerechnet werden, und die Kosten der Wassererwärmung entsprechend § 7 Absatz 2. [2] Zu den Kosten der Wasserversorgung gehören die Kosten des Wasserverbrauchs, die Grundgebühren und die Zählermiete, die Kosten der Verwendung von Zwischenzählern, die Kosten des Betriebs einer hauseigenen Wasserversorgungsanlage und einer Wasseraufbereitungsanlage einschließlich der Aufbereitungsstoffe.

(3) Für die Verteilung der Kosten der Warmwasserlieferung gilt Absatz 1 entsprechend.

(4) Zu den Kosten der Warmwasserlieferung gehören das Entgelt für die Lieferung des Warmwassers und die Kosten des Betriebs der zugehörigen Hausanlagen entsprechend § 7 Absatz 2.

**§ 9[1)] Verteilung der Kosten der Versorgung mit Wärme und Warmwasser bei verbundenen Anlagen.** (1) [1] Ist die zentrale Anlage zur Versorgung mit Wärme mit der zentralen Warmwasserversorgungsanlage verbunden, so sind die einheitlich entstandenen Kosten des Betriebs aufzuteilen. [2] Die Anteile an den einheitlich entstandenen Kosten sind bei Anlagen mit Heizkesseln nach den Anteilen am Brennstoffverbrauch oder am Energieverbrauch, bei eigenständiger gewerblicher Wärmelieferung nach den Anteilen am Wärmeverbrauch zu bestimmen. [3] Kosten, die nicht einheitlich entstanden sind, sind dem Anteil an den einheitlich entstandenen Kosten hinzuzurechnen. [4] Der Anteil der zentralen Anlage zur Versorgung mit Wärme ergibt sich aus dem gesamten Verbrauch nach Abzug des Verbrauchs der zentralen Warmwasserversorgungsanlage. [5] Bei Anlagen, die nicht ausschließlich durch Heizkessel oder durch eigenständige gewerbliche Wärmelieferung mit Wärme versorgt werden, können anerkannte Regeln der Technik zur Aufteilung der Kosten verwendet werden. [6] Der Anteil der zentralen Warmwasserversorgungsanlage am Wärmeverbrauch ist nach Absatz 2, der Anteil am Brennstoffverbrauch nach Absatz 3 zu ermitteln.

(2) [1] Die auf die zentrale Warmwasserversorgungsanlage entfallende Wärmemenge (Q) ist mit einem Wärmezähler zu messen. [2] Kann die Wärmemenge nur mit einem unzumutbar hohen Aufwand gemessen werden, kann sie nach folgender Zahlenwertgleichung als Ergebnis in Kilowattstunden pro Jahr bestimmt werden:

$$Q = 2{,}5 \times V \times (tw-10).$$

[3] Dabei sind zu Grunde zu legen:

---

1) § 9 Abs. 1 Satz 5 geänd., Abs. 2 Sätze 1–5 neu gef., Satz 6 einl. Satzteil geänd., Abs. 3 Satz 1, Satz 2 Nr. 2 neu gef., Sätze 3–5 eingef., bish. Sätze 3 und 4 werden Sätze 6 und 7 mWv 1.12.2021 durch VO v. 24.11.2021 (BGBl. I S. 4964).

1. der Wert 2,5 für die Erzeugeraufwandszahl des Wärmeerzeugers, die mittlere spezifische Wärmekapazität des Wassers, die Wärmeverluste für Warmwasserspeicher, Verteilung einschließlich Zirkulation, Messdatenerhebungen zum Warmwasserverbrauch,
2. das gemessene Volumen des verbrauchten Warmwassers (V) in Kubikmetern,
3. die gemessene oder geschätzte mittlere Temperatur des Warmwassers (tw) in Grad Celsius und
4. der Wert 10 für die übliche Kaltwassereintrittstemperatur in die Warmwasserversorgungsanlage in Grad Celsius.

[4] Wenn in Ausnahmefällen weder die Wärmemenge noch das Volumen des verbrauchten Warmwassers gemessen werden können, kann die Wärmemenge, die auf die zentrale Warmwasserversorgungsanlage entfällt, nach folgender Zahlenwertgleichung als Ergebnis in Kilowattstunden pro Jahr bestimmt werden:

$$Q = 32 \times A_{Wohn}.$$

[5] Dabei sind zu Grunde zu legen:

1. der Wert 32 für den Nutzwärmebedarf für Warmwasser, die Erzeugeraufwandszahl des Wärmeerzeugers, Messdatenerhebungen zum Warmwasserverbrauch und
2. die durch die zentrale Anlage mit Warmwasser versorgte Wohn- oder Nutzfläche ($A_{Wohn}$) in Quadratmeter.

[6] Die nach den Zahlenwertgleichungen in Satz 2 oder 4 bestimmte Wärmemenge (Q) ist

1. bei brennwertbezogener Abrechnung von Erdgas mit 1,11 zu multiplizieren und
2. bei eigenständiger gewerblicher Wärmelieferung durch 1,15 zu dividieren.

(3) [1] Bei Anlagen mit Heizkesseln ist der Brennstoffverbrauch der zentralen Warmwasserversorgungsanlage (B) in Litern, Kubikmetern oder Kilogramm nach folgender Gleichung zu bestimmen:

$$B = \frac{Q}{H_i}.$$

[2] Dabei sind zu Grunde zu legen

1. die auf die zentrale Warmwasserversorgungsanlage entfallende Wärmemenge (Q) nach Absatz 2 in kWh;
2. der Heizwert des verbrauchten Brennstoffes ($H_i$) in Kilowattstunden je Liter, Kubikmeter oder Kilogramm.

[3] Als Heizwerte nach Satz 2 Nummer 2 sind die in den Abrechnungsunterlagen des Energieversorgungsunternehmens oder Brennstofflieferanten angegebenen Heizwerte zu verwenden. [4] Wenn diese vom Energieversorgungsunternehmen oder Brennstofflieferanten nicht angegeben werden, können hilfsweise folgende Werte verwendet werden:

| | Heizwert $H_i$ | Einheit |
|---|---|---|
| Leichtes Heizöl extra leichtflüssig | 10 | Kilowattstunden je Liter |
| Schweres Heizöl | 10,9 | Kilowattstunden je Liter |

| | Heizwert $H_i$ | Einheit |
|---|---|---|
| Erdgas H | 10 | Kilowattstunden je Kubikmeter |
| Erdgas L | 9 | Kilowattstunden je Kubikmeter |
| Flüssiggas | 13 | Kilowattstunden je Kilogramm |
| Koks | 8 | Kilowattstunden je Kilogramm |
| Braunkohle | 5,5 | Kilowattstunden je Kilogramm |
| Steinkohle | 8 | Kilowattstunden je Kilogramm |
| Brennholz (lufttrocken) | 4,1 | Kilowattstunden je Kilogramm |
| Holzpellets | 5 | Kilowattstunden je Kilogramm |
| Holzhackschnitzel (lufttrocken) | 4 | Kilowattstunden je Kilogramm |

[5] Soweit die Abrechnung über Kilowattstunden-Werte erfolgt, ist eine Umrechnung in Brennstoffverbrauch nicht erforderlich. [6] Enthalten die Abrechnungsunterlagen des Energieversorgungsunternehmens oder Brennstofflieferanten $H_i$-Werte, sind diese zu verwenden. [7] Soweit die Abrechnung über kWh-Werte erfolgt, ist eine Umrechnung in Brennstoffverbrauch nicht erforderlich.

(4) Der Anteil an den Kosten der Versorgung mit Wärme ist nach § 7 Absatz 1, der Anteil an den Kosten der Versorgung mit Warmwasser nach § 8 Absatz 1 zu verteilen, soweit diese Verordnung nichts anderes bestimmt oder zulässt.

**§ 9a Kostenverteilung in Sonderfällen.** (1) [1] Kann der anteilige Wärme- oder Warmwasserverbrauch von Nutzern für einen Abrechnungszeitraum wegen Geräteausfalls oder aus anderen zwingenden Gründen nicht ordnungsgemäß erfasst werden, ist er vom Gebäudeeigentümer auf der Grundlage des Verbrauchs der betroffenen Räume in vergleichbaren Zeiträumen oder des Verbrauchs vergleichbarer anderer Räume im jeweiligen Abrechnungszeitraum oder des Durchschnittsverbrauchs des Gebäudes oder der Nutzergruppe zu ermitteln. [2] Der so ermittelte anteilige Verbrauch ist bei der Kostenverteilung anstelle des erfassten Verbrauchs zu Grunde zu legen.

(2) Überschreitet die von der Verbrauchsermittlung nach Absatz 1 betroffene Wohn- oder Nutzfläche oder der umbaute Raum 25 vom Hundert der für die Kostenverteilung maßgeblichen gesamten Wohn- oder Nutzfläche oder des maßgeblichen gesamten umbauten Raumes, sind die Kosten ausschließlich nach den nach § 7 Absatz 1 Satz 5 und § 8 Absatz 1 für die Verteilung der übrigen Kosten zu Grunde zu legenden Maßstäben zu verteilen.

**§ 9b Kostenaufteilung bei Nutzerwechsel.** (1) Bei Nutzerwechsel innerhalb eines Abrechnungszeitraumes hat der Gebäudeeigentümer eine Ablesung der Ausstattung zur Verbrauchserfassung der vom Wechsel betroffenen Räume (Zwischenablesung) vorzunehmen.

(2) Die nach dem erfassten Verbrauch zu verteilenden Kosten sind auf der Grundlage der Zwischenablesung, die übrigen Kosten des Wärmeverbrauchs auf der Grundlage der sich aus anerkannten Regeln der Technik ergebenden Gradtagszahlen oder zeitanteilig und die übrigen Kosten des Warmwasserverbrauchs zeitanteilig auf Vor- und Nachnutzer aufzuteilen.

(3) Ist eine Zwischenablesung nicht möglich oder lässt sie wegen des Zeitpunktes des Nutzerwechsels aus technischen Gründen keine hinreichend genaue Ermittlung der Verbrauchsanteile zu, sind die gesamten Kosten nach den nach Absatz 2 für die übrigen Kosten geltenden Maßstäben aufzuteilen.

(4) Von den Absätzen 1 bis 3 abweichende rechtsgeschäftliche Bestimmungen bleiben unberührt.

**§ 10 Überschreitung der Höchstsätze.** Rechtsgeschäftliche Bestimmungen, die höhere als die in § 7 Absatz 1 und § 8 Absatz 1 genannten Höchstsätze von 70 vom Hundert vorsehen, bleiben unberührt.

**§ 11 Ausnahmen.** (1) Soweit sich die §§ 3 bis 7 auf die Versorgung mit Wärme beziehen, sind sie nicht anzuwenden

1. auf Räume,
   a) in Gebäuden, die einen Heizwärmebedarf von weniger als 15 kWh/($m^2$ · a) aufweisen,
   b) bei denen das Anbringen der Ausstattung zur Verbrauchserfassung, die Erfassung des Wärmeverbrauchs oder die Verteilung der Kosten des Wärmeverbrauchs nicht oder nur mit unverhältnismäßig hohen Kosten möglich ist; unverhaltnismaßig hohe Kosten liegen vor, wenn diese nicht durch die Einsparungen, die in der Regel innerhalb von zehn Jahren erzielt werden können, erwirtschaftet werden können; oder
   c) die vor dem 1. Juli 1981 bezugsfertig geworden sind und in denen der Nutzer den Wärmeverbrauch nicht beeinflussen kann;
2. a) auf Alters- und Pflegeheime, Studenten- und Lehrlingsheime,
   b) auf vergleichbare Gebäude oder Gebäudeteile, deren Nutzung Personengruppen vorbehalten ist, mit denen wegen ihrer besonderen persönlichen Verhältnisse regelmäßig keine üblichen Mietverträge abgeschlossen werden;
3. auf Räume in Gebäuden, die überwiegend versorgt werden
   a) mit Wärme aus Anlagen zur Rückgewinnung von Wärme oder aus Wärmepumpen- oder Solaranlagen oder
   b) mit Wärme aus Anlagen der Kraft-Wärme-Kopplung oder aus Anlagen zur Verwertung von Abwärme, sofern der Wärmeverbrauch des Gebäudes nicht erfasst wird;
4. auf die Kosten des Betriebs der zugehörigen Hausanlagen, soweit diese Kosten in den Fällen des § 1 Absatz 3 nicht in den Kosten der Wärmelieferung enthalten sind, sondern vom Gebäudeeigentümer gesondert abgerechnet werden;
5. in sonstigen Einzelfällen, in denen die nach Landesrecht zuständige Stelle wegen besonderer Umstände von den Anforderungen dieser Verordnung befreit hat, um einen unangemessenen Aufwand oder sonstige unbillige Härten zu vermeiden.

(2) Soweit sich die §§ 3 bis 6 und § 8 auf die Versorgung mit Warmwasser beziehen, gilt Absatz 1 entsprechend.

**§ 12[1)] Kürzungsrecht, Übergangsregelungen.** (1) [1]Soweit die Kosten der Versorgung mit Wärme oder Warmwasser entgegen den Vorschriften dieser Verordnung nicht verbrauchsabhängig abgerechnet werden, hat der Nutzer das Recht, bei der nicht verbrauchsabhängigen Abrechnung der Kosten den auf ihn entfallenden Anteil um 15 vom Hundert zu kürzen. [2]Wenn der Gebäudeeigentümer entgegen § 5 Absatz 2 oder Absatz 3 keine fernablesbare Ausstattung zur Verbrauchserfassung installiert hat, hat der Nutzer das Recht, bei der Abrechnung der Kosten den auf ihn entfallenden Anteil um 3 vom Hundert zu kürzen. [3]Dasselbe ist anzuwenden, wenn der Gebäudeeigentümer die Informationen nach § 6a nicht oder nicht vollständig mitteilt. [4]Die Sätze 1 bis 3 sind nicht anzuwenden beim Wohnungseigentum im Verhältnis des einzelnen Wohnungseigentümers zur Gemeinschaft der Wohnungseigentümer; insoweit verbleibt es bei den allgemeinen Vorschriften.

(2) Wird in den Fällen des § 1 Absatz 3 der Wärmeverbrauch der einzelnen Nutzer am 30. September 1989 mit Einrichtungen zur Messung der Wassermenge ermittelt, gilt die Anforderung des § 5 Absatz 1 Satz 1 als erfüllt.

**§ 13** (Berlin-Klausel)

**§ 14** (Inkrafttreten)

---

[1)] § 12 Abs. 1 Sätze 2 und 3 eingef., bish. Satz 2 wird Satz 4 und geänd., Abs. 2–4 und 6 aufgeh., bish. Abs. 5 wird Abs. 2 mWv 1.12.2021 durch VO v. 24.11.2021 (BGBl. I S. 4964).

(9) Importeur ist eine im Europäischen Wirtschaftsraum niedergelassene natürliche oder juristische Person, die ein aus einem Drittstaat stammendes Produkt im Europäischen Wirtschaftsraum im Rahmen ihrer Geschäftstätigkeit in Verkehr bringt.

(10) Ökologisches Profil ist die Beschreibung – gemäß der für das Produkt einschlägigen Durchführungsmaßnahme – der einem energieverbrauchsrelevanten Produkt während seines Lebenszyklus zurechenbaren, für seine Umweltauswirkung bedeutsamen Zufuhren und Abgaben (z.B. von Materialien, Emissionen und Abfällen), ausgedrückt in messbaren physikalischen Größen.

(11) Umweltverträglichkeit eines energieverbrauchsrelevanten Produkts ist das in den technischen Unterlagen dokumentierte Ergebnis der Bemühungen des Herstellers um die Umweltaspekte des Produkts.

(12) Umweltgerechte Gestaltung (Ökodesign) ist die Berücksichtigung von Umwelterfordernissen bei der Produktgestaltung mit dem Ziel, die Umweltverträglichkeit des Produkts während seines gesamten Lebenszyklus zu verbessern.

(13) Ökodesign-Anforderung ist eine Anforderung an ein energieverbrauchsrelevantes Produkt oder an seine Gestaltung, die zur Verbesserung seiner Umweltverträglichkeit bestimmt ist, oder die Anforderung, über Umweltaspekte des Produkts Auskunft zu geben.

(14) Harmonisierte Norm ist eine technische Spezifikation, die von einem anerkannten Normungsgremium im Auftrag der Europäischen Kommission und nach den in der Richtlinie 98/34/EG des Europäischen Parlaments und des Rates vom 22. Juni 1998 über ein Informationsverfahren auf dem Gebiet der Normen und technischen Vorschriften (ABl. EG Nr. L 204 S. 37), zuletzt geändert durch die Richtlinie 2006/96/EG des Rates vom 20. November 2006 zur Anpassung bestimmter Richtlinien im Bereich freier Warenverkehr anlässlich des Beitritts Bulgariens und Rumäniens (ABl. EU Nr. L 363 S. 81), genannten Verfahren zur Festlegung einer europäischen Anforderung ausgearbeitet und verabschiedet wurde, die jedoch nicht rechtsverbindlich ist.

(15) Rückruf ist jede Maßnahme, die auf die Rückgabe eines bereits in den Verkehr gebrachten energieverbrauchsrelevanten Produkts durch den Verwender abzielt.

(16) Rücknahme ist jede Maßnahme, mit der verhindert werden soll, dass ein energieverbrauchsrelevantes Produkt vertrieben, ausgestellt oder dem Verwender angeboten wird.

(17) Bereitstellung auf dem Markt ist jede entgeltliche oder unentgeltliche Abgabe eines Produkts zum Vertrieb, Verbrauch oder zur Verwendung im Europäischen Wirtschaftsraum im Rahmen einer Geschäftstätigkeit.

(18) Händler ist jede natürliche oder juristische Person in der Lieferkette, die ein Produkt auf dem Markt bereitstellt, mit Ausnahme des Herstellers und des Importeurs.

(19) Wirtschaftsakteure sind Hersteller, Bevollmächtigter, Importeur und Händler.

**§ 3[1] Ermächtigung zum Erlass von Rechtsverordnungen.** [1] Zur Umsetzung oder Durchführung von Durchführungsmaßnahmen kann die Bundesregierung mit Zustimmung des Bundesrates Rechtsverordnungen[2] für energieverbrauchsrelevante Produkte nach Maßgabe des Satzes 2 erlassen. [2] Durch Rechtsverordnung nach Satz 1 können geregelt werden:

1. Anforderungen an die umweltgerechte Gestaltung energieverbrauchsrelevanter Produkte und sonstige Voraussetzungen des Inverkehrbringens oder der Inbetriebnahme, insbesondere Prüfungen, Produktionsüberwachungen oder Bescheinigungen;
2. Anforderungen an die Kennzeichnung, Aufbewahrungs- und Mitteilungspflichten sowie damit zusammenhängende behördliche Maßnahmen.

[3] Sie kann bestimmen, dass der Hersteller, sein Bevollmächtigter und der Importeur im Rahmen ihrer jeweiligen Geschäftstätigkeit die Verbraucherinnen und Verbraucher über das ökologische Profil und die Vorteile des Ökodesigns des Produkts oder darüber unterrichten müssen, wie sie das Produkt nachhaltig nutzen können. [4] Hersteller oder ihre Bevollmächtigten, die Bauteile und Baugruppen in Verkehr bringen oder in Betrieb nehmen, können durch Rechtsverordnung nach Satz 1 verpflichtet werden, dem Hersteller eines von einer Durchführungsmaßnahme erfassten energieverbrauchsrelevanten Produkts relevante Angaben zur Materialzusammensetzung sowie zum Verbrauch von Energie, Materialien oder Ressourcen hinsichtlich der betreffenden Bauteile oder Baugruppen zu machen, soweit dabei Betriebs- und Geschäftsgeheimnisse gewahrt bleiben. [5] Satz 4 gilt entsprechend für den Importeur, wenn der Hersteller nicht im Europäischen Wirtschaftsraum niedergelassen ist und keinen Bevollmächtigten hat.

**§ 4[3] Inverkehrbringen, Inbetriebnahme und Ausstellen.** (1) [1] Ein energieverbrauchsrelevantes Produkt, das von einer Durchführungsrechtsvorschrift erfasst wird, darf nur in den Verkehr gebracht werden, wenn:

1. es den in der Durchführungsrechtsvorschrift festgelegten Anforderungen an die umweltgerechte Gestaltung und sonstigen Voraussetzungen für sein Inverkehrbringen und seine Inbetriebnahme entspricht,
2. es oder, sofern dies nicht möglich ist, seine Verpackung und ihm beigefügte Unterlagen mit einer CE-Kennzeichnung nach § 6 Abs. 2 bis 4 versehen sind,
3. für das Produkt eine der Anlage zu diesem Gesetz entsprechende Konformitätserklärung ausgestellt ist, mit der der Hersteller oder sein Bevollmächtigter zusichert, dass es allen Bestimmungen der darauf anwendbaren Durchführungsrechtsvorschrift entspricht; die Konformitätserklärung muss auf diese Durchführungsrechtsvorschrift verweisen.

[2] Ein energieverbrauchsrelevantes Produkt, das von einer Durchführungsrechtsvorschrift erfasst wird und das noch nicht in Verkehr gebracht wurde,

---

[1] § 3 Sätze 1, 2 Nr. 1 und Satz 4 geänd. mWv 25.11.2011 durch G v. 16.11.2011 (BGBl. I S. 2224).

[2] Siehe die EVPG-VO v. 14.8.2013 (BGBl. I S. 3221), zuletzt geänd. durch VO v. 5.5.2021 (BGBl. I S. 942).

[3] § 4 Abs. 1 Sätze 1, 2 und Abs. 2, 3, 5 Sätze 1, 2, Abs. 6 Satz 1, 7 Satz 1, Abs. 8 Satz 1 geänd., Abs. 4 und 9 neu gef. und Abs. 10 angef. mWv 25.11.2011 durch G v. 16.11.2011 (BGBl. I S. 2224).

# 845a. Verordnung über Anforderungen an das Einleiten von Abwasser in Gewässer (Abwasserverordnung – AbwV)[1] [2]

In der Fassung der Bekanntmachung vom 17. Juni 2004[3]
(BGBl. I S. 1108, ber. S. 2625)

**FNA 753-1-5**

geänd. durch Art. 1 VO zur Änd. von Verordnungen zur Anpassung an das Tierische-Nebenprodukte-Beseitigungsrecht v. 19.10.2007 (BGBl. I S. 2461), Art. 20 G zur Neuregelung des Wasserrechts v. 31.7.2009 (BGBl. I S. 2585), Art. 5 Abs. 8 G zur Neuordnung des Kreislaufwirtschafts- und Abfallrechts v. 24.2.2012 (BGBl. I S. 212), Art. 6 VO zur Umsetzung der RL über Industrieemissionen, zur Änd. der VO über Immissionsschutz- und Störfallbeauftragte und zum Erlass einer BekanntgabeVO v. 2.5.2013 (BGBl. I S. 973), Art. 1 VO zur Änd. der AbwasserVO, des AbwasserabgabenG und der RohrfernleitungsVO v. 2.9.2014 (BGBl. I S. 1474), Art. 1 Siebte ÄndVO und des AbwasserabgabenG v. 1.6.2016 (BGBl. I S. 1290), Art. 16 Abs. 6 Branntweinmonopolverwaltung-AuflösungsG v. 10.3.2017 (BGBl. I S. 420), Art. 121 G zum Abbau verzichtbarer Anordnungen der Schriftform im Verwaltungsrecht des Bundes v. 29.3.2017 (BGBl. I S. 626), Art. 1 Achte ÄndVO v. 22.8.2018 (BGBl. I S. 1327), Art. 1 Neunte ÄndVO v. 6.3.2020 (BGBl. I S. 485), Art. 1 Zehnte ÄndVO v. 16.6.2020 (BGBl. I S. 1287) und Art. 1 Elfte ÄndVO v. 20.1.2022 (BGBl. I S. 87)

---

[1] **Amtl. Anm.:** Diese Verordnung dient in Teilen auch der Umsetzung der Richtlinien
- 82/176/EWG vom 22. März 1982 betreffend Grenzwerte und Qualitätsziele für Quecksilberableitungen aus dem Industriezweig Alkalichloridelektrolyse (ABl. EG Nr. L 81 S. 29),
- 83/513/EWG vom 26. September 1983 betreffend Grenzwerte und Qualitätsziele für Cadmiumableitungen (ABl. EG Nr. L 291 S. 1),
- 84/156/EWG vom 8. März 1984 betreffend Grenzwerte und Qualitätsziele für Quecksilbereinleitungen mit Ausnahme des Industriezweiges Alkalichloridelektrolyse (ABl. EG Nr. L 74 S. 49 und Nr. L 99 S. 38),
- 84/491/EWG vom 9. Oktober 1984 betreffend Grenzwerte und Qualitätsziele für Ableitungen von Hexachlorcyclohexan (ABl. EG Nr. L 274 S. 11 und Nr. L 296 S. 11),
- 86/280/EWG vom 12. Juni 1986 betreffend Grenzwerte und Qualitätsziele für die Ableitung bestimmter gefährlicher Stoffe im Sinne der Liste I im Anhang der Richtlinie 76/464/EWG (Tetrachlorkohlenstoff, DDT, Pentachlorphenol) (ABl. EG Nr. L 181 S. 16),
- 87/217/EWG vom 19. März 1987 zur Verhütung und Verringerung der Umweltverschmutzung durch Asbest (ABl. EG Nr. L 855 S. 40),
- 88/347/EWG vom 16. Juni 1988 betreffend Grenzwerte und Qualitätsziele für Ableitungen von Aldrin, Dieldrin, Endrin, Isodrin, Hexachlorbenzol, Hexachlorbutadien und Chloroform (ABl. EG Nr. L 158 S. 35),
- 90/415/EWG vom 27. Juli 1990 betreffend Grenzwerte und Qualitätsziele für Ableitungen von 1,2-Dichlorethan, Trichlorethen, Tetrachlorethen und Trichlorbenzol (ABl. EG Nr. L 219 S. 49),
- 91/271/EWG vom 21. Mai 1991 über die Behandlung von kommunalem Abwasser (ABl. EG Nr. L 135 S. 40),
- 92/112/EWG des Rates vom 15. Dezember 1992 über die Modalitäten zur Vereinheitlichung der Programme zur Verringerung und späteren Unterbindung der Verschmutzung durch Abfälle der Titandioxid-Industrie (ABl. EG Nr. L 409 S. 11),
- 96/61/EG des Rates vom 24. September 1996 über die integrierte Vermeidung und Verminderung der Umweltverschmutzung (ABl. EG Nr. L 257 S. 26),
- 98/15/EG der Kommission vom 27. Februar 1998 zur Änderung der Richtlinie 91/271/EWG des Rates im Zusammenhang mit einigen in Anhang I festgelegten Anforderungen (ABl. EG Nr. L 67 S. 29) und
- 2000/76/EG des Europäischen Parlaments und des Rates vom 4. Dezember 2000 über die Verbrennung von Abfällen (ABl. EG Nr. L 332 S. 91, 2001 Nr. L 145 S. 52).

[2] Die VO wurde erlassen auf Grund von § 7a Abs. 1 Sätze 3 und 4 und Abs. 2 WHG idF der Bek. v. 12.11.1996 (BGBl. I S. 1695). sowie § 3 Abs. 4 AbwAG (Nr. **846**) idF der Bek. v. 18.1.2005 (BGBl. I S. 114).

[3] Neubekanntmachung der AbwV idF der Bek. v. 15.10.2002 (BGBl. I S. 4047, ber. S. 4550) in der ab 1.1.2005 geltenden Fassung.

**§ 1[1)] Anwendungsbereich.** (1) Diese Verordnung bestimmt die Mindestanforderungen für das Einleiten von Abwasser in Gewässer aus den in den Anhängen bestimmten Herkunftsbereichen sowie Anforderungen an die Errichtung, den Betrieb und die Benutzung von Abwasseranlagen.

(2) [1]Die allgemeinen Anforderungen dieser Verordnung, die in den Anhängen genannten Betreiberpflichten und die in den Anhängen gekennzeichneten Emissionsgrenzwerte sind vom Einleiter einzuhalten, soweit nicht weitergehende Anforderungen in der wasserrechtlichen Zulassung für das Einleiten von Abwasser festgelegt sind. [2]Die übrigen Anforderungen der Anhänge dieser Verordnung sind bei der Erteilung einer wasserrechtlichen Zulassung für das Einleiten von Abwasser festzusetzen. [3]Anforderungen sind in die wasserrechtliche Zulassung nur für diejenigen Parameter aufzunehmen, die im Abwasser zu erwarten sind.

(3) Weitergehende Anforderungen nach anderen Rechtsvorschriften bleiben unberührt.

**§ 2[2)] Begriffsbestimmungen.** Im Sinne dieser Verordnung ist:

1. Stichprobe eine einmalige Probenahme aus einem Abwasserstrom;
2. Mischprobe eine Probe, die in einem bestimmten Zeitraum kontinuierlich entnommen wird, oder eine Probe aus mehreren Proben, die in einem bestimmten Zeitraum kontinuierlich oder diskontinuierlich entnommen und gemischt werden;
3. qualifizierte Stichprobe eine Mischprobe aus mindestens fünf Stichproben, die in einem Zeitraum von höchstens zwei Stunden im Abstand von nicht weniger als zwei Minuten entnommen und gemischt werden;
4. produktionsspezifischer Frachtwert der Frachtwert (z.B. $m^3$/t, g/t, kg/t), der sich auf die der wasserrechtlichen Zulassung zugrunde liegende Produktionskapazität bezieht;
5. Ort des Anfalls der Ort, an dem Abwasser vor der Vermischung mit anderem Abwasser behandelt worden ist, sonst an dem es erstmalig gefasst wird;
6. Vermischung die Zusammenführung von Abwasserströmen unterschiedlicher Herkunft;
7. Parameter eine chemische, physikalische oder biologische Messgröße, die in der Anlage 1 aufgeführt ist;
8. Mischungsrechnung die Errechnung einer zulässigen Fracht oder Konzentration, die sich aus den die einzelnen Abwasserströme betreffenden Anforderungen dieser Verordnung ergibt;
9. betriebliches Abwasserkataster die Dokumentation derjenigen Grunddaten und Verfahren eines Betriebes oder mehrerer an einem Standort zusammengefasster Betriebe, die Einfluss auf die Menge und die Beschaffenheit des Abwassers sowie die damit verbundenen Umweltaspekte haben;
10. Betriebstagebuch die Dokumentation aller betrieblichen und anlagenbezogenen Daten der Selbstüberwachung und Wartung, die zur betrieblichen

---

[1)] § 1 Abs. 1 und 2 neu gef. mWv 2.5.2013 durch VO v. 2.5.2013 (BGBl. I S. 973); Abs. 1 geänd. mWv 6.9.2014 durch VO v. 2.9.2014 (BGBl. I S. 1474); Abs. 2 Satz 1 geänd. mWv 9.6.2016 durch VO v. 1.6.2016 (BGBl. I S. 1290).

[2)] § 2 Nr. 7 und 8 geänd., Nr. 9–11 angef. mWv 9.6.2016 durch VO v. 1.6.2016 (BGBl. I S. 1290).

Kontrolle, Steuerung und Regelung der Abwasseranlagen und zur Überprüfung der Einhaltung der Anforderungen dieser Verordnung und der wasserrechtlichen Zulassung erforderlich sind;

11. Jahresbericht eine Kurzfassung der wichtigsten Informationen zur Abwassersituation des Betriebes sowie eine Zusammenfassung und Auswertung der innerhalb eines Jahres fortlaufend dokumentierten Daten, die zur Überprüfung der Einhaltung der Anforderungen dieser Verordnung und der wasserrechtlichen Zulassung erforderlich sind.

**§ 3[1)] Allgemeine Anforderungen.** (1) [1] Soweit in den Anhängen nichts anderes bestimmt ist, darf Abwasser in ein Gewässer nur eingeleitet werden, wenn die Schadstofffracht so gering gehalten wird, wie dies nach Prüfung der Verhältnisse im Einzelfall möglich ist durch

1. den Einsatz Wasser sparender Verfahren bei Wasch- und Reinigungsvorgängen,
2. die Indirektkühlung,
3. den Einsatz von schadstoffarmen Betriebs- und Hilfsstoffen sowie
4. die prozessintegrierte Rückführung von Stoffen.

[2] Soweit in den Anhängen nichts anderes bestimmt ist, ist die Einhaltung der Anforderungen nach Satz 1 durch ein betriebliches Abwasserkataster, durch ein Betriebstagebuch oder in anderer geeigneter Weise zu dokumentieren. [3] Die Inhalte des betrieblichen Abwasserkatasters und des Betriebstagebuches können auf vorhandene Dokumentationen Bezug nehmen. [4] Betreiber von Anlagen im Sinne des § 1 Absatz 3 der Industriekläranlagen-Zulassungs- und Überwachungsverordnung vom 2. Mai 2013 (BGBl. I S. 973, 1011, 3756), die durch Artikel 321 der Verordnung vom 31. August 2015 (BGBl. I S. 1474) geändert worden ist, müssen über die Anforderungen des Satzes 2 hinaus entsprechend den Anforderungen in Teil H der branchenspezifischen Anhänge einen Jahresbericht erstellen. [5] Die Inhalte des betrieblichen Abwasserkatasters, des Betriebstagebuches und des Jahresberichtes werden in der Anlage 2 bestimmt.

(2) [1] Die Anforderungen dieser Verordnung dürfen nicht durch Verfahren erreicht werden, bei denen Umweltbelastungen in andere Umweltmedien wie Luft oder Boden entgegen dem Stand der Technik verlagert werden. [2] Der Chemikalieneinsatz, die Abluftemissionen und die Menge des anfallenden Schlammes sind so gering wie möglich zu halten.

(2a) [1] Abwasseranlagen sollen so errichtet, betrieben und benutzt werden, dass eine energieeffiziente Betriebsweise ermöglicht wird. [2] Die bei der Abwasserbeseitigung entstehenden Energiepotenziale sind, soweit technisch möglich und wirtschaftlich vertretbar, zu nutzen.

(3) Als Konzentrationswerte festgelegte Anforderungen dürfen nicht entgegen dem Stand der Technik durch Verdünnung erreicht werden.

(4) Sind Anforderungen vor der Vermischung festgelegt, ist eine Vermischung zum Zwecke der gemeinsamen Behandlung zulässig, wenn insgesamt

---

[1)] § 3 Abs. 1, 4 und 6 Satz 1 geänd. mWv 2.5.2013 durch VO v. 2.5.2013 (BGBl. I S. 973); Abs. 1 neu gef., Abs. 2 Satz 2 angef. mWv 6.9.2014 durch VO v. 2.9.2014 (BGBl. I S. 1474); Abs. 1 Satz 2 geänd., Sätze 3–5 angef. mWv 9.6.2016 durch VO v. 1.6.2016 (BGBl. I S. 1290); Abs. 2a eingef. mWv 31.8.2018 durch VO v. 22.8.2018 (BGBl. I S. 1327).

mindestens die gleiche Verminderung der Schadstofffracht je Parameter wie bei getrennter Einhaltung der jeweiligen Anforderungen erreicht wird.

(5) Sind Anforderungen für den Ort des Anfalls von Abwasser festgelegt, ist eine Vermischung erst zulässig, wenn diese Anforderungen eingehalten werden.

(6) [1] Werden Abwasserströme, für die unterschiedliche Anforderungen gelten, gemeinsam eingeleitet, ist für jeden Parameter die jeweils maßgebende Anforderung durch Mischungsrechnung zu ermitteln und in der wasserrechtlichen Zulassung festzulegen. [2] Sind in den anzuwendenden Anhängen Anforderungen an den Ort des Anfalls des Abwassers oder vor der Vermischung gestellt, bleiben die Absätze 4 und 5 unberührt.

**§ 4[1)] Analyse- und Messverfahren.** (1) [1] Die Anforderungen in den Anhängen beziehen sich auf die Analyse- und Messverfahren gemäß der Anlage 1. [2] Die in der Anlage 1 und den Anhängen genannten Deutschen Einheitsverfahren zur Wasser-, Abwasser- und Schlammuntersuchung (DEV), DIN-, DIN EN-, DIN ISO-, DIN EN ISO-Normen und technischen Regeln der Wasserchemischen Gesellschaft werden vom Beuth Verlag GmbH, Berlin, und von der Wasserchemischen Gesellschaft in der Gesellschaft Deutscher Chemiker, Wiley-VCH Verlag, Weinheim (Bergstraße), herausgegeben. [3] Die genannten Verfahrensvorschriften sind beim Deutschen Patentamt in München archivmäßig gesichert niedergelegt.

(2) In der wasserrechtlichen Zulassung können andere, gleichwertige Verfahren festgesetzt werden.

**§ 5[2)] Bezugspunkt der Anforderungen.** (1) Die Anforderungen beziehen sich auf die Stelle, an der das Abwasser in das Gewässer eingeleitet wird, und, soweit in den Anhängen zu dieser Verordnung bestimmt, auch auf den Ort des Anfalls des Abwassers oder den Ort vor seiner Vermischung.

(2) [1] Der Einleitungsstelle steht der Ablauf der Abwasseranlage, in der das Abwasser letztmalig behandelt wird, gleich. [2] Ort vor der Vermischung ist auch die Einleitungsstelle in eine öffentliche Abwasseranlage.

(3) Findet keine Vermischung des Abwassers mit anderem Abwasser statt, gelten Anforderungen, die sich auf den Ort vor seiner Vermischung beziehen, für die Einleitungsstelle in das Gewässer.

**§ 6[3)] Einhaltung der Anforderungen.** (1) [1] Ist ein nach dieser Verordnung einzuhaltender oder in der wasserrechtlichen Zulassung festgesetzter Wert nach dem Ergebnis einer Überprüfung im Rahmen der staatlichen Überwachung nicht eingehalten, gilt er dennoch als eingehalten, wenn die Ergebnisse dieser und der vier vorausgegangenen staatlichen Überprüfungen in vier Fällen den

[1)] § 4 Abs. 1 Sätze 1 und 2, Abs. 2 geänd. mWv 9.6.2016 durch VO v. 1.6.2016 (BGBl. I S. 1290); Überschrift, Abs. 1 Sätze 1 und 2 geänd. mWv 31.8.2018 durch VO v. 22.8.2018 (BGBl. I S. 1327).

[2)] § 5 bish. Satz 1 wird Abs. 1, bish. Sätze 2 und 3 werden Abs. 2 Sätze 1 und 2, Abs. 3 angef. mWv 31.8.2018 durch VO v. 22.8.2018 (BGBl. I S. 1327).

[3)] § 6 Abs. 1 Satz 1, Abs. 2 Satz 1, Abs. 3 Satz 1 und Abs. 4 Satz 1 geänd. mWv 2.5.2013 durch VO v. 2.5.2013 (BGBl. I S. 973); Abs. 2 Satz 1 geänd., Abs. 4 neu gef. mWv 6.9.2014 durch VO v. 2.9. 2014 (BGBl. I S. 1474); Abs. 2 Satz 1, Abs. 4 Satz 1 und Abs. 5 geänd. mWv 9.6.2016 durch VO v. 1.6.2016 (BGBl. I S. 1290); Abs. 2 Sätze 1 und 2, Abs. 3 geänd., Abs. 3a eingef., Abs. 4 Satz 1 geänd. mWv 31.8.2018 durch VO v. 22.8.2018 (BGBl. I S. 1327); Abs. 6 angef. mWv 24.6.2020 durch VO v. 16.6.2020 (BGBl. I S. 1287).

jeweils maßgebenden Wert nicht überschreiten und kein Ergebnis den Wert um mehr als 100 Prozent übersteigt. [2]Überprüfungen, die länger als drei Jahre zurückliegen, bleiben unberücksichtigt.

(2) [1]Für die Einhaltung eines nach dieser Verordnung einzuhaltenden oder in der wasserrechtlichen Zulassung festgesetzten Wertes ist die Zahl der in der Verfahrensvorschrift genannten signifikanten Stellen des zugehörigen Analyse- und Messverfahrens zur Bestimmung des jeweiligen Parameters gemäß der Anlage 1, mindestens jedoch zwei signifikante Stellen, mit Ausnahme der Werte für die Verdünnungsstufen, maßgebend. [2]Die in den Anhängen festgelegten Werte berücksichtigen die Messunsicherheiten der Analyse- und Probenahmeverfahren.

(3) Ein nach dieser Verordnung einzuhaltender oder in der wasserrechtlichen Zulassung festgesetzter Wert für den Chemischen Sauerstoffbedarf (CSB) gilt unter Beachtung von Absatz 1 auch als eingehalten, wenn der vierfache gemessene Wert des gesamten organisch gebundenen Kohlenstoffs (TOC), bestimmt in Milligramm je Liter, diesen Wert nicht überschreitet.

(3a) Ein nach dieser Verordnung einzuhaltender oder in der wasserrechtlichen Zulassung festgesetzter Wert für Stickstoff, gesamt, als Summe von Ammonium-, Nitrit- und Nitratstickstoff ($N_{ges}$) gilt unter Beachtung von Absatz 1 auch als eingehalten, wenn der gemessene Wert des Gesamten gebundenen Stickstoffs ($TN_b$) den für $N_{ges}$ festgesetzten Wert nicht überschreitet.

(4) [1]Wird bei der Überwachung eine Überschreitung eines nach dieser Verordnung einzuhaltenden oder in der wasserrechtlichen Zulassung festgesetzten Wertes für die Giftigkeit gegenüber Fischeiern, Daphnien, Algen und Leuchtbakterien nach den Nummern 401 bis 404 der Anlage 1 festgestellt, gilt dieser Wert dennoch als eingehalten, wenn die Voraussetzungen der Sätze 2 bis 7 vorliegen; Absatz 1 bleibt unberührt. [2]Die festgestellte Überschreitung nach Satz 1 muss auf einem Gehalt an Sulfat und Chlorid beruhen, der über der Wirkschwelle liegt. [3]Die organismusspezifische Wirkschwelle nach Satz 2 beträgt beim Fischei 3 Gramm pro Liter, bei Daphnien 2 Gramm pro Liter, bei Algen 0,7 Gramm pro Liter und bei Leuchtbakterien 15 Gramm pro Liter. [4]Ferner darf der korrigierte Messwert nicht größer sein als der einzuhaltende Wert. [5]Der korrigierte Messwert nach Satz 4 ergibt sich aus der Differenz des Messwertes und des Korrekturwertes. [6]Der Korrekturwert wird ermittelt aus der Summe der Konzentrationen von Chlorid und Sulfat im Abwasser, ausgedrückt in Gramm pro Liter, geteilt durch die jeweils organismusspezifische Wirkschwelle. [7]Entspricht der ermittelte Korrekturwert nicht einer Verdünnungsstufe der im Bestimmungsverfahren festgesetzten Verdünnungsfolge, so ist die nächsthöhere Verdünnungsstufe als Korrekturwert zu verwenden.

(5) Soweit in den Anhängen nichts anderes bestimmt ist, können die Länder zulassen, dass den Ergebnissen der staatlichen Überwachung Ergebnisse gleichgestellt werden, die der Einleiter aufgrund eines behördlich anerkannten Überwachungsverfahrens ermittelt.

(6) [1]Wird die Mindestanzahl an Messungen überschritten, die ein Betreiber nach Teil H eines branchenspezifischen Anhangs zur Ermittlung von tatsächlichen Jahres- oder Monatsmittelwerten für bestimmte Parameter vorzunehmen hat, sind alle Werte für die Mittelwertbildung heranzuziehen. [2]Hierbei sind

1. vor der Bildung eines Jahresmittelwerts alle Messungen innerhalb eines Kalendermonats zunächst in einem Monatsmittelwert zusammenzufassen,

2. vor der Bildung eines Monatsmittelwerts alle Messungen innerhalb eines Drittels des Kalendermonats zunächst in einem Mittelwert für das Monatsdrittel zusammenzufassen; bei Kalendermonaten mit 31 Tagen besteht das letzte Monatsdrittel aus 11 Tagen; im Monat Februar bestehen das erste und zweite Monatsdrittel jeweils aus zehn Tagen.

[3] Die zusammengefassten Mittelwerte nach den Nummern 1 und 2 sind der zuständigen Behörde im Rahmen des Jahresberichtes nach Anlage 2 Nummer 3 Buchstabe a zu übermitteln.

**§ 7[1)] Ordnungswidrigkeiten.** Ordnungswidrig im Sinne des § 103 Absatz 1 Satz 1 Nummer 3 Buchstabe a des Wasserhaushaltsgesetzes[2)] handelt, wer vorsätzlich oder fahrlässig entgegen § 3 Absatz 1 Satz 1 Abwasser einleitet.

**Anlage 1[3)]**
(zu § 4 Absatz 1 Satz 1 und 2)

**Analyse- und Messverfahren**

| Nr. | Parameter | Verfahren* |
|---|---|---|
| **I** | **Allgemeine Verfahren** | |
| 1 | Anleitungen zur Probenahmetechnik | DIN EN ISO 5667-1 (A4) (Ausgabe April 2007) |
| 2 | Probenahme von Abwasser | DIN 38402-11 (A11) (Ausgabe Februar 2009) |
| 3 | Abwasservolumenstrom | DIN 19559 (Ausgabe Juli 1983) |
| 4 | Vorbehandlung, Homogenisierung und Teilung heterogener Wasserproben | DIN 38402-30 (A30) (Ausgabe Juli 1998) |
| 5 | Konservierung und Handhabung von Wasserproben | DIN EN ISO 5667-3 (A21) (Ausgabe Juli 2019)<br>Diese Norm gilt, soweit in der für das jeweilige Analyseverfahren maßgeblichen Norm nicht etwas Anderes festgelegt ist. Bei der Bestimmung der Parameter nach den Nummern 401 bis 404, 410 und 412 ist die Probe unverzüglich nach der Entnahme zu untersuchen. Eine Konservierung der Probe bis zu 48 Stunden ist durch sofortiges Kühlen auf eine Temperatur von 2 bis 5 °C im Dunkeln möglich. Ist eine längere Aufbewahrung einer Probe erforderlich, ist die Probe unverzüglich nach ihrer Entnahme einzufrieren und bei einer Temperatur von –18 °C oder tiefer für die Dauer von bis zu zwei Monaten zu konservieren. |
| 6 | Zahlenangaben | DIN 1333 (Ausgabe Februar 1992) |
| **II** | **Analyseverfahren** | |
| 1 | Anionen/Elemente | |
| 101 | Nicht besetzt | |
| 102 | Chlorid | DIN EN ISO 10304-1 (D20) (Ausgabe Juli 2009),<br>DIN 38405-D1-1 (D1) (Ausgabe Dezember 1985),<br>DIN 38405-D1-2 (D1) (Ausgabe Dezember 1985),<br>DIN EN ISO 15682 (D31) (Ausgabe Januar 2002),<br>DIN ISO 15923-1 (D49) (Ausgabe Juli 2014) |

---

1) § 7 angef. mWv 2.5.2013 durch VO v. 2.5.2013 (BGBl. I S. 973); geänd. mWv 6.9.2014 durch VO v. 2.9.2014 (BGBl. I S. 1474).

2) **Sartorius Nr. 845.**

3) Anl. 1 neu gef. mWv 31.8.2018 durch VO v. 22.8.2018 (BGBl. I S. 1327); geänd. mWv 24.6. 2020 durch VO v. 16.6.2020 (BGBl. I S. 1287); geänd. mWv 28.1.2022 durch VO v. 20.1.2022 (BGBl. I S. 87).

| Nr. | Parameter | Verfahren* |
|---|---|---|
| 103 | Cyanid, leicht freisetzbar | DIN 38405-D13-2 (D13) (Ausgabe Februar 1981) mit folgender Maßgabe: bei Konservierung Zugabe von NaOH bis zu einem pH-Wert > 12; Probe im Dunkeln lagern oder dunkle Flaschen verwenden,<br>DIN EN ISO 14403-1 (D2) (Ausgabe Oktober 2012) nach Maßgabe der Nummer 506,<br>DIN EN ISO 14403-2 (D3) (Ausgabe Oktober 2012) nach Maßgabe der Nummer 506 |
| 104 | Cyanid, gesamt, in der Originalprobe | DIN 38405-D13-1 (D13) (Ausgabe Februar 1981) mit folgender Maßgabe: bei Konservierung Zugabe von NaOH bis zu einem pH-Wert > 12; Probe im Dunkeln lagern oder dunkle Flaschen verwenden,<br>DIN EN ISO 14403-1 (D2) (Ausgabe Oktober 2012) nach Maßgabe der Nummer 506,<br>DIN EN ISO 14403-2 (D3) (Ausgabe Oktober 2012) nach Maßgabe der Nummer 506 |
| 105 | Fluorid, gesamt, in der Originalprobe | DIN 38405-D4-2 (D4) (Ausgabe Juli 1985) |
| 106 | Nitratstickstoff ($NO_3$-N) | DIN EN ISO 10304-1 (D20) (Ausgabe Juli 2009) nach Maßgabe der Nummer 503,<br>DIN 38405-9 (D9) (Ausgabe September 2011) nach Maßgabe der Nummer 503,<br>DIN EN ISO 13395 (D28) (Ausgabe Dezember 1996),<br>DIN ISO 15923-1 (D49) (Ausgabe Juli 2014)<br>Für alle Verfahren gilt die Maßgabe der Nummer 507. |
| 107 | Nitritstickstoff ($NO_2$-N) | DIN EN 26777 (D10) (Ausgabe April 1993),<br>DIN EN ISO 10304-1 (D20) (Ausgabe Juli 2009),<br>DIN EN ISO 13395 (D28) (Ausgabe Dezember 1996),<br>DIN ISO 15923-1 (D49) (Ausgabe Juli 2014)<br>Für alle Verfahren gilt die Maßgabe der Nummer 507. |
| 108 | Phosphor, gesamt, in der Originalprobe | DIN EN ISO 6878 (D11) (Ausgabe September 2004) mit folgender Maßgabe: Aufschluss gemäß Abschnitt 7.4 dieser Norm,<br>DIN EN ISO 15681-2 (D46) (Ausgabe Mai 2019) mit folgender Maßgabe: Aufschluss gemäß Abschnitt 7.4 der DIN EN ISO 6878 (D11) (Ausgabe September 2004),<br>DIN EN ISO 15681-1 (D45) (Ausgabe Mai 2005) mit folgender Maßgabe: Aufschluss gemäß Abschnitt 7.4 der DIN EN ISO 6878 (D11) (Ausgabe September 2004),<br>DIN EN ISO 11885 (E22) (Ausgabe September 2009) mit folgender Maßgabe: Aufschluss gemäß DIN EN ISO 15587-2 (A32) (Ausgabe Juli 2002),<br>DIN EN ISO 17294-2 (E29) (Ausgabe Januar 2017) mit folgender Maßgabe: Aufschluss gemäß DIN EN ISO 15587-2 (A32) (Ausgabe Juli 2002) |
| 109 | Nicht besetzt | |
| 110 | Sulfat | DIN EN ISO 10304-1 (D20) (Ausgabe Juli 2009),<br>DIN 38405-D5-2 (D5) (Ausgabe Januar 1985),<br>DIN ISO 15923-1 (D49) (Ausgabe Juli 2014) |
| 111 | Sulfid, leicht freisetzbar | DIN 38405-27 (D27) (Ausgabe Oktober 2017) |
| 112 | Sulfit | DIN EN ISO 10304-3 (D22) (Ausgabe November 1997) |
| 113 | Fluorid, gelöst | DIN EN ISO 10304-1 (D20) (Ausgabe Juli 2009),<br>DIN 38405-D4-1 (D4) (Ausgabe Juli 1985) |
| 114 | Thiocyanat | DIN EN ISO 10304-3 (D22) (Ausgabe November 1997) |

| Nr. | Parameter | Verfahren* |
|---|---|---|
| 115 | Chlorat | DIN EN ISO 10304-4 (D25) (Ausgabe Juli 1999) |
| 2 | Kationen/Elemente | |
| 201 | Aluminium in der Originalprobe | DIN EN ISO 11885 (E22) (Ausgabe September 2009) mit folgender Maßgabe: Aufschluss gemäß DIN EN ISO 15587-2 (A32) (Ausgabe Juli 2002),<br>DIN EN ISO 17294-2 (E29) (Ausgabe Januar 2017) mit folgender Maßgabe: Aufschluss gemäß DIN EN ISO 15587-2 (A32) (Ausgabe Juli 2002),<br>DIN EN ISO 12020 (E25) (Ausgabe Mai 2000) mit folgender Maßgabe: Aufschluss gemäß DIN EN ISO 15587-2 (A32) (Ausgabe Juli 2002) |
| 202 | Ammoniumstickstoff ($NH_4$-N) | DIN EN ISO 11732 (E23) (Ausgabe Mai 2005),<br>DIN 38406-E5-1 (E5) (Ausgabe Oktober 1983),<br>DIN 38406-E5-2 (E5) (Ausgabe Oktober 1983),<br>DIN ISO 15923-1 (D49) (Ausgabe Juli 2014)<br>Für alle Verfahren gilt die Maßgabe der Nummer 507. |
| 203 | Antimon in der Originalprobe | DIN EN ISO 11885 (E22) (Ausgabe September 2009) mit folgender Maßgabe: Aufschluss gemäß DIN EN ISO 15587-2 (A32) (Ausgabe Juli 2002),<br>DIN 38405-D32-1 (D32) (Ausgabe Mai 2000) mit folgender Maßgabe: Aufschluss gemäß DIN EN ISO 15587-2 (A32) (Ausgabe Juli 2002),<br>DIN 38405-D32-2 (D32) (Ausgabe Mai 2000) mit folgender Maßgabe: Aufschluss nach Abschnitt 5.6.2 dieser Norm,<br>DIN EN ISO 17294-2 (E29) (Ausgabe Januar 2017) mit folgender Maßgabe: Aufschluss gemäß DIN EN ISO 15587-2 (A32) (Ausgabe Juli 2002),<br>DIN EN ISO 15586 (E4) (Ausgabe Februar 2004) mit folgender Maßgabe: Aufschluss gemäß DIN EN ISO 15587-2 (A32) (Ausgabe Juli 2002) |
| 204 | Arsen in der Originalprobe | DIN EN ISO 11969 (D18) (Ausgabe November 1996) mit folgender Maßgabe: Aufschluss nach Abschnitt 8.3.1 dieser Norm,<br>DIN EN ISO 11885 (E22) (Ausgabe September 2009) mit folgender Maßgabe: Aufschluss gemäß DIN EN ISO 15587-2 (A32) (Ausgabe Juli 2002),<br>DIN EN ISO 17294-2 (E29) (Ausgabe Januar 2017) mit folgender Maßgabe: Aufschluss gemäß DIN EN ISO 15587-2 (A32) (Ausgabe Juli 2002),<br>DIN EN ISO 15586 (E4) (Ausgabe Februar 2004) mit folgender Maßgabe: Aufschluss gemäß DIN EN ISO 15587-2 (A32) (Ausgabe Juli 2002),<br>DIN 38405-D35 (D35) (Ausgabe September 2004) mit folgender Maßgabe: Aufschluss gemäß DIN EN ISO 15587-2 (A32) (Ausgabe Juli 2002) |
| 205 | Barium in der Originalprobe | DIN EN ISO 11885 (E22) (Ausgabe September 2009) mit folgender Maßgabe: Aufschluss gemäß DIN EN ISO 15587-2 (A32) (Ausgabe Juli 2002),<br>DIN EN ISO 17294-2 (E29) (Ausgabe Januar 2017) mit folgender Maßgabe: Aufschluss gemäß DIN EN ISO 15587-2 (A32) (Ausgabe Juli 2002) |
| 206 | Blei in der Originalprobe | DIN EN ISO 11885 (E22) (Ausgabe September 2009) mit folgender Maßgabe: Aufschluss gemäß DIN EN ISO 15587-2 (A32) (Ausgabe Juli 2002), |

| Nr. | Parameter | Verfahren* |
|---|---|---|
| | | DIN EN ISO 17294-2 (E29) (Ausgabe Januar 2017) mit folgender Maßgabe: Aufschluss gemäß DIN EN ISO 15587-2 (A32) (Ausgabe Juli 2002), |
| | | DIN EN ISO 15586 (E4) (Ausgabe Februar 2004) mit folgender Maßgabe: Aufschluss gemäß DIN EN ISO 15587-2 (A32) (Ausgabe Juli 2002), |
| | | DIN 38406-E6 (E6) (Ausgabe Juli 1998) mit folgender Maßgabe: Aufschluss gemäß DIN EN ISO 15587-2 (A32) (Ausgabe Juli 2002) |
| 207 | Cadmium in der Originalprobe | DIN EN ISO 11885 (E22) (Ausgabe September 2009) mit folgender Maßgabe: Aufschluss gemäß DIN EN ISO 15587-2 (A32) (Ausgabe Juli 2002), |
| | | DIN EN ISO 17294-2 (E29) (Januar 2017) mit folgender Maßgabe: Aufschluss gemäß DIN EN ISO 15587-2 (A32) (Ausgabe Juli 2002), |
| | | DIN EN ISO 15586 (E4) (Ausgabe Februar 2004) mit folgender Maßgabe: Aufschluss gemäß DIN EN ISO 15587-2 (A32) (Ausgabe Juli 2002), |
| | | DIN EN ISO 5961 (E19) (Ausgabe Mai 1995) mit folgender Maßgabe: Aufschluss gemäß DIN EN ISO 15587-2 (A32) (Ausgabe Juli 2002) |
| 208 | Nicht besetzt | |
| 209 | Chrom, gesamt, in der Originalprobe | DIN EN ISO 11885 (E22) (Ausgabe September 2009) mit folgender Maßgabe: Aufschluss gemäß DIN EN ISO 15587-2 (A32) (Ausgabe Juli 2002), |
| | | DIN EN ISO 17294-2 (E29) (Ausgabe Januar 2017) mit folgender Maßgabe: Aufschluss gemäß DIN EN ISO 15587-2 (A32) (Ausgabe Juli 2002), |
| | | DIN EN ISO 15586 (E4) (Ausgabe Februar 2004) mit folgender Maßgabe: Aufschluss gemäß DIN EN ISO 15587-2 (A32) (Ausgabe Juli 2002), |
| | | DIN EN 1233 (E10) (Ausgabe August 1996) mit folgender Maßgabe: Aufschluss gemäß DIN EN ISO 15587-2 (A32) (Ausgabe Juli 2002) |
| 210 | Chrom VI | DIN 38405-D24 (D24) (Ausgabe Mai 1987), |
| | | DIN EN ISO 10304-3 (D22) (Ausgabe November 1997) mit folgender Maßgabe: Bestimmung nach Abschnitt 6 dieser Norm, Verwendung eines UV-Detektors, |
| | | DIN EN ISO 23913 (D41) (Ausgabe September 2009) |
| 211 | Cobalt in der Originalprobe | DIN EN ISO 11885 (E22) (Ausgabe September 2009) mit folgender Maßgabe: Aufschluss gemäß DIN EN ISO 15587-2 (A32) (Ausgabe Juli 2002), |
| | | DIN EN ISO 17294-2 (E29) (Ausgabe Januar 2017) mit folgender Maßgabe: Aufschluss gemäß DIN EN ISO 15587-2 (A32) (Ausgabe Juli 2002), |
| | | DIN EN ISO 15586 (E4) (Ausgabe Februar 2004) mit folgender Maßgabe: Aufschluss gemäß DIN EN ISO 15587-2 (A32) (Ausgabe Juli 2002), |
| | | DIN 38406-E24 (E24) (Ausgabe März 1993) mit folgender Maßgabe: Aufschluss gemäß DIN EN ISO 15587-2 (A32) (Ausgabe Juli 2002) |
| 212 | Eisen in der Originalprobe | DIN EN ISO 11885 (E22) (Ausgabe September 2009) mit folgender Maßgabe: Aufschluss gemäß DIN EN ISO 15587-2 (A32) (Ausgabe Juli 2002), |

| Nr. | Parameter | Verfahren* |
|---|---|---|
| | | DIN EN ISO 15586 (E4) (Ausgabe Februar 2004) mit folgender Maßgabe: Aufschluss gemäß DIN EN ISO 15587-2 (A32) (Ausgabe Juli 2002), DIN 38406-E32 (E32) (Ausgabe Mai 2000) mit folgender Maßgabe: Aufschluss gemäß DIN EN ISO 15587-2 (A32) (Ausgabe Juli 2002), DIN EN ISO 17294-2 (E29) (Ausgabe Januar 2017) mit folgender Maßgabe: Aufschluss gemäß DIN EN ISO 15587-2 (A32) (Ausgabe Juli 2002) |
| 213 | Kupfer in der Originalprobe | DIN EN ISO 11885 (E22) (Ausgabe September 2009) mit folgender Maßgabe: Aufschluss gemäß DIN EN ISO 15587-2 (A32) (Ausgabe Juli 2002), DIN EN ISO 17294-2 (E29) (Ausgabe Januar 2017) mit folgender Maßgabe: Aufschluss gemäß DIN EN ISO 15587-2 (A32) (Ausgabe Juli 2002), DIN EN ISO 15586 (E4) (Ausgabe Februar 2004) mit folgender Maßgabe: Aufschluss gemäß DIN EN ISO 15587-2 (A32) (Ausgabe Juli 2002), DIN 38406-E7 (E7) (Ausgabe September 1991) mit folgender Maßgabe: Aufschluss gemäß DIN EN ISO 15587-2 (A32) (Ausgabe Juli 2002) |
| 214 | Nickel in der Originalprobe | DIN EN ISO 11885 (E22) (Ausgabe September 2009) mit folgender Maßgabe: Aufschluss gemäß DIN EN ISO 15587-2 (A32) (Ausgabe Juli 2002), DIN EN ISO 17294-2 (E29) (Ausgabe Januar 2017) mit folgender Maßgabe: Aufschluss gemäß DIN EN ISO 15587-2 (A32) (Ausgabe Juli 2002), DIN EN ISO 15586 (E4) (Ausgabe Februar 2004) mit folgender Maßgabe: Aufschluss gemäß DIN EN ISO 15587-2 (A32) (Ausgabe Juli 2002), DIN 38406-E11 (E11) (Ausgabe September 1991) mit folgender Maßgabe: Aufschluss gemäß DIN EN ISO 15587-2 (A32) (Ausgabe Juli 2002) |
| 215 | Quecksilber in der Originalprobe | DIN EN ISO 12846 (E12) (Ausgabe August 2012), DIN EN ISO 17852 (E35) (Ausgabe April 2008) |
| 216 | Silber in der Originalprobe | DIN EN ISO 11885 (E22) (Ausgabe September 2009) mit folgender Maßgabe: Aufschluss gemäß DIN EN ISO 15587-2 (A32) (Ausgabe Juli 2002); Ausnahme: bei Proben nach Anhang 53 (Fotografische Prozesse) ohne Ansäuern und ohne Aufschluss, DIN EN ISO 17294-2 (E29) (Ausgabe Januar 2017) mit folgender Maßgabe: Aufschluss gemäß DIN EN ISO 15587-2 (A32) (Ausgabe Juli 2002); Ausnahme: bei Proben nach Anhang 53 ohne Ansäuern und ohne Aufschluss, DIN EN ISO 15586 (E4) (Ausgabe Februar 2004) mit folgender Maßgabe: Aufschluss gemäß DIN EN ISO 15587-2 (A32) (Ausgabe Juli 2002); Ausnahme: bei Proben nach Anhang 53 ohne Ansäuern und ohne Aufschluss, DIN 38406 (E18) (Ausgabe Mai 1990) mit folgender Maßgabe: Aufschluss gemäß DIN EN ISO 15587-2 (A32) (Ausgabe Juli 2002); Ausnahme: bei Proben nach Anhang 53 ohne Ansäuern und ohne Aufschluss |
| 217 | Thallium in der Originalprobe | DIN EN ISO 17294-2 (E29) (Ausgabe Januar 2017) mit folgender Maßgabe: Aufschluss gemäß DIN EN ISO 15587-2 (A32) (Ausgabe Juli 2002), |

| Nr. | Parameter | Verfahren* |
|---|---|---|
| | | DIN EN ISO 15586 (E4) (Ausgabe Februar 2004) mit folgender Maßgabe: Aufschluss gemäß DIN EN ISO 15587-2 (A32) (Ausgabe Juli 2002), DIN 38406 (E26) (Ausgabe Juli 1997) mit folgender Maßgabe: Aufschluss gemäß DIN EN ISO 15587-2 (A32) (Ausgabe Juli 2002) |
| 218 | Vanadium in der Originalprobe | DIN EN ISO 11885 (E22) (Ausgabe September 2009) mit folgender Maßgabe: Aufschluss gemäß DIN EN ISO 15587-2 (A32) (Ausgabe Juli 2002), DIN EN ISO 17294-2 (E29) (Ausgabe Januar 2017) mit folgender Maßgabe: Aufschluss gemäß DIN EN ISO 15587-2 (A32) (Ausgabe Juli 2002) |
| 219 | Zink in der Originalprobe | DIN EN ISO 11885 (E22) (Ausgabe September 2009) mit folgender Maßgabe: Aufschluss gemäß DIN EN ISO 15587-2 (A32) (Ausgabe Juli 2002), DIN EN ISO 17294-2 (E29) (Ausgabe Januar 2017) mit folgender Maßgabe: Aufschluss gemäß DIN EN ISO 15587-2 (A32) (Ausgabe Juli 2002), DIN EN ISO 15586 (E4) (Ausgabe Februar 2004) mit folgender Maßgabe: Aufschluss gemäß DIN EN ISO 15587-2 (A32) (Ausgabe Juli 2002), DIN 38406-E8 (E8) (Ausgabe Oktober 2004) mit folgender Maßgabe: Aufschluss gemäß DIN EN ISO 15587-2 (A32) (Ausgabe Juli 2002) |
| 220 | Zinn in der Originalprobe | DIN EN ISO 11885 (E22) (Ausgabe September 2009) mit folgender Maßgabe: Aufschluss gemäß Anhang A 1 dieser Norm, DIN EN ISO 17294-2 (E29) (Ausgabe Januar 2017) mit folgender Maßgabe: Aufschluss gemäß DIN EN ISO 11885 (E22) (Ausgabe September 2009) Anhang A 1 |
| 221 | Titan in der Originalprobe | DIN EN ISO 11885 (E22) (Ausgabe September 2009) mit folgender Maßgabe: Aufschluss gemäß DIN EN ISO 15587-2 (A32) (Ausgabe Juli 2002); bei titandioxidhaltigem Abwasser Aufschluss gemäß DIN EN ISO 11885 (E22) (Ausgabe September 2009) Anhang A 2 |
| 222 | Selen in der Originalprobe | DIN EN ISO 11885 (E22) (Ausgabe September 2009) mit folgender Maßgabe: Aufschluss gemäß DIN EN ISO 15587-2 (A32) (Ausgabe Juli 2002), DIN EN ISO 17294-2 (E29) (Ausgabe Januar 2017) mit folgender Maßgabe: Aufschluss gemäß DIN EN ISO 15587-2 (A32) (Ausgabe Juli 2002), DIN EN ISO 15586 (E4) (Ausgabe Februar 2004) mit folgender Maßgabe: Aufschluss gemäß DIN EN ISO 15587-2 (A32) (Ausgabe Juli 2002), DIN 38405-23-1 (D23) (Ausgabe Oktober 1994) mit folgender Maßgabe: Aufschluss gemäß DIN EN ISO 15587-2 (A32) (Ausgabe Juli 2002), DIN 38405-23-2 (D23) (Ausgabe Oktober 1994) mit folgender Maßgabe: Aufschluss gemäß Abschnitt 3.7.2 dieser Norm |
| 223 | Nicht besetzt | |
| 224 | Indium in der Originalprobe | DIN EN ISO 11885 (E22) (Ausgabe September 2009) mit folgender Maßgabe: Aufschluss gemäß DIN EN ISO 15587-2 (A32) (Ausgabe Juli 2002), DIN EN ISO 17294-2 (E29) (Ausgabe Januar 2017) mit folgender Maßgabe: Aufschluss gemäß DIN EN ISO 15587-2 (A32) (Ausgabe Juli 2002) |

| Nr. | Parameter | Verfahren* |
|---|---|---|
| 225 | Nicht besetzt | |
| 226 | Bor | DIN EN ISO 11885 (E22) (Ausgabe September 2009) mit folgender Maßgabe: Aufschluss gemäß DIN EN ISO 15587-2 (A32) (Ausgabe Juli 2002),<br>DIN EN ISO 17294-2 (E29) (Ausgabe Januar 2017) mit folgender Maßgabe: Aufschluss gemäß DIN EN ISO 15587-2 (A32) (Ausgabe Juli 2002) |
| 227 | Cer | DIN EN ISO 17294-2 (E29) (Ausgabe Januar 2017) |
| 228 | Germanium | DIN EN ISO 17294-2 (E29) (Ausgabe Januar 2017) |
| 229 | Gold | DIN EN ISO 17294-2 (E29) (Ausgabe Januar 2017) |
| 230 | Hafnium | DIN EN ISO 17294-2 (E29) (Ausgabe Januar 2017) |
| 231 | Molybdän | DIN EN ISO 11885 (E22) (Ausgabe September 2009) mit folgender Maßgabe: Aufschluss nach<br>DIN EN ISO 15587-2 (A32) (Ausgabe Juli 2002),<br>DIN EN ISO 17294-2 (E29) (Ausgabe Januar 2017)<br>mit folgender Maßgabe: Aufschluss nach<br>DIN EN ISO 15587-2 (A32) (Ausgabe Juli 2002) |
| 232 | Palladium | DIN EN ISO 17294-2 (E29) (Ausgabe Januar 2017) |
| 233 | Praseodym | DIN EN ISO 17294-2 (E29) (Ausgabe Januar 2017) |
| 234 | Ruthenium | DIN EN ISO 17294-2 (E29) (Ausgabe Januar 2017) |
| 235 | Wolfram | DIN EN ISO 11885 (E22) (Ausgabe September 2009),<br>DIN EN ISO 17294-2 (E29) (Ausgabe Januar 2017) |
| 236 | Zirkonium | DIN EN ISO 11885 (E22) (Ausgabe September 2009),<br>DIN EN ISO 17294-2 (E29) (Ausgabe Januar 2017) |
| 237 | Platin | DIN EN ISO 17294-2 (E29) (Ausgabe Januar 2017) |
| 3 | Einzelstoffe, Summenparameter, Gruppenparameter | |
| 301 | Abfiltrierbare Stoffe (suspendierte Stoffe) in der Originalprobe | DIN EN 872 (H33) (Ausgabe April 2005) mit folgender Maßgabe: dreimaliges Nachwaschen des Filters mit je 50 ml destilliertem Wasser |
| 302 | Adsorbierbare organisch gebundene Halogene (AOX) in der Originalprobe, angegeben als Chlorid | Bei einem Chloridgehalt von bis zu 5,0 g/l in der Originalprobe:<br>DIN EN ISO 9562 (H14) (Ausgabe Februar 2005) nach Maßgabe der Nummer 501; Adsorption nach Maßgabe des Abschnitts 9.3.4 dieser Norm (Säulenmethode – getrennte Verbrennung der Säulen erforderlich)<br>Bei einem Chloridgehalt von mehr als 5,0 g/l in der Originalprobe:<br>DIN EN ISO 9562 (H14) (Ausgabe Februar 2005) nach Maßgabe des Anhangs A dieser Norm; Adsorption nach Maßgabe des Abschnitts 9.3.4 dieser Norm (Säulenmethode – getrennte Verbrennung der Säulen erforderlich) |
| 303 | Chemischer Sauerstoffbedarf (CSB) in der Originalprobe | DIN 38409-41 (H41) (Ausgabe Dezember 1980) |
| 304 | Nicht besetzt | |
| 305 | Organisch gebundener Kohlenstoff, gesamt (TOC), in der Originalprobe | DIN EN 1484 (H3) (Ausgabe April 2019), direkte TOC-Bestimmung nach Abschnitt 8.3 dieser Norm und nach Maßgabe der Nummer 502 |
| 306 | Gesamter gebundener Stickstoff ($TN_b$) in der Originalprobe | DIN EN 12260 (H34) (Ausgabe Dezember 2003) mit folgender Maßgabe:<br>Werden Kombinationsgeräte zur gleichzeitigen Bestimmung des $TN_b$ und des TOC verwendet, sind bei der Untersuchung partikelhaltiger Proben Kontrollmessungen nach Maßgabe der Nummer 502 durchzuführen,<br>DIN EN ISO 11905-1 (H36) (Ausgabe August 1998) |

| Nr. | Parameter | Verfahren* |
|---|---|---|
| 307 und 308 | Nicht besetzt | |
| 309 | Kohlenwasserstoffe, gesamt, in der Originalprobe | DIN EN ISO 9377-2 (H53) (Ausgabe Juli 2001) |
| 310 | Nicht besetzt | |
| 311 | Phenolindex nach Destillation und Farbstoffextraktion in der Originalprobe | DIN 38409-H16-2 (H16) (Ausgabe Juni 1984),<br>DIN EN ISO 14402 (H37) (Ausgabe Dezember 1999) mit der Maßgabe, dass das Verfahren nach Abschnitt 4 dieser Norm anzuwenden ist |
| 312 | Nicht besetzt | |
| 313 | Chlor, freies | DIN EN ISO 7393-2 (G4-2) (Ausgabe März 2019) |
| 314 | Hexachlorbenzol in der Originalprobe | DIN 38407-2 (F2) (Ausgabe Februar 1993),<br>DIN EN ISO 6468 (F1) (Ausgabe Februar 1997),<br>DIN 38407-37 (F37) (Ausgabe November 2013) |
| 315 | Trichlorethen in der Originalprobe | DIN EN ISO 10301 (F4) (Ausgabe August 1997),<br>DIN 38407-43 (F43) (Ausgabe Oktober 2014),<br>DIN EN ISO 15680 (F19) (Ausgabe April 2004) |
| 316 | 1,1,1-Trichlorethan in der Originalprobe | DIN EN ISO 10301 (F4) (Ausgabe August 1997),<br>DIN 38407-43 (F43) (Ausgabe Oktober 2014),<br>DIN EN ISO 15680 (F19) (Ausgabe April 2004) |
| 317 | Tetrachlorethen in der Originalprobe | DIN EN ISO 10301 (F4) (Ausgabe August 1997),<br>DIN 38407-43 (F43) (Ausgabe Oktober 2014),<br>DIN EN ISO 15680 (F19) (Ausgabe April 2004) |
| 318 | Trichlormethan in der Originalprobe | DIN EN ISO 10301 (F4) (Ausgabe August 1997),<br>DIN 38407-43 (F43) (Ausgabe Oktober 2014),<br>DIN EN ISO 15680 (F19) (Ausgabe April 2004) |
| 319 | Tetrachlormethan in der Originalprobe | DIN EN ISO 10301 (F4) (Ausgabe August 1997),<br>DIN 38407-43 (F43) (Ausgabe Oktober 2014),<br>DIN EN ISO 15680 (F19) (Ausgabe April 2004) |
| 320 | Dichlormethan in der Originalprobe | DIN EN ISO 10301 (F4) (Ausgabe August 1997),<br>DIN 38407-43 (F43) (Ausgabe Oktober 2014),<br>DIN EN ISO 15680 (F19) (Ausgabe April 2004) |
| 321 | Hydrazin | DIN 38413-1 (P1) (Ausgabe März 1982) |
| 322 bis 325 | Nicht besetzt | |
| 326 | Anilin in der Originalprobe | DIN 38407-16 (F16) (Ausgabe Juni 1999) mit folgender Maßgabe: Extraktion mit Dichlormethan bei pH 12; GC-Trennung unter Verwendung eines massenselektiven Detektors; bei Verwendung eines N-P-Detektors sind zwei GC-Säulen unterschiedlicher Polarität zu verwenden |
| 327 | Hexachlorcyclohexan als Summe aller Isomere | DIN 38407-2 (F2) (Ausgabe Februar 1993) nach Maßgabe der Nummer 504,<br>DIN EN ISO 6468 (F1) (Ausgabe Februar 1997) nach Maßgabe der Nummer 504,<br>DIN 38407-37 (F37) (Ausgabe November 2013) nach Maßgabe der Nummer 504 |
| 328 | Hexachlorbutadien (HCBD) in der Originalprobe | DIN EN ISO 10301 (F4) (Ausgabe August 1997),<br>DIN 38407-2 (F2) (Ausgabe Februar 1993),<br>DIN 38407-43 (F43) (Ausgabe Oktober 2014),<br>DIN 38407-37 (F37) (Ausgabe November 2013),<br>DIN EN ISO 15680 (F19) (Ausgabe April 2004) |

| Nr. | Parameter | Verfahren* |
|---|---|---|
| 329 | Aldrin, Dieldrin, Endrin, Isodrin (Drine) in der Originalprobe | DIN 38407-2 (F2) (Ausgabe Februar 1993) nach Maßgabe der Nummer 504,<br>DIN EN ISO 6468 (F1) (Ausgabe Februar 1997) nach Maßgabe der Nummer 504,<br>DIN 38407-37 (F37) (Ausgabe November 2013) nach Maßgabe der Nummer 504 |
| 330 | Nicht besetzt | |
| 331 | 1,2-Dichlorethan in der Originalprobe | DIN EN ISO 10301 (F4) (Ausgabe August 1997),<br>DIN 38407-43 (F43) (Ausgabe Oktober 2014),<br>DIN EN ISO 15680 (F19) (Ausgabe April 2004) |
| 332 | Trichlorbenzol als Summe aller Isomere in der Originalprobe | DIN 38407-2 (F2) (Ausgabe Februar 1993) nach Maßgabe der Nummer 504,<br>DIN 38407-43 (F43) (Ausgabe Oktober 2014),<br>DIN EN ISO 6468 (F1) (Ausgabe Februar 1997) nach Maßgabe der Nummer 504,<br>DIN 38407-37 (F37) (Ausgabe November 2013) nach Maßgabe der Nummer 504,<br>DIN EN ISO 15680 (F19) (Ausgabe April 2004) |
| 333 | Endosulfan als Summe aller Isomere in der Originalprobe | DIN 38407-2 (F2) (Ausgabe Februar 1993) nach Maßgabe der Nummer 504,<br>DIN EN ISO 6468 (F1) (Ausgabe Februar 1997) nach Maßgabe der Nummer 504,<br>DIN 38407-37 (F37) (Ausgabe November 2013) nach Maßgabe der Nummer 504 |
| 334 | Benzol und Derivate in der Originalprobe | DIN 38407-43 (F43) (Ausgabe Oktober 2014) nach Maßgabe der Nummern 504 und 505,<br>DIN EN ISO 15680 (F19) (Ausgabe April 2004) nach Maßgabe der Nummern 504 und 505 |
| 335 | Organische Komplexbildner in der Originalprobe (EDTA, NTA, DTPA, MGDA, ß-ADA, 1,3-PDTA) | DIN EN ISO 16588 (P10) (Ausgabe Februar 2004) |
| 336 | Polycyclische aromatische Kohlenwasserstoffe (PAK) in der Originalprobe (Fluoranthen, Benzo (a)pyren, Benzo(b)fluoranthen, Benzo(k)fluoranthen, Benzo(ghi) perylen, Indeno (1,2,3-cd)pyren) | DIN EN ISO 17993 (F18) (Ausgabe März 2004) nach Maßgabe der Nummer 504,<br>DIN 38407-39 (F39) (Ausgabe September 2011) nach Maßgabe der Nummer 504,<br>DIN ISO 28540 (F40) (Ausgabe Mai 2014) nach Maßgabe der Nummer 504 |
| 337 | Chlordioxid und andere Oxidantien, angegeben als Chlor | DIN 38408-5 (G5) (Ausgabe Juni 1990) mit folgender Maßgabe: Die nach Abschnitt 4 dieser Norm vorgesehenen Maßnahmen zur Störungsbehebung sind nicht durchzuführen. Alternativ zur Nutzung des Verfahrens DIN 38408-5 (G5) ohne Störungsbehebung kann die Bestimmung des Parameters 337 nach DIN EN ISO 7393-2 (G4-2) (Ausgabe März 2019) gemäß Parameter 313 durchgeführt werden. |
| 338 | Färbung | DIN EN ISO 7887 (C1) (Ausgabe April 2012) Hauptabschnitt 5 |
| 339 | Polychlorierte Dibenzodioxine (PCDD) und polychlorierte Dibenzofurane (PCDF) | DEV F33 (52. Lieferung 2002) |
| 340 | Per- und polyfluorierte Verbindungen (PFC) in der Originalprobe | DIN 38407-42 (F42) (Ausgabe März 2011) |
| 341 | pH-Wert | DIN EN ISO 10523 (C5) (Ausgabe April 2012) |

| Nr. | Parameter | Verfahren* |
|---|---|---|
| 342 | Redoxpotential | DIN 38404 (C6) (Ausgabe Mai 1984) mit dem Hinweis: Redoxpotential ist identisch mit Redox-Spannung gemäß Punkt 2 dieser Norm |
| 4 | Biologische Testverfahren | |
| | Für die Verfahren nach den Nummern 401 bis 404, 410 und 412 ist Nummer 509 zu beachten. Die Anforderungen nach DIN EN ISO 5667-16 (L1) (Ausgabe März 2019) gelten nur, soweit in den Testverfahren keine abweichenden Regelungen getroffen werden. | |
| 400 | Probenahme und Durchführung biologischer Testverfahren | DIN EN ISO 5667-16 (L1) (Ausgabe März 2019) |
| 401 | Giftigkeit gegenüber Fischeiern ($G_{Ei}$) in der Originalprobe | DIN EN ISO 15088 (T6) (Ausgabe Juni 2009) |
| 402 | Giftigkeit gegenüber Daphnien ($G_D$) in der Originalprobe | DIN 38412-L 30 (L30) (Ausgabe März 1989) |
| 403 | Giftigkeit gegenüber Algen ($G_A$) in der Originalprobe | DIN 38412-L 33 (L33) (Ausgabe März 1991) mit folgender Maßgabe: In Abschnitt 3.5 dieser Norm gilt nicht der Satzteil „sofern bei höheren Verdünnungsfaktoren keine Hemmung größer als 20 Prozent festgestellt wird" und in Abschnitt 11.1 dieser Norm gilt nicht die Anmerkung. |
| 404 | Giftigkeit gegenüber Leuchtbakterien ($G_L$) in der Originalprobe | DIN EN ISO 11348-1 (L51) (Ausgabe Mai 2009) oder DIN EN ISO 11348-2 (L52) (Ausgabe Mai 2009), jeweils mit folgender Maßgabe: Die Abwasseruntersuchung ist gemäß Anhang B dieser Normen durchzuführen. |
| 405 | Leichte aerobe biologische Abbaubarkeit von Stoffen | Abschnitt C.4 des Anhangs zur Richtlinie 92/69/EWG der Kommission vom 31. Juli 1992 zur siebzehnten Anpassung der Richtlinie 67/548/EWG des Rates zur Angleichung der Rechts- und Verwaltungsvorschriften für die Einstufung, Verpackung und Kennzeichnung gefährlicher Stoffe an den technischen Fortschritt (Abl. L 383 vom 29.12.1992, S. 113) |
| 406 | Aerobe biologische Abbaubarkeit von Stoffen | DIN EN ISO 9888 (L25) (Ausgabe November 1999) mit folgender Maßgabe: Die Abbaubarkeit wird als DOC-Abbaugrad über 28 Tage bestimmt. Die Menge des Belebtschlamm-Inokulums beträgt 1 g/l Trockenmasse im Testansatz. Die Wasserhärte des Testwassers kann bis zu 2,7 mmol/l betragen. Ausgeblasene und adsorbierte Stoffanteile werden im Ergebnis nicht berücksichtigt. Das Ergebnis wird als Abbaugrad angegeben. Voradaptierte Inokula sind nicht zugelassen. |
| 407 | Aerobe biologische Abbaubarkeit (Eliminierbarkeit) der filtrierten Probe in biologischen Behandlungsanlagen | DIN EN ISO 9888 (L25) (Ausgabe November 1999) mit folgender Maßgabe: Die Abbaubarkeit wird als CSB- oder DOC-Abbaugrad (Eliminationsgrad) bestimmt. Verwendet wird das Inokulum der realen Abwasserbehandlungsanlage mit 1 g/l Trockenmasse im Testansatz (Abschnitt 8.3 dieser Norm). Die Dauer des Eliminationstests entspricht der Zeit, die erforderlich ist, um den Eliminationsgrad des Gesamtabwassers der realen Abwasserbehandlungsanlage in der Testsimulation für das Gesamtabwasser zu erreichen. Die CSB-Konzentration im Testansatz (CSB zwischen 100 und 1 000 mg/l) soll dem realen Abwasser des Anlagenzulaufs weitgehend entsprechen. Die Wasserhärte des Testwassers soll die Wasserhärte des jeweiligen realen Abwassers nicht übersteigen. Ausgeblasene Stoffanteile werden im Ergebnis nicht berücksichtigt. Die Eliminationsraten werden auf die CSB-Konzentration zu Beginn des Tests unter Abzug der ausgeblasenen Stoffanteile bezogen. Das Ergebnis wird als Eliminationsgrad angegeben. |
| 408 | Aerobe biologische Abbaubarkeit (Eliminierbarkeit) der filtrierten Probe in biologischen Behandlungsanlagen innerhalb eines | DIN EN ISO 9888 (L25) (Ausgabe November 1999) mit folgender Maßgabe: Die Abbaubarkeit wird als CSB- oder DOC-Abbaugrad (Eliminationsgrad) über maximal sieben Tage bestimmt. Verwendet wird das Inokulum der realen |

| Nr. | Parameter | Verfahren* |
|---|---|---|
| | Zeitraums von maximal sieben Tagen | Abwasserbehandlungsanlage mit 1 g/l Trockenmasse im Testansatz (Abschnitt 8.3 dieser Norm). Die CSB-Konzentration im Testansatz (CSB zwischen 100 und 1 000 mg/l) soll dem realen Abwasser des Anlagenzulaufs weitgehend entsprechen. Die Wasserhärte des Testwassers soll die Wasserhärte des jeweiligen realen Abwassers nicht übersteigen. Ausgeblasene Stoffanteile werden im Ergebnis nicht berücksichtigt. Die Eliminationsraten werden auf die CSB-Konzentration zu Beginn des Tests unter Abzug der ausgeblasenen Stoffanteile bezogen. Das Ergebnis wird als Eliminationsgrad angegeben. |
| 409 | Biochemischer Sauerstoffbedarf in 5 Tagen in der Originalprobe | DIN EN ISO 5815-1 (H50) (Ausgabe November 2020) |
| 410 | Erbgutveränderndes Potential (umu-Test) | DIN 38415-T 3 (T3) (Ausgabe Dezember 1996) |
| 411 | Nicht besetzt | |
| 412 | Giftigkeit gegenüber Wasserlinsen ($G_W$) in der Originalprobe | DIN EN ISO 20079 (L49) (Ausgabe Dezember 2006) |

**III Hinweise und Erläuterungen**

501 Hinweise zum AOX-Verfahren (Nummer 302)

1. Periodatgehalt

Sind Periodate in der Probe enthalten, muss das Natriumsulfit überstöchiometrisch zugesetzt werden und mindestens 24 Stunden reduzierend einwirken.

2. Chloridgehalt

Bei einem Chloridgehalt von mehr als 1,0 g/l wird durch Verdünnung der Probe eine Chloridkonzentration von weniger als 1,0 g/l in der Analyseprobe hergestellt. Der blindwertbereinigte Messwert wird mit dem Verdünnungsfaktor multipliziert. Der zugehörige Blindwert ist der arbeitstäglich bestimmte Wert einer Lösung von 1,0 g/l Chlorid. Bei einem Chloridgehalt von weniger als 1,0 g/l in der unverdünnten Probe wird deionisiertes Wasser als Blindwert verwendet.

3. Befund

Die AOX-Gehalte des Vorfilters und der ersten und zweiten Adsorptionssäule sind im Befund zu summieren.

502 Hinweise zum TOC- bzw. $TN_b$-Verfahren (Nummern 305 und 306)

Es ist ein Gerät mit thermisch-katalytischer Verbrennung (Mindesttemperatur 670 °C) zu verwenden. Es gelten die Regelungen zur Homogenisierung nach DIN 38402 Teil 30 (A30) (Ausgabe Juli 1998), insbesondere die Abschnitte 8.3 und 8.4.5 sind zu beachten. Bei der Untersuchung partikelhaltiger Abwasserproben sind Kontrollmessungen gemäß Anhang C der DIN EN 1484 (H3) (Ausgabe August 1997) durchzuführen.

503 Hinweis zum Nitratstickstoff-Verfahren (Nummer 106)

Bei der Anwendung des Verfahrens DIN EN ISO 10304-1 (D20) (Ausgabe Juli 2009) sind chromatographische Störungen durch einen hohen Chlorid- oder Sulfatgehalt durch Verdünnen der Proben oder durch Filtration über Ag- oder Ba-Kartuschen vor der Analyse zu reduzieren. Die DIN 38405-9 (D9) (Ausgabe September 2011) ist nur für wenig verschmutztes Abwasser anwendbar.

504 Hinweis zur Bestimmungsgrenze (Nummern 327, 329, 332, 333, 334 und 336)

Messwerte von Einzelkomponenten werden nur berücksichtigt, wenn sie auf oder über der Bestimmungsgrenze des jeweiligen Analyseverfahrens liegen.

505 Hinweis zum Verfahren Benzol und Derivate (Nummer 334)

Als Ergebnis der Analyse für den Parameter „Benzol und Derivate" ist die Summe der Einzelergebnisse von Benzol, Toluol, Ethylbenzol und der Xylole o-Xylol, m-Xylol und p-Xylol anzugeben.

506 Hinweis zum Verfahren Cyanid, leicht freisetzbar und Cyanid, gesamt, in der Originalprobe (Nummer 103 und 104):

Die DIN EN ISO 14403-1 (D2) (Ausgabe Oktober 2012) und DIN EN ISO 14403-2 (D3) (Ausgabe Oktober 2012) sind nur zur Vorprüfung, ob die Abwasserprobe Cyanid über den

| Nr. | Parameter | Verfahren* |
|---|---|---|
| | | unteren Anwendungsgrenzen dieser Normen enthält, anzuwenden. Liegt nach dem Ergebnis der Vorprüfung der Cyanidgehalt der Abwasserprobe unter den unteren Anwendungsgrenzen dieser Normen, so kann auf die Anwendung der DIN 38405-D13-2 (D13) (Ausgabe Februar 1981) bzw. der DIN 38405-D13-1 (D13) (Ausgabe Februar 1981) verzichtet werden; andernfalls sind diese Normen anzuwenden. |
| 507 | Auf eine Vor-Ort-Filtration kann verzichtet werden, wenn die Proben sofort nach Eintreffen im Labor filtriert werden oder wenn sie innerhalb von 24 Stunden nach Probenahme bestimmt werden. | |
| 508 | Nicht besetzt | |
| 509 | Hinweise für die Bestimmung der biologischen Testverfahren (Nummern 401 bis 404, 410 und 412)<br>Messwerterhebliche Volumenänderungen aufgrund der Zugabe von Neutralisationsmitteln sind bei der Angabe der Ergebnisse zu dokumentieren. Durch die Wahl geeigneter Säuren und Laugen ist sicherzustellen, dass erhebliche chemisch-physikalische Änderungen der Probe, insbesondere Ausfällungen und Auflösungen, vermieden werden. Das Neutralisationsmittel muss so zugegeben werden, dass die lokalen Unterschiede des pH-Wertes in der Probe so gering wie möglich gehalten werden, zum Beispiel durch schnelles Rühren oder langsame Zugabe. Die Verdünnungsstufen ergeben sich aus ineinander geschachtelten geometrischen Reihen auf der Basis 2 und 3 gemäß DIN EN ISO 15088 (T6) (Ausgabe Juni 2009), Abschnitt 8.3, Tabelle 1. | |

* **Amtl. Anm.:** Die Verfahrensbezeichnungen nach den Deutschen Einheitsverfahren zur Wasser-, Abwasser- und Schlammuntersuchung (DEV) sind jeweils in Klammerzusätzen angegeben.

**Anlage 2**[1]
(zu § 3 Absatz 1 Satz 2 bis 5)

## Inhalt betrieblicher Dokumentationen

1. Betriebliches Abwasserkataster
   Das betriebliche Abwasserkataster dient dazu, nachzuweisen, dass die allgemeinen abwasserrelevanten Anforderungen nach § 3 und Teil B des branchenspezifischen Anhangs der Abwasserverordnung grundsätzlich eingehalten werden können.
   Inhalte des betrieblichen Abwasserkatasters nach § 2 Nummer 9 der Abwasserverordnung sind in der Regel:

   a) allgemeine Angaben zum Betrieb, insbesondere die Anzahl der Anlagen nach dem Bundes-Immissionsschutzgesetz[2] oder nach § 60 des Wasserhaushaltsgesetzes[3], die zugelassenen Produktions- bzw. Maschinenkapazitäten und die hergestellten Produkte, sofern es sich nicht um eigenständig betriebene industrielle Abwasserbehandlungsanlagen nach § 60 Absatz 3 Satz 1 Nummer 2 des Wasserhaushaltsgesetzes[3] handelt,

*(Fortsetzung nächstes Blatt)*

[1] Anl. 2 eingef. mWv 9.6.2016 durch VO v. 1.6.2016 (BGBl. I S. 1290).
[2] **Sartorius Nr. 296.**
[3] **Sartorius Nr. 845.**

(2) Für Abwasser aus der Salzbadvulkanisation gilt zusätzlich ein Konzentrationswert für Nitritstickstoff ($NO_2$-N) von 3 mg/l.

**D. Anforderungen an das Abwasser vor Vermischung**

(1) An das Abwasser werden vor der Vermischung mit anderem Abwasser folgende Anforderungen gestellt:

| | Qualifizierte Stichprobe oder 2-Stunden-Mischprobe mg/l |
|---|---|
| Zink | 2 |
| Blei | 0,5 |
| Adsorbierbare organisch gebundene Halogene (AOX) | 1 |

Die Anforderung an den AOX gilt für die Stichprobe.

(2) Für Abwasser aus den Bereichen 1.1 und 1.4 nach Teil A Abs. 1 gilt für Benzol und Derivate ein Konzentrationswert von 0,1 mg/l, für Abwasser aus der Abflutung von direkten Kühlwasserkreisläufen für die Giftigkeit gegenüber Leuchtbakterien ($G_L$) ein Verdünnungsfaktor von $G_L$ = 12 in der qualifizierten Stichprobe oder der 2-Stunden-Mischprobe.

## Anhang 33.[1] Wäsche von Abgasen aus der Verbrennung von Abfällen

**A. Anwendungsbereich**

(1) Dieser Anhang gilt für Abwasser, dessen Schadstofffracht im Wesentlichen aus der Wäsche von Rauch- oder Abgasen stammt, die bei der Verbrennung von Abfällen im Sinne von Artikel 42 der Richtlinie 2010/75/EU des Europäischen Parlaments und des Rates vom 24. November 2010 über Industrieemissionen (integrierte Vermeidung und Verminderung der Umweltverschmutzung) (ABl. L 334 vom 17.12.2010, S. 17) entstehen.

(2) Dieser Anhang gilt nicht für Abwasser aus sonstigen industriellen Abgaswaschanlagen, Kreislaufkühlsystemen von Kraftwerken und industriellen Prozessen, aus sonstigen Anfallstellen bei der Dampferzeugung sowie aus der Wäsche von Rauchgasen aus Feuerungsanlagen.

**B. Allgemeine Anforderungen**

Abwasser aus der Abgasreinigung von Hausmüllverbrennungsanlagen darf nicht in ein Gewässer eingeleitet werden.

**C. Anforderungen an das Abwasser für die Einleitungsstelle**

(1) An das Abwasser werden für die Einleitungsstelle in das Gewässer folgende Anforderungen gestellt:

| | Qualifizierte Stichprobe oder 2-Stunden-Mischprobe mg/l |
|---|---|
| Chemischer Sauerstoffbedarf (CSB)<br>– Einsatz von Branntkalk<br>– Einsatz von Kalkstein | <br>80<br>150 |
| Sulfat | 2 000 |
| Sulfit | 20 |
| Fluorid, gelöst | 30 |
| Giftigkeit gegenüber Fischeiern ($G_{Ei}$) | 2 |

(2) Abweichend von § 6 Abs. 3 gilt der CSB-Wert auch als eingehalten, wenn der dreifache Wert des TOC, bestimmt in Milligramm je Liter, diesen Wert nicht überschreitet. Abweichend von § 6 Abs. 1 beträgt die höchstens zulässige Überschreitung für alle Parameter 50 Prozent. Die Anforderungen für den Chemischen Sauerstoffbedarf gelten nach Abzug der mit dem Einsatzwasser zugeführten CSB-Vorbelastung.

[1] Anh. 33 geänd. mWv 6.9.2014 durch VO v. 2.9.2014 (BGBl. I S. 1474); geänd. mWv 28.1.2022 durch VO v. 20.1.2022 (BGBl. I S. 87).

**D. Anforderungen an das Abwasser vor Vermischung**

(1) An das Abwasser werden vor der Vermischung mit anderem Abwasser folgende Anforderungen gestellt:

| | | 24-Stunden-Mischprobe |
|---|---|---|
| Quecksilber | mg/l | 0,03 |
| Cadmium | mg/l | 0,05 |
| Thallium | mg/l | 0,05 |
| Arsen | mg/l | 0,15 |
| Blei | mg/l | 0,1 |
| Chrom, gesamt | mg/l | 0,5 |
| Kupfer | mg/l | 0,5 |
| Nickel | mg/l | 0,5 |
| Zink | mg/l | 1,0 |
| Dioxine und Furane als Summe der einzelnen, nach Anhang VI Teil 2 der Richtlinie 2010/75/EU berechneten Dioxine und Furane | ng/l | 0,3 |

(2) Abfiltrierbare Stoffe dürfen in der 24-Stunden-Mischprobe einen Wert von 30 mg/l in 95 Prozent der Messungen und einen Wert von 45 mg/l bei allen Messungen nicht überschreiten; § 6 Abs. 1 gilt nicht.

(3) Für die in den Absätzen 1 und 2 genannten Parameter ist in der wasserrechtlichen Zulassung die Gesamtfracht in 24 Stunden zu begrenzen. Die Schadstofffracht wird aus den Konzentrationswerten der 24-Stunden-Mischprobe und aus dem mit der Probenahme korrespondierenden Abwasservolumenstrom ermittelt.

(4) Abweichend von § 6 Abs. 1 gelten die Werte bei den Schwermetallen als eingehalten, wenn die Werte nicht mehr als einmal im Jahr oder bei mehr als 20 Probenahmen im Jahr in nicht mehr als 5 Prozent der Fälle überschritten werden. Abweichend von § 6 Abs. 1 darf der Wert für Dioxine und Furane nicht überschritten werden, wenn lediglich zwei Messungen in einem Jahr durchgeführt werden.

**E. Anforderungen an das Abwasser für den Ort des Anfalls**

An das Abwasser für den Ort des Anfalls werden keine zusätzlichen Anforderungen gestellt.

**F. Anforderungen für vorhandene Einleitungen**

(1) Für vorhandene Einleitungen von Abwasser aus der Abgasreinigung von Hausmüllverbrennungsanlagen, die vor dem 1. August 2002 rechtmäßig in Betrieb waren oder mit deren Bau zu diesem Zeitpunkt rechtmäßig begonnen worden ist, findet Teil B keine Anwendung, soweit die beim Betrieb der Abgasreinigungsanlage entstehenden Abfälle nicht ordnungsgemäß und schadlos verwertet oder in anderer Weise gemeinwohlverträglich beseitigt werden können. In diesem Fall gelten Teil C und D und zusätzlich folgende Anforderungen:

| | Fracht in Milligramm je Tonne Abfall |
|---|---|
| Cadmium | 15 |
| Quecksilber | 9 |
| Chrom, gesamt | 150 |
| Nickel | 150 |
| Kupfer | 150 |
| Blei | 30 |
| Zink | 300 |
| Sulfid, leicht freisetzbar | 60 |

(2) Die Frachtbezugsgröße Abfall bezieht sich auf die dem wasserrechtlichen Bescheid zugrunde liegende Kapazität der Hausmüllverbrennungsanlage.

(3) Abweichend von § 6 Abs. 1 beträgt die höchstens zulässige Überschreitung für alle Parameter 50 Prozent. Die Schadstofffracht (mg/t) wird aus den Konzentrationswerten der qualifizierten Stichprobe oder der 2-Stunden-Mischprobe und aus dem mit der Probenahme korrespondierenden Abwasservolumenstrom ermittelt.

## Anhang 34.[1] *(nicht belegt)*

## Anhang 35.[2] Chipherstellung

### A. Anwendungsbereich

(1) Dieser Anhang gilt für Abwasser, dessen Schadstofffracht im Wesentlichen aus der Chipherstellung stammt, einschließlich

1. der dazugehörigen Vor-, Zwischen- und Nachbehandlung,
2. der Maskenherstellung und der Teilereinigung, sofern das Abwasser eine vergleichbare Zusammensetzung wie das Abwasser aus der Chipherstellung aufweist, und
3. des betriebsinternen Recyclings von Wafern, sofern das Abwasser eine vergleichbare Zusammensetzung wie das Abwasser aus der Chipherstellung aufweist.

(2) Dieser Anhang gilt nicht für Abwasser aus

1. indirekten Kühlsystemen,
2. der Aufbereitung von Betriebswasser, einschließlich Reinstwasser, sowie
3. der Herstellung von Silizium-Einkristallen und dem Vereinzeln der Einkristalle zu Wafern.

### B. Allgemeine Anforderungen

(1) Abwasseranfall und Schadstofffracht sind so gering zu halten, wie dies durch folgende Maßnahmen möglich ist:

1. Verlängerung der Nutzungsdauer von Prozesslösungen,
2. Minimierung des Spülwasserbedarfs durch
   a) den Einsatz wassersparender Spültechniken wie
      aa) Kaskadenspülung oder
      bb) Kreislaufführung des Spülwassers über Ionenaustauscher,
   b) Filtrationstechniken oder
   c) andere Verfahren, die in ihrer Wirkung ähnlich sind,
3. Mehrfachnutzung geeigneter Spülwässer im Produktionsprozess oder Verwendung geeigneter Spülwässer in anderen Betriebsbereichen nach Aufbereitung durch Kreislaufführung über Ionenaustauscher, durch Filtrationstechniken oder durch andere Verfahren, die in ihrer Wirkung ähnlich sind,
4. Rückgewinnung von Wertstoffen aus verbrauchten Prozesslösungen und aus geeigneten Abwasserteilströmen,
5. Getrennthaltung und -behandlung von Abwasserteilströmen, soweit eine stoffliche Verwertung der anfallenden Schlämme möglich ist und Anforderungen nach anderen Rechtsvorschriften dem nicht entgegenstehen,
6. Minimierung des Abwasseranfalls aus der Ablufterfassung und -behandlung,
7. Minimierung der Bildung adsorbierbarer organisch gebundener Halogene (AOX) durch
   a) Einsatz von Salzsäure, die keine höhere Verunreinigung durch organische Halogenverbindungen aufweist, als nach DIN EN 939 (Ausgabe September 2016) zulässig ist,
   b) Einsatz von Eisen- und Aluminiumsalzen bei der Abwasserbehandlung, die keine höhere Belastung mit organischen Halogenverbindungen aufweisen als 100 Milligramm, jeweils bezogen auf ein Kilogramm Eisen oder Aluminium in den eingesetzten Behandlungsmitteln, oder
   c) Einsatz von cyanidfreien Prozesslösungen anstelle cyanidischer Prozesslösungen,
8. Verzicht auf den Einsatz von Fotoresistlacken für fotolithografische Prozesse, in denen per- oder polyfluorierte Verbindungen (PFC) enthalten sind; kann auf den Einsatz dieser Lacke nicht verzichtet werden, so sind die Einsatzmenge in der Produktion und die Schadstofffracht im Abwasser entsprechend den technischen Möglichkeiten zu reduzieren,
9. Verzicht auf den Einsatz von Organosulfiden in der Abwasserbehandlung; kann auf den Einsatz von Organosulfiden nicht verzichtet werden, so ist die Einsatzmenge zu minimieren und sind gegebenenfalls im Abwasser vorhandene Überschüsse vollständig zurückzuhalten durch Rückfällung mit Metallsalzen oder mit anderen geeigneten Mitteln.

---

[1] Anh. 34 fehlt in der amtlichen Vorlage.
[2] Anh. 35 eingef. mWv 28.1.2022 durch VO v. 20.1.2022 (BGBl. I S. 87).

(2) Die Einhaltung der Anforderungen nach Absatz 1 ist in einem betrieblichen Abwasserkataster nach Anlage 2 Nummer 1 zu dokumentieren.

## C. Anforderungen an das Abwasser für die Einleitungsstelle

An das Abwasser werden für die Einleitungsstelle in das Gewässer folgende Anforderungen gestellt:

| | | Qualifizierte Stichprobe oder 2-Stunden-Mischprobe |
|---|---|---|
| Aluminium | mg/l | 2,0 |
| Organisch gebundener Kohlenstoff, gesamt (TOC) | mg/l | 20 |
| Chemischer Sauerstoffbedarf (CSB) | mg/l | 60 |
| Biochemischer Sauerstoffbedarf in 5 Tagen ($BSB_5$) | mg/l | 15 |
| Fluorid, gelöst | mg/l | 30 |
| Phosphor, gesamt | mg/l | 1,0 |
| Ammoniumstickstoff ($NH_4$-N) | mg/l | 10 |
| Nitritstickstoff ($NO_2$-N) | mg/l | 2,0 |
| Eisen | mg/l | 3,0 |
| Abfiltrierbare Stoffe (suspendierte Stoffe) | mg/l | 15 |
| Giftigkeit gegenüber Fischeiern ($G_{Ei}$) | | 2 |

## D. Anforderungen an das Abwasser vor Vermischung

An das Abwasser werden vor der Vermischung mit anderem Abwasser folgende Anforderungen gestellt:

| | Qualifizierte Stichprobe oder 2-Stunden-Mischprobe* mg/l |
|---|---|
| Antimon | 0,50 |
| Adsorbierbare organisch gebundene Halogene (AOX)** | 0,10 |
| Arsen | 0,20 |
| Barium | 3,0 |
| Blei | 0,50 |
| Cer | 0,50 |
| Chrom, gesamt | 0,20 |
| Cobalt | 1,0 |
| Germanium | 0,50 |
| Gold | 0,50 |
| Hafnium | 0,50 |
| Kupfer | 0,50 |
| Molybdän | 0,50 |
| Nickel | 0,50 |
| Palladium | 0,50 |
| Platin | 0,50 |
| Praseodym | 0,50 |
| Ruthenium | 0,50 |
| Sulfid, leicht freisetzbar | 1,0 |
| Titan | 1,0 |
| Wolfram | 2,0 |
| Zink | 2,0 |
| Zinn | 2,0 |
| Zirkonium | 0,50 |

* **Amtl. Anm.:** Bei Chargenanlagen beziehen sich alle Anforderungen auf die Stichprobe.
** **Amtl. Anm.:** Für AOX gilt der Wert in der Stichprobe.

**E. Anforderungen an das Abwasser für den Ort des Anfalls**

(1) An das Abwasser werden für den Ort des Anfalls folgende Anforderungen gestellt:

| | Stichprobe mg/l |
|---|---|
| Cadmium | 0,050 |
| Chrom VI | 0,10 |
| Cyanid, leicht freisetzbar | 0,20 |
| Selen | 1,0 |
| Silber | 0,10 |
| Thallium | 0,50 |
| Quecksilber | 0,00050 |

(2) Im Abwasser dürfen keine organischen Komplexbildner enthalten sein, die einen DOC-Abbaugrad nach 28 Tagen von mindestens 80 Prozent nach Anlage 1 Nummer 406 nicht erreichen.

(3) Abweichend von § 2 Nummer 5 ist der Ort des Anfalls des Abwassers der Ablauf der Vorbehandlungsanlage für den jeweiligen Parameter.

**F. Anforderungen für vorhandene Einleitungen**

[1] Für vorhandene Einleitungen von Abwasser aus Anlagen, die vor dem 28. Januar 2022 rechtmäßig in Betrieb waren oder mit deren Bau zu diesem Zeitpunkt rechtmäßig begonnen worden ist, gelten die Anforderungen dieses Anhangs ab dem 1. Juli 2022. [2] Bis zum Ablauf des 30. Juni 2022 gelten für Einleitungen nach Satz 1 die Anforderungen nach Anhang 54 in der am 27. Januar 2022 geltenden Fassung.

**G. Abfallrechtliche Anforderungen**

Abfallrechtliche Anforderungen werden nicht gestellt.

**H. Betreiberpflichten**

Sofern PFC-haltige Prozesschemikalien verwendet werden oder verwendet wurden, ist der Betreiber verpflichtet,

1. die Einsatzmengen der PFC-haltigen Prozesschemikalien im Betriebstagebuch nach Anlage 2 Nummer 2 Buchstabe e für jede Dosierstelle zu dokumentieren und
2. im behandelten Abwasser vor Einleitung PFC mindestens jährlich zu messen, sofern die Behörde nicht etwas Anderes festlegt.

## Anhang 36.[1)] Herstellung von Kohlenwasserstoffen

**A. Anwendungsbereich**

(1) Dieser Anhang gilt für Abwasser, dessen Schadstofffracht im Wesentlichen aus folgenden Bereichen der Herstellung von Kohlenwasserstoffen stammt:

1. Erzeugung bestimmter Kohlenwasserstoffe, im Wesentlichen Olefinkohlenwasserstoffe mit 2 bis 4 Kohlenstoffatomen sowie Benzol, Toluol und Xylole aus Mineralölprodukten durch Kracken unter Zuhilfenahme von Dampf (Steamcracking),
2. Erzeugung reiner Kohlenwasserstoffe oder bestimmter Mischungen von Kohlenwasserstoffen aus Mineralölprodukten mittels physikalischer Trennmethoden,
3. Umwandlung von Kohlenwasserstoffen in andere Kohlenwasserstoffe durch die chemischen Verfahren der Hydrierung, Dehydrierung, Alkylierung, Dealkylierung, Hydrodealkylierung, Isomerisierung oder Disproportionierung.

Hierzu zählt auch das im Prozessbereich der Herstellungsanlagen mit Kohlenwasserstoffen in Kontakt kommende Niederschlagswasser.

(2) Dieser Anhang gilt nicht für Abwasser aus der Erzeugung reiner Paraffine aus Paraffingatschen, aus der Erdölverarbeitung, aus indirekten Kühlsystemen und aus der Betriebswasseraufbereitung.

**B. Allgemeine Anforderungen**

Es werden keine über § 3 hinausgehenden Anforderungen gestellt.

---

1) Anh. 36 geänd. mWv 6.9.2014 durch VO v. 2.9.2014 (BGBl. I S. 1474).

### C. Anforderungen an das Abwasser für die Einleitungsstelle

(1) An das Einleiten des Abwassers werden für die Einleitungsstelle in das Gewässer folgende Anforderungen gestellt:

| | Qualifizierte Stichprobe oder 2-Stunden-Mischprobe mg/l |
|---|---|
| Chemischer Sauerstoffbedarf (CSB) | 120 |
| Biochemischer Sauerstoffbedarf in 5 Tagen ($BSB_5$) | 25 |
| Stickstoff, gesamt, als Summe von Ammonium-, Nitrit und Nitratstickstoff ($N_{ges}$) | 25 |
| Phosphor, gesamt | 1,5 |
| Kohlenwasserstoffe, gesamt | 2 |

(2) Für den CSB kann eine Konzentration bis zu 190 mg/l in der qualifizierten Stichprobe oder 2-Stunden-Mischprobe zugelassen werden, wenn in einer zentralen Abwasserbehandlungsanlage die CSB-Fracht um mindestens 80 Prozent vermindert wird. Die Verminderung der CSB-Fracht bezieht sich auf das Verhältnis der CSB-Fracht im Ablauf des Schwerkraftölabscheiders zu derjenigen des Ablaufs der biologischen Abwasserbehandlungsanlage in einem repräsentativen Zeitraum, der 24 Stunden nicht überschreiten soll.

(3) Für Stickstoff, gesamt, ist eine höhere Konzentration zulässig, wenn in einer zentralen Abwasserbehandlungsanlage die Stickstofffracht um mindestens 75 Prozent vermindert wird. Die Verminderung der Stickstofffracht bezieht sich auf das Verhältnis der Stickstofffracht im Ablauf des Schwerkraftölabscheiders zu derjenigen des Ablaufs der biologischen Abwasserbehandlungsanlage in einem repräsentativen Zeitraum, der 24 Stunden nicht überschreiten soll. Für die Frachten ist der gesamte gebundene Stickstoff ($TN_b$) zugrunde zu legen.

### D. Anforderungen an das Abwasser vor Vermischung

An das Abwasser werden vor Vermischung mit anderem Abwasser folgende Anforderungen gestellt:

| | Qualifizierte Stichprobe oder 2-Stunden-Mischprobe mg/l | Stichprobe mg/l |
|---|---|---|
| Adsorbierbare organisch gebundene Halogene (AOX) | – | 0,1 |
| Phenolindex nach Destillation und Farbstoffextraktion | 0,15 | – |
| Benzol und Derivate | 0,05 | – |
| Sulfid, leicht freisetzbar | 0,6 | – |

Umfasst die Kohlenwasserstoffherstellung auch die Herstellung von Ethylbenzol und Cumol, gilt für den AOX ein Wert von 0,15 mg/l.

### E. Anforderungen an das Abwasser für den Ort des Anfalls

Im Abwasser aus der Ethylbenzol- und Cumolherstellung ist für adsorbierbare organisch gebundene Halogene (AOX) ein Wert von 1 mg/l in der Stichprobe einzuhalten.

## Anhang 37.[1] Herstellung anorganischer Pigmente

### A. Anwendungsbereich

(1) Dieser Anhang gilt für Abwasser, dessen Schadstofffracht im Wesentlichen aus der Herstellung anorganischer Pigmente folgender Bereiche stammt:

1. Blei- und Zinkpigmente,
2. Cadmiumpigmente,
3. Lithopone, Zinksulfidpigmente und gefälltes Bariumsulfat,
4. Silikatische Füllstoffe,

[1] Anh. 37 geänd. mWv 6.9.2014 durch VO v. 2.9.2014 (BGBl. I S. 1474).

5. Eisenoxidpigmente,

6. Chromoxidpigmente,

7. Mischphasenpigmente, Pigment- und Farbkörpermischungen und Fritten.

(2) Dieser Anhang gilt nicht für Abwasser aus der Herstellung von hochdispersen Oxiden und Tonträgerpigmenten sowie aus indirekten Kühlsystemen und aus der Betriebswasseraufbereitung.

**B. Allgemeine Anforderungen**

Es werden keine über § 3 hinausgehenden Anforderungen gestellt.

**C. Anforderungen an das Abwasser für die Einleitungsstelle**

(1) An das Abwasser aus einem der in Teil A Abs. 1 genannten Bereiche werden für die Einleitungsstelle in das Gewässer folgende Anforderungen gestellt:

*(Fortsetzung nächstes Blatt)*

## Anhang 46.[1] Steinkohleverkokung

### A. Anwendungsbereich

(1) Dieser Anhang gilt für Abwasser, dessen Schadstofffracht im Wesentlichen aus der Steinkohleverkokung stammt.

(2) Dieser Anhang gilt nicht für Abwasser aus der Verarbeitung von Kohlewertstoffen wie Teer, Phenolatlauge, Rohphenolöl und Rohbenzol sowie aus indirekten Kühlsystemen und aus der Betriebswasseraufbereitung.

(3) Die in Teil C Absatz 1 und Teil D Absatz 1 genannten Anforderungen sind Emissionsgrenzwerte im Sinne von § 1 Absatz 2 Satz 1.

### B. Allgemeine Anforderungen

(1) [1]Bei der Nasslöschung von Koks ist die Menge des eingesetzten Frischwassers zu minimieren und das Löschwasser so weit wie möglich wiederzuverwenden. [2]Andere Prozesswässer dürfen nur verwendet werden, wenn in diesen die Konzentrationswerte der Tabellen in Teil C Absatz 1 und D Absatz 1 nicht überschritten werden.

(2) Belebtschlamm aus der Abwasserbehandlungsanlage, in der Abwasser nach Teil A Absatz 1 behandelt wird, ist der Kohlenzufuhr der Kokerei zuzuführen.

### C. Anforderungen an das Abwasser für die Einleitungsstelle

(1) An das Abwasser werden für die Einleitungsstelle in das Gewässer folgende Anforderungen gestellt:

| | Qualifizierte Stichprobe oder 2-Stunden-Mischprobe | |
|---|---|---|
| | g/t | mg/l |
| Biochemischer Sauerstoffbedarf in 5 Tagen ($BSB_5$) | 9,0 | 20 |
| Chemischer Sauerstoffbedarf (CSB) | – | 220 |
| Stickstoff, gesamt, als Summe aus Ammonium-, Nitrit- und Nitratstickstoff ($N_{ges}$) | 9,0 | 35 |
| Gesamter gebundener Stickstoff ($TN_b$) | 12 | – |
| Phosphor, gesamt | – | 2,0 |

(2) Für den Chemischen Sauerstoffbedarf (CSB) ist ein Ablaufwert in der qualifizierten Stichprobe oder der 2-Stunden-Mischprobe festzusetzen, der einer Verminderung des CSB um mindestens 90 Prozent entspricht. Die Verminderung bezieht sich auf das Verhältnis der CSB-Fracht im Zulauf zu derjenigen im Ablauf der Abwasserbehandlungsanlage in einem repräsentativen Zeitraum, der 24 Stunden nicht überschreiten soll.

(3) Die produktionsspezifischen Frachtwerte (g/t) beziehen sich auf die der wasserrechtlichen Zulassung zugrunde liegende Verkokungskapazität, ausgedrückt in Menge Einsatzkohle mit einem Massenanteil an Wasser von 10 Prozent in 2 Stunden. Wird Kohle mit einem geringerem Wassergehalt eingesetzt, so ist die Verkokungskapazität auf diesen Wassergehalt umzurechnen. Die Schadstofffracht wird aus den Konzentrationswerten der qualifizierten Stichprobe oder der 2-Stunden-Mischprobe und aus dem mit der Probenahme korrespondierenden Abwasservolumenstrom bestimmt.

### D. Anforderungen an das Abwasser vor Vermischung

(1) An das Abwasser werden vor Vermischung mit anderem Abwasser folgende Anforderungen gestellt:

| | Qualifizierte Stichprobe oder 2-Stunden-Mischprobe | |
|---|---|---|
| | g/t | mg/l |
| Benzol und Derivate | 0,03 | – |
| Sulfid, leicht freisetzbar | 0,03 | 0,1 |
| Polycyclische aromatische Kohlenwasserstoffe (PAK) | 0,015 | 0,05 |

[1] Anh. 46 geänd. mWv 6.9.2014 durch VO v. 2.9.2014 (BGBl. I S. 1474).

| | Qualifizierte Stichprobe oder 2-Stunden-Mischprobe | |
|---|---|---|
| | g/t | mg/l |
| Phenolindex nach Destillation und Farbstoffextraktion | 0,15 | 0,5 |
| Thiocyanat ($SCN^-$) | – | 4,0 |
| Cyanid, leicht freisetzbar | 0,03 | 0,1 |
| Giftigkeit gegenüber Fischeiern ($G_{Ei}$) | 2 | |

(2) Die Anforderungen an die Parameter Sulfid, leicht freisetzbar, Phenolindex, Thiocyanat, Cyanid, leicht freisetzbar, und Giftigkeit gegenüber Fischeiern ($G_{Ei}$) entfallen, wenn das Abwasser vor dem Einleiten in ein Gewässer zusätzlich gemeinsam mit anderem Abwasser in einer biologischen Kläranlage behandelt wird und nach Behandlung den Anforderungen des Anhangs 1 Teil C für die Größenklasse 4 entspricht. In diesem Fall hat der Einleiter mindestens einmal jährlich diese Parameter an der Einleitungsstelle zu überprüfen und der zuständigen Behörde die Ergebnisse der Überprüfung zu übermitteln.

(3) Die produktionsspezifischen Frachtwerte (g/t) beziehen sich auf die der wasserrechtlichen Zulassung zugrunde liegende Verkokungskapazität, ausgedrückt in Menge Einsatzkohle mit einem Massenanteil an Wasser von 10 Prozent in 2 Stunden. Wird Kohle mit einem geringerem Wassergehalt eingesetzt, so ist die Verkokungskapazität auf diesen Wassergehalt umzurechnen. Die Schadstofffracht wird aus den Konzentrationswerten der qualifizierten Stichprobe oder der 2-Stunden-Mischprobe und aus dem mit der Probenahme korrespondierenden Abwasservolumenstrom bestimmt.

**E. Anforderungen an das Abwasser für den Ort des Anfalls**

An das Abwasser werden für den Ort des Anfalls keine zusätzlichen Anforderungen gestellt.

**F. Anforderungen für vorhandene Einleitungen**

Für vorhandene Einleitungen von Abwasser sind die unter Teil A Absatz 3 genannten Anforderungen spätestens bis zum 8. März 2016 einzuhalten. Abweichend hiervon sind die Anforderungen nach Teil C Absatz 1 für die Parameter Phosphor, gesamt und Stickstoff, gesamt, als Summe aus Ammonium-, Nitrit- und Nitratstickstoff ($N_{ges}$) ab dem 6. September 2014 einzuhalten. Die Überprüfung nach Teil D Absatz 2 Satz 2 ist ab dem 8. März 2016 vorzunehmen.

## Anhang 47.[1] Feuerungsanlagen

**A. Anwendungsbereich**

(1) Dieser Anhang gilt für Abwasser, dessen Schadstofffracht im Wesentlichen aus dem Betrieb von Feuerungsanlagen stammt.

(2) Dieser Anhang gilt nicht für Abwasser aus

1. Kühlsystemen von Kraftwerken und industriellen Prozessen,
2. sonstigen Anfallstellen bei der Dampferzeugung und der Betriebswasseraufbereitung,
3. Anlagen, in denen ausschließlich Abfälle verbrannt werden, und
4. Feuerungsanlagen ohne nasse Rauchgaswäsche mit einer Feuerungswärmeleistung von weniger als 50 Megawatt.

(3) Die in Teil C Absatz 1 genannten Anforderungen mit Ausnahme der Anforderungen an den TOC und den CSB sowie die in Teil D genannten Anforderungen sind Emissionsgrenzwerte im Sinne von § 1 Absatz 2 Satz 1.

**B. Allgemeine Anforderungen**

(1) Abwasseranfall und Schadstofffracht sind so gering zu halten, wie dies durch folgende Maßnahmen möglich ist:

1. Rückführung von Prozesswasser zur Mehrfachnutzung,
2. betriebliche Nutzung von behandlungsbedürftigem Niederschlagswasser,

---

[1] Anh. 47 neu gef. mWv 28.1.2022 durch VO v. 20.1.2022 (BGBl. I S. 87).

3. Betrieb des Rauchgaswäschers mit betriebstechnisch maximal möglicher Chloridkonzentration mit dem Ziel, die Schwermetallfracht zu verringern,
4. Kühlung von Kesselasche durch Kreislaufführung des Kühlmediums Wasser oder durch Luftkühlung oder
5. Behandlung des Abwassers durch eine geeignete Kombination von Verfahren wie Fällung, Flockung, Neutralisation, Filtration, Ionenaustausch, Membranverfahren, Zugabe von Adsorbenzien oder anderen geeigneten Verfahren.

(2) Behandlungsbedürftiges Abwasser darf vor einer Behandlung nicht mit nichtbehandlungsbedürftigem Abwasser vermischt werden.

**C. Anforderungen an das Abwasser für die Einleitungsstelle**

(1) An das Abwasser aus der Rauchgaswäsche werden für die Einleitungsstelle in das Gewässer folgende Anforderungen gestellt:

| | Qualifizierte Stichprobe oder 2-Stunden-Mischprobe |
|---|---|
| Abfiltrierbare Stoffe | 30 mg/l |
| Chemischer Sauerstoffbedarf (CSB) | |
| – Einsatz von Branntkalk | 80 mg/l |
| – Einsatz von Kalkstein | 150 mg/l |
| Organisch gebundener Kohlenstoff, gesamt (TOC) | |
| – Einsatz von Branntkalk | 25 mg/l |
| – Einsatz von Kalkstein | 50 mg/l |
| Sulfat | 2 000 mg/l |
| Sulfit | 10 mg/l |
| Fluorid, gelöst | 15 mg/l |
| Giftigkeit gegenüber Fischeiern ($G_{Ei}$) | 2 |

(2) In der wasserrechtlichen Zulassung kann die Schadstofffracht für CSB und TOC, die in dem Wasser bei der Entnahme aus einem Gewässer vorhanden war (Vorbelastung), berücksichtigt werden, soweit die entnommene Schadstofffracht bei der Einleitung in das Gewässer noch vorhanden ist.

(3) Abweichend von § 6 Absatz 1 Satz 1 dürfen die Werte für die Parameter nach Absatz 1 höchstens um 50 Prozent überschritten werden.

**D. Anforderungen an das Abwasser vor Vermischung**

An das Abwasser aus der Rauchgaswäsche werden vor der Vermischung mit anderem Abwasser folgende Anforderungen gestellt:

| | Qualifizierte Stichprobe oder 2-Stunden-Mischprobe mg/l |
|---|---|
| Arsen | 0,050 |
| Cadmium | 0,0050 |
| Quecksilber | 0,0030 |
| Chrom, gesamt | 0,050 |
| Nickel | 0,050 |
| Kupfer | 0,050 |
| Blei | 0,020 |
| Zink | 0,20 |
| Thallium | 0,050 |
| Sulfid, leicht freisetzbar | 0,10 |

**E. Anforderungen an das Abwasser für den Ort des Anfalls**

An das Abwasser werden für den Ort des Anfalls keine zusätzlichen Anforderungen gestellt.

**F. Anforderungen für vorhandene Einleitungen**

Für vorhandene Einleitungen von Abwasser gilt die Anforderung nach Teil B Absatz 1 Nummer 4 nicht.

**G. Abfallrechtliche Anforderungen**

Abfallrechtliche Anforderungen werden nicht gestellt.

**H. Betreiberpflichten**

(1) Betreiber von Feuerungsanlagen mit einer Feuerungswärmeleistung von 50 Megawatt oder mehr haben an der Einleitungsstelle in das Gewässer mindestens die folgenden Messungen im Abwasser durchzuführen:

1. kontinuierliche Messung von pH-Wert, Temperatur und Volumen des Abwasserstroms,
2. monatliche Messung in der qualifizierten Stichprobe oder in der 2-Stunden-Mischprobe
   a) sämtlicher in Teil C Absatz 1 und in Teil D genannter Parameter außer $G_{Ei}$ und
   b) der Parameter Chlorid und $TN_b$ sowie
3. Messung des mit den Probenahmen nach Nummer 2 korrespondierenden Volumens des Abwasserstroms.

(2) Es ist ein Jahresbericht nach Anlage 2 Nummer 3 zu erstellen.

(3) [1]Die Messungen der Parameter nach Absatz 1 sind nach den Analyse- und Messverfahren nach Anlage 1 oder nach behördlich anerkannten Überwachungsverfahren durchzuführen. [2]Die landesrechtlichen Vorschriften für die Selbstüberwachung bleiben von den Betreiberpflichten nach den Absätzen 1 und 2 unberührt.

## Anhang 48.[1)] Verwendung bestimmter gefährlicher Stoffe

**Teil 1. Anwendungsbereich**

(1) Dieser Anhang dient der Umsetzung der Richtlinien des Rates 76/464/EWG, 83/513/EWG, 84/156/EWG, 84/491/EWG, 86/280/EWG, 87/217/EWG, 88/347/EWG, 90/415/EWG und 2010/75/EU sowie der Verpflichtungen der Vertragsstaaten aufgrund der Ergänzung des Anhangs IV vom 10. Juli 1990 des Übereinkommens zum Schutze des Rheins gegen Verunreinigungen. Er gilt für Abwasser, dessen Schadstofffracht im Wesentlichen aus der Verwendung von Stoffen stammt, die in diesem Anhang aufgeführt sind.

(2) Als Verwendung gilt jedes industrielle Verfahren, bei dem die in diesem Anhang genannten Stoffe oder Verbindungen hergestellt oder benutzt werden, oder jedes andere industrielle Verfahren, bei dem diese Stoffe auftreten.

(3) Dieser Anhang gilt nicht, soweit seine Anwendung ausdrücklich ausgeschlossen ist oder ein anderer Anhang anzuwenden ist und die dort gestellten Anforderungen gleich streng oder strenger als diejenigen dieses Anhangs sind.

**Teil 2. Allgemeine Bestimmungen**

(1) Für Produktionsbereiche, bei denen eine Stofffracht in 24 Stunden festgelegt ist, kann eine Stofffracht auch bezogen auf die 2-Stunden-Mischprobe oder qualifizierte Stichprobe und den der Probeentnahme vorausgehenden Abwasservolumenstrom in 24 Stunden festgelegt werden. In diesem Falle gilt der zweifache Frachtwert sowie die Stoffkonzentration für die 2-Stunden-Mischprobe oder die qualifizierte Stichprobe, die sich aus dem zweifachen Frachtwert in 24 Stunden und dem produktionsspezifischen Abwasservolumenstrom in 24 Stunden ergibt.

(2) Für nicht genannte Produktionsbereiche, bei denen Abwasser mit den genannten Stoffen oder ihren Verbindungen anfällt, sind im Einzelfall auf der Grundlage des § 57 Absatz 1 Nr. 1 des Wasserhaushaltsgesetzes[2)] Anforderungen für die Konzentration und die Fracht zu stellen. Sind die Verhältnisse dieser Bereiche mit denen der genannten Bereiche vergleichbar, sind entsprechende Anforderungen festzulegen.

(3) Die Anforderungen beziehen sich auf das Abwasser im Ablauf des Betriebes oder der Betriebseinheit, in der die Stoffe oder deren Verbindungen verwendet werden, vor der Vermischung mit anderem Abwasser. Wird das Abwasser außerhalb des Betriebes oder der Betriebseinheit in einer Abwasserbehandlungsanlage behandelt, die für die Behandlung von mit den genannten Stoffen oder ihren Verbindungen belastetem Abwasser bestimmt ist, beziehen sich die Werte auf das Abwasser im Ablauf dieser Abwasserbehandlungsanlage.

---

1) Anh. 48 geänd. mWv 1.3.2010 durch G v. 31.7.2009 (BGBl. I S. 2585) und mWv 6.9.2014 durch VO v. 2.9.2014 (BGBl. I S. 1474).

2) **Sartorius Nr. 845.**

**Teil 3. Anforderungen für Quecksilber aus anderen Anlagen als der Alkalichloridelektrolyse**

(1) Für Quecksilber (Hg) gilt vorbehaltlich der Absätze 2 bis 5 eine Anforderung von 0,05 mg/l in der 2-Stunden-Mischprobe oder qualifizierten Stichprobe.

(2) Bei der Verwendung quecksilberhaltiger Katalysatoren gilt für die Vinylchloridproduktion eine Anforderung von 0,1 g/t Produktionskapazität Vinylchlorid, für andere Produktionszweige von 5 g/kg verwendetem Quecksilber.

(3) Bei der Herstellung von quecksilberhaltigen Katalysatoren zur Verwendung für die Vinylchloridproduktion gilt eine Anforderung von 0,7 g/kg verwendetem Quecksilber.

(4) Bei der Herstellung von Quecksilberverbindungen mit Ausnahme der in Absatz 3 genannten Erzeugnisse gilt eine Anforderung von 0,05 g/kg verwendetem Quecksilber.

(5) Die Anforderungen der Absätze 2 bis 4 beziehen sich auf die der wasserrechtlichen Zulassung zugrunde liegende Kapazität für die Verwendung von Quecksilber in 24 Stunden.

**Teil 4. Anforderungen für Cadmium**

(1) Für Cadmium (Cd) gilt eine Anforderung von 0,2 mg/l in der 2-Stunden-Mischprobe oder qualifizierten Stichprobe. Satz 1 gilt nicht für die Herstellung von Phosphorsäure und von Phosphatdüngemitteln aus Phosphormineralien.

*(Fortsetzung nächstes Blatt)*

## Anhang 54.[1] Herstellung von Wafern und Solarzellen

### A. Anwendungsbereich

(1) Dieser Anhang gilt für Abwasser, dessen Schadstofffracht im Wesentlichen aus der Herstellung von Wafern für Halbleiterbauelemente und von Solarzellen einschließlich der zugehörigen Vor-, Zwischen- und Nachbehandlung stammt.

(2) Dieser Anhang gilt nicht für Abwasser aus indirekten Kühlsystemen und aus der Betriebswasseraufbereitung einschließlich Retentaten aus der Reinstwasseraufbereitung durch Membranverfahren.

### B. Allgemeine Anforderungen

Die Schadstofffracht ist so gering zu halten, wie dies nach Prüfung der Verhältnisse im Einzelfall durch folgende Maßnahmen möglich ist:

1. Einsatz Wasser sparender Spültechnik (z.B. getaktete Spülung, Tauchspritzspültechnik, Leitfähigkeitsweiche),
2. Mehrfachnutzung geeigneter Spülwässer nach Aufbereitung mittels Verfahren wie Kreislaufführung über Ionenaustauscher, Membrantechnik,
3. Mehrfachnutzung geeigneter Spülwässer durch Weiterverwendung auch in anderen Bereichen, z.B. als Kühl- oder Brauchwasser zur Dampferzeugung, in Rückkühlwerken, in Galvaniken, Leiterplattenfertigung,
4. Kreislaufführung von Abluftwaschwasser,
5. Weiterverwenden oder Abgabe von Prozessbädern (z.B. Säuren, organische Lösungsmittel) zur Verwertung.

### C. Anforderungen an das Abwasser für die Einleitungsstelle

An das Abwasser wird für die Einleitungsstelle in das Gewässer eine Anforderung für die Giftigkeit gegenüber Fischeiern von $G_{Ei} = 2$ gestellt.

### D. Anforderungen an das Abwasser vor Vermischung

An das Abwasser werden vor Vermischung mit anderem Abwasser folgende Anforderungen gestellt:

| | Qualifizierte Stichprobe oder 2-Stunden-Mischprobe<br>mg/l | Stichprobe<br>mg/l |
|---|---|---|
| Adsorbierbare organisch gebundene Halogene (AOX) | – | 0,5 |
| Arsen | 0,2 | – |
| Benzol und Derivate | 0,05 | – |

### E. Anforderungen an das Abwasser für den Ort des Anfalls

(1) Das Abwasser aus Reinigungsprozessen darf am Ort des Anfalls nur diejenigen halogenierten Lösemittel enthalten, die nach der Zweiten Verordnung zur Durchführung des Bundes-Immissionsschutzgesetzes in der jeweils gültigen Fassung eingesetzt werden dürfen. Diese Anforderung gilt auch als eingehalten, wenn der Nachweis erbracht wird, dass nur zugelassene halogenierte Lösemittel eingesetzt werden. Im Übrigen ist für LHKW (Summe aus Trichlorethen, Tetrachlorethen, 1,1,1-Trichlorethan, Dichlormethan – gerechnet als Chlor) ein Wert von 0,1 mg/l in der Stichprobe einzuhalten.

(2) Unbeschadet der Anforderungen nach Absatz 1 sind im Abwasser aus galvanischen Prozessen folgende Werte einzuhalten:

| | Stichprobe<br>mg/l |
|---|---|
| Blei | 0,5 |
| Chrom, gesamt | 0,5 |
| Chrom VI | 0,1 |
| Kupfer | 0,5 |

[1] Anh. 54 geänd. mWv 6.9.2014 durch VO v. 2.9.2014 (BGBl. I S. 1474); geänd. mWv 28.1.2022 durch VO v. 20.1.2022 (BGBl. I S. 87).

| | Stichprobe mg/l |
|---|---|
| Nickel | 0,5 |
| Silber | 0,1 |
| Zinn | 2 |
| Sulfid, leicht freisetzbar | 1 |
| Cyanid, leicht freisetzbar | 0,2 |
| Chlor, freies | 0,5 |

Für Chrom VI und Cyanid, leicht freisetzbar, dürfen die Werte nicht überschritten werden; § 6 Abs. 1 findet keine Anwendung. Ethylendiammintetraessigsäure (EDTA) und ihre Salze dürfen im Abwasser nicht enthalten sein.

(3) Für arsenhaltiges Abwasser ist ein Wert von 0,3 mg/l Arsen aus der Stichprobe einzuhalten.

(4) Für cadmium- und selenhaltiges Abwasser ist ein Wert von 0,2 mg/l Cadmium und 1 mg/l Selen aus der Stichprobe einzuhalten.

## Anhang 55.[1] Wäschereien

### A. Anwendungsbereich

(1) Dieser Anhang gilt für Abwasser, dessen Schadstofffracht im Wesentlichen aus dem Waschen von verunreinigten Textilien, Teppichen, Matten und Vliesen in Betrieben und öffentlichen Einrichtungen stammt.

(2) Dieser Anhang gilt nicht für Abwasser aus:

1. Wollwäschereien,
2. der Textilreinigung in nichtwässrigen Flotten,
3. der Textilherstellung und -veredlung,
4. der Aufbereitung und Verarbeitung von textilen Fasern und Naturhaar,
5. dem Waschen von Filtertextilien und -vliesen,
6. der Wäsche von Haushaltstextilien in Münz-Waschsalons mit Selbstbedienungs-Waschautomaten,
7. der Wäsche von Haushaltstextilien, Gaststätten- und Hoteltextilien oder anderen vergleichbaren Textilien, wenn keine chlororganischen oder Chlor abspaltenden Wasch- und Waschhilfsmittel oder Elementarchlor eingesetzt werden,
8. indirekten Kühlsystemen.

### B. Allgemeine Anforderungen

(1) Das Abwasser darf nicht enthalten:

1. organische Komplexbildner (ausgenommen Phosphonate), die einen DOC-Eliminierungsgrad nach 28 Tagen von weniger als 80 Prozent entsprechend dem Verfahren nach Anlage 1 Nummer 406 erreichen,
2. Rückstände von Filtern und Siebeinrichtungen sowie bei der Entleerung von Verpackungen, Gebinden und Vorlagebehältern anfallende Reste von Wasch-, Waschhilfsmitteln und sonstigen Hilfsstoffen,
3. Biozide aus der Ausrüstung von Waschgut in Standbädern,
4. organisch gebundene Halogene, die aus dem Einsatz als Lösemittel aus der Vorreinigung des Waschgutes stammen,

[1] Anh. 55 geänd. mWv 31.8.2018 durch VO v. 22.8.2018 (BGBl. I S. 1327).

# 862. Lebensmittel-, Bedarfsgegenstände- und Futtermittelgesetzbuch (Lebensmittel- und Futtermittelgesetzbuch – LFGB)[1) 2) 3) 4)]

In der Fassung der Bekanntmachung vom 15. September 2021[5)]

(BGBl. I S. 4253, ber. 2022 S. 28)

**FNA 2125-44**

geänd. durch Art. 4 Abs. 2 G zur Aktualisierung der Strukturreform des Gebührenrechts des Bundes v. 18.7.2016 (BGBl. I S. 1666), Art. 10 G zur Änd. des Medizinprodukterecht-DurchführungsG und weiterer Gesetze v. 12.5.2021 (BGBl. I S. 1087), Art. 1, 2 Viertes G zur Änd. des Lebensmittel- und Futtermittelgesetzbuches sowie anderer Vorschriften v. 27.7.2021 (BGBl. I S. 3274), Art. 13 PersonengesellschaftsrechtsmodernisierungsG (MoPeG) v. 10.8.2021 (BGBl. I S. 3436) und Art. 7 G zum Erlass eines Tierarzneimittelgesetzes und zur Anpassung arzneimittelrechtlicher und anderer Vorschriften v. 27.9.2021 (BGBl. I S. 4530)

---

Siehe hierzu auch folgende Durchführungsvorschriften:
- BedarfsgegenständeVO idF der Bek. v. 23.12.1997 (BGBl. 1998 I S. 5), zuletzt geänd. durch VO v. 2.12.2021 (BGBl. I S. 5068),
- DiätVO idF der Bek. v. 28.4.2005 (BGBl. I S. 1161), zuletzt geänd. durch VO v. 2.6.2021 (BGBl. I S. 1362),
- FertigpackungsVO (Nr. **825a**),
- FruchtsaftVO v. 24.5.2004 (BGBl. I S. 1016), zuletzt geänd. durch VO v. 18.5.2020 (BGBl. I S. 1075),
- HonigVO v. 16.1.2004 (BGBl. I S. 92), zuletzt geänd. durch VO v. 5.7.2017 (BGBl. I S. 2272),
- KakaoVO v. 15.12.2003 (BGBl. I S. 2738), zuletzt geänd. durch VO v. 5.7.2017 (BGBl. I S. 2272),
- KonfitürenVO v. 23.10.2003 (BGBl. I S. 2151), zuletzt geänd. durch VO v. 5.7.2017 (BGBl. I S. 2272),
- Kontaminanten-VO v. 19.3.2010 (BGBl. I S. 286, 287), zuletzt geänd. durch VO v. 1.7.2020 (BGBl. I S. 1540),
- Kosmetik-VO v. 16.7.2014 (BGBl. I S. 1054), zuletzt geänd. durch G v. 27.7.2021 (BGBl. I S. 3274),
- Lebensmitteleinfuhr-VO idF der Bek. v. 15.9.2011 (BGBl. I S. 1860), zuletzt geänd. durch VO v. 27.9.2017 (BGBl. I S. 3459),
- Lebensmittelhygiene-VO (Nr. **861b**),
- Lebensmittelinformations-Durchführungsverordnung (Nr. **861a**),
- Lebensmittelkontrolleur-VO (Nr. **861c**),

---

[1)] **Amtl. Anm.:** Das Gesetz dient der Umsetzung der in der Anlage zu Fußnote [1)] des Gesetzes zur Neuordnung des Lebensmittel- und des Futtermittelrechts vom 1. September 2005 (BGBl. I S. 2618, 3007) in den Nummern 1 bis 72 und 75 aufgeführten Rechtsakte.

[2)] **Amtl. Anm.:** Die Verpflichtungen aus der Richtlinie 98/34/EG des Europäischen Parlaments und des Rates vom 22. Juni 1998 über ein Informationsverfahren auf dem Gebiet der Normen und technischen Vorschriften und der Vorschriften für die Dienste der Informationsgesellschaft (ABl. L 204 vom 21.7.1998, S. 37), die zuletzt durch die Richtlinie 2006/96/EG (ABl. L 363 vom 20.12.2006, S. 81) geändert worden ist, sind beachtet worden.

[3)] **Amtl. Anm.:** Das Gesetz dient der Umsetzung der Richtlinie 2008/112/EG des Europäischen Parlaments und des Rates vom 16. Dezember 2008 zur Änderung der Richtlinien 76/768/EWG, 88/378/EWG und 1999/13/EG des Rates sowie der Richtlinien 2000/53/EG, 2002/96/EG und 2004/42/EG des Europäischen Parlaments und des Rates zwecks ihrer Anpassung an die Verordnung (EG) Nr. 1272/2008 über die Einstufung, Kennzeichnung und Verpackung von Stoffen und Gemischen (ABl. L 345 vom 23.12.2008, S. 68).

[4)] Die Änderung durch G v. 10.8.2021 (BGBl. I S. 3436) tritt erst **mWv 1.1.2024** in Kraft und ist im Text noch nicht berücksichtigt.

[5)] Neubekanntmachung des LFGB v. 3.6.2013 (BGBl. I S. 1426) in der ab 10.8.2021 geltenden Fassung.

- Lebensmittelrechtl. Straf- und BußgeldVO idF der Bek. v. 9.5.2017 (BGBl. I S. 1170), zuletzt geänd. durch VO v. 13.12.2018 (BGBl. I S. 2588),
- Lebensmittelzusatzstoff-Durchführungsverordnung v. 2.6.2021 (BGBl. I S. 1362).
- Los-Kennzeichnungs-VO v. 23.6.1993 (BGBl. I S. 1022), zuletzt geänd. durch G v. 25.7.2013 (BGBl. I S. 2722),
- NahrungsergänzungsmittelVO v. 24.5.2004 (BGBl. I S. 1011), zuletzt geänd. durch VO v. 5.7.2017 (BGBl. I S. 2272),
- Rückstands-HöchstmengenVO idF der Bek. v. 21.10.1999 (BGBl. I S. 2082, ber. 2002 S. 1004), zuletzt geänd. durch VO v. 16.7.2020 (BGBl. I S. 1699),
- ZuckerartenVO v. 23.10.2003 (BGBl. I S. 2098), zuletzt geänd. durch VO v. 5.7.2017 (BGBl. I S. 2272),

---

**Inhaltsübersicht[1]**



---

[1] Inhaltsübersicht geänd. mWv 1.10.2021 durch G v. 18.7.2016 (BGBl. I S. 1666); geänd. mWv 28.1.2022 durch G v. 27.9.2021 (BGBl. I S. 4530).

**Abschnitt 6. Gemeinsame Vorschriften für alle Erzeugnisse**



**Abschnitt 7. Überwachung**



**Abschnitt 8. Monitoring**



**Abschnitt 9. Verbringen in das und aus dem Inland**



**Abschnitt 9a. Besondere Regelungen zum Schutz vor ionisierender Strahlung**



**Abschnitt 10. Straf- und Bußgeldvorschriften**



**Abschnitt 11. Schlussbestimmungen**

## Abschnitt 1. Allgemeine Bestimmungen

**§ 1 Zweck des Gesetzes.** (1) Zweck des Gesetzes ist es,

1. vorbehaltlich der Absätze 2 und 4 bei Lebensmitteln, Futtermitteln, Mitteln zum Tätowieren, kosmetischen Mitteln und Bedarfsgegenständen den Schutz der Endverbraucher durch Vorbeugung gegen eine oder Abwehr einer Gefahr für die menschliche Gesundheit sicherzustellen,
2. beim Verkehr mit Lebensmitteln, Futtermitteln, Mitteln zum Tätowieren, kosmetischen Mitteln und Bedarfsgegenständen vor Täuschung zu schützen,
3. die Unterrichtung sicherzustellen
   a) der Wirtschaftsbeteiligten,
   b) der Endverbraucher beim Verkehr mit Lebensmitteln, Mitteln zum Tätowieren, kosmetischen Mitteln und Bedarfsgegenständen und
   c) der Verwenderinnen und Verwender beim Verkehr mit Futtermitteln,
4. a) bei Futtermitteln
      aa) den Schutz von Tieren durch Vorbeugung gegen eine oder Abwehr einer Gefahr für die tierische Gesundheit sicherzustellen,
      bb) vor einer Gefahr für den Naturhaushalt durch in tierischen Ausscheidungen vorhandene unerwünschte Stoffe, die ihrerseits bereits in Futtermitteln vorhanden gewesen sind, zu schützen,
   b) durch Futtermittel die tierische Erzeugung so zu fördern, dass
      aa) die Leistungsfähigkeit der Nutztiere erhalten und verbessert wird und
      bb) die von Nutztieren gewonnenen Lebensmittel und sonstigen Produkte den an sie gestellten qualitativen Anforderungen, auch im Hinblick auf ihre Unbedenklichkeit für die menschliche Gesundheit, entsprechen.

(1a) Absatz 1 Nummer 2 erfasst auch den Schutz

1. vor Täuschung im Falle zum Verzehr ungeeigneter Lebensmittel im Sinne des Artikels 14 Absatz 2 Buchstabe b und Absatz 5 der Verordnung (EG) Nr. 178/2002[1)] des Europäischen Parlaments und des Rates vom 28. Januar 2002 zur Festlegung der allgemeinen Grundsätze und Anforderungen des Lebensmittelrechts, zur Errichtung der Europäischen Behörde für Lebensmittelsicherheit und zur Festlegung von Verfahren zur Lebensmittelsicherheit (ABl. L 31 vom 1.2.2002, S. 1), die zuletzt durch die Verordnung (EU) 2019/1381 (ABl. L 231 vom 6.9.2019, S. 1) geändert worden ist, oder
2. vor Verwendung ungeeigneter Bedarfsgegenstände im Sinne des § 2 Absatz 6 Satz 1 Nummer 1.

(2) Zweck dieses Gesetzes ist es, den Schutz der menschlichen Gesundheit im privaten häuslichen Bereich durch Vorbeugung gegen eine oder Abwehr

[1)] Nr. **860**.

einer Gefahr, die von Erzeugnissen ausgeht oder ausgehen kann, sicherzustellen, soweit dies in diesem Gesetz angeordnet ist.

(3) Dieses Gesetz dient ferner der Umsetzung und Durchführung von Rechtsakten der Europäischen Gemeinschaft oder der Europäischen Union, die Sachbereiche dieses Gesetzes betreffen, insbesondere der Verordnung (EG) Nr. 178/2002.

(4) Abschnitt 9a

1. bezweckt, bei Erzeugnissen, die radioaktiv kontaminiert sind oder kontaminiert sein können, den Schutz der Endverbraucher und von Tieren durch Vorbeugung gegen eine oder Abwehr einer Gefahr für die menschliche oder tierische Gesundheit sicherzustellen,
2. dient ferner der Umsetzung und Durchführung von Rechtsakten der Europäischen Gemeinschaft, der Europäischen Union oder der Europäischen Atomgemeinschaft, die Sachbereiche der Nummer 1 betreffen, insbesondere der Verordnung (Euratom) 2016/52 des Rates vom 15. Januar 2016 zur Festlegung von Höchstwerten an Radioaktivität in Lebens- und Futtermitteln im Falle eines nuklearen Unfalls oder eines anderen radiologischen Notfalls und zur Aufhebung der Verordnung (Euratom) Nr. 3954/87 des Rates und der Verordnungen (Euratom) Nr. 944/89 und (Euratom) Nr. 770/90 der Kommission (ABl. L 13 vom 20.1.2016, S. 2).

**§ 2[1] Begriffsbestimmungen.** (1) Erzeugnisse sind Lebensmittel, einschließlich Lebensmittelzusatzstoffen, Futtermittel, Mittel zum Tätowieren, kosmetische Mittel und Bedarfsgegenstände.

(2)-(5) (weggefallen)

(6) [1] Bedarfsgegenstände sind

1. Materialien und Gegenstände im Sinne des Artikels 1 Absatz 2 der Verordnung (EG) Nr. 1935/2004 des Europäischen Parlaments und des Rates vom 27. Oktober 2004 über Materialien und Gegenstände, die dazu bestimmt sind, mit Lebensmitteln in Berührung zu kommen und zur Aufhebung der Richtlinien 80/590/EWG und 89/109/EWG (ABl. L 338 vom 13.11.2004, S. 4), die durch die Verordnung (EG) Nr. 596/2009 (ABl. L 188 vom 18.7. 2009, S. 14) geändert worden ist,
2. Packungen, Behältnisse oder sonstige Umhüllungen, die dazu bestimmt sind, mit kosmetischen Mitteln in Berührung zu kommen,
3. Gegenstände, die dazu bestimmt sind, mit den Schleimhäuten des Mundes in Berührung zu kommen,
4. Gegenstände, die zur Körperpflege bestimmt sind,
5. Spielwaren und Scherzartikel,
6. Gegenstände, die dazu bestimmt sind, nicht nur vorübergehend mit dem menschlichen Körper in Berührung zu kommen, wie Bekleidungsgegenstände, Bettwäsche, Masken, Perücken, Haarteile, künstliche Wimpern, Armbänder,
7. Reinigungs- und Pflegemittel, die für den häuslichen Bedarf oder für Bedarfsgegenstände im Sinne der Nummer 1 bestimmt sind,

[1] § 2 Abs. 6 Satz 2 Nr. 2 geänd., Nr. 3 angef. mWv 28.1.2022 durch G v. 27.9.2021 (BGBl. I S. 4530).

8. Imprägnierungsmittel und sonstige Ausrüstungsmittel für Bedarfsgegenstände im Sinne der Nummer 6, die für den häuslichen Bedarf bestimmt sind,
9. Mittel und Gegenstände zur Geruchsverbesserung in Räumen, die zum Aufenthalt von Menschen bestimmt sind.

[2] Bedarfsgegenstände sind nicht

1. Gegenstände, die
   a) nach § 2 Absatz 2 des Arzneimittelgesetzes[1] als Arzneimittel gelten,
   b)[2] nach Artikel 2 Nummer 1 und 2 der Verordnung (EU) 2017/745 des Europäischen Parlaments und des Rates vom 5. April 2017 über Medizinprodukte, zur Änderung der Richtlinie 2001/83/EG, der Verordnung (EG) Nr. 178/2002 und der Verordnung (EG) Nr. 1223/2009 und zur Aufhebung der Richtlinien 90/385/EWG und 93/42/EWG des Rates (ABl. L 117 vom 5.5.2017, S. 1; L 117 vom 3.5.2019, S. 9; L 334 vom 27.12.2019, S. 165), die durch die Verordnung (EU) 2020/561 (ABl. L 130 vom 24.4.2020, S. 18) geändert worden ist, in der jeweils geltenden Fassung und im Sinne des § 3 Nummer 4 und 9 des Medizinproduktegesetzes in der bis einschließlich 25. Mai 2021 geltenden Fassung als Medizinprodukte oder als Zubehör für Medizinprodukte gelten,
   c) nach Artikel 3 Absatz 1 Buchstabe a der Verordnung (EU) Nr. 528/2012 des Europäischen Parlaments und des Rates vom 22. Mai 2012 über die Bereitstellung auf dem Markt und die Verwendung von Biozidprodukten (ABl. L 167 vom 27.6.2012, S. 1; L 303 vom 20.11.2015, S. 109; L 280 vom 28.10.2017, S. 57), die zuletzt durch die Verordnung (EU) Nr. 334/2014 (ABl. L 103 vom 5.4.2014, S. 22; L 305 vom 21.11.2015, S. 55) geändert worden ist, Biozid-Produkte sind,
2. die in Artikel 1 Absatz 3 der Verordnung (EG) Nr. 1935/2004 genannten Materialien und Gegenstände, Überzugs- und Beschichtungsmaterialien und Wasserversorgungsanlagen,
3. veterinärmedizintechnische Produkte im Sinne von § 3 Absatz 3 des Tierarzneimittelgesetzes.

**§ 3 Weitere Begriffsbestimmungen.** (1) Im Sinne dieses Gesetzes sind:

1. Herstellen: das Gewinnen, einschließlich des Schlachtens oder Erlegens lebender Tiere, deren Fleisch als Lebensmittel zu dienen bestimmt ist, das Herstellen, das Zubereiten, das Be- und Verarbeiten und das Mischen,
2. Behandeln: das Wiegen, Messen, Um- und Abfüllen, Stempeln, Bedrucken, Verpacken, Kühlen, Gefrieren, Tiefgefrieren, Auftauen, Lagern, Aufbewahren, Befördern sowie jede sonstige Tätigkeit, die nicht als Herstellen oder Inverkehrbringen anzusehen ist,

---

[1] Nr. **272**.

[2] **Amtl. Anm.:** Gemäß Artikel 10 in Verbindung mit Artikel 20 Absatz 5 des Gesetzes vom 12. Mai 2021 (BGBl. I S. 1087) werden am 26. Mai 2022 die Wörter „des § 3 Nummer 4 und 9 des Medizinproduktegesetzes in der bis einschließlich 25. Mai 2021 geltenden Fassung“ durch die Wörter „von Artikel 2 Nummer 2 und 4 der Verordnung (EU) 2017/746 des Europäischen Parlaments und des Rates vom 5. April 2017 über In-vitro-Diagnostika und zur Aufhebung der Richtlinie 98/79/EG und des Beschlusses 2010/227/EU der Kommission (ABl. L 117 vom 5.5.2017, S. 176; L 117 vom 3.5.2019, S. 11; L 334 vom 27.12.2019, S. 167) in der jeweils geltenden Fassung“ ersetzt.

20. Dezember 2017 zur Erstellung der Unionsliste der neuartigen Lebensmittel gemäß der Verordnung (EU) 2015/2283 des Europäischen Parlaments und des Rates über neuartige Lebensmittel (ABl. L 351 vom 30.12. 2017, S. 72), die zuletzt durch die Durchführungsverordnung (EU) 2020/1163 (ABl. L 258 vom 7.8.2020, S. 1) geändert worden ist, in der jeweils geltenden Fassung,

2. Lebensmittel in den Verkehr zu bringen, die entgegen dem Verbot der Nummer 1 bestrahlt sind.

(2) Das Bundesministerium wird ermächtigt, im Einvernehmen mit den Bundesministerien für Bildung und Forschung und für Umwelt, Naturschutz und nukleare Sicherheit durch Rechtsverordnung mit Zustimmung des Bundesrates,

1. soweit es mit den Zwecken des § 1 Absatz 1 Nummer 1 oder 2, jeweils auch in Verbindung mit § 1 Absatz 3, vereinbar ist, eine solche Bestrahlung allgemein oder für bestimmte Lebensmittel oder für bestimmte Verwendungszwecke zuzulassen,
2. soweit es zur Erfüllung der in § 1 Absatz 1 Nummer 1 oder 2, jeweils auch in Verbindung mit § 1 Absatz 3, genannten Zwecke erforderlich ist, bestimmte technische Verfahren für zugelassene Bestrahlungen vorzuschreiben.

**§ 9 Pflanzenschutz- oder sonstige Mittel.** (1) [1] Es ist verboten, Lebensmittel in den Verkehr zu bringen,

1. wenn in oder auf ihnen Pflanzenschutzmittel im Sinne des Pflanzenschutzgesetzes[1)], Düngemittel im Sinne des Düngegesetzes, andere Pflanzen- oder Bodenbehandlungsmittel, Biozid-Produkte im Sinne des Chemikaliengesetzes, soweit sie dem Vorratsschutz, der Schädlingsbekämpfung oder dem Schutz von Lebensmitteln dienen (Pflanzenschutz- oder sonstige Mittel) oder deren Umwandlungs- oder Reaktionsprodukte vorhanden sind, die nach Absatz 2 Nummer 1 Buchstabe a festgesetzte Höchstmengen überschreiten,
2. wenn in oder auf ihnen Pflanzenschutzmittel im Sinne des Pflanzenschutzgesetzes vorhanden sind, die nicht zugelassen sind oder die bei den Lebensmitteln oder deren Ausgangsstoffen nicht angewendet werden dürfen,
3. die den Anforderungen nach Artikel 18 Absatz 1, auch in Verbindung mit Artikel 20 Absatz 1, der Verordnung (EG) Nr. 396/2005 des Europäischen Parlaments und des Rates vom 23. Februar 2005 über Höchstgehalte an Pestizidrückständen in oder auf Lebens- und Futtermitteln pflanzlichen und tierischen Ursprungs und zur Änderung der Richtlinie 91/414/EWG des Rates (ABl. L 70 vom 16.3.2005, S. 1), die zuletzt durch die Verordnung (EU) 2020/192 (ABl. L 40 vom 13.2.2020, S. 4) geändert worden ist, nicht entsprechen.

[2] Satz 1 Nummer 2 gilt nicht, soweit für die dort genannten Mittel Rückstandshöchstgehalte nach Artikel 18 Absatz 1, auch in Verbindung mit Artikel 20 Absatz 1, der Verordnung (EG) Nr. 396/2005 oder Höchstmengen nach Absatz 2 Nummer 1 Buchstabe a festgesetzt sind.

(2) Das Bundesministerium wird ermächtigt, im Einvernehmen mit dem Bundesministerium für Wirtschaft und Energie durch Rechtsverordnung mit Zustimmung des Bundesrates,

---

1) **Sartorius Nr. 863.**

1. soweit es zur Erfüllung der in § 1 Absatz 1 Nummer 1 oder 2, jeweils auch in Verbindung mit § 1 Absatz 3, genannten Zwecke erforderlich ist,
   a) für Pflanzenschutz- oder sonstige Mittel oder deren Umwandlungs- und Reaktionsprodukte Höchstmengen festzusetzen, die in oder auf Lebensmitteln beim Inverkehrbringen nicht überschritten sein dürfen,
   b) das Inverkehrbringen von Lebensmitteln, bei denen oder bei deren Ausgangsstoffen bestimmte Stoffe als Pflanzenschutz- oder sonstige Mittel angewendet worden sind, zu verbieten,
   c) Maßnahmen zur Entwesung, Entseuchung oder Entkeimung von Räumen oder Geräten, in denen oder mit denen Lebensmittel hergestellt, behandelt oder in den Verkehr gebracht werden, von einer Genehmigung oder Anzeige abhängig zu machen sowie die Anwendung bestimmter Mittel, Geräte oder Verfahren bei solchen Maßnahmen vorzuschreiben, zu verbieten oder zu beschränken,
2. soweit es mit den in § 1 Absatz 1 Nummer 1 oder Nummer 2, jeweils auch in Verbindung mit § 1 Absatz 3, genannten Zwecken vereinbar ist, Ausnahmen von dem Verbot
   a) des Absatzes 1 Satz 1 Nummer 2 oder
   b) des Absatzes 1 Satz 1 Nummer 3 oder des Artikels 18 Absatz 1 der Verordnung (EG) Nr. 396/2005

   zuzulassen.

**§ 10[1)] Stoffe mit pharmakologischer Wirkung.** (1) [1] Es ist verboten, vom Tier gewonnene Lebensmittel in den Verkehr zu bringen, wenn in oder auf ihnen Stoffe mit pharmakologischer Wirkung oder deren Umwandlungsprodukte vorhanden sind. [2] Satz 1 gilt nicht, wenn

1. die für die in Satz 1 bezeichneten Stoffe oder deren Umwandlungsprodukte in einem unmittelbar geltenden Rechtsakt der Europäischen Gemeinschaft oder der Europäischen Union, insbesondere
   a) im Anhang der Verordnung (EU) Nr. 37/2010 der Kommission vom 22. Dezember 2009 über pharmakologisch wirksame Stoffe und ihre Einstufung hinsichtlich der Rückstandshöchstmengen in Lebensmitteln tierischen Ursprungs (ABl. L 15 vom 20.1.2010, S. 1; L 293 vom 11.11.2010, S. 72), die zuletzt durch die Durchführungsverordnung (EU) 2020/43 (ABl. L 15 vom 20.1.2020, S. 5) geändert worden ist, in der jeweils geltenden Fassung,
   b) in einem auf Artikel 14 der Verordnung (EG) Nr. 470/2009 des Europäischen Parlaments und des Rates vom 6. Mai 2009 über die Schaffung eines Gemeinschaftsverfahrens für die Festsetzung von Höchstmengen für Rückstände pharmakologisch wirksamer Stoffe in Lebensmitteln tierischen Ursprungs, zur Aufhebung der Verordnung (EWG) Nr. 2377/90 des Rates und zur Änderung der Richtlinie 2001/82/EG des Europäischen Parlaments und des Rates und der Verordnung (EG) Nr. 726/2004 des Europäischen Parlaments und des Rates (ABl. L 152 vom 16.6.2009, S. 11, L 154 vom 19.6.2015, S. 28) gestützten unmittelbar geltenden Rechtsakt der Europäischen Union oder

---

1) § 10 Abs. 2 Nr. 2 geänd. mWv 28.1.2022 durch G v. 27.9.2021 (BGBl. I S. 4530).

c) in einem auf die Verordnung (EG) Nr. 1831/2003 des Europäischen Parlaments und des Rates vom 22. September 2003 über Zusatzstoffe zur Verwendung in der Tierernährung (ABl. L 268 vom 18.10.2003, S. 29; L 192 vom 29.5.2004, S. 34; L 98 vom 13.4.2007, S. 29), die zuletzt durch die Verordnung (EU) 2019/1381 (ABl. L 231 vom 6.9.2019, S. 1) geändert worden ist, gestützten unmittelbar geltenden Rechtsakt der Europäischen Gemeinschaft oder der Europäischen Union,

festgesetzten Höchstmengen nicht überschritten werden,

2. die in Satz 1 bezeichneten Stoffe oder deren Umwandlungsprodukte
   a) im Anhang der Verordnung (EU) Nr. 37/2010 oder
   b) in einem auf Artikel 14 der Verordnung (EG) Nr. 470/2009 gestützten unmittelbar geltenden Rechtsakt der Europäischen Union

   als Stoffe aufgeführt sind, für die eine Festlegung von Höchstmengen nicht erforderlich ist,
3. für die in Satz 1 bezeichneten Stoffe oder deren Umwandlungsprodukte Referenzwerte in einem auf Artikel 18 der Verordnung (EG) Nr. 470/2009 gestützten unmittelbar geltenden Rechtsakt der Europäischen Union festgelegt worden sind und diese unterschritten werden,
4. die in Satz 1 bezeichneten Stoffe als Futtermittelzusatzstoffe für das Tier, von dem die Lebensmittel stammen, zugelassen sind und dabei für diese Stoffe oder deren Umwandlungsprodukte keine Rückstandshöchstmengen in Lebensmitteln festgesetzt worden sind, oder
5. nach Absatz 4 Nummer 1 Buchstabe a festgesetzte Höchstmengen nicht überschritten werden.

[3] Die Verordnung (EG) Nr. 396/2005 bleibt unberührt.

(2) Es ist ferner verboten, lebende Tiere im Sinne des § 4 Absatz 1 Nummer 1 in den Verkehr zu bringen, wenn in oder auf ihnen Stoffe mit pharmakologischer Wirkung oder deren Umwandlungsprodukte vorhanden sind, die

1. im Anhang Tabelle 2 der Verordnung (EU) Nr. 37/2010 als verbotene Stoffe aufgeführt sind,
2. nicht als Tierarzneimittel zur Anwendung bei diesen Tieren zugelassen oder registriert sind oder, ohne entsprechende Zulassung oder Registrierung, nicht aufgrund sonstiger tierarzneimittelrechtlicher Vorschriften bei diesen Tieren angewendet werden dürfen oder
3. nicht als Futtermittelzusatzstoffe für diese Tiere zugelassen sind.

(3) Sind Stoffe mit pharmakologischer Wirkung, die als Arzneimittel zugelassen oder registriert sind oder als Futtermittelzusatzstoffe zugelassen sind, einem lebenden Tier zugeführt worden, so dürfen

1. diese Tiere nur zur Schlachtung abgegeben werden,
2. von dem Tier Lebensmittel nur gewonnen werden,
3. von dem Tier gewonnene Lebensmittel nur in den Verkehr gebracht werden,

wenn die festgesetzten Wartezeiten eingehalten worden sind.

(4) Das Bundesministerium wird ermächtigt, durch Rechtsverordnung mit Zustimmung des Bundesrates,

1. soweit es zur Erfüllung der in § 1 Absatz 1 Nummer 1 oder 2, jeweils auch in Verbindung mit § 1 Absatz 3, genannten Zwecke erforderlich ist,

a) für Stoffe mit pharmakologischer Wirkung oder deren Umwandlungsprodukte Höchstmengen festzusetzen, die in oder auf Lebensmitteln beim Inverkehrbringen nicht überschritten sein dürfen,

b) bestimmte Stoffe mit pharmakologischer Wirkung, ausgenommen Stoffe, die als Futtermittel-Zusatzstoffe in den Verkehr gebracht oder verwendet werden dürfen, von der Anwendung bei Tieren ganz oder für bestimmte Verwendungszwecke oder innerhalb bestimmter Wartezeiten auszuschließen und zu verbieten, dass entgegen solchen Vorschriften gewonnene Lebensmittel oder für eine verbotene Anwendung bestimmte Stoffe in den Verkehr gebracht werden,

c) bestimmte Stoffe oder Gruppen von Stoffen, ausgenommen Stoffe, die als Einzelfuttermittel oder Mischfuttermittel oder Futtermittel-Zusatzstoffe in den Verkehr gebracht oder verwendet werden dürfen, den Stoffen mit pharmakologischer Wirkung gleichzustellen, sofern Tatsachen die Annahme rechtfertigen, dass diese Stoffe in von Tieren gewonnene Lebensmittel übergehen,

d) das Inverkehrbringen von Lebensmitteln, in oder auf denen Stoffe mit pharmakologischer Wirkung oder deren Umwandlungsprodukte vorhanden sind, zu verbieten oder zu beschränken,

e) das Herstellen oder das Behandeln von in Buchstabe d bezeichneten Lebensmitteln zu verbieten oder zu beschränken,

2. soweit es zur Erfüllung der in § 1 Absatz 1 Nummer 1 oder 2, jeweils auch in Verbindung mit § 1 Absatz 3, genannten Zwecke erforderlich ist, die Regelungen des Absatzes 1 Satz 1 auf andere als die dort genannten Lebensmittel ganz oder teilweise zu erstrecken,

3. soweit es mit den in § 1 Absatz 1 Nummer 1 oder 2 genannten Zwecken vereinbar ist, Ausnahmen von dem Verbot des Absatzes 3 zuzulassen.

(5) Solange und soweit eine Anordnung nach Artikel 4 Absatz 4 Buchstabe b erster oder zweiter Spiegelstrich der Delegierten Verordnung (EU) 2019/2090 der Kommission vom 19. Juni 2019 zur Ergänzung der Verordnung (EU) 2017/625 des Europäischen Parlaments und des Rates in Bezug auf mutmaßliche oder festgestellte Verstöße gegen Unionsvorschriften über die Verwendung oder über Rückstände pharmakologisch wirksamer Stoffe, die in Tierarzneimitteln oder als Futtermittelzusatzstoffe zugelassen sind, bzw. gegen Unionsvorschriften über die Verwendung oder über Rückstände verbotener oder nicht zugelassener pharmakologisch wirksamer Stoffe (ABl. L 317 vom 9.12.2019, S. 28) wirksam ist, sind die Absätze 1 bis 3 nicht anzuwenden.

**§ 11 Vorschriften zum Schutz vor Täuschung.** (1) Es ist verboten, als Verantwortlicher nach Artikel 8 Absatz 1 der Verordnung (EU) Nr. 1169/2011 Lebensmittel mit Informationen über Lebensmittel, die den Anforderungen

1. des Artikels 7 Absatz 1, auch in Verbindung mit Absatz 4, der Verordnung (EU) Nr. 1169/2011,

2. des Artikels 7 Absatz 3, auch in Verbindung mit Absatz 4, der Verordnung (EU) Nr. 1169/2011 oder

3. des Artikels 36 Absatz 2 Buchstabe a in Verbindung mit Artikel 7 Absatz 1 oder Absatz 3, jeweils auch in Verbindung mit Artikel 7 Absatz 4, der Verordnung (EU) Nr. 1169/2011

2. die einer durch
   a) eine Rechtsverordnung nach § 23 Nummer 1,
   b) eine Rechtsverordnung nach § 23a Nummer 1,
   c) eine Rechtsverordnung nach § 23a Nummer 3,
   d) eine Rechtsverordnung nach § 23a Nummer 11

   festgesetzten Anforderung nicht entsprechen, oder
3. die den Anforderungen nach Artikel 18 Absatz 1, auch in Verbindung mit Artikel 20 Absatz 1, der Verordnung (EG) Nr. 396/2005 nicht entsprechen,

nicht in Verkehr gebracht und nicht verfüttert werden. [2] Satz 1 Nummer 1 gilt nicht, wenn der verwendete Futtermittelzusatzstoff durch einen unmittelbar geltenden Rechtsakt der Europäischen Gemeinschaft oder der Europäischen Union zugelassen ist und der verwendete Futtermittelzusatzstoff oder das Futtermittel einer im Rahmen dieses unmittelbar geltenden Rechtsaktes oder in der Verordnung (EG) Nr. 1831/2003 festgesetzten Anforderung entspricht, sofern eine solche Anforderung dort festgesetzt worden ist. [3] Abweichend von Satz 1 dürfen Futtermittel in den Fällen des Satzes 1

1. Nummer 2 Buchstabe b und
2. Nummer 2 Buchstabe c, soweit ein nach § 23a Nummer 3 festgesetzter Mindestgehalt unterschritten wird,

verfüttert werden. [4] Das Bundesministerium wird ermächtigt, durch Rechtsverordnung mit Zustimmung des Bundesrates, soweit es mit den in § 1 Absatz 1 Nummer 1, 2 oder Nummer 4, jeweils auch in Verbindung mit § 1 Absatz 3, genannten Zwecken vereinbar ist,

1. abweichend von Satz 1 Nummer 2 Buchstabe a und b die Abgabe von Futtermitteln in bestimmten Fällen oder zu bestimmten Zwecken zuzulassen und, soweit erforderlich, von einer Genehmigung abhängig zu machen,
2. Ausnahmen von dem Verbot des Satzes 1 Nummer 3 oder Artikels 18 Absatz 1 der Verordnung (EG) Nr. 396/2005 zuzulassen.

**§ 22 Ermächtigungen zum Schutz der Gesundheit.** Das Bundesministerium wird ermächtigt, durch Rechtsverordnung[1)] mit Zustimmung des Bundesrates, soweit es zur Erfüllung der in § 1 Absatz 1 Nummer 1, auch in Verbindung mit Absatz 3, genannten Zwecke erforderlich ist, bei dem Herstellen oder dem Behandeln von Futtermitteln die Verwendung bestimmter Stoffe oder Verfahren vorzuschreiben, zu verbieten oder zu beschränken.

**§ 23 Weitere Ermächtigungen zum Schutz der Gesundheit.** Das Bundesministerium wird ermächtigt, durch Rechtsverordnung mit Zustimmung des Bundesrates, soweit es zur Erfüllung der in § 1 Absatz 1 Nummer 1, 2, 3 Buchstabe b oder Nummer 4, jeweils auch in Verbindung mit § 1 Absatz 3, genannten Zwecke erforderlich ist,

1. den Höchstgehalt an unerwünschten Stoffen festzusetzen,
2. die hygienischen Anforderungen zu erlassen, die eine einwandfreie Beschaffenheit der Futtermittel von ihrer Herstellung bis zur Verfütterung sicherstellen,

[1)] Siehe die FuttermittelVO idF der Bek. v. 29.8.2016 (BGBl. I S. 2004), zuletzt geänd. durch VO v. 16.7.2020 (BGBl. I S. 1700).

3. Anforderungen an die Beschaffenheit und Ausstattung von Räumen, Anlagen und Behältnissen zu stellen, in denen Futtermittel hergestellt oder behandelt werden,
4. die Ausstattung, Reinigung oder Desinfektion der in Nummer 3 bezeichneten Räume, Anlagen oder Behältnisse, der zur Beförderung von Futtermitteln dienenden Transportmittel, der bei einer solchen Beförderung benutzten Behältnisse und Gerätschaften und der Ladeplätze sowie die Führung von Nachweisen über die Reinigung und Desinfektion zu regeln,
5. das Verwenden oder das Inverkehrbringen von Gegenständen zu verbieten oder zu beschränken, die dazu bestimmt sind, bei dem Herstellen, Behandeln, Inverkehrbringen oder Verfüttern von Futtermitteln verwendet zu werden und dabei mit Futtermitteln in Berührung kommen oder auf diese einwirken, wenn zu befürchten ist, dass gesundheitlich nicht unbedenkliche Anteile eines Stoffs in ein Futtermittel übergehen,
6. das Verwenden oder das Inverkehrbringen von Materialien oder Gegenständen zu verbieten oder zu beschränken, die dazu bestimmt sind, beim Halten von Tieren, die der Lebensmittelgewinnung dienen, verwendet zu werden und dabei mit diesen Tieren in Berührung zu kommen und bei denen nicht ausgeschlossen werden kann, dass sie von Tieren aufgenommen werden, wenn zu befürchten ist, dass gesundheitlich nicht unbedenkliche Anteile eines Stoffs
   a) in das Tier übergehen und dies für die von diesen Tieren gewonnenen Lebensmittel ein Verkehrsverbot zur Folge haben kann, oder
   b) auf das Tier einwirken und dies eine Schädigung der Gesundheit des Tieres zur Folge haben kann.

**§ 23a[1] Ermächtigungen zum Schutz der tierischen Gesundheit und zur Förderung der tierischen Erzeugung.** Das Bundesministerium wird ermächtigt, durch Rechtsverordnung mit Zustimmung des Bundesrates, soweit es zur Erfüllung der in § 1 Absatz 1 Nummer 2, 3 Buchstabe b oder Nummer 4, jeweils auch in Verbindung mit § 1 Absatz 3, genannten Zwecke erforderlich ist,

1. den Höchstgehalt an Mittelrückständen festzusetzen,
2. Aktionsgrenzwerte für unerwünschte Stoffe festzusetzen,
3. den Gehalt oder den Höchstgehalt an Futtermittelzusatzstoffen in Einzelfuttermitteln oder Mischfuttermitteln festzusetzen,
4. Verwendungszwecke für Diätfuttermittel festzusetzen,
5. Futtermittelzusatzstoffe für bestimmte andere Futtermittel zuzulassen, soweit Futtermittelzusatzstoffe nach anderen Vorschriften einer Zulassung bedürfen,
6. Stoffe, die zur Verhütung bestimmter, verbreitet auftretender Krankheiten von Tieren bestimmt sind, als Futtermittelzusatzstoffe zuzulassen,
7. vorzuschreiben, dass bestimmte Stoffe als Einzelfuttermittel oder Mischfuttermittel nicht in den Verkehr gebracht und nicht verfüttert werden dürfen,

---

[1] § 23a Nr. 8a eingef., Nr. 11 geänd., Nr. 12 angef. mWv 28.1.2022 durch G v. 27.9.2021 (BGBl. I S. 4530).

8. das Herstellen, das Verfüttern, das Inverkehrbringen oder die Verwendung von bestimmten Futtermitteln oder die Verwendung von Stoffen für die Herstellung von Futtermitteln
   a) zu verbieten,
   b) zu beschränken,
   c) von einer Zulassung abhängig zu machen sowie die Voraussetzungen und das Verfahren für die Zulassung einschließlich des Ruhens der Zulassung zu regeln,
   d) von Anforderungen an bestimmte Futtermittel hinsichtlich ihrer Auswirkungen auf andere Futtermittel und die tierische Erzeugung abhängig zu machen, insbesondere hinsichtlich ihrer Wirksamkeit, Reinheit, Haltbarkeit, Zusammensetzung und technologischen Beschaffenheit, ihres Gehaltes an bestimmten Inhaltsstoffen, ihres Energiewertes, ihrer Beschaffenheit oder ihrer Zusammensetzung,

8a. die Abgabe von Arzneifuttermitteln und Zwischenerzeugnissen an Tierhalter oder deren Verwendung von einer tierärztlichen Verschreibung abhängig zu machen sowie die Voraussetzungen und das Verfahren für die Verschreibung zu regeln,

9. für bestimmte Einzelfuttermittel oder Mischfuttermittel eine Wartezeit festzusetzen und vorzuschreiben, dass innerhalb dieser Wartezeit tierische Produkte als Lebensmittel nicht gewonnen werden dürfen,

10. Anforderungen an
    a) Futtermittelzusatzstoffe oder Vormischungen hinsichtlich ihrer Auswirkungen auf die Einzelfuttermittel oder Mischfuttermittel und die tierische Erzeugung, insbesondere hinsichtlich ihrer Wirksamkeit, Reinheit, Haltbarkeit, Zusammensetzung und technologischen Beschaffenheit,
    b) Einzelfuttermittel oder Mischfuttermittel hinsichtlich ihres Gehaltes an bestimmten Inhaltsstoffen, ihres Energiewertes, ihrer Beschaffenheit und ihrer Zusammensetzung

    festzusetzen,

11. bei dem Herstellen oder Behandeln von Futtermitteln die Verwendung bestimmter Stoffe oder Gegenstände oder die Anwendung bestimmter Verfahren vorzuschreiben, zu verbieten, zu beschränken oder von einer Zulassung abhängig zu machen,

12. Werbung für Arzneifuttermittel oder Zwischenerzeugnisse zu verbieten oder zu beschränken, insbesondere von bestimmten Bedingungen abhängig zu machen.

**§ 23b[1)] Weitere Ermächtigungen für Arzneifuttermittel.** Das Bundesministerium wird ermächtigt, durch Rechtsverordnung mit Zustimmung des Bundesrates, soweit es zur Erfüllung der in § 1 Absatz 1 Nummer 1 oder Nummer 4 Buchstabe a, jeweils auch in Verbindung mit § 1 Absatz 3, genannten Zwecke erforderlich ist,

1. für Arzneifuttermittel weitere Regelungen zum Verfahren der Pharmakovigilanz zu erlassen, soweit diese erforderlich sind, um nach Artikel 4 Absatz 4 der Verordnung (EU) 2019/4 das System nach Kapitel IV Abschnitt 5 der Verordnung (EU) 2019/6 des Europäischen Parlaments und des Rates vom

---

[1)] § 23b eingef. mWv 28.1.2022 durch G v. 27.9.2021 (BGBl. I S. 4530).

11. Dezember 2018 über Tierarzneimittel und zur Aufhebung der Richtlinie 2001/82/EG (ABl. L 4 vom 7.1.2019, S. 43; L 163 vom 20.6.2019, S. 112; L 326 vom 8.10.2020, S. 15; L 241 vom 8.7.2021, S. 17) umzusetzen,

2. vorzuschreiben, dass Halter von lebenden Tieren im Sinne des § 4 Absatz 1 Nummer 1, die diese oder von diesen stammende Erzeugnisse in den Verkehr bringen, zusätzlich zu den Aufzeichnungen entsprechend Artikel 108 der Verordnung (EU) 2019/6
   a) weitere Aufzeichnungen über den Erwerb, die Aufbewahrung und den Verbleib der Arzneifuttermittel zu führen haben oder
   b) Register oder Nachweise über die Anwendung der Arzneifuttermittel zu führen haben, soweit dies geboten ist, um eine ordnungsgemäße Anwendung der Arzneifuttermittel zu gewährleisten.

**§ 24 Gewähr für bestimmte Anforderungen.** Der Verkäufer eines Futtermittels übernimmt die Gewähr dafür, dass das Futtermittel die in Artikel 4 Absatz 2 Unterabsatz 1 Buchstabe a der Verordnung (EG) Nr. 767/2009 bezeichneten Anforderungen erfüllt.

**§ 25 Mitwirkung bestimmter Behörden.** Das Bundesministerium wird ermächtigt, durch Rechtsverordnung, die nicht der Zustimmung des Bundesrates bedarf, soweit es zur Erfüllung der in § 1 Absatz 1 Nummer 1 oder 4, jeweils auch in Verbindung mit § 1 Absatz 3, genannten Zwecke erforderlich ist, die Mitwirkung des Bundesamtes für Verbraucherschutz und Lebensmittelsicherheit oder des Bundesinstitutes für Risikobewertung sowie Art und Umfang dieser Mitwirkung bei der in Rechtsakten der Europäischen Gemeinschaft oder der Europäischen Union vorgesehenen

1. Aufnahme eines Futtermittels in einen Anhang eines Rechtsaktes der Europäischen Gemeinschaft oder der Europäischen Union,
2. Festsetzung eines Verwendungszwecks für Futtermittel,
3. Durchführung gemeinschaftlicher oder unionsrechtlicher Untersuchungs- oder Erhebungsprogramme

zu regeln.

## Abschnitt 4. Verkehr mit Mitteln zum Tätowieren und kosmetischen Mitteln

**§ 26 Verbote zum Schutz der Gesundheit.** [1] Es ist verboten,

1. Mittel zum Tätowieren für andere derart herzustellen oder zu behandeln, dass sie bei bestimmungsgemäßem oder vorauszusehendem Gebrauch geeignet sind, die Gesundheit zu schädigen,
2. Stoffe oder Gemische aus Stoffen, die bei bestimmungsgemäßem oder vorauszusehendem Gebrauch geeignet sind, die Gesundheit zu schädigen, als Mittel zum Tätowieren in den Verkehr zu bringen.

[2] Der bestimmungsgemäße oder vorauszusehende Gebrauch beurteilt sich insbesondere unter Heranziehung der in Satz 1 genannten Mittel, Stoffe und Gemische aus Stoffen, anhand ihrer Kennzeichnung, soweit erforderlich, anhand der Hinweise für ihre Verwendung sowie anhand aller sonstigen die Mittel, die Stoffe oder die Gemische aus Stoffen begleitenden Angaben oder

Informationen seitens des Herstellers oder des für das Inverkehrbringen der Mittel zum Tätowieren Verantwortlichen.

**§ 27 Vorschriften zum Schutz vor Täuschung.** [1] Es ist verboten, Mittel zum Tätowieren unter irreführender Bezeichnung, Angabe oder Aufmachung in den Verkehr zu bringen oder für Mittel zum Tätowieren allgemein oder im Einzelfall mit irreführenden Darstellungen oder sonstigen Aussagen zu werben. [2] Eine Irreführung liegt insbesondere dann vor, wenn

1. zur Täuschung geeignete Bezeichnungen, Angaben, Aufmachungen, Darstellungen oder sonstige Aussagen über Art, Beschaffenheit, Zusammensetzung, Menge, Haltbarkeit, Herkunft oder Art der Herstellung verwendet werden, oder
2. ein Mittel zum Tätowieren für die vorgesehene Verwendung nicht geeignet ist.

**§ 28 Ermächtigungen zum Schutz der Gesundheit.** (1) Das Bundesministerium wird ermächtigt, im Einvernehmen mit dem Bundesministerium für Wirtschaft und Energie durch Rechtsverordnung mit Zustimmung des Bundesrates, soweit es zur Erfüllung der in § 1 Absatz 1 Nummer 1, auch in Verbindung mit § 1 Absatz 3, genannten Zwecke erforderlich ist,

1. Anforderungen an die mikrobiologische Beschaffenheit bestimmter Mittel zum Tätowieren oder bestimmter kosmetischer Mittel zu stellen,
2. für Mittel zum Tätowieren oder für kosmetische Mittel Vorschriften zu erlassen, die den in § 32 Absatz 1 Nummer 1 bis 5 und 8 für Bedarfsgegenstände vorgesehenen Regelungen entsprechen.

(2) Mittel zum Tätowieren oder kosmetische Mittel, die einer nach Absatz 1 Nummer 1 oder nach Absatz 1 Nummer 2 in Verbindung mit § 32 Absatz 1 Nummer 1 bis 4 Buchstabe a oder Nummer 5 erlassenen Rechtsverordnung nicht entsprechen, dürfen nicht in den Verkehr gebracht werden.

(3) [1] Das Bundesministerium wird ermächtigt, im Einvernehmen mit dem Bundesministerium für Wirtschaft und Energie durch Rechtsverordnung mit Zustimmung des Bundesrates, soweit es für eine medizinische Behandlung bei gesundheitlichen Beeinträchtigungen, die auf die Einwirkung von Mitteln zum

*(Fortsetzung nächstes Blatt)*

§ 27 Vorschriften zum Schutz vor Täuschung.

§ 28 Ermächtigungen zum Schutz der Gesundheit.

2. die Voraussetzungen festzulegen, unter denen eine Anerkennung, Zulassung oder Registrierung zu erteilen ist.

(2) In der Rechtsverordnung nach Absatz 1 Nummer 2 können an das Herstellen, das Behandeln, das Inverkehrbringen oder das Verwenden des jeweiligen Erzeugnisses Anforderungen insbesondere über

1. die bauliche Gestaltung der Anlagen und Einrichtungen, insbesondere hinsichtlich der für die betroffene Tätigkeit einzuhaltenden hygienischen Anforderungen,
2. die Gewährleistung der von den betroffenen Betrieben nach der Anerkennung, Zulassung, Registrierung oder Zertifizierung einzuhaltenden Vorschriften dieses Gesetzes und der aufgrund dieses Gesetzes erlassenen Rechtsverordnungen,
3. die Einhaltung der Vorschriften über den Arbeitsschutz,
4. das Vorliegen der im Hinblick auf die betroffene Tätigkeit erforderlichen Zuverlässigkeit der Betriebsinhaberin oder des Betriebsinhabers oder der von der Betriebsinhaberin oder vom Betriebsinhaber bestellten verantwortlichen Person,
5. die im Hinblick auf die betroffene Tätigkeit erforderliche Sachkunde der Betriebsinhaberin oder des Betriebsinhabers oder der von der Betriebsinhaberin oder vom Betriebsinhaber bestellten verantwortlichen Person,
6. die Anfertigung von Aufzeichnungen und ihre Aufbewahrung

festgelegt werden.

## Abschnitt 7. Überwachung

**§ 38[1)] Zuständigkeit, Aufgabe und gegenseitige Information.** (1) [1] Die Zuständigkeit für die Überwachungsmaßnahmen nach diesem Gesetz, den aufgrund dieses Gesetzes erlassenen Rechtsverordnungen und den unmittelbar geltenden Rechtsakten der Europäischen Gemeinschaft oder der Europäischen Union im Anwendungsbereich dieses Gesetzes richtet sich nach Landesrecht, soweit in diesem Gesetz nichts anderes bestimmt ist. [2] § 55 bleibt unberührt.

(2) [1] Im Geschäftsbereich des Bundesministeriums der Verteidigung obliegt die Durchführung dieses Gesetzes, der aufgrund dieses Gesetzes erlassenen Rechtsverordnungen und der unmittelbar geltenden Rechtsakte der Europäischen Gemeinschaft oder der Europäischen Union im Anwendungsbereich dieses Gesetzes den zuständigen Stellen und Sachverständigen der Bundeswehr. [2] Das Bundesministerium der Verteidigung kann für seinen Geschäftsbereich im Einvernehmen mit dem Bundesministerium Ausnahmen von diesem Gesetz und aufgrund dieses Gesetzes erlassenen Rechtsverordnungen zulassen, wenn dies zur Durchführung der besonderen Aufgaben der Bundeswehr gerechtfertigt ist und der vorbeugende Gesundheitsschutz gewahrt bleibt.

(2a) [1] Die Überwachung der Einhaltung der Vorschriften dieses Gesetzes, der aufgrund dieses Gesetzes erlassenen Rechtsverordnungen und der unmittelbar geltenden Rechtsakte der Europäischen Gemeinschaft oder der Europäischen Union im Anwendungsbereich dieses Gesetzes über Erzeugnisse und lebende Tiere im Sinne des § 4 Absatz 1 Nummer 1 ist Aufgabe der zuständigen

[1)] § 38 Abs. 7a eingef. mWv 28.1.2022 durch G v. 27.9.2021 (BGBl. I S. 4530).

Behörden. [2]Dazu haben sie sich durch regelmäßige Überprüfungen und Probenahmen davon zu überzeugen, dass die Vorschriften eingehalten werden.

(3) Die für die Durchführung dieses Gesetzes zuständigen Behörden und Stellen des Bundes und der Länder haben sich gegenseitig

1. die für den Vollzug des Gesetzes zuständigen Stellen mitzuteilen und
2. bei der Ermittlungstätigkeit zu unterstützen.

(4) Die für die Überwachung von Lebensmitteln, Futtermitteln und Bedarfsgegenständen im Sinne von § 2 Absatz 6 Satz 1 Nummer 1 zuständigen Behörden arbeiten nach Maßgabe der Artikel 104 bis 107 der Verordnung (EU) 2017/625 des Europäischen Parlaments und des Rates vom 15. März 2017 über amtliche Kontrollen und andere amtliche Tätigkeiten zur Gewährleistung der Anwendung des Lebens- und Futtermittelrechts und der Vorschriften über Tiergesundheit und Tierschutz, Pflanzengesundheit und Pflanzenschutzmittel, zur Änderung der Verordnungen (EG) Nr. 999/2001, (EG) Nr. 396/2005, (EG) Nr. 1069/2009, (EG) Nr. 1107/2009, (EU) Nr. 1151/2012, (EU) Nr. 652/2014, (EU) 2016/429 und (EU) 2016/2031 des Europäischen Parlaments und des Rates, der Verordnungen (EG) Nr. 1/2005 und (EG) Nr. 1099/2009 des Rates sowie der Richtlinien 98/58/EG, 1999/74/EG, 2007/43/EG, 2008/119/EG und 2008/120/EG des Rates und zur Aufhebung der Verordnungen (EG) Nr. 854/2004 und (EG) Nr. 882/2004 des Europäischen Parlaments und des Rates, der Richtlinien 89/608/EWG, 89/662/EWG, 90/425/EWG, 91/496/EEG, 96/23/EG, 96/93/EG und 97/78/EG des Rates und des Beschlusses 92/438/EWG des Rates (Verordnung über amtliche Kontrollen) (ABl. L 95 vom 7.4.2017, S. 1; L 137 vom 24.5.2017, S. 40; L 48 vom 21.2.2018, S. 44; L 322 vom 18.12.2018, S. 85), die zuletzt durch die Delegierte Verordnung (EU) 2019/2127 (ABl. L 321 vom 12.12.2019, S. 111) geändert worden ist, mit den zuständigen Behörden anderer Mitgliedstaaten zusammen.

(5) Hat die nach Absatz 2a Satz 1 für die Einhaltung der Vorschriften über den Verkehr mit Futtermitteln zuständige Behörde Grund zu der Annahme, dass Futtermittel, die geeignet sind, die von Nutztieren gewonnenen Erzeugnisse im Hinblick auf ihre Unbedenklichkeit für die menschliche Gesundheit zu beeinträchtigen, verfüttert worden sind, so unterrichtet sie die für die Durchführung der Delegierten Verordnung (EU) 2019/2090 zuständige Behörde über die ihr bekannten Tatsachen.

(6) Die für die Überwachung von Mitteln zum Tätowieren, kosmetischen Mitteln und Bedarfsgegenständen im Sinne von § 2 Absatz 6 Satz 1 Nummer 2 bis 9 zuständigen Behörden

1. erteilen der zuständigen Behörde eines anderen Mitgliedstaates auf begründetes Ersuchen Auskünfte und übermitteln die erforderlichen Urkunden und Schriftstücke, damit die zuständige Behörde des anderen Mitgliedstaates überwachen kann, ob die Vorschriften, die für diese Erzeugnisse und für mit Lebensmitteln verwechselbare Produkte gelten, eingehalten werden,
2. überprüfen alle von der ersuchenden Behörde eines anderen Mitgliedstaates mitgeteilten Sachverhalte, teilen ihr das Ergebnis der Prüfung mit und unterrichten das Bundesministerium darüber,
3. teilen den zuständigen Behörden eines anderen Mitgliedstaates alle Tatsachen und Sachverhalte mit, die für die Überwachung der Einhaltung der für diese Erzeugnisse und für mit Lebensmitteln verwechselbare Produkte geltenden

Vorschriften in diesem Mitgliedstaat erforderlich sind, insbesondere bei Zuwiderhandlungen und bei Verdacht auf Zuwiderhandlungen gegen für diese Erzeugnisse und für mit Lebensmitteln verwechselbare Produkte geltende Vorschriften.

(7) Die zuständigen Behörden können, soweit dies zur Einhaltung der Anforderungen dieses Gesetzes oder der aufgrund dieses Gesetzes erlassenen Rechtsverordnungen erforderlich oder durch Rechtsakte der Europäischen Gemeinschaft oder der Europäischen Union vorgeschrieben ist, Daten, die sie im Rahmen der Überwachung gewonnen haben, anderen zuständigen Behörden desselben Landes, den zuständigen Behörden anderer Länder, des Bundes oder anderer Mitgliedstaaten oder der Europäischen Kommission mitteilen.

(7a) Die zuständigen Behörden können die für die Überwachung des Verkehrs mit Tierarzneimitteln zuständigen Behörden desselben Landes, anderer Länder oder des Bundes über Sachverhalte unterrichten, die ihnen bei der Überwachung der Regelungen über Arzneifuttermittel und Zwischenerzeugnisse bekannt geworden sind und deren Kenntnis für die Überwachung der Einhaltung der Anforderungen des Tierarzneimittelgesetzes erforderlich sind.

(8) Auskünfte, Mitteilungen und Übermittlung von Urkunden und Schriftstücken über lebensmittel- und futtermittelrechtliche Kontrollen nach den Absätzen 4, 6 und 7 erfolgen, sofern sie andere Vertragsstaaten des Abkommens über den Europäischen Wirtschaftsraum als Mitgliedstaaten betreffen, an die Europäische Kommission.

**§ 38a Übermittlung von Daten über den Internethandel.** (1) [1] Das Bundeszentralamt für Steuern übermittelt nach Maßgabe des Satzes 2 oder 3 zur Unterstützung der den Ländern obliegenden Überwachung der Einhaltung der Vorschriften

1. dieses Gesetzes,
2. der aufgrund dieses Gesetzes erlassenen Rechtsverordnungen und
3. der unmittelbar geltenden Rechtsakte der Europäischen Gemeinschaft oder der Europäischen Union im Anwendungsbereich dieses Gesetzes

den zuständigen Behörden der Länder auf deren Anforderung die ihm aus der Beobachtung elektronisch angebotener Dienstleistungen nach § 5 Absatz 1 Nummer 17 des Finanzverwaltungsgesetzes[1)] vorliegenden Daten über Unternehmen, die diesem Gesetz unterliegende Erzeugnisse oder mit Lebensmitteln verwechselbare Produkte im Internet anbieten. [2] Die Anforderungen sind über das Bundesamt für Verbraucherschutz und Lebensmittelsicherheit an das Bundeszentralamt für Steuern zu richten; das Bundeszentralamt für Steuern übermittelt die Daten an das Bundesamt für Verbraucherschutz und Lebensmittelsicherheit, das die Daten den anfordernden Behörden weiterleitet. [3] Soweit die Länder für den Zweck des Satzes 1 eine gemeinsame Stelle einrichten, ergeht die Anforderung durch diese Stelle und sind die in Satz 1 bezeichneten Daten dieser Stelle zu übermitteln; diese Stelle leitet die übermittelten Daten den zuständigen Behörden weiter.

(2) Daten im Sinne des Absatzes 1 Satz 1 sind

1. der Name, die Anschrift und die Telekommunikationsinformationen des Unternehmens,

---

1) Nr. **698**.

2. das eindeutige Ordnungsmerkmal, die Domaininformationen und die Landzuordnung,
3. die betroffenen Erzeugnisse oder mit Lebensmitteln verwechselbare Produkte.

(3) [1] Das Bundesamt für Verbraucherschutz und Lebensmittelsicherheit hat die ihm übermittelten Daten unverzüglich nach der Weiterleitung an die zuständigen Behörden zu löschen. [2] Die zuständigen Behörden und die Stelle im Sinne des Absatzes 1 Satz 3 haben die Daten zu löschen, soweit sie nicht mehr erforderlich sind, spätestens jedoch mit Ablauf des dritten Jahres nach der Übermittlung an sie. [3] Die Frist des Satzes 2 gilt nicht, wenn wegen eines anhängigen Bußgeldverfahrens, staatsanwaltlichen Ermittlungsverfahrens oder gerichtlichen Verfahrens eine längere Aufbewahrung erforderlich ist; in diesem Falle sind die Daten mit rechtskräftigem Abschluss des Verfahrens zu löschen.

(4) Das Bundesministerium wird ermächtigt, im Einvernehmen mit dem Bundesministerium der Finanzen durch Rechtsverordnung mit Zustimmung des Bundesrates die Einzelheiten des Verfahrens der Datenübermittlung zu regeln.

**§ 38b Unterrichtung von Telemediendiensteanbietern.** (1) Erfolgt zu einem Erzeugnis, das im Inland in den Verkehr gebracht worden ist, eine Meldung

1. nach Artikel 50 der Verordnung (EG) Nr. 178/2002[1] oder
2. nach Artikel 11 oder 12 der Richtlinie 2001/95/EG des Europäischen Parlaments und des Rates vom 3. Dezember 2001 über die allgemeine Produktsicherheit (ABl. L 11 vom 15.1.2002, S. 4), die zuletzt durch die Verordnung (EG) Nr. 596/2009 (ABl. L 188 vom 18.7.2009, S. 14) geändert worden ist,

so kann die zuständige Behörde denjenigen Diensteanbietern nach § 2 Satz 1 Nummer 1 des Telemediengesetzes[2] vom 26. Februar 2007 (BGBl. I S. 179), das zuletzt durch Artikel 2 des Gesetzes vom 3. Juni 2021 (BGBl. I S. 1436) geändert worden ist, deren Dienste für den Vertrieb des Erzeugnisses genutzt werden, die zur Identifizierung des Erzeugnisses sowie des Herstellers oder Inverkehrbringers erforderlichen Informationen sowie den Grund der Meldung übermitteln.

(2) [1] Zuständige Behörde nach Absatz 1 ist die Behörde, in deren Bezirk der Diensteanbieter nach § 2a des Telemediengesetzes seinen Sitz hat. [2] Hat der Diensteanbieter keinen Sitz im Inland, so ist das Bundesamt für Verbraucherschutz und Lebensmittelsicherheit zuständige Behörde.

(3) [1] Bevor die zuständige Behörde Angaben nach Absatz 1 übermittelt, hat sie den Hersteller oder Inverkehrbringer anzuhören. [2] Satz 1 gilt nicht, sofern hierdurch die Erreichung des mit der Maßnahme verfolgten Zwecks gefährdet wird.

(4) Die Länder können für die Zwecke des Absatzes 1 eine gemeinsame Stelle einrichten.

---

[1] Nr. **860**.
[2] Nr. **922**.

**§ 39 Maßnahmen der für die Überwachung von Lebensmitteln, Futtermitteln und Bedarfsgegenständen im Sinne von § 2 Absatz 6 Satz 1 Nummer 1 zuständigen Behörden.** (1) Die für die Überwachung von Lebensmitteln, Futtermitteln und Bedarfsgegenständen im Sinne von § 2 Absatz 6 Satz 1 Nummer 1 zuständigen Behörden treffen die Maßnahmen, die nach den Artikeln 137 und 138 der Verordnung (EU) 2017/625 erforderlich sind zur Überwachung der Einhaltung der Vorschriften dieses Gesetzes, der aufgrund dieses Gesetzes erlassenen Rechtsverordnungen und der unmittelbar geltenden Rechtsakte der Europäischen Gemeinschaft oder der Europäischen Union im Anwendungsbereich dieses Gesetzes.

(2) Unbeschadet des Artikels 137 Absatz 2 und 3 der Verordnung (EU) 2017/625 können die für die Überwachung von Lebensmitteln, Futtermitteln und Bedarfsgegenständen im Sinne von § 2 Absatz 6 Satz 1 Nummer 1 zuständigen Behörden zur Feststellung oder zur Ausräumung eines hinreichenden Verdachts eines Verstoßes

1. anordnen, dass derjenige, der ein in Absatz 1 genanntes Erzeugnis hergestellt, behandelt oder in den Verkehr gebracht hat oder dies beabsichtigt,
   a) eine Prüfung durchführt oder durchführen lässt und das Ergebnis der Prüfung der zuständigen Behörde mitteilt und
   b) der zuständigen Behörde den Eingang eines solchen Erzeugnisses anzeigt,

   wenn Grund zu der Annahme besteht, dass dieses Erzeugnis den Vorschriften nach Absatz 1 nicht entspricht, oder
2. vorübergehend verbieten, dass ein in Absatz 1 genanntes Erzeugnis in den Verkehr gebracht wird, bis das Ergebnis einer entnommenen Probe oder einer nach Nummer 1 angeordneten Prüfung vorliegt.

(3) Maßnahmen im Sinne von Artikel 138 Absatz 2 Buchstabe d und g der Verordnung (EU) 2017/625 können entsprechend auch in Bezug auf das Verfüttern eines Futtermittels ergehen.

(4) Maßnahmen im Sinne von Artikel 138 Absatz 2 können entsprechend auch zur Verhütung eines künftigen Verstoßes sowie zum Schutz vor Gefahren für die Gesundheit oder vor Täuschung ergehen.

(5) [1] Zum Zweck der Verringerung oder Beseitigung der Ursachen für einen gesundheitlich nicht erwünschten Stoff, der in oder auf einem Lebensmittel enthalten ist, führen die zuständigen Behörden, wenn eine Überschreitung von durch Rechtsverordnung nach § 13 Absatz 1 Nummer 7 oder § 13 Absatz 5 Satz 1 Nummer 2 festgesetzten Auslösewerten festgestellt wird, Untersuchungen mit dem Ziel durch, die Ursachen für das Vorhandensein des gesundheitlich nicht erwünschten Stoffs zu ermitteln. [2] Soweit es erforderlich ist, kann die zuständige Behörde die zur Verringerung oder Beseitigung der Ursachen für das Vorhandensein des gesundheitlich nicht erwünschten Stoffs erforderlichen Maßnahmen anordnen. [3] Dabei kann sie auch anordnen, dass der Wirtschaftsbeteiligte selbst eine Untersuchung durchführt oder durchführen lässt und das Ergebnis der Untersuchung mitteilt. [4] Die zuständigen Behörden informieren das Bundesministerium, im Fall einer Rechtsverordnung nach § 13 Absatz 5 Satz 1 Nummer 2 auch das Bundesministerium für Umwelt, Naturschutz und nukleare Sicherheit, oder im Fall einer Rechtsverordnung nach § 72 Satz 2 das Bundesamt für Verbraucherschutz und Lebensmittelsicherheit unverzüglich über ermittelte Ursachen für das Vorhandensein des gesundheitlich nicht erwünschten Stoffs und die zur Verringerung oder Beseitigung dieser Ursachen

angeordneten Maßnahmen zum Zweck der Information der Kommission und der anderen Mitgliedstaaten.

(6) [1] Zum Zweck der Verringerung oder Beseitigung der Ursachen für unerwünschte Stoffe in Futtermitteln führen die zuständigen Behörden, wenn eine Überschreitung von festgesetzten Höchstgehalten an unerwünschten Stoffen oder Aktionsgrenzwerten festgestellt wird, Untersuchungen mit dem Ziel durch, die Ursachen für das Vorhandensein unerwünschter Stoffe zu ermitteln. [2] Soweit es erforderlich ist, kann die zuständige Behörde die zur Verringerung oder Beseitigung der Ursachen für das Vorhandensein unerwünschter Stoffe erforderlichen Maßnahmen anordnen. [3] Dabei kann sie auch anordnen, dass der Wirtschaftsbeteiligte selbst eine Untersuchung durchführt oder durchführen lässt und das Ergebnis der Untersuchung mitteilt. [4] Die zuständigen Behörden informieren das Bundesministerium oder im Fall einer Rechtsverordnung nach § 72 Satz 2 das Bundesamt für Verbraucherschutz und Lebensmittelsicherheit unverzüglich über ermittelte Ursachen für das Vorhandensein unerwünschter Stoffe und die zur Verringerung oder Beseitigung dieser Ursachen angeordneten Maßnahmen zum Zweck der Information der Kommission und der anderen Mitgliedstaaten.

(7) Widerspruch und Anfechtungsklage gegen Anordnungen, die der Durchführung von Verboten nach

1. Artikel 14 Absatz 1 in Verbindung mit Absatz 2 Buchstabe a der Verordnung (EG) Nr. 178/2002[1)],
2. Artikel 15 Absatz 1 in Verbindung mit Absatz 2 erster Anstrich der Verordnung (EG) Nr. 178/2002,
3. Artikel 4 Absatz 4 Buchstabe b erster oder zweiter Spiegelstrich der Delegierten Verordnung (EU) 2019/2090 oder
4. § 5 Absatz 1 Satz 1 oder Absatz 2 oder § 17 Absatz 1 Satz 1 Nummer 1

dienen, haben keine aufschiebende Wirkung.

(7a) Soweit im Einzelfall eine notwendige Anordnung oder eine sonstige notwendige Maßnahme nicht aufgrund der Absätze 1 bis 4 getroffen werden kann, bleiben weitergehende Regelungen der Länder, einschließlich der Regelungen auf dem Gebiet des Polizeirechts, aufgrund derer eine solche Anordnung oder Maßnahme getroffen werden kann, anwendbar.

**§ 39a[2)] Maßnahmen der für die Überwachung von Mitteln zum Tätowieren, kosmetischen Mitteln und Bedarfsgegenständen im Sinne von § 2 Absatz 6 Satz 1 Nummer 2 bis 9 zuständigen Behörden.** (1) [1] Die für die Überwachung von Mitteln zum Tätowieren, kosmetischen Mitteln und Bedarfsgegenständen im Sinne von § 2 Absatz 6 Satz 1 Nummer 2 bis 9 zuständigen Behörden treffen die notwendigen Anordnungen und Maßnahmen, die erforderlich sind

1. zur Feststellung oder zur Ausräumung eines hinreichenden Verdachts eines Verstoßes gegen Vorschriften dieses Gesetzes, der aufgrund dieses Gesetzes erlassenen Rechtsverordnungen und der unmittelbar geltenden Rechtsakte der Europäischen Gemeinschaft oder der Europäischen Union im Anwendungsbereich dieses Gesetzes,

---

[1)] Nr. **860**.
[2)] § 39a Abs. 4 ber. BGBl. 2022 I S. 28.

2. zur Beseitigung festgestellter Verstöße,
3. zur Verhütung künftiger Verstöße oder
4. zum Schutz vor Gefahren für die Gesundheit oder vor Täuschung.

[2] Die zuständigen Behörden können insbesondere

1. anordnen, dass derjenige, der ein in Satz 1 genanntes Erzeugnis hergestellt, behandelt oder in den Verkehr gebracht hat oder dies beabsichtigt,
   a) eine Prüfung durchführt oder durchführen lässt und das Ergebnis der Prüfung der zuständigen Behörde mitteilt,
   b) der zuständigen Behörde den Eingang eines solchen Erzeugnisses anzeigt,

   wenn Grund zu der Annahme besteht, dass ein solches Erzeugnis den Vorschriften dieses Gesetzes, der aufgrund dieses Gesetzes erlassenen Rechtsverordnungen oder der unmittelbar geltenden Rechtsakte der Europäischen Gemeinschaft oder der Europäischen Union im Anwendungsbereich dieses Gesetzes nicht entspricht,
2. vorübergehend verbieten, dass ein in Satz 1 genanntes Erzeugnis in den Verkehr gebracht wird, bis das Ergebnis einer entnommenen Probe oder einer nach Nummer 1 angeordneten Prüfung vorliegt,
3. das Herstellen, Behandeln oder Inverkehrbringen von in Satz 1 genannten Erzeugnissen verbieten oder beschränken,
4. eine Maßnahme überwachen oder, falls erforderlich, anordnen,
   a) mit der verhindert werden soll, dass ein in Satz 1 genanntes Erzeugnis, das den Endverbraucher noch nicht erreicht hat, auch durch andere Wirtschaftsbeteiligte weiter in den Verkehr gebracht wird (Rücknahme), oder
   b) die auf die Rückgabe eines in den Verkehr gebrachten Erzeugnisses abzielt, das den Endverbraucher oder den Verwender bereits erreicht hat oder erreicht haben könnte (Rückruf),
5. in Satz 1 genannte Erzeugnisse, auch vorläufig, sicherstellen und, soweit dies zum Erreichen der in § 1 Absatz 1 Nummer 1 oder 4 Buchstabe a Doppelbuchstabe aa oder Absatz 2, stets jeweils auch in Verbindung mit § 1 Absatz 3, genannten Zwecke erforderlich ist, die unschädliche Beseitigung dieser Erzeugnisse veranlassen,
6. das Verbringen von in Satz 1 genannten Erzeugnissen in das Inland im Einzelfall vorübergehend verbieten oder beschränken, wenn
   a) die Bundesrepublik Deutschland von der Kommission hierzu ermächtigt worden ist und das Bundesministerium dies im Bundesanzeiger bekannt gemacht hat oder
   b) Tatsachen vorliegen, die darauf schließen lassen, dass diese Erzeugnisse ein Risiko für die Gesundheit von Mensch oder Tier mit sich bringen,
7. anordnen, dass diejenigen, die einer Gefahr, die von einem in Verkehr gebrachten Erzeugnis nach Satz 1 ausgeht, ausgesetzt sein können, rechtzeitig in geeigneter Form auf diese Gefahr hingewiesen werden und
8. die Öffentlichkeit nach Maßgabe von § 40 informieren.

   Die Artikel 25 bis 27 der Verordnung (EU) Nr. 1223/2009 des Europäischen Parlaments und des Rates vom 30. November 2009 über kosmetische Mittel (ABl. L 342 vom 22.12.2009, S. 59; L 318 vom 15.11.2012, S. 74; L 72 vom 15.3.2013, S. 16; L 142 vom 29.5.2013, S. 10; L 254 vom 28.8.2014, S. 39; L 17 vom 21.1.2017, S. 52; L 326 vom 9.12.2017, S. 55; L 183 vom 19.7.2018, S. 27; L 324 vom 13.12.2019, S. 80; L 76 vom 12.3.2020, S. 36), die zuletzt durch die Verordnung (EU) 2019/1966 (ABl. L 307 vom 28.11.2019, S. 15) geändert worden ist, bleiben unberührt.

(2) Absatz 1 und § 40 gelten für mit Lebensmitteln verwechselbare Produkte entsprechend.

(3) Widerspruch und Anfechtungsklage gegen Anordnungen, die der Durchführung von Verboten nach § 26 Satz 1 oder § 30 oder Geboten nach Artikel 5 Absatz 1 in Verbindung mit Artikel 3 Satz 1 Buchstabe a, b oder c der Verordnung (EU) Nr. 1223/2009 dienen, haben keine aufschiebende Wirkung.

(4) Soweit im Einzelfall eine notwendige Anordnung oder eine sonstige notwendige Maßnahme nicht aufgrund der Absätze 1 und 2 getroffen werden kann, bleiben weitergehende Regelungen der Länder, einschließlich der Regelungen auf dem Gebiet des Polizeirechts, aufgrund derer eine solche Anordnung getroffen werden kann, anwendbar.

**§ 40 Information der Öffentlichkeit.** (1) [1] Die zuständige Behörde soll die Öffentlichkeit unter Nennung der Bezeichnung des Lebensmittels oder Futtermittels und des Lebensmittel- oder Futtermittelunternehmens, unter dessen Namen oder Firma das Lebensmittel oder Futtermittel hergestellt oder behandelt wurde oder in den Verkehr gelangt ist, und, wenn dies zur Gefahrenabwehr geeigneter ist, auch unter Nennung des Inverkehrbringers, nach Maßgabe des Artikels 10 der Verordnung (EG) Nr. 178/2002[1)] informieren. [2] Eine Information der Öffentlichkeit in der in Satz 1 genannten Art und Weise soll vorbehaltlich des Absatzes 1a auch erfolgen, wenn

1. der hinreichende Verdacht besteht, dass ein Mittel zum Tätowieren, ein kosmetisches Mittel oder ein Bedarfsgegenstand ein Risiko für die menschliche Gesundheit mit sich bringen kann,
2. der hinreichende Verdacht besteht, dass gegen Vorschriften im Anwendungsbereich dieses Gesetzes, die dem Schutz der Endverbraucher vor Gesundheitsgefährdungen dienen, verstoßen wurde,
3. im Einzelfall hinreichende Anhaltspunkte dafür vorliegen, dass von einem Erzeugnis eine Gefährdung für die Sicherheit und Gesundheit ausgeht oder ausgegangen ist und aufgrund unzureichender wissenschaftlicher Erkenntnis oder aus sonstigen Gründen die Unsicherheit nicht innerhalb der gebotenen Zeit behoben werden kann,
4. ein nicht gesundheitsschädliches, aber zum Verzehr ungeeignetes, insbesondere ekelerregendes Lebensmittel in nicht unerheblicher Menge in den Verkehr gelangt oder gelangt ist oder wenn ein solches Lebensmittel wegen seiner Eigenart zwar nur in geringen Mengen, aber über einen längeren Zeitraum in den Verkehr gelangt ist,

4a. der durch Tatsachen hinreichend begründete Verdacht besteht, dass gegen Vorschriften im Anwendungsbereich dieses Gesetzes, die dem Schutz der Endverbraucher vor Täuschung dienen, in nicht nur unerheblichem Ausmaß verstoßen wurde,

5. Umstände des Einzelfalles die Annahme begründen, dass ohne namentliche Nennung des zu beanstandenden Erzeugnisses und erforderlichenfalls des Wirtschaftsbeteiligten oder des Inverkehrbringers, unter dessen Namen oder Firma das Erzeugnis hergestellt oder behandelt wurde oder in den Verkehr

---

1) Nr. **860**.

gelangt ist, erhebliche Nachteile für die Hersteller oder Vertreiber gleichartiger oder ähnlicher Erzeugnisse nicht vermieden werden können.

[3] In den Fällen des Satzes 2 Nummer 3 bis 5 ist eine Information der Öffentlichkeit zulässig nach Abwägung der Belange der Betroffenen mit den Interessen der Öffentlichkeit an der Veröffentlichung.

(1a) [1] Die zuständige Behörde informiert die Öffentlichkeit unverzüglich unter Nennung der Bezeichnung des Lebensmittels oder Futtermittels sowie unter Nennung des Lebensmittel- oder Futtermittelunternehmens, unter des-

*(Fortsetzung nächstes Blatt)*

der in § 1 Absatz 1 Nummer 1 oder 4 Buchstabe a Doppelbuchstabe aa, auch in Verbindung mit § 1 Absatz 3, genannten Zwecke erforderlich ist,

1. die Stoffe zu bestimmen, für die die Mitteilungspflicht nach Absatz 1 besteht,
2. das Nähere über Zeitpunkt, Art, Form und Inhalt der Mitteilung nach Absatz 1 und der Übermittlung nach Absatz 2 zu regeln.

**§ 45 Schiedsverfahren.** (1) [1] Ist eine von der zuständigen Behörde getroffene Maßnahme, die sich auf Sendungen von Lebensmitteln tierischer Herkunft aus anderen Mitgliedstaaten bezieht, zwischen ihr und dem Verfügungsberechtigten streitig, so können beide Parteien einvernehmlich den Streit durch den Schiedsspruch eines Sachverständigen schlichten lassen. [2] Die Streitigkeit ist binnen eines Monats nach Bekanntgabe der Maßnahme einem Sachverständigen zu unterbreiten, der in einem von der Kommission aufgestellten Verzeichnis aufgeführt ist. [3] Der Sachverständige hat das Gutachten binnen 72 Stunden zu erstatten.

(2) [1] Auf den Schiedsvertrag und das schiedsrichterliche Verfahren finden die Vorschriften der §§ 1025 bis 1065 der Zivilprozessordnung[1)] entsprechende Anwendung. [2] Gericht im Sinne des § 1062 der Zivilprozessordnung ist das zuständige Verwaltungsgericht, Gericht im Sinne des § 1065 der Zivilprozessordnung das zuständige Oberverwaltungsgericht. [3] Abweichend von § 1059 Absatz 3 Satz 1 der Zivilprozessordnung muss der Aufhebungsantrag innerhalb eines Monats bei Gericht eingereicht werden.

**§ 46[2) 3)] Ermächtigungen.** (1) [1] Das Bundesministerium wird ermächtigt, zur Erfüllung der in § 1 genannten Zwecke, insbesondere um eine einheitliche Durchführung der Überwachung zu fördern, durch Rechtsverordnung mit Zustimmung des Bundesrates

1. Vorschriften über
   a) die personelle, apparative und sonstige technische Mindestausstattung von Einrichtungen, die amtliche Untersuchungen durchführen,
   b) die Voraussetzungen und das Verfahren für die Zulassung privater Sachverständiger, die zur Untersuchung von amtlichen oder amtlich zurückgelassenen Proben befugt sind,

   zu erlassen; in der Rechtsverordnung nach Buchstabe b kann vorgesehen werden, dass private Sachverständige sich nur solcher Dritter zur Untersuchung von amtlichen oder amtlich zurückgelassenen Proben bedienen dürfen, die zugelassen oder registriert sind,
2. Vorschriften
   a) über die Art und Weise der Untersuchung oder Verfahren zur Untersuchung von Erzeugnissen, einschließlich lebender Tiere im Sinne des § 4 Absatz 1 Nummer 1, auch in den Fällen der Nummer 1 Buchstabe b, einschließlich der Probenahmeverfahren und der Analysemethoden, zu erlassen,

---

1) **Habersack, Deutsche Gesetze Nr. 100.**
2) § 46 Abs. 2 Sätze 2 und 3 ber. BGBl. 2022 I S. 28.
3) § 46 Abs. 2 Satz 1 Nr. 1 Buchst. d und e angef. mWv 28.1.2022 durch G v. 27.9.2021 (BGBl. I S. 4530).

b) über die Art und Weise der Probenahme, auch im Falle des Fernabsatzes von Erzeugnissen, zu treffen und die Einzelheiten des Verfahrens hierfür zu regeln,

3. die Verkehrsfähigkeit einer gleichartigen Partie von bestimmten Erzeugnissen vom Ergebnis der Stichprobenuntersuchung dieser Partie abhängig zu machen,
4. Vorrichtungen für die amtliche Entnahme von Proben in Herstellungsbetrieben und an Behältnissen vorzuschreiben,
5. vorzuschreiben, dass, zu welchem Zeitpunkt, in welcher Art und Weise und von wem der Hersteller eines Erzeugnisses oder eines mit einem Lebensmittel verwechselbaren Produkts oder ein anderer für ein Erzeugnis oder für ein mit einem Lebensmittel verwechselbaren Produkt nach diesem Gesetz, den aufgrund dieses Gesetzes erlassenen Rechtsverordnungen oder den unmittelbar geltenden Rechtsakten der Europäischen Gemeinschaft oder der Europäischen Union im Anwendungsbereich dieses Gesetzes Verantwortlicher über eine zurückgelassene Probe, die zum Zweck der Untersuchung entnommen wurde, oder eine Probenahme zu unterrichten ist.

[2] Soweit in den Fällen des Satzes 1 Nummer 1 bis 4 Rechtsverordnungen nach § 13 Absatz 5 Satz 1 betroffen sind, tritt an die Stelle des Bundesministeriums das Bundesministerium für Umwelt, Naturschutz und nukleare Sicherheit im Einvernehmen mit dem Bundesministerium.

(2) [1] Das Bundesministerium wird ferner ermächtigt, durch Rechtsverordnung mit Zustimmung des Bundesrates, zur Sicherung einer ausreichenden oder gleichmäßigen Überwachung,

1. vorzuschreiben,
   a) dass über das Herstellen, das Behandeln, das Inverkehrbringen, das Verbringen in das Inland oder das Verbringen aus dem Inland von Erzeugnissen oder zu ihrer Herstellung oder Behandlung bestimmten Stoffe und das Verfüttern von Futtermitteln Buch zu führen ist und die zugehörigen Unterlagen aufzubewahren sind,
   b) dass Erzeugnisse oder zu ihrer Herstellung oder Behandlung bestimmte Stoffe nur mit einem Begleitpapier in den Verkehr gebracht, in das Inland oder aus dem Inland verbracht werden dürfen,
   c) dass und in welcher Weise
      aa) Vorhaben, Futtermittel zu behandeln, herzustellen, in den Verkehr zu bringen oder zu verfüttern,
      bb) das Überlassen von ortsfesten oder beweglichen Anlagen zum Behandeln, Herstellen, Inverkehrbringen oder Verfüttern von Futtermitteln und der Einsatz solcher Anlagen

      anzuzeigen sind,
   d) dass bestimmte Unterlagen im Zusammenhang mit der Herstellung von Erzeugnissen mitzuführen und vorzulegen sind,
   e) dass bestimmte Beförderungsmittel zu verwenden sind,
2. Vorschriften zu erlassen über die Führung von Nachweisen über die Feststellung von oder über die Übermittlung von Informationen über
   a) Art, Menge, Herkunft und Beschaffenheit der Erzeugnisse oder der lebenden Tiere im Sinne des § 4 Absatz 1 Nummer 1, die Betriebe von anderen Betrieben beziehen oder an andere Betriebe abgeben,

b) Name und Anschrift der Lieferanten und der Abnehmer der in Buchstabe a genannten Erzeugnisse und lebenden Tiere,

3. Vorschriften zu erlassen über Art, Umfang und Häufigkeit von amtlichen Untersuchungen oder Probenahmen bei Erzeugnissen, einschließlich lebender Tiere im Sinne des § 4 Absatz 1 Nummer 1,
4. Vorschriften zu erlassen über die Durchführung der Überwachung, die Handhabung der Kontrollen in Betrieben und die Zusammenarbeit der Überwachungsbehörden,
5. vorzuschreiben, dass und in welcher Art und Weise Betriebe Rückstellproben zu bilden haben und die Dauer ihrer Aufbewahrung zu regeln,
6. das Herstellen, das Behandeln oder das Inverkehrbringen von bestimmten Erzeugnissen von einer Anzeige abhängig zu machen sowie das Nähere über Art, Inhalt und Verfahren der Anzeige sowie des für die Anzeige Verantwortlichen zu regeln.

[2] In Rechtsverordnungen nach

1. Satz 1 Nummer 1 Buchstabe a können Art, Form und Umfang der Buchführung und die Dauer der Aufbewahrung von Unterlagen,
2. Satz 1 Nummer 1 Buchstabe b können Art, Form, Inhalt, Erteilung, Verwendung und Aufbewahrung von Begleitpapieren,
3. Satz 1 Nummer 2 können
   a) Art, Form und Umfang der Nachweise und die Dauer ihrer Aufbewahrung,
   b) Art, Form und Umfang der Informationen und zu welchem Zeitpunkt und auf welche Art und Weise diese anderen Betrieben oder den zuständigen Behörden zur Verfügung zu stellen sind,

näher geregelt werden. [3] In Rechtsverordnungen nach Satz 1 Nummer 6 kann bestimmt werden, dass

1. Unternehmen und Betriebe, die bestimmte Erzeugnisse herstellen, behandeln oder in den Verkehr bringen, anzuzeigen sind,
2. die zuständige Behörde für die Durchführung des Anzeigeverfahrens, einschließlich einer Weiterleitung von Anzeigen an die zuständigen Behörden der Länder und das Bundesministerium, das Bundesamt für Verbraucherschutz und Lebensmittelsicherheit ist.

**§ 47 Weitere Ermächtigungen.** (1) [1] Das Bundesministerium wird ferner ermächtigt, um eine einheitliche Durchführung im Hinblick auf die Zulassung von neuartigen Lebensmitteln und neuartigen Lebensmittelzutaten zu fördern, durch Rechtsverordnung mit Zustimmung des Bundesrates

1. das Bundesamt für Verbraucherschutz und Lebensmittelsicherheit oder eine andere Bundesoberbehörde als zuständige Behörde bei Anzeige-, Genehmigungs- oder Zulassungsverfahren von neuartigen Lebensmitteln und Lebensmittelzutaten zu bestimmen sowie
2. das Verfahren, insbesondere die Beteiligung der nach § 38 Absatz 1 zuständigen Behörden sowie die Beteiligung des Bundesinstitutes für Risikobewertung, zu regeln.

[2] Rechtsverordnungen nach Satz 1 Nummer 2 bedürfen des Einvernehmens mit dem Bundesministerium für Wirtschaft und Energie. [3] § 38 Absatz 7 gilt für

bei der Durchführung der in Satz 1 genannten Verfahren gewonnene Daten entsprechend.

(2) [1]Das Bundesministerium wird ermächtigt, abweichend von § 38 Absatz 2a Satz 1 durch Rechtsverordnung mit Zustimmung des Bundesrates, soweit es mit den in § 1 Absatz 1 Nummer 1 und Absatz 2, jeweils auch in Verbindung mit § 1 Absatz 3, genannten Zwecken vereinbar ist, zu bestimmen, dass die zuständige Behörde im Fall erlegter Wildschweine oder anderer Tierarten die zwar Träger von Trichinen sein können, bei denen jedoch keine Merkmale festgestellt werden, die das Fleisch als bedenklich für den Verzehr erscheinen lassen, die Entnahme von Proben zur Untersuchung auf Trichinen und die Kennzeichnung übertragen kann auf

1. einen Jagdausübungsberechtigten für seinen Jagdbezirk oder
2. einen Jäger, dem die Jagd vom Jagdausübungsberechtigten gestattet worden ist,

sofern die Person nach Nummer 1 oder Nummer 2 die Voraussetzungen des Artikels 1 Absatz 3 Buchstabe a oder Buchstabe e der Verordnung (EG) Nr. 853/2004 des Europäischen Parlaments und des Rates vom 29. April 2004 mit spezifischen Hygienevorschriften für Lebensmittel tierischen Ursprungs (ABl. L 139 vom 30.4.2004, S. 55; L 226 vom 25.6.2004, S. 22; L 46 vom 21.2.2008, S. 50; L 119 vom 13.5.2010, S. 26; L 160 vom 12.6.2013, S. 15; L 13 vom 16.1.2019, S. 12), die zuletzt durch die Verordnung (EU) 2019/1243 (ABl. L 198 vom 25.7.2019, S. 241) geändert worden ist, erfüllt. [2]In der Rechtsverordnung nach Satz 1 sind die Voraussetzungen und das Verfahren für die Übertragung und die Überwachung der Einhaltung der Vorschriften zu regeln.

**§ 48 Landesrechtliche Bestimmungen.** Die Länder können zur Durchführung der Überwachung weitere Vorschriften erlassen.

**§ 49 Erstellung eines Lagebildes, Verwendung bestimmter Daten.**

(1) [1]Das Bundesministerium kann

1. in den in § 40 Absatz 1 Satz 1 oder Satz 2 Nummer 1 genannten Fällen oder
2. in Fällen, in denen ein nicht gesundheitsschädliches, aber zum Verzehr ungeeignetes, insbesondere ekelerregendes Lebensmittel in den Verkehr gelangt oder gelangt ist,

ein länderübergreifendes Lagebild erstellen, soweit hinreichender Grund zu der Annahme besteht, dass der jeweils zu Grunde liegende Sachverhalt eine die Grenze eines Landes überschreitende Wirkung hat. [2]Das Lagebild dient der Einschätzung eines sich insbesondere zur Erfüllung der in § 1 Absatz 1 Nummer 1 genannten Zwecke ergebenden Handlungsbedarfs durch das Bundesministerium sowie, soweit erforderlich, zur Unterrichtung insbesondere des Deutschen Bundestages. [3]Das Bundesamt für Verbraucherschutz und Lebensmittelsicherheit wirkt bei der Erstellung des Lagebildes mit. [4]Eine die Grenze eines Landes überschreitende Wirkung nach Satz 1 liegt insbesondere vor, wenn Grund zu der Annahme besteht, dass ein Erzeugnis aus dem Land, in dem der maßgebliche Sachverhalt festgestellt worden ist, in zumindest ein anderes Land verbracht worden ist.

(2) [1]Die zuständigen obersten Landesbehörden übermitteln dem Bundesministerium auf Anforderung die zur Erstellung eines in Absatz 1 Satz 1

genannten Lagebildes erforderlichen Daten, die sie im Rahmen der Überwachung gewonnen haben. [2]Die Aufbereitung dieser Daten erfolgt durch das Bundesministerium.

(3) [1]Einer Übermittlung von Daten nach Absatz 2 Satz 1 bedarf es nicht, soweit

1. dem Bundesamt für Verbraucherschutz und Lebensmittelsicherheit die zur Erstellung eines Lagebildes notwendigen Daten bereits aufgrund einer Vorschrift in Rechtsakten der Europäischen Gemeinschaft oder der Europäischen Union gemeldet oder übermittelt worden sind oder
2. dem Bundesamt für Verbraucherschutz und Lebensmittelsicherheit elektronisch Zugriff auf die zur Erstellung eines Lagebildes notwendigen Daten gewährt wird.

*(Fortsetzung nächstes Blatt)*

worden ist, die der Durchführung eines in § 39 Absatz 7 bezeichneten Verbots dient, zuwiderhandelt.

(3) Ebenso wird bestraft, wer

1. einer unmittelbar geltenden Vorschrift in Rechtsakten der Europäischen Gemeinschaft oder der Europäischen Union zuwiderhandelt, die inhaltlich einem in Absatz 1 Nummer 1 bis 17 genannten Gebot oder Verbot entspricht, soweit eine Rechtsverordnung nach § 62 Absatz 1 Nummer 1 für einen bestimmten Tatbestand auf diese Strafvorschrift verweist oder
2. einer anderen als in Absatz 2 oder 2a genannten unmittelbar geltenden Vorschrift in Rechtsakten der Europäischen Gemeinschaft oder der Europäischen Union zuwiderhandelt, die inhaltlich einer Regelung entspricht, zu der die in Absatz 1 Nummer 18 genannten Vorschriften ermächtigen, soweit eine Rechtsverordnung nach § 62 Absatz 1 Nummer 1 für einen bestimmten Straftatbestand auf diese Strafvorschrift verweist.

(4) Der Versuch ist strafbar.

(5) [1]In besonders schweren Fällen ist die Strafe Freiheitsstrafe von sechs Monaten bis zu fünf Jahren. [2]Ein besonders schwerer Fall liegt in der Regel vor, wenn der Täter durch eine der in Absatz 1, 2, 2a oder 3 bezeichneten Handlungen

1. die Gesundheit einer großen Zahl von Menschen gefährdet,
2. einen anderen in die Gefahr des Todes oder einer schweren Schädigung an Körper oder Gesundheit bringt oder
3. aus grobem Eigennutz für sich oder einen anderen Vermögensvorteile großen Ausmaßes erlangt.

(6) Wer eine der in Absatz 1, 2, 2a oder 3 bezeichneten Handlungen fahrlässig begeht, wird mit Freiheitsstrafe bis zu einem Jahr oder mit Geldstrafe bestraft.

**§ 59[1)] Strafvorschriften.** (1) Mit Freiheitsstrafe bis zu einem Jahr oder mit Geldstrafe wird bestraft, wer

1. (weggefallen)
2. (weggefallen)
3. entgegen § 7 Absatz 3 in Verbindung mit einer Rechtsverordnung nach § 7 Absatz 1 oder 2 ein Lebensmittel in den Verkehr bringt,
4. entgegen § 8 Absatz 1 Nummer 1 Buchstabe a in Verbindung mit einer Rechtsverordnung nach § 8 Absatz 2 Nummer 1 oder entgegen § 8 Absatz 1 Nummer 1 Buchstabe b eine nicht zugelassene Bestrahlung anwendet,
5. entgegen § 8 Absatz 1 Nummer 2 ein Lebensmittel in den Verkehr bringt,
6. entgegen § 9 Absatz 1 Satz 1 Nummer 1 in Verbindung mit einer Rechtsverordnung nach Absatz 2 Nummer 1 Buchstabe a oder entgegen § 9 Absatz 1 Satz 1 Nummer 2 oder Nummer 3 ein Lebensmittel in den Verkehr bringt,

---

[1)] § 59 Abs. 2 Nr. 12 eingef., bish. Nr. 12 und 13 werden Nr. 13 und 14 mWv 28.1.2022 durch G v. 27.9.2021 (BGBl. I S. 4530).

7. entgegen § 11 Absatz 1 ein Lebensmittel in den Verkehr bringt oder für ein Lebensmittel wirbt,
8. entgegen § 11 Absatz 2 ein Lebensmittel liefert,
9. entgegen § 12 ein Lebensmittel in den Verkehr bringt,
10. entgegen § 17 Absatz 1 Satz 1 Nummer 2 ein Futtermittel herstellt oder behandelt,

10a. entgegen § 17a Absatz 1 Satz 1 nicht dafür Sorge trägt, dass eine dort genannte Versicherung besteht,

11. entgegen § 19 ein Futtermittel in den Verkehr bringt oder für ein Futtermittel wirbt,
12. entgegen § 21 Absatz 3 Satz 1 Nummer 1 Buchstabe a ein Futtermittel in den Verkehr bringt oder verfüttert,
13. entgegen § 27 Absatz 1 Satz 1 ein Mittel zum Tätowieren unter einer irreführenden Bezeichnung, Angabe oder Aufmachung in den Verkehr bringt oder mit einer irreführenden Darstellung oder Aussage wirbt,
14. entgegen § 28 Absatz 2 ein dort genanntes Mittel in den Verkehr bringt, das einer Rechtsverordnung nach § 28 Absatz 1 Nummer 1 oder 2 in Verbindung mit § 32 Absatz 1 Nummer 4 Buchstabe a oder Nummer 5 nicht entspricht,
15. entgegen § 31 Absatz 1 oder 2 Satz 2 ein Material oder einen Gegenstand als Bedarfsgegenstand verwendet oder in den Verkehr bringt,
16. entgegen § 31 Absatz 3 ein Lebensmittel in den Verkehr bringt,
17. entgegen § 32 Absatz 2 in Verbindung mit einer Rechtsverordnung nach Absatz 1 Nummer 4 Buchstabe a oder Nummer 5 einen Bedarfsgegenstand in den Verkehr bringt,
18. entgegen § 33 Absatz 1 ein Material oder einen Gegenstand unter einer irreführenden Bezeichnung, Angabe oder Aufmachung in den Verkehr bringt oder mit einer irreführenden Darstellung oder Aussage wirbt,
19. entgegen § 53 Absatz 1 Satz 1 in Verbindung mit
    a) § 17 Absatz 1 Satz 1 Nummer 1 Futtermittel,
    b) § 26 Satz 1 ein Mittel zum Tätowieren, einen Stoff oder ein Gemisch,
    c) § 30 einen Bedarfsgegenstand, einen Gegenstand oder ein Mittel,
    d) Artikel 14 Absatz 2 Buchstabe a der Verordnung (EG) Nr. 178/2002[1] ein gesundheitsschädliches Lebensmittel oder
    e) Artikel 5 Absatz 1 in Verbindung mit Artikel 3 Satz 1 Buchstabe a, b oder c der Verordnung (EG) Nr. 1223/2009 ein kosmetisches Mittel

    in das Inland verbringt,
20. (weggefallen)
21. einer Rechtsverordnung nach
    a) § 8 Absatz 2 Nummer 2, § 9 Absatz 2 Nummer 1 Buchstabe b, § 13 Absatz 1 Nummer 4, 5 oder Nummer 6, Absatz 3 Satz 1 oder Absatz 4 Nummer 1 Buchstabe a, b oder c oder Nummer 2, § 29 Absatz 1 Nummer 3, § 31 Absatz 2 Satz 1, § 32 Absatz 1 Nummer 4 Buchstabe b, auch in Verbindung mit § 28 Absatz 1 Nummer 2, § 32 Absatz 1 Nummer 7, § 33 Absatz 2, § 34 Satz 1 Nummer 3 oder 4, § 56 Absatz 1 Satz 1 Nummer 1 oder Absatz 4 Nummer 2 in Verbindung mit Absatz 1

---

[1] Nr. **860**.

Satz 1 Nummer 1 oder § 57 Absatz 7 Satz 1 Nummer 3 Buchstabe c in Verbindung mit § 56 Absatz 1 Satz 1 Nummer 1, § 57a Absatz 1 oder

b) § 13 Absatz 5 Satz 1 Nummer 1

oder einer vollziehbaren Anordnung aufgrund einer solchen Rechtsverordnung zuwiderhandelt, soweit die Rechtsverordnung für einen bestimmten Tatbestand auf diese Strafvorschrift verweist.

(2) Ebenso wird bestraft, wer

1. entgegen Artikel 2 der Verordnung (EWG) Nr. 2219/89 des Rates vom 18. Juli 1989 über besondere Bedingungen für die Ausfuhr von Nahrungsmitteln und Futtermitteln im Falle eines nuklearen Unfalls oder einer anderen radiologischen Notstandssituation (ABl. L 211 vom 22.7.1989, S. 4) ein Nahrungsmittel oder Futtermittel ausführt, dessen radioaktive Kontamination über einem Höchstwert liegt, der durch eine Verordnung nach Artikel 3 Absatz 1 der Verordnung (Euratom) 2016/52 des Rates vom 15. Januar 2016 zur Festlegung von Höchstwerten an Radioaktivität in Lebens- und Futtermitteln im Falle eines nuklearen Unfalls oder eines anderen radiologischen Notfalls und zur Aufhebung der Verordnung (Euratom) Nr. 3954/87 des Rates und der Verordnungen (Euratom) Nr. 944/89 und (Euratom) Nr. 770/90 der Kommission (ABl. L 13 vom 20.1.2016, S. 2) festgelegt wird,

1a. gegen die Verordnung (EG) Nr. 178/2002 verstößt, indem er

a) entgegen Artikel 14 Absatz 1 in Verbindung mit Absatz 2 Buchstabe b ein Lebensmittel in den Verkehr bringt,

b) entgegen Artikel 15 Absatz 1 in Verbindung mit Absatz 2 Spiegelstrich 2 ein Futtermittel in den Verkehr bringt oder verfüttert,

c) entgegen Artikel 19 Absatz 1 Satz 1 ein Verfahren nicht, nicht vollständig oder nicht rechtzeitig einleitet, um ein Lebensmittel vom Markt zu nehmen, oder

d) entgegen Artikel 20 Absatz 1 Satz 1 ein Verfahren nicht, nicht vollständig oder nicht rechtzeitig einleitet, um ein Futtermittel für Tiere, die der Lebensmittelgewinnung dienen, vom Markt zu nehmen,

2. entgegen Artikel 19 der Verordnung (EG) Nr. 396/2005 des Europäischen Parlaments und des Rates vom 23. Februar 2005 über Höchstgehalte an Pestizidrückständen in oder auf Lebens- und Futtermitteln pflanzlichen und tierischen Ursprungs und zur Änderung der Richtlinie 91/414/EWG des Rates (ABl. L 70 vom 16.3.2005, S. 1), die zuletzt durch die Verordnung (EU) 2020/192 (ABl. L 40 vom 13.2.2020, S. 4) geändert worden ist, ein Erzeugnis, soweit es sich dabei um ein Lebensmittel handelt, verarbeitet oder mit einem anderen Erzeugnis, soweit es sich dabei um ein Lebensmittel handelt, mischt,

3. gegen die Verordnung (EG) Nr. 1924/2006 des Europäischen Parlaments und des Rates vom 20. Dezember 2006 über nährwert- und gesundheitsbezogene Angaben über Lebensmittel (ABl. L 404 vom 30.12.2006, S. 9, L 12 vom 18.1.2007, S. 3, L 86 vom 28.3.2008, S. 34, L 198 vom 30.7.2009, S. 87, L 160 vom 12.6.2013, S. 15), die zuletzt durch die Verordnung (EU) Nr. 1047/2012 (ABl. L 310 vom 9.11.2012, S. 36) geändert worden ist, verstößt, indem er entgegen Artikel 3 Unterabsatz 1 in Verbindung mit

a) Artikel 3 Unterabsatz 2 Buchstabe a bis c, d Satz 1 oder Buchstabe e,

b) Artikel 4 Absatz 3,

c) Artikel 5 Absatz 1 Buchstabe a bis d oder Absatz 2,
d) Artikel 8 Absatz 1,
e) Artikel 9 Absatz 2,
f) Artikel 10 Absatz 1, 2 oder Absatz 3 oder
g) Artikel 12

eine nährwert- oder gesundheitsbezogene Angabe bei der Kennzeichnung oder Aufmachung eines Lebensmittels oder bei der Werbung verwendet,

3a. (weggefallen)

4. entgegen Artikel 4 der Verordnung (EG) Nr. 1332/2008 des Europäischen Parlaments und des Rates vom 16. Dezember 2008 über Lebensmittelenzyme und zur Änderung der Richtlinie 83/417/EWG des Rates, der Verordnung (EG) Nr. 1493/1999 des Rates, der Richtlinie 2000/13/EG des Rates sowie der Verordnung (EG) Nr. 258/97 (ABl. L 354 vom 31.12.2008, S. 7), die durch die Verordnung (EU) Nr. 1056/2012 (ABl. L 313 vom 13.11.2012, S. 9) geändert worden ist, ein Lebensmittelenzym als solches in den Verkehr bringt oder in Lebensmitteln verwendet,

5. gegen die Verordnung (EG) Nr. 1333/2008 des Europäischen Parlaments und des Rates vom 16. Dezember 2008 über Lebensmittelzusatzstoffe (ABl. L 354 vom 31.12.2008, S. 16, L 105 vom 27.4.2010, S. 114, L 322 vom 21.11.2012, S. 8, L 123 vom 19.5.2015, S. 122), die zuletzt durch die Verordnung (EU) 2020/771 (ABl. L 184 vom 12.6.2020, S. 25) geändert worden ist, verstößt, indem er

a) entgegen Artikel 4 Absatz 1 einen Lebensmittelzusatzstoff als solchen in den Verkehr bringt oder in Lebensmitteln verwendet,
b) entgegen Artikel 4 Absatz 2 einen Lebensmittelzusatzstoff in Lebensmittelzusatzstoffen, -enzymen oder -aromen verwendet oder
c) entgegen Artikel 5 in Verbindung mit
aa) Artikel 15,
bb) Artikel 16,
cc) Artikel 17 oder
dd) Artikel 18
einen Lebensmittelzusatzstoff oder ein Lebensmittel in den Verkehr bringt,

6. gegen die Verordnung (EG) Nr. 1334/2008 verstößt, indem er

a) entgegen Artikel 5 in Verbindung mit Artikel 4 ein Aroma oder ein Lebensmittel in Verkehr bringt, wenn die Tat nicht in § 58 Absatz 2a Nummer 1 Buchstabe a mit Strafe bedroht ist, oder
b) entgegen Artikel 10 ein Aroma oder einen Ausgangsstoff verwendet,

7. entgegen Artikel 12 Absatz 4 der Verordnung (EG) Nr. 767/2009 ein Futtermittel liefert, dessen Kennzeichnung einer Anforderung des

a) Artikels 11 Absatz 1 Buchstabe a oder b der Verordnung (EG) Nr. 767/2009 oder
b) Artikels 11 Absatz 1 Buchstabe c der Verordnung (EG) Nr. 767/2009 in Verbindung mit Anhang Teil C der Verordnung (EU) Nr. 68/2013 der Kommission vom 16. Januar 2013 zum Katalog der Einzelfuttermittel (ABl. L 29 vom 30.1.2013, S. 1; L 320 vom 30.11.2013, S. 82; L 91 vom 27.3.2014, S. 50), die zuletzt durch die Verordnung (EU) 2020/764 (ABl. L 183 vom 11.6.2020, S. 1) geändert worden ist,

nicht entspricht,

8. entgegen Artikel 20 Absatz 1 der Verordnung (EG) Nr. 1223/2009 einen Text, eine Bezeichnung, ein Warenzeichen, eine Abbildung oder ein dort genanntes Zeichen verwendet,
9. gegen die Verordnung (EU) Nr. 10/2011 verstößt, indem er
   a) entgegen Artikel 4 Buchstabe e in Verbindung mit Artikel 10, auch in Verbindung mit Artikel 13 Absatz 1, ein Material oder einen Gegenstand aus Kunststoff in Verkehr bringt, oder
   b) entgegen Artikel 4 Buchstabe e in Verbindung mit Artikel 11 Absatz 1 Satz 1 oder Absatz 2 oder Artikel 12, jeweils auch in Verbindung mit Artikel 13 Absatz 1 oder Absatz 5, ein Material oder einen Gegenstand aus Kunststoff in Verkehr bringt,
10. gegen die Verordnung (EU) Nr. 1169/2011 des Europäischen Parlaments und des Rates vom 25. Oktober 2011 betreffend die Information der Verbraucher über Lebensmittel und zur Änderung der Verordnungen (EG) Nr. 1924/2006 und (EG) Nr. 1925/2006 des Europäischen Parlaments und des Rates und zur Aufhebung der Richtlinie 87/250/EWG der Kommission, der Richtlinie 90/496/EWG des Rates, der Richtlinie 1999/10/EG der Kommission, der Richtlinie 2000/13/EG des Europäischen Parlaments und des Rates, der Richtlinien 2002/67/EG und 2008/5/EG der Kommission und der Verordnung (EG) Nr. 608/2004 der Kommission (ABl. L 304 vom 22.11.2011, S. 18; L 331 vom 18.11.2014, S. 41; L 50 vom 21.2.2015, S. 48; L 266 vom 30.9.2016, S. 7), die zuletzt durch die Verordnung (EU) 2015/2283 (ABl. L 327 vom 11.12.2015, S. 1) geändert worden ist, verstößt, indem er
    a) entgegen Artikel 8 Absatz 3 ein Lebensmittel abgibt, das einer Anforderung des
       aa) Artikels 7 Absatz 1 oder 3, jeweils auch in Verbindung mit Absatz 4,
       bb) Artikels 36 Absatz 2 Buchstabe a in Verbindung mit Absatz 1

       nicht entspricht, oder
    b) entgegen Artikel 8 Absatz 4 Satz 1 eine Änderung einer dort genannten Information vornimmt, oder
11. entgegen Artikel 4 Absatz 1 der Verordnung (Euratom) 2016/52 ein Lebensmittel oder Futtermittel in Verkehr bringt, bei dem ein Höchstwert überschritten wird, der durch eine Verordnung nach Artikel 3 Absatz 1 der Verordnung (Euratom) 2016/52 festgelegt wird oder
12. gegen die Verordnung (EU) 2019/4 des Europäischen Parlaments und des Rates vom 11. Dezember 2018 über die Herstellung, das Inverkehrbringen und die Verwendung von Arzneifuttermitteln, zur Änderung der Verordnung (EG) Nr. 183/2005 des Europäischen Parlaments und des Rates sowie zur Aufhebung der Richtlinie 90/167/EWG des Rates (ABl. L 4 vom 7.1. 2019, S. 1; L 162 vom 19.6.2019, S. 28) verstößt, indem er
    a) entgegen Artikel 16 Absatz 1 Buchstabe a erster Halbsatz ein Arzneifuttermittel an einen Tierhalter liefert,
    b) als Tierarzt entgegen Artikel 16 Absatz 2 eine tierärztliche Verschreibung für Arzneifuttermittel ausstellt oder
    c) als Halter entgegen Artikel 17 Absatz 1, 2 Satz 1 erster Halbsatz oder Absatz 3 ein Arzneifuttermittel bei einem lebenden Tier im Sinne des § 4 Absatz 1 Nummer 1 dieses Gesetzes verwendet,

13. einer vollziehbaren Anordnung nach Artikel 4 Absatz 4 Buchstabe b erster oder zweiter Gedankenstrich oder Artikel 6 Absatz 2 dritter oder vierter Gedankenstrich, jeweils auch in Verbindung mit Absatz 3, der Delegierten Verordnung (EU) 2019/2090 der Kommission vom 19. Juni 2019 zur Ergänzung der Verordnung (EU) 2017/625 des Europäischen Parlaments und des Rates in Bezug auf mutmaßliche oder festgestellte Verstöße gegen Unionsvorschriften über die Verwendung oder über Rückstände pharmakologisch wirksamer Stoffe, die in Tierarzneimitteln oder als Futtermittelzusatzstoffe zugelassen sind, bzw. gegen Unionsvorschriften über die Verwendung oder über Rückstände verbotener oder nicht zugelassener pharmakologisch wirksamer Stoffe (ABl. L 317 vom 9.12.2019, S. 28) zuwiderhandelt,
14. entgegen Artikel 3 Absatz 1 in Verbindung mit Absatz 2 der Durchführungsverordnung (EU) 2020/1158 der Kommission vom 5. August 2020 über die Einfuhrbedingungen für Lebens- und Futtermittel mit Ursprung in Drittländern nach dem Unfall im Kernkraftwerk Tschernobyl (ABl. L 257 vom 6.8.2020, S. 1) ein dort genanntes Erzeugnis einführt.

(3) Ebenso wird bestraft, wer

1. einer unmittelbar geltenden Vorschrift in Rechtsakten der Europäischen Gemeinschaft, der Europäischen Union oder der Europäischen Atomgemeinschaft zuwiderhandelt, die inhaltlich einem in Absatz 1 Nummer 1 bis 19 bezeichneten Gebot oder Verbot entspricht, soweit eine Rechtsverordnung nach § 62 Absatz 1 Nummer 1 für einen bestimmten Tatbestand auf diese Strafvorschrift verweist oder
2. einer anderen als in Absatz 2 genannten unmittelbar geltenden Vorschrift in Rechtsakten der Europäischen Gemeinschaft, der Europäischen Union oder der Europäischen Atomgemeinschaft zuwiderhandelt, die inhaltlich einer Regelung entspricht, zu der die in
   a) Absatz 1 Nummer 21 Buchstabe a genannten Vorschriften ermächtigen, soweit eine Rechtsverordnung nach § 62 Absatz 1 Nummer 1 für einen bestimmten Straftatbestand auf diese Strafvorschrift verweist,
   b) Absatz 1 Nummer 21 Buchstabe b genannten Vorschriften ermächtigen, soweit eine Rechtsverordnung nach § 62 Absatz 2 für einen bestimmten Straftatbestand auf diese Strafvorschrift verweist.

(4) Mit Freiheitsstrafe bis zu zwei Jahren oder mit Geldstrafe wird bestraft, wer

1. durch eine in Absatz 1 Nummer 8 oder Nummer 10 oder in Absatz 2 Nummer 1a Buchstabe a oder Buchstabe b bezeichnete Handlung aus grobem Eigennutz für sich oder einen anderen Vermögensvorteile großen Ausmaßes erlangt oder
2. eine in Absatz 1 Nummer 8 oder Nummer 10 oder in Absatz 2 Nummer 1a Buchstabe a oder Buchstabe b bezeichnete Handlung beharrlich wiederholt.

**§ 60[1] Bußgeldvorschriften.** (1) Ordnungswidrig handelt, wer eine der in

1. § 59 Absatz 1 Nummer 9 oder Nummer 10 oder Absatz 2 Nummer 1a Buchstabe a oder Buchstabe b oder
2. § 59 Absatz 1 Nummer 3 bis 8, 10a, 11 bis 21, Absatz 2 Nummer 1, 1a Buchstabe c oder d, Nummer 2 bis 14 oder Absatz 3

bezeichneten Handlung fahrlässig begeht.

(2) Ordnungswidrig handelt, wer vorsätzlich oder fahrlässig

1. (weggefallen)
2. entgegen § 17 Absatz 2 Nummer 1 Futtermittel herstellt oder behandelt,
3. entgegen § 17 Absatz 2 Nummer 2 Futtermittel in den Verkehr bringt,
4. entgegen § 17 Absatz 2 Nummer 3 Futtermittel verfüttert,
5. entgegen § 20 Absatz 1 eine dort genannte Angabe verwendet,
6. entgegen § 21 Absatz 1 in Verbindung mit einer Rechtsverordnung nach § 23a Nummer 10 Buchstabe a eine Vormischung in den Verkehr bringt,
7. entgegen § 21 Absatz 2 in Verbindung mit einer Rechtsverordnung nach § 23a Nummer 10 Buchstabe b Einzelfuttermittel oder Mischfuttermittel in den Verkehr bringt,
8. entgegen § 21 Absatz 3 Satz 1 Nummer 1 Buchstabe b Futtermittel in den Verkehr bringt oder verfüttert,
9. entgegen § 21 Absatz 3 Satz 1 Nummer 2 Buchstabe a in Verbindung mit einer Rechtsverordnung nach § 23 Nummer 1 Futtermittel in den Verkehr bringt oder verfüttert,
10. entgegen § 21 Absatz 3 Satz 1 Nummer 2 Buchstabe b in Verbindung mit einer Rechtsverordnung nach § 23a Nummer 1 Futtermittel in den Verkehr bringt,
11. entgegen § 21 Absatz 3 Satz 1 Nummer 2 Buchstabe c in Verbindung mit einer Rechtsverordnung nach § 23a Nummer 3 Futtermittel in den Verkehr bringt oder verfüttert,
12. entgegen § 21 Absatz 3 Satz 1 Nummer 2 Buchstabe d in Verbindung mit einer Rechtsverordnung nach § 23a Nummer 11 Futtermittel in den Verkehr bringt oder verfüttert,
13. entgegen § 21 Absatz 3 Satz 1 Nummer 3 Futtermittel in den Verkehr bringt oder verfüttert,

14.–17. (weggefallen)

18. entgegen § 32 Absatz 2 in Verbindung mit einer Rechtsverordnung nach Absatz 1 Nummer 6 einen Bedarfsgegenstand in den Verkehr bringt,
19. entgegen § 44 Absatz 1 eine Maßnahme nach § 42 Absatz 2 Nummer 1 oder 2 oder eine Probenahme nach § 43 Absatz 1 Satz 1 nicht duldet oder eine in der Überwachung tätige Person nicht unterstützt,
20. entgegen § 44 Absatz 2 Satz 1 eine Auskunft nicht, nicht richtig, nicht vollständig oder nicht rechtzeitig erteilt,

---

[1] § 60 Abs. 1 Nr. 2, Abs. 2 Nr. 26 Buchst. a geänd. mWv 28.1.2022 durch G v. 27.9.2021 (BGBl. I S. 4530).

21. entgegen § 44 Absatz 3 Satz 1, auch in Verbindung mit Satz 2, eine Information nicht, nicht richtig, nicht vollständig oder nicht rechtzeitig übermittelt,
22. entgegen § 44 Absatz 4 Satz 1 oder Satz 2, Absatz 4a oder Absatz 5 Satz 1 oder Satz 2 oder Absatz 5a die zuständige Behörde nicht, nicht richtig, nicht vollständig oder nicht rechtzeitig unterrichtet,
22a. entgegen § 44a Absatz 1 Satz 1 in Verbindung mit einer Rechtsverordnung nach § 44a Absatz 3 eine Mitteilung nicht, nicht richtig, nicht vollständig oder nicht rechtzeitig macht,
23. entgegen § 51 Absatz 3 Satz 2 eine dort genannte Maßnahme oder die Entnahme einer Probe nicht duldet oder eine in der Durchführung des Monitorings tätige Person nicht unterstützt,
24. in anderen als den in § 59 Absatz 1 Nummer 19 bezeichneten Fällen entgegen § 53 Absatz 1 Satz 1 ein Erzeugnis in das Inland verbringt,
25. entgegen § 57 Absatz 2 Satz 1 Nummer 2 in Verbindung mit einer Rechtsverordnung nach § 23 Nummer 1 oder entgegen § 57 Absatz 2 Satz 1 Nummer 3 ein Futtermittel ausführt,
26. einer Rechtsverordnung nach
   a) § 13 Absatz 1 Nummer 3 oder Absatz 4 Nummer 1 Buchstabe d, e, f oder Buchstabe g, § 14 Absatz 1 Nummer 1, 3 oder 5, Absatz 2 oder 3, § 23 Nummer 2 bis 6, § 23a Nummer 5 bis 9 oder 12, § 23b,, § 28 Absatz 3 Satz 1 Nummer 1 oder 3, § 29 Absatz 1 Nummer 1, 2 oder 4 oder Absatz 2, § 32 Absatz 1 Nummer 8, auch in Verbindung mit § 28 Absatz 1 Nummer 2, § 34 Satz 1 Nummer 7, § 35 Nummer 1, 1a oder Nummer 5, § 36 Satz 1, auch in Verbindung mit Satz 2, § 37 Absatz 1 oder § 46 Absatz 2 oder
   b) § 9 Absatz 2 Nummer 1 Buchstabe c, § 14 Absatz 1 Nummer 2 oder 4, § 35 Nummer 2 oder 3, § 46 Absatz 1 Satz 1 Nummer 5, § 55 Absatz 3 Satz 1 oder 2, § 56 Absatz 1 Satz 1 Nummer 2, Absatz 2, 3 Satz 1 oder Absatz 4 Nummer 1 oder 2 in Verbindung mit Absatz 1 Satz 1 Nummer 2 oder Absatz 2, oder § 57 Absatz 7 Satz 1 Nummer 1, 2 oder 3 Buchstabe a, b oder c in Verbindung mit § 56 Absatz 1 Satz 1 Nummer 2 oder Absatz 2, oder § 57 Absatz 8 Nummer 1

   oder einer vollziehbaren Anordnung aufgrund einer solchen Rechtsverordnung zuwiderhandelt, soweit die Rechtsverordnung für einen bestimmten Tatbestand auf diese Bußgeldvorschrift verweist.

(3) Ordnungswidrig handelt, wer
1. gegen die Verordnung (EG) Nr. 178/2002[1)] verstößt, indem er vorsätzlich oder fahrlässig
   a) entgegen Artikel 15 Absatz 1 in Verbindung mit Absatz 2 Spiegelstrich 1, soweit sich dieser auf die Gesundheit des Tieres bezieht, jeweils auch in Verbindung mit Artikel 4 Absatz 1 Unterabsatz 2 der Verordnung (EG) Nr. 767/2009, ein Futtermittel in den Verkehr bringt oder verfüttert,
   b) entgegen Artikel 18 Absatz 2 Unterabsatz 2 oder Absatz 3 Satz 1, jeweils auch in Verbindung mit Artikel 5 Absatz 1 der Verordnung (EG) Nr. 767/

1) Nr. **860**.

2009, ein System oder Verfahren nicht, nicht richtig oder nicht vollständig einrichtet,

c) entgegen Artikel 18 Absatz 3 Satz 2, auch in Verbindung mit Artikel 5 Absatz 1 der Verordnung (EG) Nr. 767/2009, eine Information nicht, nicht richtig, nicht vollständig oder nicht rechtzeitig zur Verfügung stellt,

d) entgegen Artikel 19 Absatz 1 Satz 1 ein Verfahren nicht, nicht vollständig oder nicht rechtzeitig einleitet, um die zuständigen Behörden zu unterrichten,

e) entgegen Artikel 19 Absatz 1 Satz 2 einen Verbraucher nicht, nicht richtig, nicht vollständig oder nicht rechtzeitig unterrichtet,

f) entgegen Artikel 19 Absatz 3 Satz 1 oder Artikel 20 Absatz 3 Satz 1, auch in Verbindung mit Artikel 5 Absatz 1 der Verordnung (EG) Nr. 767/2009, eine Mitteilung nicht, nicht richtig, nicht vollständig oder nicht rechtzeitig macht,

g) entgegen Artikel 19 Absatz 3 Satz 2 oder Artikel 20 Absatz 3 Satz 2, auch in Verbindung mit Artikel 5 Absatz 1 der Verordnung (EG) Nr. 767/2009, die Behörde nicht, nicht richtig oder nicht vollständig unterrichtet,

h) entgegen Artikel 20 Absatz 1 Satz 1 in Verbindung mit Artikel 5 Absatz 1 der Verordnung (EG) Nr. 767/2009 ein Verfahren nicht, nicht richtig oder nicht rechtzeitig einleitet, um ein Futtermittel für Tiere, die nicht der Lebensmittelgewinnung dienen, vom Markt zu nehmen oder

i) entgegen Artikel 20 Absatz 1 Satz 1, auch in Verbindung mit Artikel 5 Absatz 1 der Verordnung (EG) Nr. 767/2009, die Behörde nicht, nicht richtig, nicht vollständig oder nicht rechtzeitig unterrichtet,

2. vorsätzlich oder fahrlässig entgegen Artikel 19 der Verordnung (EG) Nr. 396/2005 ein Erzeugnis, soweit es sich dabei um ein Futtermittel handelt, verarbeitet oder mit einem anderen Erzeugnis mischt oder

3. gegen die Verordnung (EU) Nr. 10/2011 verstößt, indem er

a) vorsätzlich oder fahrlässig entgegen Artikel 4 Buchstabe e in Verbindung mit Artikel 15 Absatz 1 oder Absatz 2 ein Material oder einen Gegenstand aus Kunststoff, ein Produkt aus einer Zwischenstufe ihrer Herstellung oder einen zur Herstellung dieser Materialien und Gegenstände bestimmten Stoff in Verkehr bringt, ohne eine schriftliche Erklärung zur Verfügung zu stellen, oder

b) entgegen Artikel 16 Absatz 1 eine Unterlage nicht, nicht richtig, nicht vollständig oder nicht rechtzeitig zur Verfügung stellt.

(4) Ordnungswidrig handelt, wer vorsätzlich oder fahrlässig

1. einer unmittelbar geltenden Vorschrift in Rechtsakten der Europäischen Gemeinschaft, der Europäischen Union oder der Europäischen Atomgemeinschaft zuwiderhandelt, die inhaltlich einem in Absatz 2

a) Nummer 1 bis 13, 18, 24 oder Nummer 25 bezeichneten Gebot oder Verbot entspricht, soweit eine Rechtsverordnung nach § 62 Absatz 1 Nummer 2 Buchstabe a für einen bestimmten Tatbestand auf diese Bußgeldvorschrift verweist,

b) Nummer 19 bis 22a oder Nummer 23 bezeichneten Gebot oder Verbot entspricht, soweit eine Rechtsverordnung nach § 62 Absatz 1 Nummer 2 Buchstabe b für einen bestimmten Tatbestand auf diese Bußgeldvorschrift verweist, oder

2. einer anderen als in Absatz 3 genannten unmittelbar geltenden Vorschrift in Rechtsakten der Europäischen Gemeinschaft, der Europäischen Union oder der Europäischen Atomgemeinschaft zuwiderhandelt, die inhaltlich einer Regelung entspricht, zu der die in Absatz 2
   a) Nummer 26 Buchstabe a genannten Vorschriften ermächtigen, soweit eine Rechtsverordnung nach § 62 Absatz 1 Nummer 2 Buchstabe a für einen bestimmten Tatbestand auf diese Bußgeldvorschrift verweist,
   b) Nummer 26 Buchstabe b genannten Vorschriften ermächtigen, soweit eine Rechtsverordnung nach § 62 Absatz 1 Nummer 2 Buchstabe b für einen bestimmten Tatbestand auf diese Bußgeldvorschrift verweist.

(5) Die Ordnungswidrigkeit kann

1. in den Fällen des Absatzes 1 Nummer 1 mit einer Geldbuße bis zu hunderttausend Euro,
2. in den Fällen des Absatzes 1 Nummer 2, des Absatzes 2 Nummer 1 bis 13, 18, 24, 25 und 26 Buchstabe a, des Absatzes 3 Nummer 1 und 3 sowie des Absatzes 4 Nummer 1 Buchstabe a und Nummer 2 Buchstabe a mit einer Geldbuße bis zu fünfzigtausend Euro,
3. in den übrigen Fällen mit einer Geldbuße bis zu zwanzigtausend Euro

geahndet werden.

**§ 61 Einziehung.** [1] Gegenstände, auf die sich eine Straftat nach § 58 oder § 59 oder eine Ordnungswidrigkeit nach § 60 bezieht, können eingezogen werden. [2] § 74a des Strafgesetzbuches[1)] und § 23 des Gesetzes über Ordnungswidrigkeiten[2)] sind anzuwenden.

**§ 62 Ermächtigungen.** (1) Das Bundesministerium wird ermächtigt, soweit dies zur Durchsetzung der Rechtsakte der Europäischen Gemeinschaft, der Europäischen Union oder der Europäischen Atomgemeinschaft erforderlich ist, durch Rechtsverordnung ohne Zustimmung des Bundesrates die Tatbestände zu bezeichnen, die

1. als Straftat nach § 58 Absatz 3 oder § 59 Absatz 3 Nummer 1 oder 2 Buchstabe a zu ahnden sind oder
2. als Ordnungswidrigkeit nach
   a) § 60 Absatz 4 Nummer 1 Buchstabe a oder Nummer 2 Buchstabe a oder
   b) § 60 Absatz 4 Nummer 1 Buchstabe b oder Nummer 2 Buchstabe b

   geahndet werden können.

(2) Das Bundesministerium für Umwelt, Naturschutz und nukleare Sicherheit wird ermächtigt, soweit dies zur Durchsetzung der Rechtsakte der Europäischen Gemeinschaft, der Europäischen Union oder der Europäischen Atomgemeinschaft erforderlich ist, durch Rechtsverordnung ohne Zustimmung des Bundesrates die Tatbestände zu bezeichnen, die als Straftat nach § 59 Absatz 3 Nummer 2 Buchstabe b zu ahnden sind.

---

[1)] **Habersack, Deutsche Gesetze Nr. 85.**
[2)] **Habersack, Deutsche Gesetze Nr. 94.**

## Abschnitt 11. Schlussbestimmungen

**§ 63**[1] *(aufgehoben)*

**§ 64 Amtliche Sammlung von Untersuchungsverfahren; Bekanntmachungen.** (1) [1]Das Bundesamt für Verbraucherschutz und Lebensmittelsicherheit veröffentlicht eine amtliche Sammlung von Verfahren zur Probenahme und Untersuchung von den in § 2 Absatz 1 genannten Erzeugnissen mit Ausnahme von Futtermitteln sowie von mit Lebensmitteln verwechselbaren Produkten. [2]Die Verfahren werden unter Mitwirkung von Sachkennern aus den Bereichen der Überwachung, der Wissenschaft und der beteiligten Wirtschaft festgelegt. [3]Die Sammlung ist laufend auf dem neuesten Stand zu halten.

(2) [1]Das Bundesamt für Verbraucherschutz und Lebensmittelsicherheit veröffentlicht eine amtliche Sammlung von Verfahren zur Probenahme und von Analysemethoden für die Untersuchung von Futtermitteln. [2]Vor deren Veröffentlichung soll ein jeweils auszuwählender Kreis von Vertretern der Wissenschaft, der Fütterungsberatung, der Futtermitteluntersuchung, der Futtermittelüberwachung, der Landwirtschaft und der sonst beteiligten Wirtschaft angehört werden.

(3) Zulassungen, Registrierungen, Genehmigungen und Anzeigen werden vom Bundesamt für Verbraucherschutz und Lebensmittelsicherheit im Bundesanzeiger bekannt gemacht, soweit dies durch dieses Gesetz oder eine aufgrund dieses Gesetzes erlassene Rechtsverordnung bestimmt ist.

*(Fortsetzung nächstes Blatt)*

[1] § 63 aufgeh. mWv 1.10.2021 durch G v. 18.7.2016 (BGBl. I S. 1666).

ren und der erhaltenen Erstattung aus Haushaltsmitteln nach Absatz 2a Satz 2 an das Flugplatzunternehmen herauszugeben.

(4) [1] Bei der Wahrnehmung von Aufgaben nach Absatz 1 unterliegt die Flugsicherungsorganisation der Rechts- und Fachaufsicht des Bundesaufsichtsamtes für Flugsicherung. [2] Dieses kann sich zur Wahrnehmung seiner Aufsichtstätigkeit insbesondere jederzeit über die Angelegenheiten der Flugsicherungsorganisation, insbesondere durch Einholung von Auskünften, Berichten und der Vorlage von Aufzeichnungen aller Art, unterrichten, rechtswidrige oder zweckwidrige Maßnahmen beanstanden sowie entsprechende Abhilfe verlangen. [3] Kommt die nach Absatz 1 beauftragte Flugsicherungsorganisation den Weisungen des Bundesaufsichtsamtes für Flugsicherung nicht oder nicht fristgerecht nach, kann es die erforderlichen Maßnahmen anstelle und auf Kosten der Flugsicherungsorganisation selbst durchführen oder durch einen anderen durchführen lassen.

(5) Widerspruch und Anfechtungsklage der Flugsicherungsorganisation gegen aufsichtsrechtliche Maßnahmen haben keine aufschiebende Wirkung.

(6) [1] Bedienstete des Bundesaufsichtsamtes für Flugsicherung sind zum Zwecke der Aufsicht befugt, die Anlagen und Betriebsräume der Flugsicherungsorganisation nach Absatz 1 während der üblichen Betriebs- oder Geschäftszeit zu betreten. [2] Die Flugsicherungsorganisation nach Absatz 1 oder die sie vertretenden Personen sind verpflichtet, Vertretern des Bundesaufsichtsamtes für Flugsicherung den Zugang zu den Anlagen und Betriebsräumen zu gewähren. [3] Gegenstände oder geschäftliche Unterlagen können im erforderlichen Umfang in Verwahrung genommen werden. [4] Entsprechendes gilt für vom Bundesaufsichtsamt für Flugsicherung auf der Grundlage von Artikel 3 der Verordnung (EG) Nr. 550/2004 des Europäischen Parlaments und des Rates vom 10. März 2004 über die Erbringung von Flugsicherungsdiensten im einheitlichen europäischen Luftraum („Flugsicherungsdienste-Verordnung“) (ABl. L 96 vom 31.3.2004, S. 10) beauftragte anerkannte Organisationen.

(7) [1] Die Beauftragung kann auch auf Antrag der Flugsicherungsorganisation widerrufen werden. [2] § 49 Absatz 6 des Verwaltungsverfahrensgesetzes[1)] gilt nicht.

**§ 32[2)] [Rechtsverordnungen]** (1) [1] Das Bundesministerium für Verkehr und digitale Infrastruktur erlässt mit Zustimmung des Bundesrates die zur Durch-

---

[1)] **Sartorius Nr. 100.**

[2)] § 32 Abs. 3 Satz 4 angef. mWv 7.6.2007 durch G v. 1.6.2007 (BGBl. I S. 986); Abs. 4 Satz 1 Nr. 6 neu gef., Nr. 7 und 8 angef., Sätze 2 und 3 aufgeh., Abs. 4a–4c eingef. mWv 4.8.2009 durch G v. 29.7.2009 (BGBl. I S. 2424); Abs. 4 einl. Satzteil, Nr. 2 und 3 geänd, Nr. 4 neu gef., Nr. 4a, 4b und Nr. 7a eingef., Abs. 4a einl. Satzteil geänd, Nr. 3 angef., Abs. 4c Satz 1 geänd. mWv 29.8.2009 durch G v. 24.8.2009 (BGBl. I S. 2942); Abs. 5 neu gef., Abs. 5b eingef. mWv 28.4.2012 durch G v. 20.4. 2012 (BGBl. I S. 606); Abs. 1 Satz 1 einl. Satzteil, Nr. 12 und 17 geänd., Nr. 18 aufgeh., Abs. 4 einl. Satzteil, Abs. 4a Nr. 2 und Abs. 5a geänd. mWv 12.5.2012 durch G v. 8.5.2012 (BGBl. I S. 1032); Abs. 1 Satz 1 Nr. 13 Satz 6, Abs. 4a Nr. 2 Sätze 5 und 7 geänd. mWv 15.8.2013 durch G v. 7.8.2013 (BGBl. I S. 3154); Abs. 1 Satz 1 einl. Satzteil, Sätze 2, 4 und 5, Abs. 2, 3 Satz 3, Abs. 4 einl. Satzteil, Abs. 4a Satz 1 einl. Satzteil, Abs. 4b Satz 1, Abs. 4c Satz 1, Abs. 5 Satz 1 einl. Satzteil, Abs. 5a und Abs. 6 Sätze 1 und 3 geänd. mWv 8.9.2015 durch VO v. 31.8.2015 (BGBl. I S. 1474); Abs. 1 Sätze 5 und 6 sowie Abs. 6 Satz 3 geänd. mWv 27.6.2020 durch VO v. 19.6.2020 (BGBl. I S. 1328); Abs. 7 aufgeh. mWv 18.6.2021 durch G v. 14.6.2021 (BGBl. I S. 1766).

führung dieses Gesetzes und von Rechtsakten der Europäischen Union notwendigen Rechtsverordnungen[1] über

1. das Verhalten im Luftraum und am Boden, insbesondere Flugvorbereitungen, Verhalten bei Start und Landung, die Benutzung von Flughäfen,
2. die Bestimmung der näheren Einzelheiten über Zulassung und Marktzugang von Luftfahrtunternehmen, Preisgestaltung, Wettbewerb und Wirtschaftsregulierung im Luftverkehr,
3. die Einteilung, die Größe, die Lage, die Beschaffenheit, die Ausstattung und den Betrieb von Flugplätzen sowie die Verhinderung von Störungen der Flugsicherungseinrichtungen,

3a. die Bodenabfertigungsdienste auf Flugplätzen (§ 19c). Die Aufnahme von Bodenabfertigungsdiensten kann von der Erfüllung fachlicher, technischer und betrieblicher Voraussetzungen sowie von der Übernahme von Arbeitnehmern abhängig gemacht werden. Die Rechtsverordnung kann darüber hinaus Regelungen über die Bildung von Interessenvertretungen der Luftfahrtunternehmen an Flugplätzen, über die Auswahl derer, die Bodenabfertigungsdienste erbringen dürfen, über die Abgrenzung des Tätigkeitsbereichs Bodenabfertigungsdienste von anderen Tätigkeitsbereichen sowie über die Untersagung von Subventionen zwischen diesen Tätigkeitsbereichen treffen. Des Weiteren kann die Rechtsverordnung Regelungen über die Erhebung von Entgelten durch den Flugplatzunternehmer sowie über den Zugang zu Flugplatzeinrichtungen vorsehen. Änderungen der Rechtsverordnung, die sich auf die Festlegung der Anzahl derer, die im Rahmen des § 19c Abs. 2 zur Erbringung der dort genannten Bodenabfertigungsdienste für sich oder andere berechtigt sind, beziehen, bedürfen nicht der Zustimmung des Bundesrates,

4. den Kreis der Personen (ausgenommen Personal für die Flugsicherung), die einer Erlaubnis nach diesem Gesetz bedürfen, einschließlich der Ausbilder und die Anforderungen an die Befähigung und Eignung dieser Personen, sowie das Verfahren zur Erlangung der Erlaubnisse und Berechtigungen und deren Entziehung oder Beschränkung,
5. die Ausbildung von Luftfahrern und den Betrieb von Fliegerschulen,
6. die Meldung von Flugunfällen und Störungen des Luftverkehrs sowie den Such- und Rettungsdienst für Luftfahrzeuge,
7. die Abgrenzung des Begriffs „gefährliche Güter" und das Mitführen gefährlicher Güter an Bord von Luftfahrzeugen,

7a. die Erlaubnis zum Betrieb von elektronischen Geräten in Luftfahrzeugen nach § 27 Abs. 3 Satz 2,

8. die im Rahmen der Luftaufsicht erforderlichen Maßnahmen und deren Durchführung,
9. die Voraussetzungen und das Verfahren für die Einrichtung und Aufhebung von Luftsperrgebieten und von Gebieten mit Flugbeschränkungen,

---

[1] Siehe die LuftverkehrsO v. 29.10.2015 (BGBl. I S. 1894), zuletzt geänd. durch G v. 14.6.2021 (BGBl. I S. 1766), die LuftverkehrszulassungsO idF der Bek. v. 10.7.2008 (BGBl. I S. 1229), zuletzt geänd. durch VO v. 7.12.2021 (BGBl. I S. 5190) und die VO zur Prüfung von Luftfahrtgerät v. 15.2. 2013 (BGBl. I S. 293), zuletzt geänd. durch VO v. 7.12.2021 (BGBl. I S. 5190).

# Sachverzeichnis

Stand Februar 2022

Die **fett** gedruckten Ziffern bezeichnen die **Nummern** der Gesetze, die mageren deren Artikel oder Paragraphen.

Für handschriftliche Notizen

Für handschriftliche Notizen

Für handschriftliche Notizen

Für handschriftliche Notizen